現代を知る文献ガイド

いじめ・自殺問題

不登校から教育改革まで

日外アソシエーツ

Problems of School bullying, Truancy, and Suicide

A List of Current Literatures to Know the Present Age

Compiled by
Nichigai Associates, Inc.

©2013 by Nichigai Associates, Inc.
Printed in Japan

本書はディジタルデータでご利用いただくことができます。詳細はお問い合わせください。

●編集担当● 安藤 真由子／高橋 朝子
装 丁：赤田 麻衣子

「現代を知る文献ガイド」刊行にあたって

　インターネットで調べられる情報量は近年ますます豊富になり、携帯情報端末が普及した昨今では、知りたいことはすぐ簡単に調べられるようになったと思われがちである。だがネット上の情報は豊富になった分、たまたま同じ言葉が使われていたためほとんど関係のない情報が拾われてしまったり、逆に一つの用語では関連領域のものまで探せなかったり、またその情報が正しいかどうか確かめられない場合があったりと、意外に難しい面がある。

　「現代を知る文献ガイド」は、現代を象徴するような様々な社会問題や社会現象に関する最新の主要雑誌記事・論文や図書を紹介する文献目録シリーズである。一口に現代の社会問題や社会現象と言っても様々な要因が絡み合って問題や現象として現れるため、自分が必要とする文献を簡単に検索することは難しい。そこで本書では、一つのテーマに対し様々な側面から文献を網羅的に収集、体系的に分類して、探したい本や雑誌記事をすぐに見つけることができるように編集した。これにより、関連する文献を一覧することが可能になった。

　今回は、現代社会に大きな影響を与え、また一般の関心も高いと思われる「いじめ・自殺」「育児・保育問題」「食の安全性」の3つのテーマを取り上げた。それぞれの収録範囲・内容については各冊の目次・事項名索引で通覧いただける。

　本書が、こうした問題に関心を持たれる方々の文献探索の一助となり、現代社会を読み解く際の手がかりとして、広く利用されることを願いたい。

2013年1月

日外アソシエーツ

凡　例

1．本書の内容

　　本書は、青少年のいじめや不登校、自殺をめぐる問題に関する雑誌記事と図書を収録した文献目録である。

2．収録対象

　　原則として2003年以降に日本国内で発行された総合誌、週刊誌、専門誌など各種雑誌の掲載記事・論文より上記のテーマに関連するもの3,644点と、同時期に国内で刊行されたこのテーマに関連する図書563点を収録した。

3．見出し

　1) 文献の主題により「いじめ」「不登校」「ひきこもり」「自殺・自傷」に大別した。
　2) いずれの見出しの下にも細分用の小見出しを設けた。見出しの詳細は目次を参照されたい。

4．文献の排列

　1) 各見出しの下で初めに雑誌記事を、次に図書を排列した。
　2) 雑誌記事、図書とも発行年月順に排列した。
　3) 発行年月が同じ場合は、誌名または書名の五十音順に排列した。

5．文献の記述

　1) 雑誌記事
　　　記事タイトル／著者名／「掲載誌名」／（出版者）／巻号・通号／発行年月／掲載頁
　2) 図書
　　　書名／副書名／巻次／著者名／版表示／出版地（東京以外を表示）／出版者／発行年月／頁数または冊数／大きさ／叢書名／叢書番号／注記／

定価（刊行時）／ISBN（①で表示）／NDC（Ⓝで表示）／内容

6．事項名索引
　1）本文の見出しに包含されるテーマなどを索引の見出しとした。
　2）排列は事項名の五十音順とした。
　3）見出しの所在は掲載頁で示した。

目　次

凡　例 ………………………………… (4)

いじめ・不登校・自殺 ………………… 1
　対応・対策 ………………………………… 3
　体験記・ルポ ……………………………… 5

いじめ ……………………………………… 7
　統計・調査 ………………………………… 30
　いじめ観 …………………………………… 32
　ネットいじめ ……………………………… 32
　学校カースト ……………………………… 39
　外国事情 …………………………………… 39
　発達障害といじめ ………………………… 42
　対応・対策 ………………………………… 44
　　家庭 ……………………………………… 58
　　学校 ……………………………………… 60
　　　小学校 ………………………………… 73
　　　中学校 ………………………………… 76
　　　高校 …………………………………… 78
　　　中高一貫校 …………………………… 79
　　　幼稚園・保育園 ……………………… 79
　　保健室・相談室 ………………………… 79
　　地域・諸機関 …………………………… 81
　　予防 ……………………………………… 82
　　道徳・宗教 ……………………………… 84
　　加害側への対応 ………………………… 85
　　医療・心理療法 ………………………… 86
　　いじめの影響・後遺症・PTSD ……… 87
　体験記・ルポ ……………………………… 88
　いじめ事件 ………………………………… 91
　　山形マット死事件 (1993年) ………… 94
　　いじめ自殺 ……………………………… 94
　　　滝川いじめ自殺事件 (2005年) …… 101
　　　福岡いじめ自殺事件 (2006年) …… 101
　　　大津いじめ自殺事件 (2011年) …… 102

不登校 …………………………………… 104
　統計・調査 ……………………………… 124
　外国事情 ………………………………… 126
　発達障害と不登校 ……………………… 126
　対応・対策 ……………………………… 131
　　家庭 …………………………………… 154
　　学校 …………………………………… 165
　　保健室・相談室 ……………………… 175
　　地域・諸機関 ………………………… 184
　　ITを活用した対応 …………………… 192
　　自然体験活動・キャンプ …………… 192
　　医療・心理療法 ……………………… 194
　　進路とその後 ………………………… 203
　体験記・ルポ …………………………… 205
　親の体験記・ルポ ……………………… 208

ひきこもり ……………………………… 211
　統計・調査 ……………………………… 224
　外国事情 ………………………………… 225
　発達障害とひきこもり ………………… 225
　対応・対策 ……………………………… 226
　　家庭 …………………………………… 233
　　学校 …………………………………… 236
　　医療・心理療法 ……………………… 237
　　地域・諸機関 ………………………… 242
　　ライフプラン・就労 ………………… 246
　体験記・ルポ …………………………… 247
　親の体験記・ルポ ……………………… 250

自殺・自傷 ………………………… 251
　対応・対策 ……………………… 254
　学校 ……………………………… 255
　保健室・相談室 ………………… 256

体験記・ルポ ……………………… 256

事項名索引 ………………………… 257

いじめ・不登校・自殺

【雑誌記事】

◇私事化社会における生徒指導の今日的課題──いじめ・不登校実態調査を手がかりとして（〔日本教育心理学会第45回総会〕──研究委員会企画シンポジウム）　臼井博, 伊藤美奈子, 森田洋司　「教育心理学年報」（日本教育心理学会）　43　2003年度　p29〜33

◇いじめ・不登校・飲酒・ギャンブル・性──学生生活の見えざる部分（特集 現代の学生像と大学教育──公開講演会報告）　伊東毅　「Vera」（兵庫大学短期大学部附属総合科学研究所）　(11)　2003　p141〜150

◇「いじめ・不登校」と向き合う──増加する不登校, 減少に向かういじめ その実態を追う（特集「いじめ・不登校」と向き合う──予防・早期発見の徹底と発生時の対応）　「学校経営」（第一法規）　48(3)　2003.3　p6〜13

◇中学生の問題行動に関する日米比較研究（その1）不登校とイジメ　昼田源四郎, 中野明徳, 松崎博文［他］　「福島大学教育学部論集, 教育・心理部門」（福島大学教育学部）　(74)　2003.6　p9〜16

◇いじめと不登校から見えてくる日本社会の危機（特集 マクロ経済と財政の一体的な立案へ／現代の社会病理）　森田洋司　「ESP」（経済企画協会）　通号468　2004.9　p44〜48

◇いじめ・不登校経験と大学・短期大学進学との関係に関する考察　伊東毅　「武蔵野美術大学研究紀要」（武蔵野美術大学）　(36)　2005　p33〜42

◇〔武庫川女子大学大学院〕臨床教育学研究科10周年記念行事 国際シンポジウム──いじめ・不登校のないデンマーク教育に学ぶ　V. Hordal, J. Hansen, 千葉忠夫　「臨床教育学研究」（武庫川女子大学大学院臨床教育学研究科）　(12)　2005　p133〜153

◇調査2　ポイントはいじめ, 不登校の有無など──ベネッセ未来教育センターが学校選択制でアンケート調査　「内外教育」（時事通信社）　(5560)　2005.4.22　p12〜13

◇オピニオン縦横無尽(699・拡大版)いじめ・不登校・校内暴力ゼロを"花づくり"で実現した旧真田町　櫻井よしこ　「週刊ダイヤモンド」（ダイヤモンド社）　94(47)通号4158　2006.12.9　p144〜145

◇アレルギー疾患と不登校・いじめの問題（プライマリ・ケア医のための小児アレルギーの診かた──専門医・学校医・家庭医の連携──小児アレルギー疾患と学校生活）　赤坂徹　「治療」（南山堂）　89(5)　2007.5　p1907〜1912

◇アサーションの観点からいじめ, 不登校を考える（特集 子どものためのアサーション）　柴橋祐子　「児童心理」（金子書房）　62(7)通号877　2008.5　p635〜640

◇大会長講演 いじめ・自殺──いま, 子どもたちの間に何が起こっているのか（日本学校メンタルヘルス学会 第11回大会講演記録）　吉川武彦　「学校メンタルヘルス」（日本学校メンタルヘルス学会）　12(1)　2009　p12〜21

◇『人間の育ちと言葉の基本関係』論(1)不登校・引きこもりを背景にして　正司顯好　「研究紀要」（小池学園）　(4)　2009　p55〜76

◇児童精神医学フロントライン(13)不登校・ひきこもりを考える　根來秀樹　「こころの科学」（日本評論社）　通号146　2009.7　p114〜119

◇教育 不登校・いじめ（総特集 生活相談案内2009──Q&A 生活相談案内 69問69答）　「議会と自治体」（日本共産党中央委員会, 日本共産党中央委員会出版局（発売））　通号139　2009.11　p110〜113

◇『人間の育ちと言葉の基本関係』論(2)不登校・引きこもりを背景にして　正司顯好　「研究紀要」（小池学園）　(5)　2010　p1〜18

◇『人間の育ちと言葉の基本関係』論(3)引きこもり・うつ病を背景にして　正司顯好　「研究紀要」（小池学園）　(6)　2010　p73～94

◇自傷行為におけるいじめ・不登校経験等の影響　伊丹正一　「東日本国際大学福祉環境学部研究紀要」（東日本国際大学福祉環境学部）　6(1)通号6　2010.3　p37～47

◇いじめと自傷行為（いじめ・不登校・学校）　松本俊彦　「こころの科学」（日本評論社）　通号151　2010.5　p70～76

◇私と授業改革―「いじめや不登校を生まない授業」を追い求めて　寺西康雄　「富山大学国語教育」（富山大学国語教育学会）　(35)　2010.11　p1～8

◇教育講演　いじめや不登校の子をなくすために―遊びの役割を見直す（第57回日本小児保健学会）　横山正幸　「小児保健研究」（日本小児保健協会）　70(2)　2011.3　p151～155

◇不登校からひきこもりへ：新ガイドラインの考え方を中心に（健康保健福祉　夏期講座　不登校・ひきこもりの子どもたちを支えたい！：現状と新たな展開）　齋藤万比古　「ふくおか精神保健」（福岡県精神保健福祉協会）　(56)　2011.3　p26～41

◇いじめとひきこもり（いじめの構造―いじめに見る現代社会と心のひずみ―社会病理といじめ）　高塚雄介　「現代のエスプリ」（ぎょうせい）　(525)　2011.4　p176～186

◇若い教師への期待(2)重要課題・いじめ、不登校をどのように読んだのか　大森修　「現代教育科学」（明治図書出版）　54(5)通号656　2011.5　p96～100

◇いじめ7万5000件に増加―不登校の高校生も5万3000人　文科省の10年度問題行動調査　「内外教育」（時事通信社）　(6102)　2011.8.9　p7～9

◇時代の病理とその変遷過程：子ども・家族・学校・社会　後藤秀爾　「愛知淑徳大学論集．心理学部篇」（愛知淑徳大学心理学部論集編集委員会）　(2)　2012　p1～15

◇いじめ認知約7万件、小・中不登校約11万7000人：平成23年度問題行動調査　「週刊教育資料」（教育公論社）　(1223)通号1353　2012.9.24　p8～9

【図書】

◇こどもをめぐる最近の状況―いじめ・不登校・ひきこもりを中心に　内田良子述、練馬区総務部人権・男女共同参画課編　練馬区総務部人権・男女共同参画課　2004.8　48p　21cm　〈会期：平成15年12月8日〉　Ⓝ371.42

◇いじめ・不登校　伊藤茂樹編著　日本図書センター　2007.2　408p　22cm　〈リーディングス日本の教育と社会　第8巻〉　〈文献あり〉　3500円　①978-4-284-30123-7　Ⓝ371.42

内容　いじめの社会学的原因論：解説（伊藤茂樹著）,学校の文化論（小浜逸郎著）,「いじめ」の見え方（森田洋司著）,いじめの社会関係論（内藤朝雄著）,啓蒙原理といじめ（古賀徹著）,不登校の社会学的原因論：解説（伊藤茂樹著）,ボンド理論による不登校生成モデル（森田洋司著）,今日の生活破壊と子ども・学校（久冨善之著）,長期欠席と不登校の実態（保坂亨著）,言説がつくるいじめ問題：解説（伊藤茂樹著）,フィクションとしての「いじめ問題」（北澤毅著）,概念分析としての言説分析（間山広朗著）,「ナレーター」としての新聞報道（片桐隆嗣著）,不登校と学校教育をめぐる政治：解説（伊藤茂樹著）,不登校はどう理解されてきたか（滝川一廣著）,不登校現象からみる学校教育の変容（樋田大二郎著）,「不登校」だれが、なにを語ってきたか（山田潤著）,「〈当事者〉の語り」の意義と課題（貴戸理恵著）,いじめ・不登校への取り組み：解説（伊藤茂樹著）,「心の問題」としてのいじめ問題（伊藤茂樹著）,支援・援助の偏重の危険性（吉田武男著）,〈登校拒否〉をしている子どものアイデンティティ（朝倉景樹著）,オルタナティブな学び舎の社会学（菊地栄治,永田佳之著）,「不登校追跡調査」から見えてきたもの（森田洋司著）

◇不登校・キレ・いじめ・学級崩壊はなぜ―小学生の心が見える本　原田正文著　農山漁村文化協会　2007.3　127p　21cm　〈健康双書〉　1238円　①978-4-540-06309-1　Ⓝ371.42

内容　序章　「いい子」ほど思春期でゆき詰まる―小学生の心の発達の道筋を知ろう（小学校高学年はもう思春期です―「小学生は、まだ子ども」と思っていませんか　小学校高学年は親子のトラブルが多い―単純に受け止められない思春期の言動　ほか）　第1章　小学生の登校しぶり・不登校―中学・

高校生とは異なる対応を(不登校へのかかわり・四つの基本的視点—「子どもの意志を尊重して…」は小学生にも当てはまる? 不登校の子どもは心の病気!? 心の問題の質について ほか) 第2章 わが子が突然キレた時(ささいなことでキレる小学生たち—小学校低学年でもキレる子どもが増えている! 年齢による「キレ」の原因や対応の違い—低学年はかんしゃくの延長線上 高学年は中学生の荒れの低年齢化 ほか) 第3章 「いじめ」対策—「強者」「権力者」の犯罪をどう防ぐか(どの子も安心して学校生活をおくれるように!—小学校でのいじめ解決で中学以降のいじめ防止を! いじめで深く傷つく子どもたち ほか) 第4章 「学級崩壊」に親はどうかかわったらいいのだろうか—安全で学びの多い学校を、みんなでつくっていこう!!(明るみに出た学級崩壊の実態—NHKスペシャル「広がる学級崩壊」の衝撃 学級崩壊はどのように始まりどんな経過をたどるのか ほか)

◇いじめと不登校 河合隼雄著 新潮社 2009.9 346p 16cm (新潮文庫 か-27-8) 514円 ⓘ978-4-10-125228-5 Ⓝ370
内容 1 生きる力と学ぶ力(子どもの幸福とは何か 生きる力を育てる 学ぶ力を育てる ほか) 2 いじめと不登校(不登校 明るく悩むために 教育に何ができるか いじめの深層 ほか) 3 「河合隼雄」に聞く(子どもの成長に「悪」は必要だ 母性社会の変容と現代人の生きる道 ナイフ事件でわかった'98日本 ほか)

◇小児科臨床ピクシス 15 不登校・いじめ—その背景とアドバイス 五十嵐隆総編集 平岩幹男専門編集 中山書店 2010.4 222p 26cm 〈索引あり〉 7500円 ⓘ978-4-521-73187-2 Ⓝ493.92
内容 1章 現代の不登校・いじめ(生徒指導上の諸問題の統計と生徒指導に関する施策 なぜ介入が必要か 「21世紀の問診票」を活用する・助言する) 2章 不登校〜ひきこもり(不登校に対する基本的対応 不登校の予後 不登校解消に向けて ほか) 3章 いじめ(いじめの定義とその背景 現代のいじめの状況(小学生 中・高生) いじめと子どもの人権 ほか)

対応・対策

【雑誌記事】

◇調査2 不登校やいじめへの対応を期待—カウンセラーの役割で教師の意識調査 「内外教育」(時事通信社) (5384) 2003.5.2 p6〜7

◇いじめ・不登校といった学校病理に対処するシステムのあり方に関する研究動向(1) 田中宏二, 高木亮 「岡山大学教育学部研究集録」(岡山大学教育学部) (126) 2004 p35〜42

◇いじめ・不登校といった学校病理に対処するシステムのあり方に関する研究動向(2) 田中宏二, 高木亮 「岡山大学教育学部研究集録」(岡山大学教育学部) (127) 2004 p29〜36

◇事例報告 アトピー性皮膚炎によっていじめを受けた不登校生徒への絵本の読み合わせを用いた臨床心理面接の治療効果—P-Fスタディの評点因子の分析から 増田梨花 「駒澤大学心理臨床研究」(駒澤大学コミュニティ・ケアセンター) (3) 2004 p23〜34

◇ルポルタージュ 友部町での地域「共生」運動—「いじめ、不登校、閉じこもり」でシンポジウム 本田君江 「月刊労働組合」(労働大学出版センター) (467) 2004.5 p36〜39

◇子どものための小さな援助論(9)不登校やひきこもりへの援助(1)社会参加をめぐって 鈴木啓嗣 「こころの科学」(日本評論社) 通号116 2004.7 p132〜138

◇不登校、拒食症、いじめ、自殺……SOSは日常のしぐさ、言葉遣いに隠されている 母親には任せるな!「子どもの異変」の見破り方(特集 「強い母親、父親不在」の家族心理学 「不機嫌」女房、「無気力」わが子) 「プレジデント」(プレジデント社) 42(16) 2004.8.30 p52〜55

◇子どものための小さな援助論(10)不登校やひきこもりへの援助(2)何に対して援助するのか 鈴木啓嗣 「こころの科学」(日本評論社) 通号117 2004.9 p127〜133

◇Part4 いじめ・不登校問題への対応 知名度に目を奪われず"心の教育"を刮目する(特集 受験シーズン開幕! 息子・娘を入れたい学校) 「週刊ダイヤモンド」(ダイヤモンド社) 94(38)通号4149 2006.10.7 p50〜53

◇奈良県におけるいじめ・不登校に関する教育臨床的研究(2)養護教諭を対象として　小野昌彦,生田周二,北村陽英［他］　「教育実践総合センター研究紀要」(奈良教育大学教育学部附属教育実践総合センター)　(16)　2007.3　p283～288

◇不登校、いじめはゼロにできる！―東京都港区の取り組み　「サンデー毎日」(毎日新聞社)　86(29)通号4825　2007.7.15　p90～92

◇第2分科会　いじめ・不登校対策について（事業紹介　平成19年度都道府県・指定都市新任教育委員研究協議会について）　佐藤光次郎　「教育委員会月報」(第一法規)　59(10)通号700　2008.1　p41～43

◇高等学校における森田療法　金原俊輔　「長崎ウエスレヤン大学現代社会学部紀要」(長崎ウエスレヤン大学)　6(1)　2008.3　p53～62

◇生徒指導の現状と課題について―どのようにして非行、いじめ、不登校を解決していくか　秋山博介　「実践女子大学生活科学部紀要」(実践女子大学)　(45)　2008.4　p13～20

◇保護者との連携のために―学校カウンセリングの立場から〔関東教育学会〕第55回大会公開シンポジウム報告　親と教師の連携は可能か―現状を超えるために)　山口豊一　「関東教育学会紀要」(関東教育学会)　(35)　2008.10　p138～142

◇子どもたちの今を考える―「子どもの悩み110番」の教育相談活動を通して　森透,坂後恒久,佐藤辰弥［他］　「福井大学教育実践研究」(福井大学教育地域科学部附属教育実践総合センター)　(34)　2009　p109～120

◇小学生の農山漁村宿泊体験事業3泊4日以上で高い効果―いじめや不登校の問題改善にも―文科省　中村卓朗　「地方行政」(時事通信社)　(10103)　2009.11.16　p14～16

◇学会企画シンポジウム　不登校・いじめを予防する学級経営―通常学級における特別支援教育のヒントを交えて（平成22年度〔北海道特別支援教育学会〕研究発表中央大会報告）　野尻一裕,古原祥子,村上かおる［他］　「北海道特別支援教育研究」(北海道特別支援教育学会)　5(1)　2011.7　p72～76

◇もう、学校には頼れない！いじめられっ子、不登校児が「生き返る」　全国「私塾」のカリスマ教育者たち：最後に頼れるのはこの人!?　「週刊ポスト」(小学館)　44(32)通号2192　2012.8.10　p55～59

【図書】

◇学校から子どもを守るお母さんの手紙―いじめ、不登校、ケンカ、進路…悩む前に書く！　小寺やす子著　青春出版社　2003.6　192p　20cm　1100円　Ⓘ4-413-03411-2　Ⓝ374.6

[内容] 1章 お母さん、もう悩まない！子どもは"手紙"で守れます(届けないと先生は問題に気がつかない　連絡帳ひとつの、すごい効果 ほか)　2章 欠席届、連絡帳、不登校届…"ケース別"困ったときに効く手紙の書き方マニュアル(成功する手紙や交渉のコツ10か条　使いたい手紙がすぐひける！届け出もくじ ほか)　3章 学校交渉のもう一つのスタイル　言いたいことが本当に伝わる小寺流「直談判」のすすめ(手紙には限界がある!?　学校に行くと情報が格段に増える ほか)　4章 手紙と直談判で勝ち取ったドキュメント・不登校からのカムバック(交渉して初めて知る先生のありがたみ　仕返しを優先してはいけない ほか)

◇お父さんお母さん、肩の力を抜きませんか？―不登校・ひきこもり・いじめに悩む親たちにおくるメッセージ　巨椋修著　アートブック本の森　2003.8　225p　19cm　〈発売：コアラブックス〉　1400円　Ⓘ4-87693-974-8　Ⓝ371.42

[内容] 第1章 もう少し楽に生きてみませんか？(悩みの多くは自分のことより、人からどう見られるかいうことで悩んでいます　自分をダメ人間と思ってしまう人たちがいます ほか)　第2章 不登校・ひきこもりのお子さんを持つ親の方へ(かくも現代社会は子育てするお母さんに不都合にできているんです　不登校・ひきこもりの平均期間は3年3ヶ月 ほか)　第3章 不登校の周辺問題(いじめに対処する方法　悲しみの連鎖がある場合、あなたで終わりにしませんか ほか)　第4章 力の抜き方(人はそのままでいいんです。　わたしたちは他人の価値観に左右されて生きています ほか)

◇イジメ・不登校・ひきこもりと親はどう向き合うか―子ども問題を解決する「長田式10の知恵」　長田百合子著　大和書房　2003.9　229p　20cm　1500円　Ⓘ4-479-01165-X　Ⓝ379.9

|内容| 1 観察―子どもの小さな変化に気づいているか 2 貫禄―子どもの揺れにアッケラカンと対応できるか 3 感性―人の痛みがわかるか 4 直感―ものごとを見抜く勘をそなえよう 5 健康管理―子どもには規則正しい生活習慣をつけさせよう 6 勘違い―「優しい」と「甘い」を勘違いしてはいけない 7 看破―子どもの嘘は初期に見抜くこと 8 肝心要―肝心なのは、愛情のかけ方 9 共感―「良かったね」「頑張ったね」と子どもの気持ちを汲み取っているか 10 感謝―「ありがとう」の気持ちを忘れてはいけない

◇今こそ伝えたい！生きる力が湧く21のメッセージ―いじめと自殺未遂を乗り越えて 生きる力が湧く原田メソッド 原田大裕著 大阪 かんぽうサービス 2005.7 95p 19cm 〈発売：かんぽう（大阪）〉 1200円 ⓘ4-900277-68-1 Ⓝ367.6

◇実践"ロールレタリング"―いじめや不登校から生徒を救え!! 岡本泰弘著 京都 北大路書房 2007.6 141p 21cm 〈文献あり〉 1600円 ⓘ978-4-7628-2563-7 Ⓝ375.2

|内容| 第1章 ロールレタリングって何？（ロールレタリングとは 書くという作業 ほか） 第2章 ロールレタリングってどうやるの？（ロールレタリングのやり方 ロールレタリングを行うときの留意点 ほか） 第3章 ロールレタリングをやってみよう！（ロールレタリングで生徒のメンタルヘルスを促進 ロールレタリングで保健室登校生徒にアプローチ ほか） 第4章 ロールレタリングを導入するための資料（ロールレタリングに取り組んでみよう!! 中学校校内研修会発表資料ロールレタリングによる予防・開発的生徒指導 ほか）

◇いじめ・不登校解決のメッセージ―先生と親に贈る 千葉孝司著 学事出版 2007.9 111p 21cm 1200円 ⓘ978-4-7619-1366-3 Ⓝ371.42

◇「いじめ・不登校」から子どもを救う！教室コーチング 神谷和宏, 上野恭子著 明治図書出版 2007.9 179p 21cm 2260円 ⓘ978-4-18-030011-2 Ⓝ375.2

|内容| 第1章 いじめ・不登校はコーチングで解決できる！（いじめや不登校はなくなるのか？ 競争原理をやめる コーチングとは ほか） 第2章 いじめ・不登校を生まないコーチングスキル（自己イメージを高める 間違った自己イメージが怖い 苦手という思い込み ほか） 第3章 授業で生きるコーチング（セルフコーチング 自分の気持ちに気づき、表現する 気持ち円グラフと感情表現リスト ほか）

◇心が元気になる本 第3巻 学校に行くのがつらいとき―いじめ・不登校・性の悩み 大河原美以監修 あかね書房 2008.3 63p 25cm 3000円 ⓘ978-4-251-06623-7,978-4-251-90424-9 Ⓝ371.45

|内容| いじめ・いじめられの気持ちと悩み（いじめにあうのは、わたしにわるいところがあるからかなぁ？ 気持ちをはき出そう ほか） クラスの問題と悩み（クラスがぜんぜんまとまらない！ けんたがきれてしまうわけ ほか） 学校へ行きたくない気持ちと悩み（学校に行こうとすると、ぐあいがわるくなる 友だちや先生とのつながり ほか） 性や体についての気持ちと悩み（早くつきあいたい おとなのような恋愛を早くしたいけど… ほか）

◇起死回生の家庭教育―成績不振、受験失敗、イジメ・不登校 太田明弘著 幻冬舎メディアコンサルティング 2012.3 180p 19cm 〈発売：幻冬舎〉 1200円 ⓘ978-4-344-99836-0

|内容| 序章 子どもへの投資は貯蓄より教育で 第1章 九つまでは甘えさせて育てなさい―起死回生の家庭教育/ゼロ歳～小学校三年生編 第2章 十歳からはリビングで勉強させなさい―起死回生の家庭教育/小学校四～六年生編 第3章 十六歳で将来の進路を決めさせなさい―起死回生の家庭教育/中学生～高校生編 第4章 イジメ・引きこもりからは親が全力で救い出しなさい―起死回生の家庭教育/イジメ・不登校・退学・引きこもり編 終章 教育エンジンで格差社会から脱出させよう

体験記・ルポ

【雑誌記事】

◇座談会 手首にカッターナイフをあてた日も いじめ、不登校、ケンカ―生きのびたからこそ私たちは（特集 子育ての正解は「自分流」） 川村カオリ, 宮本延春, 山田よう子 「婦人公論」（中央公論新社） 92(9) 通号1223 2007.4.22 p34～37

◇思春期クライシスに寄り添う（第3回）リストカット―心もからだも傷ついた子どもたち 橋本

早苗　「月刊学校教育相談」（ほんの森出版）22（7）　2008.6　p48～51

◇追っかけいい男 演出家 宮本亜門―過食、自殺未遂、登校拒否、引きこもり、母の死そして…NY 沖縄に住み9・11に遭い政治を避けるのは不自然と思うようになった　菊地香　「サンデー毎日」（毎日新聞社）　88（30）通号4942　2009.7.26　p128～130

【図書】

◇僕たちは絶望の中にいる　村岡清子著　講談社　2003.9　309p　20cm　1800円　Ⓘ4-06-211479-8　Ⓝ367.68
［内容］1章 なぜ不登校？なぜ高校中退？（毎日が学級崩壊　同世代への不信感 ほか）　2章 なぜフリーター？（とりあえず留学して、とりあえずフリーターに　一流大卒でブルーカラー ほか）　3章 なぜ死にたい？（永遠の「自分探し」　絶望的な未来観 ほか）　4章 なぜ引きこもる？（増えろ「自称引きこもり」　「期待される自分像」を演じる子たち ほか）

◇友だち地獄―「空気を読む」世代のサバイバル　土井隆義著　筑摩書房　2008.3　235p　18cm（ちくま新書）　720円　Ⓘ978-4-480-06416-5　Ⓝ367.68
［内容］第1章 いじめを生み出す「優しい関係」（繊細な気くばりを示す若者たち　友だちとの衝突を避けるテクニック ほか）　第2章 リストカット少女の「痛み」の系譜（高野悦子と南条あやの青春日記　自分と対話する手段としての日記 ほか）　第3章 ひきこもりとケータイ小説のあいだ（「自分の地獄」という悪夢　「優しい関係」という大きな壁 ほか）　第4章 ケータイによる自己ナビゲーション（ケータイはもはや電話機ではない　「ふれあい」のためのメディア ほか）　第5章 ネット自殺のねじれたリアリティ（ネット集団自殺がみせる不可解さ　現実世界のリアリティの希薄さ ほか）

◇16歳の迷っていた僕への手紙　'12　不登校、いじめ、心の病、みんな乗り越えられたよ　学びリンク株式会社編　学びリンク　2011.12　127p　21cm　（〔シリーズ「体験談を聴く会」の本〕〔1〕）　1000円　Ⓘ978-4-902776-62-1　Ⓝ376.41
［内容］体を壊すくらい無理をして気づいた自分の好きなことを楽しく学ぶ道　中学校でやり残した経験はサポート校ですべて取り戻した　答辞に書いた「しっかりしよう」という気持ちは家族を持って一層強まっている　頑張れない自分を責め続けた日々は今の自分を見つけるためのプロセスだった　いじめがなく資格も取れるサポート校のおかげで念願の仕事に就くことができた　私を変えてくれたのは通信制高校で出会った仲間と先輩が奏でたギターの音色　自分で探した学校生活だから法律を学びたいという夢も見つけられた　過ぎた中学生活の忘れ物を新しい女子だけのキャンパスで取り戻す日々　自分の居場所が見つかったことで日々の生活に活気が出た　通信制高校で入った音楽部の活動が人見知りで消極的な性格を消した　厳しい自衛隊の学校で支えになったのは父の言葉だった　ビビッときた技能連携校で9年続いた不登校が皆勤に変わった

◇いじめ不登校ひきこもり川柳　高崎甬史著　文芸社　2012.6　122p　15cm　600円　Ⓘ978-4-286-11878-9　Ⓝ911.468

◇たたかえ！てんぱりママ―モンスターティーチャーとのあれれな日々　内藤みか著　亜紀書房　2012.7　255p　19cm　1400円　Ⓘ978-4-7505-1211-2　Ⓝ374.6
［内容］第1部 変人教師のせいで不登校に―私立中学篇（モンスターティーチャーと対面　新担任は人間嫌い　夜8時の登校命令　「ご子息は皆から反感を持たれています」　副校長に相談 ほか）　第2部 いじめでスタート母親バトル―公立中学篇（公立中学への転校　体育祭でのいじめ　いじめっこ判明　いじめられた過去　登校するフリ ほか）

いじめ

【雑誌記事】

◇「生徒コード」を語ること──「いじめ」のリアリティの反映的達成　石飛和彦　「教育・社会・文化」（京都大学大学院教育学研究科）（9）2003　p1～16

◇いじめ状況想起におけるいじめ判断についての立場間比較　竹ノ山圭二郎, 原岡一馬　「久留米大学心理学研究：久留米大学文学部心理学科・大学院心理学研究科紀要」（久留米大学大学院心理学研究科）（2）　2003　p49～61

◇書評　内藤朝雄著『いじめの社会理論──その生態学的秩序の生成と解体』　竹川郁雄　「現代の社会病理」（日本社会病理学会）（18）2003　p103～106

◇いじめを正当化する子どもたち──いじめ行為の正当化に影響を及ぼす要因の検討　久保田真功「子ども社会研究」（日本子ども社会学会, ハーベスト社）（9）　2003　p29～41,118～119

◇学校でのいじめに関する研究の再検討　大野俊和　「札幌国際大学紀要」（札幌国際大学）（34）　2003　p21～29

◇いじめの語られ方──いじめ問題への物語論的アプローチ（第四部 意味・物語・生成）　毛利猛「応答する教育哲学」（ナカニシヤ出版）2003.3　p304

◇いじめの構造がみられた看護学生の研修型ベーシック・エンカウンター・グループ（事例研究）高橋紀子　「九州大学心理臨床研究」（九州大学大学院人間環境学府附属発達臨床心理センター心理相談部門）　22　2003.3　p125～132

◇読みもの 日本的いじめの土壌（特集 集団心理）正高信男　「更生保護」（日本更生保護協会）54（5）　2003.5　p28～31

◇弱い者いじめをする（特集 思いやりを育てる──こんな行動をどうするか）　今村裕「児童心理」（金子書房）57（10）通号789　2003.7　p952～955

◇親しい友人間にみられる小学生の「いじめ」に関する研究　三島浩路　「社会心理学研究」（日本社会心理学会）　19（1）　2003.8　p41～50

◇いじめられっ子ハリー 躾・虐待・イジメ──ハリーの向こう側に見えるもの（特集1 ハリー・ポッターのイギリス──ハリー・ポッターから読むイギリス）　中野葉子　「英語教育」（大修館書店）52（8）（増刊）　2003.10　p33～35

◇いじめの加害者像に関する考察──加害者の社会認知的技能に関する論議について　原英樹　「神奈川大学心理・教育研究論集」（神奈川大学教職課程研究室）（23）　2004　p77～84

◇事例にみるいじめ、非行とネパール異文化体験談による一般少年の心境変化──社会病理学から司法福祉援助技術として人を癒す社会・文化環境の処方へ　巻口勇一郎　「常葉学園短期大学紀要」（常葉学園短期大学）（35）　2004　p111～134

◇いじめ加害者について──国内の先行研究から　友清由希子　「福岡教育大学心理教育相談研究」（福岡教育大学心理教育相談室）　8　2004年　p61～69

◇差別やいじめも含めた様々な出来事のなかで子どもと一緒に考えていくことで、共生社会ができていく（季刊福祉労働一〇〇号記念シンポジウム 地域で自立して共に生き合う社会は、分けない・分けられない教育から）　牛島貞満　「福祉労働」（現代書館）　通号103　2004.Sum.　p15～21

◇「いじめ」を題材とした国際理解教育の実践──IT機器の活用を通して　江戸谷智章　「国立教育政策研究所紀要」（国立教育政策研究所）133　2004.3　p95～105

◇ゆがむ教師像（1）ルポ 体罰、いじめ、セクハラ……なぜ彼らは"暴力"で生徒を支配するのか　佐藤万作子　「婦人公論」（中央公論新社）89（6）通号1149　2004.3.22　p136～139

◇いじめ―教育の試金石(特集 子どもの反乱) 菅野盾樹 「Gyros」(勉誠出版) (2) 2004.5 p84～96

◇変化するいじめと悪(特集「よいこと・悪いこと」を教える) 清永賢二 「児童心理」(金子書房) 58(11)通号809 2004.8 p1060～1064

◇ゆがめられた競争―「いじめ」問題から学ぶもの 中込正樹 「青山経済論集」(青山学院大学経済学会) 56(2) 2004.9 p39～59

◇難事例編 友だちをいじめる―いじめに反応する力を高めよう(特集 叱り下手・叱り上手―こんなときどうする?) 中嶋郁雄 「児童心理」(金子書房) 58(14)通号812 2004.10 p1393～1396

◇書評 内藤朝雄著『いじめの社会理論―その生態学的秩序の生成と解体』〔含 書評に応えて〕 秦政春 「ソシオロジ」(社会学研究会) 49(2)通号151 2004.10 p121～128

◇「いじめ」をめぐる人間関係(人間関係の回復と創造―人間関係力シリーズ(2)―人間関係の危機と回復) 田原俊司 「現代のエスプリ」(ぎょうせい) (448) 2004.11 p27～35

◇思春期のいじめ―その現代的な特徴(特集 思春期の友だち関係) 池島徳大 「児童心理」(金子書房) 58(16)通号814 2004.11 p1500～1504

◇仲良しなのにいじめられる(特集 思春期の友だち関係―友だち関係に悩む子への援助) 瀬戸美奈子 「児童心理」(金子書房) 58(16)通号814 2004.11 p1544～1546

◇いじめという現実へ向かう心理学(現実に立ち向かう心理学―「心の問題」という現実へ) 戸田有一 「現代のエスプリ」(ぎょうせい) (449) 2004.12 p71～79

◇他の保護者からいじめを受けている(特集 孤立する家庭をどう支援するか―家庭の悩みQ&A) 小林奈穂美, 神村栄一 「児童心理」(金子書房) 58(17)通号815 2004.12 p1698～1701

◇いじめからの解放 「友だち」の地獄―学校制度がもたらす閉鎖的小世界におけるいじめをめぐって 内藤朝雄 「世界」(岩波書店) (734) 2004.12 p42～51

◇いじめ研究の概観と考察の試み 原英樹 「神奈川大学心理・教育研究論集」(神奈川大学教職課程研究室) (24) 2005 p57～64

◇神判に関する一考察―いじめ問題を視野において 原田順代 「関西教育学会紀要」(関西教育学会) 通号29 2005 p71～75

◇いじめのしろうと理論 過去20年の新聞記事を用いた内容分析 大野俊和 「札幌国際大学紀要」(札幌国際大学) (36) 2005 p27～37

◇女子グループ内でのいじめ場面における第三者の体験(1) 行動特徴の質的検討 友清由希子 「福岡教育大学紀要.第4分冊, 教職科編」(福岡教育大学) (54) 2005 p153～161

◇女子グループ内でのいじめ場面における第三者の体験(3)行動するときの気持ち, 見通しの質的検討 友清由希子 「福岡教育大学心理教育相談研究」(福岡教育大学心理教育相談室) 9 2005年 p37～44

◇いじめによる心の傷―被害児・加害児(特集 心が傷ついた子への援助) 河原省吾 「児童心理」(金子書房) 59(1)通号817 2005.1 p96～100

◇私の新刊『黒豹たちの教室―いじめられっこ文化人類学』ユキ・サマルカンド・著―小さなサディストたち ユキサマルカンド 「こどもの本」(日本児童図書出版協会) 31(2)通号357 2005.2 p2

◇思春期の虐待事例から(特集 児童虐待をめぐって―虐待への対応) 平岩幹男 「小児科診療」(診断と治療社) 68(2)通号798 2005.2 p320～325

◇女子グループ内でのいじめ場面における第三者の体験(2) 行動理由の質的検討 友清由希子 「教育実践研究」(福岡教育大学教育学部附属教育実践総合センター) (13) 2005.3 p121～126

◇教師刺殺少年を生んだ「大甘家庭」と「イジメ隠し」 「週刊現代」(講談社) 47(9)通号2318 2005.3.5 p190～193

◇教職総合演習での「即興劇による教育問題の体験化」―「いじめ」「非行」「不登校」「学級崩壊」を題材にして 武田富美子, 古賀徳子 「沖縄国際大学人間福祉研究」(沖縄国際大学人間福祉学会) 4(1) 2005.6 p115～124

◇現代の子どもといじめについての考察―青年期におけるいじめの意識調査　平松芳樹　「中国学園紀要」（中国学園大学）　(4)　2005.6　p37～42

◇群集化交友集団のいじめに関するエージェントベースモデル　前田義信, 今井博英　「電子情報通信学会論文誌. A, 基礎・境界」（電子情報通信学会基礎・境界ソサイエティ）88(6)通号450　2005.6　p722～729

◇面接対策1/想定Q&Aで考える面接試験―このテーマの出題背景と解答例（第6回）今月の面接テーマ「学習指導要領の一部改正」「いじめ・虐待問題」(2005学校管理職研修)　古川治　「総合教育技術」（小学館）　60(9)　2005.9　p136～139

◇いじめ集団の背景にあるもの（特集 身近なコミュニケーション）　加納勲夫　「子どものしあわせ」（草土文化）　通号656　2005.10　p21～26

◇生徒指導MONTHLY情報(31)平成16年度の暴力行為、いじめ、高校中退等の現状について　文部科学省初等中等教育局児童生徒課　「月刊生徒指導」（学事出版）　35(13)　2005.11　p74～76

◇日本はいじめ天国　深江誠子　「公評」（公評社）　42(10)　2005.11　p72～77

◇いじめ（特集 不登校・いじめ・非行・虐待……子どものサインに気づく―事例に学ぶ 問題の早期発見・早期対応）　中司博之　「児童心理」（金子書房）　59(16)通号832　2005.11　p1515～1519

◇いじめ加害者の類型からみた日本のいじめの特質（第IV部 学校における「いじめ」問題の研究による知見）　添田久美子　「いじめととりくんだ国々 日本と世界の学校におけるいじめへの対応と施策」（ミネルヴァ書房）　2005.12　p174

◇いじめ問題の発達的, 体系的な展望（第IV部 学校における「いじめ」問題の研究による知見）　デブラペプラー, ウエンディクレイク　「いじめととりくんだ国々 日本と世界の学校におけるいじめへの対応と施策」（ミネルヴァ書房）　2005.12　p186

◇「いじめ」に巻き込まれた人々の登場人物と社会的な人間関係の創造（第IV部 学校における「いじめ」問題の研究による知見）　ディエターヴォルケ, ムサナサマラ, サラウッズ　「いじめととりくんだ国々 日本と世界の学校におけるいじめへの対応と施策」（ミネルヴァ書房）　2005.12　p219

◇「暴力行為」「いじめ」増加の要因と背景を調査して（特集 子どもたちの暴力行為・いじめ）　森田洋司　「月刊生徒指導」（学事出版）　35(15)　2005.12　p6～9

◇書評 今津孝次郎［著］『いじめ問題の発生・展開と今後の課題』　北澤毅　「教育社会学研究」（東洋館出版社）　79　2006　p141～143

◇ロゴセラピーと現代―いじめの構造（特集 スピリチュアリティと現代のこころ）　永田勝太郎　「心と社会」（日本精神衛生会）　37(4)通号126　2006　p17～24

◇子どもの「いじめ」問題―児童臨床の立場から事例をもとに　深谷和子　「子ども社会研究」（日本子ども社会学会, ハーベスト社）　(12)　2006　p106～123

◇学校におけるいじめに関する一考察　酒井亮爾　「心身科学部紀要」（愛知学院大学心身科学会）　(1)　2006　p41～49

◇高校生の生活習慣とストレス対処および攻撃受動性に関する研究　金子恵一, 服部洋兒, 村松常司［他］　「東海学校保健研究」（東海学校保健学会）　30(1)　2006　p11～21

◇いじめ被害者への否定的評価に関する要因分析―シナリオを用いた質問紙実験　熊谷隼　「東洋大学大学院紀要」（東洋大学大学院）　43（社会学・福祉社会）　2006　p35～54

◇いじめ問題の根本的解決と民主的学校生活　川野哲也　「東筑紫短期大学研究紀要」（東筑紫短期大学）　(37)　2006　p143～156

◇児童生徒の問題行動の風土的考察―いじめ問題の背景と解決の視点　中谷彪　「武庫川女子大学紀要. 人文・社会科学編」（武庫川女子大学）　54　2006　p29～37

◇いじめをやめて―私は学校へ行きたい（特集 子どもの発達と権利条約）　藤宮直子　「子どものしあわせ」（草土文化）　通号659　2006.1　p16～19

◇見えにくい「ふつうの子」のいじめ（特集「ふつうの子」の悩みに気づく）　楠凡之　「児童心

◇理」（金子書房）　60（1）通号835　2006.1　p53〜58

◇子どもホンネ座談会(11)子どもたちは「いじめ」をどう考えているか　奥野真人　「月刊生徒指導」（学事出版）　36（3）　2006.2　p32〜35

◇いじめとの教育的対峙におけるロゴテラピーと実存分析　澤たか子, 舩尾日出志　「愛知教育大学研究報告, 教育科学編」（愛知教育大学）　55　2006.3　p137〜145

◇講演録　子どもは大人のパートナー──いじめ、虐待、少年非行の現場から　坪井節子　「人権のひろば」（人権擁護協力会）　9（2）通号48　2006.3　p14〜18

◇学校におけるいじめに関する一考察　酒井亮爾　「心身科学部紀要」（愛知学院大学心身科学会）　（1）　2006.3　p41〜49

◇身体的児童虐待経験がいじめ行動に与える影響について　前小屋千絵　「人間科学論究」（常磐大学大学院人間科学研究科）　14　2006.3　p17〜29

◇時報サロン　家庭問題よろず相談室（143）いじめと自尊心　家庭問題情報センター　「戸籍時報」（日本加除出版）　（598）　2006.5　p61〜63

◇いじめ概念の憲法学的検討──児童・生徒の安全再構築のために（憲法学の新展開）　中富公一　「名古屋大学法政論集」（名古屋大学大学院法学研究科）　通号213　2006.9　p77〜111

◇いじめ列島ニッポン　学校が地獄になった日　「週刊現代」（講談社）　48（42）通号2401　2006.11.11　p170〜173

◇みのもんたが「イジメ問題」で叱った超有名「お笑いタレント」（ワイド続・「人生の答」の出し方）「週刊新潮」（新潮社）　51（43）通号2571　2006.11.16　p51〜52

◇オピニオン縦横無尽（667）いじめには負けない強さを持つしかない　大人社会ではよりひどいいじめが待つ　櫻井よしこ　「週刊ダイヤモンド」（ダイヤモンド社）　94（45）通号4156　2006.11.25　p131

◇私の教育論　イジメは卑怯者のやることだと徹底的に教えること　そして…　茂木弘道　「月刊カレント」（潮流社）　43（12）通号748　2006.12　p36〜39

◇時事開顕「いじめ」問題は日本の危機なり──人間の心を戻す近道は教育勅語によるべし　小川主税　「国体文化：国家なき時代を領導する」（日本国体学会）　（992）　2006.12　p48〜51

◇中央展望（NO.981）いじめの問題への取組の徹底について（通知）　銭谷眞美　「社会教育」（全日本社会教育連合会）　61（12）通号726　2006.12　p68〜71

◇怒りについての青年期の心理的特徴──"Y"の事例　宮野祥雄　「上武大学経営情報学部紀要」（上武大学経営情報学部）　（29）　2006.12　p15〜31

◇ニュース　学校におけるいじめ問題に関する基本的認識と取組のポイント　「初等教育資料」（東洋館出版社）　（815）　2006.12　p92〜85

◇ニュース　いじめの問題への取組の徹底について（通知）　銭谷眞美　「初等教育資料」（東洋館出版社）　（815）　2006.12　p99〜93

◇相談ネットワーク通信（39）わたしたちの背負ったもの（13）見えていますか　子どもの心が　いじめをなくすために（2）　難波一夫　「人権21：調査と研究」（おかやま人権研究センター）（185）　2006.12　p68〜70

◇「教育」堕落の元凶・教育委員会の無責任──いじめ、未履修問題など　「Themis」（テーミス）　15（12）通号170　2006.12　p12〜13

◇ビートたけしの21世紀毒談（第864回）「教師の体罰禁止」「子供は平等で競争はいけない」が実はいじめの元凶なんだっての！　ビートたけし　「週刊ポスト」（小学館）　38（50）通号1889　2006.12.1　p177〜179

◇探偵社に依頼殺到中　お子さんの「いじめ」調べます　「週刊朝日」（朝日新聞出版）　111（66）通号4792　2006.12.29　p125〜127

◇「いじめ」は子どもたちが「いい子」でいなければならなくなったときから始まった──「いじめ」を防ぐのは基本的人権の認識（いじめ・ハラスメントと仕事のストレス──あらためて職場の「人権」を考える──いじめ・ハラスメントの構造を探る）　青木悦　「女も男も」（労働教育センター）（109）　2007.春・夏　p4〜9

◇子どもの「いじめ」はおとな社会のそれと酷似している──「三多摩　学校・職場のいじめホットライン」の窓口から（いじめ・ハラスメントと

◇仕事のストレス—あらためて職場の「人権」を考える—労働相談・いじめ相談の窓口から 「女も男も」(労働教育センター) (109) 2007.春・夏 p36〜40

◇子どもたちのいるところ(28)いじめで子どもが死んでいく日々 下河辺牧子 「子どもと昔話」(小澤昔ばなし研究所) (30) 2007.冬 p28〜32

◇生きにくさを抱える子どもたち—生物学的基盤から社会的環境まで 室橋春光 「子ども発達臨床研究」(北海道大学大学院教育学研究院附属子ども発達臨床研究センター) (1) 2007 p11〜17

◇邪魔な娘は消せ!(オッドガールアウト)—すえのぶけいこの三作品に描かれる、「少女間のいじめ」をめぐって(特集 くりかえし、見つめなおす—わたしが自明視(シカト)してきたもの) 髙橋すみれ 「女性学年報」(日本女性学研究会「女性学年報」編集委員会) (28) 2007 p41〜65

◇いじめ問題・履修漏れなどが噴出の中「新・教育基本法」がついに成立!! 「政財界さいたま」(北関東新聞社) 2007年(2月) [2007] p36〜49

◇微温湯的な認識が「教育再生会議」のお灸で一変 当事者意識麻痺の戸張吉川市長にいじめ防止ができるのか? 「政財界さいたま」(北関東新聞社) 2007年(2月) [2007] p112〜115

◇ニューパースペクティヴズ 卑怯のタブー—なぜ、いじめはなくならないか 岸田秀 「大航海 : 歴史・文学・思想」(新書館) (62) 2007 p18〜23

◇いじめに関する心理学的一考察 神谷かつ江 「東海女子短期大学紀要」(東海女子短期大学) (33) 2007 p45〜52

◇いじめ場面における第三者の傍観・仲裁行動の発生・抑制要因の探索的研究 塚本琢也, 田名場忍 「弘前大学大学院教育学研究科心理臨床相談室紀要」(弘前大学教育学部心理臨床相談室) (4) 2007 p19〜29

◇ゼロ・トレランスと子どもの権利規範の社会的形成—「いじめ・体罰」問題および市民活動から 喜多明人 「フィロソフィア」(早稲田大学哲学会) 通号95 2007 p134〜113

◇「いじめ」再考—「いじめ」の存在論的解釈をめざして 野村洋平 「龍谷大学社会学部紀要」(龍谷大学社会学部学会) (30) 2007 p33〜43

◇産業レポート 日本は米国に次ぐ貧富の格差社会—いじめ、虐待、子殺しの根っこに貧困 経済効率より人が豊かに生きる指標を 霞三郎 「月刊経済」(月刊経済社) 54通号643 2007.1 p10〜13

◇いじめの現場に響く子供たちの悲しいうめき 伊藤秀雄 「実業界」(実業界) (935) 2007.1 p98〜101

◇哲学者というならず者がいる(28)いじめの「本当の」原因 中島義道 「新潮45」(新潮社) 26(1)通号297 2007.1 p158〜161

◇平成18年の青少年問題—いじめと自宅放火 岡本吉生 「青少年問題」(青少年問題研究会) 54(新年)通号625 2007.1 p32〜39

◇いじめと世間(グラビア)(解剖学者の眼〔58〕) 養老孟司〔文〕 「Voice」(PHP研究所) 通号349 2007.1 p27〜28

◇ユニクロ柳井正の「経営という仕事」(93)「いじめ問題をどう考える?」ほか 柳井正 「日経ビジネスassocie」(日経BP社, 日経BPマーケティング (発売)) 6(2)通号116 2007.1.16 p58〜60

◇宮崎学 "突破者"はいじめっ子の父親をなぜどついたのか?(異論暴論ワイド オレたち勝手に教育再生会議) 宮崎学 「週刊朝日」(朝日新聞出版) 112(3)通号4795 2007.1.26 p38

◇矢部美穂 いじめられっ子が待っている先生と親からのある"一言"(異論暴論ワイド オレたち勝手に教育再生会議) 「週刊朝日」(朝日新聞出版) 112(3)通号4795 2007.1.26 p123

◇東アジアの対日論調 11月分 いじめ問題に関心寄せる中韓メディア 佐々木真 「Jiji top confidential」(時事通信社) (11375) 2007.1.30 p12〜16

◇家族の呼び方と子ども観について—「いじめ」や虐待の問題を考える手がかりとして 佐藤達全 「育英短期大学研究紀要」(育英短期大学) (24) 2007.2 p23〜36

◇女子のいじめと人間関係(特集/今日の子どもの「攻撃性」と教育)　片岡洋子　「教育」(国土社)　57(2)　通号733　2007.2　p56～63

◇いじめを考える―ゼロトレランスに関連して(特集 いじめ問題、緊急対応!!)　加藤十八　「月刊生徒指導」(学事出版)　37(3)　2007.2　p20～25

◇いじめ事象に「本気」で取り組むための一提言(特集 いじめ問題、緊急対応!!)　中村健　「月刊生徒指導」(学事出版)　37(3)　2007.2　p34～37

◇いじめ問題に関する緊急アピール　「月刊生徒指導」(学事出版)　37(3)　2007.2　p42～45

◇対話 ヒトはなぜいじめるのか？京都大学大学院教授 山極寿一×ジャズサックス奏者 坂田明　山極寿一、坂田明　「公研」(公益産業研究調査会)　45(2)　通号522　2007.2　p22～38

◇相談ネットワーク通信(40) わたしたちの背負ったもの(14) 見えていますか 子どもの心が いじめをなくすために(3)　難波一夫　「人権21：調査と研究」(おかやま人権研究センター)　(186)　2007.2　p70～73

◇「いじめ」とは何か―酒鬼薔薇事件の中学校長が提言する　岩田信義　「新潮45」(新潮社)　26(2)　通号298　2007.2　p86～93

◇あこがれを手放すとき―いじめを考える(第2特集 生きる力を豊かに 「いじめ」を社会からなくしたい)　清水眞砂子　「婦人之友」(婦人之友社)　101(2)　2007.2　p132～135

◇我が国におけるいじめ文献リスト(その1)単行本　市川千秋、宇田光、市川昌人［他］　「学校カウンセリング研究」(日本学校カウンセリング学会)　(9)　2007.3　p55～61

◇「第3次いじめ注目期」にあたり、子どもの人権問題としていじめを考える(特集 法科大学院における実践的憲法教育)　瀬戸則夫　「関西大学大学院法務研究科法科大学院ジャーナル」(関西大学大学院法務研究科)　(2)　2007.3　p29～34

◇教育課題としてのいじめ―いじめ問題を通じて何を教育すべきか(特集 子どもの心と教育―いじめ問題)　森田洋司　「教育展望」(教育調査研究所)　53(2)　通号574　2007.3　p4～11

◇教育一刀両断(12)「いじめ」善悪の規範意識の崩壊―その実態と対策　奥野真人　「月刊生徒指導」(学事出版)　37(4)　2007.3　p46～49

◇ことばにできない心の叫びを受け止めて―「いじめ」の本質と心の被害について―夢と未来を奪い、心を破壊する「虐待」と「いじめ」―「いじめ」は犯罪です―「いじめ防止法」を　但田孝之　「研究紀要」(北海道中央児童相談所)　(28)　2007.3　p109～141

◇作協ニュース引っ越し一周年記念インタビュー1 山田太一さんに聞く(後篇)いじめてる奴よりいじめられてる奴の方がカッコイイと思えてくるようなドラマを書きたい(日本シナリオ作家協会ニュース(第351号))　山田太一、荒井晴彦　「シナリオ」(シナリオ作家協会)　63(3)　通号704　2007.3　p巻末2～9

◇「優しい関係」の社会病理―今日のいじめ問題から見えるもの　土井隆義　「社会学ジャーナル」(筑波大学社会学研究室)　(32)　2007.3　p1～16

◇歯止めなきいじめは戦場も同然(特集 いじめはなくせるのか―十人十色 私の「いじめ」「いじめられ」体験―こうして「いじめ」を克服すべし)　清水義範　「諸君！」(文藝春秋)　39(3)　2007.3　p148～150

◇社会的比較、準線形順位制、アージ・システム―戸田(1992)のアージ理論の適用による「いじめ」現象の理解　金子康朗　「人文・自然科学研究：釧路公立大学紀要」(釧路公立大学)　(19)　2007.3　p39～65

◇現代日本文学における暴力・青年と文学　MatthewC. Strecher　「東洋大学人間科学総合研究所紀要」(東洋大学人間科学総合研究所)　(7)　2007.3　p209～220

◇座談会「いじめ」をめぐって―子どもの世界、おとなの世界(特集「いじめ」について考える)　大森順子　「はらっぱ：こどもとおとなのパートナーシップ誌」(子ども情報研究センター)　(271)　2007.3　p3～8

◇いじめ体験における忘却について　佐藤由佳利, 盛合智絵　「北海道教育大学教育実践総合センター紀要」(北海道教育大学教育実践総合センター)　(8)　2007.3　p133～137

◇史談往来/北から南から「いじめ」今、昔　川村一彦　「歴史研究」（歴研）　49(3)通号549　2007.3　p9〜11

◇いじめ問題についての教育学的・経営学的研究（その1）　五十嵐敦子, 柳川高行　「論集」（白鴎大学発達科学部）　3(2)　2007.3　p133〜173

◇新連載 格差・いじめ問題の解決は熟年の知恵で（第1回）熟年世代の定年退職なんて言っていられない。社会の活性化は高齢者を元気づけることから始まる　山口隆祥　「財界」（財界研究所）　55(6)通号1380　2007.3.13　p68〜71

◇「いじめ」に関する最近の傾向（特集　いじめ発見・対応の学校システム構築）　「学校マネジメント」（明治図書出版）　46(5)通号601　2007.4　p7〜9

◇小中学生のいじめとアンガーマネージメントの進め方（特集1 がまんする力をどう育むか）　本田恵子　「教育と医学」（慶應義塾大学出版会）　55(4)通号646　2007.4　p328〜336

◇いじめはなぜなくならないのですか？（経済学ことはじめ）　永谷敬三　「経済セミナー」（日本評論社）　通号625　2007.4　p27〜29

◇いじめ—評価・消費社会の到着地（特集＝教育の未来—国家・格差・現場）　小沢牧子　「現代思想」（青土社）　35(5)　2007.4　p106〜115

◇どんな理由であれ「いじめ」は絶対に許されない!!　伊藤秀雄　「実業界」（実業界）　(938)　2007.4　p94〜97

◇チャイルドラインからみたいじめ問題—まずは子どもの気持ちを受け止めて（特集「いじめ」と子どもの自殺—いま「いじめ」はどうなっているか—その実態と背景）　徳丸のり子　「児童心理」（金子書房）　61(5)通号857　2007.4　p483〜488

◇「いじめ」とそうでないものの境界はどこか（特集「いじめ」と子どもの自殺—いま「いじめ」はどうなっているか—その実態と背景）　清永賢二　「児童心理」（金子書房）　61(5)通号857　2007.4　p499〜502

◇インタビュー クローズ・アップ！ いじめ問題を解決するために必要なこと　前島章良　「児童心理」（金子書房）　61(5)通号857　2007.4　p504〜511

◇いじめっ子に育てない・いじめを見過ごさない子に育てる・子どもをいじめから守る（特集「いじめ」と子どもの自殺—「いじめ」「自殺」を止めたい！—その予防と対応）　高橋良臣　「児童心理」（金子書房）　61(5)通号857　2007.4　p531〜535

◇私も大切、あなたも大切—いじめ問題解決に向けて（特集 いじめはなくせる！）　伊藤泰和　「じんけん：心と心、人と人をつなぐ情報誌」（滋賀県人権センター）　(312)　2007.4　p9〜17

◇わたしたちの背負ったもの(14)見えていますか子どもの心が—いじめをなくすために(4)　難波一夫　「人権21：調査と研究」（おかやま人権研究センター）　(187)　2007.4　p70〜73

◇群れて遊ぶ—イジメ考（特集『子どもの育ち』に今何が必要か—子どもの健やかな育ち）　碇浩一　「世界の児童と母性」（資生堂社会福祉事業財団）　62　2007.4　p55〜58

◇「学校へ行きたくない」がいじめのサイン（特集 いじめを考える）　内田良子　「部落解放」（解放出版社）　(580)　2007.4　p32〜39

◇学研教育総研 スペシャルレポート（第13回）河村茂雄 都留文科大学・大学院教授 いじめ・学級崩壊を引き起こしやすい「なれあい」型学級 その増加原因と問題点　河村茂雄, 古川隆　「NEW教育とコンピュータ」（学習研究社）　23(4)　2007.4　p24〜27

◇物語が「いじめない心」をつくる 普通の子どもになんて、ならなくてもいい（特集 子育ての正解は「自分流」）　柳美里　「婦人公論」（中央公論新社）　92(9)通号1223　2007.4.22　p38〜40

◇いじめに見る子どもの「規範意識」（特集 子どもの「規範意識」がなぜ崩れたか—子どもの「規範意識」の現状と問題点）　河田孝文　「現代教育科学」（明治図書出版）　50(5)通号608　2007.5　p29〜32

◇中村敏雄のスポーツ批評「いじめ」の体質　中村敏雄　「現代スポーツ評論」（創文企画）　(16)　2007.5　p112〜117

◇近況三題 "日清談判"破裂して レンタル核、体罰といじめ　秦郁彦　「自由」（自由社）　49(5)通号567　2007.5　p67〜75

◇子どもの人格の危機と「いじめ」問題(特集「いじめ」問題の解決の方向) 楠凡之 「人権と部落問題」(部落問題研究所) 59(6)通号759 2007.5 p25～33

◇いじめ(人権キーワード2007—子ども) 喜多明人 「部落解放」(解放出版社) (582)(増刊) 2007.5 p54～57

◇メディアフィロソフィー(第2回)春は〈いじめ〉の季節 高田明典 「文學界」(文藝春秋) 61(5) 2007.5 p292～295

◇みんなで考えよう！子育て教育ぼくわたし(第3回)いじめ 大星光史 「こころのオアシス：養護教諭応援マガジン」(健学社) 5(6)通号52 2007.6 p22～24

◇相談ネットワーク通信(52)わたしたちの背負ったもの―見えていますか 子どもの心が(16)いじめをなくすために(5) 難波一夫 「人権21：調査と研究」(おかやま人権研究センター) (188) 2007.6 p66～68

◇恥はかかせろ、いじめはなくすな(小特集 子育て地獄) 戸塚宏 「新潮45」(新潮社) 26(6)通号302 2007.6 p219～224

◇教育再生シリーズ バカ親、クソガキ、ダメ教師(第2回)「親」という強烈ないじめ発生装置 堀和世 「サンデー毎日」(毎日新聞社) 86(25)通号4821 2007.6.17 p130～133

◇いじめについての生の声を聴取―文科省有識者会議が2回目の「子ども会議」 「内外教育」(時事通信社) (5746) 2007.6.22 p6～7

◇「いじめ」問題と子どもの生活世界(特集「いじめ」を考える―「いじめ」を考える) 福井雅英 「教育」(国土社) 57(7)通号738 2007.7 p4～11

◇「いじめてよい理由」なんて絶対にありません(特集「いじめ」を考える―「いじめ」相談の現場から) 前島章良 「教育」(国土社) 57(7)通号738 2007.7 p45～49

◇生徒指導におけるゼロトレランス方式導入の問題点(特集「いじめ」を考える―「いじめ」をめぐる問題) 船橋一男 「教育」(国土社) 57(7)通号738 2007.7 p98～103

◇いじめの現状・構造と日本の救済制度―人権と法の視点から(特集 いじめ・非行と子どもの権利) 安藤博 「子どもの権利研究」(子どもの権利条約総合研究所, 日本評論社(発売)) (11) 2007.7 p4～9

◇座談会 「いじめ」状況と児童文学(特集：児童文学から「いじめ」を見る) さとうまきこ, 花形みつる, 山口理[他] 「日本児童文学」(日本児童文学者協会, 小峰書店(発売)) 53(4)通号570 2007.7・8 p8～21

◇80年代以降日本の児童文学はいじめをどう描いてきたか(特集：児童文学から「いじめ」を見る) 広瀬恒子 「日本児童文学」(日本児童文学者協会, 小峰書店(発売)) 53(4)通号570 2007.7・8 p22～27

◇特集 いじめ(特集 いじめ) 「人権21：調査と研究」(おかやま人権研究センター) (189) 2007.8 p3～5

◇いじめの社会学 序(特集 いじめ) 岩間一雄 「人権21：調査と研究」(おかやま人権研究センター) (189) 2007.8 p29～33

◇相談ネットワーク通信(43)わたしたちの背負ったもの―見えていますか 子どもの心が(17)いじめをなくすために(6) 難波一夫 「人権21：調査と研究」(おかやま人権研究センター) (189) 2007.8 p76～80

◇子どものいじめをめぐって―その深層と対応 井上勝夫 「こころの科学」(日本評論社) 通号135 2007.9 p2～7

◇学校におけるいじめ問題 岡村美保子 「レファレンス」(国立国会図書館調査及び立法考査局) 57(9)通号680 2007.9 p77～93

◇いじめを組織論する 遠田雄志, 高橋量一 「経営志林」(法政大学経営学会) 44(3) 2007.10 p1～14

◇子どもの現在―いじめを問い直す(特集 子どもをめぐる政府責任) 小玉亮子 「月刊自治研」(自治労システムズ自治労出版センター) 49通号577 2007.10 p20～28

◇「いじめ特集」を読んで―小学校の現場から 江戸和子 「人権21：調査と研究」(おかやま人権研究センター) (190) 2007.10 p68～70

◇人権教育時代の同和教育の実践(8) 人権教育からみたいじめ問題 桂正孝 「現代教育科学」(明治図書出版) 50(11)通号614 2007.11 p86～90

◇キレてしまう，キレやすい（特大号　こんなときどうする「学校保健」－すべきこと，してはいけないこと－行動）　平岩幹男　「小児科診療」（診断と治療社）　70(11)通号834　2007.11　p1919～1922

◇子どもは時代のカナリヤ－「いじめ」から考える（教育の管理化・市場化のなかで障害児は？）　青木悦　「人権と教育」（障害者の教育権を実現する会，社会評論社）　通号47　2007.11　p23～27

◇いじめ問題と子どもの心のケア　高野弘幸　「京都光華女子大学研究紀要」（京都光華女子大学）　(45)　2007.12　p187～210

◇「いじめ」の社会学（第1講）いじめとは？－いじめの定義　岩間一雄　「人権21：調査と研究」（おかやま人権研究センター）　(191)　2007.12　p66～71

◇講演会　芹沢俊介氏講演－「いじめ」について考えてきたこと　芹沢俊介　「人間関係学研究」（日本人間関係学会）　14(1)　2007.12　p65～72

◇次世代にどのような社会を贈るのか？いじめ，差別，戦争は何故なくならないのか？－人間について，動物行動学が語るもの　上田恵介　「日本生物地理学会会報」（日本生物地理学会）　62　2007.12.20　p113～123

◇日々の実践をとおしていじめ問題を考える（第22回［日本学校教育学会］研究大会の概要－課題研究「いじめ問題」再考－近年の教育改革論議を現場からの視点で捉え直す）　永井孝典　「学校教育研究」（日本学校教育学会，教育開発研究所（売））　通号23　2008　p214～217

◇いじめの集団的性質と指導上の問題点　原英樹　「神奈川大学心理・教育研究論集」（神奈川大学教職課程研究室）　(27)　2008　p79～85

◇「学級」という集団構造と「いじめ」問題－〈同一年齢原理〉再考　久冨善之　「〈教育と社会〉研究」（一橋大学〈教育と社会〉研究会）　(18)　2008　p18～27

◇現代青年に見られる"いじめ体験における実感のなさ"について－"解離"という特性に注目して　廣澤愛子　「現代の社会病理」（日本社会病理学会）　(23)　2008　p141～155

◇いじめの捉え方と対処の仕方について－福祉心理学の視点から　平野信喜　「聖カタリナ大学・聖カタリナ大学短期大学部研究紀要」（聖カタリナ大学）　(20)　2008　p11～30

◇性的マイノリティとトラウマ（特集　ジェンダーとトラウマ）　石丸径一郎　「トラウマティック・ストレス：日本トラウマティック・ストレス学会誌」（日本トラウマティック・ストレス学会）　6(2)通号11　2008　p129～136

◇文化社会心理学の観点からいじめを読み解く（特集　いま，改めて問いなおす『いじめ問題と養護教諭，そして保健室』－他学領域からの視点）　杉森伸吉　「日本健康相談活動学会誌」（日本健康相談活動学会）　3(1)　2008　p15～20

◇「いじめ」に向き合い生まれた絆－部落差別の払拭をめざして（特集　マイノリティのための教育－エンパワメントをめざして）　古田圭策　「ひょうご部落解放」（ひょうご部落解放・人権研究所）　129　2008.夏　p39～53

◇いじめ場面における傍観者の役割取得と共感が自身のいじめ関連行動に及ぼす影響　蔵永瞳，片山香，樋口匡貴［他］　「広島大学心理学研究」（広島大学大学院教育学研究科心理学講座）　(8)　2008　p41～51

◇私の新刊［今関信子・文　尾木直樹・解説］『ぼくらが作った「いじめ」の映画』　今関信子　「こどもの本」（日本児童図書出版協会）　34(2)通号394　2008.2　p2

◇「いじめ」の社会学（第2講）いじめの心理　岩間一雄　「人権21：調査と研究」（おかやま人権研究センター）　(192)　2008.2　p54～59

◇人権シンポジウム　家庭のなかの人権問題－虐待・いじめの視点から（学校・家庭のなかの人権研究－虐待・いじめ問題について）　渡邉満，住本克彦，安原一樹［他］　「研究紀要」（兵庫県人権啓発協会）　9　2008.3　p51～67

◇いじめ被害経験者の原因帰属および対処法　八田純子　「心身科学部紀要」（愛知学院大学心身科学会）　(3)　2008.3　p89～94

◇「いじめ」の構造に関する一考察　塚本順子　「天理大学人権問題研究室紀要」（天理大学人権問題研究室）　(11)　2008.3　p29～34

◇いじめ加害者達の社会的スキルといじめ継続期間の関連　大野晶子　「日本女子大学大学院人

間社会研究科紀要」(日本女子大学大学院人間社会研究科) (14) 2008.3 p149～161

◇特集 こども環境学会2008年大会(東海) こどものまなざしで―ゆめちょうだい いっしょにころんで いじめないで 「こども環境学研究」(こども環境学会, 萌文社) 4(1)通号9 2008.4 p1～132

◇いじめられている子の居場所―傷ついた心のよりどころとして(特集 子どもの居場所づくり) 後藤智子 「児童心理」(金子書房) 62(5)通号875 2008.4 p486～490

◇「いじめ」の社会学(第3講)いじめられる子 岩間一雄 「人権21：調査と研究」(おかやま人権研究センター) (193) 2008.4 p48～53

◇"いじめ"問題の四半世紀(学内論説 規範意識をどう育てるか―現代社会のひろがりの中で) 加藤滋紀 「人と教育 : 目白大学教育研究所所報」(目白大学教育研究所) (2) 2008.4 p103～108

◇着替えを盗撮してサイトにアップ、コンドームを上履きに… 先生も親も気がつかない「最新いじめ事情」 新郷由起 「週刊文春」(文芸春秋) 50(15)通号2473 2008.4.10 p50～53

◇通信・議会質疑 話題の質問ダイジェスト―地方議会での論争から いじめの撲滅 「週刊教育資料」(教育公論社) (1024)通号1154 2008.4.21 p24～25

◇中学生のいじめに否定的な仲間集団の規範について 大西彩子, 吉田俊和 「応用心理学研究」(日本応用心理学会) 33(2) 2008.5 p84～93

◇講演録 子どもの人権といじめ問題 尾木直樹 「人権のひろば」(人権擁護協力会) 11(3)通号61 2008.5 p15～19

◇インタビュースペシャル 和田アキ子 親は子をもっと叱れ!!子はイジメをはね返せ 和田アキ子, 鈴木美潮 「読売ウイークリー」(読売新聞東京本社) 67(20・21)通号3129 2008.5.11・18 p114～117

◇いじめ・いじめられ問題(特集II 人間にとって教育とは何か) 横湯園子 「自然と人間の破壊に抗して」(学文社) 2008.6 p105

◇いじめの現実と文芸教育(特集II 人間にとって教育とは何か) 麻生信子 「自然と人間の破壊に抗して」(学文社) 2008.6 p119

◇妬みといじめ(特集 子どもの嫉妬心―妬み、やっかみ、やきもちにどう対応するか) 楠凡之 「児童心理」(金子書房) 62(8)通号878 2008.6 p737～741

◇「いじめ」の社会学(第4講)中間全体主義 岩間一雄 「人権21：調査と研究」(おかやま人権研究センター) (194) 2008.6 p48～53

◇いじめに思う 足立誠太郎 「育てる」(育てる会) (479) 2008.6 p17～19

◇ニュースの焦点 国立教育政策研究所生徒指導研究センターの研究指定校の実践から(中)「子どもサミット」開催し、子どもが中心に「いじめ」解決―兵庫県明石市立大久保中学校 岸本至弘 「週刊教育資料」(教育公論社) (1032)通号1162 2008.6.23 p37

◇学校教育の病理としてのいじめ(特集 現代日本の社会病理) 岩間一雄 「日本の科学者」(日本科学者会議, 本の泉社(発売)) 43(6)通号485 2008.6 p290～295

◇著者インタビュー いじめっこもいじめられっこも抱きしめたい 中島啓江 「女性のひろば」(日本共産党中央委員会, 日本共産党中央委員会出版局(発売)) 通号353 2008.7 p126～129

◇学校事務職員フレッフレー！いじめと不公平のない社会作り 本多信一 「学校事務」(学事出版) 59(10) 2008.10 p107～104

◇いじめ問題に関するシンポジウムを開催して 中島純男 「人権21：調査と研究」(おかやま人権研究センター) (196) 2008.10 p18～22

◇「いじめ」の社会学(第5講)いじめと現代 岩間一雄 「人権21：調査と研究」(おかやま人権研究センター) (196) 2008.10 p23～28

◇いじめ問題と子どもの権利条約 三宅良子 「地域と人権」(全国地域人権運動総連合) (298) 2008.12 p29～32

◇現代の人権(9)いじめと人権 中富公一 「法学セミナー」(日本評論社) 53(12)通号648 2008.12 p巻頭1p

◇評の評 [2008年] 11月後期の新聞 暴力・いじめ調査への不信と不満 「内外教育」(時事通信社) (5873) 2008.12.9 p19～21

◇世界の動き　研究や対策は世界のトップレベル―日本の「いじめ」を国際的に見る　滝充　「内外教育」（時事通信社）　（5877）　2008.12.26　p6～8

◇記念講演　現代のいじめ（日本学校メンタルヘルス学会　第12回大会講演記録）　山脇由貴子　「学校メンタルヘルス」（日本学校メンタルヘルス学会）　12（2）　2009　p21～27

◇種子島のいじめに関する社会学的考察：集落構造の観点から　清川康雄　「九州教育学会研究紀要」（九州教育学会）　37　2009　p97～104

◇児童・青年の発達に関する研究動向といじめ研究の展望（わが国の最近1年間における教育心理学の研究動向と展望―発達部門）　戸田有一　「教育心理学年報」（日本教育心理学会）　49　2009年度　p55～66

◇いじめ問題と大人の意識（特集　若者・子どもの生きにくさ―日常性に潜む「病い」）　竹川郁雄　「現代の社会病理」（日本社会病理学会）　（24）　2009　p19～30

◇「人間の飛蝗（ひこう）」をさまたげるための、心理―社会的秩序生態学の構想―いじめ研究の成果から生じるあらたな学問領域と実践領域の生成（特集　若者・子どもの生きにくさ―日常性に潜む「病い」）　内藤朝雄　「現代の社会病理」（日本社会病理学会）　（24）　2009　p31～44

◇友人集団形成傾向といじめ特性との関連についての日英比較研究　金綱知征　「甲子園大学紀要」（甲子園大学）　（37）　2009　p161～171

◇会長講演　イジメラレーズ（第49回日本児童青年精神医学会総会特集(1)スローガン：絆と連携）　松田文雄　「児童青年精神医学とその近接領域」（日本児童青年精神医学会）　50（3）　2009　p191～195

◇回顧的に報告されたいじめ体験の分析　大久保純一郎, 大久保千惠　「人間環境科学」（帝塚山大学人間環境科学研究所）　18　2009　p1～11

◇大学生が経験したいじめの質的分析(3)中学校1～3年時の経験　会沢信彦, 平宮正志　「文教大学教育学部紀要」（文教大学）　通号43　2009　p5～12

◇親しい友人間における「いじめ」と性差―小学生の場合　藤原正光, 鵜飼彩乃　「文教大学教育学部紀要」（文教大学）　通号43　2009　p71～79

◇スクールソーシャルワークと子どもの権利擁護―子どもの代弁機能, 保護者・学校間の調停機能について　加藤純　「ルーテル学院研究紀要：テオロギア・ディアコニア」（ルーテル学院大学）　（43）　2009　p63～73

◇小国⇔土井の　ここが問題・だから問題(1)アメリカから見た日本のいじめ　小国綾子　「青少年問題」（青少年問題研究会）　56（新年）通号633　2009.1　p52～55

◇「学級集団と友人関係」をめぐる諸問題への社会心理学的接近　山中一英　「兵庫教育大学研究紀要」（兵庫教育大学）　34　2009.2　p23～34

◇Bullying and harassment in Japanese schools（国際応心英文特集号—Invited symposium：Pressing Social Problems in Present Japan and Workable Solutions）　倉光修　「応用心理学研究」（日本応用心理学会）　34（特集号）　2009.3　p101～104

◇学校におけるいじめ―教育臨床の視点から　横湯園子　「教育学論集」（中央大学教育学研究会）　51　2009.3　p175～193

◇内容・形態による「いじめ」分類の試み　三島浩路　「現代教育学研究紀要」（中部大学現代教育学研究所）　（2）　2009.3　p77～84

◇小国⇔土井の　ここが問題・だから問題(2)アメリカから見た日本のいじめ（返信）　土井隆義　「青少年問題」（青少年問題研究会）　56（春季）通号634　2009.4　p50～53

◇「あそび」のなくなった空間―いじめ問題と学校との距離感（特集　遊びとそだち―遊びの考現学）　赤田圭亮　「そだちの科学」（日本評論社）　（12）　2009.4　p96～100

◇いじめの本質を理解せよ　滝充　「公明」（公明党機関紙委員会）　通号41　2009.5　p54～59

◇書評　いじめの中に潜む人間の負の性質―『THE HUNDRED DRESSES』（『百まいのドレス』・『百まいのきもの』）を読んで　佐藤栞　「ヘカッチ：日本児童文学学会北海道支部機関誌」（[日本児童文学学会北海道支部]事務局）　(4)通号13　2009.5　p27～30

現代を知る文献ガイド　いじめ・自殺問題　　17

◇校長講話(51)いじめられた子どもの心を育てる「二つの講話原稿案」　野口晃男　「週刊教育資料」(教育公論社)　(1072)通号1202　2009.5.11　p10～11

◇暴力や金品が絡むいじめが増加―全連小の2008年度「研究紀要」(6・完)健全育成　「内外教育」(時事通信社)　(5912)　2009.5.26　p8～9

◇いじめ(学童期のメンタルヘルス―「生きる力」を育てる確かな基礎づくり―学童期の問題と予防に向けて)　菊池武剋　「現代のエスプリ」(ぎょうせい)　(503)　2009.6　p153～163

◇システム論の射程にあるもの―振り込め詐欺・援助交際・いじめ問題　古賀野卓　「筑紫女学園大学・短期大学部人間文化研究所年報」(筑紫女学園大学・短期大学部人間文化研究所)　(20)　2009.8　p253～266

◇変わる教育委員会―その活性化案(第62回)いじめ―普通の感覚を忘れずに　須藤澄夫　「週刊教育資料」(教育公論社)　(1083)通号1213　2009.8.3・10　p26

◇ボーダレス化したいじめとケンカ(特集 子どものケンカ)　清永賢二　「児童心理」(金子書房)　63(13)通号901　2009.9　p1169～1175

◇いじめ発生及び深刻化のシステム論的考察　田中美子　「千葉商大論叢」(千葉商科大学国府台学会)　47(1)通号164　2009.9　p31～63

◇思春期におけるいじめ―ジャーナリストの立場から(思春期のこころと性―「故意に自分の健康を害する」症候群―現代における思春期のこころ)　森悦子　「現代のエスプリ」(ぎょうせい)　(509)　2009.12　p63～72

◇いじめの背景に見えてくるもの, 実際の相談を含めて(第112回日本小児科学会学術集会 分野別シンポジウム 現代のいじめ問題に, 小児科はどのように取り組むべきか)　平岩幹男　「日本小児科学会雑誌」(日本小児科学会)　113(12)　2009.12　p1914～1917

◇戦後日本社会におけるいじめ問題についての一考察　竹川郁雄　「愛媛大学法文学部論集 人文学科編」(愛媛大学法文学部)　(28)　2010　p137～150

◇現代のいじめに関する心理学的検討　井上知子　「追手門学院大学心理学部紀要」(追手門大学心理学部)　(5)　2010　p1～17

◇「なかま」間に発生するいじめの特質とその要因に関する実証的研究　堀出雅人, 原清治　「関西教育学会年報」(関西教育学会)　(34)　2010　p116～120

◇教育臨床問題としてのいじめとその対策　柳沼良太　「岐阜大学教育学部研究報告. 人文科学」(岐阜大学教育学部)　58(2)　2010　p139～148

◇妬みの発達(特集 感情発達)　澤田匡人　「心理学評論」(心理学評論刊行会)　53(1)　2010　p110～123

◇「気分の支配」とコミットメント―学級内集団関係の力動学と「いじめ」　芦川晋　「中京大学現代社会学部紀要」(中京大学現代社会学部)　4(2)　2010年度　p1～31

◇青少年の攻撃受動性及び攻撃性からみたこころの健康づくり　村松常司, 岡田暁宜, 古田真司[他]　「東海学校保健研究」(東海学校保健学会)　34(1)　2010　p3～14

◇比較思想研究の動向 高徳忍『対立と対話―「いじめ」の問題から「対話」の教育へ』　「比較思想研究」(比較思想学会)　(37)　2010　p122～124

◇反抗の教育的意味―文部科学省「平成20年度児童生徒の問題行動等生徒指導上の諸問題に関する調査結果(暴力行為, いじめ等)について」の検討をとおして　上田孝俊　「臨床教育学研究」(武庫川女子大学大学院臨床教育学研究科)　(16)　2010　p1～13

◇いじめの個人内生起メカニズム―集団規範の影響に着目して　大西彩子, 吉田俊和　「実験社会心理学研究」(日本グループ・ダイナミックス学会)　49(2)　2010.2　p111～121

◇いじめ考(特集 勝田吉太郎論考集 時流を読む(下))　「じゅん刊世界と日本」(内外ニュース)　(1156・1157)　2010.2.1・15　p8～11

◇問題行動の発見と対応・補遣―いじめ・情報化社会・シミュラークル　石飛和彦　「天理大学生涯教育研究」(天理大学人間学部人間関係学科生涯教育専攻)　(14)　2010.3　p1～11

◇いじめ被害における援助要請行動を抑制する要因の探索的検討　木村真人, 濱野晋吾　「東京成徳短期大学紀要」(東京成徳短期大学)　(43)　2010.3　p1～12

◇学校のいじめ(特集 学びの現在―学びとそだち(1)―学びの場の現在的困難)　内藤朝雄　「そだちの科学」(日本評論社)　(14)　2010.4　p57～61

◇「人の気持ちがわかる子」はいじめをしないのか?(特集 人の気持ちがわからない子)　松尾直博　「児童心理」(金子書房)　64(10)通号916　2010.7　p813～818

◇いじめ被害とストレス反応, 仲間関係, 学校適応感との関連―電子いじめ被害も含めた検討　黒川雅幸　「カウンセリング研究」(日本カウンセリング学会)　43(3)　2010.10　p171～181

◇飛ぶ雀(16) いじめられっ子のひとり革命(1)　長谷川摂子　「未来」(未来社)　(529)　2010.10　p14～17

◇講演録 子どものいじめ・虐待―今, 私たちにできること　森田洋司　「人権のひろば」(人権擁護協力会)　13(6)通号76　2010.11　p16～19

◇中高生のいじめ及びデートDVの加害経験に関する一研究―被害経験, 暴力容認度, 及び自己愛との関連についての検討　井ノ﨑敦子, 野坂祐子　「日本=性研究会議会報」(日本性教育協会)　22(1)　2010.11　p40～51

◇飛ぶ雀(17) いじめられっ子のひとり革命(2)　長谷川摂子　「未来」(未来社)　(530)　2010.11　p6～9

◇問題行動等調査結果に見る暴力行為といじめの状況について(特集 平成21年度児童生徒の問題行動等生徒指導上の諸問題に関する調査」の結果について)　城戸茂　「教育委員会月報」(第一法規)　62(9)通号735　2010.12　p2～9

◇人はなぜいじめるのか　酒井亮爾　「心身科学部紀要」(愛知学院大学心身科学会)　(6)　2010.12　p93～101

◇学校のいじめ問題に関する研究(1)　餅川正雄　「広島経済大学研究論集」(広島経済大学経済学会)　33(3)　2010.12　p43～57

◇教職科目「生徒指導論」の臨床教育的意義に関する一考察―文学教材を活用した事例　梨木昭平　「臨床教育学論集」(武庫川臨床教育学会)　(4)　2010.12　p13～25

◇ラウンジ いじめ　「内外教育」(時事通信社)　(6043)　2010.12.10　p28

◇評の評　[2010年]11月後期の新聞 いじめは犯罪だという教育の徹底　「内外教育」(時事通信社)　(6043)　2010.12.10　p24～27

◇「いじめ」問題の本質に関する一考察―小・中学生に対する意識調査を通して　山本健治　「関西教育学会年報」(関西教育学会)　(35)　2011　p156～160

◇連想語課題にみる教育の捉え方　村田祥子　「群馬保健学紀要」(群馬大学大学院保健学研究科)　32　2011年度　p29～34

◇中学生のストレス対処行動といじめに関する研究　福永直美, 村田真麻, 近森けいこ　「東海学校保健研究」(東海学校保健学会)　35(1)　2011　p33～42

◇市町村教委1割が学校にアンケート求めず―いじめ実態把握の取り組み―文科省調査　「内外教育」(時事通信社)　(6054)　2011.1.28　p18

◇マルチエージェントシステムを用いたいじめのシミュレーションモデル(情報教育の国際化/一般)　宮田健, 山口真之介, 大西淑雅 [他]　「教育システム情報学会研究報告」(教育システム情報学会)　25(6)　2011.3　p25～28

◇いじめと嗜虐的攻撃に関する研究―内藤朝雄『いじめの社会理論』を中心に　柳田泰典　「長崎大学教育学部紀要. 教育科学」(長崎大学教育学部)　(75)　2011.3　p11～24

◇書評 高徳忍著『対立と対話―「いじめ」の問題から「対話」の教育へ』　平田俊博　「日本仏教教育学研究」(日本仏教教育学会)　(19)　2011.3　p136～140

◇学校のいじめ問題に関する研究(2)　餅川正雄　「広島経済大学研究論集」(広島経済大学経済学会)　33(4)　2011.3　p51～68

◇いじめ問題を再考する(いじめの構造―いじめに見る現代社会と心のひずみ)　高塚雄介　「現代のエスプリ」(ぎょうせい)　(525)　2011.4　p5～27

◇我が国におけるいじめの諸相(いじめの構造―いじめに見る現代社会と心のひずみ―いじめの要因を考える)　坂西友秀　「現代のエスプリ」（ぎょうせい）　(525)　2011.4　p28〜41

◇関係性の病理といじめ(いじめの構造―いじめに見る現代社会と心のひずみ―いじめの要因を考える)　伊藤美奈子　「現代のエスプリ」（ぎょうせい）　(525)　2011.4　p42〜51

◇子どもたちの攻撃性と現代社会―いじめの行動の背景を考える(いじめの構造―いじめに見る現代社会と心のひずみ―いじめの要因を考える)　高塚雄介　「現代のエスプリ」（ぎょうせい）　(525)　2011.4　p52〜58

◇いじめと児童虐待―その共通の課題とは(いじめの構造―いじめに見る現代社会と心のひずみ―社会病理といじめ)　村尾泰弘　「現代のエスプリ」（ぎょうせい）　(525)　2011.4　p125〜133

◇DVの構造にみるいじめの心理(いじめの構造―いじめに見る現代社会と心のひずみ―社会病理といじめ)　入江多津子　「現代のエスプリ」（ぎょうせい）　(525)　2011.4　p134〜144

◇法律家から見たいじめ問題(いじめの構造―いじめに見る現代社会と心のひずみ―社会病理といじめ)　平尾潔　「現代のエスプリ」（ぎょうせい）　(525)　2011.4　p187〜195

◇ぶつかり、いじわる、けんか、いじめ(特集 いじめと向き合う 学校・教室)　金子眞　「子どものしあわせ」（草土文化）　通号723　2011.5　p10〜18

◇いじめの影響とレジリエンシー、ソーシャル・サポート、ライフスキルとの関係―新潟市内の中学校における質問紙調査の結果より　菱田一哉、川畑徹朗、宋昇勲［他］　「学校保健研究」（日本学校保健学会）　53(2)　2011.6　p107〜126

◇学校のいじめ問題に関する研究(3)　餅川正雄　「広島経済大学研究論集」（広島経済大学経済学会）　34(1)　2011.6　p51〜70

◇座談会 本当に増えている？ いじめ・暴力行為(特集 つくらない！ 被害者・加害者・傍観者)　梅澤秀監、栗田直樹、桜庭拓郎［他］　「月刊生徒指導」（学事出版）　41(9)　2011.7　p8〜13

◇荒れる学年―いじめや暴力行為が起こる雰囲気とは(特集 つくらない！ 被害者・加害者・傍観者)　川崎真一　「月刊生徒指導」（学事出版）　41(9)　2011.7　p16〜18

◇"いじめ報道"で何が生まれるか―本分を見失った新聞ジャーナリズム　浜本真平　「政経往来」（民評社）　65(6)通号761　2011.7　p22〜25

◇学校安全の死角(18)いじめの件数をどう受け止めるのか　内田良　「月刊高校教育」（学事出版）　44(10)　2011.9　p70〜73

◇学校のいじめ問題に関する研究(4)　餅川正雄　「広島経済大学研究論集」（広島経済大学経済学会）　34(2)　2011.9　p65〜84

◇いじめの調査結果について(特集 平成22年度児童生徒の問題行動等調査結果)　滝充　「教育委員会月報」（第一法規）　63(7)通号745　2011.10　p7〜10

◇いじめ―〈だらしがない子〉へのまなざし(特集 だらしがない子―「だらしなさ」に起因する問題への対応)　後藤智子　「児童心理」（金子書房）　65(14)通号938　2011.10　p1240〜1244

◇いじめの被害者は、なぜ親や先生にそれを隠すのか―いじめと日本の子どもの自尊感情の低さ(特集 SOSの出せない子―あえてSOSを出さない子の心理)　湯浅俊夫　「児童心理」（金子書房）　65(16)通号940　2011.11　p1341〜1347

◇生徒指導の基礎理論(9)「いじめ問題」の基本　中村豊　「月刊生徒指導」（学事出版）　41(14)　2011.12　p54〜57

◇「いじめ問題」にみる教育と責任の構図(特集 教育と責任の社会学)　石飛和彦　「教育社会学研究」（東洋館出版社）　90　2012　p83〜98

◇学校におけるいじめの実態：平成22年度「児童生徒の問題行動等生徒指導上の諸問題に関する調査」から　畔地利枝、鷹尾雅裕　「聖カタリナ大学・聖カタリナ大学短期大学部研究紀要」（聖カタリナ大学）　(24)　2012　p175〜187

◇レジリエンスの視点からみた大学生のストレス対処行動：セルフエスティーム、対人ストレスイベントとの関連　服部祐司、村松常司、廣美里［他］　「東海学校保健研究」（東海学校保健学会）　36(1)　2012　p29〜41

◇「いじめ」問題へのナラティヴ・アプローチ：生活指導・生徒指導の社会学的実践／分析の試みとして　岡和香子, 山田鋭生　「立教大学大学院教育学研究集録」（立教大学大学院文学研究科教育学専攻）　(9)　2012　p29〜48

◇いじめの影響とレジリエンシー, ソーシャル・サポート, ライフスキルとの関係(第2報)新潟市及び広島市の中学校8校における質問紙調査の結果より　菱田一哉, 川畑徹朗, 宋昇勲［他］「学校保健研究」（日本学校保健学会）　53(6)　2012.2　p509〜526

◇いじめ再考（横山利弘教授 退職記念号）　善明宜夫　「教職教育研究：教職教育研究センター紀要」（関西学院大学教職教育研究センター）　(17)　2012.3　p3〜12

◇厚生労働省「いじめ・嫌がらせ問題提言」は最初の第一歩　田島陽子　「ヒューマンライツ」（部落解放・人権研究所, 解放出版社（発売））　(291)　2012.6　p32〜37

◇「いじめっ子」「いじめられっ子」の指導援助(特集 小学三年生・四年生のこころと世界―三・四年生の学級担任マニュアル)　粕谷貴志　「児童心理」（金子書房）　66(12)通号954（臨増）2012.8　p129〜131

◇もて囃すメディアもおかしいが尾木ママの「いじめ批判」は見当違いだ：教育委員会はこき下ろすが日教組には腰が引けているのは経歴にあるのか?!　「Themis」（テーミス）　21(8)通号238　2012.8　p66〜67

◇いじめは犯罪化するべきか：日本社会（いじめという名の犯罪）　「Newsweek」（阪急コミュニケーションズ）　27(29)通号1310　2012.8.1　p38〜41

◇前中学校長 浅田教育改革調整官の文科省日誌(No.13)相次ぐ「いじめ」や少年事件の報道 子どもに「卑怯」を分からせたい　浅田和伸　「週刊教育資料」（教育公論社）　(1217)通号1347　2012.8.6・13　p36〜37

◇時事風刺「いじめ」事件の真相をさぐる：恐喝, 脅迫して恐怖をあたへ自殺に追い込むのは殺人だ　小川主税　「国体文化：国家なき時代を領導する」（日本国体学会）　(1060)　2012.9　p22〜25

◇ブック・ストリート こども文化 イジメの問題　山中恒　「出版ニュース」（出版ニュース社）(2289)　2012.9.下旬　p12

◇それは「いじめ」ではなく「犯罪」である(特集 この大いなる違和感)　森口朗　「新潮45」（新潮社）　31(9)通号365　2012.9　p39〜44

◇教育再生への提言 なぜ「いじめ」を根絶できないのか　小川義男　「祖国と青年」（日本協議会）　(408)　2012.9　p17〜21

◇いじめをなくすために、できることがある　近藤卓　「婦人之友」（婦人之友社）　106(9)通号1312　2012.9　p30〜33

◇ラウンジ「いじめ」の意味　「内外教育」（時事通信社）　(6191)　2012.9.7　p24

◇いじめを考える：全教が教育研究全国集会：神戸（下）「内外教育」（時事通信社）(6191)　2012.9.7　p6〜7

◇ストップ・ザ・いじめ　貝ノ瀬滋　「週刊教育資料」（教育公論社）　(1221)通号1351　2012.9.10　p38

◇いじめ問題 本誌は徹底追及します！学校、教育委員会はやっぱり腐っている（第2弾）「進級したいなら警察に言うな」と学校が口止め　「週刊朝日」（朝日新聞出版）　117(43)通号5153　2012.9.14　p158〜160

◇朝日『いじめ連載』をきっかけに拡がった新たないじめ 春名風花ちゃん 天才子役に「殺人予告」するこの国　「週刊現代」（講談社）　54(33)通号2679　2012.9.15　p62〜64

◇教育ソリューション いじめ問題の根本は心の教育にあり：家庭や社会の道徳的教育の劣化　緑川享子　「月刊カレント」（潮流社）　49(10)通号818　2012.10　p56〜59

◇新 健康セミナー（第56回）遺伝子医療・出生前診断と虐待・いじめ問題　原口義座　「高圧ガス」（高圧ガス保安協会）　49(10)通号511　2012.10　p898〜901

◇いじめ：一二〇〇人の自分史から　鴫井通眞「公評」（公評社）　49(9)　2012.10　p82〜89

◇いじめられているのに笑っている子(特集 笑顔のない子―こんな子をどう援助するか)　宝田幸嗣　「児童心理」（金子書房）　66(14)通号956　2012.10　p1233〜1237

◇いじめやからかいのない友だち関係(特集 笑顔のない子—子どもが笑顔になるクラス) 太田裕子 「児童心理」(金子書房) 66(14)通号956 2012.10 p1244~1248

◇ファミリーカウンセラーの窓から(第146話)いじめ再考 家庭問題情報センター 「住民行政の窓」(日本加除出版) (380) 2012.10 p50~53

◇子どもの犠牲、これで最後に(いじめから子どもを救う) 小森美登里 「女性のひろば」(日本共産党中央委員会,日本共産党中央委員会出版局(発売)) (404) 2012.10 p22~25

◇世界の潮 繰り返されるいじめ事件 : 再発防止策に欠けている視点とは 喜多明人 「世界」(岩波書店) (835) 2012.10 p29~32

◇"いじめ"が生まれる社会空間を読みかえる(特集 いじめを考える : "いじめ"から見えてくるもの。子どもを守るために。) 安冨歩 「第三文明」(第三文明社) (634) 2012.10 p68~70

◇苦しんだ人こそがこれからの時代に必要な人(特集 いじめを考える : "いじめ"から見えてくるもの。子どもを守るために。) 今中博之 「第三文明」(第三文明社) (634) 2012.10 p71~73

◇『論語』が教えてくれること いじめで子どもを死なせないために 大平光代 「中央公論」(中央公論新社) 127(14)通号1547 2012.10 p138~143

◇教育問題法律相談(No.204)いじめ問題(8)いじめの定義について どのような場合に「いじめ」といえるか 三坂彰彦 「週刊教育資料」(教育公論社) (1225)通号1355 2012.10.8 p31

◇いじめ問題に危機感、信頼回復訴える : 第63回全日中研究協議会大阪大会 「内外教育」(時事通信社) (6200) 2012.10.16 p8~9

◇評の評 教育誌10月号「いじめ」はなくならない 「内外教育」(時事通信社) (6201) 2012.10.19 p16~18

◇「いじめ」を見る視点 「いじめ」問題の深層にあるもの : 平和的に生きる力を子どもたちに育てるために(特集 「いじめ」と向き合う) 照本祥敬 「クレスコ」(大月書店) 12(11)通号140 2012.11 p14~17

◇いじめに潜む病理 : 人間力回復の社会改革を(特集 転換のとき、政治を問う) 村山士郎 「経済」(新日本出版社) (206) 2012.11 p42~46

◇いじめの核心と、そこから目をそらさせるメディアの構造(特集 考・今どきの若者たち) 内藤朝雄 「月刊福祉」(全国社会福祉協議会) 95(13) 2012.11 p36~39

◇いじめとは何か : 「いじめ」の把握—遠回りだが大きな抑止力となる—のために 芹沢俊介 「公明」(公明党機関紙委員会) (83) 2012.11 p50~55

◇いじめ・迫害の文化から、ケアと応答の文化へ(特集 いじめ : 負の連鎖を断ち切る) 田沼朗 「子どものしあわせ」(草土文化) (741) 2012.11 p8~11

◇リーダーといじめっ子の微妙な関係(特集 リーダーのいる学級・いない学級—今どきの子どもとリーダー) 坂西友秀 「児童心理」(金子書房) 66(16)通号958 2012.11 p1327~1333

◇いじめ問題を考える上で大切なこと 村山士郎 「女性&運動」(新日本婦人の会) (212)通号363 2012.11 p6~9

◇子どもの命を守れる学校と社会を : いじめ問題の深刻化と私たちの課題(特集 いじめ事件にどう向き合うのか) 藤森毅 「前衛 : 日本共産党中央委員会理論政治誌」(日本共産党中央委員会) (888) 2012.11 p105~118

◇いま子どもの世界に何がおこっているのか : いじめ事件の「土壌」について考える(特集 いじめ事件にどう向き合うのか) 中西新太郎 「前衛 : 日本共産党中央委員会理論政治誌」(日本共産党中央委員会) (888) 2012.11 p131~145

◇いじめ、学校安全等に関する総合的な取組方針 : 子どもの「命」を守るために 文部科学省 「政策特報」(自由民主党資料頒布会) (1413) 2012.11.15 p2~23

◇校長講話(209)いじめられている子ども、いじめている子どもたちに訴える 西林幸三郎 「週刊教育資料」(教育公論社) (1230)通号1360 2012.11.19 p16~17

◇教育長はこう考える 前島富雄埼玉県教育長に聞く いじめには初期段階で厳格な指導を 前島富雄 「内外教育」（時事通信社）（6208） 2012.11.20 p2～3

◇校長講話(210)「いじめ」について考え、豊かな心を育む講話例 小川深雪 「週刊教育資料」（教育公論社）（1231）通号1361 2012.11.26 p10～11

◇いじめと拝金主義 鷽井通眞 「公評」（公評社） 49(11) 2012.12 p76～83

【図書】

◇Lonely little fox ―いじめという名の犯罪 桜城紅著 文芸社 2003.2 262p 19cm 1200円 ⓣ4-8355-5142-7 ⓝ289.1
 内容 1 嫌われ者（言葉の壁 自虐という名の復讐 いじめっ子の親玉 ほか） 2 鎧の下の涙（虚像 初恋のカノジョ 女の子の切り札 ほか） 3 振り返れ、歩き出せ（北風と太陽 高校、やめます プラチナ・ブロンド ほか）

◇いじめ 真仁田昭、小玉正博、沢崎達夫編著 開隆堂出版 2003.3 245p 21cm （子どもをとりまく問題と教育 第6巻）〈文献あり〉 2300円 ⓣ4-304-04088-X ⓝ371.42

◇いじめ―その本質と克服の道すじ 前島康男著 増補 創風社 2003.6 244p 20cm 1500円 ⓣ4-88352-073-0 ⓝ375.2
 内容 1 いじめの実態と問題点 2 いじめ問題の歴史と背景 3 いじめ問題の原因と本質―現代の思春期葛藤といじめ問題 4 いじめ問題克服の課題―子どもの内面に共感的他者を育てる 5 いじめ問題の克服を妨げるいくつかの考えかたの批判 6 いじめ問題のとらえ方

◇いじめを考える なだいなだ著 岩波書店 2003.6 196p 18cm （岩波ジュニア新書）〈第11刷〉 740円 ⓣ4-00-500271-4
 内容 第1章 昔に"いじめ"はあったか―"いじめ"の定義 第2章 昔にはどのような"いじめ"が… 第3章 "いじめ"はどこに行ったか 第4章 そして学校だけに残った 第5章 "いじめ"の心理 第6章 増えているから問題なのか 第7章 処方せん―"いじめ"をなくすために

◇イジメと家族関係 中田洋二郎編 信山社出版 2003.7 176p 21cm （イジメブックス イジメの総合的研究 2）〈執筆：中田洋二郎ほか 文献あり〉 1800円 ⓣ4-7972-5132-8 ⓝ371.42
 内容 1 イジメと家族（学校教育とイジメ イジメの生じる背景 ほか） 2 家族のなかでの癒し（研究史的展望 ラバーテ理論による健全な家族関係 ほか） 3 アサーション（自己表現）から見たイジメと家族（アサーション―自分も相手も大切にする相互尊重の自己表現 アサーションの視点から見たイジメ ほか） 4 子どもの自殺とイジメ（心の発達過程とイジメ わが国における子どもの自殺 ほか） 5 家庭と学校と相談機関との連携（イジメに家族はどう取り組めばよいか 家族と学校との連携のありかた ほか）

◇いじめをする人、される人 沼田美伶著 文芸社 2003.8 110p 20cm 900円 ⓣ4-8355-6133-3 ⓝ371.42
 内容 いじめられた体験 いじめた体験 生活環境 「表」の顔と「裏」の顔 私と妹 両親の離婚 そして現在 いじめがある理由 いじめの解決法 最後に

◇あなたは子どもの心と命を守れますか！―いじめ白書「自殺・殺人・傷害121人の心の叫び！」武田さち子著 WAVE出版 2004.2 431p 21cm 〈文献あり〉 1600円 ⓣ4-87290-179-7 ⓝ371.42
 内容 1 事例―「いじめ事件」を知っていますか？（いじめ自殺 いじめ報復事件 ほか） 2 現実―いじめは、どんな子にもおきる（ほんとうに「いじめ」は減ったのか？ 「いじめ」とは、「生きる力を奪う心と体への暴力」である ほか） 3 対応―なぜ、「いじめ事件」は防げなかったのか？（その時、教師はどのように対応したか？ 学校は、どのような調査をしたか？ ほか） 4 対策―「いじめ事件」を繰り返さないために（子どもたちのサインを読み取るには？ 自殺の可能性があるのは、どんなサインか？ ほか）

◇いじめ・いじめられる青少年の心―発達臨床心理学的考察 坂西友秀、岡本祐子編著 京都北大路書房 2004.3 151p 21cm （シリーズ・荒れる青少年の心）〈文献あり〉 1800円 ⓣ4-7628-2362-7 ⓝ371.42
 内容 第1章 青少年のいじめの実態とその内容（いじめとは いじめの諸相 いじめ被害経験による心の傷） 第2章 いじめのメカニズムと発達臨床心理学的な意味（いじめを生む個人内のメカニズム いじめを生む集団内のメカニズム いじめ加害者の形成プロセスといじめの意味） 第3章 青少年のいじめへの対応（いじめに対応

する際の原則　さまざまな立場からのいじめ
への対応　いじめ被害者に対する心のケア）
付章 青少年のいじめを理解するための文献・資
料集

◇黒豹たちの教室—いじめられっこ文化人類学
ユキ・サマルカンド著　星の環会　2004.9　294p
22cm　〈標題紙のタイトル：黒豹達の教室
文献あり　著作目録あり〉　1600円　ⓣ4-89294
-404-1　Ⓝ372.514
内容 プロローグ　一九七三年東京—操行ゼロ
1章　一九八五年ケベック—ナショナリズムの嵐
2章　一九八七年ケベック—教室　3章　教室王国
の「当たり前」の発見　4章　教室王国の「学び」
の発見　5章　国王と住民のパラレルワールド
6章　2004年ニューヨーク—黒豹たちの教室

◇イジメられても生きる希望を持て　田川吉秀著
新風舎　2004.11　143p　19cm　1200円　ⓣ4
-7974-4805-9　Ⓝ289.1
内容 序章 悪質化する現代のイジメ　第1章 私の
生い立ち　第2章 小学校時代　第3章 中学校時
代　第4章 高校、大学、社会人時代　第5章 予備
校教師となって　第6章 教師間によるイジメ
第7章 女性との関係

◇ベケットと「いじめ」　別役実著　白水社
2005.8　241p　18cm　〈白水Uブックス 1083〉
950円　ⓣ4-560-72083-5　Ⓝ770
内容 プロローグ　ドラマツルギーの変容（方法
論の演劇　関係が主役）　1 「いじめ」のドラ
マツルギー（閉鎖された場　無記名性の悪意
関係の中の「孤」ほか）　2 ベケットの戦術（関
係の迷路　言葉とモノ　メタ・コミュニケーショ
ンの装置 ほか）　エピローグ 局部的リアリズム

◇いじめ問題の発生・展開と今後の課題—25年
を総括する　今津孝次郎著　名古屋　黎明書
房　2005.11　169p　21cm　2300円　ⓣ4-654
-01755-0　Ⓝ371.42
内容 序章 イギリスでいじめ問題を考える—人
間性の洞察（イギリスのいじめ問題　いじめ加
害者とその家族 ほか）　第1章 いじめ問題の
発生と展開—いじめの社会問題化（「いじめ問
題」の発生　政治・政策課題としてのいじめ問
題 ほか）　第2章 いじめといじめ問題のしく
み—多様ないじめ論（いじめのとらえ方　学校
教育組織の隠蔽体質 ほか）　第3章 いじめの背
景と周辺—「過剰消費社会」と青少年の攻撃
性（青少年の攻撃性　消費社会と学校 ほか）

第4章 いじめ問題の責任と連携的介入—学校・
家庭・地域（いじめ問題の責任　いじめ問題へ
の介入 ほか）

◇いじめ、反対！　崖っぷちBoy's著　ジュピター
出版　2006.1　212p　19cm　〈表現！シリー
ズ 2）　1300円　ⓣ4-86183-024-9　Ⓝ371.42
内容 いじめられっ子だった十一年間　『穴戸喜隆
/あなどよしたか』　思春期に感じた「いじめ」
「なぜ、いじめるの？」　逃げるな！負けるな！『心
からの表現を…』　「相手のため」に自分が「変
わろう」　いじめをなくそう！みんなの手で
引きこもりだった僕…　人の気持ちが分からな
かった僕　僕も受けたことがあるんです。「い
じめ」〔ほか〕

◇いじめ現象の再検討—日常社会規範と集団の視
点　竹川郁雄著　京都　法律文化社　2006.2
203p　21cm　2300円　ⓣ4-589-02900-6
Ⓝ371.42
内容 第1編 いじめを考える（いじめ問題のむず
かしさ　いじめ加害と常識的な価値志向　いじめ
と児童生徒の集団形成　不登校、摂食障害、集
団内いじめと適応過剰　いじめとしつけを人々
はどのようにとらえているか—松山市民への
調査より　いじめなど問題を抱えた生徒の支
援—教育社会学の視点）　第2編 日常社会規範
と集団を考える（日常社会規範を考える　集団
内で作られるルールと恥意識を考える　自己愛
と集団—準拠集団の視点から　集団分析の視
点—補論）

◇わが国における子どもの「いじめ」に関する文
献集録 1979年—2004年　浅井健史著　IP心理
教育研究所　2006.4　36p　30cm　Ⓝ371.42

◇優しい心が一番大切だよ—いじめ社会の中の子
どもたち　沖縄大学第四〇六回土曜教養講座二〇
〇五年度教育シリーズ第二回　小森美登里,武田
さち子述　那覇　沖縄大学地域研究所　2006.5
57p　21cm　〈地域研究所叢書 第6巻—沖縄大
学地域研究所ブックレット 1）　〈会期：2005年
10月1日〉　Ⓝ371.42
内容 優しい心が一番大切だよ（小森美登里述）,
いじめ社会の中の子どもたち（武田さち子述）

◇いじめ、反対！ 2　崖っぷちGirl's著　ジュピタ
ー出版　2006.7　154p　19cm　〈表現！シリー
ズ 3）　〈「2」のサブタイトル：女って、不利!?〉
1200円　ⓣ4-86183-041-9　Ⓝ371.42

[内容] 人生いろいろ 女もいろいろ 女として生まれて 負けない！ 自分らしく 女は損なのか？ 女の苦難はレディアッパー！でぶちのめせ 女って不利？ 男の子に生まれたかったかも… 暗い道から、明るい道へ 力では負けるけど… 女って損じゃない 強い大人になりたい おとこのこって 女生まれ、男育ち いじめ、うつ、それを乗り越える力 過去

◇「いじめ」考―「いじめ」が生じる要因と対策について 田原俊司著 八千代出版 2006.9 161p 22cm 〈文献あり〉 1500円 Ⓘ4-8429-1404-1 Ⓝ371.42

[内容] 第1章 「いじめ」の被害者や加害者などの原因―「いじめ」発生原因を特定の要因に帰すことができるか 第2章 「いじめ」の被害者や加害者のプロトタイプ・イメージと実際 第3章 「いじめ」の被害者や加害者を特定する際の各個人の判断の比較 第4章 「いじめ」の被害者や加害者の同定における小学生から大人の判断 第5章 「いじめ」における被害者・加害者・傍観者・仲裁者の各役割の流動性 第6章 「いじめ」問題に取り組むために―「いじめ」の回避スキルの視点から 第7章 「いじめ」問題への取り組み―メンター導入の試み

◇いじめ・虐待そして犯罪の深層―失われていく共感性 町沢静夫著 丸善 2007.1 172p 19cm 1600円 Ⓘ978-4-621-07839-6 Ⓝ368

[内容] 第1章 共感とは 第2章 犯罪者ないしサイコパスの人々 第3章 思春期・青年期と共感性 第4章 昨今の社会的事件と共感性 第5章 青少年のゲーム、ネット、メール 第6章 共感なき社会 第7章 共感性がサルトルを救った 第8章 共感性なき独裁者達 第9章 おわりに

◇いじめと現代社会―「暴力と憎悪」から「自由ときずな」へ 内藤朝雄著 双風舎 2007.2 197p 19cm 1800円 Ⓘ978-4-902465-10-5 Ⓝ367.68

◇いじめの記号論 山口昌男著 岩波書店 2007.2 290p 15cm （岩波現代文庫 社会） 1000円 Ⓘ978-4-00-603148-0 Ⓝ370.4

[内容] 1 「挫折」から得る 2 いじめの記号論 3 決まりと逸脱 4 今日の親子関係 5 脱教育のすすめ―自伝的学校論(1) 6 教育は対決―自伝的学校論(2) 7 文化とその痛み 8 文化の中の光と闇 9 悪の文化と魔の文化

◇いじめに負けない心理学―いじめられずに生きるために気づくべきこと 加藤諦三著 新装改訂版 PHP研究所 2007.3 281p 19cm 1300円 Ⓘ978-4-569-69039-1 Ⓝ159

[内容] 第0章 いじめの時代へのメッセージ 第1章 "いじめを誘う性格"がある 第2章 "いじめられる人生"の芽は早く摘んでおく 第3章 あなたは恐喝的人間関係を築いていないか 第4章 言いなりにならない、騙されない 第5章 脅しと真正面に向き合う生き方 第6章 親が子どもをいじめぬく!? 第7章 いじめから抜け出すための五つの具体的方法

◇いじめ問題の発生・展開と今後の課題―25年を総括する 今津孝次郎著 増補 名古屋 黎明書房 2007.3 197p 21cm 2600円 Ⓘ978-4-654-01776-8 Ⓝ371.42

[内容] 序章 イギリスでいじめ問題を考える―人間性の洞察 第1章 いじめ問題の発生と展開―いじめの社会問題化 第2章 いじめといじめ問題のしくみ―多様ないじめ論 第3章 いじめの背景と底辺―「過剰消費社会」と青少年の攻撃性 第4章 いじめ問題の責任と連携的介入―学校・家庭・地域 付章 いじめ「対策」から反いじめ「政策」へ

◇いじめの中で生きるあなたへ―大人から伝えたい「ごめんね」のメッセージ 小森美登里著 WAVE出版 2007.5 127p 19cm 1300円 Ⓘ978-4-87290-301-0 Ⓝ371.42

[内容] 子どもたちへ―大人からの「ごめんね」 1 娘、香澄のこと 2 いじめとの闘い 3 最後の3日間 4 心と体で一つの命 5 心の内側を見つめなおす 6 世界に一つだけの花 7 優しい心が一番大切だよ 8 もう一度生きなおすために 子どもたちへ―大人からの「ありがとう」 大人たちへ―あとがきにかえて

◇いじめの構造 森口朗著 新潮社 2007.6 190p 18cm （新潮新書） 680円 Ⓘ978-4-10-610219-6 Ⓝ371.42

[内容] 第1章 低レベルな「いじめ論」を排除せよ 第2章 スクールカーストで「いじめ」を把握する 第3章 「いじめ」の発生メカニズムとは 第4章 かくして「いじめ」は隠蔽される 第5章 暴言よりひどい、「いじめ妄言」を正す 第6章 規範の内面化と「いじめ免疫」

◇「いじめ」Q&A―子どもの人権を守ろう　人権実務研究会編著　改訂　ぎょうせい　2007.6　268p　21cm　3000円　①978-4-324-08211-9　Ⓝ327.7

[内容]　第1部　「いじめ」Q&A（「いじめ」の意義　「いじめ」の現状　「いじめ」の発生原因　ほか）　第2部　子どもたちの訴え―全国中学生人権作文コンテストから（雑草のように　一人一人の輝きを大切に　大切なものは　ほか）　第3部　裁判例にみる「いじめ」の実態と対応（定時制高校4年生の男子生徒が級友から繰り返し乱暴されたのを苦に自殺した事故につき、教師にその予見可能性がなかったとして学校側の責任が否定された事例　小学校4年生の女子児童が放課後学校内で男子児童の「いじめ」によって負傷した事故につき、学校設置者（市）及び加害児童の親の損害賠償責任を認めた事例　「いじめ」により小児神経症を発症した小学校2年生の児童からの損害賠償請求につき、担任教諭に過失が認められなかった事例　ほか）

◇ヒトはなぜヒトをいじめるのか―いじめの起源と芽生え　正高信男著　講談社　2007.6　173p　18cm　（ブルーバックス B-1556）〈文献あり〉　780円　①978-4-06-257556-0　Ⓝ371.42

[内容]　第1章　動物の世界に「いじめ」はない　第2章　「いじめ」の起源　第3章　「いじめ」の芽生え　第4章　「いじめ」が成立するとき　第5章　「いじめ」に駆りたてるもの　第6章　父性不在が「いじめ」を生むのか　第7章　一人力の大切さ

◇「いじめ」が終わるとき―根本的解決への提言　芹沢俊介著　彩流社　2007.7　198p　20cm　〈年表あり〉　1600円　①978-4-7791-1012-2　Ⓝ371.42

[内容]　第1章　「いじめ」のはじまり　第2章　「いじめ」の定義―不毛な議論を終わらせるために　第3章　「いじめ」の構造　第4章　二つの主観―「いじめ」の構造（2）　第5章　「いじめ」で自殺した子どもたちの遺書を読む　第6章　「みんなの幸」と「いじめ」―「いじめ」で死んだ子どもたちの鎮魂のために　第7章　「いじめ」に解決策はあるか　第8章　「いじめ」が終わるとき　本書で検証されている「いじめ」事件年表

◇いじめはなぜ防げないのか―「葬式ごっこ」から二十一年　豊田充著　朝日新聞社　2007.7　260p　20cm　1700円　①978-4-02-250267-4　Ⓝ371.42

[内容]　1　いじめ隠しの構造（学校は「いじめ」という言葉の有無ばかりを探している―現場のメカニズム　「継続的じゃないもん」―学校と教育委員会の一体化　「ヒドイ　最っっっっ低―」―文部科学省まで連動）　2　「みんなだよ、みんなでやっちまったんだ」―「葬式ごっこ」を追跡する（八年後の証言　二十一年後の証言　「教室の病い」まざまざと―葬式ごっこの「追悼の言葉」を分析）　3　いじめ対策にマニュアルはない（疑問が多いいじめ対策―〇六年秋以降の対応を検証　「昔のいじめ」と、どう違うか―現代いじめ考　ここにも「いじめ隠しの壁」―いじめ訴訟判決の傾向）　特別対談　あこがれのない教室にいじめは生まれる（齋藤孝＋豊田充）

◇学校は死ぬ場所じゃない―マンガ『ライフ』で読み解くいじめのリアル　藤井誠二著　ブックマン社　2007.7　249p　19cm　1200円　①978-4-89308-666-2　Ⓝ371.42

[内容]　『ライフ』あらすじ　第1章　友達は、誰？（いじめの新兵器は24時間態勢　青春の落伍者　ほか）　第2章　学校は、いじめ生産工場？（自主性という名のいじめ容認　狭められた子どもの世界　ほか）　第3章　いじめに大人はどこまで関われる？（学校に警察を呼ぶということ　学校で罪と罰を教えるべき　ほか）　第4章　この国にいる、すべての歩と未来へ（子どもは必ずいじめをする　「相談できる」は強さの証　ほか）

◇子どもに聞くいじめ―フリースクールからの発信　奥地圭子編著　東京シューレ出版　2007.7　188p　19cm　1500円　①978-4-903192-07-9　Ⓝ371.42

[内容]　1　子どもに聞くいじめ（もっと私たちの声を聞いて！7人の体験　20代はいま、過去のいじめをどうとらえているか2人の証言）　2　ジャーナリストの目に映るいじめ―現実から出発し、現実を変えていく　3　文部科学省に聞くいじめ・いじめ自殺対策（北海道と福岡のいじめによる、自殺の問題を受けた取り組み　広げたカウンセラーと電話相談体制　子どもたちのいじめ、いじめ自殺を防ぐには？　いじめ自殺「ゼロ」の結果とは　いじめ自殺の背景とは）　4　フリースクールからの主張（いじめられた子どもたちの声を聞く　だからいじめ自殺はとめられない　いじめを生む背景　いじめた側からの証言　いじめ対策はこれでいいのか　おわりに）

◇魔女裁判といじめの文化史―いじめ問題の歴史的・構造的研究　原田順代著　風間書房　2007.7　318p　22cm　8000円　①978-4-7599-1634-8　Ⓝ367.6

内容　第1章 魔術・呪術の世界　第2章 中世ヨーロッパにおける異端者たち　第3章 中世ヨーロッパにおける下からつき上げられた魔女　第4章 歴史的いじめの構造　第5章 現代におけるいじめの定義と背景　第6章 いじめ構造と構成要因の特徴　第7章 アメリカにおけるいじめの様相と克服策　第8章 いじめにおける歴史的変質プロセスの構造

◇どうしていじめちゃいけないか―人はみな人として生きていい　秦健二著　PHPエディターズ・グループ　2007.9　109p　19cm　〈発売：PHP研究所〉　950円　①978-4-569-69502-0　Ⓝ371.42

◇いじめられっ子　錦為廣著　新風舎　2007.10　39p　15cm　（Toppu）　700円　①978-4-289-02866-5　Ⓝ367.6

◇〈いじめ学〉の時代　内藤朝雄著　柏書房　2007.11　229p　19cm　1600円　①978-4-7601-3219-5　Ⓝ371.42

内容　いじめの議論はデタラメばかり　私やあなた、ご町内の皆様方のファシズム―中間集団全体主義　父と母　愛知県立東郷高校　山形マット死事件　"欠如"を生み出す有害環境としての学校―いじめ発生のメカニズムその1　全能のシナリオ―いじめ発生のメカニズムその2　ノリこそすべて―いじめ蔓延のメカニズム　心理と社会の交わるところ　短期的解決策　きずなユニット―中長期的解決策その1　さらば、生きづらい国・日本―中長期的解決策その2

◇ぼくらが作った「いじめ」の映画―「いじめ」を演じて知った本当の友情　今関信子文　俊成出版社　2007.11　144p　22cm　（感動ノンフィクションシリーズ）〈解説：尾木直樹〉　1500円　①978-4-333-02308-0　Ⓝ371.42

内容　第1章 映画クラブができた！　第2章 テーマは「いじめ」　第3章 「いじめ」を徹底的に考えた　第4章 配役を決める　第5章 心にひそむものを見つめて　第6章 エスカレートするいじめ　第7章 学校中に流れた、『絶対だめ』　第8章 映画を完成させたい！　第9章 ナツキ、もどってきて　第10章 中学生になっても友だちでいよう

◇かげこの玉手箱　anurito著　新風舎　2007.12　39p　15cm　（Toppu）　700円　①978-4-289-03410-9　Ⓝ371.42

内容　いじめられるという事　先生　家族　いじめっ子　あやまる事　ニセ友達　逃げ場所　うそつき　これ以上はダメ！　仲間外れ　悪口・あだ名・いたずら書き　めしつかい　お金をわたす　暴力　殺される　仕返し　しあわせ　いじめっ子の心

◇「いじめ」の構造　土居健郎，渡部昇一著　PHP研究所　2008.2　218p　18cm　〈他言語標題：Mechanism of bullying　「いじめと妬み」（1997年刊）の改訂〉　950円　①978-4-569-69523-5　Ⓝ367.6

内容　第1部 「戦後の日本」と「いじめの構造」（「平和」と「平等」と「いじめ」　「権威の喪失」と「隠された妬み」　いじめを克服するために何が必要か）　第2部 「妬み」と「戦う精神」（妬みと聖書　戦う精神と戦後の日本　神戸少年殺人事件に思う）

◇なくならない「いじめ」を考える　教育科学研究会編　国土社　2008.2　190p　21cm　（「教育」別冊）　2000円　①978-4-337-46027-0　Ⓝ371.42

内容　第1章 「いじめ」のなかの子どもたちと向き合う（子どもの生活世界と「いじめ」問題　子どもの攻撃性―「いじめ・いじめられ」問題を通して ほか）　第2章 「いじめ」の現実―当事者たちの声（「いじめ・いじめられ」体験が子どもたちの内面に残しているもの　親と教師が冷静に繋がり合って ほか）　第3章 子ども・青年が語る「いじめ」（インタビュー 子ども・青年は「いじめ」をどう見ているか　好きな友だちを「支配」したかった私 ほか）　第4章 「いじめ」にとりくむ教師たち（日常的対応・指導から「いじめ」を考える　「いじめられている」子と「いじめている」子を同時に支える―自他への"愛おしさ"を感じるとき子どもは変わる ほか）　第5章 教育行政の「いじめ」対応と研究動向（「いじめ」の国際的動向と研究方法の問題　生徒指導におけるゼロトレランス方法導入の問題点 ほか）　資料

◇いじめるな！―弱い者いじめ社会ニッポン　香山リカ, 辛淑玉著　角川書店　2008.3　198p

18cm （角川oneテーマ21 A-80） 〈発売：角川グループパブリッシング〉 686円 ⓘ978-4-04-710135-7 Ⓝ367.6

内容 第1章 対談 何がいじめを生み出しているか（いじめには二つの種類がある　いじめの質が変化した ほか）　第2章 いじめの精神構造（香山リカ）（診察室で出遭った「いじめ」　精神医学は「いじめ」をどうとらえているのか ほか）　第3章 対談 教育力といじめの関係（差別の苦労はひとを美しくしない　子どもは親の背中を見て育つ ほか）　第4章 競争社会の過酷ないじめ（辛淑玉）（過度の競争社会はどのような結果を生むか　増え続けるパワハラ ほか）　第5章 対談 悪循環するいじめ社会（子どもに蔓延する実感のなさ　子どもは家出より死を選ぶ ほか）

◇学校におけるいじめ問題に関する福祉的視点からの普及・啓発事業報告書　社会事業研究所編〔清瀬〕　日本社会事業大学　2008.3　97p　30cm　〔平成19年度教職員共済生活協同組合助成事業　奥付等のタイトル：報告書　文献あり〕 Ⓝ371.42

内容 いじめ：果てしない連鎖は断ち切れるか：いじめ：対話への模索（山下英三郎述），いじめに関する実態調査（藤岡孝志著）

◇落ちこぼれだった僕がいじめについて考えたこと　皆吉淳延著　朱鳥社　2008.4　143p　19cm　〈発売：星雲社〉　1000円　ⓘ978-4-434-11832-6　Ⓝ371.42

内容 第1章 僕もいじめられていた（僕にもいじめられた経験がある　僕は、小学校の頃自分の存在を消してしまいたかった ほか）　第2章 いじめられている子へ、いじめている子へ（逃げる勇気をもとう　いじめられたら転校したっていい ほか）　第3章 笑顔を取り戻すための授業ストレス解消法（皆吉流「つっこみ授業」でストレス解消　オリジナル小説づくりでストレス解消―言葉の力と思考力 ほか）　第4章 一歩踏み出そう（本当の友達　自立は裏切りとは違う ほか）

◇苦難を喜びイジメに勝つ―先人に学ぶこの世を生き抜く知恵　君達へ父達へ―人生の必携書―　桧木孝雄著　修正版　岩沼　知恵の学び舎〔2009〕　401p　19cm　1428円　ⓘ978-4-9904479-1-5　Ⓝ159

◇心の悲鳴に耳をすます―いじめを通して考える開発的人間関係　河野憲一著　朱鳥社　2009.2　135p　21cm　〈発売：星雲社　文献あり〉　800円　ⓘ978-4-434-12873-8　Ⓝ371.42

内容 第1章 いじめの実態（学校でのいじめ　大人のいじめ ほか）　第2章 いじめの背景（いじめの原因　社会や学校の側にある問題）　第3章 いじめの克服（いじめは許せない　いじめは克服できる ほか）　第4章 いじめの超越（自己洞察　自分にもいじめの心がある ほか）

◇いじめの構造―なぜ人が怪物になるのか　内藤朝雄著　講談社　2009.3　265p　18cm　（講談社現代新書 1984）　760円　ⓘ978-4-06-287984-2　Ⓝ371.42

内容 第1章 「自分たちなり」の小社会　第2章 いじめの秩序のメカニズム　第3章 「癒し」としてのいじめ　第4章 利害と全能の政治空間　第5章 学校制度がおよぼす効果　第6章 あらたな教育制度　第7章 中間集団全体主義

◇どうしていじめるの？　小見祐子監修, 山浦聡マンガ　インタープレス　2009.3　39p　21cm　（もっと知ろうからだのこと 12）　500円　ⓘ978-4-902340-62-4　Ⓝ371.42

◇教室の悪魔　山脇由貴子著　ポプラ社　2009.8　171p　16cm　（ポプラ文庫 や1-1）　476円　ⓘ978-4-591-11107-9　Ⓝ375.2

内容 第1章 「いじめ」は解決できる―雄二君（仮名）の相談事例から　第2章 大人に見えない残酷な「いじめ」　第3章 なぜクラス全員が加害者になるのか？　第4章 「いじめ」を解決するための実践ルール―親にできること、すべきこと、絶対してはならないこと　第5章 「いじめ」に気づくチェックリスト　ネットいじめの心理―あとがきにかえて

◇子どものいじめと「いのち」のルール―いのちから子育て・保育・教育を考える　岡本富郎著　創成社　2009.8　242p　18cm　（創成社新書 34）　〈文献あり〉　800円　ⓘ978-4-7944-5034-0　Ⓝ370.4

内容 第1章 「いのち」からみた子育て、保育、教育の現状（子どもたちはいのちをどう思っているか　小金井みどり幼稚園の子どもたちの、いのちにかかわる言葉 ほか）　第2章 いのちとは何か、死とは何か（死生観について　いのちを考える専門領域について ほか）　第3章 いじめと子どものいのち（いじめと子どものいの

ち—子育て、保育、教育、大人、社会への挑戦　いじめとは何か ほか）　第4章 いのちを大切にする子どもにどう育てるか（今までの章で述べたことの確認と大切さ　いのちを大切にする教育の必要性と可能性 ほか）

◇苦難を喜びイジメに勝つ—先人に学ぶこの世を生き抜く知恵　君達へ父達へ—人生の必携書—　桧木孝雄著　第2版　岩沼　知恵の学び舎　2009.10　407p　19cm　1428円　①978-4-9904479-1-5　Ⓝ159

◇天国に行けば楽になれるの？　武井健介, 武井美千代著　飯田　南信州新聞社出版局　2009.10　141p　20cm　1500円　Ⓝ367.61

◇いじめ栄えて国亡ぶ—教育再生の鍵はゼロトレランスにあり　加藤十八著　幸福の科学出版　2009.12　231p　20cm　1500円　①978-4-86395-010-8　Ⓝ375.2

[内容]第1章 教育の"ウソ"を暴く（迷走する日本の教育　アメリカの教育の失敗と建て直し ほか）　第2章 学校を変えるのは現場の教師（規律の低下でいじめが起こる　"優しさ"が生徒をダメにする ほか）　第3章 いじめの克服—世界の研究から（善良な生徒がいじめられてはならない　いじめを行う加害生徒の特徴）　第4章 アメリカのいじめ防止教育（いじめを回避するための具体策　外部の人々の協力 ほか）　第5章 道徳教育なき国家は崩壊する（日本の道徳教育は間違っている　自由と放縦の違い ほか）　あとがき　学校がいじめを克服するための一〇カ条

◇現代日本におけるいじめ過程の解明—いじめに苦しむ子どもたちの救済をめざして　藤井恭子著　伊勢　皇學館大学出版部　2010.3　131p　21cm　2400円　①978-4-87644-163-1　Ⓝ367.61

◇対立と対話—「いじめ」の問題から「対話」の教育へ　高徳忍著　柘植書房新社　2010.4　239p　21cm　2400円　①978-4-8068-0608-0　Ⓝ371.42

[内容]第1部「いじめ」の問題（いじめの分析論）（校内暴力からいじめへ　いじめ事件　いじめの定義と言葉　いじめの種類と特徴　いじめの原因　いじめの構造とメカニズム　いじめと自殺）　第2部「対話」の教育（いじめの対策論）（カウンセリング心理学　道徳教育　宗教教育　教育的人間学）　終章 対立と対話

◇いじめとは何か—教室の問題、社会の問題　森田洋司著　中央公論新社　2010.7　207p　18cm　（中公新書 2066）〈文献あり〉　740円　①978-4-12-102066-6　Ⓝ371.42

[内容]第1章 いじめの発見　第2章 日本での三つの波　第3章 いじめとは何か　第4章 内からの歯止め、外からの歯止め　第5章 私事化社会と市民性教育　第6章 いじめを止められる社会へ

◇「いじめ」のメカニズム—イメージ・ダイナミクスモデルの適用　田中美子著　京都　世界思想社　2010.9　137p　20cm　〈文献あり〉　2500円　①978-4-7907-1492-7　Ⓝ371.42

[内容]第1章「いじめ」問題の現状　第2章「いじめ」に関するアンケート調査　第3章 集団の力学と「いじめ」　第4章「いじめ」のモデル化　第5章「いじめ」の事例研究　第6章「いじめ」問題の解決に向けて　補遺「いじめ」経験に関する調査

◇〈集団統率力で学級の崩壊を防ぐ〉問題提起 6 いじめの構造を壊す原則　明石要一監修　田口広治, TOSS熊本編著　明治図書出版　2011.4　135p　22cm　1860円　①978-4-18-248519-0　Ⓝ374.1

[内容]教師こそが「いじめ」をなくすことができる　いじめの責任は教師にある　子ども社会のいじめはどうなっているか　いじめを発見する方法　小学校低学年のいじめの構造を壊す方法　小学校中学年のいじめ構造を壊す方法　小学校高学年のいじめ構造を壊す方法—教師が本気で闘うしかない　中学校のいじめの構造を破壊する方法—中学校のいじめの構造を破壊するには相手を見くびらず、かつ複数の教師で闘うこと　女子のグループ化の構造を壊す方法　男子集団のいじめ構造を壊す方法〔ほか〕

◇なぜ、人は平気で「いじめ」をするのか？—透明な暴力と向き合うために　加野芳正著　日本図書センター　2011.9　292p　19cm　（どう考える？ニッポンの教育問題）　1500円　①978-4-284-30446-7　Ⓝ371.42

[内容]プロローグ—「いじめ」の誕生　第1章 いじめ自殺の衝撃—三度の"いじめパニック"　第2章 ネットいじめ　第3章「いじめ」のカタチ　第4章 なぜ、いじめは発生するのか？　第5章 学級集団といじめ　第6章 いじめ問題と向き合う　エピローグ　ブックガイド

◇いじめの中で生きるあなたへ―大人から伝えたい「ごめんね」のメッセージ　小森美登里著　新版　WAVE出版　2012.6　127p　19cm　1300円　Ⓘ978-4-87290-576-2　Ⓝ371.42
　内容　1 娘、香澄のこと　2 いじめとの闘い　3 最後の3日間　4 心と体で一つの命　5 心の内側を見つめなおす　6 世界に一つだけの花　7 優しい心が一番大切だよ　8 もう一度生きなおすために

◇『いじめ』は2学期からひどくなる！―本当は生きたいのです、誰でも！　佳川奈未著　ポプラ社　2012.8　221p　19cm　〈著作目録あり〉　1200円　Ⓘ978-4-591-13071-1　Ⓝ371.42
　内容　第1章 いじめの現実を把握する―その本質としくみを理解する(いじめは2学期からひどくなる！　"1秒"あれば、いじめはできる　ほか)　第2章 しっかり解決に乗り出す―安心して学校へ通うための方法(サインを見逃さない　ふだんの子どもの様子を知っておく　ほか)　第3章 人間としての心のあり方を見直す―「愛」と「思いやり」という大切な役割(いたわる気持ちの大切さ　誰も、自殺などしたくない！　ほか)　第4章 これを読んでいる、いじめられている子へ―かけがえのない大切な君へ贈る言葉(絶対に死なないで！　自信を取り戻すために　ほか)　「大切」なあとがき　『誰もみな、幸せに生きる権利を奪われてはならない』―本当の強さは、自分より弱いものをいたわる心を持つこと

◇いじめ 心の中がのぞけたら―漫画 明日がくる　本山理咲著　朝日学生新聞社　2012.9　319p　19cm　1100円　Ⓘ978-4-904826-73-7　Ⓝ371.42
　内容　第1章 いじめられる子の心(それでも今日も学校へ　心のフタ　本物の星　ほか)　第2章 いじめる子の心(死を選んでも　山火事のように　気になるあいつ　ほか)　第3章 かかわりあう心(大人の言葉　しつけといじめ　兄がしたこと　ほか)

◇いじめで子どもが壊れる前に　藤川大祐著　角川学芸出版　2012.10　204p　18cm　〈角川oneテーマ21〉　〈発売：角川グループパブリッシング〉　781円　Ⓘ978-4-04-653416-3
　内容　第1章 現代のいじめの状況(度を越した悲惨な実態　子どもは残虐になりうる　ほか)　第2章 いじめとネット社会(社会的制裁としての炎上　公的な制裁への不満　ほか)　第3章 教訓―過去のいじめ事件から(中野富士見中事件―葬式ごっこと教師の関与　山形県マット死事件―いじめか犯罪か　ほか)　第4章 学校はどう変わるべきか(学校と世間の常識が違いすぎている　危機管理の発想　ほか)　第5章 いじめ被害はなくせるのか(「撲滅」は難しい　子どもを壊すいじめとは　ほか)

◇いじめの根っこ―子どものサインを見逃さないために　内田玲子著　新版　近代文藝社　2012.11　171p　19cm　1238円　Ⓘ978-4-7733-7863-4
　内容　第1章 差別の子育て　第2章 家庭の中の"争い"　第3章 いじめを生む土壌　第4章 調和ある日々　第5章 気づくことからの再出発　第6章 大人のいじめ

◆統計・調査

【雑誌記事】

◇教育ニュース・ズームアップ〔平成〕13年度の問題行動白書を公表 荒れる中学3年生―いじめ行為が最多　安達拓二　「現代教育科学」(明治図書出版)　46(3)通号558　2003.3　p93～98

◇普段から相談できる体制づくりを―6割が小学校時代にいじめ被害を経験―東京成徳大の深谷教授らが学生対象に調査　「内外教育」(時事通信社)　(5409)　2003.8.8　p2～3

◇いじめなど全項目で前年度下回る―関係機関との連携強化などが奏功―2002年度「生徒指導上の諸問題の現状」速報　「内外教育」(時事通信社)　(5412)　2003.8.26　p2～4

◇いじめが8年ぶりに前年度上回る―暴力行為も小学校中心に増加 2003年度「生徒指導上の諸問題の現状」　「内外教育」(時事通信社)　(5504)　2004.9.3　p2～5

◇生徒指導MONTHLY情報(19)平成15年度の暴力行為、いじめ、高校中退等の現状について　文部科学省初等中等教育局児童生徒課　「月刊生徒指導」(学事出版)　34(13)　2004.11　p84～86

◇地方都市住民のいじめに関する意識の考察―被害側への有責性意識を中心に　竹川郁雄　「愛媛大学法文学部論集 人文学科編」(愛媛大学法文学部)　(18)　2005　p1～13

◇「いじめ」に関する意識調査結果報告―〔皇學館大学社会福祉学部〕平成17年度秋学期「社会病理学」受講生のアンケート調査から　山上賢一　「皇学館大学社会福祉学部紀要」（皇学館大学社会福祉学部）　(8)　2005　p141～147

◇いじめとしつけを地方都市住民はどのようにとらえているか―松山市の調査結果より　竹川郁雄　「市大社会学」（大阪市立大学社会学研究会）　(6)　2005　p1～16

◇いじめ被害を親や友人に申告しない理由についての分析〔中京女子大学〕100周年記念号）　笹竹英穂　「中京女子大学研究紀要」（中京女子大学大学院〔ほか〕）　(39)　2005　p49～60

◇「キレる」に関する中高生の生活状況調査からの検討（特集：青少年暴力の原因究明と対策）　小林正子　「保健医療科学」（国立保健医療科学院）　54(2)　2005.6　p101～107

◇非行が減る一方、いじめは増加―内閣府の2005年版「青少年白書」　「内外教育」（時事通信社）　(5578)　2005.7.5　p6～7

◇公的データからみる暴力行為の動向と地域差（特集 子どもたちの暴力行為・いじめ）　八並光俊　「月刊生徒指導」（学事出版）　35(15)　2005.12　p10～13

◇被虐待経験、いじめを受けた経験が青年期後期の自己肯定感意識に及ぼす影響に関する研究　中村真実, 相ість健人　「愛媛大学教育実践総合センター紀要」（愛媛大学教育学部附属教育実践総合センター）　(24)　2006　p123～136

◇「教師のいじめ」生徒からの告発―中高生1000人緊急アンケート　「週刊文春」（文芸春秋）　48(42)通号2400　2006.11.2　p167～169

◇「なれ合い型」学級で発生多く―都留文科大の河村教授がいじめ調査　「内外教育」（時事通信社）　(5702)　2006.12.15　p5

◇調査 いじめの調査方法を大幅に改善へ―過去の事例の見直し結果も公表　「生徒指導上の諸問題」で文科省　「内外教育」（時事通信社）　(5712)　2007.1.30　p6～7

◇犯罪減少の一方で、いじめが急増―警察庁「少年非行等の概要」　「内外教育」（時事通信社）　(5722)　2007.3.13　p6～7

◇世代間比較調査「少年の世界」―友人関係意識の現状と学校教育の課題　長田勇, 遠藤忠　「宇都宮大学教育学部教育実践総合センター紀要」（宇都宮大学教育学部附属教育実践総合センター）　(30)　2007.7.1　p67～76

◇いじめ、各学校種で大幅増―定義変更、対象拡大なども背景に 文科省の2006年度問題行動調査（上）　「内外教育」（時事通信社）　(5781)　2007.11.20　p2～5

◇いじめ傍観者の被害者への援助抑制理由とその規定要因に関する分析―大学生を対象とした回顧調査をもとに　久保田真功　「子ども社会研究」（日本子ども社会学会，ハーベスト社）　(14)　2008　p17～28

◇大学生が経験したいじめの質的分析(2)小学校4～6年時の経験　会沢信彦, 平宮正志　「文教大学教育学部紀要」（文教大学）　通号42　2008　p11～18

◇教育の危機管理 数字は語る―「いじめ調査」の結果をどう読むか　安藤博　「週刊教育資料」（教育公論社）　(1011)通号1141　2008.1.7・14　p11～13

◇現代のいじめ―大阪子ども調査を中心に　新保真紀子　「児童教育学研究」（神戸親和女子大学児童教育学会）　(27)　2008.3　p24～39

◇「いじめ」に関する意識調査結果報告―平成21年度秋学期「人間関係理解」受講生のアンケート調査から　山上賢一　「皇学館大学社会福祉学部紀要」（皇学館大学社会福祉学部）　(12)　2009　p179～187

◇いじめ追跡調査(2004―2006)いじめQ&A　国立教育政策研究所生徒指導センター　「週刊教育資料」（教育公論社）　(1080)通号1210　2009.7.13　p39～50

◇暴力行為が小・中学校で最多に―いじめは2年連続で大幅に減少 文科省の2008年度問題行動調査　「内外教育」（時事通信社）　(5956)　2009.12.8　p2～5

◇「いじめ」に関する意識調査結果報告―平成22年度皇學館大学社会福祉学部生を対象として　山上賢一　「皇学館大学社会福祉学部紀要」（皇学館大学社会福祉学部）　(13)　2010　p129～135

◇いじめ被害の実態―大阪府公立中学校生徒を対象にした意識・実態調査から　石川義之　「人間科学研究紀要」（大阪樟蔭女子大学人間科学部学術研究会）（9）　2010.1　p155～184

◇平成20年度児童生徒の問題行動等生徒指導上の諸問題に関する調査（暴力行為、いじめ等）結果の概要　文部科学省初等中等教育局児童生徒課　「文部科学時報」（ぎょうせい）（1609）2010.2　p54～59

◇「平成二〇年度児童生徒の問題行動等生徒指導上の諸問題に関する調査」（暴力行為、いじめ等）結果の概要について（特集 子どもの心と問題行動―その背景と対策）　広川雅之　「教育展望」（教育調査研究所）　56（2）通号607　2010.3　p12～17

【図書】

◇いじめに関する実態調査結果報告書　〔さいたま〕　埼玉県教育委員会　2007.3　102p　30cm　Ⓝ367.6134

◆いじめ観

【雑誌記事】

◇大学生のいじめ観（1）　四辻伸吾, 瀧野揚三　「大阪教育大学紀要. 第4部門, 教育科学」（大阪教育大学）　51（2）　2003.2　p309～320

◇教職課程履修学生のいじめ問題経験と現在のいじめ状況認識　森住宜司　「総合福祉」（浦和大学総合福祉学部）　1　2004.3　p93～101

◇教職課程履修学生のいじめ状況認識―1998年・1999年調査　森住宜司　「総合福祉」（浦和大学総合福祉学部）　2　2005.3　p125～133

◇教職課程履修学生のいじめ状況認識―2000年・2001年調査　森住宜司　「総合福祉」（浦和大学総合福祉学部）　3　2006.3　p135～142

◇教師志望学生の「いじめ」認識をめぐる学びと葛藤　花島政三郎　「宮城学院女子大学発達科学研究」（宮城学院女子大学附属発達科学研究所）（7）　2007　p19～46

◇インタビュー 子ども・青年はいじめをどう見ているか―中学生が中学生を描いた作品からいじめを読む（特集「いじめ」を考える―「いじめ」の現実―当事者たちの声）　宮崎充治, 田中みと, 片山大樹［他］　「教育」（国土社）57（7）通号738　2007.7　p20～30

◇いじめ問題に関する学生の認識について　坂本徳弥　「椙山女学園大学教育学部紀要」（椙山女学園大学教育学部）　2　2009　p51～63

◇大学生のいじめ認識についての考察―「被害者にも原因あり」をめぐって　梅原利夫　「和光大学現代人間学部紀要」（和光大学現代人間学部）（3）　2010.3　p41～58

◇大学生のいじめ観（2）　四辻伸吾, 瀧野揚三　「大阪教育大学紀要. 第4部門, 教育科学」（大阪教育大学）　60（1）　2011.9　p91～109

◆ネットいじめ

【雑誌記事】

◇第2特集 緊急ルポ 顔が見えない「サイバーいじめ」から子どもたちをどう守るか？　HisakoCunningham　「教育ジャーナル」（学研教育みらい, 学研マーケティング（発売））44（2）　2005.5　p24～31

◇青少年のための情報リテラシについて―ネット・ケータイ利用と負の指標　初田真知子　「総合福祉」（浦和大学総合福祉学部）　4　2007.3　p19～29

◇「静かに激化」するサイバーいじめ　宮木由貴子　「Life design report」（第一生命経済研究所ライフデザイン研究本部）　通号178　2007.3・4　p35～37

◇現代の「いじめ」の傾向―犯罪化と携帯電話・インターネットによる「いじめ」（特集「いじめ」と子どもの自殺―いま「いじめ」はどうなっているか―その実態と背景）　武田さち子　「児童心理」（金子書房）　61（5）通号857　2007.4　p478～482

◇「いじめ社会」を生み出す「ウェブ2.0」　川端祐一郎　「北の発言」（西部邁事務所）（25）2007.5・6　p71～73

◇子どもの声から知る「ネットいじめ」の現状（特集 新たな脅威：ネットいじめ）　徳丸のり子　「教育と医学」（慶應義塾大学出版会）　55（5）通号647　2007.5　p466～472

◇ネットいじめにどう対応するか（特集 新たな脅威：ネットいじめ）　大久保貴世　「教育と医

学」(慶應義塾大学出版会) 55(5)通号647 2007.5 p474〜483

◇英米におけるネットいじめ(特集 新たな脅威：ネットいじめ) 望田研吾 「教育と医学」(慶應義塾大学出版会) 55(5)通号647 2007.5 p484〜493

◇ネットいじめは放火魔的 春日武彦 「Voice」(PHP研究所) 通号355 2007.7 p212〜219

◇中高生が裸で自己紹介/実名いじめサイト ケータイ汚染 わが子守れ!! 滝沢聡 「読売ウイークリー」(読売新聞東京本社) 66(32)通号3086 2007.7.29 p10〜15

◇激増「ネットいじめ」を野放しにするな —ケータイ被害の対抗策 「Themis」(テーミス) 16(11)通号181 2007.11 p104〜105

◇「サイバー型いじめ」(Cyber Bullying)の理解と対応に関する教育心理学的展望 小野淳, 斎藤富由起 「千里金蘭大学紀要」(千里金蘭大学) 2008年 [2008] p35〜47

◇子どもたちを加害者にも被害者にもしないインターネット安全教室の現状と対策 —宮崎市内の小学校における情報モラル教育の調査 金子正光, 竹之内修, 田島大輔 「宮崎公立大学人文学部紀要」(宮崎公立大学) 16(1) 2008 p23〜44

◇ネット・携帯いじめへの対応(いじめ問題の解決に向けて) 文部科学省初等中等教育局児童生徒課 「文部科学時報」(ぎょうせい) (1584) 2008.1 p53〜55

◇学校におけるネットいじめの現状と対応について(中心テーマ ネット社会の問題を考える) 三原宏之 「更生保護」(日本更生保護協会) 59(4) 2008.4 p28〜33

◇ニッポンの現実「ネットいじめ」。 鈴木裕貴 「潮」(潮出版社) 通号591 2008.5 p196〜205

◇ネットいじめに対する教師の対応の教育的・法的問題の解明と課題の検討 —ある公立中学校での事例を手がかりに 長谷川元洋, 大嶽達哉, 大谷尚 「情報ネットワーク・ローレビュー」(商事法務) 7 2008.5 p104〜113

◇ネットいじめといじめる子 —学校カウンセリングの現場から(加害者臨床—憎しみの環を断つために—加害者臨床の展開) 坂田真穂 「現代のエスプリ」(ぎょうせい) (491) 2008.6 p188〜197

◇座談会 ネットジェネレーションを取り巻くバーチャル空間で起こるリアルな問題—闇サイト・ネットいじめ(ネットジェネレーション—バーチャル空間で起こるリアルな問題) 尾木直樹, 斎藤環, 加納寛子 「現代のエスプリ」(ぎょうせい) (492) 2008.7 p5〜39

◇リゾーム的に増殖するネットいじめ(ネットジェネレーション—バーチャル空間で起こるリアルな問題—闇サイト・ネットいじめが蔓延するバーチャル版ムラ社会) 加納寛子 「現代のエスプリ」(ぎょうせい) (492) 2008.7 p40〜53

◇我が国と諸外国における闇サイト・ネットいじめの現状と対策(ネットジェネレーション—バーチャル空間で起こるリアルな問題—闇サイト・ネットいじめが蔓延するバーチャル版ムラ社会) 加納寛子 「現代のエスプリ」(ぎょうせい) (492) 2008.7 p54〜68

◇「いじめ」社会的攻撃・関係性攻撃(ネットジェネレーション—バーチャル空間で起こるリアルな問題—闇サイト・ネットいじめが蔓延するバーチャル版ムラ社会) 河野義章 「現代のエスプリ」(ぎょうせい) (492) 2008.7 p101〜107

◇いじめ問題の歴史と構造—魔女裁判の視点を踏まえて(ネットジェネレーション—バーチャル空間で起こるリアルな問題—闇サイト・ネットいじめが蔓延するバーチャル版ムラ社会) 原田順代 「現代のエスプリ」(ぎょうせい) (492) 2008.7 p108〜116

◇いじめ一般の分析からネットいじめの問題を考える—教育心理学的分析(ネットジェネレーション—バーチャル空間で起こるリアルな問題—ネットジェネレーションに託す未来) 無藤隆 「現代のエスプリ」(ぎょうせい) (492) 2008.7 p176〜183

◇闇サイト・いじめの蔓延に対し、教育工学は何ができるか(ネットジェネレーション—バーチャル空間で起こるリアルな問題—ネットジェネレーションに託す未来) 赤堀侃司 「現代のエスプリ」(ぎょうせい) (492) 2008.7 p184〜192

◇ネットいじめのない世界（ネットジェネレーション──バーチャル空間で起こるリアルな問題──ネットジェネレーションに託す未来）　芹沢俊介　「現代のエスプリ」（ぎょうせい）（492）　2008.7　p200～207

◇ファミリーカウンセラーの窓から(101)携帯電話とネットいじめ　家庭問題情報センター　「住民行政の窓」（日本加除出版）通号323　2008.7　p74～77

◇特集　ネットいじめからどう子どもを守る!?　「悠+」（ぎょうせい）　25(7)　2008.7　p104～111

◇学校裏サイト（学校非公式サイト）とネットいじめ（特集　高度情報化社会のリテラシー）　宮島理　「学校運営」（学校運営研究会）　50(6)通号566　2008.9　p20～23

◇ネットいじめをさせない学校づくりを（特集　学校教育におけるICTの活用と情報モラル）　野間俊彦　「教育展望」（教育調査研究所）54(9)通号592　2008.10　p39～44

◇ネットいじめへの対応──生徒には生徒の声が届く（特集　いじめの周囲で心を痛める子）　宇井香　「月刊学校教育相談」（ほんの森出版）　22(12)　2008.10　p4～7

◇「学校裏サイト」とネットいじめ　「学校裏サイト」だけではないネットいじめの実態（特集　ケータイ、ネットの闇──子どもの成長への影響を考える──学校をとりまくケータイ問題）　渋井哲也　「児童心理」（金子書房）　62(15)通号885（臨増）　2008.10　p30～36

◇「学校裏サイト」とネットいじめ　ネットいじめとは何か──新しいいじめの特徴と対策の難しさ（特集　ケータイ、ネットの闇──子どもの成長への影響を考える──学校をとりまくケータイ問題）　下田博次　「児童心理」（金子書房）　62(15)通号885（臨増）　2008.10　p37～45

◇「学校裏サイト」とネットいじめ　ネットコンテンツ監視とその現状──サイト監視システムの技術とその限界（特集　ケータイ、ネットの闇──子どもの成長への影響を考える──学校をとりまくケータイ問題）　森井昌克　「児童心理」（金子書房）　62(15)通号885（臨増）　2008.10　p46～53

◇情報産業社会の中で生きている子どもたちについての一考察──インターネット接続端末機を扱う子どもたち　久保千恵子　「東北大学大学院教育学研究科研究年報」（東北大学大学院教育学研究科）　57(1)　2008.12　p25～48

◇暴力行為、各学校種で過去最多に──いじめは減少の一方で「ネット」絡みは急増　文科省の2007年度問題行動調査(上)　「内外教育」（時事通信社）　(5871)　2008.12.2　p2～5

◇メンタルヘルスの広場「学校裏サイト」と「ネットいじめ」の現状──より豊かな「ケア」のために　荻上チキ　「心と社会」（日本精神衛生会）40(1)通号135　2009　p94～100

◇「ネット上のいじめ」等の子どもたちの携帯電話をめぐる問題への対応について（特集　平成19年度児童生徒の問題行動等生徒指導上の諸問題に関する調査について）　文部科学省児童生徒課, 文部科学省スポーツ青少年局青少年課　「教育委員会月報」（第一法規）　60(11)通号713　2009.2　p38～41

◇サイバーブリングとネット上いじめ問題　吉田雅巳　「千葉大学教育学部研究紀要」（千葉大学教育学部）　57　2009.3　p1～8

◇特集　ネットいじめの通報サイトを開設──各自治体の特色ある新規事業　2009年度地方教育予算(案)から(3)中国、四国、九州・沖縄　「内外教育」（時事通信社）　(5897)　2009.3.24　p5～9

◇いじめの温床　親が知らない子ども携帯サイトの闇　渡辺真由子　「エコノミスト」（毎日新聞社）87(22)通号4029　2009.4.21　p38～40

◇ネットいじめの問題に対する学校の法的権限についての検討──ネット上から部外者が生徒間の問題に介入したと推定できる事例を通じて　長谷川元洋, 大嶽達哉, 大谷尚　「情報ネットワーク・ローレビュー」（商事法務）　8　2009.5　p86～97

◇ケータイ、ネットと生徒指導──ネットいじめ・誹謗中傷、トラブル等から考える（特集　ネットいじめとケータイリテラシー）　岡田朋之, 竹下正明, 妻木靖朗[他]　「月刊生徒指導」（学事出版）39(7)　2009.6　p6～13

◇学校裏サイトの現状と対策（特集　ネットいじめとケータイリテラシー）　池辺正典　「月刊生徒指導」（学事出版）　39(7)　2009.6　p14～17

◇本当に怖いネット・ケータイの話―教師と保護者に伝える8つの視点(特集 ネットいじめとケータイリテラシー)　大和剛彦　「月刊生徒指導」(学事出版)　39(7)　2009.6　p18～23

◇子どもとケータイ(特集 ネットいじめとケータイリテラシー)　加納寛子　「月刊生徒指導」(学事出版)　39(7)　2009.6　p24～29

◇中学生とケータイ・ネットについて考える(特集 ネットいじめとケータイリテラシー)　大山圭湖　「月刊生徒指導」(学事出版)　39(7)　2009.6　p30～33

◇「ネット上のいじめ」への対応(特集 ネットいじめとケータイリテラシー)　密谷由紀　「月刊生徒指導」(学事出版)　39(7)　2009.6　p34～37

◇心のキャッチボールをしよう!―生徒会による演劇を通して規範意識を育てる生徒指導(特集 ネットいじめとケータイリテラシー)　澁谷美奈　「月刊生徒指導」(学事出版)　39(7)　2009.6　p38～41

◇通信・議会質疑 話題の質問ダイジェスト―地方議会での論争から ネットいじめへの対応　「週刊教育資料」(教育公論社)　(1077)通号1207　2009.6.15　p26～27

◇ネット上のトラブルにみるケンカの変質 学校裏サイトにおける「ネットいじめ」の構造と対策(特集 子どものケンカ―ネット上のケンカとトラブルあれこれ)　小針誠　「児童心理」(金子書房)　63(13)通号901　2009.9　p1246～1251

◇ネットいじめは減らない(話題のテーマに賛否両論! ケータイ持ち込み禁止)　荻上チキ　「Voice」(PHP研究所)　通号381　2009.9　p226～229

◇ネットいじめの現状,方法,問題性,対応(第112回日本小児科学会学術集会 分野別シンポジウム 現代のいじめ問題に,小児科はどのように取り組むべきか)　坂元章　「日本小児科学会雑誌」(日本小児科学会)　113(12)　2009.12　p1917～1920

◇ネットいじめの実態に関する実証的研究(1) ケータイの利用時間といじめの相関に注目して　原清治,山崎瞳　「関西教育学会年報」(関西教育学会)　(34)　2010　p121～125

◇ネット上のトラブルや「いじめ」に関する報告―中学・高校生当時の体験を回想して　三島浩路,黒川雅幸,大西彩子[他]　「名古屋大学大学院教育発達科学研究科紀要.心理発達科学」(名古屋大学大学院教育発達科学研究科)　57　2010　p61～69

◇中学生における情報機器の利用状況およびネットいじめ経験の実態調査　寺戸武志,永浦拡,冨永良喜　「発達心理臨床研究」(兵庫教育大学学校教育学部附属発達心理臨床研究センター)　16　2010　p89～106

◇市内全中学校生徒会執行部で取り組むピア・サポート実践研究―大阪府寝屋川市中学生サミット「携帯ネットいじめ撲滅劇」を中心に　竹内和雄　「ピア・サポート研究」(日本ピア・サポート学会)　(7)　2010　p19～27

◇中学生の電子いじめ加害行動に関する研究　黒川雅幸　「福岡教育大学紀要.第4分冊,教職科編」(福岡教育大学)　(59)　2010　p11～21

◇ネットいじめを規定する要因の実証的研究(1)　山崎瞳,原清治　「佛教大学教育学部学会紀要」(佛教大学教育学部学会)　(9)　2010　p155～172

◇子どもたちにおける友人関係の変化―1.5次集団の形成とネットいじめの実態から　堀出雅人,原清治　「佛教大学教育学部学会紀要」(佛教大学教育学部学会)　(9)　2010　p235～244

◇子どもたちを加害者にも被害者にもしない情報モラルの実態調査と考察―宮崎市内の全小学6年生対象　金子正光　「宮崎公立大学人文学部紀要」(宮崎公立大学)　18(1)　2010　p1～27

◇What is cyberbullying and how does it occur?　青山郁子　「教育研究」(国際基督教大学)　通号52　2010.3　p73～80

◇中学生のネットいじめ,いじめられ体験―親の統制に対する子どもの認知,および関係性攻撃との関連　内海しょか　「教育心理学研究」(日本教育心理学会)　58(1)　2010.3　p12～22

◇「ネットいじめ」にどう対処するか―東京で安全安心全国フォーラム　「内外教育」(時事通信社)　(5978)　2010.3.12　p8～9

◇ストップ!「ネットいじめ」今こそ学校で的確なネット・リテラシー教育を―メディアジャーナリスト 渡辺真由子さんに聞く(総力大特集 いま

◇学校にある危機―危機 ネットいじめ/インターネットで何が起きているのか?) 渡辺真由子 「総合教育技術」(小学館) 65(3) 2010.5 p48～50

◇ネットいじめで18教委が監視体制―半数が「指導後手」認める―教育長協議会研究報告(2) 「内外教育」(時事通信社) (6005) 2010.6.25 p8～9

◇ネットいじめの現状とその対策:新たな現象を支える平凡な要因 加藤弘通 「青少年問題」(青少年問題研究会) 57(夏季)通号639 2010.7 p38～43

◇対応のための分析 メール中毒、ネットいじめetc…子どもたちの心を狙う「ケータイの罠」の事例分析(総力大特集 子どもが危ない!―心が危ない!) 横山隆光 「総合教育技術」(小学館) 65(5) 2010.7 p24～26

◇成績の上下がネットいじめに影響―日本教育学会第69回大会(上) 「内外教育」(時事通信社) (6018) 2010.8.27 p8～9

◇「ケータイ・ネット」から子どもを守る(情報モラル指導と小中学生の携帯電話―ケータイと情報モラル教育) 水木尚充 「学習情報研究」(学習ソフトウェア情報研究センター) 通号217 2010.11 p40～43

◇ネットいじめの実態に関する実証的研究(2) 浅田(山崎)瞳、原清治 「関西教育学会年報」(関西教育学会) (35) 2011 p161～165

◇中学校におけるサイバー型いじめの予防と心理的回復を目的としたソーシャルスキル教育プログラム開発の試み(その1) 日本の教育現場に適したサイバー型いじめ対策システムに関する展望 小野淳、斎藤富由起、吉森丹衣子[他] 「千里金蘭大学紀要」(千里金蘭大学) 2011 2011 p40～50

◇中学校におけるサイバー型いじめの予防と心理的回復を目的としたソーシャルスキル教育プログラム開発の試み(その2) 日本の教育現場に適したサイバー型いじめ対策の実践 斎藤富由起、小野淳、守谷賢二[他] 「千里金蘭大学紀要」(千里金蘭大学) 2011 2011 p59～67

◇学級雰囲気および学級規範が電子いじめ加害行動に及ぼす影響 黒川雅幸 「福岡教育大学紀要. 第4分冊, 教職科編」(福岡教育大学) (60) 2011 p45～52

◇ネットいじめの実態とその要因(1) 学力移動に注目して 原清治 「教育学部論集」(佛教大学教育学部) (22) 2011.3 p133～152

◇ネットいじめを解決する鍵のありか―序にかえて(ネットいじめ) 加納寛子 「現代のエスプリ」(ぎょうせい) (526) 2011.5 p5～15

◇「ネットいじめ」の深層―思春期の危機を考える(ネットいじめ―ネットいじめの今日的特徴と課題) 尾木直樹 「現代のエスプリ」(ぎょうせい) (526) 2011.5 p32～41

◇エンターテイメント化するネットいじめ(ネットいじめ―ネットいじめの今日的特徴と課題) 加納寛子 「現代のエスプリ」(ぎょうせい) (526) 2011.5 p42～55

◇ネットいじめの分類と対策(ネットいじめ―ネットいじめの今日的特徴と課題) 加納寛子 「現代のエスプリ」(ぎょうせい) (526) 2011.5 p56～66

◇ネットを用いたいじめをめぐる考察―(一)マス・メディア主導のイメージのバイアスと、(二)学校制度がもたらす閉鎖空間の効果をネットがその「延長された表現形」として増幅させるブースター効果について(ネットいじめ―ネットいじめの今日的特徴と課題) 内藤朝雄 「現代のエスプリ」(ぎょうせい) (526) 2011.5 p67～81

◇我が国の法律はどこまで携帯電話やネットを利用した「いじめ」を裁けるのか(ネットいじめ―ネットいじめは犯罪としてどこまで裁くことができるのか) 河合良房、加納寛子 「現代のエスプリ」(ぎょうせい) (526) 2011.5 p82～94

◇犯罪心理学から見た「ネットいじめ」(ネットいじめ―ネットいじめは犯罪としてどこまで裁くことができるのか) 桐生正幸 「現代のエスプリ」(ぎょうせい) (526) 2011.5 p95～103

◇ネットいじめの実態とその背景―どんな子がネットいじめに遭いやすいのか(ネットいじめ―ネットいじめの学校教育における指導) 原清治 「現代のエスプリ」(ぎょうせい) (526) 2011.5 p104～117

◇ネットいじめと生徒指導(ネットいじめ―ネットいじめの学校教育における指導) 加藤弘通 「現代のエスプリ」(ぎょうせい) (526) 2011.5 p118～126

◇ネットいじめの完全撲滅は可能か？―学校裏サイト・ネットいじめの対策・対応とその課題（ネットいじめ―ネットいじめの学校教育における指導）　小針誠　「現代のエスプリ」（ぎょうせい）　（526）　2011.5　p127～135

◇十代に広がるネットいじめ―その脅威と解決策（ネットいじめ―ネットいじめの実態）　BasabiChakraborty, SudesnaChakraborty, 橋本隆子　「現代のエスプリ」（ぎょうせい）　（526）　2011.5　p136～148

◇この特集の結びにかえて　せめぎあう力と力―ネットを埋め込むいじめの構造vs構造を脱するネットの解放性（ネットいじめ）　内藤朝雄, 加納寛子　「現代のエスプリ」（ぎょうせい）　（526）　2011.5　p186～198

◇ネットいじめの現在（いま）（特集　つくらない！　被害者・加害者・傍観者）　大和剛彦　「月刊生徒指導」（学事出版）　41（9）　2011.7　p25～28

◇ネットいじめの見つけ方：暴走しないでぇ、先生！（特集　いじめを見つけ出す私の工夫）　竹内和雄　「月刊学校教育相談」（ほんの森出版）　25（14）　2011.12　p8～11

◇ネットいじめに関する情報モラル学習の効果：ケータイ所持の有無との関連を中心に　中里真一, 久保田善彦, 長谷川春生　「日本教育工学会論文誌」（日本教育工学会, 毎日学術フォーラム（発売））　35（Suppl.）　2011.12　p121～124

◇ネットいじめの実態とその要因（2）　原清治, 浅田瞳　「佛教大学教育学部学会紀要」（佛教大学教育学部学会）　（11）　2012　p13～20

◇学級のいじめ問題に関するマルチエージェントシミュレーション（ネットワークコンピューティングとこれからの教育・学習環境／一般）　宮田健, 山口真之介, 大西淑雅［他］　「教育システム情報学会研究報告」（教育システム情報学会）　26（5）　2012.1　p49～54

◇ネットいじめ言説の特徴：新聞記事の内容分析から　田村隆博　「名古屋文理大学紀要」（名古屋文理大学）　（12）　2012.3　p89～95

◇米国でも深刻な問題に！激増！「ネット犯罪＆いじめ」を監視せよ：自分で情報発信できるネットやスマホでの無責任な噂や秘密暴露を放置するな　「Themis」（テーミス）　21（7）通号237　2012.7　p88～89

◇ウェブ化で学級崩壊やいじめが増える!?　新潟県で行なわれているテスト漬けのシステム　木附千晶　「金曜日」（金曜日）　20（31）通号923　2012.8.24　p48～50

◇本人追跡性を基礎とする携帯電話の情報モラル教育　鈴木英男, 安岡広志, 圓岡偉男［他］　「東京情報大学研究論集」（東京情報大学情報サービスセンター）　16（1）通号34　2012.9　p23～32

◇新・歴史夜話　ネット社会の「いじめ」とは：戦国時代は大事件の遠因に　海上知明　「金融財政business：時事トップ・コンフィデンシャル+」（時事通信社）　（10270）　2012.9.3　p10～13

◇管理職必携　安心・安全の新常識　デジタル社会と教育の課題（3）ネット時代のいじめへの対応　藤川大祐　「週刊教育資料」（教育公論社）　（1220）通号1350　2012.9.3　p24～25

【図書】

◇ネットいじめ・言葉の暴力克服の取り組み―心と心が通い合う子どものコミュニケーションづくり　有元秀文編　教育開発研究所　2008.3　199p　21cm　（教職研修総合特集）　2400円　①978-4-87380-976-2　Ⓝ375.2

◇学校裏サイト―進化するネットいじめ　渋井哲也著　晋遊舎　2008.4　206p　18cm　（晋遊舎ブラック新書6）　720円　①978-4-88380-748-2　Ⓝ367.61

[内容]　序章　終わらない「いじめ自殺」の連鎖（ネットいじめの時代　浮かび上がる「学校裏サイト」ほか）　第1章　学校裏サイトとは何か？（神戸市須磨区の事件とネットいじめ　実名的な関係による「ネットいじめ」ほか）　第2章　ネットいじめへの対策（警察と学校裏サイト　ストップいじめアクションプラン　ほか）　第3章　子どもたちはなぜネットに惹かれるのか？（寄せられる「誹謗中傷」の相談　メールの内容は「友人の情報」　ほか）

◇「学校裏サイト」からわが子を守る！　安川雅史著　中経出版　2008.6　190p　15cm　（中経の文庫）　552円　①978-4-8061-3048-2　Ⓝ367.68

|内容| 第1章 "凶器"へと変貌するケータイ（ケータイに縛られる中高生　ケータイメールにおける暗黙のルール ほか）　第2章 ネットいじめへの防衛策（インターネット上の「たった一言」が大事になってしまう　掲示板には絶対に書き込みをしない ほか）　第3章 いじめにあっている子どもへの対処法（いじめを乗り越えられるような子育てを　いじめによるストレスで子どもに起こる変化 ほか）　第4章 実録「引きこもりからの生還記」（不登校・引きこもりの子どもは必ず救える　教室に入ることができない光弘 ほか）

◇大人が知らないネットいじめの真実　渡辺真由子著　京都　ミネルヴァ書房　2008.7　223,4p　19cm　1500円　①978-4-623-05226-4　Ⓝ367.61
　|内容| 第1章 ネットをめぐる子どもの現実（子どもとネットとの関わり　ネットでつながる子どもの人間関係 ほか）　第2章 ネットいじめ被害者の声（しんどい子どもたち　いじめと自殺サイトで命を絶った娘 ほか）　第3章 心の教育のためのネット・リテラシー（大人の意識改革　ネット・リテラシーと情報モラル教育 ほか）　第4章 大人と子どもにできること（国の規制と家庭のルール作り　被害者にも加害者にもしないために ほか）

◇ネットいじめ―ウェブ社会と終わりなき「キャラ戦争」　荻上チキ著　PHP研究所　2008.7　269p　18cm　（PHP新書）　740円　①978-4-569-70114-1　Ⓝ367.61
　|内容| 第1章 つくられた「学校裏サイト」不安（「みんなのもの」になったネットとケータイ　「みんな」のなかに入った子どもたち ほか）　第2章 学校勝手サイトの真実（「学校裏サイト」ではなく「学校勝手サイト」　牧歌的な書き込みが占める日常風景 ほか）　第3章 見えるようになった陰口―「ネットいじめ」はなぜ起きるのか？（「ネットいじめ」はネットのせいなのか　ネットによって可視化される陰口 ほか）　第4章 ネットいじめ時代と終わりなきキャラ戦争（学校文化とウェブ社会の遭遇　ケータイは自分を着飾るためのファッション ほか）　第5章 ウェブ・コミュニケーションの未来（「ウェブ社会」のほんとうの意味　物理的なゾーニングとは何か ほか）

◇ネットいじめ―エスカレートしないために　ロビン・マッケカーン作,上田勢子訳,桑田木綿子絵　大月書店　2009.3　31p　27cm　（学校のトラブル解決シリーズ 6）　2000円　①978-4-272-40646-3　Ⓝ371.42
　|内容| ネットいじめってなに？　ネットいじめの4つの例　ネットいじめクイズ　ネットいじめ相談室　ネットいじめのウソとホント　Aタイプ（ネットでいじめられる人）　Bタイプ（ネットいじめをする人）　Cタイプ（ネットいじめに気づいた人）

◇ネットいじめ・犯罪から子どもを守る―平成21年度東予地方局人権フォーラム講演録　渡辺真由子述　松山　愛媛県人権啓発センター　〔2010〕　38p　30cm　Ⓝ368.6

◇情報社会のいじめ問題―解決に向けた地域からのアプローチ　伊藤賢一,平塚浩士,富山慶典,滝充,下田博次,小熊良一,管野吉雄,黒須俊夫編　前橋　上毛新聞社事業局出版部　2011.4　110p　21cm　（ブックレット群馬大学 6）　458円　①978-4-86352-044-8　Ⓝ371.42
　|内容| 基調講演：青少年におけるいじめの現状と課題（滝充述）,ネットいじめの形態と対応の変化（下田博次述）,パネルディスカッション：群馬県における小中学校のケータイインターネット問題の実態と対策（小熊良一述）,ネットいじめ等の予防と対応策（管野吉雄述）,群馬県小中学生のメディア環境とネットいじめ（伊藤賢一述）

◇ネットいじめはなぜ「痛い」のか　原清治,山内乾史編著　京都　ミネルヴァ書房　2011.10　224p　19cm　1800円　①978-4-623-06053-5　Ⓝ371.42
　|内容| 第1章 ケータイの利用実態といじめの今日的特質　第2章 ネットいじめの広がりとその予防策について考える　第3章 ネットいじめはどのような要因によって発生するのか　第4章 ネットいじめの実態　第5章 子どもの関係性とネットいじめの正体―風見鶏な子どもたち　第6章 ネットいじめとスクールカースト　第7章 ネットいじめから考える子どもたちの新たな「友だち」関係　第8章 サイバーネットワークと子どもたち―ケータイと学校のあいだをどうつなぐのか　第9章 青少年の特徴とネット世界の子どもたち―社会的スキルと携帯電話の関係を中心に　第10章 子どもだけの世界を理解するということ―大多和直樹氏・小林至道氏へのインタビュー　第11章 日常のリアル

なコミュニケーションが鍵になる―小針誠先生へのインタビュー

◆学校カースト

【雑誌記事】

◇子ども 「学校カースト制」いじめ最底辺はキモメン 森慶一 「Aera」（朝日新聞出版） 20(51) 通号1079 2007.11.19 p62～64

◇マインドマターズ―オーストラリアの学校精神保健増進プロジェクト(5)いじめといやがらせに取り組む 針間博彦 「こころの科学」（日本評論社） 通号147 2009.9 p122～130

◇いじめへの対応は、《スクールカースト》を含めたいじめの現実を理解し、認めることから（総力大特集 新学習指導要領全面実施！ どうする！どうなる!? 2011年の教育課題） 森口朗 「総合教育技術」（小学館） 65(13) 2011.2 p28～31

◇教室の〈空気〉をどう動かすか―スクール・カーストへの戦略的対応（スタートダッシュ「学級づくり」） 堀裕嗣 「児童心理」（金子書房） 65(6) 通号930 2011.4臨増 p43～49

◇スクールカーストの視点から子ども社会のリーダーを考える（特集 リーダーのいる学級・いない学級―今どきの子どもとリーダー） 堀裕嗣 「児童心理」（金子書房） 66(16) 通号958 2012.11 p1322～1326

【図書】

◇若者の社会は階級社会―親も教師も知らない、いじめ社会の病理 山木しげる著 新風舎 2007.5 76p 19cm 1100円 ①978-4-289-01121-6 Ⓝ367.68

内容 "告げ口"はダサくて救いようのない自殺行為!? 「格が上」と示しをつけるいじめの本質 "格下がいないと不安"だから出る杭は打つ 集団で人をバカにして大笑いするのが極上の楽しみ 「不良が一番かっこいい」という価値観 「髪を染めたら上に行ける」「ピアスをすればいじめられない」!? 自分に返ってこない悪は「やってもいいこと」という善悪観 「キモイ」「キショイ」の使われ方 若者はなぜキレるか(1)強者の逆ギレ、弱者のマジギレ 若者はなぜキレるか(2)「話せばわかる」じゃ笑い殺される〔ほか〕

◆外国事情

【雑誌記事】

◇いじめに関するドイツ，マレーシア，日本の意識比較研究―連想調査によるオスナブリュック，ペナン，長崎の大学生の調査 上薗恒太郎 「長崎大学教育学部紀要.教育科学」（長崎大学教育学部） (64) 2003.3 p13～27

◇いじめ対策としてのピア・サポート―イギリスの学校現場の視察から 増田梨花 「駒澤大学心理臨床研究」（駒澤大学コミュニティ・ケアセンター） (3) 2004 p35～44

◇第2特集 海外教育事情 深刻さ増すアメリカの「いじめ」の現状―学校や地域は「いじめ」問題にどう取り組んでいるか？ カニングハム久子 「教育ジャーナル」（学研教育みらい, 学研マーケティング（発売）） 43(1) 2004.4 p30～33

◇いじめの意識調査による教育心理学的取り組み(1)中学生の場合 平松芳樹 「中国学園紀要」（中国学園大学） (3) 2004.6 p53～58

◇家の履歴書(475)森永卓郎(経済評論家)―小一の時ボストンで受けたいじめ。市場原理主義批判と"嫌米"はそのトラウマから来ているかも。 森永卓郎 「週刊文春」（文芸春秋） 46(24) 通号2282 2004.6.17 p122～125

◇第2特集 アメリカの「いじめ」への取り組み 女子ティーン間の暴力が急増する背景―超人的暴力を駆使する映画やゲームの人気ヒロインの影響か？ カニングハム久子 「教育ジャーナル」（学研教育みらい, 学研マーケティング（発売）） 43(5) 2004.8 p30～33

◇アメリカの学校における包括的学校保健プログラム―子どものいじめ・暴力・自殺を予防するための学校を基盤とした取り組み DougWinborn, JaneWilliams, 昼田源四郎 「福島大学教育学部論集, 教育・心理部門」（福島大学教育学部） (77) 2004.12 p11～20

◇現代教育と学校における「いじめ」問題の諸相(序章) 土屋基規 「いじめととりくんだ国々 日本と世界の学校におけるいじめへの対応と施策」（ミネルヴァ書房） 2005.12 p1

◇学校における「いじめ」研究（第Ⅰ部 学校における「いじめ」研究の国際的水準） ピーター・K. スミス 「いじめととりくんだ国々 日本と世界の学校におけるいじめへの対応と施策」（ミネルヴァ書房） 2005.12 p10

◇'Ijime bullying'：その特徴, 発生過程, 対策（第Ⅰ部 学校における「いじめ」研究の国際的水準） 滝充 「いじめととりくんだ国々 日本と世界の学校におけるいじめへの対応と施策」（ミネルヴァ書房） 2005.12 p33

◇オーストラリアの「いじめ」防止の取り組み（第Ⅱ部 学校における「いじめ」問題への積極的な対応と成果） フィリップスリー 「いじめととりくんだ国々 日本と世界の学校におけるいじめへの対応と施策」（ミネルヴァ書房） 2005.12 p58

◇ピア・サポート（第Ⅱ部 学校における「いじめ」問題への積極的な対応と成果） ヘレンカウイー 「いじめととりくんだ国々 日本と世界の学校におけるいじめへの対応と施策」（ミネルヴァ書房） 2005.12 p73

◇ピア・サポート実践とコミュニティ・モデル（第Ⅱ部 学校における「いじめ」問題への積極的な対応と成果） 戸田有一 「いじめととりくんだ国々 日本と世界の学校におけるいじめへの対応と施策」（ミネルヴァ書房） 2005.12 p84

◇韓国における「いじめ」, ワンタータの現状（第Ⅲ部 各国の学校における最近の「いじめ」問題の研究と対応） 郭錦珠, 具孝珍 「いじめととりくんだ国々 日本と世界の学校におけるいじめへの対応と施策」（ミネルヴァ書房） 2005.12 p106

◇中国の学校における「いじめ」対策（第Ⅲ部 各国の学校における最近の「いじめ」問題の研究と対応） 黄向陽 「いじめととりくんだ国々 日本と世界の学校におけるいじめへの対応と施策」（ミネルヴァ書房） 2005.12 p123

◇学校における「いじめ」防止の現場戦略（第Ⅲ部 各国の学校における最近の「いじめ」問題の研究と対応） エルシリアメネシニ 「いじめととりくんだ国々 日本と世界の学校におけるいじめへの対応と施策」（ミネルヴァ書房） 2005.12 p137

◇Convivencia（第Ⅲ部 各国の学校における最近の「いじめ」問題の研究と対応） ロザリオオルテガ, オルガマーチン 「いじめととりくんだ国々 日本と世界の学校におけるいじめへの対応と施策」（ミネルヴァ書房） 2005.12 p154

◇ドイツの学校におけるいじめの問題とスクールカウンセラーの取り組み─比較教育的見地から 伊藤賀永 「関東学院大学人間環境研究所所報」（関東学院大学人間環境研究所） (6) 2007年度 p5〜21

◇世界の動き U.K いじめは英国の国力を脅かす！─ブレア首相が打ち出した抜本的対策 「公研」（公益産業研究調査会） 45(1)通号521 2007.1 p134〜136

◇国際的いじめの凄まじさ（特集 いじめはなくせるのか─十人十色 私の「いじめ」「いじめられ」体験─こうして「いじめ」を克服すべし） 森永卓郎 「諸君！」（文藝春秋） 39(3) 2007.3 p143〜145

◇World Voice 世界の異見 被害者だけでなく報告者をも守るおとなの覚悟の示し方 全米二千校が選んだ"いじめ対策" SusanLimber 「週刊ダイヤモンド」（ダイヤモンド社） 95(9)通号4169 2007.3.3 p23

◇全米2千校で成功した「いじめ防止運動」─「オルウェーズ・プログラム」とは 「Themis」（テーミス） 16(4)通号174 2007.4 p100〜101

◇アメリカ合衆国コロラド州におけるいじめ防止の取組み 井樋三枝子 「外国の立法：立法情報・翻訳・解説」（国立国会図書館調査及び立法考査局） (232) 2007.6 p90〜101

◇韓国におけるいじめ問題─実態とその特徴について 田中光晴, 山下達也 「国際教育文化研究」（九州大学大学院人間環境学研究院国際教育文化研究会） 7 2007.6 p121〜131

◇いじめとどう向き合うか(4) 学校における「いじめととりくんだ国々」から何を学ぶか 土屋基規 「前衛：日本共産党中央委員会理論政治誌」（日本共産党中央委員会） 通号818 2007.6 p133〜142

◇現代のいじめ問題といじめ研究の国際的動向（特集「いじめ」を考える─「いじめ」を考える） 折出健二 「教育」（国土社） 57(7)通号738 2007.7 p12〜19

◇韓国におけるいじめについての政策と課題（特集 いじめ・非行と子どもの権利—日韓共同研究 韓国からの提案） 黄玉京 「子どもの権利研究」（子どもの権利条約総合研究所, 日本評論社（発売）） (11) 2007.7 p37〜39

◇韓国におけるいじめの現況と対策の課題—精神医学の立場から（特集 いじめ・非行と子どもの権利—日韓共同研究 韓国からの提案） 安東賢 「子どもの権利研究」（子どもの権利条約総合研究所, 日本評論社（発売）） (11) 2007.7 p40〜42

◇アメリカ合衆国におけるいじめ防止対応—連邦によるアプローチと州の反いじめ法制定の動き（アメリカ合衆国におけるいじめ防止対応—連邦によるアプローチと州の反いじめ法制定の動き） 井樋三枝子 「外国の立法：立法情報・翻訳・解説」（国立国会図書館調査及び立法考査局） (233) 2007.9 p4〜11

◇デラウェア州学校いじめ防止法（アメリカ合衆国におけるいじめ防止対応—連邦によるアプローチと州の反いじめ法制定の動き） 井樋三枝子［訳］ 「外国の立法：立法情報・翻訳・解説」（国立国会図書館調査及び立法考査局） (233) 2007.9 p12〜15

◇アメリカにおけるいじめの現状と対策（ネットジェネレーション—バーチャル空間で起こるリアルな問題—闇サイト・ネットいじめが蔓延するバーチャル版ムラ社会） 原田健男 「現代のエスプリ」（ぎょうせい） (492) 2008.7 p69〜78

◇韓国における闇サイト・ネットいじめの現状と対策（ネットジェネレーション—バーチャル空間で起こるリアルな問題—闇サイト・ネットいじめが蔓延するバーチャル版ムラ社会） 金仁培 「現代のエスプリ」（ぎょうせい） (492) 2008.7 p79〜91

◇学校におけるいじめと暴力—欧米と東アジアの見方（[日本発達心理学会]2008年国際ワークショップ・公開講演会報告） PeterK. Smith, 金綱知征［訳］ 「発達研究：発達科学研究教育センター紀要」（発達科学研究教育センター） 23 2009 p275〜286

◇脱いじめ 話し合いで—ノルウェーの「学校仲裁所」を訪ねて 宇野一征 「Hoppoken」（北海道国際交流・協力総合センター） 146 2009.Win. p22〜25

◇いじめの加害者をどう罰すべきか—米社会 女子高生のいじめ自殺で高まる加害者批判の危うさ ジェシカベネット 「Newsweek」（阪急コミュニケーションズ） 25(40)通号1222 2010.10.20 p46〜49

◇いじめ超大国アメリカ—米社会 10代のいじめ自殺が続いているが「真犯人」は加害者ではない ジェシカベネット 「Newsweek」（阪急コミュニケーションズ） 25(41)通号1223 2010.10.27 p27〜29

◇中国における子どものいじめ問題：日本との比較にも触れながら 袁芳 「言葉の学び, 文化の交流：山梨大学留学生センター研究紀要」（山梨大学留学生センター） (7) 2011 p19〜32

◇台湾でのネットいじめの実態と対策（ネットいじめ—ネットいじめの実態） 周典芳 「現代のエスプリ」（ぎょうせい） (526) 2011.5 p149〜156

◇米国でのネットいじめの実態と対策（ネットいじめ—ネットいじめの実態） 青山郁子 「現代のエスプリ」（ぎょうせい） (526) 2011.5 p157〜167

◇いじめ研究・対策の先進国 オーストラリアとヨーロッパ諸国でのネットいじめへの取り組み（ネットいじめ—ネットいじめの実態） 青山郁子 「現代のエスプリ」（ぎょうせい） (526) 2011.5 p168〜176

◇中国におけるいじめの実態と日中比較 周珏瑛 「教育学研究紀要」（大東文化大学大学院文学研究科教育学専攻） (3) 2012.3 p227〜235

◇米国の邦人子弟がイジメ被害 韓国の慰安婦反日宣伝が蔓延する構図（特集 歴史捏造への反撃） 岡本明子 「正論」（産経新聞社） (484) 2012.5 p126〜133

◇アメリカの州におけるいじめ対策法制定の動向 井樋三枝子 「外国の立法：立法情報・翻訳・解説」（国立国会図書館調査及び立法考査局） (252) 2012.6 p147〜159

◇法律を変えていじめを減らせ：アメリカ（いじめという名の犯罪） 「Newsweek」（阪急コミュニケーションズ） 27(29)通号1310 2012.8.1 p42〜43

◇立法情報 アメリカ サイバーいじめ規制・いじめ行為を犯罪とする州法改正 井樋三枝子 「外

国の立法．月刊版：立法情報・翻訳・解説」（国立国会図書館調査及び立法考査局）　(253-1)　2012.10　p6〜9

◇Using the Health Promoting Schools Model to Reduce Harm from School Bullying　DonnaCross　「学校保健研究」（日本学校保健学会）　54(4)　2012.10　p288〜291

◇可児市（岐阜県）も防止法を作った　米49州が実行する「反いじめ法」の中身：いじめによる自殺が相次ぎ政治主導で法律ができたが日本でも条例を作るときだ　「Themis」（テーミス）　21(11)通号241　2012.11　p90〜91

【図書】

◇いじめがあったら、こうしよう―アメリカに見るいじめ対策教育　原田健男著　新風舎　2004.12　125p　19cm　1000円　Ⓘ4-7974-5442-3　Ⓝ371.42
内容　1 アメリカのいじめ問題とその対策（その実態　いじめを解決するシステム　子どもを自立させるため、強くさせるための教育）　2 受験が戦争とならないアメリカ（入試のないアメリカ・塾に行かないアメリカの子ども　能力別でも差別の起きないガイダンスシステム）　3 開かれた教育システム（夜のPTSOミーティング　選挙で選ばれる教育委員・生徒代表もオブザーバーで参加　自由に学校を選択できるシステム）　4 ランチはカフェテリアで　5 日本にどう生かすか（硬直化した日本の学校教育　学校をどう変えるか　社会をどう変えるか）

◇いじめととりくんだ国々―日本と世界の学校におけるいじめへの対応と施策　土屋基規, P. K. スミス, 添田久美子, 折出健二編著　京都　ミネルヴァ書房　2005.12　320p　22cm　〈文献あり〉　4500円　Ⓘ4-623-04364-9　Ⓝ371.42
内容　現代教育と学校における「いじめ」問題の諸相　第1部 学校における「いじめ」研究の国際的水準（学校における「いじめ」研究―25年間の研究成果と到達点　'Ijime bullying'：その特徴、発生過程、対策）　第2部 各国における「いじめ」問題への積極的な対応と成果（オーストラリアの「いじめ」防止の取り組み―地域に基盤をおいた防止策の展開　ピア・サポート―若者たちは自らどのように学校における「いじめ」に取り組むか　ほか）　第3部 各国の学校における最近の「いじめ」問題の研究と対応（韓国における「いじめ」、ワン・タの現状　中国の学校における「いじめ」対策―思いやりの気持ちを身につける　ほか）　第4部 学校における「いじめ」問題の研究による知見（いじめ加害者の類型からみた日本のいじめの特質　いじめ問題の発達的、体系的な展望　ほか）　第5部 日本の学校における「いじめ」問題への実践的対応（日本のいじめの特徴と教師の指導方法―いじめ問題の変化と対応　いかに、いじめのトラウマと回復につきあうか　ほか）　学校における「いじめ」問題への対応の課題

◆発達障害といじめ

【雑誌記事】

◇ADHD・LD児が教師に投げかけている問題(4)　知能検査を指導に生かす―「いじめ解決に学習指導」なんてあり得る？　横山浩之　「学校運営研究」（明治図書出版）　42(7)通号550　2003.7　p60〜63

◇発達障害の子に担任としてかかわる　みんなが僕をいじめるんだ……　大里和平　「月刊学校教育相談」（ほんの森出版）　17(10)　2003.8　p100〜105

◇教育実践で大切にしたい視点　君をいじめる奴は許さない！―自閉症児の不快、不安、恐怖を理解して（拡大特集 自閉症児の教育実践）　三木裕和　「みんなのねがい」（全国障害者問題研究会）　(434)　2003.10　p18〜21

◇アスペルガー症候群といじめ（アスペルガー症候群を究める(1)―繋がる）　横山浩之　「現代のエスプリ」（ぎょうせい）　(464)　2006.3　p151〜158

◇いじめを防ぎ適切な療育をするために（「アスペルガー症候群」を考える）　杉山登志郎　「女性のひろば」（日本共産党中央委員会, 日本共産党中央委員会出版局（発売））　通号333　2006.11　p33〜37

◇LD・ADHD・高機能自閉症児がいじめにあっていたときの対応（特集 クラスの中の気になる子ども―特別支援教育の視点から）　花輪敏男　「月刊生徒指導」（学事出版）　37(1)　2007.1　p10〜13

◇講座・特別支援教育の実際(4) アスペルガー症候群などの発達障害の子どもといじめ　尾崎ミ

オ 「児童心理」(金子書房) 61(5)通号857 2007.4 p554～560

◇緊急リレー連載 いじめ克服をめざして 発達障害といじめ……そしてカウンセリング 赤塚尚志 「月刊生徒指導」(学事出版) 37(13) 2007.11 p28～31

◇いじめを受けてきたアスペルガー症候群の男子学生との4年間の面接過程―学生期における心理的危機を中心に 野口康彦 「心理臨床学研究」(日本心理臨床学会,誠信書房(発売)) 25(5) 2007.12 p539～549

◇障害のある子どもの発達といじめ・虐待(新教育基本法と教育法学―第2分科会 いじめと学校安全) 茂木俊彦 「日本教育法学会年報」(有斐閣) (37) 2008 p111～117

◇スクールカウンセリングにおける「軽度発達障害という状況」への取り組み方(シンポジウム ブリーフセラピーからみた「軽度発達障害」) 八巻秀 「ブリーフサイコセラピー研究」(亀田ブックサービス) 17(1) 2008 p56～59

◇私立高校における特別支援教育の実践(特集 高校における特別支援教育の展望) 谷口優美,上好功,至田精一 「障害者問題研究」(全国障害者問題研究会) 36(4)通号136 2009.2 p292～296

◇発達障害といじめ(いじめの構造―いじめに見る現代社会と心のひずみ―学校社会といじめ) 佐藤匠 「現代のエスプリ」(ぎょうせい) (525) 2011.4 p105～115

◇発達障害といじめ(特別支援教育―平等で公平な教育から個に応じた支援へ―特別支援教育に関連する問題) 平岩幹男 「現代のエスプリ」(ぎょうせい) (529) 2011.8 p149～158

◇発達障害の人たちのライフサイクルを通じた発達保障(第9回)思春期の支援 いじめによって傷ついた心への対応 別府悦子 「みんなのねがい」(全国障害者問題研究会) (540) 2011.12 p8～11

◇特別支援教育のQ&A いじめと発達障害の関連 花輪敏男 「月刊生徒指導」(学事出版) 42(2) 2012.2 p50～53

◇新任教師からの質問状(第3回) 発達障害の疑いがある生徒へのいじめに対して,どのように指導したらよいか不安があります 「月刊生徒指導」(学事出版) 42(7) 2012.6 p56～59

◇スクールカウンセリングの場で : 発達障害といじめ(特集 発達障害支援) かしまえりこ 「臨床心理学」(金剛出版) 12(5)通号71 2012.9 p658～663

◇アスペルガーを生きている(8)いじめの理由は…… 澄川あかり 「そだちの科学」(日本評論社) (19) 2012.10 p101～106

◇特別支援教育のQ&A 発達障害といじめ事例 花輪敏男 「月刊生徒指導」(学事出版) 42(12) 2012.11 p48～51

【図書】

◇発達障害といじめ・暴力―自己肯定感を育む子ども集団づくり 楠凡之編著,村中哲之助,堀逸郎,猪俣修,上田華執筆 京都 クリエイツかもがわ 2008.8 220p 21cm (シリーズ現代の教育課題と集団づくり 2)〈発売:かもがわ出版(京都)〉 2000円 ①978-4-86342-005-2 Ⓝ378

内容 第1部 高機能広汎性発達障害とは(文科省の高機能自閉症の判断基準試案 その他の特徴 高機能広汎性発達障害のタイプ ほか)
第2部 実践編・発達障害といじめ・暴力(桃子との波乱の日々―桃子の苦しみと生きづらさ パニックでしか表出できない生きづらさへの共感的理解を―村中実践を読みひらく ふぶきのあした―ワタリの自立へのあゆみ ほか)
第3部 高機能広汎性発達障害の子どもに対する教育実践の留意点(個別指導の課題 集団指導(「子ども集団づくり」)の課題 保護者との共同の課題)

◇発達障害といじめ―"いじめに立ち向かう"10の解決策 キャロル・グレイ著,服巻智子訳・翻案・解説 京都 クリエイツかもがわ 2008.12 193p 26cm 〈発売:かもがわ出版(京都)〉 他言語標題:Gray's guide to bullying〉 2800円 ①978-4-902244-74-8 Ⓝ378

内容 第1部 いじめとは何か―定義と実際(発達障害をもつ学齢期の子どもたち 発達障害の子どもたちのことを考えたいじめの定義 ほか)
第2部 "いじめに立ち向かう"10の解決策―いじめ防止プログラムの実際(いじめの地図を描く 「いじめは絶対いけない」と強く信じる子どもを増やすこと ほか) 第3部 いじめに立ち向かう―保護者と専門家のために(ワーク

ブックの使い方)(いじめ対策チームがやるべきこと―ガイドライン "いじめかもしれないこと"に対する誠実な対応の模索 ほか) 第4部 日本での実践をすすめるために("いじめに立ち向かう"日本の実践例 実践をすすめるために)

対応・対策

【雑誌記事】

◇教職を志望する大学生が提案したいじめの対応策に関する研究―異なるいじめ場面と異なる立場で提案された対応策 前堂志乃 「沖縄国際大学人間福祉研究」(沖縄国際大学人間福祉学会) 1(1) 2003.3 p115～172

◇事例紹介1 子どもの権利学習を通じ、「いじめ根絶」に取り組む―川崎市教育委員会九年間の取り組み(特集 いじめ・不登校」と向き合う―予防・早期発見の徹底と発生時の対応) 武笠和夫 「学校経営」(第一法規) 48(3) 2003.3 p39～46

◇時報サロン 家庭問題よろず相談室(111)「いじめ」を考える 家庭問題情報センター 「戸籍時報」(日本加除出版) (560) 2003.9 p61～63

◇生徒支援の教育社会学に向けて―いじめ問題を中心として(特集 教育臨床の社会学) 竹川郁雄 「教育社会学研究」(東洋館出版社) 74 2004 p77～91

◇いじめへの対処行動の有効性に関する分析―いじめ被害者による否定的ラベル「修正」の試み 久保田真功 「教育社会学研究」(東洋館出版社) 74 2004 p249～268

◇いじめ問題の現象と対策(特集 心に響く道徳授業―道徳性を育むもの) 川野哲也 「道徳と教育」(日本道徳教育学会事務局) 49(1・2)通号320・321 2004 p323～336

◇いじめ経験が対人関係のあり方に及ぼす影響 笠井達夫,三屋喜子 「徳島文理大学研究紀要」(徳島文理大学研究紀要編集委員会) (67) 2004.3 p35～48

◇いじめをコミュニケーション能力向上のチャンスに(特集2 いじめられる子の「自己主張の練習」) 小林昭文 「月刊学校教育相談」(ほんの森出版) 18(12) 2004.10 p30～33

◇アサーションといじめられる子の自己主張の練習(特集2 いじめられる子の「自己主張の練習」) 黒木幸敏 「月刊学校教育相談」(ほんの森出版) 18(12) 2004.10 p34～37

◇全国生活指導研究協議会におけるいじめ問題への取り組み 福田八重 「言語コミュニケーション研究」(愛知淑徳大学言語コミュニケーション学会) (5) 2005 p68～76

◇いじめ経験による対人態度の変化 笠井達夫,三屋喜子 「徳島文理大学研究紀要」(徳島文理大学研究紀要編集委員会) (69) 2005.3 p49～56

◇女子におけるいじめ克服プロセスモデルの生成 青木瑛佳 「現代の社会病理」(日本社会病理学会) (21) 2006 p87～102

◇カウンセリング(9)「いじめ」をどう理解し、どう対処するか 吉田哲 「看護実践の科学」(看護の科学社) 31(3)通号371 2006.3 p4～6

◇いじめ問題への対応は普遍的課題―国立教育政策研究所と文科省が国際シンポ開催 「内外教育」(時事通信社) (5634) 2006.3.3 p2～3

◇いじめや体罰の相談、子供の立場で対応―長野県教委が「こどもの権利支援センター」を開設 「内外教育」(時事通信社) (5635) 2006.3.7 p12

◇いじめをめぐる言葉かけ―子どもの心を響かせるかかわり(特集 子どもが伸びる言葉かけ―学校での言葉かけ) 後藤智子 「児童心理」(金子書房) 60(5)通号839 2006.4 p513～516

◇重大性認識し、隠さずに対処を―文科省がいじめ問題で緊急会議 「内外教育」(時事通信社) (5690) 2006.10.27 p5

◇いじめ問題に全力で取り組みを―全日中、臨時理事会開きアピール採択 「内外教育」(時事通信社) (5697) 2006.11.28 p15

◇評の評 〔2006年〕11月前期の新聞 いじめなどで問われる教委の存在 「内外教育」(時事通信社) (5697) 2006.11.28 p35～38

◇「こころの時代」解体新書 「いじめ」の連鎖を防ぐ 香山リカ 「創」(創出版) 36(11)通号407 2006.12 p92～95

◇いじめをなくすには (脳から見た心の世界 part2) MechthildSchafer 「別冊日経サイエンス」(日経サイエンス,日本経済新聞

◇出版社（発売）） 通号154　2006.12　p116〜120

◇教育法規あらかると 教育再生会議のいじめ緊急提言　「内外教育」（時事通信社）（5700）2006.12.8　p27

◇学校におけるいじめの構造と克服への路―被害者も加害者もケアし、全ての子どもの人権意識を育成する取り組みを、担任、学校、行政、保護者、地域のコラボレーションで　大谷良光　「弘前大学生涯学習教育研究センター年報」（弘前大学生涯学習教育研究センター）（11）2007年度　p15〜34

◇いじめを監視強化によってなくそうというのか―我々に「原罪」はないのか　中島義実　「福岡教育大学心理教育相談研究」（福岡教育大学心理教育相談室）11　2007年　p57〜64

◇いじめのタイプとその対応　住田正樹　「放送大学研究年報」（放送大学）（25）2007　p7〜21

◇いじめ解決はまず発見すること。（特別企画 日本―いま、そこにある危機）　義家弘介　「潮」（潮出版社）通号575　2007.1　p76〜81

◇事例で学ぶ教育相談的アプローチ救急センター（10）初期いじめの早期発見・解決　阿部明美　「月刊生徒指導」（学事出版）37(1)　2007.1　p36〜39

◇いじめに対する介入を考える（緊急企画 いじめ問題を考える）　「児童心理」（金子書房）61(1)通号853　2007.1　p12〜16

◇必読特別資料&解説 文部科学省「いじめの問題への取組の徹底について（通知）」　蛭田政弘　「総合教育技術」（小学館）61(13)　2007.1　p108〜117

◇生活社会 いじめから逃れる確実な手（コラム・ニッポン新潮流）　山形浩生　「Voice」（PHP研究所）通号349　2007.1　p112〜113

◇倉本聰の体験論「いじめにどう立ち向かうか」（TOP REPORT 直言 井上礼之、倉本聰、安斎隆「逞しさ」と「やる気」を引き出す）　倉本聰　「財界」（財界研究所）55(1)通号1375　2007.1.2　p38〜41

◇子どもの心の診療室から―子ども臨床から学ぶこと（第8回）いじめについて考える(1)　村田豊久　「教育と医学」（慶應義塾大学出版会）55(2)通号644　2007.2　p154〜159

◇いじめがわかったら、「かつき・65」（特集1 いじめがわかったとき、すぐに取り組む三つのこと）　牛久保瞬　「月刊学校教育相談」（ほんの森出版）21(3)　2007.2　p12〜15

◇いじめ問題への取り組みについて（特集 いじめ問題、緊急対応!!）　文部科学省児童生徒課　「月刊生徒指導」（学事出版）37(3)　2007.2　p6〜11

◇大人のいじめ対応姿勢5カ条（特集 いじめ問題、緊急対応!!）　阪根健二　「月刊生徒指導」（学事出版）37(3)　2007.2　p16〜19

◇親と教師の信頼関係づくり（第11回）いじめ・それぞれの当事者の責任　大森修　「現代教育科学」（明治図書出版）50(2)通号605　2007.2　p91〜95

◇いじめとどう向き合うか 第三のピークの特徴をつかんで、子どもとともに解決する姿勢こそ―尾木直樹さん（教育評論家・法政大学教授）に聞く　尾木直樹　「前衛：日本共産党中央委員会理論政治誌」（日本共産党中央委員会）通号814　2007.2　p160〜169

◇特別企画 教育再生会議委員対談/陰山英男&義家弘介 いじめをどう防ぐ? どう対応する?　陰山英男, 義家弘介　「総合教育技術」（小学館）61(14)　2007.2　p68〜73

◇これまでの取り組みは不十分―いじめ対策で文科省会議が中間まとめ　「内外教育」（時事通信社）（5714）2007.2.6　p5

◇子どもの心の診療室から―子ども臨床から学ぶこと（第9回）いじめについて考える(2)　村田豊久　「教育と医学」（慶應義塾大学出版会）55(3)通号645　2007.3　p258〜264

◇「いじめ・いじめられ」を子どもたちの関係性の回復で超える（特集 いじめ―生きづらさを受けとめ、「つながる力」を育む）　折出健二　「クレスコ」（大月書店）7(3)通号72　2007.3　p14〜18

◇ピア・サポートプログラム「ロールプレイングでいじめを考える」（特集2 いじめへの対応に生か

す心理技法） 伊藤洋子 「月刊学校教育相談」（ほんの森出版） 21(4) 2007.3 p30〜35

◇アドラー心理学によるいじめ問題の解決(特集2 いじめへの対応に生かす心理技法） 椎名薫 「月刊学校教育相談」（ほんの森出版） 21(4) 2007.3 p50〜55

◇いじめへの対応に生かすブリーフセラピー(特集2 いじめへの対応に生かす心理技法） 森薫 「月刊学校教育相談」（ほんの森出版） 21(4) 2007.3 p56〜61

◇親と教師の信頼関係づくり(第12回・最終回)ある「いじめ報告書」が語ること 大森修 「現代教育科学」（明治図書出版） 50(3)通号606 2007.3 p91〜95

◇Evidenceに基づくいじめ対策 滝充 「国立教育政策研究所紀要」（国立教育政策研究所） 136 2007.3 p119〜135

◇ソリューション・バンク─学校・家庭のもんだい解決事例集(3) いじめ困難事例における解決 生田倫子 「児童心理」（金子書房） 61(4)通号856 2007.3 p417〜422

◇いじめとどう向き合うか(2) 子どもの「生きづらさや葛藤」を受けとめることこそ 楠凡之 「前衛：日本共産党中央委員会理論政治誌」（日本共産党中央委員会） 通号815 2007.3 p219〜230

◇子どもの行動上の問題行動について教員・保育者としての対応─主にいじめ問題の定義と対応について 幕田志芳 「日米高齢者保健福祉学会誌」（日米高齢者保健福祉学会誌事務局）(2) 2007.3 p425〜428

◇いじめ根絶をバウチャーで(特集 闘え！安倍総理─歴史に残る大仕事を） 渡邉美樹 「Voice」（PHP研究所） 通号351 2007.3 p72〜74

◇特集 いじめ対策などが再び重点に─各自治体の特色ある新規事業2007年度地方教育予算(案)から(1) 北海道・東北、関東 「内外教育」（時事通信社） (5723) 2007.3.16 p2〜5

◇教育再生会議のいじめ対策の検討(特集/安倍内閣の教育政策を検討する） 伊東毅 「教育」（国土社） 57(4)通号735 2007.4 p45〜52

◇緊急リレー連載 いじめ克服をめざして 子どもたちのために─学校・家庭・地域が連携して家庭教育の再興を 長田百合子 「月刊生徒指導」（学事出版） 37(5) 2007.4 p30〜33

◇いじめに負けない子ども集団づくりを─対立の越え方を学びあうということ(特集 いじめを考える） 新保真紀子 「部落解放」（解放出版社）(580) 2007.4 p14〜22

◇激論・専門家の現状分析 学校にいじめ解決を期待できるか(特集 子育ての正解は「自分流」） 内藤朝雄、義家弘介 「婦人公論」（中央公論新社） 92(9)通号1223 2007.4.22 p44〜47

◇いじめ対応は変わるのか─「問題を起こす児童生徒に対する指導について(通知)」を受けて(緊急リレー連載 いじめ克服をめざして) 阪根健二 「月刊生徒指導」（学事出版） 37(6) 2007.5 p26〜29

◇生徒の柔らかい感性を大切に─「いじめ」問題の指導(特集「いじめ」問題の解決の方向) 松原憲治 「人権と部落問題」（部落問題研究所） 59(6)通号759 2007.5 p34〜39

◇いじめとどう向き合うか(3)「いじめ」対策─子どもたちの現実と新自由主義の暴力性への〈問い〉の欠落 照本祥敬 「前衛：日本共産党中央委員会理論政治誌」（日本共産党中央委員会） 通号817 2007.5 p209〜218

◇いじめ「対策」の問題性と反いじめ「政策」の課題(特集 教育改革の展望) 今津孝次郎 「都市問題研究」（大阪市） 59(5)通号677 2007.5 p28〜39

◇日本の教育を考える シダックス会長兼グループ代表 志太勤 野球でいじめ撲滅運動を始め、他のスポーツにも広げていく。この運動の裾野を広げることで、みんなで日本をいい国にしていきたい 志太勤 「財界」（財界研究所） 55(10)通号1384 2007.5.15 p160〜163

◇学校事故研究(12) いじめ防止に向けたわたしたちの見解─教育再生会議「いじめ緊急提言」の問題点 日本教育法学会学校事故問題研究特別委員会 「季刊教育法」（エイデル研究所）(153) 2007.6 p58〜62

◇いじめをなくす方策など話し合う─文科省が中・高生を集めて対策会議 「内外教育」（時事通信社）(5742) 2007.6.8 p8〜9

◇いじめの解決：ソリューションバンクの考え方と実際(特集 いじめと学校臨床) 長谷川啓三

「臨床心理学」(金剛出版) 7(4)通号40 2007.7 p467〜472

◇交差点 子供のいじめとどう向き合うか 中川祐一 「共済と保険」(共済保険研究会) 49(8)通号590 2007.8 p12〜14

◇緊急リレー連載 いじめ克服をめざして いじめからさまざまなことを考える 上川琢磨 「月刊生徒指導」(学事出版) 37(10) 2007.8 p28〜31

◇いじめ問題―その対応と、教職員のメンタルヘルス(特集 いじめ) 森口章 「人権21:調査と研究」(おかやま人権研究センター) (189) 2007.8 p25〜28

◇緊急リレー連載 いじめ克服をめざして 何が変わったのか？―「いじめ問題」の背景にあるもの 赤岩輝雄 「月刊生徒指導」(学事出版) 37(11) 2007.9 p26〜29

◇ストレスマネジメント教育の実際(第6回)いじめ防止のストレスマネジメント教育 冨永良喜 「心とからだの健康:子どもの生きる力を育む」(健学社) 11(9)通号115 2007.9 p76〜79

◇緊急リレー連載 いじめ克服をめざして不登校児と向き合って―多くの事例から学んだこと 布施和枝 「月刊生徒指導」(学事出版) 37(12) 2007.10 p22〜26

◇「教育」を語ろう いじめ解消に大人がなすべきこと 山脇由貴子 「望星」(東海教育研究所,東海大学出版会（発売)) 38(10)通号461 2007.10 p62〜67

◇緊急リレー連載 いじめ克服をめざして 教育への信頼回復を目指して(特集 増える「不登校」) 浅野宏 「月刊生徒指導」(学事出版) 37(15) 2007.12 p34〜37

◇インタビュー 山脇由貴子さん いじめ解決へおとながすべきこと 山脇由貴子 「女性&運動」(新日本婦人の会) (153)通号304 2007.12 p4〜7

◇いじめ問題への対応 古屋道子 「山口大学心理臨床研究」(山口大学教育学部附属教育実践総合センター心理教育相談室) 8 2008 p69〜73

◇いじめの理解と対応、その予防(豊かな歩みを支える学校教育相談―夢・意志・かかわり―全国学校教育相談研究会第42回研究大会(北海道大会)より) 平野直己 「月刊学校教育相談」(ほんの森出版) 22(2)(増刊) 2008.1 p74〜81

◇いじめの理解と対応、その予防(豊かな歩みを支える学校教育相談―夢・意志・かかわり―全国学校教育相談研究会第42回研究大会(北海道大会)より) 平野直己 「月刊生徒指導」(学事出版) 38(2)(増刊) 2008.1 p74〜81

◇委員活動 いじめ・SOSミニレターへの取組―子どもの人権専門委員活動について 中田敦子 「人権のひろば」(人権擁護協力会) 11(1)通号59 2008.1 p25〜27

◇大人の陰山メソッド(Number 62)現実に存在するイジメからどうやって身を守るのか？ 陰山英男 「週刊ダイヤモンド」(ダイヤモンド社) 96(3)通号4212 2008.1.19 p77

◇いじめ問題と生活体験学習 石橋孝明 「生活体験学習研究」(日本生活体験学習学会事務局) 8 2008.2 p9〜18

◇文科省の平成20年度予算案(6)いじめ対策で緊急支援総合事業を新規に開始 「週刊教育資料」(教育公論社) (1017)通号1147 2008.2.25 p19

◇いじめの予防と克服 新保真紀子 「教育専攻科紀要」(神戸親和女子大学教育専攻科) (12) 2008.3 p69〜80

◇中学生の攻撃性を生起する学校ストレッサー要因の検討 金山健一 「函館大学論究」(函館大学) 39 2008.3 p1〜18 [含 英語文要旨]

◇ニュースの焦点「学力向上・いじめ問題等対策」に新年度[2008年度]から着手へ―高知県教委が7月に補正予算 高田行紀 「週刊教育資料」(教育公論社) (1024)通号1154 2008.4.21 p33

◇思春期クライシスに寄り添う(第2回)いじめへの危機介入 金子由美子 「月刊学校教育相談」(ほんの森出版) 22(6) 2008.5 p48〜51

◇国際的な視点から見た日本のいじめとその対応策の捉え方(第44回日本犯罪学会総会報告―シンポジウム 少年の生命の危険にどう対応するか) 森田洋司 「犯罪学雑誌」(日本犯罪学会) 74(3) 2008.6 p74〜79

◇生徒指導に関する政策動向に関する一考察―いじめ対策を中心として 江頭智宏 「長崎総合

◇科学大学紀要」(長崎総合科学大学図書刊行委員会) 49(1) 2008.9 p105〜117

◇いじめの周囲で心を痛める子を支えるエンカウンター(特集 いじめの周囲で心を痛める子) 明里康弘 「月刊学校教育相談」(ほんの森出版) 22(12) 2008.10 p12〜15

◇生徒指導と学校教育相談における一次的援助サービス―ICTいじめ事例からの考察 中村豊 「教育学論究」(関西学院大学教育学会) (1) 2009 p107〜116

◇私のひきだしから(第41回)いじめ・暴力考 菅野純 「月刊学校教育相談」(ほんの森出版) 23(1) 2009.1 p56〜59

◇フォーラム 規範意識を育てる生徒指導の方略―いじめ・暴力問題への対応を通して(特集 感じ、考え、行動する生徒指導―日本生徒指導学会第9回大会より) 柳生和男,嶋崎政男,小野力[他] 「月刊生徒指導」(学事出版) 39(3) 2009.2 p15〜24

◇いじめ対策についての一考察 高橋史朗 「明星大学教育学研究紀要」(明星大学教育学研究室) 通号24 2009.3 p34〜44

◇「対話」が「いじめ」から子供を守る(特集 子どもの安全) 守屋真二 「人と教育 : 目白大学教育研究所所報」(目白大学教育研究所) (3) 2009.4 p41〜44

◇いじめ問題とピア・サポート(ピア・サポート―子どもとつくる活力ある学校―不適応問題とピア・サポート) 中野武房 「現代のエスプリ」(ぎょうせい) (502) 2009.5 p161〜169

◇滋賀県教育委員会「いじめ対策チーム」 ストップいじめアクションプラン(概要) 「週刊教育資料」(教育公論社) (1075)通号1205 2009.6.1 p37〜46

◇いじめをなくす!―差別構造の中のわたし(特集 いじめをなくす!差別構造の中のわたし) 本野宇市 「じんけん : 心と心、人と人をつなぐ情報誌」(滋賀県人権センター) (339) 2009.7 p16〜24

◇改めていじめの正しい理解を―国研が校内研修の支援資料配布へ 「内外教育」(時事通信社) (5922) 2009.7.7 p6

◇思春期クライシスに寄り添う(第18回)いじめの予防とアフターケア 橋本早苗 「月刊学校教育相談」(ほんの森出版) 23(11) 2009.9 p58〜60

◇いじめにあった生徒、いじめた生徒から話を聴く(特集 生徒の話を聴く) 千葉孝司 「月刊生徒指導」(学事出版) 39(12) 2009.10 p28〜31

◇「ストップ!いじめモード」プログラムの実践から(特集 子どもの貧困) 砂川真澄 「アジェンダ : 未来への課題」(アジェンダ・プロジェクト、星雲社(発売)) (30) 2010.秋 p13〜20

◇通信・議会質疑 話題の質問ダイジェスト―地方議会での論争から いじめ問題への対応 「週刊教育資料」(教育公論社) (1102)通号1232 2010.1.18 p28〜29

◇「いじめ」4類型に対応した予防・解消策に関する文献研究 三島浩路 「現代教育学研究紀要」(中部大学現代教育学研究所) (3) 2010.3 p31〜41

◇CULTURE Television いじめ対策は意地悪キャラに学べ ジョシュアオルストン 「Newsweek」(阪急コミュニケーションズ) 25(43)通号1225 2010.11.10 p62

◇学校現場における外部機関との連携に関する一考察 : ダブルロール論をよりどころとした事例の分析と対応策について 瀬田川聡 「東海大学課程資格教育センター論集」(東海大学課程資格教育センター) (10) 2011 p13〜21

◇教育問題法律相談(No.132)悪質ないじめが長期間繰り返される事案への対応策 大井倫太郎 「週刊教育資料」(教育公論社) (1153)通号1283 2011.3.7 p27

◇いじめへの立ち向かい方(いじめの構造―いじめに見る現代社会と心のひずみ―学校社会といじめ) 本間友巳 「現代のエスプリ」(ぎょうせい) (525) 2011.4 p116〜124

◇心の健康を育むために 情動心理シリーズ(2)嫉妬心といじめ、その発生と対策 小山祐敬 「こころのオアシス : 養護教諭応援マガジン」(健学社) 9(5)通号99 2011.5 p9〜13

◇言葉にできない気持ちをくみ取るアンケート項目の工夫(特集 いじめを見つけ出す私の工夫)

小玉有子 「月刊学校教育相談」(ほんの森出版) 25(14) 2011.12 p4~7

◇いじめの実態把握と取り組みに「アセス」を活用(特集 いじめを見つけ出す私の工夫) 中林浩子 「月刊学校教育相談」(ほんの森出版) 25(14) 2011.12 p16~20

◇いじめ問題への組織的な対応についての考察(1) 学校現場で発生した事例を通して 新井野久男 「芦屋大学論叢」(芦屋大学) (56) 2012 p41~52

◇いじめ問題への組織的な対応についての考察(2) 学校現場で発生した事例を通して 新井野久男 「芦屋大学論叢」(芦屋大学) (57) 2012 p31~38

◇いじめをなくすために学校や自治体は何をすべきか(特集 自治体教育の課題) 武田さち子 「地方自治職員研修」(公職研) 45(3)通号629 2012.3 p26~28

◇陰日向のある子の理解とかかわり 陰でいじめをしていた優等生 : A君とその母親への対応(特集 裏表のある子) 勝田拓真 「児童心理」(金子書房) 66(5)通号947 2012.4 p460~464

◇入門いじめ対策 : 小・中・高のいじめ事例から自殺予防まで 相馬誠一[編著], 佐藤節子[編著], 懸川武史[編著] 「月刊生徒指導」(学事出版) 42(6)(増刊) 2012.5 p1~143

◇お金には たぶん ならない(最終回)精神論は「いじめ」対策になるか 宇野常寛 「週刊東洋経済」(東洋経済新報社) (6409) 2012.8.11・18 p136

◇元木昌彦のメディアを考える旅(176)いじめ問題の解決には文科省より法務省の人権擁護局の活用が有効 元木昌彦, 水谷修 「エルネオス」(エルネオス出版社) 18(9)通号214 2012.9 p100~105

◇いじめの問題への取組の徹底について(通知)(特集 なぜ学校はいじめにうまく対応できないか—文部科学省いじめ関連通達) 「季刊教育法」(エイデル研究所) (174) 2012.9 p29~33

◇いじめ、学校安全等に関する総合的な取組方針: 子どもの「命」を守るために(特集 なぜ学校はいじめにうまく対応できないか—文部科学省いじめ関連通達) 「季刊教育法」(エイデル研究所) (174) 2012.9 p41~51

◇いじめ対策に国が積極関与 : 従来対応の拡充が柱 : 文科省 「内外教育」(時事通信社) (6192) 2012.9.11 p10

◇ラウンジ いじめ対策の四半世紀 「内外教育」(時事通信社) (6193) 2012.9.14 p24

◇教育長はこう考える 内田賢司秦野市教育長に聞く いじめ問題も現在の制度下で対応可能 内田賢司 「内外教育」(時事通信社) (6194) 2012.9.18 p2~3

◇文科省がいじめ問題で対応強化の方針 統計上では年間約7万件が認知される : 新施策「子どもの命を守る」取組方針を策定 「国内動向 : 過激各派の諸動向・教育・労働問題に関する専門情報誌」(日本教育協会) (1258) 2012.9.25 p24~30

◇「いじめ、学校安全等に関する総合的な取組方針」の策定等について 大臣官房子ども安全対策支援室 「教育委員会月報」(第一法規) 64(7)通号757 2012.10 p97~99

◇教育政策を読む(第31回)いじめと教育委員会制度 山上浩二郎 「月刊高校教育」(学事出版) 45(11) 2012.10 p62~65

◇まず目の前の一人を救うことから(いじめから子どもを救う) 横湯園子 「女性のひろば」(日本共産党中央委員会, 日本共産党中央委員会出版局(発売)) (404) 2012.10 p26~29

◇学校がやるべきこと 親ができること(いじめから子どもを救う) 宮下聡 「女性のひろば」(日本共産党中央委員会, 日本共産党中央委員会出版局(発売)) (404) 2012.10 p30~33

◇異質な世界に目を開こう(いじめから子どもを救う) 土井隆義 「女性のひろば」(日本共産党中央委員会, 日本共産党中央委員会出版局(発売)) (404) 2012.10 p38~41

◇いま、いじめ問題にどう取り組むか : 求められるシティズンシップを育てる教育実践の構図(特集 子どもの人権) 船越勝 「人権と部落問題」(部落問題研究所) 64(12)通号835 2012.10 p16~25

◇野口芳宏による伝説の授業を誌上再現! 道徳授業 いじめに負けるな(小学6年) 今こそいじめに負けない勇気を!(特集 いま、学校に求めら

対応・対策　　　　　　　　　　　　　　　　　　　　　　　　　　いじめ

◇れる「対策」と「危機管理」とは？ いじめは起こるだから向き合う―連続提言 いじめから、子どもと学校を守るために）野口芳宏 「総合教育技術」（小学館）　67（10）　2012.10　p20〜23

◇目の前のいじめを解消していくために（特集 いじめを考える："いじめ"から見えてくるもの。子どもを守るために。）荻上チキ 「第三文明」（第三文明社）　（634）　2012.10　p74〜77

◇法の介入、学級制度廃止でいじめの蔓延を食い止めろ（特集 先生大変！）内藤朝雄 「中央公論」（中央公論新社）　127（14）通号1547　2012.10　p74〜81

◇評の評 9月の新聞 文科省「いじめ対策」の実効性を問う 「内外教育」（時事通信社）（6198）2012.10.5　p21〜22

◇子どもの「いじめ」対策Q&A（特集 子どもの「いじめ」対策マニュアル）田原俊司 「心とからだの健康：子どもの生きる力を育む」（健学社）　16（11）通号177　2012.11　p14〜19

◇いじめを解決する8つの対策（特集 子どもの「いじめ」対策マニュアル）伏見之孝 「心とからだの健康：子どもの生きる力を育む」（健学社）　16（11）通号177　2012.11　p20〜23

◇学校保健のデータ解説 子どものいじめ対策について 中下富子 「心とからだの健康：子どもの生きる力を育む」（健学社）　16（11）通号177　2012.11　p24〜27

◇子どもが主体的に「いじめ」についてとりくんだとき（特集 いじめ：負の連鎖を断ち切る）石田かづ子 「子どものしあわせ」（草土文化）（741）　2012.11　p12〜15

◇自然とのふれあいを通して豊かな心を育む（特集 いじめ：負の連鎖を断ち切る）中山康夫 「子どものしあわせ」（草土文化）（741）　2012.11　p16〜19

◇いじめをなくすには：いますぐできること（特集 いじめ：負の連鎖を断ち切る）金子眞 「子どものしあわせ」（草土文化）（741）　2012.11　p20〜25

◇いじめの克服のためには：子どもの心に潤いを（特集 いじめ：負の連鎖を断ち切る）田中敏夫 「子どものしあわせ」（草土文化）（741）　2012.11　p26〜41

◇「いじめ、学校安全等に関する総合的な取組方針」の策定等について 文部科学省大臣官房子ども安全対策支援室 「初等教育資料」（東洋館出版社）　（892）　2012.11　p97〜99

◇教育法規あ・ら・か・る・と いじめ防止条例の制定 「内外教育」（時事通信社）　（6205）2012.11.9　p23

【図書】

◇いじめ 米田薫, 岸田幸弘, 八巻寛治編 図書文化社　2003.6　191p　21cm　（育てるカウンセリングによる教室課題対応全書5）　1900円　Ⓘ4-8100-3397-X　Ⓝ371.42
[内容] 第1章 見過ごさないための「いじめ」理解　第2章 いじめへの対応　第3章 連携によるいじめへの対応　第4章 いじめの予防　第5章 いじめ早期発見のカンドコロ　第6章 いじめ対応の実際

◇聞く、話すあなたの心、わたしの気もち―いじめない、いじめられない子どものためのコミュニケーション 瀬川文子著 元就出版社　2004.6　77p　19cm　1000円　Ⓘ4-86106-009-5　Ⓝ361.454
[内容] 「コミュニケーションはむずかしい？」コミュニケーションってなに？　知りあうことから　自分の心をよく見てみよう　心のせいり　気もちがつうじない―12のいい方・やり方　自分の気もちがつうじないのはなぜか　自分の気もちがつうじるいい方　聞くことの大切さ　相手の気もちを確認する聞き方〔ほか〕

◇いじめを見抜き闘うノウハウ 田村治男, TOSS銀河TS著 明治図書出版　2005.9　165p　22cm　（役に立つ教育技術いくつ持ってますか 第4巻）　2000円　Ⓘ4-18-614411-7　Ⓝ375.2
[内容] 1 いじめを拒絶する学級に育てていますか　2 いじめを感知し、認識していますか　3 いじめを把握し、闘いに備えていますか　4 いじめに立ち向かっていますか　5 闘い後の学級を再構築していますか　6 闘い方心得、知っていますか

◇いじめととりくんだ国々―日本と世界の学校におけるいじめへの対応と施策 土屋基規, P. K. スミス, 添田久美子, 折出健二編著 京都 ミネルヴァ書房　2005.12　320p　22cm　〈文献あり〉　4500円　Ⓘ4-623-04364-9　Ⓝ371.42

◇君が笑顔になれるまで―多角的自己表現法　徳丸洋子著　ジアース教育新社　2006.6　189p　21cm　1810円　①4-921124-57-4　Ⓝ371.43

内容　プロローグ　いじめに悩む小中高生へ　第1章　私の体験談　第2章　いじめを乗り越えて　第3章　多角的自己表現法実施者へのお願い　第4章　多角的自己表現法　第5章　保護者へ贈る心のメッセージ　第6章　先生へ贈る心のメッセージ　第7章　いじめに悩んでいるあなたへ贈る心のメッセージ　多角的自己表現法論文

◇教室の悪魔―見えない「いじめ」を解決するために　山脇由貴子著　ポプラ社　2006.12　138p　19cm　880円　①4-591-09594-0　Ⓝ375.2

内容　第1章　「いじめ」は解決できる―雄二君（仮名）の相談事例から　第2章　大人に見えない残酷な「いじめ」（メールで噂話をばらまく―「エンコーしてる」と噂を流されたSちゃん　本人ではなく、家族を中傷する―家族の偽写真をメールで流されたIちゃん　いじめの「ON」と「OFF」を使いわける―「今日は、例のあの日」を繰り返されたK君　共犯関係を演出し金銭要求する―「一緒に遊ぶ金だろ？」とお金を要求され続けたT君　女の子同士で徹底して恥をかかせる―下着を貼り出されたYちゃん　「汚い」「醜い」というイメージを植えつける―毎日給食を食べられなかったR君　発覚しない小さな暴力を繰り返す―コンパスで背中を刺され続けたO君　完全否定の「なんで？」を繰り返す―「なんで生きてるの？」と言い続けられたTちゃん　奴隷にしてしまう―万引きから援助交際まで、命令され続けたIちゃん）　第3章　なぜクラス全員が加害者になるのか？　第4章　「いじめ」を解決するための実践ルール―親にできること、すべきこと、絶対してはならないこと　第5章　「いじめ」に気づくチェックリスト

◇「いじめ」への短期的包括的アプローチ　ジョン・カールソン，アーサー・ホーン出演，村川治彦監修　〔映像資料〕　JIP日本心理療法研究所　〔2007〕　ビデオディスク1枚（94分）：DVD（APA心理療法シリーズ　学校編　第2巻）〈他言語標題：Bullying prevention　カラー　字幕：日〉　24150円

◇いじめを粉砕する九の鉄則　谷沢永一著　幻冬舎　2007.1　210p　18cm　（幻冬舎新書）　720円　①978-4-344-98020-4　Ⓝ371.42

内容　現代教育と学校における「いじめ」問題の諸相　第1部　学校における「いじめ」研究の国際的水準（学校における「いじめ」研究―25年間の研究成果と到達点　'Ijime bullying'：その特徴、発生過程、対策）　第2部　学校における「いじめ」問題への積極的な対応と成果（オーストラリアの「いじめ」防止の取り組み―地域に基盤をおいた防止策の展開　ピア・サポート―若者たちは自らどのように学校における「いじめ」に取り組むか　ほか）　第3部　各国の学校における最近の「いじめ」問題の研究と対応（韓国における「いじめ」、ワンタの現状　中国の学校における「いじめ」対策―思いやりの気持ちを身につける　ほか）　第4部　学校における「いじめ」問題の研究による知見（いじめ加害者の類型からみた日本のいじめの特質　いじめ問題の発達的、体系的展望　ほか）　第5部　日本の学校における「いじめ」問題への実践的対応（日本のいじめの特徴と教師の指導方法―いじめ問題の変化と対応　いかに、いじめのトラウマと回復につきあうか　ほか）　学校における「いじめ」問題への対応の課題

◇いじめの根を絶ち子どもを守るガイド―親と教師は暴力のサイクルをいかに断ち切るか　バーバラ・コロローソ著，冨永星訳　東京書籍　2006.2　274p　21cm　1800円　①4-487-80073-0　Ⓝ371.42

内容　第1部　いじめっ子、いじめられっ子と傍観者（3人の登場人物と悲劇　いじめっ子　いじめられっ子　傍観者）　第2部　暴力のサイクルを断ち切り、思いやりの輪を生み出す（家族のありよう　我が家にいじめっ子はいるか　我が家にいじめられっ子はいるか　傍観者から目撃者へ　ほか）

◇ひとりでがまんしないよ！―いじめにまけない　嶋崎政男監修，すみもとななみ絵　あかね書房　2006.2　31p　27cm　（じぶんでじぶんをまもろう　2）　1400円　①4-251-04092-9　Ⓝ371.42

内容　友だちから、とつぜん、足をひっかけられたら？　なかよしグループから、なかまはずれにされたら？　友だちがいじめられているのに、しらんぷりをしちゃったら？　友だちをいじめたくなってしまったら？　いじめにまけないために、みんなで考えよう！　なにかあったら、ここにでんわして、そうだんしよう

◇いじめ地獄から子供を救え！―犯罪化したいじめ、事実を隠ぺいする学校側。今こそ、日本の教育界に正義を！　「ザ・リバティ」編集部いじめ問題取材班編著　幸福の科学出版　2007.2　213p　19cm　1000円　①978-4-87688-567-1　Ⓝ371.42

[内容] 第1部　教室の闇（いじめ隠ぺいが子供を殺す　これは犯罪だ！いじめの実態　恐るべき、からくり―いじめ隠ぺいの構図）　第2部　教室の闇を一掃するために（解決には、まず出席停止と懲戒処分を　教員出身者が多すぎて、学校側とかばい合い―教育委員会の根本改革を　文部科学省「いじめゼロ」指導方法の誤り―いじめを解決した教員・教育委員会を評価せよ　規律重視の指導―日本の教育現場に「ゼロトレランス」方式を）　教育界浄化への特別提言『いじめ処罰法』（原案）―大川隆法案

◇だいじょうぶ―いじめ　高木善之著　大阪　ネットワーク『地球村』　2007.2　39p　19cm　238円　①978-4-902306-20-0　Ⓝ367.6

◇いじめ問題とどう向き合うか　尾木直樹著　岩波書店　2007.3　71p　21cm　（岩波ブックレット no.695）　480円　①978-4-00-009395-8　Ⓝ375.2

[内容] 第1章　深刻化する今のいじめ（絶望する子どもたち―いじめ対応の問題点　今日のいじめの特徴　なぜ、いじめは深刻化するのか）　第2章　いじめを考える（いじめとは何か　いじめと家庭　なぜ、学校はいじめを止められないのか）　第3章　いじめをどう克服するか（本当に必要な「教育改革」とは　学校・家庭にできること　子どもを育てられる社会へ―子どもを主役として）

◇解決！いじめ撃退マニュアル―教室からネットまで、これで安心　ホセ・ボルトン，スタン・グリーブ編，楢井浩一訳　徳間書店　2007.4　238p　19cm　1400円　①978-4-19-862319-7　Ⓝ371.42

[内容] 第1部　いじめとは何か（いじめの定義　いじめの主な登場人物　いじめの加害者の行動　性的ないじめ　ネット上のいじめ　いじめの実態調査）　第2部　問題を解決する（学校の管理者（校長および教頭）のためのアクションプラン　教師のためのアクションプラン　ソーシャルスキルの役割　学校と家庭で親が果たす役割　性的ないじめを防ぐ　ネットを安全に使うために親にできること）

◇「いじめ」と闘う親と子を応援する本―教室・ネットにはびこる悪魔とどう対峙するか　安川雅史著，多湖輝監修　中経出版　2007.5　190p　18cm　700円　①978-4-8061-2722-2　Ⓝ371.42

[内容] 第1章　どうして「いじめ問題」はなくならないのか　第2章　いじめの対策は家庭から　第3章　学校は「いじめ問題」に対し何をすべきなのか　第4章　いじめによる自殺から子どもを守るために　第5章　いじめをなくすための19の予防策　第6章　いじめをなくせ！―あなたの子育てをチェックする3つのテスト

◇いじめ・暴力を乗り越える―トラブルを克服する力の育成　北村文夫編　教育開発研究所　2007.5　223p　21cm　（子ども力の育成　第1巻）　2300円　①978-4-87380-961-8　Ⓝ375.2

◇こうすれば克服できる『いじめ』問題　河瀬哲也著　〔長浜〕　河瀬哲也　2007.5　77p　21cm　〈発売：部落問題研究所出版部（京都）　発行所：たかの書房〉　1000円　①978-4-8298-9834-5　Ⓝ371.42

[内容] 1「いじめ」自殺事件の実態　2　子どもたちが待ち望んでいる「いじめ」問題の解決―わたしは"ヘドロ"きらわれ者です！　3「いじめ」問題の歴史　4「いじめ」問題の背景　5「いじめ」問題の特徴　6「いじめ」問題の克服をめぐる状況　7　人権確立のために求められている教育実践―「いじめ」のない学級づくり

◇メンタルトレーニングでいじめをなくす―教室・相談室での対処&予防プログラム　加藤史子著

図書文化社　2007.5　171p　21cm　1600円
①978-4-8100-7491-8　Ⓝ371.42
内容　第1章 いま、なぜいじめ対応が必要か？　第2章 子どもへの指導と援助の考え方（いじめている子どもへの指導と援助　いじめられている子どもへの指導と援助）　第3章 学級で行ういじめ対処&予防のプログラム（いじめようとする気持ちをコントロールする　いじめにつながる考え方を変える　人間関係のスキルを身につける　いじめから意識の焦点を変える）　第4章 個別対応で行ういじめケアのプログラム（いじめられたつらさを受けとめる　いじめと向き合う心の体力をつける　できごとの印象を変えて乗り越える）　終わりに 子どもたちが本当に望んでいるもの

◇いじめの処方箋　長嶋梓著　Studio Cello　2007.6　192p　19cm　1200円　①978-4-903082-67-7　Ⓝ371.42
内容　序章 「いじめ」って何？　第1章 「いじめ」のワクチン　第2章 「いじめ」の早期発見　第3章 「いじめ」の応急処置　第4章 「いじめ」の早期治療　第5章 「いじめ」の後遺症　第6章 明日を生きる

◇いじめられている君へ いじめている君へ　朝日新聞社編　朝日新聞社　2007.6　101p　19cm　500円　①978-4-02-250303-9　Ⓝ371.42
内容　いじめられている君へ（すばらしい瞬間必ず来る―児童文学者・あさのあつこ　死なないで、逃げて逃げて―劇作家・演出家・鴻上尚史　それでも、話してみよう―落語家・林家正蔵　世の終わりと思わないで―物理学者・小柴昌俊　ほか）　いじめている君へ（その安心感は自由を奪う―精神科医・斎藤環　嫌だって気持ち、かっこいい―演出家・宮本亜門　いじめられる自分想像して―タレント・ソニン　友達傷つけず、世界広げて―作曲家・千住明　ほか）

◇いじめの解決―子どもが変わる教師も変わる　麻生信子編著　日本標準　2007.7　222p　21cm　2000円　①978-4-8208-0308-9　Ⓝ375.2
内容　第1章 いじめから子どもの世界が見えてくる―自分のいじめを見つめた少女・里絵さんとの再会（ラジオ番組で「いじめ」を語った教え子　いま考えれば、あれはいじめだった　ほか）　第2章 いじめは必ず解決する（いじめの解決で子どもたちは新しい世界を知る　いじめに気づき、解決するまでの取り組み方）　第3章 「いじめ」がわかるための授業（「いま考えれば、あれはいじめだった」　いじめを題材にした教材を使って考える　ほか）　第4章 いじめ解決に取り組んだ実践（教師と親の認識がいじめを解決する　とうとう私の学級でも起きてしまった　ほか）　第5章 対談 いじめ問題の解決と展望（むかしのいじめといまのいじめ　八〇年代、全国で問題化したいじめ　ほか）

◇たった一人でがんばっている君へ―「いじめ地獄」から抜け出せたボクの方法　中園直樹著　大和出版　2007.7　173p　19cm　1200円　①978-4-8047-6145-9　Ⓝ371.42
内容　第1章 たった一人でがんばってきた君へ―君が、かけがえのない存在である理由（君は一人じゃない　生きる価値のない人間なんていない　ほか）　第2章 なぜ、いじめられてしまうのか？―現状を変える前に認識しておきたいこと（加害者たちは、こうして見逃されている　いじめられている方が悪いの？　ほか）　第3章 いまを"生き延びる"ために―"状況"を動かすのに必要な心構え（きれいごとは、一切捨てようおかしいことは疑っていい　ほか）　第4章 "半歩ずつ"でもいい一緒に進んでいこう―君の身を守る実践方法（ヒントは君のすぐ近くにある　「観察」することで自分もわかる　ほか）　第5章 自分の"力"に自信を持って―この方法でさらに"状況"は動かせる（たくさんの「力」が君を守る　なぜ、ぼくのこころはラクになったのか？　ほか）

◇いじめ問題を見過ごさない10のポイント!!　橋本治著　明治図書出版　2007.8　124p　21cm　1660円　①978-4-18-049525-2　Ⓝ375.2
内容　1 家庭と学校との信頼関係　2 一般的な相談に大きな相談　3 十分な対応　4 サインをキャッチする共感性　5 模範的な子の孤立　6 打ち明けられる子　7 教師の連携　8 教師は相談に慣れていない　9 よく聴いてくれた　10 教師が一歩引く

◇いじめの抜け道　徳門東子著　早稲田出版　2007.11　206p　19cm　1200円　①978-4-89827-334-0　Ⓝ371.42
内容　1 いじめの解決ハッピーロード　2 解決が困難ないじめの現実に向かい合う　3 子どもを理解し、いじめから守る　4 子どもを支え、苦境を乗り越える　5 親として覚悟し、毅然として行動する　6 他人の痛みがわかる子どもに育てる

◇Q&A子どものいじめ対策マニュアル―解決への法律相談　三坂彰彦，田中早苗編著，佐藤香代，角南和子，浦川朋子著　明石書店　2007.11　166p　21cm　1800円　⓵978-4-7503-2664-1　Ⓝ371.42

内容　1 いじめとは何か　2 いじめを取り巻く法律関係　3 いじめにあったときどうする？　4 いじめに対する学校の対応　5 いじめに関わった児童・生徒の諸問題　6 いじめを超えて　いじめ判例　資料

◇ワークブックいじめを乗りこえる　ディコン・パウナル＝グレイ著，亀井よし子訳　ブロンズ新社　2007.12　95p　23cm　〈協力：シャン・シャン・ジャン〉　1500円　⓵978-4-89309-432-2　Ⓝ371.42

内容　ミッション1「できごとレポート」を書く　ミッション2 いじめっ子の正体をつきとめる　ミッション3 孤立状態からの脱出(1日の変化を表にしよう　なくした自信を取りもどそう　きみの長所を見つけよう　名刺をつくろう　誓いを立てよう　まわりの人に声をかけてみよう)　ミッション4 いじめの原因をつきとめる(外見を見なおそう　人との接し方を見なおそう　一般的な情報・知識について考えてみよう)　ミッション5 友だちをつくる(仲間をつくろう　親友との関係を見なおそう)

◇「いじめ」のなくなる本―昔話にしないで　定塚甫，定塚理江子著　本の泉社　2008.2　205p　19cm　1400円　⓵978-4-7807-0358-0　Ⓝ371.42

内容　第1章 子どもができるとき―「いじめ」をなくす基礎知識1　第2章 子どもが生まれてから―「いじめ」をなくす基礎知識2　第3章 子どもの第一次反抗期―「いじめ」がなくなるための実践的知識1　第4章 学童期から思春期へ―「いじめ」をなくす実践2　第5章「いじめ」の構造とその本質　第6章 思春期を迎える　第7章 未来に向けて

◇いじめ被害・加害者の予知発見と自ら生きる力を獲得する支援―質問紙MHIメンタルヘルスインデックスを利用して　佐藤昭三編著　前橋上毛新聞社出版メディア局(製作・発売)　2008.2　44p　26cm　762円　⓵978-4-88058-987-9　Ⓝ371.42

内容　1 いじめ被害・加害の予知・発見と支援(いじめ被害者の予知・発見と支援　いじめ加害者の予知・発見と支援)　2 MH支援(個人のMH支援　家族のMH支援　学校のMH支援　地域のMH支援)　3 予防(自学の習慣化)　4 事例(いじめ被害　いじめ加害)

◇いじめを超えて輝く子―ある教室での本当のお話　大西多鶴子著　文芸社　2008.3　89p　20cm　1000円　⓵978-4-286-04319-7　Ⓝ371.42

内容　1 募集をしない学習教室　2 いじめが起こるメカニズム　3 いじめの今日的な特質　4 学習させられた孤立　5 自立指導　6 心の動き　7 Aちゃんの闘い　8 Aちゃんの成長

◇負けないで！―「いじめ」を生き抜く22通の手紙　枝廣淳子著　PHP研究所　2008.3　141p　19cm　1100円　⓵978-4-569-69729-1　Ⓝ371.42

内容　第1部 負けないで！―「いじめ」を生き抜くための手紙(「自分は自分」でいられたらいいね。　人生は、いじめなんかで傷つかない。　人の「気まぐれ」は変えられない。　いじめは、あなたのせいじゃない。　イヤなことから目をそらしてみよう。ほか)　第2部 大丈夫！―親として、子どものためにできること(アンテナを張り、「おかしい」と思ったら立ち止まりましょう。　自分の気持ちより子どもの気持ちを優先しましょう。　何があっても、親は絶対に味方だと伝えましょう。　子どもが自分のペースで話せるように聞きましょう。　第三者に「聞き役」になってもらうことも考えましょう。ほか)

◇間違いだらけの「いじめ」対策―傍観者を変えれば「いじめ問題」は解決する！　矢部武著　PHP研究所　2008.4　223p　19cm　(PHP paperbacks)　〈文献あり〉　952円　⓵978-4-569-69751-2　Ⓝ375.2

内容　第1章 "傍観者"が残酷ないじめをエスカレートさせる　第2章 自殺、復讐―"被害者"の心理を分かつもの　第3章 無視、無関心、煽り―"傍観者"の心理　第4章 いじめ問題・解決のヒントは傍観者にあり！　第5章 いじめを隠ぺいする学校"第二の傍観者"だ　第6章 いじめ問題―大人ができること、やるべきこと

◇「いじめを乗り越えろ！」子ども達へのエール―いじめを乗り越えたエピソード集　河田孝文監修，林健広編著　明治図書出版　2008.10　138p　22cm　(TOSS道徳「心の教育」22)　1860円　⓵978-4-18-808824-1　Ⓝ371.42

|内容| 1 「エピソード」でいじめを乗り越える「スキル」を教える（いじめを乗り越える いじめを乗り越えるためには「スキル」が必要だ ほか） 2 いじめを乗り越えるためのエピソード（スキル1・誰かに話す スキル2・共通の目標に向かって熱中して取り組む ほか） 3 いじめを撃退させるエピソード事例別集（「靴隠し」が起きたときのエピソード 「ひやかし」「からかい」が起きたときのエピソード ほか） 4 いじめを乗り越えるエピソード学年別集（低学年（1） 低学年（2）―低学年の心に届くエピソード「のび太くんの勇気を学ぶ」 ほか） 5 いじめを乗り越えた「ヒーロー」「ヒロイン」たちのエピソード集（モーグル・上村愛子 弁護士・大平光代 ほか）

◇いじめの連鎖を断つ―あなたもできる「いじめ防止プログラム」 砂川真澄編著，廣岡逸樹，廣岡綾子，稲垣由子，竹川郁雄著 冨山房インターナショナル 2008.11 221p 21cm 1600円 Ⓘ978-4-902385-63-2 Ⓝ375.2
|内容| 第1部 おとなの支援力を高める「いじめ防止プログラム」（いじめ防止をめざして いじめ防止のカギはおとなの共通理解と連携 いじめ防止プログラムの背景） 第2部 体験しよう「いじめ防止プログラム」（いじめを考えるためのアクティビティ 問題解決力アップのための8ステップ/いじめ対応編（SPF8）） 第3部 子どものいじめを理解するために（いじめによる心の傷 集団社会学の視点からいじめを考える）

◇いじめ臨床―歪んだ関係にどう立ち向かうか 本間友巳編著 京都 ナカニシヤ出版 2008.11 212p 21cm 〈文献あり〉 2500円 Ⓘ978-4-7795-0288-0 Ⓝ371.42

◇うわさ・かげぐち―広がる前に/広げる前に キャサリン・ロンディナ作，上田勢子訳，高橋由為子絵 大月書店 2008.11 31p 27cm （学校のトラブル解決シリーズ 2） 2000円 Ⓘ978-4-272-40642-5 Ⓝ371.42
|内容| うわさのはじまり うわさのはじまる4つの例 うわさクイズ うわさ・かげぐちのウソ うわさ相談室 Aタイプ（うわさを流す人） Bタイプ（うわさをされる人） Cタイプ（うわさを聞かされた人）

◇いじめ―手おくれになる前に エレイン・スレベンス作，上田勢子訳，桑田木綿子絵 大月書店 2008.12 31p 27cm （学校のトラブル解決シリーズ 3） 2000円 Ⓘ978-4-272-40643-2 Ⓝ371.42
|内容| いじめってなんだろう いじめがはじまる4つの例 クイズそれっていじめ？ いじめ相談室 いじめについてのかんちがい Aタイプ（いじめられる人） Bタイプ（いじめる人） Cタイプ（目撃した人）

◇いじめに立ち向かうワークブック―考え方とどうすべきかを学ぶ 小学校低学年用 キャロル・グレイ著，服巻智子訳・翻案 京都 クリエイツかもがわ 2009.1 36p 26cm 〈発売：かもがわ出版（京都）〉 600円 Ⓘ978-4-86342-013-7 Ⓝ371.42
|内容| いじめに立ち向かう方法 1 "いじめかもしれないこと"にあったときに、考えること 2 "いじめかもしれないこと"にあったときに、言うこと 3 "いじめかもしれないこと"を報告する いじめに立ち向かうために（まとめ）

◇いじめに立ち向かうワークブック―考え方とどうすべきかを学ぶ 小学校高学年・中学生以上用 キャロル・グレイ著，服巻智子訳・翻案 京都 クリエイツかもがわ 2009.1 36p 26cm 〈発売：かもがわ出版（京都）〉 600円 Ⓘ978-4-86342-014-4 Ⓝ371.42
|内容| いじめに立ち向かう方法 1 "いじめかもしれないこと"にあったときに、何を考えるか 2 "いじめかもしれないこと"にあったときに、何を、どのように言うか 3 "いじめかもしれないこと"を報告する いじめに立ち向かうために（まとめ）

◇からかい―知らずに傷つける前に スティーブ・ピット作，上田勢子訳，オノビン絵 大月書店 2009.1 31p 27cm （学校のトラブル解決シリーズ 4） 2000円 Ⓘ978-4-272-40644-9 Ⓝ371.42
|内容| からかうってどういうこと？ からかいの4つの例 からかいクイズ からかい相談室 からかいのウソとホント Aタイプ（からかう人） Bタイプ（からかわれる人） Cタイプ（まわりで笑う人）

◇いじめで受ける心の傷とその対処法―その時大人はどうするか？ 倉成央著 チーム医療 2009.3 130p 21cm 1400円 Ⓘ978-4-88509-102-5 Ⓝ371.42

対応・対策　　　　　　　　　　　　　　　　　　　　　　　　　　　　　　いじめ

◇活用のためのガイド　エレイン・スレベンス著，上田勢子訳　大月書店　2009.3　31p　26cm　(学校のトラブル解決シリーズ　別冊)　1000円　⒤978-4-272-40647-0　Ⓝ375.2
　内容　本シリーズを活用される皆様へ　各巻紹介　3巻の活用法(いじめってなんだろう　Aタイプ(いじめられる人)　Bタイプ(いじめる人)　Cタイプ(目撃した人)　やってみよう)　資料

◇いじめをやめて！と言うべき時です―友だちのいじめを克服するためのポケットガイド　ディーナ・ミラー原作，小野雅子訳　英光社　2009.9　107p　21cm　1200円　⒤978-4-87097-127-1　Ⓝ371.42
　内容　第1章　この本は誰のための本？　第2章「なんで私が？」子どもたちがあなたをいじめる理由　第3章　もう十分よ！いじめを止める方法　第4章　やり返して！あなた自身の守り方　第5章　仲よしがあなたをいじめるようになった時　第6章　はあ？いじめられると得するって、どういうこと？　第7章　幸運を祈ります！　第8章　でも、もしこうなったら、どうしよう？

◇子どもとまなぶいじめ・暴力克服プログラム―想像力・共感力・コミュニケーション力を育てるワーク　武田さち子著　合同出版　2009.9　159p　26cm　〈文献あり〉　1700円　⒤978-4-7726-0458-1　Ⓝ371.42
　内容　第1章　いじめは心と体への暴力(いじめってなに？どういうこと？　なぜ、いじめてはいけないの？　ほか)　第2章　いじめていい理由なんてない(いじめていないのにおこられた!?　なぜ、いじめるの？　ほか)　第3章　もし、いじめられたら(いじめられたとき、心と体に起こること　いじめられたら、記録をつけて問題を整理する　ほか)　第4章　なかまをつくるコミュニケーションのコツ(コミュニケーションの基本　ボディランゲージをじょうずに使おう　ほか)　第5章　友だちをいじめから守ろう(まわりのひとがいじめをなくすために行動しよう　いじめが解決してもまだ残っている課題　ほか)　いじめ克服のために大人が身につけるべき基本姿勢

◇いじめと向き合うために―「いじめ」について学びませんか　相元ひなた著　文芸社　2009.11　90p　19cm　900円　⒤978-4-286-07825-0　Ⓝ371.42

◇いじめの直し方　内藤朝雄，荻上チキ著　朝日新聞出版　2010.3　95p　19cm　〈文献あり〉　1000円　⒤978-4-02-250708-2　Ⓝ371.42
　内容　1　いじめの作られ方(学校はいじめの起きやすい場所　いじめを「事故」として見てみよう　ほか)　2　いじめの見つけ方(いじめの種類　暴力系のいじめ　ほか)　3　いじめの直し方(いじめという「ニセ満足」　「罰則(ペナルティ)」と「褒美(ボーナス)」という2つの動機づけ　ほか)　あとがき　一緒にいじめを直そう

◇いじめ・損なわれた関係を築きなおす―修復的対話というアプローチ　山下英三郎著　学苑社　2010.9　155p　21cm　〈文献あり〉　1800円　⒤978-4-7614-0732-2　Ⓝ371.42
　内容　1章　いじめの軌跡　2章　いじめの情景　3章　対立的な対応　4章　修復的対話について　5章　教育現場での取り組み　6章　修復的対話の実際　7章　さまざまな取り組み

◇いじめからあなたの笑顔を取り戻したい―世代別事例を通して　吉ращ啓子編・著　大阪　浪速社　2011.10　239p　19cm　1333円　⒤978-4-88854-457-3　Ⓝ371.42
　内容　保育園、幼稚園、小学校時代(いじめられたこと　いじめたこと)　中学生時代(いじめられたこと　いじめたこと)　高校時代(いじめられたこと　いじめたこと)　大学時代(外国で物を隠す　ほか)　社会の色んな人、人、人(反面教師で切磋琢磨)

◇いじめと戦おう！　玉聞伸啓著　小学館　2011.11　127p　19cm　900円　⒤978-4-09-388218-7　Ⓝ371.42
　内容　第1章　いじめられているあなたへ(いじめに負けない5つの方法　気持ちを切りかえるアドバイス　ほか)　第2章　いじめと戦う！(どんないじめにも効く2つの方法　シカトされたら「シカトくずし」作戦　ほか)　第3章　友だちを助ける方法(ひとりでもできて、安全な助け方)　第4章　保護者の方へ(いじめの仕組み　子どもに相談されたら)

◇いじめ予防と対応Q&A73　菅野純，桂川泰典編著　明治図書出版　2012.5　164p　22cm　1760円　⒤978-4-18-148929-8　Ⓝ371.42
　内容　第1章　いじめを「理解・把握する」Q&A　第2章　いじめを「予防する」Q&A　第3章　いじめに「取り組む」Q&A　第4章　「ネットいじめ」Q&A　第5章　いじめと「不登校・発達障

害・非行」Q&A　第6章「保護者とのかかわり」Q&A　第7章「いじめの経験をいかす」Q&A

◇入門いじめ対策―小・中・高のいじめ事例から自殺予防まで　相馬誠一, 佐藤節子, 懸川武史編著　学事出版　2012.7　143p　21cm　1800円　Ⓘ978-4-7619-1898-9　Ⓝ371.42

内容　1章　いじめの現状と課題　2章　いじめの緊急対応　3章　いじめの予防　4章　小学校でのいじめ事例　5章　中学校でのいじめ事例　6章　高等学校でのいじめ事例

◇いじめられている君へ　いじめている君へ　いじめを見ている君へ―完全版　朝日新聞社編　朝日新聞出版　2012.9　156p　19cm　〈著：秋元才加ほか〉　952円　Ⓘ978-4-02-251018-1　Ⓝ371.42

内容　いじめられている君へ（相談はカッコ悪くない（ボクシング元世界王者・内藤大助）　人生が輝く日必ず来る（作家・乙武洋匡）　上手にうそをついて（漫画家・西原理恵子）ほか）　いじめている君へ（君、想像したことある？（タレント・春日風花）　軽々しい同調やめよう（作家・僧侶・玄侑宗久）　その胸の内話してみて（タレント・細山貴嶺）ほか）　いじめを見ている君へ（今の自分、カッコいいか（舞踊家・田中泯）　声あげて自分のために（ジャーナリスト・江川紹子）　今の無力感はき出して（作家・志茂田景樹）ほか）

◇子どもとまなぶいじめ・暴力克服プログラム―想像力・共感力・コミュニケーション力を育てるワーク　武田さち子著　新版　合同出版　2012.9　159p　26cm　〈文献あり〉　1700円　Ⓘ978-4-7726-1095-7　Ⓝ371.42

内容　第1章　いじめは心と体への暴力（いじめってなに？どういうこと？　なぜ、いじめてはいけないの？ほか）　第2章　いじめていい理由なんてない（いじめていないのにおこられた!?　なぜ、いじめるの？ほか）　第3章　もし、いじめられたら（いじめられたとき、心と体に起こること　いじめられたら、記録をつけて問題を整理する　ほか）　第4章　なかまをつくるコミュニケーションのコツ（コミュニケーションの基本　ボディランゲージをじょうずに使おう　ほか）　第5章　友だちをいじめから守ろう（まわりのひとがいじめをなくすために行動しよう　いじめが解決してもまだ残っている課題　ほか）

◇震える学校―不信地獄の「いじめ社会」を打ち破るために　山脇由貴子著　ポプラ社　2012.9　126p　19cm　880円　Ⓘ978-4-591-13089-6　Ⓝ371.42

内容　第1部　子どもと大人の「いじめ」の連鎖（教師も巻き込まれるいじめの罠――一日百件の誹謗メール、「死ね」「レイプしてやる」　アンケートで「いじめナシ」の保身―学校のHPで情報を求め、子どもに試された教師たち　「暴力教師」「わいせつ教師」を断罪？―相談室でわかった、教師誹謗の意外な「メリット」ほか）　第2部　子ども社会で何が起きているか？（Aちゃんはなぜ「加害者」になったか？　「いじめ社会」の不信と権力の構造）　第3部　「信頼される学校」のためのルール　あとがきにかえて―子どもたちの「愛情の器」を満たすために

◇いじめ加害者を厳罰にせよ　内藤朝雄著　ベストセラーズ　2012.10　189p　18cm　（ベスト新書）　800円　Ⓘ978-4-584-12386-7

内容　第1章　大津いじめ自殺事件は特別ではない（大津いじめ自殺事件の起こした波紋　いじめ事件に驚く人々ほか）　第2章　いじめ発生のメカニズム――なぜいじめが蔓延するのか（「学校モード」と「市民社会モード」　学校という名の強制収容所で　ほか）　第3章　いじめ隠蔽の構造とマスコミ報道（教育現場の隠蔽体質　教育ムラの論理　ほか）　第4章　いじめの蔓延を防ぐには（無力ないじめ対策　カリスマ先生は量産できるか　ほか）　第5章　個人はいかにいじめに対処するか（いじめは対岸の火事ではない　チェックリストの害　ほか）

◇いじめは7時間で解決できる！―渦中にいるあなたに今できること　片木悠著　光文社　2012.10　201p　19cm　1300円　Ⓘ978-4-334-97717-7

内容　第1部　いじめの始まりのサインを見逃すな！（パンチより前に言葉が出る　「力関係」を見抜く　「チクリ」という壁　ほか）　第2部　教員チームが結束して体当たり「いじめ七時間解決法」（対応・処理は「その日のうちに」　解決までのプロセス　謝罪を形だけで終わらせないために　ほか）　第3部　三つの事例で検証　いじめからの巣立ち（いじめ問題解決の先を見つめて　被害者と加害者が共に輝く日）

◇今、いじめられているあなたへ　織戸郁子著　青志社　2012.10　175p　19cm　800円　Ⓘ978-4-905042-56-3　Ⓝ371.42

|内容| 悪口言う人　悪い所持っていく　はじめに　私がいじめについて新聞に投稿した理由　第1章「手なし」といじめられた私　第2章　福祉相談員として伝えたいこと　第3章　いま、いじめと向き合っている人たちへ（いま、いじめられているあなたへ　いじめているかも、と思っている人へ　いじめられている子を見た人へ　いじめられている子の親御さんへ　先生へ　読者のみなさんへ）　終わりに「いじめ」が永遠のテーマにならない世の中でありますように

◇完全いじめ撃退マニュアル―緊急出版！大津事件に学ぶ最新型いじめに対決する本　平塚俊樹著　宝島社　2012.10　187p　19cm　1300円　①978-4-8002-0196-6　⑩371.42

|内容| 第1章　いじめの本当の実態　第2章　闘う前に知っておくべきこと　第3章　過去の事件ファイルから闘い方を学ぶ　第4章　いじめ対策完全マニュアル　第5章　人権擁護委員とは何か　第6章　なぜいじめは隠蔽されるのか

◆家庭

【雑誌記事】

◇子どもが落ち込んでいる・悩んでいる場合―体育ができない・いじめられているなど（特集　叱るしつけ・ほめるしつけ―親の上手な叱り方・ほめ方）　田村節子　「児童心理」（金子書房）　57（18）通号797　2003.12　p1704～1707

◇対応に苦慮する親へのかかわり（18）議員を伴って「いじめ転校」を訴える親　嶋崎政男　「月刊学校教育相談」（ほんの森出版）　18（11）2004.9　p80～84

◇子どもが問題を抱えているとき　子どもがいじめられているようで心配です（特集　母親のあせりと不安をどう解消するか―お母さんのためのカウンセリングルーム）　佐藤節子　「児童心理」（金子書房）　59（5）通号821　2005.4　p494～496

◇「いじめられている子ども」のセルフエスティームを育てる（特集　子どもの自信を育てる―事例別　こんなときどうする？―親・教師の対応）　野中利恵　「児童心理」（金子書房）　59（14）通号830　2005.10　p1389～1392

◇父親に何ができるか　子供をいじめで死なせない方法（教育特集　学校から子供を守れ！）　日垣隆「週刊文春」（文芸春秋）　48（43）通号2401　2006.11.9　p50～52

◇ファミリーカウンセラーの窓から（85）いじめから子どもを救いたい　家庭問題情報センター「住民行政の窓」（日本加除出版）　通号301　2007.1　p64～70

◇いじめは親が撃退せよ―「鬼かあちゃん」が直伝する強い子供の作り方　金美齢　「Voice」（PHP研究所）　通号350　2007.2　p148～153

◇大人の陰山メソッド（Number 44）最も効果的なイジメ対処法は親同士の交流を深めること　陰山英男　「週刊ダイヤモンド」（ダイヤモンド社）　95（34）通号4194　2007.9.8　p113

◇現代のいじめに親はどう向き合うか（特集　親と教師は、「いじめ」とどう向き合うか）　難波一夫　「人権21：調査と研究」（おかやま人権研究センター）　（195）　2008.8　p9～18

◇時報サロン　家庭問題よろず相談室（183）見えにくいいじめから子どもたちを守りたい　家庭問題情報センター　「戸籍時報」（日本加除出版）　（645）　2009.9　p90～94

◇いじめの実態，親が子供たちのためにできること（第112回日本小児科学会学術集会　分野別シンポジウム　現代のいじめ問題に，小児科はどのように取り組むべきか）　矢内筆勝　「日本小児科学会雑誌」（日本小児科学会）　113（12）2009.12　p1911～1914

◇思春期・青年期の「いじめ」に影響を与える家庭関連要因の検討　西田淳志　「発達研究：発達科学研究教育センター紀要」（発達科学研究教育センター）　24　2010　p147～154

◇勉強ができない、スポーツが苦手、いじめられた……愛あるオヤジのサポート術　父親の出番「自信を失ったわが子」の心を燃やす！（こんな「心理テクニック」があったのか！「悩まない」練習）「プレジデント」（プレジデント社）　48（22）2010.8.16　p74～77

◇子ども「いじめ自殺」させないために親ができること　澤田晃宏，渋井哲也　「Aera」（朝日新聞出版）　24（2）通号1264　2011.1.17　p57～59

◇親の介入、距離のとり方：いじめ対策（いじめという名の犯罪）　「Newsweek」（阪急コミュニ

ケーションズ） 27(29)通号1310 2012.8.1 p44〜47

◇男性必読！心を理解し夫婦円満 親子の会話にいじめ防止効果も（特集 心理入門―対人・育成編 金メダルをもたらした名コーチはなぜ北島康介と離れたのか） 「週刊ダイヤモンド」（ダイヤモンド社） 100(36)通号4447 2012.9.15 p62〜64

◇もしわが子がいじめたら？いじめられたら？（いじめから子どもを救う） 折出健二 「女性のひろば」（日本共産党中央委員会，日本共産党中央委員会出版局（発売）） (404) 2012.10 p42〜45

◇いじめず、いじめられず、強くやさしい心を培うために 親は子に何を教えなければならないか 桐山靖雄，石村とも子 「正論」（産経新聞社） (491) 2012.12 p262〜269

◇「家族のもめ事、子どものいじめ」全解決10：家族の問題は話し合いで解決するのが一番。でも解決できなかったら、法律にヒントがある。（一家に一冊、完全保存版 知らないと怖い法律45）「プレジデント」（プレジデント社） 50(32) 2012.12.3 p75〜85,87

【図書】

◇心の教室カーペ・ディエム―いじめられっ子を世にはばからせる為の母と息子のメッセージ 吉野真理，m@yu著 新風舎 2004.7 91p 19cm 1000円 Ⓘ4-7974-4587-4 Ⓝ379.9

内容 心の教室（「カーペ・ディエム」 "子供を育てる"ということ 聞くということ 内なる子供 エッセイ（Munch Your Life（人生をむさぼれ！） 人間と人間の安全な車間距離 自分らしさの檻 悲しみ ほか）

◇子どもの命は、母親が守る―もし、子どもがいじめに遭っていることを知ってしまったら… プレスプラン編 プレスプラン 2005.5 255p 19cm 〈発売：サンクチュアリ・パブリッシング 文献あり〉 1400円 Ⓘ4-86113-044-1 Ⓝ371.42

内容 第1章 心を守る（孤独から守る―たった一人で悩みを抱えている子どもは孤独に押しつぶされてしまう 雰囲気をつくる―「話せば気が楽になるよ」と言うと子どもは話しやすくなる ほか） 第2章 子どもを支える（かーちゃんのメシ いのち ほか） 第3章 情報を集める（本人から―子どもが話してくれるようなら大丈夫 慎重に、子どもの話に耳を傾けて！ お母さんたちから―困ったときにいろいろ教えてくれたり助けてくれるのは、仲のいいお母さんたち ほか） 第4章 親が介入する（介入を判断する 父親との役割分担をする ほか）

◇いじめからわが子を守る本 坪田陽子著 ジュピター出版 2007.3 109p 19cm 952円 Ⓘ978-4-86183-051-8 Ⓝ371.42

内容 いじめからわが子を、こうして守った―10の実話（いじめっ子に通じた、母と子の祈り―由紀ちゃん（仮名・幼稚園） 五年間のいじめから救い出した「魔法の言葉」―真梨ちゃん（仮名・小学生） いじめをハネ返し、学力も向上―和男君（仮名・小学生） お母さんとの二人三脚で、いじめを克服―浩美さん（仮名・小学生）ほか） いじめからわが子を、こうして守ろう―五つの実行（人間の本当のすがたは、円満完全である。子どもの内に宿る力を認め、信じて、積極的に良いところを見つけだして褒めよう。 信念をともなった言葉と思いは、その内容を実現する力をもつ。積極的で前向きな言葉を、毎日となえさせよう。 自分が変われば相手が変わる。まず親が、率先して変わろう。 つらい体験や悲しい体験は"魂"を鍛え、"人間"を大きくし、"思いやりの心"をはぐくみ、大人になってからの宝物となる。困難に立ち向かう勇気を与え、乗り越えられる力を引きだそう。 ほか）

◇いじめは止められる！―わが子を死なせないための「安心の処方箋」 大澤秀明著 エビデンス社 2007.3 223p 19cm 〈発売：創英社〉 1500円 Ⓘ978-4-9902304-4-9 Ⓝ371.42

内容 第1章 その日の朝 第2章 明るかった小学校時代―中学では"地獄"の日々 第3章 教育委員会と学校側の対応 第4章 PTA総会での闘いと、"級友"からのメッセージ 第5章 "死"の訴えも空しく―いま学校ではこんなことが起こっている 第6章 いじめは「トラブル」ではなく「犯罪」である 第7章 「指導」ではなく、「措置(罰)」を―「安全配慮義務」の徹底 第8章 「いじめ被害者の会」設立―不登校、引きこもり、自殺から子供たちを守るために

◇わが子をいじめから守る10カ条 武田さち子著 WAVE出版 2007.6 167p 19cm 1300円 Ⓘ978-4-87290-303-4 Ⓝ371.42

|内容| 第1部 どの子にも起こり得るいじめ自殺（命の危機にさらされている子どもたち　繰り返されるいじめ事件　「いじめ」を認めたくない学校現場　心の傷を理解しようとしない大人たち）　第2部 わが子をいじめから守る10カ条（子どもに「がんばれ」と言わない　いじめられている子どもの身になって考える　教師はいじめのキーパーソン　「親子の信頼関係」を過信しない　子どもの命の危機を見逃さない　不登校や転向で安心しない）　第3部 事件を教訓に（生かされない教訓　親には知る権利がない!?　置き去りにされた子どもたち）

◇いじめなんかに負けないよ！―元気でたくましい子どもを育てるための武道のすすめ　柿沼英明著　エル書房　2010.5　232p　19cm　〈発売：星雲社〉　1300円　①978-4-434-14249-9　Ⓝ379.9

|内容| 第1章 いまの子どもに足りないもの（自立心を養う訓練をしていますか？　子どもの健康・体力への不安　ほか）　第2章 いじめを克服した子どもたち（武道はいじめ予防・対策に効果があるのか？　体力・気力の充実がいじめっ子を跳ね返す　ほか）　第3章 子育てを成功させる6つのポイント（運動することで脳に刺激を与える　将来のための基礎体力作り（ひ弱な身体を強くする）ほか）　第4章 子育てを助ける道場（道場の存在意義　学校の指導には限界がある　ほか）　第5章 子どもを育てる5つの心構え（まずお母さん、お父さんが模範になってください　子どもを育てる5つの心構え　ほか）

◆学校

【雑誌記事】

◇「いじめ」の加害者・観衆・傍観者の意識変容を図る授業実践　青木洋子, 宮本正一　「岐阜大学教育学部研究報告. 人文科学」（岐阜大学教育学部）　52（1）　2003　p155〜168

◇いじめ被害者に責任転嫁しない授業プログラムの研究―いじめ判決文を活用した授業実践　新福悦郎　「九州教育学会研究紀要」（九州教育学会）　31　2003　p33〜40

◇教師のためのカウンセラートレーニング（10）いじめ問題への初期対応　菅野純　「児童心理」（金子書房）　57（1）通号780　2003.1　p147〜140

◇教師のためのカウンセラートレーニング（11）いじめトラブル―原因と対策　菅野純　「児童心理」（金子書房）　57（2）通号781　2003.2　p295〜288

◇提言2 いじめ―「予防」と「早期発見」に向けた学校現場の課題（特集「いじめ・不登校」と向き合う―予防・早期発見の徹底と発生時の対応）　江川〔ビン〕成　「学校経営」（第一法規）　48（3）　2003.3　p21〜26

◇教師のためのカウンセラートレーニング（12）いじめに打ち克つ力　菅野純　「児童心理」（金子書房）　57（4）通号783　2003.3　p443〜436

◇学級におけるいじめ生起の影響要因の検討―学級集団特性と教師によるいじめ予防策に着目して　久保田真功　「日本特別活動学会紀要」（日本特別活動学会）　（11）　2003.3　p95〜104

◇教師カウンセラーの時間制限カウンセリング事例―いじめによる心の傷を克服して　寺崎繁, 上地安昭　「生徒指導研究」（兵庫教育大学生徒指導研究会）　（16）　2004年度　p38〜50

◇学級経営のシナジェティックス―ある女子学生のいじめ体験記の分析　古賀野卓　「筑紫女学園短期大學紀要」（筑紫女学園短期大学）　（39）　2004　p63〜80

◇いじめ問題と教師（特集 子ども・青年の現状と教師教育の課題）　前島康男　「日本教師教育学会年報」（日本教師教育学会）　（13）　2004　p21〜26

◇いじめ、からかいも含めて普通学級で共に育つことが偏見をなくすもと（季刊福祉労働一〇〇号記念シンポジウム 地域で自立して共に生き合う社会は、分けない・分けられない教育から）　大澤たみ　「福祉労働」（現代書館）　通号103　2004.Sum.　p13〜15

◇いじめの対処と豊かな人間関係を育む教育支援の在り方について―中学校教師を対象とした質問紙調査から　中林あゆみ, 廣岡秀一　「三重大学教育学部附属教育実践総合センター紀要」（三重大学教育学部附属教育実践総合センター）　（24）　2004　p175〜184

◇小学校、高校の対応が多様化―いじめ、11.3%減の2万2205件―文科省の2002年度「生徒指導上の諸問題の現状」（上）　「内外教育」（時事通信社）　（5443）　2004.1.6　p16〜18

◇特集「イジメ」をなくすために「過激な性教育」を始めちゃった横浜の公立小学校　「週刊新潮」（新潮社）　49（12）通号2441　2004.3.25　p157〜159

◇学校危機管理講座(7)安全管理といじめ　CPI危機予防研究所ワールドグループジャパン　「月刊生徒指導」（学事出版）　34（12）　2004.10　p60〜64

◇学級経営に生かすカウンセリング(7)いじめの問題を考えるポイント(1)学級内に発生するいじめの問題　河村茂雄　「児童心理」（金子書房）　58（14）通号812　2004.10　p1459〜1452

◇総論　生徒指導と法─学校運営の課題(法律・判例で考える生徒指導─いじめ，体罰から出会い系サイト，児童虐待まで)　坂田仰　「月刊生徒指導」（学事出版）　34（14）（増刊）　2004.11　p7〜20

◇2章　いじめ問題と学校の法的責任─類型化と裁判の動向(法律・判例で考える生徒指導─いじめ，体罰から出会い系サイト，児童虐待まで─第一部　学校病理と生徒指導)　坂田仰　「月刊生徒指導」（学事出版）　34（14）（増刊）　2004.11　p37〜52

◇学級経営に生かすカウンセリング(8)いじめの問題を考えるポイント(2)学級集団の状態によって発生しやすいいじめの特徴　河村茂雄　「児童心理」（金子書房）　58（16）通号814　2004.11　p1603〜1596

◇学級経営に生かすカウンセリング(9)いじめの問題を考えるポイント(3)学級集団の状態によって発生しやすいいじめの特徴(2)　河村茂雄　「児童心理」（金子書房）　58（17）通号815　2004.12　p1747〜1740

◇学校現場でのいじめ虐待の実践的研究について─いじめ加害者の親と不登校生徒の親との意識の違いを手がかりに　政田淳次　「関西教育学会紀要」（関西教育学会）　通号29　2005　p76〜80

◇いじめ問題に関わる教師の認識についての一考察─臨床心理士による教員研修への視点から　岡本淳子　「立正大学心理学研究所紀要」（立正大学心理学研究所）　（3）　2005　p1〜21

◇学校事務職員フレッフレー　イジメ対策を考える　本多信一　「学校事務」（学事出版）　56（1）　2005.1　p109〜106

◇学校・教室の風景(2)「いじめ指導」に見る隠れたカリキュラム(1)　森田栄蔵　「月刊生徒指導」（学事出版）　35（6）　2005.5　p34〜37

◇学校・教室の風景(3)「いじめ指導」に見る隠れたカリキュラム(2)　森田栄蔵　「月刊生徒指導」（学事出版）　35（7）　2005.6　p34〜37

◇齋藤孝の世界　ムリに友だちつくらなくても……授業「いじめと友だち力」を実践しました　齋藤孝　「一冊の本」（朝日新聞出版）　10（8）通号113　2005.8　p6〜12

◇学校における「いじめ」対処法(第Ⅳ部　学校における「いじめ」問題の研究による知見)　ラグナー・F. オラフソン　「いじめととりくんだ国々　日本と世界の学校におけるいじめへの対応と施策」（ミネルヴァ書房）　2005.12　p200

◇日本のいじめの特徴と教師の指導方法(第Ⅴ部　日本の学校における「いじめ」問題への実践的対応)　松浦善満　「いじめととりくんだ国々　日本と世界の学校におけるいじめへの対応と施策」（ミネルヴァ書房）　2005.12　p240

◇生活指導の目的と内容(第Ⅴ部　日本の学校における「いじめ」問題への実践的対応)　折出健二　「いじめととりくんだ国々　日本と世界の学校におけるいじめへの対応と施策」（ミネルヴァ書房）　2005.12　p273

◇学校における「いじめ」問題への対応の課題(終章)　土屋基規　「いじめととりくんだ国々　日本と世界の学校におけるいじめへの対応と施策」（ミネルヴァ書房）　2005.12　p294

◇いじめなどの問題に対する学校経営改善のための対立解消プログラムの開発─カナダにおけるピア・サポート活動を手がかりとして　池島徳大，生田周二，小柳和喜雄［他］　「教科教育学研究」（日本教育大学協会第二常置委員会）　24　2006　p315〜347

◇いじめにおける生徒指導上の諸問題(2)いじめ生起と教師の指導態度との関係　市川千秋　「皇學館大學教育学会年報」（皇學館大學教育学会）　（28）　2006年度　p32〜39

◇書評　土屋基規・P.K.スミス・添田久美子・折出健二編著『いじめととりくんだ国々─日本と世界の学校におけるいじめへの対応と施策』　伊東毅　「日本教師教育学会年報」（日本教師教育学会）　（15）　2006　p111〜113

対応・対策 　　いじめ

◇いじめと学級集団—いじめの場としての学級空間の改善　丸山義王　「明治学院大学大学院社会学研究科社会学専攻紀要」(明治学院大学大学院社会学研究科社会学専攻)　(30)　2006　p17〜30

◇"問題の外在化"を用いたいじめ防止プログラムの試み—小学校低学年における授業を通して　中原千尋, 相川充　「東京学芸大学紀要. 総合教育科学系」(東京学芸大学)　57　2006.2　p71〜81

◇生徒指導で「いじめ」をどのように教えるか—教師を目指す学生に子どもの仲裁する力を育てる視点をもたせる試み　友清由希子　「教育実践研究」(福岡教育大学教育学部附属教育実践総合センター)　(14)　2006.3　p115〜120

◇いじめがあるとき(子どもの心が育つ 学級づくりの基礎・基本—学級づくりで気をつけること)　谷野敏子　「児童心理」(金子書房)　60(6)通号840 (臨増)　2006.4　p150〜152

◇事務職員のためのリーガルマインド いじめ問題を考える—法的議論の重要性　坂田仰　「学校事務」(学事出版)　57(8)　2006.8　p59〜63

◇事例で考える 実践教育法規セミナー(18)いじめ問題と学校—学校の法的責任と情報公開(2006 学校管理職研修)　坂田仰　「総合教育技術」(小学館)　61(9)　2006.9　p140〜143

◇事件・事故後の教室—そのとき先生はどうしますか?(第7回)いじめをめぐる教室の危機　小澤美代子　「月刊学校教育相談」(ほんの森出版)　20(12)　2006.10　p60〜64

◇事件・事故後の教室—そのとき先生はどうしますか?(第8回)いじめをめぐる心のケア　小澤美代子　「月刊学校教育相談」(ほんの森出版)　20(13)　2006.11　p84〜88

◇いじめを受けているのにそれを認めない生徒(心にひびく説教—生徒が納得する語りかけ40—いじめ・不登校)　「月刊生徒指導」(学事出版)　36(14)(増刊)　2006.11　p108〜111

◇いじめがエスカレートしない段階で適切な手を打つ(心にひびく説教—生徒が納得する語りかけ40—いじめ・不登校)　「月刊生徒指導」(学事出版)　36(14)(増刊)　2006.11　p112〜115

◇アンケート「いじめ問題」教師870人のホンネ 生徒を傷つけてしまったあの一言(教育特集 学校から子供を守れ!)　「週刊文春」(文芸春秋)　48(43)通号2401　2006.11.9　p46〜49

◇いじめに対応しやすい教員評価を—衆院文部科学委員会で集中審議　「内外教育」(時事通信社)　(5697)　2006.11.28　p14

◇事例研究 教育管理職のための法常識講座(第26回)「いじめ」問題判決に学ぶ教員研修用資料　梅野正信　「季刊教育法」(エイデル研究所)　(151)　2006.12　p52〜63

◇事件・事故後の教室—そのとき先生はどうしますか?(第9回)いじめ事件と教師の責任　小澤美代子　「月刊学校教育相談」(ほんの森出版)　20(14)　2006.12　p60〜64

◇ミッキー安川のズバリ勝負!(107)イジメ撃滅のため教師はボスザルになれ　ミッキー安川, 小田晋　「月刊日本」(K&Kプレス)　10(12)通号116　2006.12　p104〜107

◇書評 阿原成光『お祭り英語楽習入門—いじめは授業でなくす』三友社出版　梅本裕　「教育方法学研究」(日本教育方法学会)　33　2007　p193〜195

◇特別講演「心の教育」と交流分析—学級集団におけるいじめを中心に(特集 日本交流分析学会第32回大会)　杉田峰康　「交流分析研究」(日本交流分析学会, 金子書房(発売))　32(2)通号70　2007　p89〜100

◇学校でのいじめ的事象に対する方策　伊藤智子, 千原孝司　「滋賀大学教育学部紀要. 1, 教育科学」(滋賀大学教育学部)　(57)　2007　p147〜152

◇定期的に実施する「なやみアンケート」でいじめにも配慮(特集1 いじめアンケートを実施するときの工夫と配慮)　「月刊学校教育相談」(ほんの森出版)　21(1)　2007.1　p4〜7

◇いじめアンケートの項目と実施の際の留意点(特集1 いじめアンケートを実施するときの工夫と配慮)　「月刊学校教育相談」(ほんの森出版)　21(1)　2007.1　p8〜11

◇「いじめ」という言葉を使わなくても子どもは見える(特集1 いじめアンケートを実施するきの工夫と配慮)　「月刊学校教育相談」(ほんの森出版)　21(1)　2007.1　p12〜15

◇事件・事故後の教室―そのとき先生はどうしますか?(第10回)単なるトラブルをいじめにしないために 「月刊学校教育相談」(ほんの森出版) 21(1) 2007.1 p60～65

◇小特集 "いじめ"への視点―楽しい学校にするために 中野光 「子どものしあわせ」(草土文化) 通号671 2007.1 p30～37

◇インタビュー いじめ問題に学校はどう向き合えばよいか(緊急企画 いじめ問題を考える) 「児童心理」(金子書房) 61(1)通号853 2007.1 p1～6

◇いじめのサイン受け止められる教師集団とは(いじめ―子どもの苦しみに寄り添うことから) 折出健二 「女性のひろば」(日本共産党中央委員会, 日本共産党中央委員会出版局(発売)) 通号335 2007.1 p40～45

◇ルポ いじめのない学校へ―「君を守り隊」の挑戦。(特集「いじめ」を許さない) 山懸美幸 「潮」(潮出版社) 通号576 2007.2 p74～79

◇子どもの攻撃性―いじめ・いじめられ問題、教師の関わりを通して(特集/今日の子どもの「攻撃性」と教育) 横湯園子 「教育」(国土社) 57(2)通号733 2007.2 p64～72

◇いじめられた子、いじめた子の双方の思いを大切にする対応(特集1 いじめがわかったとき、すぐに取り組む三つのこと) 中里和裕 「月刊学校教育相談」(ほんの森出版) 21(3) 2007.2 p16～19

◇繰り返されるいじめ その現状と学校に求められる対応(特集 いじめ問題、緊急対応!!) 尾木和英 「月刊生徒指導」(学事出版) 37(3) 2007.2 p12～15

◇「いじめ」への対応を具体的に問う(特集 免許更新制十年目の講習内容を問う―生徒指導や学級経営の何が問われているか) 椿原正和 「現代教育科学」(明治図書出版) 50(2)通号605 2007.2 p62～64

◇空虚な教育論 復古「教育基本法」下の教師たち―教師をいじめれば教育はよくなるのか(特集 教師は何に追いつめられているか) 野田正彰 「世界」(岩波書店) (761) 2007.2 p92～102

◇特別寄稿 学校からいじめや非行をなくすことができないのか(特集 学校現場から考えるいじめ対応) 大塚貢 「悠」(ぎょうせい) 24(2) 2007.2 p28～31

◇提言 現場の知恵でいじめ危機を乗り切ろう(特集 学校現場から考えるいじめ対応) 青木朋江 「悠」(ぎょうせい) 24(2) 2007.2 p32～35

◇教育再生会議報告と学校の取組課題―「いじめ」への親と教師の知恵合わせ(特集 子どもの心と教育―いじめ問題) 若井彌一 「教育展望」(教育調査研究所) 53(2)通号574 2007.3 p12～19

◇いじめ問題をどう克服するか―学校における取組の重点とは(特集 子どもの心と教育―いじめ問題) 尾木和英 「教育展望」(教育調査研究所) 53(2)通号574 2007.3 p20～27

◇いじめと生徒指導―アセスメントに基づくチーム援助体制(特集 子どもの心と教育―いじめ問題) 八並光俊 「教育展望」(教育調査研究所) 53(2)通号574 2007.3 p36～43

◇わたしの教育実践(225)学校組織で「いじめの解決」に取り組む 鈴木美紀 「教育展望」(教育調査研究所) 53(2)通号574 2007.3 p55～58

◇わたしの教育実践(226)いじめ根絶に向けた生徒主体の取り組み―いじめをなくすオレンジリボン・キャンペーン 千葉県市川市立妙典中学校 「教育展望」(教育調査研究所) 53(2)通号574 2007.3 p59～62

◇"いじめ"はどこから(1)一年生の教室の実践から(小特集) 金子眞 「子どものしあわせ」(草土文化) 通号673 2007.3 p28～31

◇教師編 クラス内にいじめがあった―「謝罪の会」でさらにひどくなったケース(特集 失敗例から学ぶ ほめ方・叱り方―こんなとき、どうする?―失敗例から考える) 山岡雅博 「児童心理」(金子書房) 61(4)通号856 2007.3 p370～374

◇面接対策 想定Q&Aで考える面接試験―このテーマの出題背景と解答例(第24回)今月の面接テーマ「いじめ問題への取り組み」「教頭の資質・能力とリーダーシップ」(2007学校管理職研修) 古川治 「総合教育技術」(小学館) 61(15) 2007.3 p130～133

◇いじめ問題と向き合う特別活動の責務と方略(特集論文 これからの特別活動の創造) 添田晴雄

◇「日本特別活動学会紀要」(日本特別活動学会) (15) 2007.3 p11〜16

◇子供のいじめサインに敏感に —文科省有識者会議が教員向けに留意点や提言 「内外教育」(時事通信社) (5722) 2007.3.13 p10

◇学級における教師のいじめ対策行動のマルチエージェントシミュレーション(テーマ:知能・適応と社会, ネットワーク —「社会ネットワーク」とエージェントシミュレーション) 小泉康治, 鳥海不二夫, 石井健一郎 「知識ベースシステム研究会」(人工知能学会) 77 2007.3.29・30 p99〜107

◇提言 いじめへの対応「学校がかかえる二つの根本的欠点」を克服して(特集「いじめ」発見・対応の学校システム構築 —「いじめ」発見・対応のシステム構築=ポイントはどこか) 向山洋一 「学校マネジメント」(明治図書出版) 46(5)通号601 2007.4 p10〜12

◇いじめに正対する教育・どんな方法があるのか(特集「いじめ」発見・対応の学校システム構築) 「学校マネジメント」(明治図書出版) 46(5)通号601 2007.4 p18〜23

◇管理職がする教師力のチェックポイント 教育力の弱いクラスで起こるいじめ(特集「いじめ」発見・対応の学校システム構築) 「学校マネジメント」(明治図書出版) 46(5)通号601 2007.4 p24〜29

◇「いじめ」に歯止めをかけられる教師の教育力(特集「いじめ」発見・対応の学校システム構築) 「学校マネジメント」(明治図書出版) 46(5)通号601 2007.4 p30〜35

◇いじめの教材化・授業化 —どんな実践があるのか(特集「いじめ」発見・対応の学校システム構築) 「学校マネジメント」(明治図書出版) 46(5)通号601 2007.4 p58〜61

◇いじめ・暴力・パニック —見立てと学校での対応(第1回)「包括的な視点」での見立てを 本田恵子 「月刊学校教育相談」(ほんの森出版) 21(5) 2007.4 p56〜61

◇"いじめ"と向き合う —文学作品「歯型」を通して, 自己と出会う子どもたち(小特集"いじめ"への視点) 梅原幸子 「子どものしあわせ」(草土文化) 通号674 2007.4 p24〜35

◇「いじめ」を生む教師の言動(特集「いじめ」と子どもの自殺 —いま「いじめ」はどうなっているか —その実態と背景) 河上亮一 「児童心理」(金子書房) 61(5)通号857 2007.4 p494〜498

◇体験学習を通してのいじめ防止教育 —教師と生徒で「いじめ」とは何かのコンセンサスを共有する(特集「いじめ」と子どもの自殺 —「いじめ」「自殺」を止めたい! —その予防と対応) 山本秀樹 「児童心理」(金子書房) 61(5)通号857 2007.4 p526〜530

◇いじめ・暴力・パニック —見立てと学校での対応(第2回)危機の予防に役立つ校内体制づくり —小学校編 鈴村眞理 「月刊学校教育相談」(ほんの森出版) 21(6) 2007.5 p56〜61

◇小特集 "いじめ"への視点 "いじめ"と向き合う(中)「風切るつばさ」の授業をとおして 梅原幸子 「子どものしあわせ」(草土文化) 通号675 2007.5 p28〜33

◇各教科等の改善/充実の視点 —生徒指導 いじめ問題への取組について 森嶋昭伸 「中等教育資料」(学事出版) 56(5)通号852 2007.5 p76〜79

◇生徒指導に関する諸問題(8)教師に求められる「いじめ」対応 有村久春 「学苑」(光葉会) (800) 2007.6 p2〜15

◇いじめ・暴力・パニック —見立てと学校での対応(第3回)危機介入時の組織づくり —中学校編 植山起佐子 「月刊学校教育相談」(ほんの森出版) 21(7) 2007.6 p58〜63

◇緊急リレー連載 いじめ克服をめざして 普段の実践から、「いじめ」をとらえる 泉雅仁 「月刊生徒指導」(学事出版) 37(7) 2007.6 p24〜27

◇小特集 "いじめ"への視点 "いじめ"と向き合う(下)「私の意見を書こう —構成を工夫して」おとなといっしょに授業を創る 梅原幸子 「子どものしあわせ」(草土文化) 通号676 2007.6 p26〜31

◇日常的対応・指導から「いじめ」を考える(特集「いじめ」を考える —「いじめ」と教師) 神原昭彦 「教育」(国土社) 57(7)通号738 2007.7 p56〜60

◇「いじめられている」子と「いじめている」子を同時に支える―自他への"愛おしさ"を感じるとき子どもは変わる(特集「いじめ」を考える―「いじめ」と教師) 山崎隆夫 「教育」(国土社) 57(7)通号738 2007.7 p61〜66

◇子どもの声から「いじめ」修復へ(特集「いじめ」を考える―「いじめ」と教師) 泊史 「教育」(国土社) 57(7)通号738 2007.7 p73〜78

◇みんなの手で、もめごとストップ！スキルアップで、いじめ、トラブル撲滅!!(特集 友達同士でできる対立解消スキル) 寺野雅之 「月刊学校教育相談」(ほんの森出版) 21(8) 2007.7 p28〜33

◇いじめ・暴力・パニック―見立てと学校での対応(第4回)キレる、パニックになる子のメカニズム 本田恵子 「月刊学校教育相談」(ほんの森出版) 21(8) 2007.7 p60〜65

◇緊急リレー連載 いじめ克服をめざして いじめ問題には、人間関係づくりの推進と生徒に自治の力を育てること 土田英之 「月刊生徒指導」(学事出版) 37(8) 2007.7 p26〜29

◇自尊感情が傷ついた子への援助―虐待・いじめ(特集 自尊感情を育てる) 石川瞭子 「児童心理」(金子書房) 61(10)通号862 2007.7 p969〜973

◇いじめと学校臨床：基本的な考え方(特集 いじめと学校臨床) 森岡正芳 「臨床心理学」(金剛出版) 7(4)通号40 2007.7 p441〜446

◇いじめの早期発見と早期対応のために：学校教育相談の立場から(特集 いじめと学校臨床) 栗原慎二 「臨床心理学」(金剛出版) 7(4)通号40 2007.7 p447〜453

◇いじめの解決：教師の相談力とは(特集 いじめと学校臨床) 村山進 「臨床心理学」(金剛出版) 7(4)通号40 2007.7 p473〜477

◇いじめの予防：いじめを生む学級風土とピア・サポート(特集 いじめと学校臨床) 伊藤亜矢子 「臨床心理学」(金剛出版) 7(4)通号40 2007.7 p483〜487

◇いじめの予防：心理援助実践としての校内研修(特集 いじめと学校臨床) 土屋明日香 「臨床心理学」(金剛出版) 7(4)通号40 2007.7 p488〜492

◇いじめの予防：エンカウンターグループによる学級づくり―PCAグループの視点から(特集 いじめと学校臨床) 村山正治 「臨床心理学」(金剛出版) 7(4)通号40 2007.7 p493〜498

◇いじめ克服を目指して行う授業(特集 相談係が行う特別授業) 渡辺寿枝 「月刊学校教育相談」(ほんの森出版) 21(10) 2007.8 p46〜51

◇いじめ・暴力・パニック―見立てと学校での対応(第5回)アンガーマネージメント教育の実践 本田恵子 「月刊学校教育相談」(ほんの森出版) 21(10) 2007.8 p84〜90

◇「バカ親、クソガキ、ダメ教師」教育再生シリーズ(第9回)職員室を空洞化する「いじめチクリ蔓延」 堀和世 「サンデー毎日」(毎日新聞社) 86(33)通号4829 2007.8.5 p122〜125

◇いじめ・暴力・パニック―見立てと学校での対応(第6回)キレにくい子どもを育てる教室での日常のかかわり 荒川信行 「月刊学校教育相談」(ほんの森出版) 21(11) 2007.9 p62〜67

◇巻頭インタビュー このひとに聞く…(第35回)学校全体で情報を共有し、いじめ問題に立ち向かう 山脇由貴子 東京都児童相談センター 児童心理司 山脇由貴子 「心とからだの健康：子どもの生きる力を育む」(健学社) 11(9)通号115 2007.9 p6〜8

◇いじめ・暴力・パニック―見立てと学校での対応(第7回)学校内の教員研修の進め方 鈴村眞理 「月刊学校教育相談」(ほんの森出版) 21(12) 2007.10 p56〜61

◇学校での「いじめ」授業(委員会ニュース 子どもの権利に関する委員会 少年とともに) 平尾潔 「Niben frontier」(第二東京弁護士会) (68)通号291 2007.10 p38〜40

◇いじめ・暴力・パニック―見立てと学校での対応(第8回)個人への危機介入―虐待 石川令子 「月刊学校教育相談」(ほんの森出版) 21(13) 2007.11 p86〜91

◇いじめに走る子へのかかわり(特集 子どものモラルと道徳教育) 瀧口綾 「児童心理」(金子書房) 61(16)通号868 2007.11 p1513〜1517

◇いじめにあっている(特大号 こんなときどうする「学校保健」―すべきこと，してはいけないこと―行動) 平岩幹男 「小児科診療」(診

◇断と治療社）　70(11)通号834　2007.11　p1897〜1900

◇いじめ・暴力・パニック―見立てと学校での対応(第9回)行動化による学校秩序の崩壊―予防と再生　植山起佐子　「月刊学校教育相談」（ほんの森出版）　21(14)　2007.12　p56〜61

◇いじめ問題とその解決―現場の先生方のために　松本明夫　「九州栄養福祉大学研究紀要」（九州栄養福祉大学）　(5)　2008　p97〜110

◇いじめ判決書を活用した人権学習に関する研究―「物理的いじめ」へのアプローチ　新福悦郎　「九州教育学会研究紀要」（九州教育学会）　36　2008　p235〜242

◇生徒指導　学級生活満足度を高める学級経営の試み―いじめ防止学習プログラムの実践を通して　丸山智子　「教育実践研究」（上越教育大学学校教育実践研究センター）　18　2008　p181〜186

◇いじめと教師・子ども・保護者―民事訴訟判決資料の活用と教育法学の役割(新教育基本法と教育法学―第2分科会　いじめと学校安全)　梅野正信　「日本教育法学会年報」（有斐閣）　(37)　2008　p102〜110

◇いじめ・暴力・パニック―見立てと学校での対応(第10回)保護者研修会の進め方　橋本ゆき　「月刊学校教育相談」（ほんの森出版）　22(1)　2008.1　p56〜61

◇いじめ克服をめざして　いじめを予防するための学級活動　田辺園枝　「月刊生徒指導」（学事出版）　38(1)　2008.1　p23〜26

◇いじめ(特集　教師と子どもの信頼関係づくり―問題の背景にある教師不信を考える―課題の克服から信頼の回復・予防へ)　粕谷貴志　「児童心理」（金子書房）　62(1)通号871　2008.1　p83〜87

◇事例で考える　実践教育法規セミナー(34)児童・生徒の問題行動―いじめの新定義・暴力行為と出席停止　坂田仰　「総合教育技術」（小学館）　62(13)　2008.1　p95〜92

◇いじめ・暴力・パニック―見立てと学校での対応(第11回)いじめを繰り返す子への個別指導　本田恵子　「月刊学校教育相談」（ほんの森出版）　22(3)　2008.2　p56〜61

◇親と教師のカウンセリングルームQ&A　いじめ被害を担任にだけ訴える子　高橋啓子　「児童心理」（金子書房）　62(2)通号872　2008.2　p279〜283

◇特集　いじめを生まない学校づくり　「悠+」（ぎょうせい）　25(2)　2008.2　p16〜33

◇本多信一の学校事務職員フレッフレー！「イジメ防止リーダー」を育てよ　本多信一　「学校事務」（学事出版）　59(3)　2008.3　p99〜96

◇「いじめ問題」についての教師の意識と指導に関する研究　村井万寿夫　「金沢星稜大学人間科学研究」（金沢星稜大学人間科学会）　1(1)通号1　2008.3　p55〜61

◇教科担任制におけるいじめへの対応(特集　教科担任制を問う)　小野昌彦　「教育と医学」（慶應義塾大学出版会）　56(3)通号657　2008.3　p275〜281

◇いじめ・暴力・パニック―見立てと学校での対応(第12回)個別指導のあり方―特別支援が必要な子どもへの対応　本田恵子　「月刊学校教育相談」（ほんの森出版）　22(4)　2008.3　p86〜93

◇講演　いじめの理解と新たな対応―自明性の壁を破る(特集　さまざまな問題に教師はどう立ち向かうか―日本生徒指導学会第8回大会より)　森田洋司　「月刊生徒指導」（学事出版）　38(4)　2008.3　p6〜12

◇タテの関係が強い学級のため、どうも「いじめ」もあるように思えます。どうすればよいでしょう？(特集　若手教師の実践ステップ・アップ術―学級集団・なかまづくりのステップ・アップ)　松下一世　「解放教育」（明治図書出版）　38(8)通号489　2008.8　p48〜51

◇「いじめ」を受けた子どもたち(特集　親と教師は、「いじめ」とどう向き合うか)　徳方宏治　「人権21：調査と研究」（おかやま人権研究センター）　(195)　2008.8　p4〜8

◇いじめの構造(特集　親と教師は、「いじめ」とどう向き合うか)　岩間一雄　「人権21：調査と研究」（おかやま人権研究センター）　(195)　2008.8　p25〜30

◇いじめ問題と子どもの権利条約(特集　親と教師は、「いじめ」とどう向き合うか)　三宅良子

◇「人権21：調査と研究」(おかやま人権研究センター)　(195)　2008.8　p31〜36

◇いじめ対応が鈍い学校でも外からの働きかけでいじめは解決した　橘美和子　「子どものしあわせ」(草土文化)　通号691　2008.9　p24〜27

◇事例研究 教育管理職のための法常識講座(第34回)遊びを装った暴力、いやがらせ、屈辱的行為をともなういじめ、傍観者・同調者の問題性を検討するための教員研修資料　梅野正信　「季刊教育法」(エイデル研究所)　(159)　2008.12　p34〜39

◇事例に学ぶ実践・勇気づけの心理学 いじめへの対応(特集 子どもを勇気づける心理学——教師と親のためのアドラー心理学入門——実践応用編)　椎名薫　「児童心理」(金子書房)　62(18)通号888(臨増)　2008.12　p120〜124

◇「いじめ」の社会学(第6講)立ち上がる教師たち　岩間一雄　「人権21：調査と研究」(おかやま人権研究センター)　(197)　2008.12　p58〜63

◇いじめ問題に関するシンポジウムの記録 親と教師は「いじめ」にどう向き合うか　中島純男　「地域と人権」(全国地域人権運動総連合)　(298)　2008.12　p1〜19

◇[いじめ問題に関するシンポジウムの記録 親と教師は「いじめ」にどう向き合うか]質疑応答　「地域と人権」(全国地域人権運動総連合)　(298)　2008.12　p20〜28

◇準拠集団規範がいじめ加害傾向に及ぼす影響——準拠枠としての仲間集団と学級集団　黒川雅幸,大西彩子　「福岡教育大学紀要. 第4分冊, 教職科編」(福岡教育大学)　(58)　2009　p49〜59

◇教師カウンセラーのための生徒指導実践プログラム(11)いじめを防ぐために学校としてどう取り組むか？　新井肇,大畑祐司　「月刊生徒指導」(学事出版)　39(3)　2009.2　p46〜53

◇客員研究員研究報告 「いじめ」を傍観せず自分ができる最善策をとろうとする心情を育てる道徳の授業——子どもの心を揺さぶる資料の教材化を通して　時松哲也　「教育実践総合センターレポート」(大分大学教育福祉科学部附属教育実践総合センター)　(28)　2009.3　p21〜36

◇学校事務職員必読！学校経営の基本判例 いじめを原因とした損害賠償請求——子どもらの加害行為に違法性がないと判断され、学校の対応も過失なしとして請求が棄却された事例［さいたま地方裁判所平成20.5.30判決］　黒川雅子　「学校事務」(学事出版)　60(4)　2009.4　p36〜41

◇いじめの現状とその対応——「被害者にも問題がある」と言わせない教師集団作りを(特集「生徒指導」の仕事)　千葉孝司　「月刊生徒指導」(学事出版)　39(5)　2009.4　p26〜29

◇クラス内でいじめがあるらしい(個と集団を育てる 学級づくりスキルアップ——こんなときどうする？事例に学ぶ対応のポイント)　谷野敏子　「児童心理」(金子書房)　63(6)通号894(臨増)　2009.4　p149〜153

◇校長講話(54)いじめを報告する子どもの訴えに惑わされてはならない。校長の器が問われる　野口晃男　「週刊教育資料」(教育公論社)　(1075)通号1205　2009.6.1　p10〜11

◇教育の危機管理(実務編)いじめが起きない学校づくり(1)いじめは担任の力と無関係、いつでも、どこでも起きると理解しよう　山脇由貴子　「週刊教育資料」(教育公論社)　(1079)通号1209　2009.7.6　p20〜21

◇教育の危機管理(実務編)いじめが起きない学校づくり(2)大人が危険を教えても、子どもがネット世界に入り込む理由　山脇由貴子　「週刊教育資料」(教育公論社)　(1080)通号1210　2009.7.13　p20〜21

◇教育の危機管理(実務編)いじめが起きない学校づくり(3)「学校はいじめを許さない」と保護者と子どもに周知徹底しよう　山脇由貴子　「週刊教育資料」(教育公論社)　(1081)通号1211　2009.7.20　p20〜21

◇教育問題法律相談(No.61)いじめ問題が発生した際に学校が果たすべき義務　佐藤香代　「週刊教育資料」(教育公論社)　(1082)通号1212　2009.7.27　p29

◇教育の危機管理〈実務編〉いじめが起きない学校づくり(4)いじめ撲滅宣言に加え、いつでも話し合える環境づくりを　山脇由貴子　「週刊教育資料」(教育公論社)　(1082)通号1212　2009.7.27　p20〜21

◇児童・生徒の教師認知がいじめの加害傾向に及ぼす影響―学級の集団規範およびいじめに対する罪悪感に着目して　大西彩子，黒川雅幸，吉田俊和　「教育心理学研究」(日本教育心理学会)　57(3)　2009.9　p324～335

◇教育問題法律相談(No.66)いじめの事後対応として学校に求められることとは？　大井倫太郎　「週刊教育資料」(教育公論社)　(1087)通号1217　2009.9.14　p29

◇教師が取り組む不登校(特集 さまざまな不登校対応)　花輪敏男　「月刊生徒指導」(学事出版)　39(13)　2009.11　p10～16

◇2010年度第5回教師教育研究フォーラム報告 いじめの背景を読み解く：教師・子ども・保護者・地域に何が問われているのか　中山岳，安達昇　「教師教育研究：早稲田大学教師教育研究所紀要」(早稲田大学教師教育研究所)　(3)　2010年度　p81～85

◇「平成20年度問題行動調査」の「いじめの状況」からみえる学級活動を通じたいじめ指導の課題　小野方貴　「福山市立女子短期大学研究教育公開センター年報」(福山市立女子短期大学研究教育公開センター)　(7)　2010　p129～135

◇学校をめぐる問題と対応(2)いじめ　本間友巳　「子どもの心と学校臨床」(遠見書房)　(2)　2010.2　p123～129

◇人権の視点抜きでの道徳教育は可能か？―「いじめ指導」を例にして　大庭宣尊　「広島修大論集」(広島修道大学学術交流センター)　50(2)通号96　2010.2　p87～106

◇いじめへの理解と対応(特集「自己肯定感」を高める―自己肯定感が低くなっている子への教師の援助)　猪子香代　「児童心理」(金子書房)　64(4)通号910　2010.3　p342～347

◇学校事務職員必読！学校経営の基本判例 いじめ被害損害賠償請求事件[広島地方裁判所平成19.5.24判決]　黒川雅幸　「学校事務」(学事出版)　61(5)　2010.5　p66～73

◇いじめ事件と教師集団(特集 分断と協働)　深久史郎　「高校生活指導」(青木書店)　(185)　2010.6　p76～81

◇クラスづくりに役立つ生徒指導(17)いじめ情報の把握に向けた初発的働きかけ　吉田浩之　「月刊生徒指導」(学事出版)　40(10)　2010.8　p56～60

◇いじめ問題への具体的対応(特集 生徒指導提要の個別の課題に取り組む)　新井肇　「月刊生徒指導」(学事出版)　40(11)　2010.9　p6～9

◇クラスづくりに役立つ生徒指導(18)いじめ予防に向けた日常的な取り組み　吉田浩之　「月刊生徒指導」(学事出版)　40(11)　2010.9　p56～59

◇信頼を失う行為―いじめ対応の現場で(特集 信頼される教師)　千葉孝司　「月刊生徒指導」(学事出版)　40(12)　2010.10　p20～23

◇校長講話(117)いじめ問題が発生したときに、校長として話したこと　西林幸三郎　「週刊教育資料」(教育公論社)　(1138)通号1268　2010.11.1　p12～13

◇教育問題法律相談(No.118)いじめ事案における原因究明の義務の有無　大井倫太郎　「週刊教育資料」(教育公論社)　(1139)通号1269　2010.11.8　p31

◇教育管理職のための法常識講座(第42回)二年近くいじめ行為を受けた生徒が、卒業後に加害生徒らと学校設置自治体に対して提訴した事例の教員研修資料　梅野正信　「季刊教育法」(エイデル研究所)　(167)　2010.12　p46～51

◇マイオピニオン 発達的な視点に基づいた学級・学校経営でいじめ予防を　品川裕香　「週刊教育資料」(教育公論社)　(1144)通号1274　2010.12.20　p34

◇学校でフル活用する認知行動療法(第10回)実況中継(2)教室で行ういじめ予防のためのSST授業　神村栄一　「月刊学校教育相談」(ほんの森出版)　25(1)　2011.1　p62～65

◇Bullying and prevention/intervention strategies among U.S. nationally representative sample of public schools　青山郁子　「教育研究」(国際基督教大学)　通号53　2011.3　p51～58

◇人権・いじめ・個人情報の危機管理(特集 学校の危機管理)　有村久ởr　「教育展望」(教育調査研究所)　57(2)通号618　2011.3　p36～40

◇子ども同士のかかわりをつくるワークシート(第12回)「いじめっ子虫」をやっつけろ！(Part 2)

◇玉木敦　「月刊学校教育相談」（ほんの森出版）25（4）　2011.3　p52～55

◇いじめ―仲間関係に傷ついている子に（特集 つまずきを超える―つまずいている子への援助）山下聖和　「児童心理」（金子書房）65（4）通号928　2011.3　p96～100

◇「いじめの問題への取組状況に関する緊急調査」結果について　文部科学省初等中等教育局児童生徒課　「中等教育資料」（学事出版）　60（3）通号898　2011.3　p120～122

◇総合研究 教育と法（25）事実と異なるいじめ報告の責任　星野豊　「月刊高校教育」（学事出版）44（4）　2011.4　p78～82

◇教育問題法律相談（No.141）集中講義 安全配慮義務（6）いじめに対して求められる義務と取り組み　佐藤香代　「週刊教育資料」（教育公論社）（1162）通号1292　2011.5.16　p27

◇教育の紛争　いじめ被害者の転校に伴う安全配慮義務と規範意識の育成〔京都地方裁判所平成22.6.3判決〕　森谷宏　「週刊教育資料」（教育公論社）（1162）通号1292　2011.5.16　p17～19

◇今、学校でいじめを克服するのは、本当に難しい（特集 いまこそ手をたずさえて）　江東晴香　「子どものしあわせ」（草土文化）通号724　2011.6　p14～18

◇校内の死角はどこか―いじめ・暴力行為を見逃さない（特集 つくらない！被害者・加害者・傍観者）　長谷川孝浩　「月刊生徒指導」（学事出版）41（9）　2011.7　p22～24

◇今・ここの関係性と向き合うことから―「いじめ学習」における生徒たちの"リアル"と葛藤　大庭宣尊　「広島修大論集」（広島修道大学学術交流センター）52（1）通号99　2011.9　p179～195

◇スクールリーダーのための 学校法制の基礎知識 いじめをめぐる責任法制（1）　結城忠　「週刊教育資料」（教育公論社）（1184）通号1314　2011.11.14　p15～17

◇生徒の力でいじめを見つけ、いじめを防ぐ（特集 いじめを見つけ出す私の工夫）　長谷川陽子　「月刊学校教育相談」（ほんの森出版）25（14）2011.12　p12～15

◇文科省出身 浅田校長の「がんばってます！学校経営」（No.72）「自分との戦い」やいじめをテーマにパラリンピアンの大日方さんが講演　浅田和伸　「週刊教育資料」（教育公論社）（1187）通号1317　2011.12.5　p36～37

◇スクールリーダーのための 学校法制の基礎知識 いじめをめぐる責任法制（2）　結城忠　「週刊教育資料」（教育公論社）（1188）通号1318　2011.12.12　p15～17

◇教育問題法律相談（No.168）いじめ被害から不登校となった生徒への対応　三坂彰彦　「週刊教育資料」（教育公論社）（1189）通号1319　2011.12.19　p31

◇「いじめ問題」と「いじめ問題」への教師の対応の考察 : 教師の子ども集団への働きかけを中心に　福田八重　「帝京科学大学紀要」（帝京科学大学）8　2012　p145～156

◇いじめへのサポートグループ・アプローチ（特集 学校と子どもを活かすブリーフセラピー : 解決志向の実践―学校でできる「ブリーフセラピーを活用した子ども支援プログラム」）　長田清，黒沢幸子　「児童心理」（金子書房）66（3）通号945（臨増）2012.2　p112～117

◇学校にルールを導入しよう〈活用編〉（最終回）言葉の暴力、いじめ、学校の責任範囲、違法薬物　杉多美保子　「月刊生徒指導」（学事出版）42（3）　2012.3　p52～55

◇Preventing Bullying in the University Foreign Language Classroom　MichaelSCHULMAN　「東洋大学人間科学総合研究所紀要」（東洋大学人間科学総合研究所）（14）2012.3　p1～12

◇図説 生徒指導提要（第2回）いじめ問題への対応　阪根健二，村井康純　「月刊生徒指導」（学事出版）42（5）　2012.5　p52～55

◇いじめに対応できない学校 教師はなぜ無力なのか（社会 総力特集「いじめ」をなくせ）　中原一歩，庄村敦子，本田靖明［他］　「Aera」（朝日新聞出版）25（32）通号1352　2012.7.30　p17～21

◇教育問題法律相談（No.197）いじめ問題（1）安全配慮義務 いじめの疑いがある場合に、学校は何をすべきか　三坂彰彦　「週刊教育資料」（教育公論社）（1218）通号1348　2012.8.20　p31

◇校長講話(197)「いじめ問題」に真正面から向き合いいじめられている子どもを支える　西林幸三郎　「週刊教育資料」(教育公論社)　(1218)通号1348　2012.8.20　p16～17

◇教育問題法律相談(No.198)いじめ問題(2)調査報告 いじめ調査結果は報告すべきか？　角南和子　「週刊教育資料」(教育公論社)　(1219)通号1349　2012.8.27　p31

◇問題行動を起こす児童生徒に対する指導について(通知)(特集 なぜ学校はいじめにうまく対応できないか―文部科学省いじめ関連通達)　「季刊教育法」(エイデル研究所)　(174)　2012.9　p33～37

◇いじめ等の予防のために、学校として取り組むよりよい人間関係づくり：小・中連携の視点を踏まえて(特集 子どもの豊かな人間関係を育む)　徳弘純一　「初等教育資料」(東洋館出版社)　(890)　2012.9　p40～43

◇校長講話(200)学級担任の真剣な思いを伝えていじめ問題を解決する(その1)　野口晃男　「週刊教育資料」(教育公論社)　(1221)通号1351　2012.9.10　p10～11

◇少人数学級推進、いじめ問題対応など5500人定数改善：文科省概算要求　「週刊教育資料」(教育公論社)　(1223)通号1353　2012.9.24　p7

◇教育問題法律相談(No.202)いじめ問題(6)いじめの存在についての認識 いじめを把握していなかった場合の学校の責任　角南和子　「週刊教育資料」(教育公論社)　(1223)通号1353　2012.9.24　p31

◇教室に、語り合える関係と時間を(いじめから子どもを救う)　公立中学校教員　「女性のひろば」(日本共産党中央委員会、日本共産党中央委員会出版局(発売))　(404)　2012.10　p34～37

◇2006年のいじめによる悲劇を乗り越え、全教員での情報共有で問題の早期解決を図る：福岡県筑前町立三輪中学校(特集 いま、学校に求められる「対策」と「危機管理」とは？ いじめは起こるだから向き合う―全国縦断「いじめと向き合う」注目実践レポート)　「総合教育技術」(小学館)　67(10)　2012.10　p24～27

◇子どもが育つ、子どもを伸ばす(第7回)いじめに負けない強さの教育を!!　野口芳宏　「総合教育技術」(小学館)　67(10)　2012.10　p86～89

◇石坂洋次郎はいじめの監視役だった(あの作家も元総理もみんな先生だった 人生を変えた伝説の名授業30―生徒が語る恩師との時間)　むのたけじ　「文芸春秋」(文芸春秋)　90(13)　2012.10　p269～271

◇校長講話(204)学級担任の真剣な思いを伝えていじめ問題を解決する(その2)　野口晃男　「週刊教育資料」(教育公論社)　(1225)通号1355　2012.10.8　p10～11

◇武蔵村山市立学校 生徒会・児童会「いじめ撲滅サミット・宣言」の開催　持田浩志　「教育展望」(教育調査研究所)　58(10)通号637　2012.11　p51～55

◇特集 気づく"目"を育て、起こらない"土壌"をつくる!! 再確認！いじめ対策　「月刊生徒指導」(学事出版)　42(12)　2012.11　p8～37

◇教師がいじめに向き合うために求められていること(特集 いじめ事件にどう向き合うのか)　福477雅英　「前衛：日本共産党中央委員会理論政治誌」(日本共産党中央委員会)　(888)　2012.11　p119～130

◇今日から活用できる！一年間の活動を通した学級生活づくり(第8回)いじめに強い学級をつくる　杉田洋　「道徳と特別活動：心をはぐくむ」(文溪堂)　29(8)通号344　2012.11　p34～37

◇校長講話(208)学級担任の真剣な思いを伝えていじめ問題を解決する(その3)　野口晃男　「週刊教育資料」(教育公論社)　(1229)通号1359　2012.11.12　p10～11

◇先生は大変だ！(2)いじめ、パワハラ、モンスターペアレント…加入者数増加中!「保険」で自己防衛する教師のSOS　「週刊朝日」(朝日新聞出版)　117(54)通号5164　2012.11.23　p111～113

【図書】

◇「いじめ撲滅」の授業　内海俊行著　明治図書出版　2003.9　119p　22cm　(21世紀型授業づくり　79)　1660円　Ⓣ4-18-804713-5　Ⓝ375.352

[内容] 1 いじめは減った？ 2 いじめって何？ 3 いじめの四層構造 4 いじめに対する教師のスタンス 5 いじめ発見のチェックポイント 6 学級の風土 いじめ撲滅授業（「他己（たこ）紹介」「十人十色」「百人百様」「緊急アピール」「いじめ加害者・被害者想定」「何がいじめか」「人権ってなんですか？」「いじめ撲滅宣誓文」）

◇学級担任のためのカウンセリングとその実践 第2巻 いじめ 松原達哉総監修 〔映像資料〕 丸善出版事業部映像メディア部 〔2007〕 ビデオディスク1枚（29分）：DVD （Maruzen audiovisual library）〈監修：相馬誠一 制作・著作：丸善 カラー ステレオ スタンダード〉 ⓘ978-4-8395-0015-3
　[内容] (1) いじめの現状 (2) いじめに気づく (3) いじめの対応 (4) いじめをなくす

◇学級担任のためのカウンセリングとその実践 第3巻 いじめを生まない学校作り 松原達哉総監修 〔映像資料〕 丸善出版事業部映像メディア部 〔2007〕 ビデオディスク1枚（26分）：DVD （Maruzen audiovisual library）〈監修：諸富祥彦 制作・著作：丸善 カラー ステレオ スタンダード〉 ⓘ978-4-8395-0016-0
　[内容] (1) 現代のいじめの特質 (2) 学校の風土を変える (3) いじめのロールプレイ (4) こころの第二担任制度

◇「いじめ」は必ず解決できる―現場で闘う教師たちの実践 向山洋一編著 扶桑社 2007.3 239p 19cm 1200円 ⓘ978-4-594-05330-7 Ⓝ375.2
　[内容] 向山洋一・いじめの授業 小さな事実からいじめ発見 出会いの四月からいじめと闘う 学校にいじめ対処のシステムを作る いじめは教師だけが解決できる 保護者の訴えを重く受け止める教師たち 教師自身のいじめ体験 管理職・同僚の不適切な対応 学校を破壊するモンスターペアレント こうすれば必ず解決できる いじめに負けない子を育てる 戦後教育の歴史が、力のない教師を育てた

◇お祭り英語楽習入門―いじめは授業でなくす 阿原成光著 三友社出版 2007.3 286p 22cm 2200円 ⓘ978-4-88322-666-5 Ⓝ375.893
　[内容] 第1部 お祭り英語楽習事始―いじめは授業でなくす（声を出すことこそ生きている証 校内暴力に抗して「良心の宣言」"Declaration of Conscience ほか）" 第2部 生きる励みになり、いじめをなくす授業づくり（生命あることばとして英語を はじめてのガンバリ教室 ほか） 第3部 お祭り英語楽習のすすめ―理論編（英語は何のために学ぶのか WHY 英語で何をどう教えるか WHAT・HOW ほか） 第4部 人間らしく生き、いじめをなくす教材（The Great Dictator―ユダヤ人いじめをなくしたスピーチ I Have a Dream―アフリカ系アメリカ人いじめをなくしたスピーチ ほか）

◇学校でのいじめ対策―すぐに役立つ100のアイデア アラン・L.ビーン著、上田勢子訳 東京書籍 2007.4 158p 28cm 1800円 ⓘ978-4-487-80179-4 Ⓝ375.2
　[内容] いじめの真実10項目（いじめは、ただのからかいではない だれでも、いじめの加害者になり得る ほか） 第1章 前向きな教室をつくる（いじめって、なに？ いじめの定義 ほか） 第2章 いじめの被害者を助ける（いじめがないか、常に注意を払う いじめの被害者、または被害を受けそうな子どもを認識する ほか） 第3章 いじめの加害者を助ける（いじめている現場をキャッチする いじめる子にも理解を示す ほか）

◇いじめをやめさせる！―現役教師が本音で語る、現実的対処法 佐山透著 草思社 2007.5 166p 19cm 1000円 ⓘ978-4-7942-1597-0 Ⓝ375.2
　[内容] 教室で見たいじめ（荒れた高校で集団暴行を受け、転校をよぎなくされた子 行動が遅いというだけでいじめにあった子 他校の番長の命令で、クラスメートに暴行された子 メールで仲間を陥れた女子生徒 住民同士の対立からいじめにあった小学生 うそをついてばかりの女子生徒へのいじめ 仲間に命令されてクラスメートの金を盗み、自分だけ退学 いじめられっ子がいじめを克服） いまどきのいじめ事情（いじめがブームに 私のいじめっ子、いじめられっ子体験 いじめっ子、いじめられっ子になる条件 進化するいじめ いじめがはびこる原因―教師、学校、親、地域 いじめのメカニズム） 子どもの意識、親の意識、教師の意識（子どもの世界の常識 わが子を客観的に見られない親たち 学校の教師たちの実態） 自分の子どもがいじめにあったら（いじめっ子、いじめられっ子の判定法 いじめられやすい子の特徴 いじめを発見するには 子どもを救ういじめ対策マニュアル）

◇いじめを解消し、日本一、世界一の学級をつくる教育法　山田栄一著　文芸社　2007.7　183p　19cm　1200円　①978-4-286-03247-4　Ⓝ370.4
[内容]第1章 いじめ、不登校、非行の解消法（学級集団を大切にする教育をベースにして　いじめを一発で消滅させる「正義の味方ヤマトラマン」　いじめの解消が担任の責任である理由　ほか）　第2章 日本一、世界一の学級をつくる教育（やる気と創造力のある人間に育てる　学級の自慢をつくる教育法　子どもたちがつくった「学級の自慢」　ほか）　あとがきにかえて──歩いてきた道を振り返って（私は教育職人である　私は省エネ主義者である　自分にも厳しい関所役人である　ほか）

◇教室に正義を！─いじめと闘う教師の13か条　諸富祥彦著　図書文化社　2007.7　206p　19cm　1400円　①978-4-8100-7502-1　Ⓝ371.42
[内容]第1章 現代のいじめ─これだけは知っておきたい（いじめられている子の行動の特徴　現代のいじめが見えにくいこれだけの理由　いじめられている子が出す「サイン」）　第2章 いじめが起きた！まずこう対応せよ!!─緊急対応の7か条（教師と保護者が言ってはいけない三つの言葉　子どもの話を「真に受けて」聴く　第一原則は被害者保護の徹底　ほか）　第3章 いじめのない学級・学校をつくる─予防・開発的対応の6か条（学校風土を変える─「正義の共同体」としての学校づくり　ピアプレッシャーをプラスに転換する　マイナスの感情をコントロールする　ほか）

◇子どもたちの感情を育てる教師のかかわり─見えない「いじめ」とある教室の物語　大河原美以著　明治図書出版　2007.8　124p　22cm　1560円　①978-4-18-141126-8　Ⓝ371.42
[内容]第1章 ある教室の風景から　第2章 子どもたちの感情を育てるということ（不快感情を安全に抱えられない子どもたちの姿　不快感情のコントロールをめぐる3つの誤解　感情の社会化というプロセス　ほか）　第3章 「いじめ・不登校」その時教師にできること─田中先生といっしょに考える（子どもの感情によりそうための援助シート　このクラスの女の子たちの問題をめぐって　このクラスの男の子たちの問題をめぐって）　第4章 解説─子どもを守り育てるために（「子どもの感情によりそうための援助シート」の意味　いじめ問題への視座　子どもの問題と学級システム　ほか）

◇アンチ「いじめ」大作戦！─かけがえのない命の輝きを　松下一世著　明治図書出版　2008.4　182p　22cm　（人権教育を生かした学級づくり　6）　2100円　①978-4-18-014420-4　Ⓝ374.12
[内容]1 今どきの子どもって　2 いじめの実態と構造に迫る　3 子どもたちの心の叫びに耳を傾けて　4 人間関係づくりの学び　5 自分探し、生き方探しの人権学習　資料 人間関係づくりのためのワークシート

◇いじめを解決する危機管理マニュアル　河田孝文監修,奥田嚴文編著　明治図書出版　2008.10　147p　22cm　（TOSS道徳「心の教育」20）　1960円　①978-4-18-808631-5　Ⓝ375.2
[内容]1 いじめを解決する危機管理マニュアル　2 いじめ発見から解決までの学校での危機管理マニュアル　3 芽のうちから摘んでおく教室での危機管理マニュアル　4 いじめ発覚、記録がものをいう危機管理マニュアル　5 本人、保護者を安心させる危機管理マニュアル　6 教員も安心、ケース別ガイドライン

◇いじめを許さない学級をつくる　河田孝文監修,吉谷亮編著　明治図書出版　2008.10　135p　22cm　（TOSS道徳「心の教育」21）　1860円　①978-4-18-808740-4　Ⓝ374.12
[内容]1 子どもたちとの出会いでやっておかなければいけない五つのこと　2 もしもいじめが進行していたら？いじめの進度によって変わる対応の基本　3 いじめを跳ね返す学級づくり　4 クラスでこうやっていじめと闘った　5 「いじめ」解決後の指導　6 いじめ解決を学級経営に転化する

◇いじめ発見システムの提案─いじめは教師だけが解決できる　河田孝文監修,江口儀彦編著　明治図書出版　2008.10　126p　22cm　（TOSS道徳「心の教育」18）　1860円　①978-4-18-808413-7　Ⓝ375.2
[内容]1 「いじめ発見システム」を提案する（問診によっていじめを発見する　触診によっていじめを発見する　検査によっていじめを発見する）　2 「いじめ対処システム」を提案する（教育課程の中に「いじめ対処システム」を入れる計画　教務主任が提案した「いじめ対処システム」　学校で「いじめ対処システム」を提案し受け入れてもらう方策）　3 担任にできる「いじ

め」対処法(低学年―「一人ぼっちの子」をどうするか? 中学年―子ども集団の教育力を使う 小さなトラブルを見逃さない 高学年―油断は禁物、人数が少なくてもいじめは起こる) 4 いじめ克服に有効だったこの一手(低学年―「いじめ」との闘いは入学前から 中学年―いじめ撲滅への計画と戦術 高学年―いじめをはぐらかす態度に追い詰める言葉で対応する 中学校―終日の校内見回りでいじめを予防する) 5 担任一人で対処できない「いじめ」の対処(いざというときのためにやっておくこと 「いじめ」発生時の保護者対応 つね日頃の保護者の対応 共に遊び共に学ぶ―学年で「いじめ」に対処した実例)

◇いじめはなくせる―教室ですべきこと 大西隆博著 アニカ 2010.1 237p 19cm 1600円 ⓘ978-4-901964-17-3 ⓃR371.42

内容 序章 いじめはなくせます 第1章 いじめを誘発するストレッサーの軽減 第2章 いじめをしやすいキャラクターの改善 第3章 いじめられやすいキャラクターの改善 第4章 傍観者も含めた集団への指導 第5章 (ケーススタディーのためのフィクション) 第6章 教育現場と社会の課題

◇いじめ、暴力、トラブルに克つ先手必勝の学級づくり 山田勝太郎著 桐書房 2010.9 140p 26cm 2000円 ⓘ978-4-87647-775-3 Ⓝ374.1

内容 第1部 いじめ・暴力・非行への対処法(いじめへの挑戦 暴力・非行の解決) 第2部 トラブルに先手を打つ学級づくりのノウハウ(トラブルの特性と解決の視点 学級づくりの戦略的視点 学級づくり1年間の活動目標) 第3部 教師の力量のつけ方(教師の力量形成 力量形成のためのトレーニングと実践事例)

◇児童・生徒指導の理論と実践 2011-9 いじめと非行 放送大学学園制作・著作 〔映像資料〕 放送大学教育振興会 〔2011〕 ビデオディスク 1枚(45分): DVD (放送大学DVD教材§ MARUZEN audiovisual library) 〈発売: 丸善出版事業部映像メディア部〉

◇道徳及び道徳教育の本質を今此処に明らかにする―いじめ問題はなぜ道徳教育の問題なのか 橋本唯隆著 文藝書房 2011.9 149p 19cm 1000円 ⓘ978-4-89477-389-9 Ⓝ375.35

内容 第1章 いじめの本質について(いじめの定義は正しいのか? 「いじめは許さない」と主張するだけでは偽善の温床になる。―敢えて「いじめ」を定義する ほか) 第2章 「命が一番大切なんだよ」とする指導では、自殺は止められない―「生きる目的」の教育の必要性(なぜ自殺が止まらないのか? 「この世の中には命より大切なものがある」―何をもって「価値」とするか。価値教育の模索 ほか) 第3章 道徳教育のあり方(道徳とは何か? 善とは何か、悪とは何か? 道徳は他人が評価できるのか?―正規科目とすることは是か非か ほか) 第4章 教育の根幹である「教師の権威」(権威の本質―権威は価値規範を創造する恐るべき存在である 権威と体罰の関連性 ほか) 第5章 権威の存在たる道徳教育(教師、親が自己の義務、責任、役割に厳しくあること 親が子供に自分の言葉で伝えること)

◇学校で活かすいじめへの解決志向プログラム―個と集団の力を引き出す実践方法 スー・ヤング著、黒沢幸子監訳 金子書房 2012.3 199p 21cm 〈文献あり〉 2900円 ⓘ978-4-7608-2165-5 Ⓝ375.2

内容 第1章 解決志向のいじめ防止対策への道のり 第2章 教職員の職能開発(研修) 第3章 教室での取り組み 第4章 いじめへの対処 第5章 ピアサポートグループ 第6章 個別の面接

◆◆小学校
【雑誌記事】

◇報告 小学校における「ことばの暴力」に関する調査―問題点と解決策について 畑中高子 「学校保健研究」(日本学校保健学会) 45(2) 2003 p145～155

◇「いじめ」を扱った道徳読み物教材のあり方について―小学校高学年を中心に 塩毛隆司 「教育学研究紀要」(中国四国教育学会) 49(1) 2003 p73～78

◇小学校教師がイメージする男子・女子児童の「いじめ」 三島浩路 「名古屋大学大学院教育発達科学研究科紀要. 心理発達科学」(名古屋大学大学院教育発達科学研究科) 50 2003 p123～132

◇小学生といっしょに「仲よし」のイメージにかくれた「いじめ」　八巻寛治　「月刊学校教育相談」(ほんの森出版)　18(4)　2004.3　p118～121

◇エスノメソドロジーからみたいじめ―女子児童の対シカト会話システム(ボトムアップ人間科学の可能性―そだち 発達現場からのボトムアップ)　大辻秀樹　「現代のエスプリ」(ぎょうせい)　(441)　2004.4　p91～99

◇法務大臣賞 小学生の部 いじめに立ち向かう勇気を持とう("社会を明るくする運動"特集―読みもの 第53回"社会を明るくする運動"作文コンテスト応募作品に触れて)　田中敬子　「更生保護」(日本更生保護協会)　55(7)　2004.7　p24～26

◇友だち・けんか・いじめ(特集 学童期のそだちをどう支えるか―小学校という空間)　西田篤　「そだちの科学」(日本評論社)　(4)　2005.4　p77～82

◇小学校でのいじめとその対応(特集 いじめ問題、緊急対応!!)　椎名薫　「月刊生徒指導」(学事出版)　37(3)　2007.2　p30～33

◇小学生の情緒的および行動上の問題を予防するための心理教育的アプローチ　安藤美華代　「岡山大学教育実践総合センター紀要」(岡山大学教育学部附属教育実践総合センター)　8　2008　p89～98

◇小学校における「いじめ問題」への直接的対応と間接的対応　淀澤勝治　「人権教育研究」(日本人権教育研究学会)　8　2008　p60～73

◇いじめは6割、学級崩壊は1割で―全連小の2007年度「研究紀要」(6・完)健全育成　「内外教育」(時事通信社)　(5823)　2008.5.16　p8～9

◇いじめを主訴とした小4男児の学級内自立(その1)箱庭作品の推移からの検討　森範行、田高加奈恵　「学校臨床心理学研究：北海道教育大学大学院研究紀要」(北海道教育大学大学院教育学研究科学校臨床心理専攻)　(7)　2009年度　p83～92

◇小学校におけるいじめ(2)　酒井亮爾　「心身科学：愛知学院大学心身科学研究所紀要」(愛知学院大学心身科学研究所)　1(1)　2009.3　p39～48

◇小学校におけるいじめ(1)　酒井亮爾　「心身科学部紀要」(愛知学院大学心身科学会)　(4)　2009.3　p17～26

◇小学生のいじめ問題は、小学生のうちに解決を(特集 過去のいじめられ体験を打ち明けられたとき)　小玉有子　「月刊学校教育相談」(ほんの森出版)　23(14)　2009.12　p28～30

◇小学校におけるいじめ(3)　酒井亮爾　「心身科学部紀要」(愛知学院大学心身科学会)　(5)　2009.12　p31～39

◇小学校におけるいじめ(4)　酒井亮爾　「心身科学：愛知学院大学心身科学研究所紀要」(愛知学院大学心身科学研究所)　2(1)　2010.3　p95～103

◇小学校 気がつけばカウンセリング―おばちゃん先生のあゆみと気づき(5)いじめられた子の気持ちといじめた子の背景を想像しよう　安武雅代、中島義実　「月刊生徒指導」(学事出版)　41(3)　2011.2　p44～47

◇文化的自己観・排他性・自尊心といじめの関連：小学生を対象に　本田美奈　「宮城学院女子大学大学院人文学会誌」(宮城学院女子大学大学院)　(13)　2012.3　p83～96

◇いじめられていても明るくふるまう子がいます(特集 小学五年生・六年生のこころと世界―悩み多い時期の教育相談)　浦野裕司　「児童心理」(金子書房)　66(9)通号951(〈臨増〉)　2012.6　p117～120

◇「ことば」を核にした指導で、温かい学級づくりを：福岡県北九州市立小倉中央小学校教諭 菊池省三(特集 いま、学校に求められる「対策」と「危機管理」とは？ いじめは起こるだから向き合う―全国縦断「いじめと向き合う」注目実践レポート)　「総合教育技術」(小学館)　67(10)　2012.10　p28～31

◇保護者、地域と連携・協力しながら児童のSOSをキャッチする：東京都東大和市立第七小学校(特集 いま、学校に求められる「対策」と「危機管理」とは？ いじめは起こるだから向き合う―全国縦断「いじめと向き合う」注目実践レポート)　「総合教育技術」(小学館)　67(10)　2012.10　p32～34

◇教育の危機管理 小学校現場から見る「いじめ」　石橋昌雄　「週刊教育資料」(教育公論社)　(1227)通号1357　2012.10.22　p15～17

◇実践（小学校）学びをとおして向き合った「いじめ」：子どもたち自身がつかみとったこと（特集「いじめ」と向き合う）　荻野洋子　「クレスコ」（大月書店）　12(11)通号140　2012.11　p26〜28

【図書】

◇いじめ克服実践事例集―小学校版　教育技術、edu共同編集　小学館　2007.3　129p　26cm　（教育技術mook）〈文献あり〉　1500円　Ⓘ978-4-09-105262-9　Ⓝ371.42

◇いじめを出さない学級はここが違う　低学年　甲本卓司,熊谷博樹編著　明治図書出版　2008.3　125p　21cm　1660円　Ⓘ978-4-18-153015-0　Ⓝ374.12
　内容　第1章　小さないじめを発見できる教師はここが違う（遊びの中で気になるいじめの芽　学習の中で気になるいじめ・差別の芽　給食・掃除で気になるいじめ・差別の芽　アンケートから見える子どもの実態）　第2章　いじめをすぐに解決できる教師はここが違う（小さなけんかは両成敗ですっきりと　気になる言動は「教えてあげる」　ダメなものはダメ　毅然とした態度で教える　心に響く効果的な語りかけできる教師のトラブル対処法）　第3章　いじめを出さない学級システムはここが違う（黄金の三日間で示す教師の姿勢　孤立しがちな子を生まない学級経営のシステム　安心して食べられる給食システム　ズルができない掃除・当番活動のシステム）　第4章　いじめを生まない学級はここが違う（楽しい授業・楽しい学級にいじめは出ない、教師の未熟さが差別を生んでいる　できない子が活躍する逆転現象を生む授業　がんばったことがちゃんと認められるシステム　人権意識を高めるおすすめゲーム　学級作りに最適　五色百人一首）　第5章　保護者との連携がうまい教師はここが違う（最初の保護者会で味方につける　保護者からの訴えに素早く対応する）

◇いじめを出さない学級はここが違う　中学年　甲本卓司,田辺浩司編著　明治図書出版　2008.3　134p　22cm　1760円　Ⓘ978-4-18-153119-5　Ⓝ374.12
　内容　第1章　いじめを早期発見できる教師はここが違う（いじめの早期発見に全力を注げ　いじめ発見のシステムをつくる　ほか）　第2章　いじめとの闘いに勝てる教師はここが違う（最初に教師の姿勢を示し、最後まで貫く　お互いにしこりを残さない"喧嘩両成敗"　ほか）　第3章　いじめを出さない学級はここが違う（まず、教師が学級のボスになれ　全員にチャンスを与える「じゃんけん立候補制」　ほか）　第4章　授業でいじめと闘う教師はここが違う（できない子も活躍する、逆転現象を生む授業　漢字テスト一〇点、二〇点の子が一〇〇点をとる漢字指導　ほか）　第5章　保護者を味方にできる教師はここが違う（最初の参観日で保護者を味方につける　学級通信を利用して、保護者の世論を高める　ほか）

◇いじめを出さない学級はここが違う　高学年　甲本卓司,三宅孝明編著　明治図書出版　2008.3　136p　22cm　1760円　Ⓘ978-4-18-153213-0　Ⓝ374.12
　内容　第1章　いじめを早期発見する教師はここが違う（気迫と強い意志を持っていじめと闘う　小さないじめの芽を見逃さない　子どもの様子を見る　いじめ発見チェックポイント）　第2章　いじめを出さない学級のシステムはここが違う（黄金の三日間でいじめを根絶する　席替えやグルーピングのポイント　全員が平等になるじゃんけん立候補制　弱肉強食をなくす日常生活の指導）　第3章　いじめを出さない教師の授業はここが違う（できない子をできるようにする向山型体育　できない子にやさしい向山型算数　逆転現象を引き起こす授業　いじめの授業…文部科学大臣からの手紙）　第4章　いじめにうまく対応する教師はここが違う（集団を味方につけていじめと闘う　女子グループ間のいじめへの対応　教育相談でいじめられている子の気持ちをつかむ　裏文化で子どもの心をつかむ）　第5章　保護者を安心させる学校体制作りと教師の対応（いじめ発見・防止システムを校内に作る　学級通信で保護者や職員に「いじめ」の授業を提案する　いじめ発見！すぐに動き、できるだけの行動をとる　保護者を安心される、トラブル発生時の保護者への連絡の仕方）

◇いじめを許さない学級を創る　小学1-3年　漆山仁志編著　明治図書出版　2008.6　117p　22cm　1760円　Ⓘ978-4-18-131119-3　Ⓝ374.12
　内容　1　いじめを許さない学級管理（低学年のいじめの特性　学級としての指導体制　いじめの早期発見・早期対応　いじめへの対処・家庭との連携）　2　子どもを守る危機管理が荒れた学級を立て直す（おしゃべりばかりで指示が通りにくい時どうするか　低学年の荒れた学級の担

任になったら　問題が起きたら、「どうなったらいいか」を考えよう　荒れたクラスを立ち直らせる若き教師の記録)

◇いじめを許さない学級を創る　小学4-6年　大谷和明編著　明治図書出版　2008.6　153p　22cm　1960円　ⓘ978-4-18-131213-8　ⓝ374.12
　内容　1 崩壊した学級を立て直す(崩壊をめぐる動きを見る　とにかく意気込みをもってスタートする)　2 立て直しの三日間を分析する(学級通信『TRY』　メーリングリスト『TRY-project』)　3 いじめに立ち向かうための技能とは何か(いじめに見る「心の危機」　学級の危機的状況把握に問題はないか　学級内での子どもの「規範意識」ほか)

◆◆中学校
【雑誌記事】

◇中学生女子の"嫌い"という対人意識といじめとの関連についての研究―大学生による回顧的データの分析　土井敦子　「武庫川女子大学発達臨床心理学研究所紀要」(武庫川女子大学発達臨床心理学研究所)　(5) 通号18　2003.12　p195～201

◇中学生におけるいじめに関わる役割行動と敵意的攻撃性, 共感性との関連性　朝倉隆司　「学校保健研究」(日本学校保健学会)　46(1)　2004　p67～84

◇中学校におけるいじめの実態―意識・容認態度・行動の3観点から　河村貴仁　「学校臨床心理学研究：北海道教育大学大学院研究紀要」(北海道教育大学大学院教育学研究科学校臨床心理専攻)　(2)　2004　p149～162

◇中学校における啓発活動を中心としたいじめ防止プログラムの実践とその効果　岡安孝弘, 高山巌　「カウンセリング研究」(日本カウンセリング学会)　37(2)　2004.6　p155～167

◇いじめにより不登校になった中学3年男子の事例(ケース報告特集号)　藤原小百合, 増田梨花, 橋口英俊　「カウンセリング研究」(日本カウンセリング学会)　37(4)　2004.12　p345～351

◇中学校における「いじめ」の実態(2) いじめ行動を構成する因子の抽出と因子別学年間比較検討　河村貴仁　「学校臨床心理学研究：北海道教育大学大学院研究紀要」(北海道教育大学大学院教育学研究科学校臨床心理専攻)　(3)　2005年度　p87～97

◇問題行動のある中2男子および関係教諭との連携によっていじめが解決した事例　奥久田巌　「沖縄国際大学人間福祉研究」(沖縄国際大学人間福祉学会)　4(1)　2005.6　p125～144

◇中学生の攻撃受動性とセルフエスティーム, 社会的スキルに関する研究　原由梨恵, 村松常司, 藤田定　「学校保健研究」(日本学校保健学会)　48(2)　2006　p158～174

◇いじめ被害中学生によるいじめへの対処と解決―いじめ被害者への支援に向けて　本間友巳　「京都教育大学紀要」(京都教育大学)　(108)　2006.3　p143～150

◇赤いリボンを胸にとめよう―岡谷東部中学校の「いじめ撲滅委員会」の三年間(第2特集 生きる力を豊かに 「いじめ」を社会からなくしたい―長野県こども権利支援センターの取り組み)　「婦人之友」(婦人之友社)　101(2)　2007.2　p129～131

◇実践・中学校 いじめをなくす力は生徒自身にある(特集 いじめ―生きづらさを受けとめ、「つながる力」を育む)　境光春　「クレスコ」(大月書店)　7(3) 通号72　2007.3　p22～24

◇いじめは絶対ゆるさへん！―岬中"いじめ撲滅授業"の取り組みから(特集 いじめを考える)　田口瞳　「部落解放」(解放出版社)　(580)　2007.4　p23～31

◇思春期のいじめと中学校教育―いじめ問題解決を子どもの学びにして(特集 「いじめ」を考える―「いじめ」と教師)　宮下聡　「教育」(国土社)　57(7) 通号738　2007.7　p67～72

◇中学生のいじめに対する認識―いじめ報道後の自由記述・インタビュー調査から　大西良　「久留米大学大学院比較文化研究論集」(久留米大学大学院比較文化研究科)　(21)　2007.7　p19～32

◇中学校のいじめに対する学級規範が加害傾向に及ぼす効果　大西彩子　「カウンセリング研究」(日本カウンセリング学会)　40(3)　2007.10　p199～207

◇中学校における情緒障害児通級指導教室の現状に関する一考察　藤本優子, 井澤信三　「発達心理臨床研究」(兵庫教育大学学校教育学部附属発達心理臨床研究センター)　14　2008　p169～174

◇中学校1クラスへのいじめ予防の実践とその効果の検討　塚本琢也　「弘前大学大学院教育学研究科心理臨床相談室紀要」(弘前大学教育学部心理臨床相談室)　(5)　2008　p17～30

◇中学生における「ネット上のいじめ」に関連する心理社会的要因の検討　安藤美華代　「学校保健研究」(日本学校保健学会)　51(2)　2009　p77～89

◇市内全中学校生徒会でいじめ撲滅劇上演─寝屋川市中学生サミットの挑戦！(特集　新年度、相談活動の方針づくりに役立つ資料)　竹内和雄　「月刊学校教育相談」(ほんの森出版)　24(4)　2010.3　p48～53

◇中学校におけるいじめ・学級崩壊をなくす学級づくりの実践─バズ協同学習といじめ防止班長会議の導入を通して　市川千秋, 玉田尚子　「学校カウンセリング研究」(日本学校カウンセリング学会)　(11)　2010.10　p19～25

◇中学生の仲間集団の排他性に関する研究　有倉巳幸　「鹿児島大学教育学部研究紀要. 教育科学編」(鹿児島大学教育学部)　63　2011年度　p29～41

◇中学生におけるいじめとストレスの関連性についての研究(佐藤啓子教授・椎名健教授 退職記念号)　吉川延代, 今野義孝　「人間科学研究」(文教大学)　(33)　2011　p211～231

◇人の話を聴ける生徒を育て全生徒が安心して学べる学校へ：熊本県熊本市立桜山中学校(特集　いま、学校に求められる「対策」と「危機管理」とは？　いじめは起こるだから向き合う─全国縦断「いじめと向き合う」注目実践レポート)　「総合教育技術」(小学館)　67(10)　2012.10　p35～37

◇子ども理解　思春期の危機を生きる中学生と教職員集団の課題：生活からの子ども理解と「カンファレンス」(特集「いじめ」と向き合う)　福井雅英　「クレスコ」(大月書店)　12(11)通号140　2012.11　p18～21

◇実践(中学校)「君のことを気にかけている人間がいる」ことを伝えたい：生徒一人ひとりに寄り添える教職員集団として(特集「いじめ」と向き合う)　山田悟朗　「クレスコ」(大月書店)

12(11)通号140　2012.11　p22～24

【図書】

◇君を守りたい─いじめゼロを実現した公立中学校の秘密　中嶋博行著　朝日新聞社　2006.9　189p　19cm　〈文献あり〉　1000円　Ⓘ4-02-250221-5　Ⓝ371.42

内容　第1章　いじめを即刻、停止させるには？(学校で襲われた女子中学生の悲劇　少年院の教育で鬼畜たちは人間に戻るか？　ほか)　第2章「鬼畜の心」に人間教育は通じない(人間教育では「いじめ問題」を解決できない！　小中学生に広まる"いじめ"が原因の深刻なうつ病　ほか)　第3章　いじめは犯罪だ(いじめとはまさに"学校犯罪"なのだという認識をもつこと　学校から去る被害者、居座る加害者という矛盾　ほか)　第4章　こうして「いじめ」は消滅する(アメリカ教育界はなぜドッジボールを禁止するのか？「ゼロ・トレランス」(不寛容)方式の衝撃　ほか)　座談会「お父さん、この学校にはいじめがないんだよ」

◇いじめを出さない学級はここが違う　中学校　甲本卓司, 山本芳幸編著　明治図書出版　2008.3　122p　21cm　1660円　Ⓘ978-4-18-153317-5　Ⓝ374.13

内容　第1章　いじめの芽を発見し対応する(朝の会や帰りの会、授業中に現れるいじめの芽─即時対応せよ！　休み時間に現れるいじめの芽─いじめを発見し、対処するのは、教師にしかできない仕事である　給食・掃除中に現れるいじめの芽─個別に対応する　部活動で現れるいじめの芽─部活動も布石といじめ発見システムで対応する)　第2章　いじめのない学級はこう作る！(黄金の三日間でいじめと決別する　公平な給食システム・ルールで「弱肉強食」を防ぐ　学級イベントで差別をなくす　行事への取り組みで逆転現象を生む)　第3章　もういじめとおさらば！いじめを生まない学年集団・学校システムの作り方(第一学年初めの学年集会で「いじめを許さない」と宣言する　学年団で結束していじめをなくす　保護者と連携し、いじめを撲滅する　いじめのない学校システムを構築する─ゴミ・情報がポイントだ)　第4章　私はこう解決した！中学のいじめへの対応(何としても解決するのだという気概を持つ　いじめを乗り越えて、成長した学級と生徒A　小さな差別を見逃さない)　第5章　中学年に

「正義」を教える―力ある資料で授業する(中学生でも響く「わたしのいもうと」の授業 『葬式ごっこ』―八年後の証言 『いじめ14歳のMessage』 いじめの構図)

◇いじめ、なくしたい！―NHK中学生日記DVDブック NHK『中学生日記』制作班文 毎日コミュニケーションズ 2008.4 69p 21cm 1800円 Ⓘ978-4-8399-2716-5 Ⓝ371.42

内容 第1章 激論！僕たちのホンネ―日記生130人の大討論会(いじめはどうして生まれる？―ストレスたちが集まっていって、矛先がいじめに向く 嫌いだからいじめるのか？―他人を支配して優越感を得る支配欲 ほか) 第2章 インタビュー・わたしのいじめ体験Part.1(ただ、ひたすら耐えた 「いじめられても、まだ友達だと思っていた」 ほか) 第3章 わたしたちの処方箋―討論・いじめを克服するために(「親に相談する」 「自分たちは何ができるか？」 ほか) 第4章 インタビュー・わたしのいじめ体験Part.2(救ってくれたのは、先生ではなくて、一曲の歌だった 先生が、泣きながら話してくれた ほか)

◇いじめゼロ！―ある公立中学校が実現したいじめ撲滅 中嶋博行著 朝日新聞出版 2009.5 221p 15cm （朝日文庫 な31-1） 〈『君を守りたい』(朝日新聞社2006年刊)の改題 文献あり〉 580円 Ⓘ978-4-02-261628-9 Ⓝ375.2

内容 プロローグ 学校は涙であふれている 第1章 いじめを即刻、停止させるには？ 第2章「鬼畜の心」に人間教育は通じない 第3章 いじめは犯罪だ 第4章 こうしていじめは消滅する 座談会 「お父さん、この学校にはいじめがないんだよ」

◆◆高校
【雑誌記事】

◇高校生の「いじめ」の認識に関する研究―高校生・養護教諭・母親間の比較検討 安藤美華代, 朝倉隆司, 小林優子 「学校保健研究」(日本学校保健学会) 44(6) 2003 p508～520

◇高校生の問題行動と対人関係における信頼感の関連 安藤美華代, 朝倉隆司, 中山薫 「学校保健研究」(日本学校保健学会) 46(1) 2004 p44～58

◇高校の授業 現社 定時制における少年法といじめの学習 菊田兼一 「歴史地理教育」(歴史教育者協議会) (671) 2004.7 p50～53

◇青年をいじめる社会にレッドカードを(小特集 倫理の授業考・授業ネタ) 吉田豊 「未来をひらく教育」(全国民主主義教育研究会) (137) 2005.初夏 p76～81

◇今一生の現代高校生事情―教師の知らない生徒たち(3) イジメ今昔物語(前編) 今一生 「月刊高校教育」(学事出版) 38(8) 2005.6 p80～83

◇今一生の現代高校生事情―教師の知らない生徒たち(4) イジメ今昔物語(後編) 今一生 「月刊高校教育」(学事出版) 38(9) 2005.7 p78～81

◇高校生のセルフエスティームと社会的スキルからみた攻撃変動性に関する研究 「学校保健研究」(日本学校保健学会) 48(4) 2006 p307～324

◇高等学校でのいじめとその対応―携帯サポートシステムによる組織的対応(特集 いじめ問題、緊急対応!!) 田中将之 「月刊生徒指導」(学事出版) 37(3) 2007.2 p38～41

◇特集 いじめへの対応が焦点に―全国高校教頭会が第46回全国大会(下) 「内外教育」(時事通信社) (5761) 2007.8.28 p6～7

◇仮想的有能感からみた高校生のいじめ 山本将士 「名古屋市立大学大学院人間文化研究科人間文化研究」(名古屋市立大学大学院人間文化研究科) (8) 2007.12 p191～205

◇高校でのいじめ問題をどう考えるか(特集 2008年高等教育の論点) 折出健二 「月刊高校教育」(学事出版) 41(1) 2008.1 p38～41

◇高校生にみられる「いじめ」行動と「いじめ」に関連する要因 三島浩路 「現代教育学部紀要」(中部大学現代教育学研究所) (1) 2009.3 p119～128

◇高校生における仮想的有能感といじめとの関連 松本麻友子, 山本将士, 速水敏彦 「教育心理学研究」(日本教育心理学会) 57(4) 2009.12 p432～441

◇中学を卒業したら、終わると思っていたのにも う、逃げ場がない(社会 総力特集「いじめ」をなくせ) 井上和典, 直木詩帆 「Aera」(朝日

新聞出版）　25（32）通号1352　2012.7.30　p21〜23

◇教育　「いじめ」を受けた私立高校女子生徒の9カ月　彼女はなぜ転校したのか　金城珠代　「Aera」（朝日新聞出版）　25（40）通号1360　2012.10.1　p57〜59

◆◆中高一貫校
【雑誌記事】

◇ブームの中高一貫校　気になるいじめ事情　「サンデー毎日」（毎日新聞社）　85（49）通号4786　2006.11.5　p32〜35

◇親が知らない私立の「常識」―「大学進学は保証される」「いじめがない」「教師の質がいい」など五つの誤解（2008 一流校に入る）　織江里央　「週刊朝日」（朝日新聞出版）　112（35）通号4827（増刊）　2007.7.15　p92〜97

◇超一流校の「不祥事」「イジメ」「内紛」　学校説明会では質問できない「名門中学校」裏事情ガイド　「週刊新潮」（新潮社）　56（1）通号2774　2010.12.30-2011.1.6　p72〜74

◇社会　「公立より安心」ではない　いじめと中高一貫校　庄村敦子, あべみちこ, 田村栄治［他］「Aera」（朝日新聞出版）　25（33）通号1353　2012.8.6　p17〜19

◇気になるイジメ　人気に陰りの私立大付属 青学中等部は志願者激減（本当にお得な中高一貫校）「エコノミスト」（毎日新聞社）　90（46）通号4254　2012.10.23　p35

◆◆幼稚園・保育園
【雑誌記事】

◇子ども　いじめは幼稚園年長さんから始まる―女児に多い突然の無視と仲間はずれ　麻生奈央子　「Aera」（朝日新聞出版）　21（12）通号1097　2008.3.17　p65〜67

◇学校の日常が法の裁きを受けるとき（154）保育園でのいじめ・性的嫌がらせ事件　柿沼昌芳　「月刊生徒指導」（学事出版）　38（12）　2008.10　p70〜73

◇幼児期にしたい性のお話Q&A（Q12）保育のなかのいじめ問題をどう考える―暴力にどう立ち向かうか　浅井春夫　「Sexuality」（エイデル研究所）　（39）　2009.1　p144〜147

◆保健室・相談室
【雑誌記事】

◇解決志向アプローチを活かしていじめを乗り越える援助を（特集1 いじめられ体験を成長の糧にするかかわり）　北幸法　「月刊学校教育相談」（ほんの森出版）　17（12）　2003.10　p4〜7

◇相談係を楽しむ（4）構造的ないじめとの闘い　平川孝子　「月刊学校教育相談」（ほんの森出版）　18（8）　2004.7　p46〜49

◇選択理論心理学に基づくスクールカウンセリング活動といじめられる辛さを訴える女子生徒へのグループ・カウンセリング　柴山謙二　「選択理論心理学研究」（日本選択理論心理学会）　8（1）　2004.11　p43〜59

◇スクールカウンセリングについての一考察―いじめ問題への対応を通して　中川美保子　「心理臨床学研究」（日本心理臨床学会, 誠信書房（発売））　22（6）　2005.2　p605〜615

◇思春期の問題行動に相談係としてかかわる（第5回）いじめ　長坂正文　「月刊学校教育相談」（ほんの森出版）　19（10）　2005.8　p92〜97

◇リーガル、OH！ME（6）イジメ相談の留意点　甲貴貴央　「じんけん：心と心、人と人をつなぐ情報誌」（滋賀県人権センター）　（305）　2006.9　p31〜36

◇いじめ問題へのアプローチ（教師のための学校カウンセリング学・小学校編―学校カウンセリングによる三〇のアプローチ―児童期の子どもの問題と学校カウンセリング的指導・対応法　児童期の子どもの心理的問題）　菅野純　「現代のエスプリ」（ぎょうせい）　（471）　2006.10　p45〜48

◇いじめ被害者のカウンセリングをとおして（特集 いじめ―生きづらさを受けとめ、「つながる力」を育む）　横湯園子　「クレスコ」（大月書店）　7（3）通号72　2007.3　p28〜31

◇スクールカウンセラー・アンケート「いじめ」におけるSCの役割（特集「いじめ」と子どもの自殺）　「児童心理」（金子書房）　61（5）通号857　2007.4　p544〜552

◇特集「いじめ」問題の原因と対策を考える―養護教諭の役割を中心にして　田原俊司　「心と

◇からだの健康 : 子どもの生きる力を育む」(健学社) 11(5)通号111 2007.5 p26~30

◇いじめの裏に見えてくるもの―スクールカウンセラーとしての出会い(特集 「いじめ」を考える―「いじめ」相談の現場から) 筒井潤子 「教育」(国土社) 57(7)通号738 2007.7 p50~55

◇スクールカウンセラーはいじめに対して何ができるか(特集 いじめと学校臨床) 石田陽彦 「臨床心理学」(金剛出版) 7(4)通号40 2007.7 p454~459

◇いじめと不登校―発達課題の視点とスクールカウンセリング(特集 いじめと学校臨床) 黒沢幸子 「臨床心理学」(金剛出版) 7(4)通号40 2007.7 p460~466

◇学級崩壊(特大号 こんなときどうする「学校保健」―すべきこと、してはいけないこと―危機管理) 平出幹男 「小児科診療」(診断と治療社) 70(11)通号834 2007.11 p2143~2145

◇いじめに向き合うための「正しい知識」―教育社会学・生徒指導学からの視点(特集 いま、改めて問いなおす『いじめ問題と養護教諭、そして保健室』―他学領域からの視点) 滝充 「日本健康相談活動学会誌」(日本健康相談活動学会) 3(1) 2008 p1~7

◇精神医学的観点から見たいじめ問題―保健室での援助についての指針(特集 いま、改めて問いなおす『いじめ問題と養護教諭、そして保健室』―他学領域からの視点) 大久保圭策 「日本健康相談活動学会誌」(日本健康相談活動学会) 3(1) 2008 p8~14

◇対象喪失の視点からとらえるいじめ問題と養護教諭(特集 いま、改めて問いなおす『いじめ問題と養護教諭、そして保健室』―養護教諭からの視点) 菊池美奈子 「日本健康相談活動学会誌」(日本健康相談活動学会) 3(1) 2008 p36~40

◇いじめ問題に関わるときの養護教諭の専門性と独自性を活かした連携(特集 いま、改めて問いなおす『いじめ問題と養護教諭、そして保健室』―養護教諭からの視点) 鎌塚優子 「日本健康相談活動学会誌」(日本健康相談活動学会) 3(1) 2008 p41~47

◇緊急リレー連載 いじめ克服をめざして いじめに立ち向かえ―カウンセリングの技法を用いた心のモチベーションアップ 山本猛 「月刊生徒指導」(学事出版) 38(4) 2008.3 p30~33

◇学校カウンセリングの立場から見た人権教育に関する一考察―「命の大切さ」を実感させる教育プログラムの開発・実践から(学校・家庭のなかの人権研究―虐待・いじめ問題について) 住本克彦 「研究紀要」(兵庫県人権啓発協会) 9 2008.3 p19~31

◇いじめへの対応(特集 スクールカウンセラー―小・中学校での役割と実践―事例から学ぶスクールカウンセラーの役割と実践) 内山慶子 「児童心理」(金子書房) 62(6)通号876(臨増) 2008.4 p133~139

◇いじめの被害者に対する支援―エンパワメントアプローチによるカウンセリングの適用と検討 鈴木純江, 鈴木聡志 「カウンセリング研究」(日本カウンセリング学会) 41(2) 2008.6 p169~179

◇どうして「いじめ」が起きるのか―「いじめ」の構造と養護教諭としての対処法(特集 いじめから子どもを守る対策を考える) 田原俊司 「心とからだの健康 : 子どもの生きる力を育む」(健学社) 15(2)通号156 2011.2 p14~18

◇いじめに対して養護教諭ができること(特集 いじめから子どもを守る対策を考える) 武田さち子 「心とからだの健康 : 子どもの生きる力を育む」(健学社) 15(2)通号156 2011.2 p19~24

◇学校保健のデータ解説 「いじめ」解決に向けた学校における取り組み 中下富子 「心とからだの健康:子どもの生きる力を育む」(健学社) 15(2)通号156 2011.2 p26~31

◇相談室の子どもたち(4)いじめ解決ってなんだろう? 生田倫子 「子どもの心と学校臨床」(遠見書房) (4) 2011.2 p121~124

◇教職課程「生徒指導論」の実践についての考察―養護教諭との連携 梨木昭平 「太成学院大学紀要」(太成学院大学) 13通号30 2011.3 p285~296

◇学校メンタルヘルスから見たいじめの実態(いじめの構造―いじめに見る現代社会と心のひずみ―学校社会といじめ) 小林正幸 「現代の

エスプリ」(ぎょうせい) (525) 2011.4 p69～77

◇教育相談におけるいじめの対応(いじめの構造―いじめに見る現代社会と心のひずみ―学校社会といじめ) 今村泰洋 「現代のエスプリ」(ぎょうせい) (525) 2011.4 p78～88

【図書】

◇教師と親の「共育」で防ぐいじめ・学級崩壊 小谷川元一著 大修館書店 2007.5 247p 19cm 1500円 ①978-4-469-26635-1 Ⓝ374.12
内容 第1章 学級崩壊の要因を探る(構造的欠陥からみえる学級崩壊の必然性 学級崩壊を引き起こす要因とは ほか) 第2章 めざそう、いじめのない学校(いじめを冷静にみつめ直そう 学校におけるいじめについて整理しよう ほか) 第3章 青年教師に贈るサクセスメッセージ(学級経営スタート前に スタートラインに立ったら ほか) 第4章 親との連携でつくる「共育」のためのサクセスアドバイス集(親との上手な接し方のアドバイス集 保護者会や家庭訪問で伝えておきたいアドバイス集 ほか)

◇スクールカウンセリング 2010-2 小学校のスクールカウンセリング1 いじめ 放送大学学園制作・著作 〔映像資料〕 放送大学教育振興会:丸善出版事業部映像メディアグループ(発売) 〔2010〕 ビデオディスク1枚(45分):DVD (放送大学DVD教材§MARUZEN audio-visual library)

◆地域・諸機関

【雑誌記事】

◇ホーム・ページによる「いじめ相談」の試み 酒井亮爾 「人間文化:愛知学院大学人間文化研究所紀要」(愛知学院大学人間文化研究所) (18) 2003.9 p272～261

◇L・NETワーカーズ通信(825)いじめの惨禍を繰り返さないために失われた命の重みを伝える活動―NPO法人ジェントルハートプロジェクト設立記念シンポジウム 「社会教育」(全日本社会教育連合会) 58(10)通号688 2003.10 p102～104

◇いじめられっ子の個人情報も流される? 東京都教委の音頭にも区市町村は足並みに乱れ 学校と警察の「相互連絡制度」で増大する「不安」 「サンデー毎日」(毎日新聞社) 83(36)通号4633 2004.7.4 p139～141

◇暴力行為・いじめに関する行政の取り組み(特集 子どもたちの暴力行為・いじめ) 緑川哲夫 「月刊生徒指導」(学事出版) 35(15) 2005.12 p14～17

◇大阪府の問題行動等への取り組み(特集 子どもたちの暴力行為・いじめ) 角野茂樹 「月刊生徒指導」(学事出版) 35(15) 2005.12 p18～22

◇児童自立支援施設に併設された学校の学力保障―児童自立支援施設と学校の連携(特集 子どもたちの暴力行為・いじめ) 吉本詔一 「月刊生徒指導」(学事出版) 35(15) 2005.12 p24～28

◇注目レポート 横浜市指導主事の「いじめ対策」に学べ―文科省から教育委員会まで 「Themis」(テーミス) 16(1)通号171 2007.1 p84～85

◇教育行政の「いじめ」対応とその問題「子どもを守り育てる体制づくりのための有識者会議」のいじめ対策の検討(特集 「いじめ」を考える) 伊東毅 「教育」(国土社) 57(7)通号738 2007.7 p104～110

◇国・教育再生会議のいじめ対策と学校現場(特集 いじめ・非行と子どもの権利) 尾木直樹, 渡部樹里 「子どもの権利研究」(子どもの権利条約総合研究所, 日本評論社(発売)) (11) 2007.7 p16～21

◇自治体におけるいじめ救済制度の現状と課題―埼玉県子どもの権利擁護委員会の活動から(特集 いじめ・非行と子どもの権利) 中谷茂一 「子どもの権利研究」(子どもの権利条約総合研究所, 日本評論社(発売)) (11) 2007.7 p23～26

◇レポート&インタビュー 志太勤(ニュービジネス協議会連合会会長、シダックス会長) "レッドリーフ運動" でいじめ撲滅を 志太勤, 佐藤尊徳 「経界界」(経界界) 42(16)通号853 2007.8.21 p114～115

◇地方発!我が教育委員会の取組 県と市の切磋琢磨した教育改革への取組 学ぶ力を育み 心に寄りそう 緊急プラン―学力向上・いじめ問題等対策計画 高知県教育委員会 「教育委員会月

報」(第一法規) 60(7)通号709 2008.10 p55～62

◇自治体政策の流儀！(15)行政が本気になり、市民の意識改革を促す―いじめ等防止条例で人権を尊重するまちづくり(兵庫県小野市) 樺嶋秀吉 「ガバナンス」(ぎょうせい) (98) 2009.6 p92～94

◇判決書学習による人権教育についての実践的研究―いじめ判決書教材をもとに 新福悦郎 「学校教育研究」(日本学校教育学会、教育開発研究所(発売)) 通号25 2010 p166～178

◇学校と地域の連携によるいじめ問題に対する対応 益川優子, 益川浩一 「岐阜大学総合情報メディアセンター生涯学習システム開発研究」(岐阜大学総合情報メディアセンター生涯学習システム開発研究部門) 9 2010 p117～131

◇不登校児童生徒に関わる学生ボランティアのサポートシステムについて 内田利広, 横山絵理奈 「京都教育大学紀要」(京都教育大学) (118) 2011.3 p139～154

◇教育委員会におけるいじめへの取り組み(いじめの構造―いじめに見る現代社会と心のひずみ―学校社会といじめ) 小野司寿男 「現代のエスプリ」(ぎょうせい) (525) 2011.4 p89～104

◇スー・ヤングのワークショップ "学校でのいじめに対するサポートグループアプローチ"レポート：BTNJ第16回大会報告 長田清, 小野友之 「Brief therapy networker」(ブリーフセラピー・ネットワーク・ジャパン) 15 2012.4 p27～33

◇地域の人と子どもたちのナナメの関係がいじめの発見や解決に大きな力を発揮する(特集 いま、学校に求められる「対策」と「危機管理」とは？―いじめは起こるだから向き合う―連続提言 いじめから、子どもと学校を守るために) 藤原和博 「総合教育技術」(小学館) 67(10) 2012.10 p12～15

◇米長邦雄の人生、次の一手(6)教育委員会はいじめ事件解決の先頭に立て！ 米長邦雄 「Will：マンスリーウイル」(ワック) (94) 2012.10 p150～154

◇教育行政 いじめ対策を口実とする首長の権限強化―問われる教育委員会の存在意義(特集「いじめ」と向き合う) 中嶋哲彦 「クレスコ」(大月書店) 12(11)通号140 2012.11 p31～33

【図書】

◇夜回り先生いじめを断つ 水谷修著 日本評論社 2012.10 174p 20cm 1400円 ①978-4-535-58644-4 Ⓝ371.42

◆予防

【雑誌記事】

◇いじめの予防とエンパワメント―生徒相互の対話と支援 折出健二, 福田八重 「愛知教育大学教育実践総合センター紀要」(愛知教育大学教育実践総合センター) (7) 2004.2 p271～278

◇いじめを予防する(特集 クラスになじめない子―心の居場所となるクラスづくり) 大畑秀司 「児童心理」(金子房) 59(7)通号823 2005.5 p648～651

◇教師と親ができるいじめの予防と早期解決 「児童心理」(金子書房) 60(9)通号843(臨増) 2006.6 p1～158

◇数段進んでいるアメリカのいじめ対策。(特集 「いじめ」を許さない) 矢部武 「潮」(潮出版社) 通号576 2007.2 p80～85

◇ロールレタリングによるいじめの予防教育(特集2 いじめへの対応に生かす心理技法) 岡本泰弘 「月刊学校教育相談」(ほんの森出版) 21(4) 2007.3 p36～41

◇適切な自己表現を教える―いじめ防止の実践から(子どもの暴力にどう向き合うか―教師・親ができること―学校における子どもの暴力への予防と対応―予防としてできること) 黒木幸敏 「児童心理」(金子書房) 61(15)通号867(臨増) 2007.10 p109～114

◇予防生徒指導の観点から(第22回[日本学校教育学会]研究大会の概要―課題研究 「いじめ問題」再考―近年の教育改革論議を現場からの視点で捉え直す) 犬塚文雄 「学校教育研究」(日本学校教育学会、教育開発研究所(発売)) 通号23 2008 p208～213

◇日本になじむ、いじめ予防プログラムとは―「感情」へのアプローチ([日本教育心理学会第50回総会]―準備委員会企画シンポジウム) 渡辺弥生, 戸田有一, 松尾直博[他]

「教育心理学年報」（日本教育心理学会）　48　2008年度　p41～43

◇いじめ防止に何ができるか—教育心理学・カウンセリング心理学の観点から（特集　いま、改めて問いなおす『いじめ問題と養護教諭、そして保健室』—他学領域からの視点）　松尾直博　「日本健康相談活動学会誌」（日本健康相談活動学会）　3（1）　2008　p21～25

◇実践発表　予防を中心としたいじめへの対応（豊かな歩みを支える学校教育相談—夢・意志・かかわり—全国学校教育相談研究会第42回研究大会（北海道大会）より）　岩井隆一　「月刊学校教育相談」（ほんの森出版）　22（2）（増刊）2008.1　p122～127

◇実践発表　予防を中心としたいじめへの対応（豊かな歩みを支える学校教育相談—夢・意志・かかわり—全国学校教育相談研究会第42回研究大会（北海道大会）より）　岩井隆一　「月刊生徒指導」（学事出版）　38（2）（増刊）　2008.1　p122～127

◇いじめ防止とこころの授業（特集　傷ついた子どものこころを癒す）　冨永良喜　「精神科」（科学評論社）　12（1）通号67　2008.1　p22～26

◇いじめ防止教育の背後にある日本的阻害原因について　松丸修三　「高千穂論叢」（高千穂大学高千穂学会）　43（1）　2008.5　p123～138

◇朗読劇を用いたいじめ防止の取り組み　千葉孝司　「月刊生徒指導」（学事出版）　38（15）2008.12　p30～32

◇協働意識を高め、いじめ問題の予防に取り組みたいときに　グループワークトレーニング（個と集団を育てる　学級づくりスキルアップ—学級づくりの技法—こんなとき、この技法を）　犬塚文雄　「児童心理」（金子書房）　63（6）通号894（臨増）　2009.4　p119～124

◇友だち関係をつくる――いじめ予防のために　まとまりのあるクラスをつくるエクササイズ――構成的グループエンカウンターの活用（学校における「心理教育」とは何か—学校における心理教育の実際）　阿部千春　「児童心理」（金子書房）　63（15）通号903（臨増）　2009.10　p72～77

◇友だち関係をつくる――いじめ予防のために　ソーシャルスキル教育をいじめ予防に生かす（学校における「心理教育」とは何か—学校における心理教育の実際）　仲田洋子　「児童心理」（金子書房）　63（15）通号903（臨増）　2009.10　p78～84

◇友だち関係をつくる――いじめ予防のために「群れづくり」を目指す――対人関係ゲームの活用（学校における「心理教育」とは何か—学校における心理教育の実際）　岸田幸弘　「児童心理」（金子書房）　63（15）通号903（臨増）2009.10　p85～91

◇学校全体で取り組むいじめ予防介入について　HellenCowie　「学習開発学研究」（広島大学大学院教育学研究科学習開発学講座）　（3）2010　p69～75

◇フォーラム　いじめ問題—発達段階に応じた未然防止（特集　元気が出る生徒指導—日本生徒指導学会第10回大会より）　森田洋司、近藤弘美、大畑祐司［他］　「月刊生徒指導」（学事出版）40（4）　2010.3　p26～32

◇学校におけるいじめ予防を目的としたユニバーサル予防教育　：　教育方法の開発とその実践　津田麻美、勝間理沙、山崎勝之　「鳴門教育大学学校教育研究紀要」（鳴門教育大学地域連携センター）　（26）　2011年度　p9～17

◇教育の危機管理〈実務編〉　いじめを防止するために何ができるか(2)日本でも広がる「ゼロ・トレランス」　暴力減少などの成果あるが功罪の検証必要に　中嶋博行　「週刊教育資料」（教育公論社）　（1150）通号1280　2011.2.14　p18～19

◇教育の危機管理〈実務編〉　いじめを防止するために何ができるか(3)生徒自身がいじめ防止パトロール「君を守り隊」の活動から見えてくるもの　中嶋博行　「週刊教育資料」（教育公論社）（1151）通号1281　2011.2.21　p20～21

◇教育の危機管理〈実務編〉　いじめを防止するために何ができるか(4)被害者の目線でいじめの本質を問う　あらゆるいじめは犯罪という認識が必要　中嶋博行　「週刊教育資料」（教育公論社）（1152）通号1282　2011.2.28　p18～19

◇地方議員リポート（64）マッサージを活用したいじめ予防　小林宮子　「公明」（公明党機関紙委員会）　通号65　2011.5　p70～73

◇生徒自らいじめに立ち向かう「いじめ防止プログラム」(特集　つくらない！被害者・加害者・傍観

者）瀧田信之　「月刊生徒指導」（学事出版）
41(9)　2011.7　p32～35

◇講演録（要約）いじめ予防授業　平尾潔　「人権のひろば」（人権擁護協力会）15(2)通号84
2012.3　p16～19

◇いじめ予防・人間関係の開発的指導をめざすピア・メディエーションの学校教育への導入とその可能性（一般セッションと「法と社会のインタフェース」関する特別セッション）池島徳大
「言語・音声理解と対話処理研究会」（人工知能学会）64　2012.3.26　p27～35

【図書】

◇いじめでだれかが死ぬ前に─弁護士のいじめ予防授業　平尾潔著　岩崎書店　2009.4　179p　19cm　〈文献あり〉　1200円　ⓘ978-4-265-80182-4　Ⓝ371.42

内容 第1章 わたしのはなし（捨てられる？オシッコ ほか）　第2章 弁護士のいじめ予防授業（いじめの「予防接種」　「いじめられる側も悪い？」をテーマに ほか）　第3章 いじめに立ち向かう 実践編─みんなにできること（いじめの境界線　相手を無条件に受け容れることの大切さ）　第4章 いじめに立ち向かう 実践編─親にできること（親としての対処法　第三者の活用）　第5章 いじめに立ち向かう 実践編─学校にできること（学校へのアドバイス）

◇児童生徒のいじめ・うつを予防する心理教育"サクセスフル・セルフ"─岡山大学版教科書　安藤美華代著　岡山　岡山大学出版会　2012.3　216p　30cm　1333円　ⓘ978-4-904228-24-1　Ⓝ371.45

◆道徳・宗教

【雑誌記事】

◇いじめ問題の現象と解釈（特集 道徳教育の今日的課題と世界的動向）　川野哲也　「道徳と教育」（日本道徳教育学会事務局）48(3・4)通号318・319　2004　p388～400

◇現代の子どもと道徳教育の課題　塩見能和　「四天王寺国際仏教大学紀要」（四天王寺国際仏教大学）（6ママ・44・52）2006年度　p173～192

◇道徳教育におけるいじめ問題　福田八重　「金城学院大学論集．社会科学編」（金城学院大学）2(2)　2006.3　p99～110

◇既存受賞者の部 最優秀賞 道徳授業を核にした「いじめ防止教育」の実践─いじめに立ち向かう力を育てる道徳授業と国語・学級活動等との関連を図る試み　土田暢也　「上廣道徳教育賞受賞論文集」（上廣倫理財団）16　2008　p277～291

◇いじめを許さない道徳教育の諸課題─人権を配慮して行動できる子どもたちを育てるために（学校・家庭のなかの人権研究─虐待・いじめ問題について）渡邉満　「研究紀要」（兵庫県人権啓発協会）9　2008.3　p3～18

◇道徳の授業で「いじめは許さない」という世論形成を（特集 いじめの周囲で心を痛める子）堀川真理　「月刊学校教育相談」（ほんの森出版）22(12)　2008.10　p8～11

◇いじめられる人は弱い人？─心の教育と仏教によせて　鈴木一男　「日本仏教教育学研究」（日本仏教教育学会）（17）2009.3　p123～128

◇道徳の時間における人権教育の在り方に関する研究─道徳の時間にいじめや差別をどう扱うのか？　淀澤勝治　「人権教育研究」（日本人権教育研究学会）10　2010　p31～45

◇事実と幻想(22)「徳育」の必修科目化でいじめ問題は減少する：「自分だけの善」は無意味と大人はきちんと指導すべきだ　菅野英機　「Themis」（テーミス）21(8)通号238　2012.8　p78～79

【図書】

◇道徳授業でいじめに負けない子を育てる　向山洋一監修，TOSS道徳教育研究会編　明治図書出版　2004.5　135p　22cm　（TOSS道徳「心の教育」シリーズ 12）　1760円　ⓘ4-18-806917-1　Ⓝ375.35

内容 1 道徳授業でいじめに歯止めをかける　2「いじめをしてはいけないこと」を実感させる道徳授業　3「いじめに負けてはいけないこと」を実感させる道徳授業　4「いじめを許さないこと」を実感させる道徳授業　5「いじめをはねかえす」ライフスキルを教える道徳授業　6「いじめられっ子を助ける」ライフスキルを教える道徳授業　7 21世紀型道徳教育を創造するTOSS道徳！

◇人間回復─仏教が教えるいじめゼロの世界　土屋昭之著　幻冬舎ルネッサンス　2008.3

182p 19cm 1200円 ①978-4-7790-0319-6 Ⓝ180.4

内容 第1章 悪人のいる家って、いいなぁ 第2章 悪人を発見する 第3章 いじめゼロの世界—わが輩はゼロである 第4章 究極の生き方「中道」 第5章 わずらい悩みと遊ぶ 第6章 神さん・ほとけさん

◇いじめを乗り越える子を育てる道徳授業 河田孝文監修, 山田恵子編著 明治図書出版 2008.10 157p 22cm （TOSS道徳「心の教育」 19） 1960円 ①978-4-18-808517-2 Ⓝ375.35

内容 資料活用編（いじめを乗り越える子を育てる道徳授業 いじめにつぶされない子を育てる道徳授業 いじめられている子のことを心から考える子を育てる道徳授業） ライフスキル編（いじめに立ち向かう子を育てる道徳授業 いじめをやめさせる子を育てる道徳授業 いじめを相談する子を育てる道徳授業） 番外編（いじめを乗り越える子を育てる—保護者へのエールを送る）

◆加害側への対応

【雑誌記事】

◇いじめ加害者へのカウンセリング—アメリカでの臨床経験から 桜井美加 「こころの科学」 （日本評論社） 通号108 2003.3 p2～8

◇中学生におけるいじめの停止に関連する要因といじめ加害者への対応 本間友巳 「教育心理学研究」（日本教育心理学会） 51(4) 2003.12 p390～400

◇火と悪の共時性—いじめ加害女児による「火」の描画表現から 高見友理 「島根大学教育学部心理臨床・教育相談室紀要」（島根大学教育学部心理臨床・教育相談室） 3 2004 p1～11

◇寄稿 いじめ問題に寄せて—自分の顔を描くということ 友部一郎 「子どものしあわせ」（草土文化） 通号657 2005.11 p37～40

◇実践報告 いじめを繰り返す児童の支援のあり方—授業のなかで育てる思いやり支え合いの心 百瀬光一, 下田好行 「家庭教育研究」（日本家庭教育学会） (11) 2006.3 p41～49

◇委員活動 いじめの加害生徒たちへの取組 座喜味淳子 「人権のひろば」（人権擁護協力会） 10(1) 通号53 2007.1 p25～27

◇加害者の子どもの心理—子どもたちが「いじめ」で表出しているものを考える（特集 「いじめ」と子どもの自殺—いま「いじめ」はどうなっているか—その実態と背景） 楠凡之 「児童心理」（金子書房） 61(5) 通号857 2007.4 p489～493

◇いじめている子の指導をどうするか—その基本姿勢を考える（特集「いじめ」と子どもの自殺—「いじめ」「自殺」を止めたい！—その予防と対応） 嶋崎政男 「児童心理」（金子書房） 61(5) 通号857 2007.4 p521～525

◇いじめをする子・暴力的な子をどうかしてくれと言われた（特集 親からのクレームにどうこたえるか—実録・親からのクレームへの対応） 椎名薫 「児童心理」（金子書房） 61(8) 通号860 2007.6 p794～798

◇いじめる側の心に寄り添った指導—いじめはどうして悪いのか（特集 心の教育と生徒指導） 千葉孝司 「月刊生徒指導」（学事出版） 38(1) 2008.1 p14～17

◇教育問題法律相談（No.31）いじめ加害生徒に対する懲戒の"限界"とは？ 佐藤香代 「週刊教育資料」（教育公論社） (1052)通号1182 2008.12.1 p25

◇いじめ加害者の心理的傾向—有能感タイプとの関連から 富田真未 「ヒューマンサイエンス」（神戸女学院大学大学院人間科学研究科） (12) 2009.3 p105～107

◇うそをつく子・いじめる子への接し方（特集 うそをつく子） 後藤智子 「児童心理」（金子書房） 63(11) 通号899 2009.8 p1087～1091

◇いじめ・乱暴傾向のある子どもへの認知行動療法（子どもの認知行動療法入門—その他の子ども支援と認知行動療法） 杉山雅彦 「児童心理」（金子書房） 64(18) 通号924 （臨増） 2010.12 p112～117

◇教育問題法律相談（No.199）いじめ問題(3)加害者をめぐる法律問題 いじめの加害をした児童・生徒に対する学校の対応 澤田稔 「週刊教育資料」（教育公論社） (1220)通号1350 2012.9.3 p31

◇教育問題法律相談(No.203)いじめ問題(7)加害者をめぐる法律問題 いじめ調査結果の内容はどこまで保護者に報告すべきか 澤田稔 「週刊教育資料」(教育公論社) (1224)通号1354 2012.10.1 p31

【図書】

◇友だちをいじめる子どもの心がわかる本―不思議な「心」のメカニズムが一目でわかる 原田正文監修 講談社 2008.5 98p 21cm (こころライブラリー イラスト版) 1300円 ⓘ978-4-06-278955-4 Ⓝ371.42

内容 第1章 うざいヤツはいじめて当然。笑ってスッキリ―いじめるの子の心理(遊び感覚―目の前に笑えるネタが転がっているから 閉塞感―ムカつく気持ちをどこかにぶつけたい ほか) 第2章 善悪よりも自分の安全が最優先―いじめに加わる子の心理(構造―傍観者になることは許されない 選択―被害者にならないために加害者になる ほか) 第3章 いじめが深刻化しやすい現代社会―いじめの背景(実態―ケータイ、ネットは加害者を優位にする 友だち関係―友だちづきあいのルールを身につけていない ほか) 第4章 親や先生には知られたくない―いじめられている子の心理(実態―生きる力を徹底的にうちくだかれる 自己否定―自分でも自分が情けないと思ってしまう ほか) 第5章 学校を責めるだけではなく、協力して―いじめ対応策(被害者の親―感情のまま学校へ乗りこんでも解決は遅れる 同級生の親―ひとごとではない。なにかできるはず ほか)

◆医療・心理療法

【雑誌記事】

◇いじめる子どもの心理療法 平野直己 「北海道教育大学教育実践総合センター紀要」(北海道教育大学教育実践総合センター) (4) 2003.3 p309～317

◇いじめられ体験に認知療法的にかかわる(特集1 いじめられ体験を成長の糧にするかかわり) 渡辺元嗣 「月刊学校教育相談」(ほんの森出版) 17(12) 2003.10 p16～19

◇他者のいじめ克服体験の視聴効果に関する心理臨床的研究―中学生への適用 高尾春香 「福岡教育大学心理教育相談研究」(福岡教育大学心理教育相談室) 8 2004年 p51～60

◇いじめを契機とする外傷後ストレス障害の力動的心理療法 細澤仁 「心理臨床学研究」(日本心理臨床学会、誠信書房(発売)) 22(3) 2004.9 p240～249

◇排泄障害への対応;ケアの基本と実際(11・最終回)排泄障害児に対するトータルケアの課題;社会的・精神的問題への対応(排泄障害による「いじめ経験」を回避するための方策) 溝上祐子 「小児看護」(へるす出版) 28(4)通号347 2005.4 p497～505

◇いじめ―精神科における対処(今日の精神科治療指針2006―精神科における症候・症候群の治療指針) 榎戸美佐子 「臨床精神医学」(アークメディア) 35(増刊) 2006年 p305～310

◇児童養護施設に入所している児童への心理的援助 小平真希 「大正大学カウンセリング研究所紀要」(大正大学出版部) (29) 2006.3 p4～12

◇いじめ問題に生かすアサーション(特集2 いじめへの対応に生かす心理技法) 鈴木教夫 「月刊学校教育相談」(ほんの森出版) 21(4) 2007.3 p42～49

◇臨床からみたいじめ(特集 児童思春期精神医学の最近の進歩―現代社会と子ども) 岡田隆介 「臨床精神医学」(アークメディア) 36(5) 2007.5 p649～651

◇子どものしぐさ・行動からみえるいじめ問題―気づきから始まる相談活動 岡本陽子,中桐佐智子 「インターナショナルnursing care research」(インターナショナルNursing Care Research研究会) 6(1) 2007.9 p129～138

◇反復性のつらい体験によって形成される「心の傷スキーマ」の実証的研究―閾下感情プライミングパラダイムを用いて 小田部貴子,加藤和生 「パーソナリティ研究」(日本パーソナリティ心理学会) 16(1) 2007.9 p25～35

◇いじめから心身症状を呈した思春期女子の心理治療過程 伊東真里 「吉備国際大学研究紀要,社会福祉学部」(順正学園吉備国際大学) (19) 2009 p59～66

◇シンポジウム いじめ問題を巡って いじめられ体験の反応と回復過程（第55回 日本小児保健学会（北海道）講演内容論文） 手代木理子 「小児保健研究」（日本小児保健協会）68(2) 2009.3 p209～211

◇第55回日本小児保健学会 シンポジウム いじめ問題を巡って いじめ介入の医療的支援—被害児と加害児の治療と和解のプロセス 奥山眞紀子 「小児保健研究」（日本小児保健協会）68(4) 2009.7 p420～424

◇小児科医にできること「21世紀の問診票を活用する・いじめに気付く・助言する」（第112回日本小児科学会学術集会 分野別シンポジウム 現代のいじめ問題に、小児科はどのように取り組むべきか）田澤雄作 「日本小児科学会雑誌」（日本小児科学会）113(12) 2009.12 p1920～1924

◇EMDRをその外と内で支えるツール：情報収集と認知の編みこみ、そして耐性の窓 市井雅哉 「発達心理臨床研究」（兵庫教育大学学校教育学部附属発達心理臨床研究センター）18 2012 p1～11

◇いじめ加害行動とストレスおよび同調傾性との関連 市井桃子, 永浦拡, 飯尾有未[他] 「発達心理臨床研究」（兵庫教育大学学校教育学部附属発達心理臨床研究センター）18 2012 p65～74

◆いじめの影響・後遺症・PTSD

【雑誌記事】

◇S—3 思春期・青年期のPTSD（いじめのPTSD）（第44回日本児童青年精神医学会総会特集(1)スローガン：児童青年精神科医療の確立と進展に向かって—シンポジウム：子どものPTSD）長尾圭造, 岸田学 「児童青年精神医学とその近接領域」（日本児童青年精神医学会）45(2) 2004 p147～153

◇ファミリーカウンセラーの窓から(56)こころの傷あと（トラウマ）—いじめの後遺症を知る 家庭問題情報センター 「住民行政の窓」（日本加除出版）通号258 2004.1 p90～94

◇いじめの被害者経験と、その自己開示と成人期の愛着との関係 三宅邦建 「九州保健福祉大学研究紀要」（九州保健福祉大学）(5) 2004.3 p1～10

◇いじめ被害者に残る後遺症（特集 被害にあう子どもたち）深谷和子 「青少年問題」（青少年問題研究会）51(3) 2004.3 p10～15

◇過去のいじめ体験における対処法と心的影響に関する研究 森本幸子 「心理臨床学研究」（日本心理臨床学会, 誠信書房（発売））22(4) 2004.10 p441～446

◇学校でいじめに遭っていた（特別企画 子どものPTSDの理解と対応—PTSDへの対応の実際）人見一彦 「児童心理」（金子書房）59(5)通号821 2005.4 p534～538

◇いじめ被害体験者の青年期後期におけるリズィリエンス（resilience）に寄与する要因について 荒木剛 「パーソナリティ研究」（日本パーソナリティ心理学会）14(1) 2005.9 p54～68

◇いかに、いじめのトラウマと回復につきあうか（第V部 日本の学校における「いじめ」問題への実践的対応）横湯園子 「いじめととりくんだ国々 日本と世界の学校におけるいじめへの対応と施策」（ミネルヴァ書房）2005.12 p254

◇いじめられ体験をもつ予備校生に対するカウンセリング—エンパワメントの観点から 鈴木純江, 鈴木聡志 「カウンセリング研究」（日本カウンセリング学会）39(1) 2006.2 p49～58

◇女子大学生のいじめの体験とその影響 中島千加子 「洗足論叢」（洗足学園音楽大学）(36) 2007年度 p83～94

◇いじめによる心の傷とそのケアについて（特集 いじめ・非行と子どもの権利）高橋哲 「子どもの権利研究」（子どもの権利条約総合研究所, 日本評論社（発売））(11) 2007.7 p10～15

◇いじめの解決：心の傷のケアについて（特集 いじめと学校臨床）森茂起 「臨床心理学」（金剛出版）7(4)通号40 2007.7 p478～482

◇いじめ・ハラスメント・虐待の被害体験を持つ学生へのサポートのあり方—マクロ視点から（平成20年度学生支援合同フォーラム 第30回全国大学メンタルヘルス研究会報告書 現代の青年の精神的危機と対応）清水幸登, 大西勝, 仁科舞子[他] 「全国大学メンタルヘルス研究会

報告書」（［全国大学メンタルヘルス研究会］）　30　2008年度　p17～22

◇いじめ克服をめざして　いじめの傷跡　森一生　「月刊生徒指導」（学事出版）38(2ママ)　2008.2　p34～37

◇小学校高学年で親しい友人から受けた「いじめ」の長期的な影響—高校生を対象にした調査結果から　三島浩路　「実験社会心理学研究」（日本グループ・ダイナミックス学会）47(2)　2008.3　p91～104

◇女子大学生におけるいじめ被害経験者の自己効力感と対処方略に関する研究　宮井里佳　「武蔵野大学大学院人間社会・文化研究」（武蔵野大学出版会）(3)　2009　p27～41

◇過去のいじめ体験が現在のレジリエンス・自動思考・対処行動に及ぼす影響　横山楓子, 内田一成　「上越教育大学心理教育相談研究」（上越教育大学心理教育相談室）8(1)　2009.3　p43～53

◇いじめのトラウマから抜け出せない子（特集「人を好きな子」を育てる—「人も自分も好きでない子」の理解とかかわり）藤森和美　「児童心理」（金子書房）63(10)通号898　2009.7　p950～955

◇いじめられ体験による心の傷つきへの対応の基本（特集 過去のいじめられ体験を打ち明けられたとき）植山起佐子　「月刊学校教育相談」（ほんの森出版）23(14)　2009.12　p22～24

◇過去のいじめられ体験を意味のある経験に（特集 過去のいじめられ体験を打ち明けられたとき）池本しおり　「月刊学校教育相談」（ほんの森出版）23(14)　2009.12　p25～27

◇過去のいじめ体験が青年期に及ぼす影響：体験の時期と発達の関連　野中公子, 永田俊明　「九州看護福祉大学紀要」（九州看護福祉大学）12(1)　2010年度　p115～124

◇小中学生を対象としたいじめによる心身反応調査票（PTSB）の作成と適用　永ınicı拡, 寺戸武志, 冨永良喜　「ストレスマネジメント研究」（日本ストレスマネジメント学会）7(1)　2010　p9～14

◇過去のいじめ体験が青年期後期においても及ぼす長期的影響—自己成長感を分かつ要因の検討　亀田秀子, 相良順子　「児童学研究：聖徳大学児童学研究所紀要」（聖徳大学）(12)　2010.3　p13～20

◇診療 いじめによるPTSD　脇口明子　「小児科」（金原出版）51(10)　2010.9　p1289～1295

◇過去の否定的経験と大学/大学院教育に関する調査研究　金綱知征, 谷口麻起子　「甲子園大学紀要」（甲子園大学）(38)　2011　p125～136

◇いじめの傷が癒えていない子（特集 子どもの心に寄り添う—こんな子にどう寄り添うか）高橋翠里　「児童心理」（金子書房）65(7)通号931　2011.5　p589～593

◇過去のいじめられ経験からの回復過程について—自己否定感のあるクライエントの事例を通して　岩崎久志, 海蔵寺陽子　「流通科学大学論集. 人間・社会・自然編」（流通科学大学学術研究会）24(1)　2011.7　p29～39

◇ファミリーカウンセラーの窓から（第135話）小・中・高時代にいじめ被害を経験した大学生の声から　家庭問題情報センター　「住民行政の窓」（日本加除出版）(368)　2011.11　p54～57

◇過去のいじめられた体験の影響と自己成長感をもたらす要因の検討：いじめられた体験から自己成長感に至るプロセスの検討　亀田秀子, 相良順子　「カウンセリング研究」（日本カウンセリング学会）44(4)　2011.12　p277～287

◇過去の否定的経験と大学/大学院教育に関する調査研究(2)　金綱知征, 谷口麻起子　「甲子園大学紀要」（甲子園大学）(39)　2012　p91～103

◇大学生のいじめを受けた経験と攻撃受動性及びレジリエンスに関する研究　廣美里, 吉田正, 村松常司［他］　「東海学校保健研究」（東海学校保健学会）36(1)　2012　p103～113

◇贖罪とは何か（第11回）いじめられ体験がもたらしたもの　青島多津子　「こころの科学」（日本評論社）(166)　2012.11　p127～131

体験記・ルポ

【雑誌記事】

◇アトピーとイジメに苛まれた青春 両親との死闘の末に得たのは（特集 喜びも悲しみも家族の中

に）　雨宮処凛　「婦人公論」（中央公論新社）　88(10)通号1130　2003.5.22　p44〜47

◇読者体験手記・葛藤の季節の後で　交通事故、担任教師のいじめ。わが子の受難で蘇った心の古傷(特集　娘が母を越えるとき)　平瀬美和　「婦人公論」（中央公論新社）　88(18)通号1138　2003.9.22　p56〜59

◇いつだって"浮いた子"だった　悪意といじめには慣れているから(特集　女同士）はなぜ難しい?)　岩井志麻子　「婦人公論」（中央公論新社）　91(21)通号1211　2006.10.22　p28〜31

◇巻頭に寄せて　「死んでもいい」と思って殴りかかった、いじめられた貴重な体験—留学生の体験発表に思う　青木孝安　「育てる」（育てる会）　(460)　2006.11　p4〜7

◇総力取材「いじめ列島」僕も死のうと思った　滝沢聡, 大屋敷英樹, 粟野仁雄　「読売ウイークリー」（読売新聞東京本社）　65(52)通号3052　2006.12.3　p21〜25

◇教育一刀両断(10)「いじめ」を克服したある少女の手記(1)　奥野真人　「月刊生徒指導」（学事出版）　37(1)　2007.1　p32〜35

◇いじめ・自殺未遂・不登校を体験した元「オール1の落ちこぼれ」奇跡の教師が語る「絶望からの脱出」(特集　いじめ自殺の連鎖を止めろ)　宮本延春　「現代」（講談社）　41(1)　2007.1　p76〜82

◇自殺未遂の常習者だった私—いじめ自殺多発に渾身の直言! 真に"生きる力"とは何か　林秀彦　「正論」（産経新聞社）　通号418　2007.1　p94〜104

◇いじめ緊急レポート　死んではいけない—「みのもんたの朝ズバッ!」に寄せられた7630通の投書から　TBSテレビ「みのもんたの朝ズバッ!」制作スタッフ　「サンデー毎日」（毎日新聞社）　86(1)通号4797（増刊）　2007.1.13　p3〜98

◇いじめ伝言板—掲示板に書き込まれた子どもたちの叫び(特集　いじめ問題、緊急対応!!)　松本宏樹　「月刊生徒指導」（学事出版）　37(3)　2007.2　p26〜29

◇教育一刀両断(11)「いじめ」を克服したある少女の手記(2)　奥野真人　「月刊生徒指導」（学事出版）　37(3)　2007.2　p54〜57

◇私の体験談・深刻で長期の「いじめ」にどう向き合ったか(特集「いじめ」発見・対応の学校システム構築)　「学校マネジメント」（明治図書出版）　46(5)通号601　2007.4　p36〜43

◇あの人は「いじめ」にどう向き合ったか—いじめはいつでもどこでも起こる(特集「いじめ」発見・対応の学校システム構築)　「学校マネジメント」（明治図書出版）　46(5)通号601　2007.4　p44〜49

◇教委発行の「いじめチェック表」を見て思うこと(特集　「いじめ」発見・対応の学校システム構築)　「学校マネジメント」（明治図書出版）　46(5)通号601　2007.4　p50〜53

◇学校現場としての言い分「いじめ」に関する報道への不満点(特集「いじめ」発見・対応の学校システム構築)　「学校マネジメント」（明治図書出版）　46(5)通号601　2007.4　p54〜57

◇スクープ「靴を隠される」「集団で無視される」……セレブ一家を悩ます教育問題に学校当局は超大物女優の愛娘が青山学院初等部でイジメにあっていた　「週刊現代」（講談社）　49(18)通号2426　2007.5.19　p34〜37

◇子どもたちにとっての「いじめ・いじめられ」体験(特集　教科研全国大会・大分科会への課題提起)　藤田和也　「教育」（国土社）　57(8)通号739　2007.8　p86〜89

◇座談会　おれたちは、いじめた人間よりも輝いて生きたい!—修平・匡のいじめ体験の物語(特集　いじめ)　三船修平, 佐藤匡　「人権21：調査と研究」（おかやま人権研究センター）　(189)　2007.8　p6〜24

◇"ニート"と一括りにしないで　いじめを耐え抜いた娘が、手描き紙芝居に託す夢(読者ノンフィクション傑作選　それでも、幸せをつかみたいから)　桑田久子　「婦人公論」（中央公論新社）　92(18)通号1232　2007.9.7　p55〜57

◇"クイア"な幼年期から高校時代関東地方に住む20歳代前半の性的マイノリティ男性Aさんのライフストーリー　加藤慶　「目白大学総合科学研究」（目白大学）　(4)　2008　p25〜34

◇今日を生きる(第18回)いじめ体験から見えてきたこと　大平光代　「婦人公論」（中央公論新社）　93(24)通号1262　2008.12.7　p56〜59

体験記・ルポ　　　　　　　　　　　　　　　　　　　　　　　　　　　いじめ

◇いじめに傷ついた少年時代を経て　感情表現の下手なオレが、唯一素直になれる場所　小栗旬　「婦人公論」（中央公論新社）　94(6)通号1268　2009.3.7　p188〜191

◇人間探訪　伊木ロドリゴ　教師——いじめと病気を乗り越え夢の教壇に立つ日系ブラジル青年。　髙橋幸春　「潮」（潮出版社）　通号611　2010.1　p232〜237

◇ジェンダーで考える教育の現在（いま）（第37回）男子間のいじめを考える　被害者の経験を通して　山口季音　「ヒューマンライツ」（部落解放・人権研究所、解放出版社（発売））　(265)　2010.4　p42〜48

◇施設の利用拒否、学校でのいじめ　偏見に苦しむ福島県民（原発と差別）　岩本太郎　「金曜日」（金曜日）　19(34)通号877　2011.9.9　p29

◇教育現場からみた「いじめ」論の陥穽　赤田圭亮　「こころの科学」（日本評論社）　(166)　2012.11　p2〜7

[図書]

◇"いじめ"という生き地獄——少女ジョディの告白　ジョディ・ブランコ著、清水由貴子訳　ソニー・マガジンズ　2004.2　299p　15cm　（ヴィレッジブックス）　720円　①4-7897-2199-X　Ⓝ934.7

　[内容]　ハイスクールの同窓会　不吉な予感　学校中の嫌われ者　許されない裏切り　精神科に連れていかれて　はかない希望　束の間のしあわせ　演劇コンテストでの悲劇　拒食症からの復活　神さまの最悪の失敗作　ひとときの安らぎ　コンプレックスの克服　待ち望んだ転機　開かれたドア

◇いじめられっこ、それでも生きて　山上正子著　文芸社　2005.10　1冊（ページ付なし）　19cm　900円　①4-286-00308-6　Ⓝ049.1

◇イジメから感謝へ——素晴らしい未来を信じて　こめだまなぶ　文芸社　2007.6　134p　19cm　1100円　①978-4-286-02912-2　Ⓝ180.49

　[内容]　第1章　自分の生き方（幼年期　少年期　転換期）　第2章　雑学の始まり（人間の誕生と死　年中行事と仏教のつながり　出会い、そして別れ　唱える巡礼の旅　ほか）

◇イジメ撲滅川柳　みちしたみさこ著　新風舎　2007.8　71p　15cm　（新風舎文庫）　550円　①978-4-289-50578-4　Ⓝ911.468

◇明日がくる——「いじめ伝言板」子どもたちの声・親の声　松本宏樹, 朝日学生新聞社編　東京書籍　2007.9　223p　19cm　（シリーズアクティブキッズ！school）　1400円　①978-4-487-75557-8　Ⓝ371.42

　[内容]　第1章　なぜ、こんなことに？　第2章-1　なぜ、いじめるの？　第2章-2　いじめる人は強いのか？いじめられる人は弱いのか？　第3章　いじめられる側が悪いのか？　第4章-1　傍観者はいじめる人と同罪か？　第4章-2　先生、私たちに気づいて！　第4章-3　親や家庭、地域の人はどうすればよいのか？　第5章　どうすればいじめはなくなるの？　第6章　見えないいじめに気づくために　第7章　私たちは、こうしていじめから抜け出した　第8章　いじめをやめたキッカケ

◇いじめられない力　河相我聞著　幻冬舎　2007.9　166p　19cm　1200円　①978-4-344-01389-6　Ⓝ778.21

　[内容]　第1章　ぼくのいじめ、息子のいじめ（いじめられやすい子だった　学級会で名指しの吊るし上げ　ほか）　第2章　父親になってわかったこと（3日おきに帰ってくる父　「学校に行きたくないなら、行かなくていいわよ」　ほか）　第3章　いじめの原因は大人がつくる（悪いことは、「見せない」「言わない」「聞かせない」　朝ご飯は、家族みんなで食べる　ほか）　第4章　学校だけが悪いんじゃない（陰湿ないじめにどう対処するか　立ち向かう強さを身につける　ほか）

◇イジメ・私の体験　村瀬愛優奈　文芸社　2007.10　103p　19cm　1000円　①978-4-286-03526-0　Ⓝ367.6

　[内容]　第1章　イジメの体験（イジメの体験　訪れた転機　続くイジメ体験　イジメとは　イジメは絶対にイケナイ）　第2章　私の思い（いたわり合う社会　言葉の大切さ　死にたい気持ち　人と交わることの大切さ　自分の思いをもつ）　第3章　イジメをなくすために（イジメ問題の根深さ　学校に求められる改革　そのほかの大切なこと）

◇いじめという落とし穴から　森山樹里著　文芸社　2007.11　193p　19cm　1200円　①978-4-286-03137-8　Ⓝ371.42

内容　第1章 見えない落とし穴　第2章 いじめ
　　　の実際　第3章 解決への糸口　第4章 新たな葛
　　　藤のはじまり　第5章 トンネルの向こうに
　　　第6章 いじめ問題の解決のために
◇いじめ騒動記　森野としお著, 井上敏明監修
　大阪　メディカルレビュー社　2008.4　125p
　21cm　1600円　①978-4-7792-0232-2
　Ⓝ371.42
　　　内容　1 いじめ始まる　2 親動く　3 いじめた親と
　　　の話し合い　4 裏切られた運動会　5 親悩む
　　　6 親再び動く　7 そして、卒業　8 おわりに
　　　9 いじめについて思ったこと
◇いじめをのりこえて　澤典子著　文芸社ビジュ
　アルアート　2009.4　43p　20cm　900円
　①978-4-86264-733-7　Ⓝ371.42
　　　内容　いじめの始まり　臨時学級会　おなら事件
　　　中学生になって　あたたかい言葉　「ごめんな
　　　さい」　暴力、無言電話　しばしの平穏な日々
　　　高校入学　トイレ掃除〔ほか〕
◇イジメ撲滅川柳　道下みさこ著　文芸社
　2009.4　82p　15cm　〈新風舎2007年刊の増
　訂〉　600円　①978-4-286-06433-8　Ⓝ911.468
◇梅しゃん―6 ―いじめで奪われた6年間　梅田
　直樹著　大洋図書　2010.9　199p　19cm
　1000円　①978-4-8130-2126-1　Ⓝ289.1
　　　内容　第1章 はじまり　第2章 ルール　第3章 命
　　　令　第4章 覚悟　最終章 解放から現在　梅田
　　　直樹からみんなへ
◇デブ、死ね、臭い！を乗り越えて　細山貴嶺著
　マガジンハウス　2012.3　183p　19cm　1300
　円　①978-4-8387-2408-6　Ⓝ779.9
　　　内容　1 本にする理由　2 自己紹介　3 本格的な
　　　いじめ　4 自殺未遂　5 殺害予告　6 デブ、死
　　　ね、臭い！　7 ダイエット　8 いじめる子、い
　　　じめられる子　9 今の僕

いじめ事件

【雑誌記事】

◇「いじめ」事件に対する学校の対応の困難
　性―精神的苦痛の帰属問題に関する覚え書き
　間山広朗　「立教大学教育学科研究年報」（立教
　大学文学部教育学科研究室）　（47）　2003
　p121～128

◇コロンビア・ロースクール体験記(8) 民事訴訟
　法（Civil Procedure）―天才若手教授の『いじ
　め』講義　DouglasK. Freeman　「NBL」（商
　事法務）　通号752　2003.1.1　p74～76
◇学校事故研究(2) 新しい段階に入ったいじめ裁判
　市川須美子　「季刊教育法」（エイデル研究所）
　（136）　2003.3　p52～57
◇判例解説 いじめをめぐる法的諸課題―学校の
　教育責任と被害生徒の親責任（津久井町立中野
　中学校いじめ自殺事件控訴審判決・東京高等裁
　判所平成14.1.31判決）　采女博文　「法学論集」
　（鹿児島大学法学会）　37（1・2）　2003.6
　p37～82
◇判例研究3 津久井いじめ自殺事件控訴審（東京
　高裁平成14.1.31判決）（子ども・教育と裁判）
　小島優生　「季刊教育法」（エイデル研究所）
　（138）　2003.9　p98～102
◇困ったときの法律ガイド 日常トラブル110番（第
　8話）学校でのトラブル―事故といじめ　山田剛
　志　「ビジネス法務」（中央経済社）　3（9）
　2003.9　p72～75
◇さいたま地裁で注目判決 加害5少年の親に計400
　万円賠償命令 「いじめ裁判」で問われる親の責
　任　「週刊朝日」（朝日新聞出版）　108（42）通
　号4581　2003.9.12　p27～31
◇「イジメ教師」断罪に「弁護士500人」が名を連
　ねるイジメ裁判（ワイド特集 日本三文オペラ）
　「週刊新潮」（新潮社）　48（48）通号2428
　2003.12.18　p56～57
◇徹底追跡 福岡発史上最悪「教師のいじめ訴訟」
　全真相　福田ますみ　「新潮45」（新潮社）
　23（1）通号261　2004.1　p52～63
◇裁判例を通していじめ防止法を学ぶ―学習権訴
　訟が求めたもの　淡川典子　「富山大学教育学
　部紀要」（富山大学人間発達科学部）　（58）
　2004.2　p135～144
◇ゆがむ教師像(3) 川崎市立南菅小いじめ事件ル
　ポ 教育委員会もあきれた学校の無責任体質
　和仁廉夫　「婦人公論」（中央公論新社）　89（8）
　通号1151　2004.4.22　p60～63
◇司法書士執務のための最新重要判例解説 中学
　生間の「いじめ」負傷事故と加害生徒の親の不
　法行為責任（さいたま地判平成15.6.27）　「市

民と法」（民事法研究会）　(28)　2004.8　p67～71

◇あるいじめ事件への接近―「規律」問題を中心に　大久保正廣　「福岡大学大学院論集」（福岡大学大学院論集刊行委員会）　36(2)　2004.12.20　p57～76

◇判例研究 いじめ裁判と安全配慮義務・報告義務（富山地裁平成13.9.5判決）　采女博文　「法学論集」（鹿児島大学法学会）　39(1)　2005.1　p59～129

◇ついに「クギ入り爆弾」を投げさせた光高校の「陰湿なイジメ」　「週刊新潮」（新潮社）　50(24)通号2502　2005.6.23　p32～34

◇学校における「いじめ」裁判の動向（第V部 日本の学校における「いじめ」問題への実践的対応）　市川須美子　「いじめととりくんだ国々 日本と世界の学校におけるいじめへの対応と施策」（ミネルヴァ書房）　2005.12　p285

◇いじめ被害と損害賠償責任―社会病理としてのいじめ（神戸地方裁判所平成15.2.10判決）（教育判例研究(19)）　河内祥子　「月刊高校教育」（学事出版）　39(6ママ)　2006.5　p98～101

◇サレジオ高校・15歳いじめられっ子の「同級生首切り事件」（夏休み総力特集 昭和史「恐るべき子ども」13の事件簿）　「新潮45」（新潮社）　25(8)通号292　2006.8　p60～62

◇教育法規あらかると 「いじめ訴訟」の福岡地裁判決　「内外教育」（時事通信社）　(5671)　2006.8.4　p27

◇教育法規あらかると いじめと安全保持義務　「内外教育」（時事通信社）　(5698)　2006.12.1　p27

◇北九州市発 校長自殺の真相 つくられた「いじめ隠し」（特集 追いつめられる教師たち―2007 子どもを救え）　星徹　「金曜日」（金曜日）　15(2)通号652　2007.1.19　p8～10

◇北九州市内の小学校の校長が死を選んだ背景は 校長を自殺に追い込んだのはマスコミの「いじめ隠し」報道か　浅野健一　「創」（創出版）　37(2)通号409　2007.2　p138～147

◇判例解説 いじめ転校（転居）による国家賠償請求事件（城陽市）［京都地裁平成17.2.22判決］（［判例地方自治］平成18年 索引・解説号）　大杉麻美　「判例地方自治」（ぎょうせい）　(287)（増刊）　2007.3　p28～30

◇いじめ裁判と文部科学省の責任について（特集 いじめを考える）　児玉勇二　「部落解放」（解放出版社）　(580)　2007.4　p40～47

◇特別報告 いじめ裁判と文部科学省の責任について　児玉勇二　「新・教育基本法を問う 日本の教育をどうする」（学文社）　2007.8　p61

◇学校が訴えられる日―いじめ裁判から見えてくる学校の責任　柿沼昌芳　「月刊生徒指導」（学事出版）　37(14)（増刊）　2007.11　p2～157

◇学校事故研究(14)いじめによる災害と一つの安全指針　橋本恭宏　「季刊教育法」（エイデル研究所）　(155)　2007.12　p64～71

◇学校事故と学校設置者の責任―いじめ事案から見た法理論の現状と課題　福田健太郎　「人文社会論叢. 社会科学篇」（弘前大学人文学部）　(20)　2008　p81～101

◇討論 いじめと学校安全（新教育基本法と教育法学―第2分科会 いじめと学校安全）　喜多明人, 辻浩, 斎藤義房 [他]　「日本教育法学会年報」（有斐閣）　(37)　2008　p128～132

◇どうする？こうする！いじめなどがあったとき加害生徒の保護者の責任はどうなる？　井川一裕　「私学経営」（私学経営研究会）　通号395　2008.1　p111～113

◇教育法規あらかると いじめ事件で両親に賠償命令　「内外教育」（時事通信社）　(5794)　2008.1.18　p18

◇判例研究 いじめ被害を受けた中学生の意見表明が裁判上の和解手続きにおいてなされた和解事例（子ども・教育と裁判）　黒岩哲彦, 掛川亜季, 五嶋俊信　「季刊教育法」（エイデル研究所）　(156)　2008.3　p68～73

◇事例解説・教育の紛争 いじめにより統合失調症となった被害者に対する加害生徒・保護者・市・県の賠償責任［広島地裁平成19.5.24判決］　若井彌一　「週刊教育資料」（教育公論社）　(1018)通号1148　2008.3.3　p11～13

◇「ネクラ英語教師」が校内暴力に復讐した町田市生徒刺傷事件（総力特集 昭和&平成 13の「学校教師」怪事件簿）　「新潮45」（新潮社）　27(5)通号313　2008.5　p44～46

◇慶應幼稚舎「新任青年教師」を自殺に追いやった悪質イジメ(総力特集 昭和&平成 13の「学校教師」怪事件簿) 「新潮45」(新潮社) 27(5)通号313 2008.5 p77〜79

◇教育問題 法律相談(No.9)いじめ被害者の転居費用は支払うべきか? 佐藤香代 「週刊教育資料」(教育公論社) (1030)通号1160 2008.6.9 p28

◇教育問題 法律相談(No.16)いじめ問題における「学校の損害賠償責任」 大井倫太郎 「週刊教育資料」(教育公論社) (1037)通号1167 2008.8.4・11 p26

◇学校の日常が法の裁きを受けるとき(156)いじめ加害生徒と保護者の責任 柿沼昌芳 「月刊生徒指導」(学事出版) 38(15) 2008.12 p70〜73

◇子どもの救済とリーガル・サービス——いじめを主訴とするケースを手がかりとして(新自由主義教育改革と教育三法—第2分科会 乳幼児、障害をもつ子どもの権利保障と子どもの権利救済) 野村武司 「日本教育法学会年報」(有斐閣) (38) 2009 p98〜106

◇「奈良私立高校」なぜ大親友を刺殺したのか「いじめられっ子」と「お坊っちゃん」二人だけの「約束」(ワイド特集 戦争と平和) 「週刊文春」(文芸春秋) 51(27)通号2535 2009.7.16 p146〜147

◇学校事故研究(19)近年のいじめ事件の傾向と課題 武田さち子 「季刊教育法」(エイデル研究所) (162) 2009.9 p56〜61

◇「宝塚音楽学校」清く正しく美しい「イジメ退学」大騒動 「週刊新潮」(新潮社) 54(44)通号2719 2009.11.19 p122〜124

◇教育の紛争 いじめの実像把握の不徹底と責任回避に関する司法判断 [横浜地裁平成21.6.5判決] 森谷宏 「週刊教育資料」(教育公論社) (1123)通号1253 2010.7.5 p17〜19

◇判例展望民事法(45)いじめをめぐる裁判例と問題点 蛭田振一郎,中村心 「判例タイムズ」(判例タイムズ社) 61(16)通号1324 2010.8.1 p68〜77

◇いじめ訴訟と教育現場での対応——予防の観点を含めた一考察(特集 学校をめぐる法律問題の論点) 角南和子 「法律のひろば」(ぎょうせい) 64(4) 2011.4 p26〜32

◇「集団傷害致死事件」犯罪心理鑑定事例の検討と考察 : 重大犯罪事件解明実践の研究 山田麻紗子 「日本福祉大学子ども発達学論集」(日本福祉大学子ども発達学部) (4) 2012.1 p85〜102

◇教育問題法律相談(No.175)在校中のいじめに関する卒業生からの請求と学校側の責任 佐藤香代 「週刊教育資料」(教育公論社) (1196)通号1326 2012.2.20 p31

◇法的問題としての「いじめ」 : 教育法規あ・ら・か・る・と 「内外教育」(時事通信社) (6159) 2012.4.20 p18

◇教育法規あ・ら・か・る・と いじめと犯罪の関係 「内外教育」(時事通信社) (6187) 2012.8.24 p23

◇女子トイレに閉じ込め服を剥いで写真撮影「GTO」ソックリの陰惨な手口 青学中等部「セレブ子女」いじめ 主犯格は大物女優の娘 「週刊文春」(文芸春秋) 54(32)通号2688 2012.8.30 p153〜155

◇最近のいじめ事件の特徴と対応策(特集 なぜ学校はいじめにうまく対応できないか) 武田さち子 「季刊教育法」(エイデル研究所) (174) 2012.9 p12〜17

◇いじめ裁判から学ぶ : 裁判官はいじめをどうとらえたか(特集 なぜ学校はいじめにうまく対応できないか) 入澤充 「季刊教育法」(エイデル研究所) (174) 2012.9 p24〜28

◇青学中等部いじめ"加害者"有名女優娘の悲しき「宿命」(ワイド ニッポン、波高シ) 「週刊朝日」(朝日新聞出版) 117(42)通号5152 2012.9.7 p132〜133

◇教育法規あ・ら・か・る・と いじめと出席停止 「内外教育」(時事通信社) (6191) 2012.9.7 p21

◇教育問題法律相談(No.205)いじめ問題(9)損害賠償 いじめ被害で賠償する損害の範囲は? 佐藤香代 「週刊教育資料」(教育公論社) (1226)通号1356 2012.10.15 p31

◆◆山形マット死事件（1993年）

【雑誌記事】

◇書評 北澤毅・片桐隆嗣(共著)『少年犯罪の社会的構築―「山形マット死事件」迷宮の構図』 山本雄二 「教育社会学研究」(東洋館出版社) 72 2003 p215〜218

◇書評 北澤毅・片桐隆嗣著『少年犯罪の社会的構築「山形マット死事件」迷宮の構図』〔含 著者より〕 山本功 「犯罪社会学研究」(日本犯罪社会学会) (28) 2003 p158〜161

◇判例解説 山形マット死亡事件損害賠償請求事件(新庄市)(山形地裁平成14.3.19判決)(〔判例地方自治〕平成15年 索引・解説号) 奥田進一 「判例地方自治」(ぎょうせい) (248)(増刊) 2004.3 p38〜40

◇インクのしずく(63)混迷・少年審判―マット死事件損害賠償訴訟控訴審判決 土本武司 「捜査研究」(東京法令出版) 53(7) 通号635 2004.7 p16〜18

◇現地報告 山形県「山形明倫中裁判」で問われているもの―元少年たちの無実を確信して 高山信男 「人権と部落問題」(部落問題研究所) 57(4) 通号729 2005.3 p52〜59

◇「結婚」した少年もいる「山形マット死事件」(ワイド〔週刊新潮〕2500号が刻んだ「人と事件」) 「週刊新潮」(新潮社) 50(22)通号2500 2005.6.9 p45〜46

◇教育法規あらかると 「マット死事件」の判決と教訓 「内外教育」(時事通信社) (5600) 2005.10.7 p23

◇山形マット死事件のその後 期待したいマスコミ界の「自浄能力」(特集 えん罪事件報道のその後) 花烏賊康繁 「マスコミ市民」(マスコミ市民フォーラム, アストラ(発売)) 通号457 2007.2 p22〜24

◇少年法と山形マット死事件 戸倉摩耶 「教育学研究紀要」(大東文化大学大学院文学研究科教育学専攻) (3) 2012.3 p251〜261

【図書】

◇山形明倫中事件を問いなおす 高嶋昭著 酒田 日本国民救援会山形県本部 2003.1 100p 21cm 〈発売：北の風出版(東根) 年表あり〉 1143円 ①4-9901137-1-3 Ⓝ327.6

◇えん罪・山形マット死事件―ねらわれた子どもたち 花烏賊康繁著 山形 北方出版 2004.6 60p 21cm 500円 Ⓝ327.6

◇濡れた遺体の謎―かくされた事実 えん罪マット死事件 花烏賊康繁著 山形 北方出版 2006.1 91p 21cm 〈年表あり〉 700円 Ⓝ327.6

◆いじめ自殺

【雑誌記事】

◇判例解説 いじめ自殺(中学校1年生)による損害賠償請求事件(富山市)(富山地裁平成13.9.5判決)(平成14年 索引・解説号) 小賀野晶一 「判例地方自治」(ぎょうせい) (235)(増刊) 2003.3 p41〜44

◇いじめによる自殺と学校の不法行為責任―自殺の予見可能性が否定された事例(福岡地方裁判所平成13.12.18判決)(学校教育の基本判例(14) 教育法令理論研究会) 黒川雅子 「月刊高校教育」(学事出版) 36(7) 2003.5 p109〜115

◇学校事故(いじめ)に対する学校の安全配慮義務について―判例の検討と個人情報保護の視点 清水幸雄, 高岡禎暢 「清和法学研究」(清和大学法学会) 10(1) 2003.6 p27〜61

◇民事判例研究(825) 「いじめ」による生徒の自殺と学校・加害生徒の責任―神奈川・津久井いじめ自殺事件控訴審判決(東京高裁平成14.1.31判決) 石橋秀起 「法律時報」(日本評論社) 75(7) 通号932 2003.6 p114〜117

◇生徒指導 up-to-date いじめ？中2自殺 尾木直樹 「月刊生徒指導」(学事出版) 33(8) 2003.7 p10〜12

◇わが子のいじめ自殺から見えたこと(特集/新教員管理方式・検証) 小森美登里 「教育」(国土社) 53(9) 通号692 2003.9 p54〜60

◇中2女子飛び降り自殺「いじめ罰ゲームはSMAPのマネ」(ワイド特集 どっちもどっち) 「週刊文春」(文芸春秋) 46(26)通号2284 2004.7.1 p161〜162

◇判例研究3 心理的いじめと学校の安全配慮義務―富山市立奥田中学校いじめ自殺事件(名古屋高裁金沢支部平成15.12.17判決)(子ども・教育と裁判) 村元宏行 「季刊教育

◇法」（エイデル研究所）　（142）　2004.9　p94〜99

◇人間関係論による"いじめ"構造の分析―遺書の解釈を例として　小島康次　「開発論集」（北海学園大学開発研究所）　（74）　2004.10　p71〜84

◇痛憤の現場を歩く（23）中1の娘が自殺した真相を追求した16年 いじめを止めるために学校はなにをしたのか　鎌田慧　「金曜日」（金曜日）　12（47）通号546　2004.11.26　p22〜25

◇判例解説　朝日中学いじめ自殺国家賠償請求事件（新潟県朝日村）（新潟地裁平成15.12.18判決）〔（判例地方自治）平成16年　索引・解説号〕　小賀野晶一　「判例地方自治」（ぎょうせい）　（261）（増刊）　2005.3　p38〜40

◇判例研究2　新潟県朝日中学いじめ自殺国家賠償請求事件（新潟地裁平成15.12.18判決）（子ども・教育と裁判）　小泉広子　「季刊教育法」（エイデル研究所）　（145）　2005.6　p87〜92

◇「いじめ自殺」と文科省の対策　酒井亮爾　「心身科学部紀要」（愛知学院大学心身科学会）（2増刊）　2006　p51〜60

◇教育法規あらかると　いじめ・自殺防止教育の充実　「内外教育」（時事通信社）　（5688）　2006.10.20　p23

◇評の評　〔2006年〕10月後期の新聞 いじめ自殺、必修逃れで批判集中　「内外教育」（時事通信社）　（5693）　2006.11.10　p23〜26

◇「いじめ自殺」私はこう考える―オピニオン　「週刊文春」（文芸春秋）　48（44）通号2402　2006.11.16　p150〜153

◇社説拝見　〔2006年〕10月後期　相次ぐいじめ自殺や子供の虐待死　「厚生福祉」（時事通信社）　（5421）　2006.11.17　p12〜14

◇保護者必読！　いじめ自殺は防げる　体験集「私はこうしてわが子を守り抜いた」　「サンデー毎日」（毎日新聞社）　85（51）通号4788　2006.11.19　p162〜165

◇いじめ自殺で非難囂々　悪いのは教師だけか！―現場教師緊急ホンネ座談会　「サンデー毎日」（毎日新聞社）　85（52）通号4789　2006.11.26　p160〜163

◇いじめと自殺 子供を救え（Cover Story　いじめと自殺 子供を救え）　「Newsweek」（阪急コミュニケーションズ）　21（46）通号1031　2006.11.29　p17

◇「いじめ」「自殺」と学校関係者の安全指針（特集　いじめ、事故から子どもを守る―子どもの安心に教育をうける権利と指導上の安全配慮のポイント―学校安全教育指針モデルをふまえて）　橋本恭宏　「季刊教育法」（エイデル研究所）　（151）　2006.12　p7〜13

◇教育再生への提言　いじめ自殺問題の本質を問う　小川義男　「祖国と青年」（日本協議会）　（339）　2006.12　p20〜23

◇社説拝見　〔2006年〕11月前期　腎移植やいじめ自殺などで論評　「厚生福祉」（時事通信社）　（5424）　2006.12.1　p15〜17

◇瀬戸内寂聴が緊急提言　いじめ自殺ストップ　こどもと『真向き』なさい　瀬戸内寂聴　「週刊朝日」（朝日新聞出版）　111（60）通号4786　2006.12.1　p152〜154

◇「未履修」「いじめ自殺」問題に爆笑問題と橋下徹が「まっとう勝負！」　爆笑問題, 橋下徹　「週刊ポスト」（小学館）　38（50）通号1889　2006.12.1　p82〜85

◇大人の陰山メソッド（7）「個性を伸ばす」教育が生んだいじめ自殺問題と未履修問題　陰山英男　「週刊ダイヤモンド」（ダイヤモンド社）　94（46）通号4157　2006.12.2　p73

◇社会にまん延した「教育不信」―「いじめ自殺」「履修漏れ」に揺れた教育界　教育ニュース2006年　「内外教育」（時事通信社）　（5705）　2006.12.26　p2〜5

◇評の評　一般誌　〔2007年〕1月号　「いじめ自殺」の背景にあるもの　「内外教育」（時事通信社）　（5705）　2006.12.26　p23〜26

◇〔2006年〕12月の論壇総括　「いじめ自殺」の構造を探る　中山恒彦　「Jiji top confidential」（時事通信社）　（11369）　2006.12.26　p15〜19

◇相次ぐ「いじめ自殺」に寄せて　神代洋一　「ちいきとこども」（少年少女センター全国ネットワーク）　（7）　2007　p47〜57

◇「いじめ自殺」の構造—テレビドラマ『わたしたちの教科書』の分析を通して　北澤毅　「立教大学教育学科研究年報」(立教大学文学部教育学科研究室)　(51)　2007　p35〜51

◇いじめ自殺 あえて親に問う　吉本隆明　「季刊子どもと本」(子ども文庫の会)　(108)　2007.1　p2〜8

◇いじめ自殺を防げ—求められる学校、教師の迅速な対応(特集 教育再構築への道)　「公明」(公明党機関紙委員会)　通号13　2007.1　p30〜33

◇いじめが自殺に結びつくとき(緊急企画 いじめ問題を考える)　「児童心理」(金子書房)　61(1)通号853　2007.1　p7〜11

◇ソリューションバンク—学校・家庭のもんだい解決事例集(1)いじめ自死連鎖の阻止に向けて10%の有効打を放つ　「児童心理」(金子書房)　61(1)通号853　2007.1　p136〜141

◇地域にいじめを見過ごさない子育てネットワークを(特集 「いじめ自殺」から考える—緊急シンポジウム「いじめ自殺」から考える—子どもたちの叫びに いま真剣に向きあうとき)　高田公子　「女性&運動」(新日本婦人の会)　(142)通号293　2007.1　p16〜20

◇いじめ自殺　「優しい関係」に窒息する子どもたち—自分らしさの時代のいじめ問題　土井隆義　「世界」(岩波書店)　(760)　2007.1　p67〜74

◇いじめ自殺 報道のもたらす危険な側面とは何か　高橋祥友　「世界」(岩波書店)　(760)　2007.1　p75〜81

◇自殺、未履修—現場はこれから何ができるかいじめには出校停止処分を 座談会(特集 人を殺す学校制度)　義家弘介,寺脇研,藤井誠二　「中央公論」(中央公論新社)　122(1)通号1473　2007.1　p112〜123

◇「こころの時代」解体新書 いじめ自殺とスピリチュアリズム　香山リカ　「創」(創出版)　37(1)通号408　2007.1　p92〜95

◇緊急対談 今のいじめ自殺報道はこんなに間違っている!　藤井誠二,内藤朝雄　「創」(創出版)　37(1)通号408　2007.1　p122〜129

◇いじめ自殺 あえて親に問う—虐める子も虐められる子も育てられ方が問題だ　「文芸春秋」(文芸春秋)　85(1)　2007.1　p128〜135

◇マスメディアの現場から(40)いじめを受けて自殺したのは誰か—実名・匿名をめぐって　「みんなの図書館」(教育史料出版会)　通号357　2007.1　p70〜77

◇悲劇の連鎖を起こさないために—いじめ自殺とマスメディア報道(特集 孤立する子どもたち)　高橋祥友　「論座」(朝日新聞社)　通号140　2007.1　p92〜97

◇教育現場 いじめの実態をあぶり出し 学校の共同体的濃密さを薄めよ(いじめ自殺 死ぬな 生きろ)　伊藤茂樹　「エコノミスト」(毎日新聞社)　85(4)通号3872　2007.1.23　p84〜85

◇欧米の対策 校内暴力監視に重点 学校の責任は限定的(いじめ自殺 死ぬな 生きろ)　滝充　「エコノミスト」(毎日新聞社)　85(4)通号3872　2007.1.23　p86〜87

◇痛憤の現場を歩く(66)その後の長野県立丸子実業高校いじめ自殺事件 被害者ご遺族を訴えるのは"奇襲サーブ"ではないか　鎌田慧　「金曜日」(金曜日)　15(3)通号653　2007.1.26　p54〜57

◇ソリューション・バンク—学校・家庭のもんだい解決事例集(2)「いじめ自死予告」というパターンを社会的に構成してしまった、が解決もできる!　長谷川啓三　「児童心理」(金子書房)　61(2)通号854　2007.2　p272〜278

◇いじめ自殺すら招く(特集 日教組の「犯罪」—教育再生を阻む抵抗勢力)　「世界思想」(世界思想出版)　33(2)通号376　2007.2　p9〜13

◇メディア時評 テレビ いじめ自殺報道のあり方は　沢木啓三　「前衛：日本共産党中央委員会理論政治誌」(日本共産党中央委員会)　通号814　2007.2　p188〜190

◇いじめ裁判に見る自殺と責任(特集 提言 教育改革の道標)　采女博文　「地方自治職員研修」(公職研)　40(2)通号553　2007.2　p30〜32

◇小林よしのりvs上坂冬子—日本は「いじめ自殺」国家だ　小林よしのり,上坂冬子　「Will：マンスリーウイル」(ワック)　(26)　2007.2　p30〜43

◇いじめ自殺と「美しい国づくり」—「権利を基盤とする学校」づくりこそ(特集 2006年・教育をふりかえる)　平野裕二　「解放教育」(明治図書出版)　37(3)通号472　2007.3　p27～33

◇いじめの問題にどう立ち向かうか—いじめ・自殺問題と国の対応方策(特集 子どもの心と教育—いじめ問題)　森嶋昭伸　「教育展望」(教育調査研究所)　53(2)通号574　2007.3　p28～35

◇「いじめ自殺」と文科省の対策　酒井亮爾　「心身科学部紀要」(愛知学院大学心身科学会)　(2増刊)　2007.3　p51～60

◇取材報告/いじめ自殺事件から、いかにして学校は再生したのか?—東京都中野区の場合より(特集 「いじめ」どう防ぐ? どう対応する?—実例に学ぶ)　矢ノ浦勝之　「総合教育技術」(小学館)　61(15)　2007.3　p26～29

◇いじめによる女子高校生の自殺について教諭に自殺についての予見可能性がないとして、精神的苦痛の範囲で損害賠償が認容された事例[横浜地裁平成18.3.28判決]　采女博文　「法学論集」(鹿児島大学法学会)　41(2)　2007.3　p39～67

◇いじめ・自殺問題に関する取組について(中間まとめ)　文部科学省初等中等教育局児童生徒課　「文部科学時報」(ぎょうせい)　(1573)　2007.3　p58～61

◇きょういくズームアップ　いじめ自殺を繰り返さない—全国の教員に毅然とした指導を求める　銭谷眞美・文部科学省初等中等教育局長　銭谷眞美　「内外教育」(時事通信社)　(5721)　2007.3.9　p8～9

◇「いじめ」は死を招くか(特集「いじめ」と子どもの自殺)　福島章　「児童心理」(金子書房)　61(5)通号857　2007.4　p442～450

◇遺書から読み取るいじめられた子どもの心理—謝罪の言葉、告発、孤立(特集 「いじめ」と子どもの自殺—「いじめ」と自殺の関連を探る)　妙木浩之　「児童心理」(金子書房)　61(5)通号857　2007.4　p451～456

◇「いじめ」と「自殺」の因果関係把握の難しさ—「笑顔」を装った「孤独と絶望」をどう見抜くか(特集 「いじめ」と子どもの自殺—「いじめ」と自殺の関連を探る)　宮崎活志　「児童心理」(金子書房)　61(5)通号857　2007.4　p471～476

◇学校の「いじめ」「自殺」への組織的対応のポイント(特集 「いじめ」と子どもの自殺—「いじめ」「自殺」を止めたい!—その予防と対応)　上地安昭　「児童心理」(金子書房)　61(5)通号857　2007.4　p512～515

◇教育法規あらかると　「いじめ自殺訴訟」東京高裁判決　「内外教育」(時事通信社)　(5728)　2007.4.6　p26

◇「いじめ自殺」の連鎖と「未履修」問題から見えたこと　中井浩一　「学士会会報」(学士会)　2007(3)通号864　2007.5　p38～42

◇教育の危機と「いじめ」「自殺」問題—教育再生会議・文科省の混迷(特集 「いじめ」問題の解決の方向)　倉本頼一　「人権と部落問題」(部落問題研究所)　59(6)通号759　2007.5　p6～17

◇焦点 続・ユースカルチャー(その3)いじめ自殺と履修漏れ　渡部史, 小池高史　「看護教育」(医学書院)　48(7)通号578　2007.7　p594～601

◇インタビュー いま、親として思うこと—いじめ自殺から見えてくる学校、教育、子どもたち(特集 「いじめ」を考える—「いじめ」の現実—当事者たちの声)　森美加, 楳本晃章　「教育」(国土社)　57(7)通号738　2007.7　p37～44

◇いじめと自殺予防・緊急支援(特集 いじめと学校臨床)　冨永良喜　「臨床心理学」(金剛出版)　7(4)通号40　2007.7　p499～504

◇市立中学校3年生が他の生徒の執拗、悪質ないじめに遭い、自殺した場合について、いじめを阻止できなかったことにつき教員らの安全配慮義務違反を認めたものの、自殺との相当因果関係を否定した事例(東京高裁平成19.3.28判決)(判例解説—民・商事)　升田純　「Lexis判例速報」(レクシスネクシス・ジャパン)　3(7)通号21　2007.7　p64～68

◇最新判例批評([2007] 48)県立高校の女子生徒がいじめを受け自殺した場合につき、加害生徒及び同高校の教諭に自殺についての予見可能性がないとして、被害生徒に精神的苦痛を与えたことに関する損害賠償のみが認容された事例(横浜地判[平成] 18.3.28)　後藤巻則　「判例時報」(判例時報社)　(1965)　2007.7.1　p170～176

◇教育法規あらかると いじめ自殺に災害共済給付 「内外教育」(時事通信社) (5753) 2007.7.20 p23

◇「いじめ自殺」とマスコミの報道 大隈悠基 「マスコミ市民」(マスコミ市民フォーラム、アストラ(発売)) 通号464 2007.9 p78～81

◇判例解説 民・商事 市立中学校3年生が他の生徒の執拗、悪質ないじめに遭い、自殺した場合について、いじめを阻止できなかったことにつき教員らの安全配慮義務違反を認めたものの、自殺との相当因果関係を否定した事例(東京高裁平成19.3.28判決) 升田純 「Lexis判例速報」(レクシスネクシス・ジャパン) 3(9)通号23 2007.9 p58～62

◇「ネットに剃毛映像」「白濁弁当」滝川高校が隠し続けた「凄惨なイジメ」 「週刊新潮」(新潮社) 52(37)通号2614 2007.10.4 p153～155

◇自殺の発生(特大号 こんなときどうする「学校保健」―すべきこと、してはいけないこと―危機管理) 平岩幹男 「小児科診療」(診断と治療社) 70(11)通号834 2007.11 p2135～2138

◇「いじめ」と養護教諭・保健室の果たす役割―ふたつのいじめの自殺と健康相談活動の誕生との関連(特集 いま、改めて問いなおす『いじめ問題と養護教諭、そして保健室』―養護教諭からの視点) 德山美智子 「日本健康相談活動学会誌」(日本健康相談活動学会) 3(1) 2008 p26～35

◇いじめ自殺をめぐる親の情報請求権と学校の調査報告義務 渡邊真 「早稲田大学大学院法研論集」(早稲田大学大学院法学研究科) (126) 2008 p261～280

◇ピアエデュケーターによる「子どものいじめ自殺」の授業の試み 高木有子、落合幸子、池田幸恭 「茨城県立医療大学紀要」(茨城県立医療大学) 13 2008.3 p25～38

◇いじめ自殺(子どもの自殺予防―青少年の自殺とその病理) 相馬誠一 「現代のエスプリ」(ぎょうせい) (488) 2008.3 p68～76

◇鹿沼いじめ自殺訴訟控訴審判決(栃木県・鹿沼市)［東京高裁平成19.3.28判決］(「判例地方自治」平成19年 索引・解説号) 小賀野晶一 「判例地方自治」(ぎょうせい) (300)(増刊) 2008.3 p58～62

◇「いじめ自殺」物語の解体(特集=学校改革―教師の現場) 北澤毅 「現代思想」(青土社) 36(4) 2008.4 p200～213

◇知覧中いじめ自殺事件に関する陳述書 内沢達 「鹿児島大学教育学部研究紀要. 教育科学編」(鹿児島大学教育学部) 61 2009年度 p149～182

◇SOCIETY 子どもたちは今 いじめ自殺の深刻な実態 瀧井宏臣 「Jiji top confidential」(時事通信社) (11550) 2009.2.6 p6～10

◇さいたま市 中3少女自殺 母親が悲憤告白! プロフいじめ自殺「娘はなぜ死んだか」 「週刊現代」(講談社) 51(5)通号2509 2009.2.7 p34～37

◇いじめ自殺裁判を通して(特集 いじめをなくす! 差別構造の中のわたし) 児玉勇二 「じんけん：心と心、人と人をつなぐ情報誌」(滋賀県人権センター) (339) 2009.7 p9～15

◇［比較思想学会］東京地区二〇一〇年度第四回研究例会 「いじめ」の問題―二つのいじめ自殺事件の分析から 高徳忍 「比較思想研究」(比較思想学会) (37)(別冊) 2010 p28～31

◇子ども・教育と裁判 判例研究 いじめ自殺裁判の和解調書において、和解の前提となる裁判所の判断が詳細に示された和解事例［札幌地方裁判所2010.3.26和解］ 上岡由紀子 「季刊教育法」(エイデル研究所) (166) 2010.9 p96～101

◇事件 独占 川崎いじめ自殺「遺書公開」―［2010年］6月、同級生のいじめを苦に自殺した中3男子の遺書／「例え死人になっても必ず復讐します」 澤田晃宏 「Aera」(朝日新聞出版) 23(42)通号1246 2010.9.27 p67～69

◇教育法規あらかると いじめと自殺の因果関係 「内外教育」(時事通信社) (6039) 2010.11.26 p23

◇いじめ自殺で"学校の責任"を追及するワイドショーの尊大 「週刊ポスト」(小学館) 42(51)通号2108 2010.12.17 p44～46

◇なぜ校長はいじめ自殺を認められないのか 「悠+」(ぎょうせい) 28(1) 2011.1 p64～67

◇元キャリア官僚の校長奮闘日誌「いじめと自殺の因果関係」について　浅田和伸　「内外教育」（時事通信社）　(6049)　2011.1.11　p9

◇教育の危機管理〈実務編〉いじめを防止するために何ができるか(1)小学6年生の自殺事件を考える　いじめのボスを取り巻きから切り離す　中嶋博行　「週刊教育資料」（教育公論社）（1149）通号1279　2011.2.7　p20～21

◇おきばり記者コミヤマの「これは事件どす！」命かけた"SOS"を握りつぶす　子どものいじめ自殺「ゼロ」統計の欺瞞　小宮山明希　「週刊朝日」（朝日新聞出版）　116(9)通号5055　2011.3.11　p126～128

◇いじめと自殺―その構造に通底するもの（いじめの構造―いじめに見る現代社会と心のひずみ―いじめの要因を考える）　吉川武彦　「現代のエスプリ」（ぎょうせい）　（525）　2011.4　p59～68

◇知っておきたい, これからのメンタルヘルス(9)小学・中学・高校におけるいじめ自殺とその対策　保坂隆　「保健師ジャーナル」（医学書院）　67(9)　2011.9　p818～821

◇教育問題法律相談(No.163)いじめによる子どもの自殺と学校側の賠償責任　佐藤香代　「週刊教育資料」（教育公論社）（1184）通号1314　2011.11.14　p31

◇「教育と責任」の社会学序説：「因果関係と責任」問題の考察（特集 教育と責任の社会学）　北澤毅　「教育社会学研究」（東洋館出版社）　90　2012　p5～23

◇子どもたちのいるところ(51)「いじめ自死」を悼む：いのちを持ちこたえる力を　下河辺牧子　「子どもと昔話」（小澤昔ばなし研究所）　(53)　2012.秋　p68～71

◇大阪民事実務研究 児童生徒のいじめ自殺訴訟の現状：因果関係を中心に　横田昌紀　「判例タイムズ」（判例タイムズ社）　63(1)通号1358　2012.1.1　p4～29

◇自殺との関連を短絡化する罪：視点（いじめという名の犯罪）　「Newsweek」（阪急コミュニケーションズ）　27(29)通号1310　2012.8.1　p49～50

◇教育法規あ・ら・か・る・と いじめと自殺の「因果関係」　「内外教育」（時事通信社）　(6184)　2012.8.3　p19

◇いじめられても死なない10の方法　「サンデー毎日」（毎日新聞社）　91(35)通号5121　2012.8.12　p23～25

◇学校・日教組・教育委員会「教育ムラ」の殺人鬼たち「いじめ自殺」教師集団が殺す　「Sapio」（小学館）　24(12)通号528　2012.8.22・29　p28～40

◇街中でやったら逮捕されることが学校ではまかり通っている イジメ自殺の原因は「教育ムラ」にある　義家弘介　「明日への選択」（日本政策研究センター）　(320)　2012.9　p26～31

◇インタビュー なぜ学校・教育委員会と遺族・子どもたちの思いはすれ違うのか：いじめ事件の原因究明を阻む賠償法制の壁（特集 なぜ学校はいじめにうまく対応できないか）　喜多明人　「季刊教育法」（エイデル研究所）　(174)　2012.9　p6～11

◇児童生徒の自殺が起きたときの背景調査の在り方について(通知)（特集 なぜ学校はいじめにうまく対応できないか―文部科学省いじめ関連通達）　「季刊教育法」（エイデル研究所）　(174)　2012.9　p38～40

◇教育管理職のための法常識講座(第49回)「いじめ自殺事件」の判決書を用いて学校・教師の「対応」と「タイミング」を検討するための教員研修資料　梅野正信　「季刊教育法」（エイデル研究所）　(174)　2012.9　p66～71

◇デヴィ夫人のブログにも削除要請が… 「いじめ自殺」加害少年を実名暴露したネットの騒動　渋井哲也　「創」（創出版）　42(8)通号468　2012.9・10　p100～105

◇教育問題法律相談(No.200)いじめ問題(4)自治体への法的責任 いじめを受けた児童・生徒の自殺と学校・自治体に法的責任が認められる場合とは　三坂彰彦　「週刊教育資料」（教育公論社）（1221）通号1351　2012.9.10　p31

◇教育問題法律相談(No.201)いじめ問題(5)学校の責任 家庭内での自殺に対する学校の責任は？　佐藤香代　「週刊教育資料」（教育公論社）（1222）通号1352　2012.9.17　p31

◇校長講話(201)いじめ自殺事件に関し、全国の校長先生方にお願いする　西林幸三郎　「週刊教育資料」(教育公論社)　(1222)通号1352　2012.9.17　p16～17

◇いじめ7万件に減少、「うのみにできない」：自殺は200人に大幅増　：　文科省11年度問題行動調査　「内外教育」(時事通信社)　(6194)　2012.9.18　p7～9

◇いじめ自殺、子どもの悲劇を二度とおこさない！子どものいのちと人権が大切にされる教育、学校を　今谷賢二　「学習の友」(学習の友社)　(710)　2012.10　p27～30

◇「いじめ」報道の狙いと課題：実態と解決の方策を報じることで(いじめ自殺報道を考える)　深井康行　「新聞研究」(日本新聞協会)　(735)　2012.10　p54～57

◇インタビュー　議論のプラットフォーム構築を：いじめ・自殺を防ぐためにメディアができること(いじめ自殺報道を考える)　清水康之　「新聞研究」(日本新聞協会)　(735)　2012.10　p62～65

◇いじめの本質的問題を問うために：構造的問題は議論されているか(いじめ自殺報道を考える)　村山士郎　「新聞研究」(日本新聞協会)　(735)　2012.10　p66～69

◇「教科書的いじめ」認知できず：クラスの大半関与：東京・品川中1自殺　「内外教育」(時事通信社)　(6208)　2012.11.20　p8～9

【図書】

◇いじめ自殺―12人の親の証言　鎌田慧著　岩波書店　2007.2　301p　15cm　(岩波現代文庫　社会)　1000円　①978-4-00-603147-3　Ⓝ367.61

[内容] 1 遺された親たちは語る(いじめる側は五分の一でも、いじめられる側には五倍です　「負けるわけねえ」といわれ借金して裁判やったんです　自殺する弱い子を育てた親が悪いといわれて　遺書がないといじめとは認められない現実　昔と変わってきた子ども、変わってきた先生　ほか)　2 いじめ自殺のあとで…(いじめ自殺のあとで……　無関心な殺人　いじめと教師と親　いじめと迎合　いじめ自殺はなくなっていない　ほか)

◇いじめ自殺子どもたちの叫び　石元巖、高田公子、村山士郎編著　大月書店　2007.4　166p　19cm　1200円　①978-4-272-41179-5　Ⓝ371.42

[内容] 1 連続するいじめ自殺(連続するいじめ自殺と遺書に込められた悲しみ　福岡・筑前町三輪中学二年　森啓祐君の自殺　「いじめ」の悲しみと苦悩を受けとめ、安心できる居場所を)　2 学校を子どもたちの安心と信頼の居場所に(子どもたちが気づきはじめた「いじめ・いじめられ」―小学校の実践より　子どもたちにとっての最大の不安は「孤立すること」―中学校の実践より)　3 教育再生会議の「いじめ提言」批判と学校現場(文科省いじめ調査の問題点　教育再生会議の「いじめ提言」の批判　子どもを人間として大切にする学校と社会を)　4 子どもたちの笑顔を取りもどそう(地域に「いじめ」を見過ごさない子育てネットワークを　地域で共同の子育てをひろげて　支部でシンポジウムを開催―地域・学校で子どもを守る輪を大きく！)

◇学校が訴えられる日―いじめ裁判から見えてくる学校の責任　柿沼昌芳編　学事出版　2007.11　157p　21cm　1800円　①978-4-7619-1371-7　Ⓝ373.22

[内容] 第1章 友達に(あなただったら生きていける？―中：いじめ自殺　友達がいなかったら自殺していたかも―中：暴行を伴ういじめ　キショイといったやろ―小・中：暴行を伴ういじめ　「生きる」ことからはずれさしてもらいます―高：いじめ加害者の自殺)　第2章 クラスで(転校してもいじめられて―小：暴行を伴ういじめ　あんたの顔なんか見たくない―小：教師からのいじめ　一発くらいひっぱたいてやれ―小：教師によるいじめの誘発)　第3章 部活動で(「ケツバット」で殴打され―高：暴行を伴ういじめ　10万円ごっつあん―私立高：金品奪取と暴行を伴ういじめ　夢見た吹奏楽部での挫折―高：いじめ自殺　プールに行った日の午後に―中：いじめ自殺)　第4章 セクシャル・ハラスメント(A先生は女の武器を使う―中：教師間のいじめ・セクハラ　自由意志に基づく恋愛関係だ―大：指導教官によるセクハラ　著名な演出家からの誘いを断れず―大：招聘教師によるセクハラ　もっとスケベな話にものってこい―職場：いじめ自殺)

◇いじめの記憶—もうだれもいじめないで　岩脇克己、岩脇壽恵、いじめの記憶編集委員会著　富山　桂書房　2008.12　251p　21cm　〈文献あり　年表あり〉　2000円　①978-4-903351-61-2　Ⓝ371.42
　内容　第1章　寛子の死　第2章　情報公開　第3章　真実は裁判によって　第4章　いじめをなくす運動　第5章　いろいろな集会に参加して　第6章　いじめ問題と議会　第7章　もうだれもいじめないで　資料編

◇開発空間の暴力—いじめ自殺を生む風景　荻野昌弘著　新曜社　2012.3　248p　20cm　〈索引あり　文献あり〉　2600円　①978-4-7885-1269-6　Ⓝ367.61
　内容　第1章　「脱中心化する風景」の生産　第2章　軍隊の痕跡の後に—残された農地、失われた農地　第3章　いじめ自殺　第4章　開発計画と暴力　第5章　「田園」と「都市」　第6章　消費社会と暴力　第7章　死の消滅

◆◆滝川いじめ自殺事件（2005年）
【雑誌記事】

◇北海道女児いじめ自殺　「ハリポタ」好きの小6は「予告状」も書いていた　遺書を封印した教育委員会の非情　「週刊朝日」（朝日新聞出版）　111（53）通号4779　2006.10.20　p32〜34

◇北海道滝川市「女児いじめ自殺隠ぺい事件」の真相　娘の生命をかけた叫びを黙殺した市教委を許しません　野田洋人　「週刊現代」（講談社）　48（40）通号2399　2006.10.28　p49〜51

◇滝川市、筑前町いじめ自殺　教育委員会の責任を追及せよ　中井浩一　「中央公論」（中央公論新社）　121（12）通号1471　2006.12　p224〜229

◇今どき北海道に流行るモノ（22）子どもの自殺的場光昭　「北の発言」（西部邁事務所）　（23）　2007.1・2　p51〜53

◇北海道・滝川市　小6少女いじめ自殺　渾身ルポ　加害児童と大人たちが「やったこと」（特集　いじめ自殺の連鎖を止めろ）　野田洋人　「現代」（講談社）　41（1）　2007.1　p64〜75

◆◆福岡いじめ自殺事件（2006年）
【雑誌記事】

◇福岡県中2男子自殺をめぐる動き　「内外教育」（時事通信社）　（5689）　2006.10.24　p17〜19

◇中2生徒を「自殺」に追い込んだ「いじめ教師」の素顔—なぜか新聞・テレビが報じない「名前と顔」「教育者失格」なのにクビにもできないのか！　「週刊新潮」（新潮社）　51（40）通号2568　2006.10.26　p35〜37

◇事件　馴れ合い教師という危機—いじめ自殺、三輪中だけじゃない生徒への媚び　坂井浩和　「Aera」（朝日新聞出版）　19（50）通号1017　2006.10.30　p21〜23

◇福岡中2いじめ自殺の巻—いじめは教師の虐待。なぜ「虐め」「苛め」と漢字で書かないのか（疾走するコラムニスト・勝谷誠彦のニュースバカ一代〔208〕）　勝谷誠彦　「Spa！」（扶桑社）　55（50）　2006.10.31　p3

◇今回のNews・教師の加担も発覚。波紋広がる福岡いじめ自殺事件（江川達也の時事漫画　にあいこーるリアル〔168〕）　江川達也　「Spa！」（扶桑社）　55（50）　2006.10.31　p34

◇福岡・中2男子自殺　息子を失った両親が語る「子供は謝罪に来たのに…」　「週刊朝日」（朝日新聞出版）　111（56）通号4782　20061103　p32〜35

◇独占インタビュー120分　自殺した福岡・男子中学生の母親が悲痛告白「いじめ教師には一生をかけて償ってもらいます」　「週刊現代」（講談社）　48（41）通号2400　2006.11.4　p41〜43

◇福岡いじめ自殺で「教育長」が逃げ回る「理由」（ワイド特集　いじめ・自殺・虐待が止まらない！—ゴッタ煮「教育再生会議」が大迷走）　「サンデー毎日」（毎日新聞社）　85（50）通号4787　2006.11.12　p28〜29

◇福岡「イジメ視察」で県教育委に「シカト」された小渕優子（ワイド　続・「人生の答」の出し方）　「週刊新潮」（新潮社）　51（43）通号2571　2006.11.16　p144〜145

◇滝川市、筑前町いじめ自殺　教育委員会の責任を追及せよ　中井浩一　「中央公論」（中央公論新社）　121（12）通号1471　2006.12　p224〜229

◇「いじめ」自殺事件と「調査委員会報告」—福岡県筑前町立・三輪中学校（特集「いじめ」問題の解決の方向）　山見孫文　「人権と部落問題」（部落問題研究所）　59（6）通号759　2007.5　p18〜24

◇福岡・中2自殺いじめ三少年不処分を考える　漆田典子　「マスコミ市民」（マスコミ市民フォーラム、アストラ（発売））　通号463　2007.8　p59〜63

【図書】

◇啓祐、君を忘れない——いじめ自殺の根絶を求めて　森順二、森美加著　大月書店　2008.4　133p　19cm　1200円　①978-4-272-41195-5　Ⓝ367.61

内容　1章　突然の悲劇（啓祐の一三年間忘れられない、二〇〇六年一〇月一一日　ほか）　2章　真実を求めて（一〇月後半—文科省の調査　一一月—筑前町の調査委員会の開始　ほか）　3章　さまざまな出会い（弁護士さんとの出会い—こころのよりどころ　村山士郎先生との出会い—大学で講義　ほか）　4章　私たちの社会復帰（不眠、フラッシュバック　ゆっくりと職場復帰　ほか）

◆◆大津いじめ自殺事件（2011年）

【雑誌記事】

◇大津市における中学生の自殺といじめについて考える　山田稔　「季刊人権問題」（兵庫人権問題研究所）　(30)　2012.秋　p19〜32

◇特集　「母がPTA会長」「父が京大医学部卒」大津市「いじめ自殺」加害生徒たちの家庭環境　「週刊新潮」（新潮社）　57(27)通号2850　2012.7.19　p30〜33

◇金曜アンテナ　大津市「いじめ自殺」で中学、市教委に異例の県警強制捜査　介入招いた教育界の「不作為」　「金曜日」（金曜日）　20(27)通号919　2012.7.20　p4

◇社会　大津・いじめ事件で「加害生徒」の個人情報が大量流出　「いじめの代償」の払い方　岩田智博、山根祐作　「Aera」（朝日新聞出版）　25(31)通号1351　2012.7.23　p17〜19

◇特集　いじめの事実を今も否認　髪型はモヒカンで不登校　自殺は家庭のDVが原因と吹聴！　転校先でもリンチ事件！　大津いじめ「加害生徒」を少年院へ　「週刊新潮」（新潮社）　57(28)通号2851　2012.7.26　p26〜30

◇総力特集10ページ　大津中2いじめ自殺：新聞・テレビが報じない全真相　「週刊文春」（文芸春秋）　54(28)通号2684　2012.7.26　p156〜165

◇大津　中2男子の自殺といじめの深層　「サンデー毎日」（毎日新聞社）　91(33)通号5119　2012.7.29　p26〜28

◇社会短針　中学生を「自殺」させた元凶を斬る：許せない学校・教委・警察の無責任と隠蔽工作　「Themis」（テーミス）　21(8)通号238　2012.8　p71

◇大津中2いじめ　一番悪いのは誰だ？　加害者母が配った冤罪ビラ入手（ワイド特集　パンドラの箱）　「週刊文春」（文芸春秋）　54(29)通号2685　2012.8.2　p36〜37

◇大津いじめ自殺事件　原因は居場所奪う人材育成教育　福田雅章　「金曜日」（金曜日）　20(29)通号921　2012.8.3　p14〜15

◇「いじめ隠蔽」理由は人事異動と海外視察だった！スクープ！終業式の夜に起きた"加害少年"同士の大ゲンカ（大津・中2生の死を無駄にしない）　「週刊朝日」（朝日新聞出版）　117(34)通号5144　2012.8.3　p18〜21

◇大津いじめ自殺直前に起きていた担任教師「骨折放置事件」も学校(&市教委)は隠している（ワイド　梅雨明けしない人々）　「週刊ポスト」（小学館）　44(31)通号2191　2012.8.3　p151〜152

◇評の評　一般誌8月号　大津市のいじめ自殺事件をめぐって　「内外教育」（時事通信社）　(6184)　2012.8.3　p18

◇大津中2"いじめ自殺"「無責任教育」と「劇場型いじめ」の連鎖　「サンデー毎日」（毎日新聞社）　91(34)通号5120　2012.8.5　p16〜19

◇評の評　7月の新聞　大津市中2生のいじめ自殺をめぐって　「内外教育」（時事通信社）　(6185)　2012.8.7　p18〜19

◇大津いじめ自殺事件とネット社会の病理　いじめたヤツをいじめる、この国よ　「週刊現代」（講談社）　54(29)通号2675　2012.8.11　p54〜57

◇ネットに流出する個人情報と学校の報道対応のあり方：大津市中学生いじめ自殺事件に関連して（特集　なぜ学校はいじめにうまく対応できないか）　藤川大祐　「季刊教育法」（エイデル研究所）　(174)　2012.9　p18〜21

◇大津市にみるいじめ問題の深層　尾木直樹　「教育と医学」（慶應義塾大学出版会）　60(9)通号711　2012.9　p780〜785

◇教育ジャーナル 特別版 緊急検証 大津市「いじめ自殺」事件　「総合教育技術」（小学館）　67(9)　2012.9　p8〜11

◇大津いじめ自殺の取材現場から　滝沢清明　「中央公論」（中央公論新社）　127(13)通号1546　2012.9　p90〜93

◇大津いじめ自殺 父の壮絶な闘い　森功　「文芸春秋」（文芸春秋）　90(12)　2012.9　p136〜145

◇大津いじめ自殺事件に直言！いじめる生徒は教師が殴れ！　野々村直通　「Will：マンスリーウイル」（ワック）　(93)　2012.9　p190〜197

◇大津いじめ問題をどう報じるか：地元紙として、再発防止につなげるために(いじめ自殺報道を考える)　宮部真典　「新聞研究」（日本新聞協会）　(735)　2012.10　p58〜61

◇現地ルポ 大津事件の「隠蔽」をあばく「いじめ」根絶へまず教育委員会を廃止せよ：教育現場や日教組との癒着を排除し首長が教育行政で決断できる仕組みを作れ！「Themis」（テーミス）　21(10)通号240　2012.10　p102〜103

不登校

【雑誌記事】

◇発題1 不登校児童・生徒の教育に携わって(特集 宗教不在の時代におけるカトリック教育の意義 — シンポジウム：現代における宗教と教育) 梅澤良子 「カトリック教育研究」(日本カトリック教育学会) (20) 2003 p21～25

◇不登校現象の基本問題 篠原道夫 「神奈川大学心理・教育研究論集」(神奈川大学教職課程研究室) (22) 2003 p87～96

◇不登校に関する研究 — 父親を避ける女子中学生について 木澤光子 「岐阜女子大学紀要」(岐阜女子大学) (32) 2003 p95～102

◇不登校生徒の信頼感に関する研究 橋渡和明,別府哲 「岐阜大学教育学部研究報告.人文科学」(岐阜大学教育学部) 52(1) 2003 p169～180

◇イノセンスと〈シャドーワーク〉で「優等生」の不登校を読み直す —「優等生の息切れ」言説の批判的再検討 山岸竜治 「教育学雑誌：日本大学教育学会紀要」(日本大学教育学会) (38) 2003 p63～77

◇不登校の今日的傾向とその課題 大石英史 「研究論叢.第3部,芸術・体育・教育・心理」(山口大学教育学部) 53 2003 p35～46

◇滋賀県における不登校の実態とその課題 吉弘淳一 「滋賀文化短期大学研究紀要」(滋賀文化短期大学) (13) 2003 p95～105

◇学校変革の思考モデルに関する教育学的研究 — 不登校問題の解法を手がかりにして 中井孝章 「生活科学研究誌」(『生活科学研究誌』編集委員会) 2 2003 p189～208

◇登校拒否・不登校問題の歴史と課題について 前島康男 「東京電機大学理工学部紀要」(東京電機大学理工学部紀要編集委員会) 25(2) 2003 p127～136

◇中学生における不登校の心理相談の研究 倉地詔子,飯塚幹夫 「鳥取大学教育地域科学部教育実践総合センター研究年報」(鳥取大学教育地域科学部附属教育実践総合センター) (13) 2003 p93～97

◇不登校におけるチャム形成の研究 — 先行研究からの検討 吉井健治 「鳴門教育大学研究紀要」(鳴門教育大学) 18 2003 p77～86

◇不登校生徒へのスモール・グループ・アプローチの試み 安部順子 「西九州大学・佐賀短期大学紀要」(西九州大学〔ほか〕) (34) 2003年度 p93～99

◇「不登校」についての一研究 畠山忠 「兵庫大学論集」(兵庫大学) (8) 2003 p155～160

◇中学生の社会的スキルと不登校傾向の関係 江村瑞奈,岡安孝弘 「宮崎大学教育文化学部附属教育実践総合センター研究紀要」(宮崎大学教育文化学部附属教育実践総合センター) (10) 2003 p81～89

◇登校拒否の変遷とその臨床からみた家庭・学校における2、3の教育課題(特集 人間回復を考える) 佐藤修策 「21世紀ヒューマンケア研究機構研究年報」(21世紀ヒューマンケア研究機構) 9 2003 p13～25

◇教育の広場 増える不登校生13万8千 — 将来を担う若者を放置しておいてよいのか 学校復帰に文部省も本腰というが 予防策には知恵を絞って当たれ 「ニューライフ」(ニューライフ) 50(1)通号550 2003.1 p10～15

◇登校拒否と「豊かさの病」 春日耕夫 「広島修大論集,人文編」(広島修道大学人文学会) 43(2)通号82 2003.2 p111～133

◇社会的スキルが小学生の不登校傾向に及ぼす影響について 張替裕子,上里一郎 「目白大学人間社会学部紀要」(目白大学人間社会学部) (3) 2003.2 p121～132

◇事例研究 教育管理職のための法常識講座(11)就学義務と不登校をめぐる法常識 梅野正信,采

◇采女博文　「季刊教育法」（エイデル研究所）（136）　2003.3　p46～51

◇第18回福岡教育大学教育を考えるシンポジウム「学校の危機」―不登校　竹内小代美, 中光雅紀, 宮田正和　「福岡教育大学保健管理センター特別レポート」（福岡教育大学保健管理センター）　通号12　2003.3　p1～22

◇大学生S子の不登校事例　永野勇二　「松山東雲女子大学人文学部紀要」（松山東雲女子大学人文学部紀要委員会）　11　2003.3　p81～92

◇きょういくズームアップ　基本は変わっていない―尾木和英・文科省の不登校問題に関する調査研究協力者会議主査　尾木和英　「内外教育」（時事通信社）　(5375)　2003.3.28　p18～19

◇ラウンジ　不登校　「内外教育」（時事通信社）　(5384)　2003.5.2　p32

◇事例研究　教育管理職のための法常識講座(12)就学義務と不登校をめぐる法常識(2)　梅野正信, 采女博文　「季刊教育法」（エイデル研究所）（137）　2003.6　p64～69

◇不登校問題に関する調査研究協力者会議報告について（特集　不登校問題の新展開）　小林万里子　「月刊生徒指導」（学事出版）　33(8)　2003.7　p20～23

◇ラウンジ　不登校　「内外教育」（時事通信社）　(5412)　2003.8.26　p32

◇不登校をめぐる状況と課題（不登校の今を考える―子ども、NPO、教職員、それぞれの視点）　奥地圭子　「教育評論」（アドバンテージサーバー）　通号677　2003.9　p10～15

◇「不登校」と「ひきこもり」（児童青年精神医学の現在―理論編　疾患障害をとらえる視点）　金子浩二　「別冊発達」（ミネルヴァ書房）　通号27　2003.9　p166～178

◇子どものストレスは爪先でわかる―不登校児を五年でゼロにした小学校教頭（ワイド特集　夏の夜の怪談）　「週刊文春」（文芸春秋）　45(34)　通号2242　2003.9.4　p38

◇調査1　過半数は小学生時に経験あり―国立教育政策研究所が「中1不登校生徒調査」　「内外教育」（時事通信社）　(5416)　2003.9.9　p2～3

◇座標「不登校」の今―ソーシャル・インクルージョンの視点から　森田洋司　「解放教育」（明治図書出版）　33(10)通号430　2003.10　p6～8

◇ユースカルチャーの現在(39)不登校を考える(1)国立教育政策研究所の調査報告書をめぐって　渡部真　「看護教育」（医学書院）　44(9)通号532　2003.10　p780～783

◇生徒指導up-to-date　不登校、初の減少　尾木直樹　「月刊生徒指導」（学事出版）　33(12)　2003.10　p10～12

◇不登校報告―積極面と問題点　安東誠　「人権21：調査と研究」（おかやま人権研究センター）　(166)　2003.10　p49～52

◇ユースカルチャーの現在(40)不登校を考える(2)森田洋司編著『不登校―その後』を読む　渡部真　「看護教育」（医学書院）　44(10)通号533　2003.11　p894～897

◇学生時代における失敗の意味―ある不登校学生の事例　山本大介　「島根大学生涯学習教育研究センター研究紀要」（島根大学生涯学習教育研究センター）　(2)　2003.11　p37～43

◇思春期問題の構造的理解と対応―不登校、暴力、性的逸脱行為を中心に　福永博文　「浜松短期大学研究論集」（浜松短期大学）　(60)　2003.11　p175～199

◇ユースカルチャーの現在(41)不登校を考える(3)不登校はなぜ減ったのか？　渡部真　「看護教育」（医学書院）　44(12)通号535　2003.12　p1072～1075

◇登校動機における児童生徒と小中学校教師の認識の相違について　松岡洋一, 矢野弘, 石川亜希子　「岡山大学教育学部研究集録」（岡山大学教育学部）　(125)　2004　p81～87

◇「関係知」とは何か―身体性・状況性・関係性から事例を読み解くことを通して　吉川晴美　「関係学研究」（日本関係学会事務局）　32(1)　2004年度　p14～21

◇不登校は減少するのか―その背景要因から考える　高塚雄介　「心と社会」（日本精神衛生会）　35(1)通号115　2004　p58～66

◇自分の場所を見つけるために　半澤真司　「情緒障害教育研究紀要」（北海道教育大学情緒障害教育学会）　(23)　2004　p65～68

◇東京都地方会講演記録 現代日本の子どもと家族の孤独——人間存在の意味/価値は人間関係の中にある(子どもの心のケア——温かく育むために) 佐々木正美 「小児科臨床」(日本小児医事出版社) 57通号673(増刊) 2004 p1563〜1574

◇不登校児からみた学校——三人の不登校児・こころの着地点(特集 人間性心理学からみた教育の可能性) 関川紘司 「人間性心理学研究」(日本人間性心理学会) 22(1) 2004 p75〜83

◇「不登校」をめぐる政治——朝日新聞家庭面の分析から 加藤美帆 「年報社会学論集」(関東社会学会) (17) 2004 p144〜154

◇「不登校」についての一研究(2) 畠山忠 「兵庫大学論集」(兵庫大学) (9) 2004 p83〜88

◇不登校の現状と教育行政・学校等に求められる役割について(部落解放研究第37回全国集会報告書——第9分科会 地域の子育てと人権教育の創造) 菅原寛 「部落解放」(解放出版社) (530)(増刊) 2004 p186〜189

◇ボクの空想がくずれていく——「サービスエリアで休憩中」の不登校生アキラと過ごした一年(特集 三五回〔全国民主主義教育研究会〕立命館大会——大会レポート紹介) 小林孝生 「未来をひらく教育」(全国民主主義教育研究会) (135) 2004.秋 p44〜49

◇講座 不登校・ひきこもりの理解と支援をめぐって(変わること、変わらないこと——全国学校教育相談研究会第38回研究大会より) 加室弘子 「月刊学校教育相談」(ほんの森出版) 18(2)(増刊) 2004.1 p70〜75

◇講座 不登校・ひきこもりの理解と支援をめぐって(変わること、変わらないこと——全国学校教育相談研究会第38回研究大会より) 加室弘子 「月刊生徒指導」(学事出版) 34(2)(増刊) 2004.1 p70〜75

◇不登校の子どもの「時間的展望」(特集 目標をもてる子に育てる) 高塚雄介 「児童心理」(金子書房) 58(2)通号799 2004.1 p40〜45

◇「不登校問題」の一考察——モデル構築、脱構築 懸川武史 「群馬大学教育実践研究」(群馬大学教育学部附属学校教育臨床総合センター) (21) 2004.3 p355〜362

◇抜け落ちる「不登校児像」——文部省による不登校認識変化(1990)に関する報道を事例に(一般投稿論文) 森啓之 「社会研究」(法政大学大学院社会科学研究科社会学専攻委員会) (34) 2004.3 p49〜76

◇平成我鬼草子(79)登校拒否の勧め 石堂淑朗 「正論」(産経新聞社) 通号381 2004.3 p180〜184

◇不登校大学生の心理社会的特性 鈴木康之,磯部典子,内野悌司[他] 「総合保健科学」(広島大学保健管理センター) 20 2004.3 p43〜50

◇不登校の現状と考察(特集 青少年の育ち——その現状と課題) 立石一信 「月刊福祉」(全国社会福祉協議会) 87(5) 2004.4 p19〜21

◇資料 不登校中学生のセルフエスティーム、社会的スキルがストレス反応に及ぼす影響 曽山和彦,本間恵美子,谷口清 「特殊教育学研究」(日本特殊教育学会) 42(1)通号153 2004.5 p23〜33

◇中学生の学校不適応とソーシャル・スキルおよび自尊感情との関連——不登校群と一般群との比較 粕谷貴志,河村茂雄 「カウンセリング研究」(日本カウンセリング学会) 37(2) 2004.6 p107〜114

◇教育委員会の機能強化に向けて 遊び・非行傾向の不登校児童生徒ゼロを目指して——「やる気・元気サポート室」の設置を足がかりに 沖縄県那覇市教育委員会 「教育委員会月報」(第一法規) 56(4)通号658 2004.7 p59〜64

◇登校拒否——心理的アプローチとの併用に焦点を合せて(特集 小児の漢方療法——疾患各論) 大宜見康夫 「小児科診療」(診断と治療社) 67(9)通号793 2004.9 p1493〜1497

◇不登校再考 伊集美奈子 「書斎の窓」(有斐閣) (537) 2004.9 p48〜51

◇リレー随想 朝、起きられない子どもと不登校 大国真彦 「小児科臨床」(日本小児医事出版社) 57(10)通号677 2004.10 p2160〜2162

◇不登校児と引きこもり問題に関する研究(1) 平塚儒子,巽典之 「医学と生物学」(緒方医学化学研究所医学生物学速報会) 148(10) 2004.10.10 p23〜29

◇今、不登校問題を考える——学びは一人一人のリズムで(特集 風潮を論ずる) 木幡寛 「公評」(公評社) 41(10) 2004.11 p20〜27

◇生徒指導 不登校のとらえ方と今後の対応(各教科等の改善/充実の視点) 森嶋昭伸 「中等教育資料」(学事出版) 53(11)通号822 2004.11 p70〜73

◇「よい子」の不登校──日本の「よい子」と「気がね」の関連 中野真示 「武庫川女子大学発達臨床心理学研究所紀要」(武庫川女子大学発達臨床心理学研究所) (6) 2004.12 p149〜154

◇グループワークによるストレスマネイジメント教育の展開──日韓の不登校生(自退生)の援助を介して 橋元慶男 「アジア民族造形学会誌」(アジア民族造形学会) (5) 2005 p83〜89

◇不登校学生が卒業を迎えるまでの心の軌跡──保護者とのコラボレーションを通して 坂田裕子 「学生相談センター紀要」(武庫川女子大学学生相談センター) (15) 2005 p39〜52

◇中学不登校生徒のボディーイメージ 葉賀弘, 櫻井聖子, 上西裕之[他] 「関西大学心理相談室紀要」(関西大学心理相談室) (6) 2005 p47〜53

◇中学生の問題行動に対するアドラー心理学的理解と対応──不登校傾向と集団への不適応を示す女子中学生の事例を中心に 間渕明, 中村このゆ 「群馬大学教育学部紀要. 人文・社会科学編」(群馬大学教育学部) 54 2005 p185〜202

◇不登校について 辰己隆 「聖和大学論集. A・B, 教育学系・人文学系」(聖和大学) (33) 2005 p55〜61

◇家族グループからみた不登校──Bionの頂点からみた理論的な一考察 黒崎優美 「奈良大学大学院研究年報」(奈良大学大学院) (10) 2005 p292〜274

◇不登校の心理力動について──Bionの集団理論からの一考察 黒崎優美 「人間文化」(神戸学院大学人文学会) 通号20 2005 p61〜67

◇福祉援助論で読み解く不登校──わが子が不登校で教えてくれたこと 野村敏幸 「北海道地域福祉研究」(北海道地域福祉学会) 9 2005 p49〜59

◇講座 不登校問題の現状と対策(心を育む教育相談──気づき・つながり・支え合う──全国学校教育相談研究会第39回研究大会より) 丹治光浩 「月刊学校教育相談」(ほんの森出版) 19(2)(増刊) 2005.1 p50〜57

◇不登校の政治的考察──体験から紡ぐ学校批判と教育思想の理論と実践(総特集 日本どこからどこへ 2) 高橋一行 「現代の理論」(『現代の理論』編集委員会) 2 2005.1 p96〜107

◇不登校理解の基礎(特集 不登校) 滝川一廣 「臨床心理学」(金剛出版) 5(1)通号25 2005.1 p15〜21

◇思春期の問題と不登校(特集 不登校) 小坂和子 「臨床心理学」(金剛出版) 5(1)通号25 2005.1 p62〜66

◇文部科学省による不登校理解の変遷(特集 不登校) 森嶋昭伸 「臨床心理学」(金剛出版) 5(1)通号25 2005.1 p73〜75

◇生活社会 不登校児は「不良品」?(時代の先を読む) 斎藤環 「Voice」(PHP研究所) 通号325 2005.1 p48〜49

◇不登校を生み出す根を見据えるとき(特集 人間と教育を見つめなおすとき──教育基本法「改正」を考える──人間の尊厳と国家) 松本弘義 「学習の友」(学習の友社) 通号618 2005.2 p40〜43

◇不登校を考える──子ども、保護者、教職員から(10)おとなと子どものパートナーシップを築く 下川京子 「教育評論」(アドバンテージサーバー) 通号694 2005.2 p42〜45

◇不登校から見えてくる日本社会と教育の課題(特集 続「現代という時代」と青少年問題) 森田洋司 「青少年問題」(青少年問題研究会) 52(2)通号608 2005.2 p10〜15

◇学校教育の新動向で学ぶ 必須教育法規(23)深刻状態が続く不登校──規範意識の変化(2005学校管理職研修) 坂田仰 「総合教育技術」(小学館) 59(14) 2005.2 p142〜145

◇不登校状態からの回復過程について──葛藤様式の変化と主体性の獲得という観点から 菊池義人 「別府大学臨床心理研究」(別府大学大学院文学研究科臨床心理学専攻) 1 2005.2 p2〜12

◇事例研究 果たせなかった遊び──不登校状態を示したA君との関わり 江藤行大 「別府大学臨床心理研究」(別府大学大学院文学研究科臨床心理学専攻) 1 2005.2 p23〜31

◇第38回公開シンポジウム 今、不登校に何ができるのか〔含 質疑応答〕 喜田三津雄,村松智美,稲垣由子 「子ども学」(甲南女子学園) (7) 2005.3 p107～134

◇不登校についての一考察―ラベリングに視点をあてて 秋山博介 「実践女子大学生活科学部紀要」(実践女子大学) (42) 2005.4 p39～48

◇ゆとり教育が遺した「不登校、NEET、犯罪者」 樽谷賢二 「新潮45」(新潮社) 24(4)通号276 2005.4 p220～226

◇学童期の不登校(特集 学童期のそだちをどう支えるか―小学校という空間) 佐藤隆一 「そだちの科学」(日本評論社) (4) 2005.4 p89～94

◇日本の不登校研究の問題点に関する研究(その1)高木の不登校研究をめぐって 山岸竜治 「臨床心理学研究」(日本臨床心理学会) 43(1) 2005.5 p39～49

◇不登校、発育不全… DV目撃でも子供を蝕む 京極理恵 「読売ウイークリー」(読売新聞東京本社) 64(22)通号2972 2005.5.22 p73～75

◇「戦争」と「病気」と、そして「回復期」―あるいは不登校という名の学校 天沢退二郎 「新潮」(新潮社) 102(7) 2005.7 p226～236

◇不登校の原因は、「いじめ」だと思ってしまう?―不登校児に対する原因帰属と感情 勝崎彩子,川島一夫 「信州大学教育学部紀要」(信州大学教育学部) (115) 2005.8 p167～176

◇分科会シンポジュウム1 不登校から視えてくること(第41回日本臨床心理学会大会のご案内) 磯谷隆彦,川端利彦,菊澤史代[他] 「臨床心理学研究」(日本臨床心理学会) 43(2) 2005.8 p15～19

◇「学校」の問い直しから「社会」とのかかわりの再考へ―不登校の「その後」をどう語るか(特別企画 ひきこもり) 貴戸理恵 「こころの科学」(日本評論社) 通号123 2005.9 p71～77

◇児童文学にみる不登校へのまなざし―『西の魔女が死んだ』を中心に(特集:学校と子ども) 内川朗子 「日本児童文学」(日本児童文学者協会, 小峰書店(発売)) 51(5)通号559 2005.9・10 p16～20

◇不登校の現状と対策について(特集 不登校問題をどう考えるか) 今泉柔剛 「月刊生徒指導」(学事出版) 35(13) 2005.11 p6～9

◇特別支援教育からみた不登校(特集 不登校問題をどう考えるか) 花輪敏男 「月刊生徒指導」(学事出版) 35(13) 2005.11 p10～13

◇不登校(特集 不登校・いじめ・非行・虐待…… 子どものサインに気づく―事例に学ぶ 問題の早期発見・早期対応) 中山俊昭 「児童心理」(金子書房) 59(16)通号832 2005.11 p1510～1514

◇'他者とのポジティブな関係'と不登校生徒の自己イメージの変容との関連―中学校で不登校に陥ったA君への援助事例(ケース報告特集号―ケース報告) 青戸泰子,田上不二夫 「カウンセリング研究」(日本カウンセリング学会) 38(4) 2005.12 p406～415

◇不登校現象にみられるジェンダー問題―経験者の「語り」から 青田泰明 「子ども社会研究」(日本子ども社会学会,ハーベスト社) (12) 2006 p3～14

◇思春期に不登校となった少女の事例 長島明純 「人間福祉研究」(北翔大学) (9) 2006 p173～185

◇子育てと教育に生かす福祉援助論―わが子が不登校で教えてくれたこと 野村俊之 「北海道子ども学研究」(北海道子ども学会) 10 2006 p25～27

◇不登校問題とこれからの学校 下川紀子 「育療」(日本育療学会) 通号34 2006.1 p4～6

◇高等学校における不登校およびニートに関する考察 今井義博 「国際経営・文化研究」(国際コミュニケーション学会) 10(2) 2006.3 p35～46

◇事例で考える実践教育法規セミナー(第12回)不登校、体罰問題の現在―今月の関連法規 日本国憲法、教育基本法、学校教育法(2006 学校管理職研修) 坂田仰 「総合教育技術」(小学館) 60(15) 2006.3 p146～149

◇学生相談から見た不登校の現状 磯部典子,内野悌司,鈴木康之[他] 「総合保健科学」(広島大学保健管理センター) 22 2006.3 p91～98

◇中学生の教師に対する信頼感と不登校傾向との関連　中井大介,庄司一子　「筑波教育学研究」（筑波大学教育学会）　(4)　2006.3　p103～116

◇不登校の問題から見た義務教育の当面する課題　江澤和雄　「レファレンス」（国立国会図書館調査及び立法考査局）　56(7)通号666　2006.7　p76～93

◇オンラインゲームへの依存傾向が引き起こす心理臨床的課題―潜在的不登校・ひきこもり心性との関連性　平井大祐,葛西真記子　「心理臨床学研究」（日本心理臨床学会,誠信書房（発売））　24(4)　2006.10　p430～441

◇不登校を乗り越え、夢を実現する(特集2 不登校経験者を受け入れ、技能を身につけさせ、夢を実現させる)　有賀政夫　「中小商工業研究」（中小商工業研究所）　(89)　2006.10　p91～95

◇混合教育と不登校(特集2 不登校経験者を受け入れ、技能を身につけさせ、夢を実現させる)　清水信一　「中小商工業研究」（中小商工業研究所）　(89)　2006.10　p101～106

◇不登校生の教育現場からの叫び(特集2 不登校経験者を受け入れ、技能を身につけさせ、夢を実現させる)　中川武夫　「中小商工業研究」（中小商工業研究所）　(89)　2006.10　p112～115

◇組織をつくる、人を動かす―企業家の経営哲学(8)不登校はほとんど治ると信じている　伊藤直子　「月刊高校教育」（学事出版）　39(14)　2006.11　p76～79

◇不登校の現状と課題(特集 不登校にどう対応するか)　相馬誠一　「月刊生徒指導」（学事出版）　36(13)　2006.11　p6～11

◇つくられる不登校―信頼関係づくりを大切に(特集 不登校にどう対応するか)　柴崎武宏　「月刊生徒指導」（学事出版）　36(13)　2006.11　p20～24

◇小学校高学年向け学校帰属感覚尺度日本語版の開発　戸ヶ里泰典,坂野純子,山崎喜比古　「学校保健研究」（日本学校保健学会）　49(1)　2007　p47～59

◇ひきこもり状態にある人の問題行動が活動範囲に与える影響　境泉洋,中村光,植田健太[他]　「心身医学」（日本心身医学会,三輪書店（発売））　47(10)通号339　2007　p865～873

◇不登校の要因についての一考察―母子関係からの視点から　土永典明,上續宏道,吉弘淳一[他]　「第一福祉大学紀要」（第一福祉大学）　(4)　2007　p103～112

◇対象関係からみた中学生不登校とそのレジリエンスに関する研究―一般群と不登校傾向群・不登校群との比較　鳥居勇　「中京大学心理学研究科・心理学部紀要」（中京大学心理学研究科・心理学部）　7(1)通号11　2007　p19～28

◇不登校の子の理解と援助(10)不登校の背景としての思春期　「児童心理」（金子書房）　61(1)通号853　2007.1　p143～149

◇思春期における不登校経験がセルフエスティームに与える影響―発達段階別にみた不登校経験者と非不登校経験者との比較　増田明美,塚本康子　「母性衛生」（日本母性衛生学会）　47(4)　2007.1　p607～615

◇不登校への行動論的アプローチにおいて用いられる技法名に関する概念的考察　米山直樹　「人文論究」（関西学院大学人文学会）　56(4)　2007.2　p47～58

◇不登校の経済分析―需要・供給アプローチ　橋本圭司　「追手門経済・経営研究」（追手門学院大学）　(14)　2007.3　p47～56

◇高校生不登校、中途退学の養護教諭による調査研究―「ひきこもり」との関連において　北村陽英　「教育実践総合センター研究紀要」（奈良教育大学教育学部附属教育実践総合センター）　(16)　2007.3　p183～189

◇親編 不登校傾向になっている(特集 失敗例から学ぶ ほめ方・叱り方―こんなとき、どうする？―失敗例から考える)　國峯智理　「児童心理」（金子書房）　61(4)通号856　2007.3　p385～389

◇不登校児は、なぜ学校に行かれないのか(1)Ledoux, J.E., Ramachandran, V.S.の研究を背景に　川島一夫　「信州大学教育学部紀要」（信州大学教育学部）　(119)　2007.3　p167～175

◇登校行動を動機付ける自己イメージの変容過程―過去に不登校を経験した者の振り返りの語りからその立ち直りを探る　西村薫　「別府溝部学園短期大学紀要」（別府溝部学園短期大学）　(27)　2007.3　p9～15

◇不登校の要因についての研究―不登校と集団規模の関係の考察　森省造, 高橋敏恵　「北海道教育大学教育実践総合センター紀要」(北海道教育大学教育実践総合センター)　(8)　2007.3　p205～211

◇不登校からの回復過程と回復要因に関する事例研究　松崎学　「山形大学教職・教育実践研究」(山形大学教職研究総合センター)　(2)　2007.3　p21～35

◇生きること・支え合うこと(10)不登校の子どもたちから学ぶこと　田中康雄　「教育と医学」(慶應義塾大学出版会)　55(4)通号646　2007.4　p362～367

◇不登校についての一考察(その2)学校教育とひきこもり、フリーター、ニートとの関係　秋山博介　「実践女子大学生活科学部紀要」(実践女子大学)　(44)　2007.4　p1～14

◇不登校の現在(特集 児童思春期精神医学の最近の進歩―現代社会と子ども)　渡部京太, 清田晃生　「臨床精神医学」(アークメディア)　36(5)　2007.5　p643～647

◇不登校の子どもの「日常生活」(特集 イマドキの基本的生活習慣)　金子恵美子　「月刊生徒指導」(学事出版)　37(7)　2007.6　p16～19

◇不登校の史的考察(その1)戦後の問題だったのか　山岸竜治　「臨床心理学研究」(日本臨床心理学会)　45(2)　2007.8　p45～53

◇こどものこころの症状に気づいたら(14)不登校・引きこもり　齊藤万比古　「日本医事新報」(日本医事新報社)　(4347)　2007.8.18　p75～77

◇書評論文 不登校問題における当事者とは誰か―貴戸理恵『不登校は終わらない』(新曜社、2004年)を中心に　小林久夫　「千葉大学人文社会科学研究」(千葉大学大学院人文社会科学研究科)　(15)　2007.9　p141～151

◇教育法規あらかると 不登校理由の留年措置の是非　「内外教育」(時事通信社)　(5764)　2007.9.7　p27

◇無断外泊をしている(特大号 こんなときどうする「学校保健」―すべきこと、してはいけないこと―行動)　平岩幹男　「小児科診療」(診断と治療社)　70(11)通号834　2007.11　p1935～1937

◇必読特別資料&解説 文部科学省「平成18年度生徒指導上の諸問題の現状(不登校)について」　蛭田政弘　「総合教育技術」(小学館)　62(11)　2007.11　p110～119

◇思春期の「第二の誕生」を困難にするもの―「不登校」「ひきこもり」をめぐって(特集/若者の進路不安と支援)　高垣忠一郎　「教育」(国土社)　57(12)通号743　2007.12　p42～49

◇不登校は本当に減ったのか(日本教育心理学会第49回総会シンポジウムより)(特集 増える「不登校」)　井上清子, 伊藤美奈子, 相馬誠一 [他]　「月刊生徒指導」(学事出版)　37(15)　2007.12　p10～20

◇思春期問題としての不登校―「自我体験」に関する現象学的考察を手掛かりとして　加藤誠之　「人間関係学研究」(日本人間関係学会)　14(1)　2007.12　p13～21

◇インターネットやメール依存症の子どもの教育と対応―不登校の子どもへの事例研究を通して　田原俊司　「岐阜聖徳学園大学教育実践科学研究センター紀要」(岐阜聖徳学園大学)　(8)　2008年度　p263～275

◇小学校におけるシステム・サポートの実践―不登校0への学校作り　原田克巳, 坂口直子　「教育実践研究」(金沢大学人間社会学域学校教育学類附属教育実践支援センター)　(34)　2008　p65～74

◇教育現場における諸問題(不登校, 適応障害など)と気分障害との関連(特集：児童・青年期の気分障害)　岩坂英巳　「児童青年精神医学とその近接領域」(日本児童青年精神医学会)　49(2)　2008　p162～172

◇教育講演 登校拒否について(第48回日本児童青年精神医学会総会特集(2) スローガン：児童青年精神医学・医療の広範な展開をめざして)　本城秀次　「児童青年精神医学とその近接領域」(日本児童青年精神医学会)　49(4)　2008　p425～431

◇不登校の現実をめぐる一考察―階層の視点からみえてくること　笹倉千佳弘　「就実教育実践研究」(就実大学教育実践研究センター)　1　2008　p57～68

◇不登校における父性言説をめぐって　加藤敦也　「ソシオロジスト : 武蔵社会学論集」（武蔵社会学会）　10（1）通号10　2008　p121〜150

◇名古屋大学不登校学生の特徴と経過─4年間のカルテが語る実態　津田均, 古橋忠晃, 鶴田和美［他］　「名古屋大学学生相談総合センター紀要」（名古屋大学学生相談総合センター）（8）　2008　p3〜10

◇不登校"よい子"の発達現象を考える─今日的人間関係の病理　国松清子　「奈良文化女子短期大学紀要」（奈良文化女子短期大学）（39）2008　p69〜81

◇不登校児の食事形態について　野津山希, 玉木健弘　「福山大学こころの健康相談室紀要」（福山大学人間文化学部心理学科附属こころの健康相談室）（2）　2008　p19〜26

◇「不登校」の肯定的意味付けの位相─不登校現象をめぐる社会運動における〈運動ナラティヴ〉の領有　森啓之　「三田社会学」（三田社会学会）（13）　2008.夏　p79〜92

◇不登校における教育と発達の課題（豊かな歩みを支える学校教育相談─夢・意志・かかわり─全国学校教育相談研究会第42回研究大会（北海道大会）より）　本間芳文　「月刊学校教育相談」（ほんの森出版）　22（2）（増刊）　2008.1　p82〜87

◇不登校における教育と発達の課題（豊かな歩みを支える学校教育相談─夢・意志・かかわり─全国学校教育相談研究会第42回研究大会（北海道大会）より）　本間芳文　「月刊生徒指導」（学事出版）　38（2）（増刊）　2008.1　p82〜87

◇英国児童精神医学如是我聞（新連載・1）英国から日本の不登校を考える　森享子　「こころの科学」（日本評論社）　通号137　2008.1　p81〜88

◇不登校・ひきこもりとネットカルチャー（特集 ゲーム世代の子どもたち）　斎藤環　「児童心理」（金子書房）　62（2）通号872　2008.2　p168〜173

◇ゲームにのめりこんで不登校に陥った子どもたち（特集 ゲーム世代の子どもたち─ゲーム問題を考える）　中村恵子　「児童心理」（金子書房）　62（2）通号872　2008.2　p206〜210

◇不登校、ひきこもりはなぜ男子に多いのか（特集 男の子問題─「男の子問題」を考える）　町沢静夫　「児童心理」（金子書房）　62（4）通号874　2008.3　p311〜316

◇不登校問題に対する政策的対応の現状と課題─東京都の不登校発生率地域差に対する社会構造的要因に注目して　岩田香奈江　「人文学報」（首都大学東京都市教養学部人文・社会系）（392）　2008.3　p23〜36

◇不登校児童援助ネットワークに関する考察─共通理解と連携のためのポイント　宮田徹　「富山短期大学紀要」（富山短期大学）　43（2）2008.3　p67〜75

◇不登校はなぜ減らないのか（特集 減らない不登校）　齊藤万比古　「教育と医学」（慶應義塾大学出版会）　56（4）通号658　2008.4　p308〜316

◇不登校の過去・現在（特集 減らない不登校）　牟田武生　「教育と医学」（慶應義塾大学出版会）56（4）通号658　2008.4　p318〜327

◇不登校と引きこもり（特集 減らない不登校）　海老島宏　「教育と医学」（慶應義塾大学出版会）56（4）通号658　2008.4　p328〜337

◇不登校の子の居場所（特集 子どもの居場所づくり）　大石幸二　「児童心理」（金子書房）　62（5）通号875　2008.4　p491〜496

◇不登校・家庭内暴力・非行（数字で知るこころの問題─何人いるの？ どのくらい治るの？─メンタルヘルスに関係する問題）　笠原麻里　「こころの科学」（日本評論社）　通号139　2008.5　p14〜19

◇不登校の要因についての一考察─母子関係からの視点から　土永典明　「新潟青陵大学短期大学部研究報告」（新潟青陵大学短期大学部）（38）　2008.5　p33〜41

◇ニュースの焦点 国立教育政策研究所生徒指導研究センターの研究指定校の実践から（上）学校間連携と地域の力で元気な子どもを 不登校がゼロ─秋田県横手市立十文字中学校　木村芳孝「週刊教育資料」（教育公論社）（1030）通号1160　2008.6.9　p37

◇不登校の何が問題なのか（特集 こうすれば不登校が減る）　相馬誠一　「月刊生徒指導」（学事出版）　38（13）　2008.11　p12〜15

◇不登校の子どもにみるやさしさと弱さ(特集「やさしさ」を育てる―子どもの問題と「やさしさ」) 髙橋良臣 「児童心理」(金子書房) 62(17)通号887 2008.12 p1685～1689

◇不登校の有する社会的性格に関する考察―長岡利貞の「欠席論」を手掛かりとして 加藤誠之 「人間関係学研究」(日本人間関係学会) 15(1) 2008.12 p21～29

◇不登校高校生の不安とソーシャルサポートに関する研究 赤塚史, 岩元澄子 「久留米大学心理学研究:久留米大学文学部心理学科・大学院心理学研究科紀要」(久留米大学大学院心理学研究科) (8) 2009 p53～59

◇子どもたちのいるところ(36)不登校問題の根っこ 下河辺牧子 「子どもと昔話」(小澤昔ばなし研究所) (38) 2009.冬 p70～73

◇不登校([日本児童青年精神医学会]50周年記念特集号―テーマ別展望論文(50年の流れと将来の展望)) 齊藤万比古 「児童青年精神医学とその近接領域」(日本児童青年精神医学会) 50(特集号) 2009 p145～155

◇不登校状態の学生の特徴とその予後について 岩田淳子, 荻田真衣, 光宗あゆみ[他] 「成蹊大学学生相談室年報」(成蹊大学学生相談室) (16) 2009 p27～32

◇2009年度[成蹊大学学生相談室]活動報告 2009年度第1回学生相談懇話会抄録 大学生の不登校について考える 岩田淳子, 大町俊, 原節子[他] 「成蹊大学学生相談室年報」(成蹊大学学生相談室) (16) 2009 p60～72

◇[仙台白百合女子大学]人間発達研究センター公開講演会 子どもの脳とバーチャル世界―むかつく・キレル・不登校・反社会的事件の背景にあるもの 田澤雄作 「人間の発達」(仙台白百合女子大学人間発達研究センター) (5) 2009 p3～16

◇不登校傾向のある小中学生の心理的well-beingと生活時間との関係性 串崎教子, 玉木健弘 「福山大学こころの健康相談室紀要」(福山大学人間文化学部心理学科附属こころの健康相談室) (3) 2009 p63～70

◇暮らしの焦点 登校拒否・不登校問題の現状と子どもの自立の道すじ 前島康男 「前衛:日本共産党中央委員会理論政治誌」(日本共産党中央委員会) 通号838 2009.1 p132～137

◇不登校と特別支援教育 岡田之恵 「愛知教育大学教育実践総合センター紀要」(愛知教育大学教育実践総合センター) (12) 2009.2 p1～9

◇中学生の一学年間における不登校傾向の変化と学級適応感との関連 五十嵐哲也, 萩原久子 「愛知教育大学教育実践総合センター紀要」(愛知教育大学教育実践総合センター) (12) 2009.2 p335～342

◇技能連携校に在籍する障害のある生徒の中学校時の不登校に関する実態調査 関戸英紀, 荒井亮太 「横浜国立大学教育人間科学部紀要. 1, 教育科学」(横浜国立大学教育人間科学部) 11 2009.2 p63～71

◇国内における不登校研究の概観―1990―2007年における雑誌論文・記事による研究動向の検討および不登校に対する重要な援助資源である教師・家族に焦点をあてた概観 若本純子, 山下みどり, 下舞大恵 「鹿児島純心女子大学大学院人間科学研究科紀要」(鹿児島純心女子大学大学院人間科学研究科) (4) 2009.3 p3～17

◇不登校の現状と対応の課題(特集「生徒指導」の仕事) 松田素行 「月刊生徒指導」(学事出版) 39(5) 2009.4 p30～33

◇不登校(学童期のメンタルヘルス―「生きる力」を育てる確かな基礎づくり―学童期の問題と予防に向けて) 豊嶋秋彦 「現代のエスプリ」(ぎょうせい) (503) 2009.6 p141～152

◇時間生物学からみた「不登校・ひきこもり」問題(特集 メンタルヘルス(1)一般教職員のための基礎知識) 平野均 「大学と学生」(新聞ダイジェスト社) (68) 2009.6 p46～56

◇不登校・ひきこもり問題からみたコミュニケーション欠如の問題(特集 コミュニケーション欠如によるストレス関連疾患) 小林正幸 「ストレス科学」(日本ストレス学会) 24(1) 2009.7 p16～23

◇"不登校ゼロ"で学力向上 田中滋子 「年会論文集」(日本教育情報学会) 25 2009.8 p144～147

◇夏休み明けに増える不登校(特集 休み明けの生徒指導) 荻野ゆう子 「月刊生徒指導」(学事出版) 39(11) 2009.9 p44～47

◇居場所概念の普及およびその研究と課題　石本雄真　「神戸大学大学院人間発達環境学研究科研究紀要」(神戸大学大学院人間発達環境学研究科)　3(1)　2009.9　p93～100

◇不登校(学校不適応)(特集 小児科医のための思春期医学・医療―思春期における診療)　冨田和巳　「小児科」(金原出版)　50(11)　2009.10　p1735～1739

◇ティーンズ・メッセージfromはらっぱ(Vol.163)採択した!「不登校の子どもの権利宣言」　工藤健仁　「はらっぱ：こどもとおとなのパートナーシップ誌」(子ども情報研究センター)　(300)　2009.10　p13～17

◇家族グループにおける不登校の発生機序に関する研究―不登校経験者から得られた素材を用いて　黒須優美　「人間文化」(神戸学院大学人文学会)　通号26　2009.11　p15～30

◇この子と歩む(第227回)不登校の日々を未来への糸口へ　今野明美　「みんなのねがい」(全国障害者問題研究会)　(513)　2009.11　p6～9

◇大学における不登校問題について―卒業論文でつまずいた3症例から　森岡洋史, 赤崎安昭, 川床貴史［他］　「精神科」(科学評論社)　15(6)通号90　2009.12　p578～585

◇不登校事例におけるスクールソーシャルワークの実践―エコマップを用いた役割評価を中心に　大西良　「福岡県社会福祉士会研究誌」(福岡県社会福祉士会)　(3)　2009.12　p14～22

◇アンビヴァレンス体験としての不登校問題―北海道内の親の会を対象として(「家庭教育研究奨励金」研究報告)　菊地千夏　「家庭教育研究所紀要」(小平記念日立教育振興財団日立家庭教育研究所)　(32)　2010　p74～82

◇記念講演 不登校(第50回日本児童青年精神医学会総会特集(1)スローガン：螺旋―共生社会への歩み)　髙木隆郎　「児童青年精神医学とその近接領域」(日本児童青年精神医学会)　51(3)　2010　p200～221

◇心理的ウェルビーイングが中学生の怒りのコントロールに与える影響―不登校思春期男子事例における一考察　桜井美加　「淑徳大学総合福祉学部研究紀要」(淑徳大学総合福祉学部)　(44)　2010　p69～85

◇中学生の登校回避感情と自己肯定意識の関連についての調査　地井和也　「人文」(学習院大学人文科学研究所)　通号9　2010　p63～72

◇不登校傾向に関する研究の動向と課題　有賀美恵子, 鈴木英子, 多賀谷昭　「長野県看護大学紀要」(長野県看護大学紀要委員会)　12　2010　p43～60

◇子どもの生きづらさとは何か―リスク社会における不登校　土方由起子　「奈良女子大学社会学論集」(奈良女子大学社会学研究会)　(17)　2010　p259～276

◇子どものメディア接触と不登校　井上豊久　「福岡教育大学紀要. 第4分冊, 教職科編」(福岡教育大学)　(59)　2010　p111～126

◇不登校傾向の小中学生が示すPFスタディの特徴について　串崎教子, 玉木健弘　「福山大学こころの健康相談室紀要」(福山大学人間文化学部心理学科附属こころの健康相談室)　(4)　2010　p35～41

◇「現代型不登校」に関する一考察(1)　大石英史　「山口大学大学院教育学研究科附属臨床心理センター紀要」(山口大学大学院教育学研究科附属臨床心理センター)　1　2010　p3～13

◇「現代型不登校」に関する一考察(2)　大石英史　「山口大学大学院教育学研究科附属臨床心理センター紀要」(山口大学大学院教育学研究科附属臨床心理センター)　1　2010　p15～24

◇小中学校における不登校問題のパターン分析　小杉考司　「山口大学大学院教育学研究科附属臨床心理センター紀要」(山口大学大学院教育学研究科附属臨床心理センター)　1　2010　p25～31

◇不登校児童生徒の生活と心理の実態に関する研究―不登校経験者への調査をもとに　宮下治, 藤野佑輔　「関東学院大学人間環境学会紀要」(関東学院大学人間環境学部人間環境学会)　(13)　2010.2　p61～75

◇男性の不登校・ひきこもりはなぜ長期化しやすいか(特集 男の子の思春期―男の子の問題行動)　倉本英彦　「児童心理」(金子書房)　64(2)通号908　2010.2　p205～209

◇不登校の史的考察(その2)学校へ行っていない子どもの存在とその対象化の間　山岸竜治　「臨

床心理学研究」(日本臨床心理学会) 47(3) 2010.2 p50～60

◇大学におけるメンタルヘルス問題―大学生の不登校を中心に(特集 大学はいまどうなっているか) 中島正雄 「教育」(国土社) 60(3)通号770 2010.3 p15～22

◇教師のメンタルヘルスを左右するかんどころ―現場からの声と知恵 水谷久康, 堤さゆり, 中島義実 「教育実践研究」(福岡教育大学教育学部附属教育実践総合センター) (18) 2010.3 p225～232

◇不登校でもぜんぜんだいじょうぶ(3) 内閣特命級激励受諾編 安西直紀 「月刊生徒指導」(学事出版) 40(4) 2010.3 p50～53

◇関連分野に学ぶ 子ども自身が訴える子どもの権利「不登校の子どもの権利宣言」―NPO法人東京シューレ 「月刊福祉」(全国社会福祉協議会) 93(4) 2010.3 p54～57

◇不登校当事者の「翻身」の意味の解明―先駆的決意性に関するハイデッガーの思索を手がかりとして 加藤誠之 「高知大学教育学部研究報告」(高知大学教育学部) (70) 2010.3 p1～9

◇高校における不登校の出席改善要因の検討―進路選択自己効力感との関連を中心に 遠藤裕子, 沢崎真史 「児童学研究 : 聖徳大学児童学研究所紀要」(聖徳大学) (12) 2010.3 p21～29

◇嫌悪場面に対する回避傾向尺度の開発―大学生における不登校への予防的アプローチを目指して 黒川泰貴, 西村昭徳, 石村郁夫 「東京成徳大学臨床心理学研究」(東京成徳大学大学院心理学研究科) (10) 2010.3 p3～15

◇不登校の「中1ギャップ」についてのコミュニティ心理学的検討 髙橋美枝, 小出ひろ美, 北林幸子[他] 「日本女子大学大学院人間社会研究科紀要」(日本女子大学大学院人間社会研究科) (16) 2010.3 p189～204

◇小学生の心身の健康状態に関する調査研究 : 不登校意識との関連を中心に 山本理絵 「人間発達学研究」(愛知県立大学大学院人間発達学研究科) (1) 2010.3 p37～52

◇不登校でもぜんぜんだいじょうぶ(4) 謁見実現! 李登輝元総統―その人間力を学びとれ 安西

直紀 「月刊生徒指導」(学事出版) 40(5) 2010.4 p46～49

◇不登校生徒の完全なる回復事例 蔦宗浩二 「順天堂スポーツ健康科学研究」(順天堂大学) 1(4) 2010.4 p502～507

◇現代の不登校(特集 学びの現在―学びとそだち(1)―学びの場の現在的困難) 大高一則 「そだちの科学」(日本評論社) (14) 2010.4 p48～52

◇不登校・登校拒否状態にある子どもたち―四〇年間を振り返って、改めて求められること(特集 不登校はいま) 横湯園子 「教育」(国土社) 60(5)通号772 2010.5 p4～12

◇不登校の子どもを守る(特集 不登校はいま) 馬場久志 「教育」(国土社) 60(5)通号772 2010.5 p28～34

◇登校拒否は自立への第一歩でした(特集 不登校はいま) 大谷ちひろ 「教育」(国土社) 60(5)通号772 2010.5 p54～59

◇不登校をめぐる〈包摂〉のゆくえ―適応・福祉・教育意義(特集 不登校はいま) 山本宏樹 「教育」(国土社) 60(5)通号772 2010.5 p72～78

◇総合研究 教育と法(14) 知的障害児の不登校に関する学校長の責任 畑中綾子 「月刊高校教育」(学事出版) 43(6) 2010.5 p78～83

◇不登校でもぜんぜんだいじょうぶ(5) 元不登校T君の証言と教室内ヒエラルキーのしくみ 安西直紀 「月刊生徒指導」(学事出版) 40(6) 2010.5 p48～51

◇座談会 「不登校」の四五年をふりかえって(いじめ・不登校・学校) 清水將之, 宇都宮誠, 田中究 「こころの科学」(日本評論社) 通号151 2010.5 p98～106

◇不登校体験のある子の心の成長(特集 子どもが伸びるとき) 海野千細 「児童心理」(金子書房) 64(7)通号913 2010.5 p577～582

◇不登校でもぜんぜんだいじょうぶ(6) 中退予防最前線 喰い止めろバーンアウト! 安西直紀, 柴田直哉 「月刊生徒指導」(学事出版) 40(7) 2010.6 p42～46

◇不登校アセスメント尺度改訂版(SRAS-R)の一般児童への適用と妥当性の検討 土屋政雄, 細谷美奈子, 東條光彦 「行動療法研究」(日本

行動療法学会）　36（2）通号73　2010.06　p107～118

◇不登校・ひきこもりと「うつ」（特集 子どもと「うつ」―子どもの不適応問題の根を探る）　忠井俊明　「児童心理」（金子書房）　64（8）通号914　2010.6　p58～62

◇場面に応じた自己の切り替えと不登校傾向との関連　傘木香菜子, 川島一夫　「信州心理臨床紀要」（信州大学大学院教育学研究科心理教育相談室）　（9）　2010.6　p13～21

◇父の友（第2回）不登校というアイデンティティ　恩田茂夫　「母の友」（福音館書店）　（685）　2010.6　p78～80

◇不登校でもぜんぜんだいじょーぶ（7）やってみようぜ！ コメ作りプロジェクト　安西直紀　「月刊生徒指導」（学事出版）　40（8）　2010.7　p54～57

◇子どものこころ・子どもの遊び（3）不登校からの成長　滝口俊行　「こころの科学」（日本評論社）　通号153　2010.9　p92～95

◇10代の子どもとの生活 不登校―"居場所"はどこに 「生まれてきてくれて、ありがとう」を届けたい　西野博之　「婦人之友」（婦人之友社）　104（9）通号1288　2010.9　p72～79

◇臨床心理士の立場からみた不登校の今（特集 ひきこもり・不登校の今を考える）　大場信恵　「教育と医学」（慶應義塾大学出版会）　58（11）通号689　2010.11　p1018～1031

◇不登校でもぜんぜんだいじょーぶ（11）一人の少女と不登校　安西直紀　「月刊生徒指導」（学事出版）　40（13）　2010.11　p52～54

◇不登校でもぜんぜんだいじょーぶ（12）開催！ 不登校でもぜんぜんだいじょーぶ講演会　安西直紀　「月刊生徒指導」（学事出版）　40（15）　2010.12　p48～50

◇不登校対策に係る調査研究（まとめ）：総合教育センターの機能を生かした不登校対策の取組み　総合教育センター不登校対策プロジェクトチーム　「研究集録」（神奈川県立総合教育センター）　31　2011年度　p15～34

◇教師から見た不登校現象　原田幹子　「佐賀女子短期大学研究紀要」（佐賀女子短期大学）　45　2011　p105～115

◇中学生における不登校傾向と登校促進動機・欠席促進動機及び不登校評価との関連　撫尾知信, 加藤雅世子　「佐賀大学教育実践研究」（佐賀大学文化教育学部附属教育実践総合センター）　(28)　2011年度　p1～19

◇不登校研究の展望―国内における70年代までの「学校恐怖症・登校拒否」　佐藤淳一, 今井恭平, 大西愛美 [他]　「上越教育大学研究紀要」（上越教育大学）　30　2011　p123～132

◇不登校と睡眠（特集 小児期から青年期までの睡眠問題を考える）　挾間玄以, 井上雄一　「睡眠医療：睡眠医学・医療専門誌」（エス・アール・アカデミージャパン）　5（4）通号21　2011　p416～420

◇中学生が考える「学校」と「不登校に対するイメージ」について　櫻井裕子　「奈良女子大学社会学論集」（奈良女子大学社会学研究会）　（18）　2011　p181～196

◇登校拒否・不登校問題の二〇年（特集 教育政策の二〇年を問う）　前島康男　「人間と教育」（旬報社）　(72)　2011.冬　p36～43

◇「ひきこもり」問題と「当事者」：「当事者」論の再検討から　関水徹平　「年報社会学論集」（関東社会学会）　(24)　2011　p109～120

◇家族問題の象徴としての不登校　木附千晶, 青木智子, 小川未佳 [他]　「文京学院大学保健医療技術学部紀要」（文京学院大学総合研究所）　4　2011　p19～28

◇不登校でもぜんぜんだいじょーぶ（13）疾風怒濤！ぜんぜんだいじょーぶ講演会　安西直紀　「月刊生徒指導」（学事出版）　41（1）　2011.1　p52～55

◇不登校と自己愛―なぜ不登校は減らないのか（自己愛の時代―現代社会の病理の解明に向けて―青少年と自己愛）　中野明徳　「現代のエスプリ」（ぎょうせい）　(522)　2011.1　p77～85

◇ミニレクチャー 虐待と不登校（日本育療学会第14回学術集会報告）　柳川敏彦　「育療」（日本育療学会）　通号49　2011.2　p24～30

◇不登校でもぜんぜんだいじょーぶ（第14回）いざ行かん！ 安西直紀、中国へ　安西直紀　「月刊生徒指導」（学事出版）　41（3）　2011.2　p50～53

◇中学進学に伴う不登校傾向の変化と学校生活スキルとの関連　五十嵐哲也　「教育心理学研究」（日本教育心理学会）59（1）　2011.3　p64〜76

◇不登校でもぜんぜんだいじょーぶ（最終回）時代の国境を突破せよ　安西直紀　「月刊生徒指導」（学事出版）　41（4）　2011.3　p50〜53

◇不登校の予防に関する研究─中学生の欠席日数を予測する要因の検討　早川惠子, 小林正幸, 奥野誠一　「東京学芸大学教育実践研究支援センター紀要」（東京学芸大学）　7　2011.3　p35〜42

◇〈園芸と不登校〉のリサイクル─ゼロ年代『園芸少年』を中心に（特集 物語リサイクル）　林美千代　「Hyoron未満」（名古屋児童文学評論の会）　（11）　2011.3　p6〜17

◇不登校問題の批判的検討─脱落型不登校の顕在化と支援体制の変化に基づいて　酒井朗, 川畑俊一　「大妻女子大学家政系研究紀要」（大妻女子大学）　（47）　2011.3.3　p47〜58

◇若者の意識に関する調査（ひきこもりに関する実態調査）の概要　塩島かおり　「刑政」（矯正協会）　122（4）通号1426　2011.4　p66〜77

◇フリーター、ニート、ひきこもりを生まない 自立をうながすコミュニケーションワークシート　小崎良伸　「月刊生徒指導」（学事出版）　41（7）（増刊）　2011.5　p1〜88

◇不登校、ひきこもりの子（特集 子どもの心に寄り添う─こんな子にどう寄り添うか）　高橋良臣　「児童心理」（金子書房）65（7）通号931　2011.5　p584〜588

◇教育講演 不登校児を勇気づける　近藤里佳　「アドレリアン」（日本アドラー心理学会）　24（3）通号65　2011.6　p239〜245

◇不登校は今どうなっているか（不登校の現在）　伊藤美奈子　「児童心理」（金子書房）　65（9）通号933（臨増）　2011.6　p1〜10

◇「不登校像」はどう変化したか─学校・家庭・社会の変化と連動して（不登校の現在）　花輪敏男　「児童心理」（金子書房）65（9）通号933（臨増）　2011.6　p11〜17

◇不登校臨床の現場から─「ほんとうの自分」という錯覚に安住する子どもたち（不登校の現在）　磯部潮　「児童心理」（金子書房）65（9）通号933（臨増）　2011.6　p18〜27

◇不登校とひきこもり─現象としての共通性と意識傾向の違い（不登校の現在）　高塚雄介　「児童心理」（金子書房）　65（9）通号933（臨増）　2011.6　p28〜38

◇大学における不登校・ひきこもりに対する支援の実態と今後の課題─学生相談機関対象の実態調査から　水田一郎, 石谷真一, 安住伸子　「学生相談研究」（日本学生相談学会）　32（1）　2011.7　p23〜35

◇継続的なジョギングが不登校克服に有効に作用した可能性のある女子大学生の事例　栗原久　「東京福祉大学・大学院紀要」（東京福祉大学, 東京福祉大学短期大学部）　2（1）　2011.8　p43〜50

◇創業の志（40）「不登校」という言葉をなくすために─日野公三氏　吉村克己　「JMAマネジメントレビュー ： JMA management review」（日本能率協会）　17（8）通号690　2011.8　p36〜39

◇大学生の不登校と単位取得との関連　蔵本信比古　「北海道情報大学紀要」（北海道情報大学）　23（1）　2011.10　p37〜43

◇生徒指導の基礎理論（8）登校拒否から不登校へ　中村豊　「月刊生徒指導」（学事出版）　41（13）　2011.11　p48〜51

◇不登校への類似性認知と行動　宮本正一, 児玉岳　「岐阜大学教育学部研究報告. 人文科学」（岐阜大学教育学部）　61（1）　2012　p93〜98

◇不登校研究の展望（2）国内における1980年代の臨床心理学の事例論文から　佐藤淳一, 岩田嘉光, 齋藤真結子［他］　「上越教育大学研究紀要」（上越教育大学）　31　2012　p169〜179

◇病弱教育の歴史的変遷と生活教育 ： 寄宿舎併設養護学校の役割と教育遺産　玉村公二彦, 山崎由可里, 近藤真理子　「和歌山大学教育学部教育実践総合センター紀要」（和歌山大学教育学部附属教育実践総合センター）　（22）　2012　p147〜155

◇不登校の子どもの権利宣言（特集 子どもの権利を子どもの手に）　不登校の子どもの権利宣言を広めるネットワーク　「子どものしあわせ」（草土文化）　（732）　2012.2　p38〜41

◇特集 知ってほしい「不登校の権利」： 宣言広めるネットワーク代表の彦田来留未さん 教育難

民を救え(4・完)　「内外教育」(時事通信社)　(6145)　2012.2.28　p8〜9

◇登校拒否・不登校、ひきこもりに関わる国の動向に関する研究(1)「学校不適応対策調査研究協力者会議」及び「不登校問題に関する調査研究協力者会議」の各報告の分析・検討から(小坂淳二名誉教授記念特集)　中原大介　「創発：大阪健康福祉短期大学紀要」(大阪健康福祉短期大学)　(11)　2012.3　p65〜78

◇中学生の「居場所のなさ」に関する研究　清水寛子　「佛教大学大学院紀要. 教育学研究科篇」(佛教大学大学院)　(40)　2012.3　p71〜88

◇管理職必携 安心・安全の新常識 学校不適応(1)不登校の現状　小林正幸　「週刊教育資料」(教育公論社)　(1202)通号1332　2012.4.2　p24〜25

◇不登校の子(特集 安心感の乏しい子―子どもの不安と内界)　宮田雄吾　「児童心理」(金子書房)　66(7)通号949　2012.5　p567〜570

◇テレビ・DVD・ゲーム・ケータイ・インターネットと子どもの健康(特集 学校の保健と安全―学校保健・学校安全の現状と課題)　山田眞理子　「母子保健情報」(母子愛育会)　(65)　2012.7　p48〜52

◇小学校第6学年児童の登校意欲に影響を与える生活実態　門田美惠子, 吉田浩子, 大東俊一〔他〕　「心身健康科学」(日本心身健康科学会)　8(2)　2012.9　p150〜159

【図書】

◇親が育つ!? ―不登校から見る子育て　寺子屋方丈舎編　会津若松　寺子屋方丈舎　2003.2　134p　21cm　〈発売：歴史春秋出版(会津若松)〉　1000円　①4-89757-469-2　Ⓝ371.42
　内容　子どもたちは居場所を捜している　不登校―学校復帰強化策は疑問　座談会(親が育つ!?トークライブ　地域で子育てをするには…)　不登校とは何だろうか　学校に行かなかった子どもからのメッセージ(1994年〜2002年)　親・大人が見た不登校(1994年〜2002年)　子育てQ&A(親からのQ&A　子どもからのQ&A)　児童館の概要―城前児童センター／行仁児童センター／材木町児童館／西七日町児童館　子育てデータ一覧表―保育所／幼稚園／子育てサークル／児童館

◇不登校　真仁田昭, 堀内聰編著　開隆堂出版　2003.3　253p　21cm　(子どもをとりまく問題と教育 第7巻)　〈シリーズ責任表示：真仁田昭／〔ほか〕監修　文献あり〉　2300円　①4-304-04089-8　Ⓝ371.42

◇池上彰が聞く僕たちが学校に行かなかった理由―不登校シンポジウムより　池上彰述, 牟田武生監修, オクムラ書店編　オクムラ書店　2003.6　281p　21cm　2000円　①4-86053-014-4　Ⓝ371.42
　内容　対談 シンポジウムから見えてくること(学校が贅沢だった時代　授業するだけが先生じゃない ほか)　平成十四年シンポジウム(きっかけ　不登校後の活動 ほか)　平成十三年シンポジウム(きっかけ　フリースクールとの出会い ほか)　平成十二年シンポジウム(きっかけ　学校や家庭の対応 ほか)　巻末資料

◇親と教師が助ける不登校児の成長　小野修著　名古屋　黎明書房　2003.6　207,12p　21cm　〈「親と教師が助ける登校拒否児の成長」(昭和60年刊)の改訂〉　2300円　①4-654-02077-2　Ⓝ371.42
　内容　1 親の疑問の方向　2 理解する手がかり　3 だんだん重くなる　4 なぜ不登校になるか　5 どうやって成長を助けるか　6 不登校児をもつ親の学習会　7 不登校児はどう変わっていくか　8 不登校児の親はどう変わっていくか　9 学校に何をしてほしいか　10 補章

◇不登校なんて恐くない！　川元昌司, 川元智子著　碧天舎　2003.10　185p　19cm　1000円　①4-88346-362-1　Ⓝ371.42

◇ひきこもりと不登校―こころの井戸を掘るとき　関口宏著　講談社　2003.12　206p　18cm　(講談社+α新書)　840円　①4-06-272228-3　Ⓝ367.68
　内容　第1章 問いかけとしてのひきこもり―個人的な問いかけ(ひきこもりは病気か　甘えか、絶望か ほか)　第2章 個室化する身体と精神(ひきこもり前史　ネクラが主流だった時代 ほか)　第3章 問いかけとしてのひきこもり―社会的な問いかけ(きつさをかかえた日本人　自立を強要する社会 ほか)　第4章 内戦からの帰還(不登校―嵐の峠越え　井戸掘りと底つき体験 ほか)

◇この子たちに未来はあるか――不登校・高校中退者とともに15年　吉川靖男著　東京図書出版会　2004.3　134p　19cm　〈発売：星雲社〉　952円　Ⓘ4-434-03225-9　Ⓝ373.1

内容　不登校・高校中退者に思いやりのある教育15年　不登校者の統計と文部科学省の政策　不登校・少年非行の増加する背景　不登校と少年非行　日本の教育を歴史から考察　戦前・戦後の学制比較　学校は護送船団　近未来の経済・学校の予測　教育の目的と方針　高等学校（普通課程　定時制課程　単位制課程）〔ほか〕

◇不適応能力――どんづまりが出発点　大越俊夫著　致知出版社　2004.4　272p　20cm　1600円　Ⓘ4-88474-677-5　Ⓝ371.42

内容　序章　子どもを学校へ戻すのではなく「人間に戻す」　第1章「不適応というすばらしい能力」を持った子どもたち　第2章　不登校という「病理」の怖さ　第3章　対話する心、いのちに火をつける言葉　第4章「学校へ行かない」という生き方　終章　新しい学校外教育を実践する

◇ようこそ反抗期――不登校のこころの読み方　吉田勝明著　講談社　2004.5　230p　20cm　1500円　Ⓘ4-06-212388-6　Ⓝ371.42

内容　第1章　下宿屋のおばさんになれますか？　第2章　親が知らない思春期の子ども　第3章　踏みにじられるこころ　第4章　こころの傷を癒す　第5章　こころのつながりを回復する　第6章　こころを育て、強くするために　終章　スクールカウンセリングの現場

◇希望としての不登校・登校拒否――本人・親の体験、教師の教育実践に学ぶ　前島康男編著　創風社　2004.6　286p　21cm　2000円　Ⓘ4-88352-091-9　Ⓝ371.42

内容　第1編　本人の体験（私の「不登校」と「不登校卒業」　元気になるまでの道のり　ぼくの登校拒否体験　第2編　親（親の会）の体験（我が子が不登校（登校拒否）になってから　息子の不登校に育てられて　子ども達の登校拒否を経験して　ほか）　第3編　教師の教育実践（マキから学んだこと――みんなでのびよ！　学校現場から見る不登校　親たちと共につくる"学びの場"――お母さんたちから元気をもらって　ほか）

◇不登校は終わらない――「選択」の物語から〈当事者〉の語りへ　貴戸理恵著　新曜社　2004.11　327p　20cm　〈文献あり〉　2800円　Ⓘ4-7885-0927-X　Ⓝ371.42

内容　第1章　方法としての"当事者"（「不登校」とは何か　"当事者"とは誰か　ほか）　第2章　"非当事者"による不登校論（誰が、どのように不登校を「問題」とするのか　「偏った性格傾向」から「どの子にも」へ、そして「容認行き過ぎ」へ――「管理者」の立場　ほか）　第3章　"当事者"による不登校論（「"当事者"にとっての不登校」を問うために　『不登校に関する実態調査』の意義と限界　ほか）　第4章　「選択」の物語から"当事者"の語りへ（不登校と「選択」の物語「"当事者"であること」の意味）

◇不登校、選んだわけじゃないんだぜ！　貴戸理恵、常野雄次郎著　理論社　2005.1　193p　20cm（よりみちパン！セ 7）　1200円　Ⓘ4-652-07807-2　Ⓝ371.42

内容　1　理由なんて、どうでもいい！　2　矛盾してても、ぜんぜんいい！　3　選んだなんて、言わなくていい！　4　ハッピーエンドは、もういい！　5　わからなくて、いい！

◇病気でないからひきこもりは解決できる！――「ひきこもり」と「不登校」のメカニズムを知るための『教科書』　神山新平著　メタモル出版　2005.3　206p　19cm　（Kokoro books）　1600円　Ⓘ4-89595-479-X　Ⓝ367.68

内容　第1章　ひきこもりを取り巻く厳しい現実　第2章　玩ばれるひきこもりとその家族　第3章　不登校とひきこもりケアの現場　第4章　視点を変えればひきこもりは解決できる　第5章　ひきこもりと不登校を解決するためのひきこもり考　第6章　ひきこもりと不登校を解決するための具体策（理論編）　第7章　ひきこもりと不登校を解決するための具体策（実践編）

◇不登校（登校拒否）の教育・心理的理解と支援　佐藤修策著　京都　北大路書房　2005.3　349p　21cm　〈文献あり〉　3500円　Ⓘ4-7628-2422-4　Ⓝ371.42

内容　第1章　不登校（登校拒否）の意義　第2章　登校拒否の呼称や状態像の変遷　第3章　各種統計に見る登校拒否の現状と課題　第4章　登校拒否とその見極め――主としてスクリーニングとしての見極め　第5章　登校拒否とその見極め――主として登校拒否と周辺障害との識別　第6章　登校拒否の子どもの心理　第7章　親への教育・心理的支援　第8章　子どもへの教育・心理的支援――家庭訪問中心に　第9章　登校拒否の予後

◇不登校臨床の心理学　藤岡孝志著　誠信書房　2005.6　263p　22cm　3400円　Ⓘ4-414-40022-8　Ⓝ146.82

内容　第1章 不登校臨床の歴史　第2章 不登校児童・生徒の理解　第3章 不登校児童・生徒に対する学校内の援助システムの構築　第4章 不登校児童・生徒への地域内援助システムの構築　第5章 絵画療法による不登校児童・生徒への援助　第6章 不登校児童・生徒への動作療法の適応　第7章 日本人臨床と不登校　第8章 不登校児童・生徒の家族への援助システムの構築　第9章 不登校児童・生徒に対する理解と対応のモデル構築の試み　第10章 不登校事例の見立てと対応の要点—ケース・シミュレーション

◇不登校という生き方—教育の多様化と子どもの権利　奥地圭子著　日本放送出版協会　2005.8　238p　19cm　（NHKブックス 1037）　920円　Ⓘ4-14-091037-2　Ⓝ371.42

内容　第1章 不登校はなぜ起きるのか　第2章 学校以外の道はあるか　第3章 不登校の子どもの自立　第4章 わが国の不登校を振り返る　第5章 静かな、しかし着実な動き　終章 どうすれば解決できるのか—まなざしの転換を求めて

◇不登校とのつきあい方　村本邦子, 渡邉佳代著　大津　三学出版　2005.9　85p　19cm　（FLC21子育てナビ 10）　952円　Ⓘ4-921134-91-X　Ⓝ371.42

内容　第1章 どうして学校に行くの?（学校に期待されている役割　学習　ほか）　第2章 発達課題と不登校（子どもの発達の道筋を知ろう　基本的信頼　ほか）　第3章 不登校の状態と子どもへの関わり（状態に応じた働きかけを　不登校気味　ほか）　第4章 親子を支えるネットワーク作りに取り組もう（両親で子育てに参加しよう　学校の先生は力強い協力者　ほか）

◇プロン・トン・トン—不登校をキーワードに子育てを考える本　ゆっくりし～や　2号　あんだんて編　京都　あんだんて　2006.1　113p　26cm　1260円　Ⓝ371.42

◇学校に行けないのはなぜ？　武藤清栄, 淵上規后子著　学習研究社　2006.2　63p　23cm　（はじめてのカウンセリング心のたんけん 4）　2500円　Ⓘ4-05-202361-7　Ⓝ371.42

◇不登校の児童・思春期精神医学　齊藤万比古著　金剛出版　2006.10　246p　22cm　〈文献あり〉　3500円　Ⓘ4-7724-0938-6　Ⓝ493.937

内容　第1部 不登校の現在（最近の不登校のとらえ方　不登校概説）第2部 不登校の諸側面（不登校に見る子どもの攻撃性と脆弱性　1993年：登校拒否の現状と治療　不登校と心の発達　思春期心性と不登校　不登校の心身相関　不登校・ひきこもりの精神医学的観点）　第3部 不登校の治療論（登校拒否の下位分類と精神療法　入院治療における登校拒否の集団精神療法　登校拒否の入院治療）　第4部 不登校の長期経過（不登校だった子どもたちのその後　不登校の病院内学級中学校卒業後10年間の追跡研究）　第5部 不登校の周辺領域（反抗挑戦性障害　家庭内暴力　青少年の自殺行動をめぐって　思春期の仲間集団体験における「いじめ」　中学生の心のケア）

◇不登校は文化の森の入口　渡辺位著　東京シューレ出版　2006.11　222p　20cm　1800円　Ⓘ4-903192-05-9　Ⓝ371.42

内容　第1章 親子関係を考える（親と子の相互的関わり　不登校がわかると本質が見えてくる　ほか）　第2章 不登校、親に求められているもの（「渡辺製イソップ物語」　不登校は子どもの「SOS」なのか　ほか）　第3章 子どもの"今"に目を向ける（お母さんの心配ごと　世間体を気にする親　ほか）　第4章 子どもの行動に見る自己否定（不登校以外の行動にも自己否定　家庭内暴力と自己否定　ほか）　第5章 話を聞くことは、こころを聴くこと（見方・考え方には基準がある　不登校が再び問題に…　ほか）

◇人とうまくつき合えない子どもたち—不登校・ひきこもり・ニート、その理解と支援　小田貴美子著　学事出版　2006.12　191p　21cm　2000円　Ⓘ4-7619-1274-X　Ⓝ371.42

内容　第1章 不登校の子ども・ひきこもり・ニートになる若者について考える（不登校になる子どもについて　小学校高学年・ふざけ世代の年齢で友だちの輪に入れない子ども　ほか）　第2章 不登校の子ども・ひきこもり・ニートの若者をもつ家族のために（不登校・ひきこもりの子どもをもつ家族の悩み　今、親として子どもとどう向き合うか　ほか）　第3章 不登校の子どもの学校復帰・ひきこもり・ニートの若者の社会復帰を考える（学校に行けない子どもに学校のことをどのように伝えるか　不登校児の学校復

帰の問題 ほか）　終章(現代における家族事情　家族力について ほか)

◇不登校・ひきこもりと居場所　忠井俊明、本間友巳編著　京都　ミネルヴァ書房　2006.12　262p　21cm　2400円　Ⓘ4-623-04751-2　Ⓝ371.42

内容　第1部 理解編（居場所とは何か―不登校・ひきこもり支援への視座　不登校の現状とその理解　ひきこもりというアポリア）　第2部 実践編（学校と居場所―高等学校での支援を中心に　スクールカウンセラーと不登校―こころの居場所を求めて　居場所としての適応指導教室―臨床心理学的な視点から ほか）　第3部 展望編（不登校支援の課題と展望　ひきこもり支援の課題と展望―社会規範を解きほぐす居場所の実践から）

◇不登校の子どもに教えられたこと―元教師による不登校問題への提言　伊藤功一著　日本標準　2007.3　62p　21cm　（日本標準ブックレット no.5）　600円　Ⓘ978-4-8208-0288-4　Ⓝ371.42

内容　序章 不登校問題に取り組む　第1章 不登校の原因と学校への批判　第2章 親につぶされる子どもたち　第3章 「いじめ」問題　第4章 教師としてどのような対応が必要か　終章 不登校問題への提言

◇学校という名の牢獄―不登校の掟　卯月潤哉著　新風舎　2007.4　175p　20cm　1600円　Ⓘ978-4-289-00391-4　Ⓝ371.42

内容　疑問　開戦　学舎戦記　終戦　不登校という生物　イジメメカニズム　イジメをして何が悪い？　イジメを無くすのは不可能なのか？　イジメなど叩き潰せ　現実から逃げて何が悪い？〔ほか〕

◇不登校児はいない―「問題」を考えるうえで大事なこと　清原浩著　名古屋　ブイツーソリューション　2007.6　108p　21cm　〈発売：星雲社〉　1200円　Ⓘ978-4-434-10818-1　Ⓝ371.42

内容　1 不登校児はいない！　2 親のありかたをふり返る　3 不登校は思春期の戸惑い―発達のつまずきとしての不登校　4 子どもの人間関係と自立論　5 今まで、不登校はどう考えられてきたか　6 登校拒否論に関する一考察―援助臨床の前提として

◇どの子にも起こる不登校―教育の"off現象"　大越俊夫著　新版　大津　素人社　2007.7　264p　19cm　1400円　Ⓘ978-4-88170-400-4　Ⓝ371.42

◇不登校・ひきこもりの心がわかる本　磯部潮監修　講談社　2007.7　98p　21cm　（健康ライブラリー イラスト版）　1200円　Ⓘ978-4-06-259415-8　Ⓝ146.82

内容　1 どうして外に出られないのか（原因―原因をひとつに特定することはできない　心理的要因―悩むポイントは一人ひとりまったく違う ほか）　2 本人はなにを考え、悩んでいるか（考えていること―不登校とひきこもりでは、考え方の傾向が違う　考えていること―勉強や仕事に意味をみいだせない ほか）　3 八方塞がりの家族へのアドバイス（家族の姿勢―家族の力には限界があることを理解する　家族の姿勢―登校したがらない子には、どう話しかける？ ほか）　4 人生を変える一歩のふみ出し方（生活を変える―小さな目標を立て、少しだけがんばってみる　生活を変える―心が落ち着くような、安全な場所をつくる ほか）　5 医師・心理士に期待できること（医療機関―専門家は精神科・神経科・心療内科などにいる　医療機関―診察ではどんなことを聞かれるか ほか）

◇不登校―学校に背を向ける子どもたち　相馬誠一ほか著, 相馬誠一編　ゆまに書房　2007.8　281p　22cm　（シリーズこころとからだの処方箋 13）　3500円　Ⓘ978-4-8433-1825-6　Ⓝ371.42

内容　第1章 不登校とは何か　第2章 データから見る不登校の子どもたちの心理　第3章 不登校の子どもたちの声　第4章 不登校に関わる人々の声―教育支援センター指導員対象の調査より　第5章 アメリカ合衆国の不登校への対応―SARB　第6章 不登校の子どもたちへの支援の現状　第7章 学校での支援　おわりに―不登校の子どもたちへの支援制度確立に向けて

◇不登校の子ほどよく伸びる―丸ごと受け止めることから始めよう　日本教育相談研究所編著　学びリンク　2007.9　189p　19cm　1000円　Ⓘ978-4-902776-23-2　Ⓝ371.42

内容　第1章 「不登校」を、きちんと知る（「不登校」の定義　不登校は、自分さがしの通過点　段階に応じた不登校のようすと対処法　不登校

になりやすい子の行動パターン　コラム　不登校最前線　中一ギャップ/学校裏サイト)　第2章　ケーススタディ　不登校からの再生(ケーススタディ　小学生の場合　ケーススタディ　中学生の場合　インタビュー　お母さんになった元不登校生　ケーススタディ　インタビュー　不登校を経験した高校生　座談会　不登校を乗り越えた高校生たち　保護者対談　不登校を乗り越えた子どものお母さん　座談会　不登校を指導している先生たち　新しい高校の「かたち」　生徒の多様化に応える通信制高等学校)　第3章　不登校の子への接し方Q&A(先生たちに伝えたい!　学校現場での指導の方法　これだけは知っておきたい　家庭での見守り方　日本教育相談研究所の活動)

◇これほどまでに不登校・ひきこもりを生み出す社会とは何なのか?　中原恵人，伊藤哲司著　京都　北大路書房　2008.3　57p　21cm　(北大路ブックレット　4)　700円　Ⓘ978-4-7628-2597-2　Ⓝ367.68

内容　不登校・ひきこもり問題の構造とそれを捉える三つの視点　「社会」から捉える不登校・ひきこもり問題　「親」から捉える不登校・ひきこもり問題　「当事者」から捉える不登校・ひきこもり問題　「支援団体・関係機関」から捉える不登校・ひきこもり問題

◇子ども精神衛生講座　第1巻　いわゆる登校拒否について　いわゆる登校拒否について　2　安田生命社会事業団編,安田生命社会事業団編　日本図書センター　2008.4　170,165p　22cm　〈「いわゆる登校拒否について」(安田生命社会事業団昭和50年刊)と「いわゆる登校拒否について　2」(安田生命社会事業団昭和51年刊)の複製〉　Ⓘ978-4-284-30219-7,978-4-284-30218-0　Ⓝ493.937

内容　いわゆる登校拒否について：いわゆる登校拒否(学校恐怖症)(佐々木正美述),自発的に登校するまでの経過について(平井信義述),登校拒否の治療(小倉清述),学校に行かない子(山本和郎述),不登校者の心理(村瀬孝雄述),シンポジウム　登校拒否(佐々木正美ほか述),いわゆる登校拒否について2：登校拒否の精神病理(佐々木正美述),登校拒否のカウンセリング(玉井収介述),登校拒否と私とのかかわり(渡辺位述),登校拒否の治療上の諸問題(小泉英二述),シンポジウム　学校における指導と相談所との連携(小泉英二,有賀信夫,高井喜代美述)

◇不登校多様な生き方をもとめて　登校拒否・不登校を考える全国ネットワーク編　東京シューレ出版　2008.8　207p　19cm　1500円　Ⓘ978-4-903192-10-9　Ⓝ371.42

内容　1　子どもシンポジウム―子どもが語る登校・不登校　2　OB・OGシンポジウム―不登校経験者の今　3　基礎講座・内田良子―不登校ってなに?　4　講演・渡辺位―成ること、在ること、場を共にすること　5　シンポジウム―多様な教育をもとめて

◇学校に行けない/行かない/行きたくない―不登校は恥ではないが名誉でもない　冨田和巳著　へるす出版　2008.10　270p　18cm　(へるす出版新書　001)　〈文献あり〉　1200円　Ⓘ978-4-89269-640-4　Ⓝ371.42

◇生きるための学校―不登校生と歩んだ生野学園20年の航跡　宇都宮誠編著　日本評論社　2008.11　310p　19cm　1700円　Ⓘ978-4-535-56271-4　Ⓝ371.42

内容　第1章　自分探しの道　第2章　出会いの不思議　第3章　親と子、そして家族　第4章　新しい世界をみつけた　第5章　本当の自分と再会できた　第6章　生野学園という世界　第7章　親だって育つ　第8章　親として思い返すこと　第9章　サポーターからのメッセージ　第10章　われわれの教育方針と実践

◇学校という名の牢獄―不登校の掟　卯月潤哉著　文芸社　2008.11　179p　19cm　〈2007年刊の増訂〉　1200円　Ⓘ978-4-286-05757-6　Ⓝ371.42

内容　疑問　開戦　学舎戦記　終戦　不登校という生物　イジメメカニズム　イジメをして何が悪い?　イジメを無くすのは不可能なのか?　イジメなど叩き潰せ　現実から逃げて何が悪い?　健全な不登校ライフ　過去を越え―遙か未来へ　理想の教育―教育の現状

◇不登校に関する研究―心理・社会的視点からの考察　秋山博介著　日野　実践女子学園　2008.11　161p　22cm　(実践女子学園学術・教育研究叢書　18)　〈発行所：弘文堂〉　非売品　Ⓘ978-4-335-65135-9　Ⓝ371.42

◇"学校を休む"児童生徒の欠席と教員の休職　保坂亨著　学事出版　2009.1　119p　21cm　〈文献あり〉　1600円　Ⓘ978-4-7619-1646-6　Ⓝ371.42

内容　第1章 学校を「休む」ことをめぐるさまざまな問題　第2章 学校を休む子どもたち―小中学校の欠席調査から　第3章 出席と欠席―別室登校調査から　第4章 学力と欠席状況―高校の欠席調査から　第5章 学校を休む先生―教師のメンタルヘルス調査から　第6章 「子ども」像のゆらぎと学校教育

◇子ども精神衛生講座　第12巻　登校拒否および関連領域の問題　現代の親と子　安田生命社会事業団編,安田生命社会事業団編　日本図書センター　2009.1　171,217p　22cm　〈安田生命社会事業団1984〜1985年刊の複製合本〉　Ⓘ978-4-284-30231-9,978-4-284-30227-2　Ⓝ493.937

　内容　登校拒否および関連領域の問題　登校拒否および関連領域の問題（佐々木正美著）,登校拒否の概念と治療上の留意点（清水將之著）,登校拒否への教師と教育の役割（永田実著）,思春期の人々への個別的にして多面的なアプローチ（村瀬嘉代子著）,青春期心身症の原因と対策（森崇著）,現代の親と子　母と子の出会い（小林登著）,子どもを伸ばせる親伸ばせない親（詫摩武俊著）,父母関係と親子関係（上出弘之著）,子どもたちの豊かな未来のために（服部祥子著）,思春期のわが子とどう付き合うか（清水將之著）,出生率低下の問題を考える（青井和夫著）,家庭はどこへ行く（対談）（岡宏子,中村桂子述）

◇迷子の時代を生き抜くために―不登校・ひきこもりから見えてくる地平　山下耕平著　京都　北大路書房　2009.2　190p　19cm　1600円　Ⓘ978-4-7628-2664-1　Ⓝ371.42

　内容　第1章 学力って何だ？（なんでベンキョーするの？　学校ができる前は？　ほか）　第2章 社会性って何だ？（社会性って何だ？　日本に社会はない？　ほか）　第3章 あらためて、不登校って何だ？―当時者運動の現在地を考えてみる（不登校って何だ？　「誰にでも起こりうる」からこそ　ほか）　第4章 迷子の時代を生き抜くために（これまでの論点を振り返る　処世術？　ほか）

◇登園しぶり 登校しぶり　内田良子著　ジャパンマシニスト社　2009.5　211p　20cm　1500円　Ⓘ978-4-88049-186-8　Ⓝ376.11

　内容　1 幼稚園に行きしぶるとき（早すぎる入園　「泣く」ということ　ほか）　2 保育園に行きしぶるとき（親から離れられない子　保育園で声が出ない　ほか）　3 不登校が心配なとき（学校に行かれなくなる理由　「いじめ」からのがれるために　ほか）　4 将来を不安に思うとき（休んだ後の生活　子どもが求めていること　ほか）

◇不登校からの出発　田中登志道著　佼成出版社　2009.9　197p　19cm　1200円　Ⓘ978-4-333-02401-8　Ⓝ371.42

　内容　第1章 不登校の始まり（不登校が始まるとはどういうことか　なぜ子どもたちは不登校になるのか　ほか）　第2章 家族の戸惑いと悩み（お母さんの苦しさ　お母さんにとって心の支えとは　ほか）　第3章 本人の苦しみ（閉じこもり　昼夜逆転　ほか）　第4章 専門家の助けを借りる時は（カウンセリングの効用と問題　医療の問題）　第5章 命の力が芽ぶく時（耳を傾けることの大切さ　肯定的な優しい眼差し　ほか）

◇学校に行けない子どもと百倍楽しく過ごす法　小森さゆり著　文芸社　2009.12　252p　19cm　〈新風舎2004年刊の増訂〉　1400円　Ⓘ978-4-286-07785-7　Ⓝ371.42

◇子どもはいのちという原点から―不登校・これまでこれから　第20回不登校を考える全国大会（東京）記録集　登校拒否・不登校を考える全国ネットワーク,フリースクール全国ネットワーク編　東京シューレ出版　2010.9　171p　21cm　〈会期・会場:2009年8月 早稲田大学〉　1300円　Ⓘ978-4-903192-15-4　Ⓝ371.42

　内容　基調講演 子どもはいのち、という原点から　親シンポジウム 不登校・親として、仲間として　特別講演 社会的ひきこもり論から存在論的ひきこもり論へ　スペシャルシンポジウム 不登校、これまで、これから　子ども・若者リレートーク 不登校を生きて　不登校の子どもの権利宣言

◇登校拒否児たちが語る学校への「歴史的悲願像」―不登校児は、戦後史の語部であった　重見法樹著　新装版　東京図書出版会　2011.1　344p　20cm　〈発売:リフレ出版〉　1700円　Ⓘ978-4-86223-475-9　Ⓝ371.42

　内容　第1章 先生!ぼくは競争馬ではないよ（「Q君さえいなければ…」と思う担任を許してくれる「Q君の心」　Q君!再出発は今からでも遅くないよ、先生と一緒に歩こう）　第2章 不登校児の対応に当たって（Q君が予知する、不登校児を輩出する現代の学校像　北方性教育の教育実践の中に「共生の心を綴る」実践の芽を発見するほか）　第3章 不登校児は戦後史の語部であ

る(登校拒否児(不登校))は学校文化の価値観の変容を望んでいる　現代の子どもの心が育つにはいくつもの社会的子宮が必要である　ほか)　第4章　子育てに手がまわらない共働きの家族と不登校児への援助(「買う福祉」を買えない家族層から生まれてくる不登校児と親に対する私の援助と居場所づくり　バブル経済下で母方家族から立ち退きを迫られ物・心共に追い込まれていく子ども心　ほか)　終章　実践の成果と今後の課題(不登校児たちが「生き直しの心」を紡ぎながら示唆してくれた「歴史的悲願像」　校門の前には(アカウンタビリティ)「生き直しの心」をケアし、支える学校像を求める、子ども・親の「声」が渦まいている!)

◇共創カウンセリングの理論と実践―ひきこもり・不登校の人々と明るい未来のために　小松隆二、中野晃男、冨田來著　論創社　2011.2　308p　20cm　〈文献あり〉　2000円　①978-4-8460-1028-7　Ⓝ367.68

内容　第1章　カウンセリングとは何か―カウンセリングの本質、定義、基本問題(二一世紀はカウンセリングの時代　カウンセリングの考え方・あり方　ほか)　第2章　ひきこもりとは何か(ひきこもりに対する対応で最も大切なこと　ひきこもりの現実―あるひきこもりの事例　ほか)　第3章　ひきこもりと公益・共創―公益・共創とは何か(誰もが日々日常的に触れる公益活動　人間の内なる二面性　ほか)　第4章　ひきこもりの回復に向かう段階と技法(ひきこもりを解決する段階と課題　ひきこもりからの回復の開始と展開　ほか)　終章　公益社会とカウンセリング(公益社会・公益文化とは何か　市場原理・経済活動に対する公益原理の活用とチェック機能　ほか)

◇不登校・ひきこもりを生きる　高岡健著　青灯社　2011.3　227p　19cm　1600円　①978-4-86228-048-0　Ⓝ371.42

内容　第1章　不登校・ひきこもりを考えなおす(一人ぼっちという大切な時間　登校拒否・ひきこもりを生きる　ライフステージとしての「ひきこもり」　ひきこもりと若者の人権)　第2部　高岡健さんへの100の質問(登校拒否・ひきこもりの本質と実態　登校拒否・ひきこもりの要因　登校拒否・ひきこもりへの対応の原則)

◇今、ここにあなたといること―熱血先生と元不登校児の3000日　兵藤友彦著　角川学芸出版　2011.4　206p　19cm　〈発売:角川グループパブリッシング〉　1200円　①978-4-04-653244-2　Ⓝ371.42

内容　第1章　Making of『赤い日々の記憶』―子どもたちとの出会い(初めて定時制へ　演劇同好会との出会い　ほか)　第2章　授業「演劇表現」―部活から校内へ(演劇は不登校に効くかも　授業「演劇表現」　ほか)　第3章　「便所くんプロジェクト」―学外へ(「深海の部屋」の底で『便所くん―男だけの世界』　ほか)　第4章　演劇表現ワークショップ―社会へ(「あの頃の僕らは」　対等性の困難さ　ほか)

◇日本における不登校問題の捉え方の変化　益川優子著　開成出版　2011.8　231p　26cm　〈文献あり〉　3600円　①978-4-87603-448-2　Ⓝ371.42

◇学校って何―「不登校」から考える　小沢牧子著　川崎　小澤昔ばなし研究所　2011.11　225p　19cm　1400円　①978-4-902875-44-7　Ⓝ370.4

内容　1　学校って何(群れ遊ぶことのちから　学ぶという営み　いじめと不登校　子どもを分けるな　世話人としての教師　「子ども制度」と不登校)　2　子どものいる場所(子どもと遊び虫を殺す　子どもと時間　空気を読むな!　子どもの居場所考　ドイツで出会った三つの言葉　たかが挨拶、されど挨拶　母の孤独　この原発災害と親子の未来　手―だいじな友だち)

◇不登校、選んだわけじゃないんだぜ!　貴戸理恵、常野雄次郎著　増補　イースト・プレス　2012.3　208p　19cm　(よりみちパン!セ　P036)　〈初版:理論社2005年刊〉　1200円　①978-4-7816-9025-4　Ⓝ371.42

内容　1　理由なんて、どうでもいい!　2　矛盾してても、ぜんぜんいい!　3　選んだなんて、言わなくていい!　4　ハッピーエンドは、もういい!　5　わからなくて、いい!　増補　性懲りもなく、迷いながら。

◇不登校のポリティクス―社会統制と国家・学校・家族　加藤美帆著　勁草書房　2012.9　228p　22cm　〈文献あり　索引あり〉　3000円　①978-4-326-25078-3　Ⓝ371.42

内容　問題の所在と本書の構成　第1部　不登校のポリティクスに向けて(「長期欠席」と「不登校」の現在　先行研究の検討　不登校の知を問う)　第2部　就学と欠席を通じた国家の編成(戦後の長欠者問題と国民国家の再編成　長期欠席か

ら）「学校ぎらい」の「出現」へ―戦後教育の転換 「登校拒否」から「不登校」へ―ポスト福祉国家における社会統制の変化） 第3部 不登校と親密圏のポリティクス（不登校をめぐる政治―朝日新聞家庭面の分析から 不登校からの家族秩序への問い直し） 不登校の現在とこれから

◇学校へ行く意味・休む意味―不登校ってなんだろう？ 滝川一廣著 日本図書センター 2012.11 406p 19cm 1500円 ①978-4-284-30449-8 内容 なにを「不登校」と呼ぶか 教育とはなにか 近代のはじまりと公教育の誕生 日本公教育制度のはじまり 学校の聖性 戦後の学校と長欠率の推移 不登校はどうはじまったか 戦後における学校教育 不登校への取りくみのはじまり 不登校をめぐる百家争鳴 不登校はなぜ増えてきたのか 学校へ行く意味 休む意味

◆統計・調査

【雑誌記事】

◇東京都公立中学における不登校出現率の地域間格差に関する研究(2002年度教育科学コース卒業論文から) 河内綾 「人間発達研究」（お茶の水女子大学人間発達研究会） (26) 2003 p47～57

◇「体罰の疑い」が小学校で大幅増―不登校は3.3％増の13万9000人に 文科省の2001年度「生徒指導上の諸問題の現状」（中） 「内外教育」（時事通信社） (5357) 2003.1.17 p6～10

◇SCS教育臨床講座は、どのように受けとめられているか？―発信校受講者のアンケート調査から 小野昌彦、赤西真由子、土地清香 「教育実践総合センター研究紀要」（奈良教育大学教育学部附属教育実践総合センター） (12) 2003.3 p125～131

◇「受容」偏重が不登校増加の原因？―性格により登校刺激が必要な場合も 横浜の民間教育施設が調査 「内外教育」（時事通信社） (5381) 2003.4.18 p2～3

◇2003年度学校基本調査速報(1)不登校 5.4％減の13万1000人に―現行方式の調査で初めて前年度を下回る 「内外教育」（時事通信社） (5410) 2003.8.12 p2～3

◇大学と地域との連携による心理教育相談の展開（特集 教育相談の新しい展開） 中野明徳, 小野昌彦, 木谷秀勝 [他] 「茨城大学教育実践研究」（茨城大学教育学部附属教育実践総合センター） (22) 2003.10 p1～17

◇教育ニュース・ズームアップ1 キャリア教育推進中間まとめ 2 〔平成〕14年度「問題行動白書」の速報 3 国研が中1不登校の実態調査 安達拓二 「現代教育科学」（明治図書出版） 46(11) 通号566 2003.11 p93～100

◇教育の広場 不登校の小中学生が減った―7500人、調査開始以来初めて なお、13万台の高水準は崩れず 望まれる教育現場での新たな対応 「ニューライフ」（ニューライフ） 50(11) 通号558 2003.11 p4～10

◇あなたの町の不登校ランキング 初公開！東京ワースト昭島、全国では高知。都道府県別対策と効果 石塚公康 「読売ウイークリー」（読売新聞東京本社） 62(48) 通号2893 2003.11.16 p72～76

◇高校生にみる不登校傾向に関する研究―意識調査を通して 山下みどり, 清原浩 「鹿児島大学教育学部教育実践研究紀要」（鹿児島大学教育学部） 14 2004 p21～38

◇特別論文 不登校減少のデータをどう読むか（特集 目標をもてる子に育てる） 清水井一 「児童心理」（金子書房） 58(1) 通号799 2004.1 p102～106

◇不登校児童・生徒が初めて減少―「体罰の疑い」小学校、高校で大幅増― 文科省の2002年度「生徒指導上の諸問題の現状」（中） 「内外教育」（時事通信社） (5445) 2004.1.13 p6～10

◇小児科学会の"驚愕データ"子供が危ない やはりテレビ漬けは「害悪」―1日2時間以上の視聴は言語発達に影響, 不登校、ひきこもりの可能性も, 医師が証言「テレビの見過ぎは子供から笑顔を消す」 「サンデー毎日」（毎日新聞社） 83(21) 通号4618 2004.4.18 p174～176

◇2004年度学校基本調査速報(1)不登校 3.8％減の12万6000人に―2年連続で前年度を下回る 「内外教育」（時事通信社） (5501) 2004.8.24 p2～3

◇教育ニュース・ズームアップ 〔平成〕15年度の「問題行動白書」を発表 小学生の校内暴力行為が一、六〇〇件にも 安達拓二 「現代教育科

学」(明治図書出版) 47(11)通号578 2004.11 p93～95

◇2005年度学校基本調査速報 3年連続で前年度下回る―小・中学生合わせて12万3千人に(1)不登校 「内外教育」(時事通信社) (5589) 2005.8.23 p2～3

◇高校生の不登校は6万7500人―2004年度「生徒指導上の諸問題の現状」(下) 「内外教育」(時事通信社) (5604) 2005.10.25 p6～7

◇「教育に関する調査統計の読み方」考―「学校基本調査」における「不登校児童生徒」の検討を中心として 折原茂樹, 大野高志, 山崎真之[他] 「教育学論叢」(国士舘大学教育学会) (23) 2005.12 p82～66

◇中学生は8年ぶりに10万人割る―小・中学校の児童・生徒数が過去最低更新 2006年度学校基本調査速報(1)不登校 「内外教育」(時事通信社) (5674) 2006.8.22 p2～3

◇2007年度学校基本調査速報 小、中学校共5年ぶりに増える―3.7%増の12万6764人(1)不登校 「内外教育」(時事通信社) (5759) 2007.8.21 p2～3

◇評の評 [2007年] 8月前期の新聞 5年ぶりに増加に転じた不登校 「内外教育」(時事通信社) (5760) 2007.8.24 p26～29

◇不登校公式統計をめぐる問題 山本宏樹 「教育社会学研究」(東洋館出版社) 83 2008 p129～148 [含 英語文要旨]

◇千葉県の長期欠席10年の変化―自治体別データの「病気割合」と「不登校割合」に注目して 横川ひさえ, 大沼良子 「城西国際大学紀要」(城西国際大学) 16(3) 2008.3 p97～109

◇理由別長期欠席児童生徒の出現率の推移から見る不登校問題―不登校問題の現状と課題 小林正幸, 早川恵子, 島崎由貴[他] 「東京学芸大学教育実践研究支援センター紀要」(東京学芸大学) 4 2008.3 p1～7

◇2008年度学校基本調査速報 前年度比1.9%増の12万9千人―中学生は割合で過去最高に(1)不登校 「内外教育」(時事通信社) (5846) 2008.8.19 p4～5

◇「平成19年度児童生徒の問題行動等生徒指導上の諸問題に関する調査」(小中不登校)について (特集 こうすれば不登校が減る) 廣川雅之 「月刊生徒指導」(学事出版) 38(13) 2008.11 p6～11

◇親の育児ストレスと子どもの不登校傾向との関連に関する調査研究 加藤雅世子, 撫尾知信 「佐賀大学教育実践研究」(佐賀大学文化教育学部附属教育実践総合センター) (26) 2009年度 p1～10

◇「中1不登校調査」再考―エヴィデンスに基づく未然防止策の提案 滝充 「国立教育政策研究所紀要」(国立教育政策研究所) 138 2009.3 p157～167

◇2009年度学校基本調査速報 1.9%減の12万6805人(1)不登校等 「内外教育」(時事通信社) (5930) 2009.8.18 p2～4

◇平成20年度「児童生徒の問題行動等生徒指導上の諸問題に関する調査」について (特集 さまざまな不登校対応) 廣川雅之 「月刊生徒指導」(学事出版) 39(13) 2009.11 p6～9

◇2010年度学校基本調査速報(1)不登校、2年連続減の12万2000人 「内外教育」(時事通信社) (6016) 2010.8.20 p8～9

◇平成二十一年度「児童生徒の問題行動等生徒指導上の諸問題に関する調査(不登校の状況)」 文部科学省 「道徳と特別活動 : 心をはぐくむ」(文溪堂) 27(7)通号319 2010.10 p62～64

◇不登校傾向と自覚症状, 生活習慣関連要因との関連―静岡県子どもの生活実態調査データを用いた検討 中村美詠子, 近藤今子, 久保田晃生[他] 「日本公衆衛生雑誌」(日本公衆衛生学会) 57(10) 2010.10 p881～890

◇不登校・中途退学(高等学校)の調査について (特集 平成21年度児童生徒の問題行動等生徒指導上の諸問題に関する調査」の結果について) 藤平敦 「教育委員会月報」(第一法規) 62(9)通号735 2010.12 p10～15

◇不登校及び高等学校中途退学の状況について (特集 平成22年度児童生徒の問題行動等調査結果) 城戸茂 「教育委員会月報」(第一法規) 63(7)通号745 2011.10 p11～15

◇高校生の長期欠席(不登校)に関する調査の課題について 堀下歩美 「臨床心理学研究」(日本臨床心理学会) 50(1) 2012.9 p90～98

◆外国事情

【雑誌記事】

◇遊び・非行型不登校への対応に関する基礎的研究──アメリカ・カリフォルニア州のSARBプログラム　八並光俊　「教育学研究紀要」(中国四国教育学会)　49(1)　2003　p103～108

◇韓国の不登校(自退者)に見られるオルタナティブな教育実践(その2)　橋元慶男　「所報」(愛知産業大学経営研究所)　(6)　2003　p101～110

◇世界の不登校問題(10)オーストラリア─州により異なる不登校対策　笹森健　「月刊生徒指導」(学事出版)　33(1)　2003.1　p60～63

◇世界の不登校問題(11)カナダ─不登校を未然に防ぐ柔軟な教育制度　下村智子　「月刊生徒指導」(学事出版)　33(3)　2003.2　p60～63

◇世界の不登校問題(12・最終回)諸外国の事情から何を学ぶか　二宮皓　「月刊生徒指導」(学事出版)　33(4)　2003.3　p71～75

◇韓国の自退生(不登校)に見られるAlternative教育への現状と課題(その3)　橋元慶男　「所報」(愛知産業大学経営研究所)　(7)　2004　p95～102

◇学校の挑戦　韓国の自退生(チャットウェッセン)(不登校・中退生)支援──日本の教育改革のモデルとなるか　天野一哉　「世界」(岩波書店)　(722)　2004.1　p278～286

◇韓国における代案教育とグループワークの介入　橋元慶男　「アジア民族造形学会誌」(アジア民族造形学会)　(5)　2005　p45～58

◇台湾における中途輟学(不登校)研究の動向と問題点　王美玲　「やまぐち地域社会研究」(山口地域社会学会)　(3)　2005　p61～72

◇韓国の不登校の課題と対応──グループアプローチを介して　橋元慶男　「アジア文化研究」(国際アジア文化学会)　(12)　2005.6　p118～132

◇ドイツにおける不登校への対応──「生活の学校」を中心に　渡邊隆信、石田千織　「兵庫教育大学研究紀要」(兵庫教育大学)　27　2005.9　p1～14

◇アメリカのスクールカウンセリング事情(第3回)問題行動を起こした生徒たちへの援助　西山久子　「月刊学校教育相談」(ほんの森出版)　20(7)　2006.6　p48～50

◇韓国における教師たちの学校づくりの動向　橋元慶男　「岐阜聖徳学園大学教育実践科学研究センター紀要」(岐阜聖徳学園大学)　(7)　2007年度　p133～144

◇アメリカにおける教育制度についての一考察──オルタナティブ教育に焦点を当てて　中村有美　「Συν」(大阪大学大学院人間科学研究科ボランティア人間科学講座)　(8)　2007　p17～30

◆発達障害と不登校

【雑誌記事】

◇インクルージョンの展開に向けた支援ネットワークシステムのあり方研究──LD、AD/HD、高機能自閉症等の障害を要因として不登校になった児童・生徒を通して　飯塚真吾　「長期研究員研究報告」(神奈川県立総合教育センター)　2　2003　p89～92

◇不登校を呈するLD/ADHDの症例に対する遊戯療法を中心とした支援　上中博美、一門惠子、緒方明　「九州ルーテル学院大学発達心理臨床センター紀要」(九州ルーテル学院大学発達心理臨床センター)　(2)　2003.3　p1～11

◇LDで不登校の男子中学生の遊戯療法を基盤とした治療教育(1)「そろそろ勉強したくなった。字が読めないと不便だから」と訴えるまで　神野秀雄　「治療教育学研究」(愛知教育大学)　23　2003.3　p53～61

◇ADHD・LD児が教師に投げかけている問題(7)軽度発達障害と不登校　横山浩之、高橋佳子　「学校運営研究」(明治図書出版)　42(10)通号553　2003.10　p60～63

◇思春期・青年期における不登校・ひきこもりと発達障害(特集 発達障害の今日的課題)　近藤直司, 小林真理子, 有泉加奈絵 [他]　「精神保健研究」(国立精神・神経医療研究センター精神保健研究所)　(17)通号50　2004　p17～24

◇LDで不登校の男子中学生の遊戯療法を基盤とした治療教育(2)平仮名の読み学習の展開に伴うクライエントの世界の変容「カンが働かなく

◇なってきた」　神野秀雄　「治療教育学研究」（愛知教育大学）　24　2004.3　p45～56
◇事例報告 高機能広汎性発達障害児（者）と「不登校」「ひきこもり」の臨床的検討（特集 高機能自閉症とアスペルガー症候群）　相澤雅文　「障害者問題研究」（全国障害者問題研究会）　32(2)通号118　2004.8　p147～156
◇不登校を示した高機能広汎性発達障害児への登校支援のための行動コンサルテーションの効果―トークン・エコノミー法と強化基準変更法を使った登校支援プログラム　奥田健次　「行動分析学研究」（日本行動分析学会）　20(1)　2005　p2～12
◇アスペルガー障害の不登校生徒への社会的スキル訓練―訓練と手続きの有効性の検討　青山恵加, 伊波みな美, 大月友［他］　「広島国際大学心理臨床センター紀要」（広島国際大学心理臨床センター）　(4)　2005　p2～11
◇アスペルガー障害を持つ不登校生徒への介入効果の検討―社会的相互作用の変容　清水亜子, 中野千尋, 大月友［他］　「広島国際大学心理臨床センター紀要」（広島国際大学心理臨床センター）　(4)　2005　p40～48
◇心身に障害をもつ子ども―自閉性障害など広汎性発達障害児について（特集 子どもの集団生活と心身の健康―疾病・障害・事故対策）　沖潤一　「小児科臨床」（日本小児医事出版社）　58(4)通号683　2005.4　p661～665
◇思春期相談のポイントと対応（特集 思春期のこころと体―思春期保健）　平岩幹男　「小児科診療」（診断と治療社）　68(6)通号803　2005.6　p1100～1106
◇軽度発達障害児の学校不適応問題の実態と対応システムの構築に関する実践的研究　髙橋智, 谷田悦男, 内野智之　「研究助成論文集」（明治安田こころの健康財団）　通号42　2006年度　p13～22
◇不登校対応における教師の感情とそれに影響を与える要因（論考―家族に相談のニーズが生まれるとき―発達障害児をもつ母親の記述から）　白木治代　「東京大学大学院教育学研究科臨床心理学コース紀要」（東京大学大学院教育学研究科総合教育科学専攻臨床心理学コース）　32　2006　p105～114

◇アスペルガー症候群（障害）と不登校, 家庭内暴力（アスペルガー症候群を究める(1)―繋がる）　清田晃生, 齊藤万比古　「現代のエスプリ」（ぎょうせい）　(464)　2006.3　p159～167
◇不登校やLDの生徒に「自立活動」―文科省が研究開発学校を指定　「内外教育」（時事通信社）　(5648)　2006.4.28　p2～3
◇事例紹介 個性に応じたカリキュラムと自分のペースで学べる教育機関―不登校生・軽度発達障害児の受け入れから難関大学の受験指導まで（特集 子どもの情動と生徒指導―第2特集 学校になじめない子どもたち）　「月刊生徒指導」（学事出版）　36(8)　2006.7　p27～31
◇アスペルガー障害をもつ不登校中学生に対する社会的スキル訓練―社会的相互作用の改善を目指した介入の実践（実践研究）　大月友, 青山恵加, 伊波みな美, 清水亜子, 中野千尋, 宮村忠伸, 杉山雅彦　「行動療法研究」（日本行動療法学会）　32(2)通号62　2006.9　p131～141
◇子どもの精神科デイケアによる発達障害の支援について―小中学生を対象とした子どもの精神科デイケアの6年間の経験から　本間博彰, 吉田弘和, 小野寺滋実　「研究助成論文集」（明治安田こころの健康財団）　通号43　2007年度　p66～72
◇不登校と軽度発達障害―アスペルガー障害を中心に（スペクトラムとしての軽度発達障害(1)―関連障害と近接領域）　塩川宏郷　「現代のエスプリ」（ぎょうせい）　(474)　2007.1　p205～211
◇LDの観点からみた不登校―不登校児童・生徒に対するPRS調査結果より　中尾和人, 山本晃　「大阪教育大学紀要. 第4部門, 教育科学」（大阪教育大学）　55(2)　2007.2　p131～145
◇不登校から発達障害と診断され, その後社会適応に至った女性事例―カウンセリングの枠を逸脱し日常生活を共有する治療的試みについて（スペクトラムとしての軽度発達障害(2)―児童分析とカウンセリングの発達障害への貢献）　福田琴　「現代のエスプリ」（ぎょうせい）　(476)　2007.3　p123～130
◇不登校に陥った高機能広汎性発達障がい児への支援（特集 発達障害のある中・高校生の支援ニーズ）　氏家武　「月刊学校教育相談」（ほんの森出版）　21(7)　2007.6　p38～41

◇高機能広汎性発達障害の不適応行動に影響を及ぼす要因についての検討　浅井朋子，杉山登志郎，小石誠二［他］　「小児の精神と神経：日本小児精神神経学会機関誌」（日本小児精神神経学会，アークメディア（発売））　47(2)通号175　2007.6　p77〜87

◇発達障害に背景をもつ学校不適応に関する研究──不登校についての文献的検討　井上善之，窪島務　「滋賀大学教育学部紀要．1，教育科学」（滋賀大学教育学部）　(58)　2008　p53〜61

◇不登校と発達障害　村田昌俊　「情緒障害教育研究紀要」（北海道教育大学情緒障害教育学会）　(27)　2008　p129〜134

◇不登校状態にあり家庭内暴力を呈したアスペルガー症候群のある女子生徒における家庭支援　酒井美江，井上雅彦　「発達心理臨床研究」（兵庫教育大学学校教育学部附属発達心理臨床研究センター）　14　2008　p105〜118

◇発達障害と不登校の関連と支援の在り方の検討──二次障害としての不登校対応の先行研究検討を中心に　橋本彩，是永かな子　「高知大学教育学部研究報告」（高知大学教育学部）　(68)　2008.3　p125〜135

◇発達障害のある児童生徒の不登校傾向について──情緒障害通級指導学級の実態調査を通して　石井恵子，上野一彦　「LD研究」（日本LD学会）　17(1)通号36　2008.3　p90〜96

◇発達障害と不登校について（特集 減らない不登校）　木谷秀勝　「教育と医学」（慶應義塾大学出版会）　56(4)通号658　2008.4　p338〜344

◇発達障害を知って不登校支援のスキルアップ（特集 発達障害と不登校）　原口政明　「月刊学校教育相談」（ほんの森出版）　22(7)　2008.6　p22〜25

◇思春期に達したAD/HDを有する不登校傾向のある生徒への支援──母親のカウンセリングを通して　山口由美　「LD研究」（日本LD学会）　17(2)通号37　2008.7　p171〜180

◇Q&A 低学年で発達障害といわれていた子どもが高学年になって不登校になっています．発達障害そのものの症状なのでしょうか，ストレスによる二次症状／二次障害でしょうか？（特集 発達障害の診かた──プライマリ・ケア医に知ってもらいたいこと）　石崎優子　「治療」（南山堂）　90(8)　2008.8　p2371〜2373

◇入学直後に不登校を示した高機能広汎性発達障害の一例──ICFの視点に基づく支援の試み　竹山孝明，楢崎真弓，澤りえ［他］　「言語発達障害研究」（言語発達障害研究会）　6　2008.11　p28〜38［含 英語文要旨］

◇ニュージーランドにおける日本人留学生の現地調査──軽度発達障害という視点からの不登校生徒への支援に関して（社会福祉士・精神保健福祉士海外研修・調査結果報告）　米山貴志　「社会福祉士・精神保健福祉士海外研修・調査事業報告書」（社会福祉振興・試験センター）　2009年度［2009］　p1〜27

◇発達障害が疑われる不登校児童生徒の実態──福島県における調査から　中野明徳　「福島大学総合教育研究センター紀要」（福島大学総合教育研究センター）　(6)　2009.1　p9〜16

◇アスペルガー障害の診断を受けた不登校男児におけるプレイセラピーの経過──「積み木制作」から「戦い遊び」への変遷を通して　相馬慎吾　「治療教育学研究」（愛知教育大学）　29　2009.2　p37〜46

◇不登校を呈した高機能広汎性発達障害の臨床的検討　武井明，宮崎健祐，目良和彦［他］　「精神医学」（医学書院）　51(3)通号603　2009.3　p289〜294

◇中学校における不登校・発達障害の生徒の傾向と支援の現状についての調査研究──関東地域961校を調査対象とした検討　島崎由貴，畑中愛，橋本創一［他］　「東京学芸大学教育実践研究支援センター紀要」（東京学芸大学）　5　2009.3　p21〜34

◇不登校を主訴とするAの教育相談活動での変容について──発達障害を抱える生徒への取り組みから　山口由美，川村肇，佐藤忠全［他］　「弘前大学教育学部附属教育実践総合センター研究員紀要」（弘前大学教育学部附属教育実践総合センター）　(7)通号17　2009.3　p59〜67

◇発達障害・不登校への対応（特集 小児診療のピットフォール──各種症状の診かたと対応）　大野耕策　「臨牀と研究」（大道学館出版部）　86(4)通号1011　2009.4　p480〜486

◇アスペルガー症候群と不登校（アスペルガー症候群の子どもの発達理解と発達援助 — アスペルガー症候群の困難を理解する）　清田晃生　「別冊発達」（ミネルヴァ書房）　通号30　2009.8　p150〜157

◇断続的な不登校状態を呈したアスペルガー障害児への行動支援の効果 — 本人および保護者へのアプローチにおける検討（実践研究）　式部義信, 井澤信三　「行動療法研究」（日本行動療法学会）　35(3)通号70　2009.9　p271〜282

◇発達障がいの子どもへのサポート(6)不登校に陥った七海ちゃん　山本浩子　「こころのオアシス : 養護教諭応援マガジン」（健学社）　7(9)通号79　2009.9　p8〜11

◇アスペルガー障害があり不登校になった児童に対するメンタルフレンド活動の実践　栗田明子　「発達障害支援システム学研究」（日本発達障害支援システム学会）　8(1・2)通号15　2009.12　p1〜9

◇症例研究 遷延化した不登校の背景に発達障害があった中学生の1例　渡邉智之, 佐藤早織, 山本俊昭［他］　「心身医学」（日本心身医学会, 三輪書店（発売））　50(10)通号375　2010　p961〜968

◇広汎性発達障害不登校生の家族療法事例　岡本一敏, 鉤治雄　「教育学論集」（創価大学教育学部）　(61)　2010.1　p51〜66

◇発達障害児の不登校および行動問題の再発を予防・改善するための条件（特集 再燃・再発の予防と支援 — 認知行動療法を中心に）　井上雅彦, 井上菜穂　「臨床心理学」（金剛出版）　10(1)通号55　2010.1　p33〜37

◇16年目をむかえた大学生の不登校・発達障害児への支援事業（ライフパートナー）（更新制講習と学部教育の実践）　松木健一　「教師教育研究」（福井大学大学院教育学研究科教職開発専攻（教職大学院）「教師教育研究」編集委員会）　3　2010.2　p225〜228

◇学校不適応児童生徒の現状と課題 — 病弱特別支援学校の変容を通して　咲間まり子　「岩手県立大学社会福祉学部紀要」（岩手県立大学社会福祉学部）　12(2)通号21　2010.3　p1〜10

◇アスペルガー症候群が疑われた不登校傾向女児への親子並行面接の経過　別府悦子, 瀬野由衣, 清水章子［他］　「中部学院大学・中部学院大学短期大学部研究紀要」（中部学院大学総合研究センター）　(11)　2010.3　p156〜164

◇発達障害児の相談面接 — 子どもから学んでいること（特集 発達障害の未来を変える — 小児科医に必要なスキル）　武居光　「小児科診療」（診断と治療社）　73(4)通号865　2010.4　p549〜555

◇いじめ・不登校と高機能広汎性発達障害（いじめ・不登校・学校）　杉山登志郎　「こころの科学」（日本評論社）　通号151　2010.5　p64〜69

◇身体疾患の入院治療を契機とした長期不登校の広汎性発達障害児への小児科的支援　小林穂高, 石崎優子, 金子一成　「小児の精神と神経 : 日本小児精神神経学会機関誌」（日本小児精神神経学会, アークメディア（発売））　50(2)通号187　2010.6　p195〜203

◇自閉症スペクトラム（障害）のある不登校児童への支援 — 特性理解と具体的支援をつなぐ　藤原里美, 中山淑子, 岩谷清子［他］　「自閉症スペクトラム研究」（日本自閉症スペクトラム学会）　8（別冊1）　2010.8　p31〜37

◇中学校における広汎性発達障害のある生徒の学校不適応改善の取り組み　鳴海正也　「自閉症スペクトラム研究」（日本自閉症スペクトラム学会）　8（別冊1）　2010.8　p65〜71

◇臨床研究・症例報告 広汎性発達障害児における不登校の発生状況とその対応について　宮地泰士, 石川道子, 井口敏之［他］　「小児科臨床」（日本小児医事出版社）　63(9)通号754　2010.9　p2005〜2010

◇不登校になった発達障害をもつ子どもへどう対応したらよいでしょうか?（特集「発達障害」の疑問に答える(3)教育・支援篇 Q&A）　山下淳　「教育と医学」（慶應義塾大学出版会）　58(10)通号688　2010.10　p910〜915

◇保健管理 学校のメンタルヘルス — 不登校と発達障害をめぐって（特集 学校保健の問題点）　山登敬之　「保健の科学」（杏林書院）　52(10)　2010.10　p668〜671

◇自閉症納言 不登校になったとき(1)　森口奈緒美　「Asp heart : 広汎性発達障害の明日のために」（アスペ・エルデの会）　9(2)通号26　2010.12　p130〜133

◇不登校を主訴としたアスペルガー症候群生徒との面接過程(1)　上森美穂, 森範行　「学校臨床心理学研究：北海道教育大学大学院研究紀要」（北海道教育大学大学院教育学研究科学校臨床心理専攻）　(9)　2011年度　p127～134

◇発達障害が疑われる不登校生徒が学校復帰に至るまでの支援　早川裕香子, 宮本正一　「岐阜大学教育学部研究報告. 人文科学」（岐阜大学教育学部）　60(1)　2011　p135～143

◇症例 4歳から15歳まで選択性緘黙として経過観察されていた広汎性発達障害児　秋谷進, 田端泰之, 小林康介　「小児科」（金原出版）　52(1)　2011.1　p121～123

◇発達障害が背景にある不登校ケースへの教育相談をめぐる考察—先行研究の検討を中心に　山口由美　「弘前大学教育学部附属教育実践総合センター研究員紀要」（弘前大学教育学部附属教育実践総合センター）　(9)通号19　2011.3　p57～66

◇自閉症納言 不登校になったとき(2)　森口奈緒美　「Asp heart：広汎性発達障害の明日のために」（アスペ・エルデの会）　9(3)通号27　2011.3　p116～118

◇発達障害と不登校(不登校の現在)　高橋あつ子　「児童心理」（金子書房）　65(9)通号933（臨増）　2011.6　p39～46

◇なんとなく苦手—広汎性発達障害の事例を通して（特集 なんとなく苦手な人ってどうしてますか？）　鈴木麻美　「臨床作業療法」（青海社）　8(2)　2011.6　p123～126

◇基調講演 不登校問題と発達障害（平成22年度［北海道特別支援教育学会］研究発表中央大会報告）　窪島務　「北海道特別支援教育研究」（北海道特別支援教育学会）　5(1)　2011.7　p47～62

◇不登校と発達障害—学校における個別支援の充実へ（特別支援教育—平等で公平な教育から個に応じた支援へ—特別支援教育に関連する問題）　小野昌彦　「現代のエスプリ」（ぎょうせい）　(529)　2011.8　p127～137

◇自閉症納言 不登校になったとき(3)　森口奈緒美　「Asp heart：広汎性発達障害の明日のために」（アスペ・エルデの会）　10(1)通号28　2011.9　p136～139

◇発達障害と不登校の関連性からみた学校教育における包括的な支援ニーズ　村上凡子　「信愛紀要」（和歌山信愛女子短期大学）　(52)　2012　p7～12

◇発達障害と不登校状態を重複して呈する児童に対する臨床心理学的支援の探索的研究　東山弘子, 近藤真人, 木下幸典［他］　「佛教大学教育学部学会紀要」（佛教大学教育学部学会）　(11)　2012　p21～30

◇特別支援教育のQ&A 不登校と発達障害の関連　花輪敏男　「月刊生徒指導」（学事出版）　42(1)　2012.1　p50～53

◇発達障害のある児童の不登校傾向への対応に関する検討：LD等通級指導教室における事例から　今西満子, 芳倉優富子, 川西光栄子［他］　「教育実践開発研究センター研究紀要」（奈良教育大学教育実践開発研究センター）　(21)　2012.3　p203～208

◇ソリューション・フォーカスト・アプローチによる知的障害をともなう自閉症生徒への心理教育的支援　池島徳大, 藤田優里香　「教育実践開発研究センター研究紀要」（奈良教育大学教育実践開発研究センター）　(21)　2012.3　p221～226

◇第10回記念研究大会 広汎性発達障害の姉妹への教育的サポートの事例　水野浩, 平沼貞義, 野村東助［他］　「自閉症スペクトラム研究」（日本自閉症スペクトラム学会）　9（別冊2）　2012.3　p25～33

◇印象に残ったリハビリテーション事例 医療・教育機関の連携により不登校問題が解決した学童期アスペルガー症候群の1例　星山伸夫　「総合リハビリテーション」（医学書院）　40(4)　2012.4　p405～407

◇特別支援教育のQ&A 連休明けの不登校と指示の入らない生徒　花輪敏男　「月刊生徒指導」（学事出版）　42(5)　2012.5　p48～51

◇病弱特別支援学校（旧病弱養護学校）併設の病院における発達障がい児と家族への支援と役割(総特集 発達障がい児への対応と支援：看護師としてできることは何か—看護師・保健師の役割と看護の実践）　阿部修司, 廣瀬三恵子　「小児看護」（へるす出版）　35(5)通号439　2012.5　p627～632

◇福祉的要因と発達障害とが複合した不登校事例(特集 福祉的要因をもつ不登校への対応) 高倉和子 「月刊学校教育相談」(ほんの森出版) 26(8) 2012.7 p28～30

◇不登校、暴言、自傷、夫の無理解…… 発達障害を抱える息子たち。「クソババア」と今日も言われて(読者ノンフィクション傑作選 婦人公論サスペンス劇場(前編)母という棘(いばら)の道) 中西佐由理 「婦人公論」(中央公論新社) 97(18) 通号1355 2012.8.22 p142～145

【図書】

◇発達障害が引き起こす不登校へのケアとサポート 齊藤万比古編著 学研教育出版 2011.9 227p 21cm (学研のヒューマンケアブックス) 〈発売:学研マーケティング〉 2000円 ①978-4-05-405026-6 Ⓝ378
内容 第1章 不登校を引き起こす発達障害(なぜ発達障害が不登校の原因となるのか 統計データでみる発達障害と不登校) 第2章 不登校の予防と対応(不登校を出さない学校・学級づくり—グループ体験をとおして子ども同士を結びつける 不登校を未然に防ぐために—"オリジナル発達"の子どもに「学校へ行く」力をつける 不登校をひきこもりにつなげないために—青年期ひきこもりケースからみた早期支援 ほか) 第3章 不登校支援のゴールとは(不登校からの再出発—心の回復へ向けたストレスケア 適応指導教室—学校復帰に向けた居場所をつくる フリースクールの現場から—将来を見据えたもう一つの選択肢 ほか)

対応・対策

【雑誌記事】

◇チーム援助に関する学校心理学的研究—不登校に関する三次的援助サービスの実践を通して 山口豊一 「学校心理学研究」(日本学校心理学研究会) 3(1) 2003 p41～53

◇不登校児童・生徒の受け入れから学校復帰について 原陽子, 田原俊司 「岐阜聖徳学園大学教育学部教育実践科学研究センター紀要」(岐阜聖徳学園大学) (3) 2003年度 p247～259

◇教育学部における不登校対策支援の実践研究—「「心のかけ橋」支援調査研究事業(不登校児童生徒への対応)」を通して 高旗浩志, 肥後功一, 廣兼志保 「島根大学教育臨床総合研究」(島根大学教育学部附属教育臨床総合研究センター) 3 2003 p101～121

◇個別教育計画(IEP)を用いた不登校児童生徒への支援に関する実践研究 辻河昌登, 佐藤修策, 夏野良司[他] 「マツダ財団研究報告書 青少年健全育成関係」(マツダ財団) 16 2003 p85～94

◇不登校高校生との面接過程—ナラティヴ・アプローチの有効性 五井井佳子 「龍谷大学社会学部紀要」(龍谷大学社会学部学会) (22) 2003 p48～56

◇不登校児の親からみた学校現場—相談員からみた不登校児の親の学校への思いの語り 大谷朗子, 倉石哲也 「臨床教育学研究」(武庫川女子大学大学院臨床教育学研究科) (9) 2003 p93～108

◇相馬誠一のそこが知りたい 生徒指導Q&A (8) 不登校生徒に対する共感的指導 相馬誠一, 中山知巳 「月刊生徒指導」(学事出版) 33(1) 2003.1 p86～88

◇不登校経験をもつ子どもたちへの教育支援(2)鳥取大学教育地域科学部家庭科教育教室における支援活動の展開 井上えり子, 西海巡, 鍋田美保 「鳥取大学教育地域科学部紀要 教育・人文科学」(鳥取大学教育地域科学部) 4(2) 2003.1 p273～286

◇事例から学ぶ 不登校への援助の実際(2) 友だちとのトラブルで登校できなくなった 小林正幸 「児童心理」(金子書房) 57(2) 通号781 2003.2 p272～278

◇特集 不登校政策を考える 対談・不登校政策を考える 奥地圭子, 峯本耕治 「はらっぱ:こどもとおとなのパートナーシップ誌」(子ども情報研究センター) (227) 2003.2・3 p2～6

◇不登校・登校拒否の理解とその対応—アイデンティティの視点から 福山逸雄 「沖縄国際大学人間福祉研究」(沖縄国際大学人間福祉学会) 1(1) 2003.3 p49～60

◇不登校問題におけるスクールソーシャルワークに関する研究 小川幸裕 「帯広大谷短期大学紀要」(帯広大谷短期大学) (40) 2003.3 p55～65

◇提言3 不登校、中途退学者を支える仕組みづくりを—教育行政への提言(特集 「いじめ・不登

対応・対策　　　　　　　　　　　　　　　　　　　　　　　　　　　不登校

校」と向き合う―予防・早期発見の徹底と発生時の対応）　田口正敏　「学校経営」（第一法規）　48(3)　2003.3　p27～38

◇不登校の女子中学生に対するメンタルフレンドとしての関わり(事例研究)　藤松裕子　「九州大学心理臨床研究」（九州大学大学院人間環境学府附属発達臨床心理センター心理相談部門）　22　2003.3　p115～123

◇他人に強く言われると言い返せない不登校児との関わり―心理臨床初学者によるメンタルフレンド活動(事例研究)　板東充彦　「九州大学心理臨床研究」（九州大学大学院人間環境学府附属発達臨床心理センター心理相談部門）　22　2003.3　p143～151

◇事例から学ぶ 不登校への援助の実際 (3) 朝になると体調不良を訴える　小林正幸　「児童心理」（金子書房）　57(4)通号783　2003.3　p420～426

◇状況踏まえた適切な働き掛けを―画一的な対応はやはり逆効果 不登校問題に関する協力者会議が「中間まとめ」案　「内外教育」（時事通信社）　(5369)　2003.3.4　p2～3

◇ニュースの焦点 文科省協力者会議が中間まとめ―不登校対策には「働きかけが重要」　「学校運営」（学校運営研究会）　45(1)通号501　2003.4　p37～39

◇事例から学ぶ 不登校への援助の実際 (4) バーンアウトした優等生　小林正幸　「児童心理」（金子書房）　57(5)通号784　2003.4　p564～570

◇高校生不登校児とその周辺の青年・家族への援助―思春期グループと親の会等支援の実践から（特集 思春期のこころの育ちを支える―精神保健事業としてどう展開するか）　冨田宏美, 大池ひろ子　「へるす出版生活教育」（へるす出版事業部）　47(4)　2003.4　p18～26

◇第3特集 不登校問題への対応 学校の"体質"が変わらなければ不登校は減らない　「教育ジャーナル」（学研教育みらい, 学研マーケティング（発売））　42(2)　2003.5　p50～52

◇事例から学ぶ 不登校への援助の実際 (5) 登校せずに街で遊びあるいている　小林正幸　「児童心理」（金子書房）　57(7)通号786　2003.5　p708～714

◇親と教師のカウンセリングルーム 不登校への異なるアドバイスにとまどう保護者　金原俊輔　「児童心理」（金子書房）　57(7)通号786　2003.5　p715～719

◇不登校の子どもたちとつきあって（シンポジウム　「心」まで管理しないで―教育基本法「改正」がもたらすもの）　奥地圭子　「人権と教育」（障害者の教育権を実現する会, 社会評論社）　通号38　2003.5　p34～39

◇必読特別資料&解説 今後の不登校への対応の在り方について(中間まとめ) 平成15年3月13日 不登校問題に関する調査研究協力者会議　「総合教育技術」（小学館）　58(2)　2003.5　p101～116

◇時事評論 民間施設との積極的な連携を―不登校生の自立支援に向けて　池田知隆　「学校経営」（第一法規）　48(6)　2003.6　p62～64

◇特集関連資料紹介 今後の不登校への対応の在り方について(報告)(特集2 登校刺激についてもう一度考えてみよう)　「月刊学校教育相談」（ほんの森出版）　17(7)　2003.6　p34～37

◇生徒指導 up-to-date 不登校対策のポイント　尾木直樹　「月刊生徒指導」（学事出版）　33(7)　2003.6　p10～12

◇不登校対応のカウンセリング入門　「児童心理」（金子書房）　57(9)通号788（臨増）　2003.6　p1～162

◇今後の不登校への対応の在り方について(不登校問題に関する調査研究協力者会議報告)　「初等教育資料」（東洋館出版社）　(769)　2003.6　p93～96

◇タイプ別/不登校児童生徒の心をどう理解し, どう個別の対応を図っていけばよいのか(特集 検証/〈不登校〉問題の新たな展開)　大橋重保　「総合教育技術」（小学館）　58(3)　2003.6　p20～23

◇とらのもんインフォメーション 今後の不登校への対応の在り方について(不登校問題に関する調査研究協力者会議報告)　「中等教育資料」（学事出版）　52(6)通号805　2003.6　p92～95

◇平成14(2002)年度福島大学教育学部附属臨床心理・教育相談室活動報告　中野明徳, 青木真理, 中田洋二郎［他］　「福島大学教育実践研

究紀要」(福島大学総合教育研究センター) (44) 通号87 2003.6 p57〜64

◇今後の不登校への対応の在り方について(特集 不登校と人権教育の課題) 鈴木敏之 「部落解放研究 : 部落解放・人権研究所紀要」(部落解放・人権研究所) (152) 2003.6 p2〜12

◇豊かな心を培うためのアプローチ—不登校生への自己実現に向けた指導・支援(特集 不登校と人権教育の課題) 吉川年幸 「部落解放研究 : 部落解放・人権研究所紀要」(部落解放・人権研究所) (152) 2003.6 p13〜23

◇今後の不登校への対応の在り方 不登校問題に関する調査研究協力者会議報告について(特別記事 今後の不登校への対応の在り方—不登校問題に関する調査研究協力者会議報告について)「文部科学時報」(ぎょうせい) (1526) 2003.6 p50〜53

◇不登校への対応の在り方について(通知)(抄)(特別記事 今後の不登校への対応の在り方—不登校問題に関する調査研究協力者会議報告について) 「文部科学時報」(ぎょうせい) (1526) 2003.6 p54〜59

◇不登校の実践活動からみた思春期・青年期の危機についての理解と援助のあり方に関する一考察 柿木智佐子, 古賀靖之 「九州社会福祉研究」(西九州大学社会福祉学科) (28) 2003.7 p33〜54

◇巻頭論文 求められる不登校に関する早期の適切な対応(特集 今後の不登校への対応の在り方について) 尾木和英 「教育委員会月報」(第一法規) 55(4) 通号646 2003.7 p2〜6

◇解説 不登校問題に関する調査研究協力者会議報告について(特集 今後の不登校への対応の在り方について) 文部科学省児童生徒課 「教育委員会月報」(第一法規) 55(4) 通号646 2003.7 p7〜11

◇資料 不登校への対応の在り方について(通知)(特集 今後の不登校への対応の在り方について) 文部科学省児童生徒課 「教育委員会月報」(第一法規) 55(4) 通号646 2003.7 p12〜24

◇不登校克服の方策に関する研究—開かれた学校づくりの視点から 安井勝 「教育学研究」(明星大学大学院人文学研究科教育学専攻通信課程) 3 2003.7 p25〜34

◇不登校への対応をどう改善するか(特集 不登校問題の新展開) 尾木和秀 「月刊生徒指導」(学事出版) 33(8) 2003.7 p14〜19

◇訪問型支援の取り組み(特集 不登校問題の新展開) 金澤純三 「月刊生徒指導」(学事出版) 33(8) 2003.7 p29〜33

◇特集資料 今後の不登校への対応の在り方について(報告骨子)(特集 不登校問題の新展開) 不登校問題に関する調査研究協力者会議 「月刊生徒指導」(学事出版) 33(8) 2003.7 p34〜41

◇事例から学ぶ 不登校への援助の実際(7)不登校開始直後の対応 小林正幸 「児童心理」(金子書房) 57(10)通号789 2003.7 p996〜1002

◇事例から学ぶ 不登校への援助の実際(8)生活空間を広げる関わり—対人不安を軽くする 小林正幸 「児童心理」(金子書房) 57(11)通号790 2003.8 p1140〜1146

◇「今後の不登校への対応の在り方について」報告を読む(不登校の今を考える—子ども、NPO、教職員、それぞれの視点) 東市子 「教育評論」(アドバンテージサーバー) 通号677 2003.9 p33〜36

◇今後の不登校への対応の在り方について(報告骨子)—文部科学省「不登校問題に関する調査研究協力者会議」(文部科学省ホームページより)(不登校の今を考える—子ども、NPO、教職員、それぞれの視点) 「教育評論」(アドバンテージサーバー) 通号677 2003.9 p37〜39

◇不登校児童・生徒への対策(特集 10年目研修で授業力アップは可能か—「研修内容」として検討したいテーマ) 秋田健一 「現代教育科学」(明治図書出版) 46(9) 通号564 2003.9 p55〜58

◇アディクションの教育的支援—不登校・ひきこもり(アディクション—回復支援と看護—回復支援) 三森睦子 「現代のエスプリ」(ぎょうせい) (434) 2003.9 p61〜70

◇事例から学ぶ 不登校への援助の実際(9)不登校の期間にしておきたいこと—ストレスに対処する力を育む 小林正幸 「児童心理」(金子書房) 57(13)通号792 2003.9 p1284〜1290

対応・対策　　　　　　　　　　　　　　　　　　　　　　　　　　　　　　不登校

◇追いつめられる子ども 新しい囲い込み―不登校大幅減少計画への疑問　奥地圭子　「世界」（岩波書店）　(718)　2003.9　p224～230

◇年長児から学童期の心の発達：心が壊れないように大人がまなざしを向けるには（第4回子どもの心・体と環境を考える会学術大会記録―特集2 わが国の将来を担う子どもの健全な育成のために）秦野悦子　「子どもの健康科学」（子どもの心・体と環境を考える会）　4(1)　2003.10　p51～54

◇事例から学ぶ 不登校への援助の実際(10) セルフ・コントロールの力を育てる　小林正幸　「児童心理」（金子書房）　57(14)通号793　2003.10　p1444～1450

◇青年期事例における時間的展望の現れ方とその変化―不登校を主訴として来談した2事例をもとに　河野荘子　「心理臨床学研究」（日本心理臨床学会、誠信書房（発売））　21(4)　2003.10　p374～385

◇不登校、ひきこもり対策を考える（特集 ひきこもり）　高柳嘉之　「Active」（向陽舎、星雲社）　(8)　2003.10.10　p30～37

◇特集1 不登校への組織的対応などめぐり議論―会議の充実図り、新たな試みも 第55回全連小研究協議会宮城大会　「内外教育」（時事通信社）　(5427)　2003.10.21　p2～5

◇事例紹介2 不登校児童・生徒を支える新たな仕組みづくりへの挑戦―岐阜県可児市教育委員会、東京都八王子市教育委員会（特集1 学校教育の「規制緩和」と「特区」―現場を変える自由化の「波」）奥村俊之　「学校経営」（第一法規）　48(12)　2003.11　p33～41

◇不登校児童生徒等の居場所づくりをめざして―北会町での事件を普遍的な教訓として（特集 続発する少年非行とその対応）　根路銘国斗　「月刊生徒指導」（学事出版）　33(13)　2003.11　p26～30

◇不登校問題への新しいアプローチ―実践知を生かす臨床レシピ　小林正幸　「こころの科学」（日本評論社）　通号112　2003.11　p2～6

◇事例から学ぶ 不登校への援助の実際(11) だんだん学校に近づく　小林正幸　「児童心理」（金子書房）　57(16)通号795　2003.11　p1587～1593

◇親と教師のカウンセリングルーム Q&A 対応しているのに変化が少ない不登校傾向の子　田中良子　「児童心理」（金子書房）　57(16)通号795　2003.11　p1594～1599

◇不登校の子と出会って―楽しい授業で教室が居場所に（こころとイメージ）　山田英造　「人権と教育」（障害者の教育権を実現する会、社会評論社）　通号39　2003.11　p143～151

◇事例から学ぶ 不登校への援助の実際（最終回）ひと息に学校に入る　小林正幸　「児童心理」（金子書房）　57(18)通号797　2003.12　p1732～1738

◇教師のための不登校タイプ別10ステップ対応法　川島一夫、西澤佳代、片山洋一［他］　「信州心理臨床紀要」（信州大学大学院教育学研究科心理教育相談室）　(2)　2003.12　p1～10

◇不登校児童・生徒の学校復帰支援（教育学）　河合伊六　「安田女子大学大学院開設十周年記念論文集 教育学編」（安田女子大学）　2003.12　p145

◇教育臨床研究 不登校児への支援―「みんなでチャレンジ」の活動を通して　加藤義男、佐藤歩、阿部寿成　「岩手大学教育学部附属教育実践総合センター研究紀要」（岩手大学教育学部附属教育実践総合センター）　(3)　2004　p111～118

◇小学校において支援が必要な児童への教育的支援（第6報）教室を居場所にできない子どもの支援　佐藤曉、築山道代、大竹喜久［他］　「岡山大学教育学部研究集録」（岡山大学教育学部）　(125)　2004　p9～21

◇ユア・フレンド活動の現状と今後の課題―不登校児童生徒への新たな支援活動　辻野智二、大迫靖雄、永山博［他］　「熊本大学教育学部紀要．人文科学」（熊本大学教育学部）　(53)　2004　p145～151

◇小集団における心理的援助技法としての造形表現活動―不登校生徒・重複聴覚障害者に対するアプローチ　齋藤ユリ、村瀬嘉代子、並木桂［他］「研究助成論文集」（明治安田こころの健康財団）通号40　2004年度　p42～51

◇不登校に関する教育行政機関の相談体制の現状と課題―相談機関・支援機関の多様な対応と専門性の構築　内田武司、小島敏之　「埼玉大学教

育学部教育実践総合センター紀要」(埼玉大学教育学部) (3) 2004 p1～18
◇学校環境と子どもの心(子どもの心のケアー温かく育むためにー総論2 母子愛着形成) 平岩幹男 「小児科臨床」(日本小児医事出版社) 57通号673(増刊) 2004 p1329～1334
◇不登校児童が再登校を始めるまでー実践例の経過分析から 吉村直江 「精神対話学会論文集」(メンタルケア協会) 1 2004 p208～212
◇不登校女子生徒に対する訪問援助の一事例ー在宅での社会的リレーションづくりを目指して 原栄子, 塚野州一 「富山大学教育実践総合センター紀要」(富山大学教育学部附属教育実践総合センター) (5) 2004 p95～108
◇報告書「今後の不登校への対応の在り方について」(部落解放研究第37回全国集会報告書ー第9分科会 地域の子育てと人権教育の創造) 鈴木敏之 「部落解放」(解放出版社) (530)(増刊) 2004 p181～185
◇戦後日本における「登校拒否・不登校」問題のディスコースー登校拒否・不登校の要因および対応策をめぐる言説史 花谷深雪, 高橋智 「東京学芸大学紀要. 第1部門, 教育科学」(東京学芸大学) 55 2004.2 p241～259
◇不登校傾向生徒に及ぼす構成的グループ・エンカウンターの効果—Self-esteem, 社会的スキル, ストレス反応の視点から 曽山和彦, 本間恵美子 「秋田大学教育文化学部研究紀要. 教育科学」(秋田大学教育文化学部) 59 2004.3 p51～61
◇不登校と社会的引きこもりー発展過程を探り, 対応と予防を考える 園田順一, 高山巌, 前田直樹[他] 「九州保健福祉大学研究紀要」(九州保健福祉大学) (5) 2004.3 p77～84
◇不登校の子どもへのチームによる対応(特集2 不登校を経験した子どもへの新学年はじめの対応) 高倉和子 「月刊学校教育相談」(ほんの森出版) 18(4) 2004.3 p34～37
◇不登校の子どもの対人スキルを育てる工夫(特集2 不登校を経験した子どもへの新学年はじめの対応) 川原詳子 「月刊学校教育相談」(ほんの森出版) 18(4) 2004.3 p38～43
◇不登校傾向の子どもの学力補充の取り組み(特集2 不登校を経験した子どもへの新学年はじめ

の対応) 長崎秀一 「月刊学校教育相談」(ほんの森出版) 18(4) 2004.3 p48～51
◇心理的問題や行動の問題を持つ子どもを診る際のカウンセリング機関と医療機関の連携の重要性 古莊純一, 松嵜くみ子, 森田孝次[他] 「小児の精神と神経: 日本小児精神神経学会機関誌」(日本小児精神神経学会, アークメディア(発売)) 44(1)通号162 2004.3 p57～64
◇「もう一人の彼女」の成長ー登校拒否の高校生の支援 山本和郎 「人間関係学研究: 大妻女子大学人間関係学部紀要」(大妻女子大学人間関係学部) 通号5 2004.3 p63～73
◇不登校生徒に対するストレス・マネジメントプログラムの試み 河田順子, 神田弥生 「松山東雲女子大学人文学部紀要」(松山東雲女子大学人文学部紀要委員会) 12 2004.3 p15～23
◇不登校の多様化と支援ネットワークー「父母の会」を中心に(特集 子育て支援における参加者の育ちをとらえる) 春日井敏之 「立命館人間科学研究」(立命館大学人間科学研究所) (7) 2004.3 p47～61
◇〈タイプ別・段階別〉登校刺激の与え方(1)不登校のタイプ分け 小澤美代子 「月刊学校教育相談」(ほんの森出版) 18(5) 2004.4 p58～62
◇不登校の子どもを対象にした臨床活動の報告と課題(1)個別訪問という方法の試み 川原誠司, 増渕裕美, 星奈見 「宇都宮大学教育学部教育実践総合センター紀要」(宇都宮大学教育学部附属教育実践総合センター) (27) 2004.4.1 p1～10
◇〈タイプ別・段階別〉登校刺激の与え方(3)不登校の回復過程ー五つの段階 小澤美代子 「月刊学校教育相談」(ほんの森出版) 18(7) 2004.6 p58～64
◇〈タイプ別・段階別〉登校刺激の与え方(4)不登校の回復を援助するかかわり方 小澤美代子 「月刊学校教育相談」(ほんの森出版) 18(8) 2004.7 p64～69
◇不登校の子どもへの福祉分野での支援方法の検討ー「不登校経験者」の声を基にして 内田宏明 「子どもの権利研究」(子どもの権利条約総合研究所, 日本評論社(発売)) (5) 2004.7 p102～109

◇不登校のA子の家庭訪問でコラージュを使ってみました（特集2 コラージュを相談活動に生かしてみよう）　山岡美和　「月刊学校教育相談」（ほんの森出版）　18(11)　2004.9　p34～37

◇〈タイプ別・段階別〉登校刺激の与え方(7)Cタイプ（教育的要因を持つ急性型）の事例「明日から学校に来ない！」と宣言して不登校になったさち子さん　小柴孝子　「月刊学校教育相談」（ほんの森出版）　18(12)　2004.10　p58～63

◇不登校に対する考え方とその取り組み（今月の特集 多様化する不登校問題）　花井正樹　「月刊生徒指導」（学事出版）　34(13)　2004.11　p6～9

◇不登校への対応の在り方について（通知）（今月の特集 多様化する不登校問題）　「月刊生徒指導」（学事出版）　34(13)　2004.11　p25～31

◇ある長期不登校女子との自作漫画を媒介とした面接過程　森田小百合　「大分大学大学院教育学研究科心理教育相談室紀要」（大分大学大学院教育学研究科心理教育相談室）　([1])　2005　p3～11

◇教師の体罰により不登校になった女子高校生との面接　河野寿恵　「大分大学大学院教育学研究科心理教育相談室紀要」（大分大学大学院教育学研究科心理教育相談室）　([1])　2005　p13～20

◇不登校の子ども支援に関するガイドライン試案　山本力　「岡山大学教育実践総合センター紀要」（岡山大学教育学部附属教育実践総合センター）　5　2005　p131～137

◇不登校のパラプロフェッショナルアプローチ　緒方明　「熊本大学教育学部紀要．人文科学」（熊本大学教育学部）　(54)　2005　p185～189

◇不登校の今日的傾向と「初発対応」の重要性　大石英史　「研究論叢．第3部，芸術・体育・教育・心理」（山口大学教育学部）　55　2005　p227～238

◇親の会からみた不登校対策支援に関する一考察　住本克彦　「発達心理臨床研究」（兵庫教育大学学校教育学部附属発達心理臨床研究センター）　11　2005　p41～50

◇教育委員会との協働による「不登校の減少に向けた取組チェックリスト（中学校版）」作成の試み　中島義実，小泉令三　「福岡教育大学紀要．第4分冊，教職科編」（福岡教育大学）　(54)　2005　p187～198

◇不登校・ひきこもりに対する訪問支援活動の有効性の検討　栗田明子　「早稲田大学大学院教育学研究科紀要 別冊」（早稲田大学大学院教育学研究科）　(13-2)　2005　p109～119

◇講座 不登校問題の現状と対策（心を育む教育相談―気づき・つながり・支え合う 全国学校教育相談研究会第39回研究大会より）　丹治光浩　「月刊生徒指導」（学事出版）　35(2)（増刊）2005.1　p50～57

◇不登校・別室登校児童生徒の学習をいかに支援するか　鈴木眞雄，永井靖人　「愛知教育大学教育実践総合センター紀要」（愛知教育大学教育実践総合センター）　(8)　2005.2　p237～244

◇〈タイプ別・段階別〉登校刺激の与え方(11)Fタイプ（福祉的要因を持つ慢性型）の事例 親孝行のために不登校を選んだテツオ君　土岐都子　「月刊学校教育相談」（ほんの森出版）　19(3)　2005.2　p58～63

◇不登校の女子中学生に対するメンタルフレンド活動―会うことが難しかった「いい子」の事例（臨床体験報告）　伊勢谷凡子　「九州大学心理臨床研究」（九州大学大学院人間環境学府附属発達臨床心理センター心理相談部門）　24　2005.3　p109～116

◇不登校生徒に対する訪問相談の導入　山田泰行，田中純夫　「順天堂大学スポーツ健康科学研究」（順天堂大学）　(9)　2005.3　p63～68

◇教育臨床における機会利用型指導法の展開と適用―不登校中学生への介入例を通して　加藤元繁，江尻佳之，小山智恵子［他］　「心身障害学研究」（筑波大学心身障害学系）　29　2005.3　p135～148

◇始業式を迎える不登校の子のための六つのヒント（特集2 不登校，始業式前後のかかわり）　片桐力　「月刊学校教育相談」（ほんの森出版）　19(5)　2005.4　p22～25

◇不登校のセオリー・「『末』は元気！」を使ってアプローチ（特集2 不登校，始業式前後のかかわり）　相原孝之　「月刊学校教育相談」（ほんの森出版）　19(5)　2005.4　p26～29

◇生徒指導MONTHLY情報(24)児童生徒の不登校・問題行動に対する平成17年度の主な施策

文部科学省初等中等教育局児童生徒課 「月刊生徒指導」(学事出版) 35(5) 2005.4 p90～92

◇実践レポート 不登校だったAさんの思いに寄り添った支援―職場体験活動を中心に 岡本邦広 「発達の遅れと教育」(日本文化科学社) (572) 2005.4 p44～51

◇不登校の子どもを対象としたプログラムの報告(2004年度)―自律・自立に着目して 川原誠司 「宇都宮大学教育学部教育実践総合センター紀要」(宇都宮大学教育学部附属教育実践総合センター) (28) 2005.4.1 p21～33

◇不登校の子どもを対象としたプログラムの経緯と課題―4年間の取り組みから見えてきたもの 川原誠司 「宇都宮大学教育学部教育実践総合センター紀要」(宇都宮大学教育学部附属教育実践総合センター) (28) 2005.4.1 p35～46

◇親と教師のカウンセリングルーム 小5の女子の登校しぶりと不登校―子ども同士の人間関係から 古賀義 「児童心理」(金子書房) 59(7) 通号823 2005.5 p703～707

◇不登校とその対応(特集 思春期のこころと体―思春期におこりやすい問題とその対応) 沢井稔 「小児科診療」(診断と治療社) 68(6) 通号803 2005.6 p1041～1046

◇チームに支えられた不登校生徒の家庭訪問(特集1 不登校の子どもへの家庭訪問) 藤井隆之 「月刊学校教育相談」(ほんの森出版) 19(10) 2005.8 p10～12

◇ルポルタージュ 新教科「人間関係学科」で生き方のスキルを学ぶ―不登校の予防・支援へチャレンジする学校づくり 大阪府松原市立松原第七中学校 「悠」(ぎょうせい) 22(8) 2005.8 p48～51

◇非行傾向にある子どもの不登校への対応(特集 不登校問題をどう考えるか) 朝倉一隆 「月刊生徒指導」(学事出版) 35(13) 2005.11 p14～19

◇不登校の子へのかかわり方 「児童心理」(金子書房) 59(18) 通号834 (臨増) 2005.12 p1～163

◇不登校生に対する取り組み(特集2 改悪教育基本法の撤回に向けて) 加藤雅丈 「季刊人権問題」(兵庫人権問題研究所) (7) 2006.冬 p45～52

◇不登校児への対処(2)心理力動的接近 寺田道夫 「東海女子大学紀要」(東海女子大学) (26) 2006 p155～189

◇不登校児への対応について 鈴木順和, 橋本香菜子 「宮崎女子短期大学紀要」(宮崎女子短期大学) (33) 2006年度 p79～115

◇講座 多様化する不登校と個別の対応―タイプ別アプローチ(この時代を、こどもたちと共にあゆむ―全国学校教育相談研究会第40回研究大会(京都大会)より) 福井義一 「月刊学校教育相談」(ほんの森出版) 20(2)(増刊) 2006.1 p68～74

◇講座 多様化する不登校と個別の対応―タイプ別アプローチ(この時代を、こどもたちと共にあゆむ―全国学校教育相談研究会第40回研究大会(京都大会)より) 福井義一 「月刊生徒指導」(学事出版) 36(2)(増刊) 2006.1 p68～74

◇実践 不登校の生徒への情緒安定と学習意欲の喚起のための支援の試み(特集 ニーズに応える学校生活―子どもの学校生活は豊かですか) 品川信一 「発達の遅れと教育」(日本文化科学社) (581) 2006.1 p22～24

◇不登校への訪問面接の構造に関する検討―近年の事例と自験例の比較を通して 長坂正文 「心理臨床学研究」(日本心理臨床学会, 誠信書房(発売)) 23(6) 2006.2 p660～670

◇不登校の女子中学生とのメンタルフレンド活動における関わりについて―アニメ『犬夜叉』が大好きなAの事例(事例研究) 森園絵里奈 「九州大学心理臨床研究」(九州大学大学院人間環境学府附属発達臨床心理センター心理相談部門) 25 2006.3 p51～59

◇中学校におけるストレスチェックリストの活用と効果の検討―不登校の予防といった視点から 三浦正江 「教育心理学研究」(日本教育心理学会) 54(1) 2006.3 p124～134

◇不登校生徒と面接するときの提案(特集2 相談係のとっておき配布資料) 相原孝之 「月刊学校教育相談」(ほんの森出版) 20(4) 2006.3 p40～43

◇課題研究2 不登校・ひきこもりへの対応(1)(特集 多様化する生徒指導の課題―日本生徒指導学会第6回大会より) 相馬誠一,保坂亨,伊藤美奈子[他] 「月刊生徒指導」(学事出版) 36(4) 2006.3 p30～39

◇理論的分析枠組としての「生徒指導モデル」の有効性の検討―不登校・社会性育成に関する実践の検討・評価を事例として 滝充 「国立教育政策研究所紀要」(国立教育政策研究所) 135 2006.3 p105～120

◇演劇教育における参加のエスノグラフィー―なぜ不登校だった生徒が舞台づくりに参加できたのか 小林久夫 「千葉大学社会文化科学研究」(千葉大学大学院社会文化科学研究科) (12) 2006.3 p227～241

◇発題2 不登校・ひきこもり支援の現場を通して(第41回 日本臨床心理学会大会記録号―分科会シンポジウム 不登校から視えてくること) 磯谷隆文 「臨床心理学研究」(日本臨床心理学会) 43(3) 2006.3 p35～40

◇不登校―かかわりに詰まったとき、どう対応したか「登校刺激を控える」かかわりで行き詰まったとき 松川幸子 「月刊学校教育相談」(ほんの森出版) 20(5) 2006.4 p66～69

◇不登校―かかわりに詰まったとき、どう対応したか「明日は学校に行きます」と言わせてしまっていた 清水慶一 「月刊学校教育相談」(ほんの森出版) 20(6) 2006.5 p66～69

◇不登校―かかわりに詰まったとき、どう対応したか「かかわりに詰まった」ときのオーバーラップエゴグラム 牛久保聡 「月刊学校教育相談」(ほんの森出版) 20(7) 2006.6 p66～69

◇学校ストレスと不登校への行動科学的アプローチ(新しいストレスマネジメントの実際―e-Healthから筆記療法まで―学校におけるストレスマネジメントの実践) 岡安孝弘 「現代のエスプリ」(ぎょうせい) (469) 2006.8 p103～113

◇不登校克服へ関係機関との連携を―こども教育支援財団が報告書 「内外教育」(時事通信社) (5670) 2006.8.1 p2～3

◇きょういくズームアップ 立ち直りのための3つの条件とは―不登校児支援の最前線に立つ原陽子・「こども教育支援財団」職員 原陽子 「内外教育」(時事通信社) (5676) 2006.8.29 p8～9

◇不登校―かかわりに詰まったとき、どう対応したか 叱咤激励が通用しなかった生徒 佐藤一也 「月刊学校教育相談」(ほんの森出版) 20(11) 2006.9 p66～69

◇不登校―かかわりに詰まったとき、どう対応したか 焦らず段階を踏んでかかわることの大切さ 笹本恵美子 「月刊学校教育相談」(ほんの森出版) 20(12) 2006.10 p66～69

◇不登校の子の理解と援助(7) 不登校の子と社会との関わり―ひきこもりの背景にある意味を考える 伊藤美奈子 「児童心理」(金子書房) 60(14) 通号848 2006.10 p1417～1423

◇実践報告/わたし ひろがれ!―ライフスキルの向上と不登校生への支援に取り組んで 松原市立松原第七中学校 「部落解放研究 : 部落解放・人権研究所紀要」(部落解放・人権研究所) (172) 2006.10 p37～54

◇不登校―かかわりに詰まったとき、どう対応したか 視点を変えるために立場の違う先生に相談 武田富子 「月刊学校教育相談」(ほんの森出版) 20(13) 2006.11 p90～93

◇不登校への対応について(特集 不登校にどう対応するか) 林寛之 「月刊生徒指導」(学事出版) 36(13) 2006.11 p12～18

◇実践 不登校の子どもとの会話で気をつけたい五ヶ条 相原孝之 「月刊学校教育相談」(ほんの森出版) 20(14) 2006.12 p40～43

◇生徒をニート・フリーターにしないために 中退者・不登校生の本音から―必要なケアは何だったのか 渡辺敦司 「月刊生徒指導」(学事出版) 36(15) 2006.12 p28～31

◇不登校生徒へ学生ボランティアが果たす役割 森美和 「年報人間関係学」(京都光華女子大学人間関係学会) (9) 2006.12 p51～64

◇ドクター観幾の占い学入門(第89回) 登校拒否の解決法 佐藤観幾 「世界週報」(時事通信社) 87(46) 通号4272 2006.12.5 p61

◇シンポジスト「不登校」「ひきこもり」への援助(第19回九州・沖縄社会精神医学セミナー・シンポジウム) 帆秋善生 「九州神経精神医学」(九州精神神経学会) 53(2) 2007 p162～167

◇「死の不安」を感じて不登校となった小学生　加藤豊比古　「近畿大学教育論叢」（近畿大学教職教育部）　19（1）　2007　p73〜98

◇不登校児への対処（4）アセスメント　寺田道夫　「東海学院大学紀要」（東海学院大学）　（1）　2007　p107〜136

◇大学生による不登校支援についての検討　玉木健弘　「福山大学こころの健康相談室紀要」（福山大学人間文化学部心理学科附属こころの健康相談室）　（1）　2007　p43〜49

◇スクールカウンセリングの創造（6）不登校支援における地域連携の取り組み　佐藤静　「宮城教育大学紀要」（宮城教育大学）　42　2007　p205〜215

◇不登校—かかわりに詰まったとき、どう対応したか　赤い箱、青い箱で気持ちを視覚化させて、自己選択のお手伝い　「月刊学校教育相談」（ほんの森出版）　21（1）　2007.1　p66〜69

◇特別講座　不登校・ひきこもりの問題と対応について（動きだそう—かかわり・伝え・支える心—全国学校教育相談研究会第41回研究大会（東京大会）より）　斎藤環　「月刊学校教育相談」（ほんの森出版）　21（2）（増刊）　2007.1　p12〜37

◇特別講座　不登校・ひきこもりの問題と対応について（動きだそう—かかわり・伝え・支える心—全国学校教育相談研究会第41回研究大会（東京大会）より）　斎藤環　「月刊生徒指導」（学事出版）　37（2）（増刊）　2007.1　p12〜37

◇不登校—かかわりに詰まったとき、どう対応したか　次なる一歩は子どもたちの先輩が助けてくれました　東勢津子　「月刊学校教育相談」（ほんの森出版）　21（3）　2007.2　p66〜69

◇不登校の子の理解と援助（11）訪問型支援の実際　伊藤美奈子　「児童心理」（金子書房）　61（2）通号854　2007.2　p280〜286

◇課題研究2　不登校・ひきこもりへの対応（2）（特集　深刻な生徒指導課題にどう対するか—日本生徒指導学会第7回大会より）　相馬誠一，福本千歳，今村裕［他］　「月刊生徒指導」（学事出版）　37（4）　2007.3　p32〜40

◇不登校の子の理解と援助（最終回）進級・進学の節目に必要なこと　伊藤美奈子　「児童心理」（金子書房）　61（4）通号856　2007.3　p424〜430

◇メンタルフレンドとのかかわりを通して変容した母子関係—重度障害の姉をもつ不登校児Aへの支援を通して　大原榮子　「名古屋学芸大学短期大学部研究紀要」（名古屋学芸大学短期大学部）　（4）　2007.3　p18〜28

◇不登校生徒への取り組み—人権・同和教育の視点に立って　西昭男　「日本私学教育研究所紀要」（日本私学教育研究所）　（42）（1）　2007.3　p235〜247

◇不登校児支援における宿題コラージュ法・かばん登校の効果—小学1年次より毎年，不登校を繰り返す事例を通して　山本映子，北川早苗　「人間と科学：県立広島大学保健福祉学部誌」（広島県立保健福祉大学学術誌編集委員会）　7（1）　2007.3　p111〜123

◇不登校児童生徒への組織的対応を支援する事例データベースの開発—事例収集の実際とデータベース活用事例の分析（授業実践とメディア活用）　五月女保幸，野村泰朗　「日本教育工学会研究報告集」（日本教育工学会）　07（1）　2007.3.3　p149〜154

◇不登校へのかかわりから学んだこと　自分が主語になる時間と学校　時田道夫　「月刊学校教育相談」（ほんの森出版）　21（5）　2007.4　p78〜81

◇乙武洋匡　教育レポート（第10回）不登校の原因、克服のための「環境」　乙武洋匡　「現代」（講談社）　41（4）　2007.4　p248〜257

◇不登校へのかかわりから学んだこと　じっくり聴くことと、はっきり伝えることの大切さ　鈴木章乃　「月刊学校教育相談」（ほんの森出版）　21（7）　2007.6　p78〜81

◇不登校へのかかわりから学んだこと　変化をなかなか見せない生徒にも、必ずかかわりは通じている　伊東葵　「月刊学校教育相談」（ほんの森出版）　21（8）　2007.7　p78〜81

◇親と教師のカウンセリングルームQ&A　理由も言わず不登校を続ける娘　伊藤美佳　「児童心理」（金子書房）　61（10）通号862　2007.7　p1007〜1011

◇不登校児童生徒への支援ネットワークの構築に関する実践的研究—大阪府A市スクーリング・サポート・ネットワーク整備事業の取組から　中村健　「同志社法学」（同志社法学会）　59（2）通号321　2007.7　p827〜849

◇不登校へのかかわりから学んだこと 君はひとりじゃない―見守ることの大切さ 向江幸洋 「月刊学校教育相談」(ほんの森出版) 21(10) 2007.8 p108～112

◇不登校児に学ぶ意欲を与える契機…―転地療法の誕生(生きる力の「契機」) 難波三津子 「ヒトの教育 : ヒトの教育を考える会(ヒトの教育の会)広報誌」(「ヒトの教育」編集部) (3) 2007.8.30 p42～53

◇不登校へのかかわりから学んだこと 「待つ」ことで伝えられること 佐々木あつ子 「月刊学校教育相談」(ほんの森出版) 21(11) 2007.9 p84～87

◇特集 不登校の対応の仕方―登校刺激はした方がよいか 菅野純 「心とからだの健康：子どもの生きる力を育む」(健学社) 11(9)通号115 2007.9 p14～17

◇楽しく学べる 健康ストックカード 実践資料シリーズ(101)不登校の現状と対応について考えてみよう 中下富子 「心とからだの健康：子どもの生きる力を育む」(健学社) 11(9)通号115 2007.9 p22～25

◇生徒指導実践講座(7) 不登校に関する指導体制の見直し 尾木和英 「月刊生徒指導」(学事出版) 37(12) 2007.10 p46～49

◇不登校の行動論的予防に向けての挑戦的提案(1) (子どもの心・体と環境を考える会・第4・5回テーマ別研究会記録) 奥田健次 「子どもの健康科学」(子どもの心・体と環境を考える会) 7(2) 2007.10 p3～11

◇不登校へのかかわりから学んだこと 「関係づくり」の視点で実践を見直す 樋口則明 「月刊学校教育相談」(ほんの森出版) 21(13) 2007.11 p108～111

◇教育再生への提言 いじめ根絶のために 小川義男 「祖国と青年」(日本協議会) (351) 2007.12 p21～24

◇不登校に対する心理学的対応について―文献的検討 井上知子 「追手門学院大学心理学部紀要」(追手門学院大学心理学部) (3) 2008 p11～26

◇「未来からの留学生」における特別講演の意義―「映画づくりの実践による不登校生への取り組み」を通して 岡田知也,七條正典,岡橋智栄美［他］ 「香川大学教育実践総合研究」(香川大学教育学部) (17) 2008 p39～50

◇研修レポート 不登校の子どもを理解するために―K子の背景にあるもの 福田基代枝 「島根大学教育学部心理臨床・教育相談室紀要」(島根大学教育学部心理臨床・教育相談室) 5 2008 p163～173

◇教育行政による不登校問題に対する取り組みの変容 冨岡理恵 「上智大学教育学論集」(上智大学総合人間科学部教育学科) (43) 2008年度 p67～81

◇不登校児への対処(5)Johnson et al(1941)から私たちへの示唆 寺田道夫 「東海学院大学紀要」(東海学院大学) (2) 2008 p133～148

◇不登校に対する適応指導教室と学校との連携の在り方 小坂浩嗣,粟田恭史 「鳴門教育大学学校教育研究紀要」(鳴門教育大学地域連携センター) (23) 2008年度 p97～106

◇母親を不安拮抗刺激とした段階的再登校法の適用―複数の嫌悪的体験を契機とした登校拒否女児の事例(実践研究) 園山繁樹 「行動療法研究」(日本行動療法学会) 34(1)通号65 2008.1 p55～66

◇親と教師のカウンセリングルームQ&A 不登校の子どもの行動や言葉の意味を探る七つのポイント 西井克泰 「児童心理」(金子書房) 62(1)通号871 2008.1 p135～139

◇大人の陰山メソッド(Number 63)初期段階での適切な対応こそが不登校を防ぐ道 陰山英男 「週刊ダイヤモンド」(ダイヤモンド社) 96(4)通号4213 2008.1.26 p65

◇不登校へのかかわりから学んだこと 本人としっかり向き合って速やかにチームで対応 山田恵子 「月刊学校教育相談」(ほんの森出版) 22(3) 2008.2 p78～81

◇不登校の中学生男子における訪問支援の事例報告―ホームフレンドの役割とその限界について 相馬慎吾 「治療教育学研究」(愛知教育大学) 28 2008.2 p39～47

◇幼少期から両親不和を経験した不登校生徒への支援過程 丸田知明,尾崎康子 「教育実践研究：富山大学人間発達科学研究実践総合センター紀要」(富山大学人間発達科学部附属人間発達

科学研究実践総合センター) (2) 2008.3 p57～64

◇不登校の行動論的予防に向けての挑戦的提案(2)(子どもの心・体と環境を考える会・第4・5回テーマ別研究会記録) 奥田健次 「子どもの健康科学」(子どもの心・体と環境を考える会) 8(2) 2008.3 p3～8

◇不登校生徒の将来の自己に対する肯定的な見通しと社会参加活動との関係 西村薫 「別府溝部学園短期大学紀要」(別府溝部学園短期大学) (28) 2008.3 p13～25

◇教育福祉とサブカルチャー(4)携帯型ゲーム機を利用した支援による不登校児童のコミュニケーション回復の促進効果についての検討 八尋茂樹 「山口福祉文化大学研究紀要」(山口福祉文化大学研究紀要編集委員会) 1(1) 2008.3 p73～81

◇不登校の子どもへの適切な登校刺激(特集 減らない不登校) 小澤美代子 「教育と医学」(慶應義塾大学出版会) 56(4)通号658 2008.4 p353～359

◇SOCIETY 子どもたちは今 不登校めぐるさまざまな取り組み 瀧井宏臣 「Jiji top confidential」(時事通信社) (11346) 2008.6.20 p2～6

◇基盤としての身体性にたちかえること——不登校少年との面接過程から 山川裕樹 「心理臨床学研究」(日本心理臨床学会, 誠信書房(発売)) 26(3) 2008.8 p257～268

◇時間的展望の変化に見る不登校の経過・回復過程——高校生事例による検討 山本獎 「心理臨床学研究」(日本心理臨床学会, 誠信書房(発売)) 26(3) 2008.8 p290～301

◇不登校を巡る治療・教育の再検討——1980年代の横湯園子の実践報告から 山序竜治 「臨床心理学研究」(日本臨床心理学会) 46(2) 2008.8 p45～54

◇親と教師のカウンセリングルームQ&A 孤立感がきっかけで不登校になった子 菊池義人 「児童心理」(金子書房) 62(13)通号883 2008.9 p1287～1291

◇不登校の未然防止と子どもたちへの支援(特集 不登校の予防と育ちの支援) 小林正幸 「じん

けん：心と心、人と人をつなぐ情報誌」(滋賀県人権センター) (329) 2008.9 p11～17

◇新しい不登校支援を考える——教育現場に福祉的視点を(特集 不登校の予防と育ちの支援) 井上序子 「じんけん：心と心、人と人をつなぐ情報誌」(滋賀県人権センター) (329) 2008.9 p18～23

◇不登校支援に関するオフサイトミーティングの事例研究——対話空間の形成とネットワーク化の可能性 武井敦史 「日本学習社会学会年報」(日本学習社会学会) (4) 2008.9 p39～48 [含 英語文要旨]

◇不登校支援における学生ボランティアの意識調査——NANAっくす活動をとおして 松本剛, 杉本愛奈, 隈元みちる 「兵庫教育大学研究紀要」(兵庫教育大学) 33 2008.9 p63～71

◇通信・議会質疑 話題の質問ダイジェスト——地方議会での論争から 不登校対策の充実 「週刊教育資料」(教育公論社) (1040)通号1170 2008.9.1 p26～27

◇家庭内暴力を伴う不登校男子中学生への多面的支援——適応指導教室と母子並行面接とにより心理的成長を支えた事例 唐澤由理, 近藤俊彦, 織田順 「カウンセリング研究」(日本カウンセリング学会) 41(3) 2008.10 p266～276

◇不登校生徒への支援の方法——コーピング・リレーションタイム(特集 こうすれば不登校が減る) 坂井秀敏 「月刊生徒指導」(学事出版) 38(13) 2008.11 p28～33

◇学生の学びの支援と職員の教育参加(シンポジウム 大学における『教育力』を考える——教員と職員のコラボレーションの視点から) 本郷優紀子 「大学教育学会誌」(大学教育学会) 30(2)通号58 2008.11 p39～43

◇自己プランニング・プログラムにおける「他者とのポジティブなかかわり」の効果——夢も希望ももてない不登校生徒の援助事例(ケース報告特集号) 青戸泰子, 松原達哉 「カウンセリング研究」(日本カウンセリング学会) 41(4) 2008.12 p304～314

◇思春期クライシスに寄り添う(第9回)不登校 橋本早苗 「月刊学校教育相談」(ほんの森出版) 22(14) 2008.12 p48～51

◇自己表現ワークシートを利用した不登校生徒への支援　星岡みのり,宮本正一　「岐阜大学教育学部研究報告. 人文科学」(岐阜大学教育学部)　58(1)　2009　p167～175

◇生徒指導 不登校児童を継続的に登校させるための取組——メンタルフレンド的な視点に基づく関わり方とルール・体制づくりを軸にした実践を通して　高橋雅彦　「教育実践研究」(上越教育大学学校教育実践研究センター)　19　2009　p177～182

◇不登校経験者への登校支援とその課題　伊藤秀樹　「教育社会学研究」(東洋館出版社)　84　2009　p207～226［含 英語文要旨］

◇研究者と教育機関の連携——不登校支援の実践現場との連携から(教育心理学と実践活動)　東宏行　「教育心理学年報」(日本教育心理学会)　49　2009年度　p180～189

◇不登校児の対処(7)不登校問題史の研究の夜明け　寺田道夫　「東海学院大学紀要」(東海学院大学)　(3)　2009　p135～151

◇学校教育臨床における協働の効果に関する質的研究——不登校事例の分析による支援モデルの提示　目黒信子　「兵庫大学論集」(兵庫大学)　(14)　2009　p181～196

◇高等学校における生徒指導および進路指導の在り方について——いじめ・不登校・中途退学の問題行動に対する生徒指導の在り方および個性を生かした進路指導の在り方について　出利葉豊　「福岡医療福祉大学紀要」(福岡医療福祉大学)　(6)　2009　p89～102

◇不登校傾向を示す児童へのチーム援助　矢野正　「湊川短期大学紀要」(湊川短期大学)　45　2009　p39～47

◇断続型不登校の女子高校生への主張訓練による支援　花井英男,小野昌彦　「宮崎大学教育文化学部附属教育実践総合センター研究紀要」(宮崎大学教育文化学部附属教育実践総合センター)　(17)　2009　p127～135

◇不登校を未然に防ぐ取り組み(特集 健康相談活動の意義と実践)　福原浩子　「心とからだの健康：子どもの生きる力を育む」(健学社)　13(1)通号131　2009.1　p18～24

◇通信・議会質疑 話題の質問ダイジェスト——地方議会での論争から 不登校対策 「週刊教育資料」(教育公論社)　(1069)通号1199　2009.4.20　p26～27

◇不登校とピア・サポートプログラム(ピア・サポート—子どもとつくる活力ある学校—不適応問題とピア・サポート)　瀬戸隆博,森菜穂子　「現代のエスプリ」(ぎょうせい)　(502)　2009.5　p150～160

◇不登校支援の在り方を探る——ある同一事例の当事者,母親,担任教師の認識のずれ　岸田幸弘　「学苑」(光葉会)　(824)　2009.6　p31～51

◇不本意入学から不登校に至った男子高校生の面接過程　安達圭一郎　「Visio：Research reports」(九州ルーテル学院大学)　(39)　2009.6　p51～56

◇不登校の子の周囲へのかかわり(特集 不登校,周囲の人のかかわりを育てる)　中村泰子　「月刊学校教育相談」(ほんの森出版)　23(8)　2009.7　p22～27

◇子どもの成長につなげる不登校の回復段階でのかかわり(特集 不登校,周囲の人のかかわりを育てる)　小柴孝子　「月刊学校教育相談」(ほんの森出版)　23(8)　2009.7　p31～33

◇不登校傾向の学生へのアウトリーチ型支援——キャンパスソーシャルワーカーとの協働による学生の自己選択能力の形成支援(特集 メンタルヘルス(2)相談体制・連携・協働)　藤田長太郎,嘉目克彦,漆間幸一［他］　「大学と学生」(新聞ダイジェスト社)　(69)　2009.7　p43～51

◇地方議員リポート(45)不登校対策に効果を挙げるSSW　青海俊伯　「公明」(公明党機関紙委員会)　通号46　2009.10　p70～73

◇不登校の軽度難聴生徒に対する身体運動への動機付けと学習支援の試み——難聴通級指導教室での事例から　飯田茂　「体育の科学」(杏林書院)　59(10)　2009.10　p697～702

◇笑顔で一歩前に——スマイルファクトリーの取り組み(特集 さまざまな不登校対応)　石本智一　「月刊生徒指導」(学事出版)　39(13)　2009.11　p18～23

◇不登校でもぜんぜんだいじょーぶ——実録！既成概念コナゴナ粉砕引きこもり突破法　安西直紀　「月刊生徒指導」(学事出版)　39(13)　2009.11　p24～32

◇来談が不安定な時期のプロセス―思春期の長期不登校の事例を通して　森石加世子　「心理臨床学研究」(日本心理臨床学会,誠信書房(発売))　27(5)　2009.12　p558～569

◇解決志向アプローチによる不登校生徒への支援　渥美ふさ子,宮本正一,大井修三　「岐阜大学教育学部研究報告.人文科学」(岐阜大学教育学部)　59(1)　2010　p131～138

◇不登校・若者のひきこもりと自立支援―20年の相談活動からみえてきたもの('09そうけん土曜講座　公開講座　八大・八短大を通して現代を見つめる)　藤田健　「産業文化研究」(八戸大学・八戸短期大学総合研究所)　(19)　2010　p34～36

◇「学校に行かない・行けない」子どもの居場所をめぐる一考察―先行研究のレビューを中心にして [含 文献一覧]　笹倉千佳弘　「就実教育実践研究」(就実大学教育実践研究センター)　3　2010　p33～43

◇自他をキャラクターとしてとらえる子どもたちの心的現実のあり方と,教師がとりうる対応―主に不登校・登校しぶりの子どもに対して　稲垣智則　「東海大学課程資格教育センター論集」(東海大学課程資格教育センター)　(9)　2010　p13～23

◇長期の不登校中学生を再登校へ導いた実践的研究　田中和代　「東北公益文科大学総合研究論集」(東北公益文科大学)　(19)　2010　p83～99

◇学習面・行動面の困難を抱える不登校児童・生徒とその支援に関する研究　原田直樹,松浦賢長　「日本保健福祉学会誌」(日本保健福祉学会)　16(2)通号28ママ　2010　p13～22

◇中学生の不登校要因とチームによる予防支援―生活実態調査に基づく分析と提案　御子柴ふゆ　「武蔵野美術大学研究紀要」(武蔵野美術大学)　(41)　2010　p55～65

◇不登校感情を改善する一方法の検討―不登校生の自己表現の特徴から　中邨詩実,竹田眞理子　「和歌山大学教育学部教育実践総合センター紀要」(和歌山大学教育学部附属教育実践総合センター)　(20)　2010　p65～74

◇Sai NEWS 未就学裁判の前提となる「不登校裁判」　「Sai」(大阪国際理解教育研究センター)　63　2010.Sum.・Aut.　p60～62

◇不登校でもぜんぜんだいじょーぶ(1)向風学校のススメ―視方を変えれば、世界は変わる　安西直紀,石山修武　「月刊生徒指導」(学事出版)　40(1)　2010.1　p48～53

◇不登校でもぜんぜんだいじょーぶ(2)大英帝国不登校遠征―ぜんぜんだいじょーぶ海外編　安西直紀　「月刊生徒指導」(学事出版)　40(3)　2010.2　p42～45

◇不登校の子どもの学習支援をめぐる動きについて　広瀬隆雄　「桜美林論考.心理・教育学研究」(桜美林大学)　([1])　2010.3　p43～58

◇高校生の登校回避感情と登校理由から考察する不登校とその支援―大学生を対象とする回顧法の質問紙調査から　上加世田寛子,若林純子　「鹿児島純心女子大学大学院人間科学研究科紀要」(鹿児島純心女子大学大学院人間科学研究科)　(5)　2010.3　p29～36

◇不登校生徒との2年間の関わり―攻撃性表出の重要性　寺井弘実　「金沢星稜大学人間科学研究」(金沢星稜大学人間科学会)　3(2)通号5　2010.3　p43～46

◇フォーラム 不登校対応(特集 元気が出る生徒指導―日本生徒指導学会第10回大会より)　相馬誠一,須崎貫,柳原守 [他]　「月刊生徒指導」(学事出版)　40(4)　2010.3　p42～48

◇WISC―3プロフィールからみた不登校傾向児の理解と支援について　清水智子,後藤容子　「甲南女子大学心理相談研究センター紀要」(甲南女子大学心理相談研究センター)　4　2010.3　p27～38

◇不登校の理解と対応　山崖俊子　「日本小児科学会雑誌」(日本小児科学会)　114(3)　2010.3　p432～438

◇思春期の子どもの理解と支援をめぐって―中学生の不登校事例より　中野博子　「人間総合科学：人間総合科学大学紀要」(人間総合科学大学)　(18)　2010.3　p11～19

◇不登校生徒へのソーシャルワーク的介入に関する研究―スクールソーシャルワーカーの役割評価を中心に　大西良　「比較文化研究」(久留米大学比較文化研究所)　44　2010.3　p27～47

◇不登校にならないために　嶋田聡　「ヒトの教育：ヒトの教育を考える会(ヒトの教育の会)広報

◇不登校問題のいまを問う——子どもの願いとネットワーク支援(特集 不登校はいま)　春日井敏之　「教育」(国土社)　60(5)通号772　2010.5　p13〜20

◇通信・議会質疑 話題の質問ダイジェスト——地方議会での論争から 不登校対策　「週刊教育資料」(教育公論社)　(1121)通号1251　2010.6.21　p24〜25

◇不登校事例におけるソーシャルワークの実践——エコマップを用いた役割評価を中心に　大西良　「学校ソーシャルワーク研究」(日本学校ソーシャルワーク学会)　(5)　2010.7　p55〜67

◇不登校に関する協働的な会の運営の成果と課題　川原誠司　「宇都宮大学教育学部教育実践総合センター紀要」(宇都宮大学教育学部附属教育実践総合センター)　(33)　2010.7.1　p1〜8

◇中学生の遅刻への学校ストレスの影響——学年と性別による比較検討　命婦恭子, 向笠章子, 津田彰　「子どもの健康科学」(子どもの心・体と環境を考える会)　10(2)　2010.9　p19〜28

◇教師・カウンセラー・保護者の協働による不登校への対応(特集 ひきこもり・不登校の今を考える)　伊藤美奈子　「教育と医学」(慶應義塾大学出版会)　58(11)通号689　2010.11　p1043〜1049

◇不登校サポートボランティアの現状とこれから(特集 ひきこもり・不登校の今を考える)　高橋良臣　「教育と医学」(慶應義塾大学出版会)　58(11)通号689　2010.11　p1058〜1064

◇保健師さんに伝えたい24のエッセンス——親子保健を中心に(20)不登校, ひきこもりをめぐって　平岩幹男　「公衆衛生」(医学書院)　74(11)　2010.11　p955〜958

◇中学校教員と障害者通園施設職員による不登校生徒への支援——中学校と障害施設の共存の場から　飯田茂　「障害者問題研究」(全国障害者問題研究会)　38(3)通号143　2010.11　p231〜237

◇長期化した不登校事例への支援(子どもの認知行動療法入門——不登校・集団不適応への支援と認知行動療法)　小林奈穂美　「児童心理」(金子書房)　64(18)通号924(臨増)　2010.12　p67〜72

◇変わる教育委員会——その活性化策(第124回)不登校問題への取り組み(上)「Q-U」の導入で新たな機運　米山一幸　「週刊教育資料」(教育公論社)　(1145)通号1275　2010.12.27　p30

◇個々の状態に合わせた支援を 内閣府が不登校, ひきこもりで特別企画　「内外教育」(時事通信社)　(6047)　2010.12.28　p14〜15

◇鉄道に固執する不登校児童との面接家庭(1)　松永美冬, 森範行　「学校臨床心理学研究：北海道教育大学大学院研究紀要」(北海道教育大学大学院教育学研究科学校臨床心理専攻)　(9)　2011年度　p117〜125

◇不登校支援現場に見る感情労働——不登校生の居場所に着目して　井上烈　「京都大学大学院教育学研究科紀要」(京都大学大学院教育学研究科)　(57)　2011　p545〜557

◇不登校児への対処(9)学校で不登校問題に初めて対処する時に大切なこと　寺田道夫　「東海学院大学紀要」(東海学院大学)　(5)　2011　p107〜120

◇東日本大震災地の不登校・ひきこもりの子どもと青年, 大人たち——生と死, 心の傷, 震災孤児, つながるきずな(特集 3・11東日本大震災と教育の課題)　横湯園子　「人間と教育」(旬報社)　通号70　2011.夏　p52〜57

◇スクールカウンセリングの創造(9)東日本大震災と心の支援　佐藤静　「宮城教育大学紀要」(宮城教育大学)　46　2011　p213〜221

◇不登校への援助方法を包含する関係性変容過程仮説の検討　稲永努　「山口大学大学院教育学研究科附属臨床心理センター紀要」(山口大学大学院教育学研究科附属臨床心理センター)　2　2011　p21〜29

◇変わる教育委員会——その活性化策(第125回)不登校問題への取り組み(下)指導主事をコーディネーターに　米山一幸　「週刊教育資料」(教育公論社)　(1146)通号1276　2011.1.3・10　p26

◇不登校の子どもの理解(日本育療学会第14回学術集会報告)　武田鉄郎　「育療」(日本育療学会)　通号49　2011.2　p5〜11

◇不登校児への支援経験の程度が実際の支援に及ぼす影響―不登校の原因イメージを関連させて　丸山達也, 竹田眞理子　「和歌山大学教育学部紀要. 教育科学」(和歌山大学教育学部)　61　2011.2　p107～117

◇不登校児童生徒に対する指導の基本方針に関する研究　清多英羽, 奥井現理, 紺野祐[他]　「青森中央短期大学研究紀要」(青森中央短期大学)　(24)　2011.3　p71～77

◇個別支援を必要とする生徒への支援―ピア・サポートトレーニングプログラムを導入して　川畑惠子, 池島德大　「教育実践総合センター研究紀要」(奈良教育大学教育学部附属教育実践総合センター)　(20)　2011.3　p267～271

◇不登校―学校適応につまずいている子に(特集 つまずきを超える―つまずいている子への援助)　丹明彦　「児童心理」(金子書房)　65(4) 通号928　2011.3　p101～105

◇不登校と生体リズム　福田一彦, 浅岡章一　「情報と社会 : 江戸川大学紀要」(江戸川大学)　(21)　2011.3　p89～96

◇スクールソーシャルワーカーの導入による不登校対応の変化　木村文香, 伊藤秀樹　「情報と社会 : 江戸川大学紀要」(江戸川大学)　(21)　2011.3　p113～127

◇キッズスキルの学習と実践がもたらす情緒的支援効果の測定―キッズスキル学習者の不登校対応自己効力感の変化　鈴木俊太郎, 飯村昌史, 荒木志穂[他]　「信州大学教育学部研究論集」(信州大学教育学部)　(4)　2011.3　p145～152

◇家庭訪問相談員による長期欠席(不登校)の児童・生徒への支援―A県3市の事例より　伊藤秀樹, 堀下歩美, 保坂亨　「千葉大学教育学部研究紀要」(千葉大学教育学部)　59　2011.3　p29～34

◇学内論説 長期欠席(不登校)への対応と学力問題―教育現場における「欠席」の意味(特集 子どもの学力)　大崎広行　「人と教育 : 目白大学教育研究所所報」(目白大学教育研究所)　(5)　2011.4　p6～9

◇通信・議会質疑 話題の質問ダイジェスト―地方議会での論争から 不登校対策　「週刊教育資料」(教育公論社)　(1157) 通号1287　2011.4.4　p26～27

◇対人関係の「裏切られた感じ」から不登校となった前思春期女児との面接過程　鹿島なつめ　「心理臨床学研究」(日本心理臨床学会, 誠信書房(発売))　29(2)　2011.6　p177～187

◇学会企画シンポジウム 当事者、不登校支援者との語りから考える必要な支援とは？(平成22年度[北海道特別支援教育学会]研究発表中央大会報告)　齊藤真善, 北原千恵子, 野木美幸[他]　「北海道特別支援教育研究」(北海道特別支援教育学会)　5(1)　2011.7　p63～68

◇学会企画シンポジウム 札幌市における不登校対応とその実際―予防的教育支援を考える(平成22年度[北海道特別支援教育学会]研究発表中央大会報告)　前野紀恵子, 小川央, 田中進一[他]　「北海道特別支援教育研究」(北海道特別支援教育学会)　5(1)　2011.7　p69～71

◇スクールカウンセリングと震災の心理臨床―生徒への支援(緊急特集 災害支援―臨床心理士による包括的支援―災害支援―長期的な心理支援計画のために)　伊ного良子, 佐藤葉子　「臨床心理学」(金剛出版)　11(4) 通号64　2011.7　p558～562

◇特集「待つ」不登校対策 全教が教育研究全国集会(下)　「内外教育」(時事通信社)　(6106)　2011.9.2　p8～9

◇「こころと健康」の出席点検及び電話連絡による不登校予防の取り組み　野本ひさ, 玉井洋明, 井戸興[他]　「大学教育実践ジャーナル」(愛媛大学大学教育総合センター)　(10)　2012　p77～80

◇座談会 震災後の子ども : 中長期的変化と対応について(特集 東日本大震災(2))　吉田弘和, 山崎透, 田中哲[他]　「トラウマティック・ストレス : 日本トラウマティック・ストレス学会誌」(日本トラウマティック・ストレス学会)　10(1) 通号18　2012　p44～50

◇不登校への対応 :「本人に関する問題」を考える(特集 "らしさ"を認める特別支援教育)　片山ますみ　「月刊生徒指導」(学事出版)　42(1)　2012.1　p20～22

◇不登校予防支援プログラム：4年間の実践から　藪内阿子, 齋藤敏靖　「応用社会学研究」(東京国際大学)　(22)　2012.2　p63～73

◇欠席の要因と不登校の未然防止：欠席日数に影響を与える要因　只石展英, 石津憲一郎, 下田芳幸　「教育実践研究：富山大学人間発達科学学研究実践総合センター紀要」（富山大学人間発達科学部附属人間発達科学研究実践総合センター）　(6)　2012.2　p87～96

◇学校・震災ソリューション・バンク 震災における不登校・ひきこもりの変化（特集 大震災・子どもたちへの中長期的支援：皆の知恵を集めるソリューション・バンク）　野口修司　「子どもの心と学校臨床」（遠見書房）　(6)　2012.2　p47～55

◇スクールソーシャルワーカーの不登校支援における連携構造の検討　大西良, 森永佳江, 荒川裕美子［他］　「比較文化研究」（久留米大学比較文化研究所）　46　2012.3　p39～52

◇不登校児童生徒に対する中学校卒業後の支援方法　矢田久登, 香川純子, 伊藤友紀子［他］　「ふくおか精神保健」（福岡県精神保健福祉協会）　(57)　2012.3　p131～133

◇関係者とのコラボレーションによって不登校の女子中学生を支援した学校臨床事例 ： コラボレーション, システム論, 多方向への肩入れ　安達知郎　「家族心理学研究」（日本家族心理学会）　26(1)　2012.5　p40～53

◇不登校・引きこもりの原因と具体的な対処法（特集 不登校・引きこもりにどう対処したらよいか）　安川雅史　「心とからだの健康 ： 子どもの生きる力を育む」（健学社）　16(5)通号171　2012.5　p14～18

◇大人が変われば子どもが変わる：不登校対応の現場から（特集 不登校・引きこもりにどう対処したらよいか）　小笠原美知子　「心とからだの健康 ： 子どもの生きる力を育む」（健学社）　16(5)通号171　2012.5　p19～23

◇精神障害を抱える保護者のもと不登校になったA子（特集 福祉的要因をもつ不登校への対応）　本年泉　「月刊学校教育相談」（ほんの森出版）　26(8)　2012.7　p34～37

◇社会の動きを見据えた不登校対応を（特集 福祉的要因をもつ不登校への対応）　嶋﨑政男　「月刊学校教育相談」（ほんの森出版）　26(8)　2012.7　p38～41

◇新型不登校とその対応法　横山裕　「月刊生徒指導」（学事出版）　42(10)　2012.9　p42～45

◇新型不登校とその対応法（後編）　横山裕　「月刊生徒指導」（学事出版）　42(11)　2012.10　p42～45

◇教育長訪問シリーズ 新居浜市教育長 阿部義澄 学校・家庭・地域の連携で不登校の児童生徒が減少　阿部義澄　「教育ジャーナル」（学研教育みらい, 学研マーケティング（発売））　51(8)　2012.11　p30～32

【図書】

◇「1年間ボランティア計画」不登校児等支援プロジェクト報告書　平成14年度　日本青年奉仕協会　〔2003〕　35p　30cm　Ⓝ371.42

◇今後の不登校への対応の在り方について―報告　不登校問題に関する調査研究協力者会議　2003.3　92p　30cm　Ⓝ371.42

◇上手な登校刺激の与え方―先生や家庭の適切な登校刺激が不登校の回復を早めます！　小澤美代子著　立川　ほんの森出版　2003.4　145p　21cm　1500円　Ⓘ4-938874-37-7　Ⓝ371.42

内容 第1章 登校刺激についての誤解を正し, 適切な登校刺激を与える（不登校をめぐる三つの誤解　登校刺激について考える　不登校のとらえ方　不登校の経過と段階）　第2章 事例にみる適切な登校刺激例（不登校の子どもの担任になったとき, 最初にすること　少し休み始めた子どもとの対応　急に登校しなくなったときの対応　長期化して連絡がとりづらい場合の対応　家庭訪問をするときに留意すること　ほか）

◇小学生の登校拒否は100％なおる　吉岡康雄著　オンデマンド版　出版文化社　2003.5　254p　21cm　〈原本：平成10年刊〉　2800円　Ⓘ4-88338-285-0　Ⓝ371.42

◇不登校　片野智治, 明里康弘, 植草伸之編　図書文化　2003.6　199p　21cm　（育てるカウンセリングによる教室課題対応全書 6）　〈シリーズ責任表示：國分康孝, 國分久子/監修〉　1900円　Ⓘ4-8100-3398-8　Ⓝ371.42

内容 第1章 不登校の考え方　第2章 プチ不登校　第3章 不登校への対応　第4章 不登校に関する技法上の諸問題　第5章 不登校児童生徒・保護者との面談の原理と技法　第6章 不登校予防のポイント12　第7章 教師の自己管理術

◇不登校児の理解と援助―問題解決と予防のコツ　小林正幸著　金剛出版　2003.7　181p

22cm 〈文献あり〉 2600円 ①4-7724-0785-5 Ⓝ371.42

内容 第1部 不登校児の援助に関わる理論(不登校とは 社会現象としての不登校の増加 不登校の形成要因と予防理論 不登校の維持要因と対応に関する理論) 第2部 事例理解と援助の方法(不登校事例を理解する 子どもへの援助の方法と基本的な手順 保護者・学校援助の基本的な手順 インターネットを用いた不登校支援と地域ネットワークによる支援)

◇ひきこもり/不登校の処方箋—心のカギを開くヒント 牟田武生著 増補版 オクムラ書店 2003.8 299p 21cm 2000円 ①4-86053-018-7 Ⓝ371.42

内容 序章 不登校・ひきこもりと向き合う 1章 ひきこもりとは何か 2章 ひきこもった子どもたち 3章 ひきこもりへの具体的対応 4章 最近のひきこもりについて 5章 体験者報告—不登校からの卒業 6章 教育研究所紹介

◇不登校の予防と再登校への支援—効果的な登校刺激の与え方 金子保著 田研出版 2003.8 180p 21cm 2000円 ①4-924339-92-X Ⓝ371.42

内容 1 不登校はなぜ増え続けるのか(功を奏さない施策の数々 型で異なる原因と治療指導の方法 ほか) 2 不登校の型別の予防について(学校生活に起因する型(区分A)の予防 遊び・非行型(区分B)の予防 ほか) 指導資料(「いじめを防ぐ指導と不登校の予防」 「一人ひとりの意欲を起こし、学校生活に魅力を持たせ、不登校を防ぐ」 ほか) 3 態様別の治療指導の実際—再登校への援助の方法(不安など情緒混乱の型・複合型の治療指導方法 学校生活に起因する型の治療指導方法 ほか) 4 指導体制の充実(不登校の指導組織の充実 専門機関の利用 ほか)

◇不登校・引きこもりをなくすために—いま私たちにできること 森下一, 池田雅之, 正木晃著 春秋社 2003.8 220p 20cm 1400円 ①4-393-37318-9 Ⓝ371.42

内容 第1部 今、大人のできること(不登校児に教えられたこと—父母との再会 悩みの淵に立って—「鎌倉TERAKOYA」構想 魂の再生—自立への道) 第2部 引きこもり経験者が語る—自分の選んだ道を行く(社会的引きこもり 不登校と摂食障害 親の立場から親は子どもからのメッセージをどう受け止めるか—教師三〇年目の反省) 第3部 鎌倉TERAKOYA2003(鎌倉TERAKOYA2003とは? TERAKOYAを鎌倉に創る)

◇小学生の不登校はこうしてなおす 吉岡泰生編著 講談社出版サービスセンター 2003.9 285p 21cm 1600円 ①4-87601-659-3 Ⓝ371.42

内容 序章 子どもはやっぱり学校に行きたかった 第1章 しまった!子育て間違った! 第2章 不登校をなおす「母親講座」 第3章 親が学ぼう、こうしてなおす「親の学校」 第4章 克服への試み 第5章 不登校はこうしてなおしていく

◇思春期危機と家族—登校拒否・家庭内暴力のチーム治療 石川義博, 青木四郎著 改訂 岩崎学術出版社 2003.11 211p 20cm 2800円 ①4-7533-0308-X Ⓝ146.82

◇不登校0への挑戦 住本吉章著 〔出版地不明〕 住本吉章 2003.11 346p 21cm 〈発売:かんぽう(大阪)〉 1000円 ①4-900277-33-9 Ⓝ371.42

◇立ちどまってもいいんだよ—学校へ行きたくても行けない子供たちへ 自立を促すカウンセリング 切手純孝著 鹿児島 高城書房 2003.12 199p 19cm 1200円 ①4-88777-049-9 Ⓝ371.42

◇不登校支援ネットワーク 高垣忠一郎, 春日井敏之編著 京都 かもがわ出版 2004.1 243p 21cm 2300円 ①4-87699-785-3 Ⓝ371.42

内容 第1部 支えあう親と地域のネットワーク(親の会の性格・機能・役割—セルフヘルプ・グループとしての「親の会」の意義 わが子の不登校と親の会の活動—「登校拒否・不登校を考える京都連絡会」の取り組み 親の会の活動その具体像—「登校拒否の子どもと育つ父母の会」の取り組み ほか) 第2部 学校におけるネットワーク支援(学校におけるネットワーク支援—不登校の多様化・複合化と支援ネットワーク 学校内の教育相談システム—生徒の心に向きあえる教育をめざして スクールカウンセラーのいる学校—スクールカウンセラーの試み ほか) 第3部 居場所づくりと子育てネットワーク(居場所にかかわる人びと—居場所づくりとかかわる主体の成長 居場所づくりの試み—親たちがつくった子どもの「居場所」 子どもが主人公の居場所づくり—「おきらくパルプンテ」の試み ほか)

◇不登校・中退からの「自分さがし・自分づくり」―大検から自分の道を見つけよう　生駒富男監修，学びリンク株式会社編集・取材　学びリンク　2004.1　198p　19cm　〈発売：りいふ・しゅっぱん〉　1000円　Ⓒ4-947689-85-4　Ⓝ376.8
内容　第1章 チャンスをつかめ，教育制度はこう変わる(不登校・高校中退の現状　大検から高卒資格認定試験へ ほか)　第2章 体験談―大検から始まる十一人のさまざまな道(大検から法曹へ。父と同じ弁護士を目指す　モデルから、今新たな目標に向かって ほか)　第3章 対談―今，求められる「将来を見据えた教育」(「他人のペースと違ってもいい。自分のやりたいことをきっちりやることが一番大事！」　「私を支えてくれたすべての人が，私にとっての金メダル」 ほか)　第4章 社会で活躍できる人づくりを目指して(将来デザイン(職業観育成指導)の必要性。五人に一人が失業者か，フリーター　「無理に就職しなくてもだいじょうぶ」が安易な姿勢に ほか)

◇不登校を乗り越える　磯部潮著　PHP研究所　2004.4　202p　18cm　(PHP新書)　〈文献あり〉　700円　Ⓒ4-569-63611-X　Ⓝ371.42
内容　第1章 不登校とはなにか　第2章 学校へ行くことの意味　第3章 不登校児童生徒たちの事例　第4章 不登校の周辺にある心の病　第5章 不登校は誰のせいか　第6章 専門医が考える治療法　第7章 親や教師はどう対応すべきか

◇ある不登校児の旅立ち　新里恒彦著　那覇ニライ社　2004.9　213p　20cm　〈発売：新日本教育図書〉　1500円　Ⓒ4-931314-60-0　Ⓝ371.42
内容　出会い　母・良子の子育て　冒険旅行　エリート塾へ　自信喪失　ぼくは吸ってないガラス事件　学校なんか行かない　カウンセリング　解放へのエネルギー　ケルン自然体験苑　星空　入院　アヒルの誕生　旅立ち　この海の向こう

◇子どもを学校復帰させる方法―ガイドブック　河合伊六著　京都 ナカニシヤ出版　2004.9　142p　19cm　1500円　Ⓒ4-88848-889-4　Ⓝ371.42
内容　1　A君の事例(母親の来談：中学3年生の長男が不登校になった　高校受験への不安　昼夜逆転の傾向が始まった ほか)　2　最近の考え方・取り組み方：K教授の講演の要旨(子どもは学校に戻れる　子どもたちは学校に戻りたがっています　学校こそ人間形成の最善の場所です ほか)　3 家庭や学校で生じている問題への対応の仕方：保護者や教職員からの質問に答える　4 事例：文部科学省認可「こども教育支援財団」での実践事例(学校復帰支援施設「元気の泉」について　「こども教育支援財団」で学校復帰の指導・支援をした事例)

◇事例に学ぶ不登校の子への援助の実際　小林正幸著　金子書房　2004.10　204p　19cm　〈文献あり〉　1800円　Ⓒ4-7608-2600-9　Ⓝ371.42
内容　不登校に関われる教師・関われない教師　第1部 タイプ別・援助の実際(形成要因・維持要因から見た不登校のタイプ　友だちとのトラブルで登校できなくなった ほか)　第2部 段階別・援助の実際(不登校と行動カウンセリング初期　不登校の初期段階と別室登校 ほか)　第3部 学校として取り組む援助の実際(学級担任はどう関わるか　学校内で担任の関わりを支える ほか)

◇そして僕らは学校に帰った。―不登校からの回帰 高校生21人の証言　大橋博執筆・監修　エージー出版　2004.11　288p　21cm　(Clark books)　〈発売：オーク出版サービス〉　1500円　Ⓒ4-900781-47-9　Ⓝ371.42
内容　第1章 なぜ不登校になったの？どうして変われたの？高校生21人の証言(松林祐子さん―何かに縛られている感じで学校に行くのが辛くなった　佐々木智史くん―「高校では明るくなりたい」初めてのHRでそう宣言した　中尾真都香さん―友達とのトラブルつらかった経験 ほか)　第2章 高校進学はChance for Change(不登校は「～れ」から始まる　学校はイコール「社会」だ　不登校からは脱け出せる ほか)　第3章 対談 みんな学校へ帰りたがっている。(「不登校」を一括りで語っていないか　学校は行かなければならない場所？　みんな「学校」へ帰りたがっている ほか)

◇不登校への対応における学校と教育支援センターの望ましい連携の在り方―適応指導教室 平成16年度不登校に関する研究プロジェクト会議研究成果報告書　香川大学教育学部附属教育実践総合センター，香川県教育センター編　高松 香川大学教育学部附属教育実践総合センター　2005.2　40p　30cm　Ⓝ371.42

◇母さん、ぼく学校へ行けたよ！—登校拒否を克服した母からのエールpart 2 小学生編　林礼子編著　講談社出版サービスセンター　2005.4　265p　21cm　1500円　①4-87601-708-5　Ⓝ371.42

内容 第1章 お母さん！ぼくの叫び声聞いて！　第2章 不登校克服の記録　第3章 喜びの手紙の数々　第4章 お母さんの叫び　第5章 再登校までに解決しなければならないこと　第6章 子どもに自立心と協調性をつける「母親の法律」　第7章 再登校までのプロセス　第8章 お母さん、私たちに相談して！ 過去に克服した地名集

◇不登校・ひきこもりのカウンセリング—子どもの心に寄り添う　高橋良臣著　金子書房　2005.6　238p　21cm　〈文献あり〉　2400円　①4-7608-3234-3　Ⓝ371.42

内容 第1章 不登校・ひきこもりの子どもへの見方の変遷　第2章 不登校・ひきこもりの問題点　第3章 不登校・ひきこもりへの取り組みとその後の課題　第4章 具体的なカウンセリングの進め方　第5章 勘違いな対応　第6章 私が行ってきたカウンセリング

◇不登校を3週間でもどした—親と教師で取り組む学校復帰プログラム　山田良一著　学事出版　2005.11　151p　21cm　（ネットワーク双書）　1600円　①4-7619-1141-7　Ⓝ371.42

内容 第1章 不登校はどうして起こるか（なぜ、不登校が増えているのでしょうか　不登校になるのはどうして？）　第2章 子どもの不安とストレス（どの子も不安が高まる入学時や新学期　子どもの気遣い　家族のコミュニケーション不足による不安）　第3章 親と教師で取り組む学校復帰プログラム（学校に戻る意味は　学校復帰のための回復プログラム）

◇上手な登校刺激の与え方　続　小澤美代子編著　立川　ほんの森出版　2006.2　174p　21cm　〈サブタイトル：タイプ別・段階別〉　1700円　①4-938874-51-2　Ⓝ371.42

内容 第1部 不登校理解の基礎知識（不登校対応の問題点　見立ての意味と手順—かかわりに見通しと根拠を与える　不登校のタイプ分け ほか）　第2部 タイプ別の対応の事例（Aタイプ（心理的要因をもつ急性型）の事例—「音」の中に逃げ込んだマリさん　Bタイプ（心理的要因をもつ慢性型）の事例—お母さんと離れることができないトモミちゃん　Cタイプ（教育的要因をもつ急性型）の事例—「明日から学校に来ない！」

と宣言して不登校になったさち子さん ほか）　第3部 かかわりが行き詰まったときの「次の一手」（かかわりが行き詰まるときの「担当（学校）要因」　両親が共働きで、朝子どもを起こすが、両親が出勤してしまうと、また寝てしまう　朝迎えに行くと一緒に登校するが、毎日迎えに行けない ほか）

◇不登校の予防ワークブック—学校への不安チェックリスト　猪子香代著　名古屋　しいがる書房　2006.2　220p　21cm　〈他言語標題：School refusal a workbook for parents　文献あり〉　1429円　①4-9901276-4-1　Ⓝ371.42

◇不登校ゼロの達成　小野昌彦著　明治図書出版　2006.3　150p　21cm　1960円　①4-18-529813-7　Ⓝ371.42

内容 第1章 不登校ゼロの達成と維持（不登校プロジェクトのその後の結果　不登校ゼロまでの経過 ほか）　第2章 不登校の個別支援計画の進め方（なぜ、不登校には個々にあわせた指導計画が必要なのか　再登校のための個別支援計画のつくり方と進め方—6つのステップ）　第3章 不登校の解決事例の実際（「回避」を「育む」に転換した再登校支援　特別扱いをしない再登校支援 ほか）　第4章 不登校ゼロのための8か条（不登校ゼロ達成からのエッセンスとしての8か条　さらなる不登校ゼロにむけて）

◇学校と家庭を結ぶ不登校対応—こんな誤解していませんか？　小澤美代子, 土田雄一編著　ぎょうせい　2006.7　215p　21cm　2095円　①4-324-07841-6　Ⓝ371.42

内容 第1章 不登校の現状と対応（不登校問題の経過　不登校の現状　不登校への対応のあり方）　第2章「誤解」から考える不登校対応（学校編　家庭編）　第3章 不登校にどう対応するか（不登校対応の基本　子どもの状態別対応　学校の配慮事項 ほか）

◇ひきこもり・ニート・不登校の支援—健康心理学と社会的支援の視点から　竹中哲夫著　京都　三和書房　2006.8　156p　21cm　2100円　①4-7833-0062-3　Ⓝ367.68

◇不登校・心の病を治す—子どもの問題をカウンセリングで解決した実例集　網谷由香利著　第三文明社　2006.10　94p　21cm　762円　①4-476-03291-5　Ⓝ371.42

内容 不安と恐怖を抱えた子どもたち　解離性障害—虐待といじめを受けて居場所のない男

の子　統合失調症—こころのなかの恐怖世界に苦しんでいた女の子　強迫神経症—厳格な父親から逃れようともがいていた女の子　自傷行為(習慣および衝動の障害)—自分の身体の生皮を剥がしていた女の子　自己愛性人格障害—両親に「俺を殺してくれ」と叫んだ男の子　家庭内暴力、ひきこもり—「人の視線が怖い」というひきこもりの女の子　小児の性同一性障害—男の子と女の子の中間にいた女の子　選択性緘黙症—生まれてから20年間の記憶がなかったお母さん　脱毛症—子どもの時、親への怒りを体験できなかったお母さん　対人恐怖症、摂食障害—母親から命がけで逃れた娘

◇不登校対応ガイドブック　齊藤万比古編　中山書店　2007.3　390p　21cm　〈文献あり〉　3800円　①978-4-521-67751-4　Ⓝ493.937

◇不登校を解決する条件—中・高生を中心に　石川瞭子編著　青弓社　2007.7　244p　19cm　〈文献あり〉　1600円　①978-4-7872-3274-8　Ⓝ371.42

内容　第1部　本書の目的(本書を出版するまでの経緯　不登校を解決する条件—中・高生の不登校を中心に)　第2部　十五歳から二十歳までの不登校(十五歳から二十歳までの不登校の十事例　十五歳から二十歳までの不登校の四つのキーワード　十五歳から二十歳までの不登校の特徴と援助の方法　十五歳から二十歳までの不登校の型　高校生以下の不登校の社会的不利と予防　十五歳から二十歳までの不登校を解消する条件　援助の実際　わが国の不登校の問題と周辺事情)　全体のまとめ

◇学校復帰をめざして—家庭・学校・専門機関等との連携　平成18年度文部科学省「不登校への対応におけるNPO等の活用に関する実践研究事業」報告書　開善塾教育相談研究所編　狭山　開善塾教育相談研究所　2007.8　142p　26cm　〈発行所：学事出版〉　2000円　①978-4-7619-1365-6　Ⓝ371.42

◇普通の生徒に戻りたい　桐山芳和著　文芸社　2007.8　219p　19cm　1400円　①978-4-286-03242-9　Ⓝ371.42

内容　序章　ああ、やっぱりだめか　第1章　いじめから登校拒否そして不登校へ(小学生編)(変貌　登校拒否　ほか)　第2章　サッカーと地域からの支援(中学生編)(中学校入学　親の「翻身」ほか)　第3章　無遅刻無欠席(高校生編)(これな

らやれる　授業を受けられる喜びとともに　ほか)　終章　未来へ(高校卒業以後)

◇図解不登校をプラス思考でのりこえる—小児・思春期専門外来医師からのアドバイス　原田正文著　農山漁村文化協会　2007.10　127p　22cm　(健康双書)　1238円　①978-4-540-06310-7　Ⓝ371.42

内容　プロローグ　不登校をプラス思考でのりこえる　第1章　ケースに学ぶ思春期の心と親の役割　第2章　精神医学的視点から見た不登校のさまざまなカタチ　第3章　「学校への誘いかけ」の仕方・考え方　第4章　相談先の選び方・かかり方—どんなところがあるか、何が期待できるか　エピローグ　不登校と向き合う—親子の絆・夫婦の絆を強めるきっかけに

◇つらい子どもの心の本—不登校・問題行動への対応マニュアル　赤沼侃史著　白日社　2007.10　150p　21cm　1000円　①978-4-89173-120-5　Ⓝ371.42

内容　序章　大人の常識と子どもの本当の心　第1章　ある少年　第2章　大人と違う子ども　第3章　子どもの辛さ—恐怖の学習　第4章　弱者の論理　第5章　子どものいじめについて　第6章　子どもによる問題行動　第7章　再度、ある少年　終章　弱者として対応すべき子どもの存在　不登校・引きこもり・問題行動への対応マニュアル

◇サポート校の奇跡—もうひとつの高校がつくるドラマ　守矢俊一，田上光徳編，渡辺敦司著　学事出版　2007.11　139p　21cm　1500円　①978-4-7619-1352-6　Ⓝ376.7

内容　序　今なぜ、「サポート」校なのか　第1章　意欲を持たせる聖進学院の学習指導　番外編　生徒をニート・フリーターにしないために(1)東京都の高校中退者対策から　第2章　自律を助ける聖進学院の生徒指導　番外編　生徒をニート・フリーターにしないために(2)中退者・不登校生の本音から　第3章　自立を促す聖進学院の進路指導　番外編　生徒をニート・フリーターにしないために(3)サポート校の現場から　第4章　保護者と共に育てる聖進学院の家庭との連携　番外編　聖進学院の一年

◇破れない殻—不登校、引きこもり、摂食障害はあきらめなければ解決できる　桜井充著　新風舎　2007.11　191p　19cm　1000円　①978-4-289-02896-2　Ⓝ493.09

◇不登校を解決する50のアドバイス―マンガ子育てQ&A 親のタイプ別処方せん あなたは「ライオン型」?「羊型」? エンゼル@ホームの会編, なんばらばんマンガ 幸福の科学出版 2008.2 308p 19cm 1300円 ①978-4-87688-598-5 Ⓝ371.42

内容 第1章 不登校の三つの原因―それぞれアプローチが違います 第2章 不登校を克服するまでの四つの段階―安定期の親の努力がカギになります 第3章 子どもとのコミュニケーションを見つめ直そう 第4章 「ライオン型」の親への20のアドバイス 第5章 「羊型」の親への15のアドバイス 第6章 「ライオン型」「羊型」に共通する15のアドバイス

◇不登校・ひきこもりの理解と解決に向けて―ハンドブック 南足柄 くだかけ会 2008.8 40p 21cm （別冊くだかけ）

◇不登校予防と支援Q&A70 菅野純著 明治図書出版 2008.8 147p 22cm 1600円 ①978-4-18-148810-9 Ⓝ371.42

内容 第1章 不登校を「理解・把握する」Q&A 第2章 不登校を「予防する」Q&A 第3章 不登校に「取り組む」Q&A 第4章 不登校と「いじめ・発達障害」Q&A 第5章 「保護者とのかかわり」Q&A 第6章 不登校の「経験を活かす」Q&A

◇不登校力―「学びの場」で変わっていく子どもたちとの15年 札幌自由が丘学園編著 札幌 柏艪舎 2008.11 206p 19cm （柏艪舎エルクシリーズ）〈発売：星雲社〉 1400円 ①978-4-434-12538-6 Ⓝ371.5

内容 第1部 迷い、ためらい、そして翔け出すとき―不登校を体験した若者たち 第2部 母親たちの涙はいくつの色に彩られている？―子どもの居場所と育ちにゆれる親のこころ（自分のスピードで生きる！ 十八歳 今も輝く心の星 自ら散り逝いたわが子） 第3部 ぶ、育つ、そして希望へ―教師たちの体験する出会いと感動（出会い 別れ・旅立ち 学び ほか）

◇思春期のゆらぎと不登校支援―子ども・親・教師のつながり方 春日井敏之著 京都 ミネルヴァ書房 2008.12 276p 22cm 〈文献あり〉 2800円 ①978-4-623-05303-2 Ⓝ371.47

内容 序章 教師としての自己形成 第1章 思春期の自己形成と支援 第2章 青年期の自己形成と支援 第3章 不登校への支援と「親の会」

第4章 不登校への取り組みと教育実践 第5章 保護者と教師への支援とつながり方 第6章 教師というしごと―子どもとのつながり方 終章 つながりの実感と自己肯定感

◇不登校の子どものための居場所とネットワーク―ネットワークを活かした支援とは 兵庫県不登校研究会著 学事出版 2009.3 123p 26cm 〈企画：兵庫教育大学MANAっくす〉 1800円 ①978-4-7619-1684-8 Ⓝ371.42

内容 第1部 さまざまな居場所・それぞれの育ち・多様な支援（適応指導教室 フリースクール 宿泊・自然体験 その他の支援 ほか） 第2部 どう育てる?!草の根のネットワーク（不登校支援の現状とネットワーク 兵庫教育大学における不登校支援ネットワークづくり さまざまな草の根のネットワーク）

◇不登校外来―眠育から不登校病態を理解する 三池輝久編著, 友田明美, 間部裕代, 土上井貴子, 川谷淳子, 高野美雪著 診断と治療社 2009.4 147p 26cm 〈索引あり〉 4500円 ①978-4-7878-1705-1 Ⓝ493.937

内容 1章 不登校への医学的アプローチ 2章 不登校状態における臨床症状 3章 臨床の検査からのアプローチ―不登校状態にある人に対する臨床的検査 4章 臨床心理学的アプローチ 5章 治療の目標と実際 6章 症例からみたライフステージごとの治療と支援 7章 症例からみた不登校と現代 8章 予防と早期対策―眠育の重要性 9章 不登校に対する医療以外の支援 10章 家族の病理と不登校状態とのかかわり

◇学校に行けない子どもたちへの対応ハンドブック 小柳憲司著 新興医学出版社 2009.7 100p 21cm 1800円 ①978-4-88002-804-0 Ⓝ371.42

内容 1 不登校について考える 2 不登校の始まりと経過 3 不登校のタイプ分類 4 不登校への対応（基礎編） 5 不登校への対応（時期に応じて） 6 不登校への対応（タイプに応じて） 7 不登校と施設入院療法 8 不登校、その後

◇不登校その心もようと支援の実際 伊藤美奈子著 金子書房 2009.8 223p 21cm 〈文献あり〉 2700円 ①978-4-7608-3244-6 Ⓝ371.42

内容 1部 不登校をどう考えるか？（不登校の歴史 不登校はどうして起こる？ 不登校への対応についての指針―文部科学省報告書より）

2部 不登校の子どもと親の気持ち(不登校の子どもの気持ち データから見る不登校の子どもたちの心理 思春期 子どもを支える親の思い 学校現場における不登校生徒の母親面接過程) 3部 不登校に対する取り組みの実際(教師に求められるカウンセラー的役割 教育相談の在り方 教師による家庭訪問 スクールカウンセラーの実際 養護教諭とスクールカウンセラーの協働による不登校対応 再登校への具体的な対応と配慮 専門機関との連携 ひきこもりの意味 訪問型支援 不登校のその後の進路 進級・進学の節目)

◇不登校・ひきこもりサポートマニュアル—子どもの社会的自立を目指す 門田光司,松浦賢長編著 少年写真新聞社 2009.9 143p 26cm 〈著:西原尚之ほか 文献あり 索引あり〉 1800円 ⓘ978-4-87981-319-0 Ⓝ371.42
 内容 不登校に関するQ&A 1 不登校のとらえ方 2 校内協働のあり方 3 校外協働のあり方 4 新しい取り組みと考え方 5 大学の活用、大学生の活用 資料

◇脳の栄養力アップで不登校・ひきこもりは治る!—心の専門家も知らない目からウロコの解決法 鈴木邦昭著 メタモル出版 2009.11 165p 19cm 〈文献あり〉 1429円 ⓘ978-4-89595-703-8 Ⓝ493.937
 内容 1 カウンセリングという落とし穴(不登校やひきこもりはカウンセリングでは治せない 思い込みが悲劇を生む ほか) 2 脳のシステムを知らないから不登校やひきこもりが治らない!(危険を回避する生存本能というチカラ 脳はけっこうイイカゲン! ほか) 3 脳のシステムに基づいたアプローチ(栄養状態の悪化が慢性疲労につながる 口内炎は精神疾患のシグナル? ほか) 4 脳のシステムを修復する(精神症状は栄養不足でも起こる 調理方法が栄養素不足をさらに加速する ほか) 5 不登校やひきこもり克服のために家庭でできる対処法(脳の働きを悪くする飲み物や食べ物を排除する 漢方薬で自律神経症状に対処 ほか)

◇地域社会における生活問題解決に向けての新たな視座—不登校・引きこもりの子どもと在日外国人支援を中心に 新座 立教大学コミュニティ福祉学部コミュニティ政策学科助教室 2010.3 116p 30cm (社会調査実習2(質的調査クラス)報告書 2009年度) Ⓝ371.42

◇さよなら不登校—復学サポートブック 上野剛著 大阪 風詠社 2010.4 159p 19cm 〈発売:星雲社〉 1500円 ⓘ978-4-434-14412-7 Ⓝ371.42
 内容 第1章 不登校の現状 第2章 なぜ不登校になってしまったのか? 第3章 家族療法(基礎編) 第4章 家族療法(発展編) 第5章 親が変わるための三つのステップ 第6章 登校に有効な手段とは 第7章 登校へのケーススタディ 付録 不登校支援情報

◇「閉じこもり」から抜け出すには—不登校・ひきこもり・出社拒否のカウンセリング 前川哲治著 大阪 創元社 2010.5 270p 19cm 〈文献あり〉 1600円 ⓘ978-4-422-11443-9 Ⓝ146.8
 内容 第1章 閉じこもりとは 第2章 閉じこもりのタイプ 第3章 閉じこもりに伴うさまざまな症状 第4章 閉じこもりの親子関係 第5章 閉じこもりにおける父親の役割 第6章 閉じこもりの子どもにどう対応するか 第7章 閉じこもりから抜け出すには

◇不登校セラピー—中学・高校生の再登校率88%のカウンセリング 新井てるかず著 大月書店 2010.6 253p 19cm 〈文献あり〉 1800円 ⓘ978-4-272-41207-5 Ⓝ371.42
 内容 第1章 「心の癒し」は惨敗した(最高の心理療法が少女を救った。が… 最高の心理療法は少女を地獄に追い込んだ) 第2章 真の原因を解決せよ!(原因不明の不登校 重い状態の不登校) 第3章 子どもを狂わせるストレスの本質(不登校を引き起こすストレスの種類 対人関係のストレスの3因子 最重要因子は映像の記憶である 記憶を傷つけられた子どもがたどる道 ストレスの種類と身体症状・精神症状の関係 パンドラの箱効果 不登校の3段階 事実の記憶が悪影響を及ぼすケース 脳の判断材料と不登校の理論的メカニズム つまりわかりやすく説明すると? スクールカーストが子どもの記憶を蝕む 親の原因と責任) 第4章 不登校セラピー(不登校セラピーの進め方 始める前に 効果の発現 大人のうつと不登校の共通点とは? 簡易版の提案 頭の体操 カホちゃんの再登校をデザインしてみよう) 第5章 まとめと提言(まとめ 提言)

◇心の法則—不登校・引きこもり・トラウマ・発達障害…あらゆる心の病を救う 近藤純一郎著 ルネッサンス・アイ 2010.7 198p 19cm

〈発売：本の泉社〉　1300円　ⓘ978-4-904311-24-0　Ⓝ493.7
内容 第1章 心の構造と心の法則　第2章 ストレスが引き起こす心の病　第3章 トラウマを消す方法　第4章 ストレスのさまざまな現れ方　第5章 子どもを健やかに育てるために　第6章 健康な心で生きる方法

◇不登校―ネットワークを生かした多面的援助の実際　田嶌誠一編　金剛出版　2010.9　305p　21cm　3200円　ⓘ978-4-7724-1161-5　Ⓝ371.42
内容 第1章 理論編（はじめに―不登校への多面的援助の必要性　不登校の心理臨床の基本的視点―密室型心理援助からネットワーク活用型心理援助へ　不登校理解の基礎　ほか）　第2章 実践編（スクールカウンセラーによる不登校の臨床―居場所とネットワーキング　学校内適応指導教室としての別室登校の試み　不登校の子どもへの訪問面接の方法と留意点―思春期年代に言語面接をするという観点から　ほか）　第3章 不登校支援のさまざまな取り組み（NPO法人九州大学こころとそだちの相談室「こだち」の取り組み　地域における日常的な子どもの居場所　公立中学校における「夜間校内適応指導教室」　ほか）

◇不登校問題の現状と教育課題としての新たな取り組み　小林正幸著，日本精神衛生会編　日本精神衛生会　2010.9　8p　26cm　（こころの健康シリーズ 5―学校とメンタルヘルス no.2）

◇「閉じこもり」から抜け出すには―不登校・ひきこもり・出社拒否のカウンセリング　前川哲治著　〔点字資料〕　視覚障害者支援総合センター　2010.10　3冊　28cm　〈原本：大阪 創元社 ルーズリーフ〉　全12000円　Ⓝ146.5

◇不登校への行動論的包括支援アプローチの構築　小野昌彦著　風間書房　2010.10　317p　22cm　〈文献あり〉　9500円　ⓘ978-4-7599-1817-5　Ⓝ371.42
内容 第1部 序論（不登校の研究動向　積極的アプローチにおける問題と本研究の目的）　第2部 本論（本研究の方法と概要　包括支援アプローチにおける行動アセスメントの進め方の基本的方法　包括支援アプローチにおける再登校支援の基本的方法　ほか）　第3部 総合的検討（総合考察　不登校に対する包括支援アプローチの公式化の今後の課題）

◇エンカウンターで不登校対応が変わる　片野智治，川端久詩，住本克彦，山下みどり編，國分康孝，國分久子監修　図書文化社　2010.11　153p　26cm　2400円　ⓘ978-4-8100-0577-6　Ⓝ371.42
内容 第1章 エンカウンターを生かした不登校対応　第2章 保護者・教師の「ねばならぬ」を変えるエクササイズ　第3章 子どもへの接し方に介入するエクササイズ　第4章 自己肯定感を高めるエクササイズ　第5章 再登校に挑戦するエクササイズ　第6章 新たな自分を生きるためのエクササイズ　第7章 クラスでできる不登校予防のエクササイズ

◇登校力―学校に行けない子どもに再登校する力を育てる本　谷川幸雄著　札幌　中西出版　2010.12　198p　19cm　1200円　ⓘ978-4-89115-218-5　Ⓝ371.42

◇不登校・ひきこもりと向き合うために　てらネットEN事務局　〔2011〕　17p　21cm

◇親と教師がむきあう不登校―子どもとともに歩む親の会からのメッセージ　佐藤修策，濱名昭子，浅川潔司責任編集　京都　あいり出版　2011.3　239p　19cm　〈企画：愛和会　文献あり〉　2300円　ⓘ978-4-901903-41-7　Ⓝ371.42
内容 第1部 不登校ってどんな状態ですか　第2部 子どもと向き合うとき、親はどんな気持ちや姿勢をもったらよいか　第3部 家庭で親は子どもの生活・行動にどのように向き合ったらよいか　第4部 教師は親と手をとりあって子どもを支援しよう　第5部 子どもの社会的参加『学校復帰・進学・就職』をどのようにすすめるか　第6部 不登校の解決とはどんな状態か（不登校の将来）　第7部 不登校をできるだけ少なくするにはどうすればよいか　最終部 不登校支援において専門家の協力をどのように求めたらよいでしょうか

◇よりそい―不登校・ひきこもりに対する民間支援団体の活動事例集　内閣府子ども若者・子育て施策総合推進室　2011.3　217p　26cm　Ⓝ371.42

◇教師と保護者の協働による不登校支援―当事者の生の声から学ぶ　小野昌彦編著　東洋館出版社　2011.4　165p　22cm　〈文献あり〉　2100円　ⓘ978-4-491-02683-1　Ⓝ371.42

[内容] 1 保護者への対応の現状と今後　2 不登校発現予防のための対応(1)―日常的な欠席対応　3 不登校発現予防のための対応(2)―2～3日欠席期の対応　4 不登校への早期対応　5 不登校状態になったときの対応　6 相談・支援開始期の対応　7 再登校支援期の対応―子どものアセスメントを基に　8 再登校以降の対応―登校維持支援　9 まとめにかえて

◇不登校カウンセリング　吉田勝明著　IDP出版　2011.4　222p　18cm　（IDP新書 002）〈『ようこそ反抗期』（講談社2004年刊）の改題・改稿〉　800円　Ⓘ978-4-905130-00-0　Ⓝ371.42

◇不登校は1日3分の働きかけで99%解決する　森田直樹著　高知　リーブル出版　2011.8　150p　19cm　〈文献あり〉　800円　Ⓘ978-4-86338-044-8　Ⓝ371.42

◇コーチングで変わる親が知らない不登校―不登校専門カウンセラーが教える　伊澤善史，山口淑揮著　エル書房　2011.10　206p　19cm　〈発売：星雲社〉　1300円　Ⓘ978-4-434-15472-0　Ⓝ371.42

[内容] 第1章 不登校とは何なのか(不登校の定義　不少校のメカニズム)　第2章 不登校と向き合う姿勢(心理学に基づくアプローチ　親御さんの心構え)　第3章 不登校解決の実践(親御さんがすべきこと　不登校支援センターの試み ほか)　第4章 不登校解決の技術(心理検査の実践　不登校の改善)　補項 不登校解決の実例(実例から学ぶ心の動き　小学5年/Jくんの場合 ほか)

◇僕は僕でよかったんだ―学校に行かなかった32人との再会　奥地圭子，矢倉久泰著，東京シューレ編　東京シューレ出版　2012.2　271p　19cm　〈年表あり〉　1800円　Ⓘ978-4-903192-19-2　Ⓝ371.42

[内容] 第1期 1985・1989 開拓(有永宮子さん―「学校に行かないのは良い悪いじゃないよ，親との闘いなんだよ」と言われたことを今でもはっきり覚えています。　大久保一光さん―「中卒」で他に道がないと恐れずに，自分が未来をどうつくるのか，積極的に考えればいい。ほか)　第2期 1990・1994 発展(大山未来さん―シューレでの写真講座の体験が，今のカメラマンの仕事につながった。　中澤淳さん―十代はあつい青春のひとこま。こころを豊かにしていたから，三十代の今を，生きていられるんだと感じています。ほか)　第3期 1995・1999 冒険(石井志昴さん―「このままじゃ自分が自分でいられなくなる」と飛び出した学校。入会してすぐ参加した，ログハウス建設。　天埜裕文さん―受容されているという感覚に救われた自分。小説を書いた後，ここからどう生きるか。ほか)　第4期 2000-2004 連携(渡邉広史さん―「日本でやれば，みんなが参加できる」帰国中の飛行機でひらめいた，世界中の人たちと交流する方法。　田中健一さん―ログハウス，IDEC，フリースクール全国ネット立ち上げ。その後，新たな世界に飛び込んでみる。ほか)　第5期 2005・2011 発信(窪田今日子さん―「あ，私笑ってる」と気づいた場所。自分を認めてくれていると実感した。　富山雅美さん―自分から発信する生き方を学んだシューレ。子どもや人を支える仕事をめざして。ほか)

◇不登校問題で困ったときに開く本　小野昌彦著　教育開発研究所　2012.10　163p　21cm　（「校長先生サポート」シリーズ No.3）〈教職研修総合特集　文献あり　索引あり〉　2000円　Ⓘ978-4-87380-621-1　Ⓝ371.42

◆家庭

【雑誌記事】

◇子育てにおける「抱える」ということ―不登校児の保護者の面接から　田邊敏明　「教育実践総合センター研究紀要」（山口大学教育学部附属教育実践総合センター）　(15)　2003　p229～237

◇母親が語る「不登校」問題と対処―「親の会」における学習と相互作用過程　松本訓枝　「市大社会学」（大阪市立大学社会学研究会）　(4)　2003　p63～80

◇親相談のみで不登校児を元気にする法(2)不登校児の早期改善と長期改善　横浜ミエ　「情緒障害教育研究紀要」（北海道教育大学情緒障害教育学会）　(22)　2003　p189～199

◇子どもの心因性諸症状と家族関係―家庭，学校，専門機関との連携の意義　中嶋邦彦　「鳥取短期大学研究紀要」（鳥取短期大学）　(48)　2003　p109～117

◇「問題の外在化」による物語の構成について―チームアプローチによる小学校不登校事例の家族面接から　瀬頭りつ子，児島達美　「長崎純心大学心理教育相談センター紀要」（長

崎純心大学心理教育相談センター) 2 2003 p25〜34

◇不登校児のサポートに関する一考察―受験期における親子関係の修復 富田厚子, 三村幸子, 橋本和子[他] 「日本看護学会論文集. 小児看護」(日本看護協会出版会) 34 2003 p14〜16

◇いじめ・不登校への対応(特集1 家庭の教育力の復権) 有村久春 「日本教材文化研究財団研究紀要」(日本教材文化研究財団) (33) 2003年度 p71〜77

◇不登校へのネットワーク支援と「父母の会」―子どもと向き合う大人が変わるとき(特集 ストレス過多の子育てとおとな育ち) 春日井敏之 「人間と教育」(旬報社) 通号39 2003 p66〜73

◇中学校における不登校対策の事例―「不登校カンファレンス」の取り組み 森勇示 「Iris health : the bulletin of Center for Campus Health and Environment, Aichi University of Education」(愛知教育大学保健管理センター) 2 2003 p29〜35

◇とうぶんいけん(登文医研)たより 不登校の子どもが親に望むこと 高橋良臣 「月刊学校教育相談」(ほんの森出版) 17(1) 2003.1 p44〜46

◇とうぶんいけん(登文医研)たより 不登校の子もにかかわる親の姿勢 高橋良臣 「月刊学校教育相談」(ほんの森出版) 17(4) 2003.3 p78〜80

◇教師が原因で起こる不登校について―原因と予防策 山之内靜 「月刊生徒指導」(学事出版) 33(5) 2003.4 p32〜37

◇子どもの不登校に悩む母親(特集 子離れできる親・できない親―事例研究 子離れが下手な親へのカウンセリング) 木津秀美 「児童心理」(金子書房) 57(7)通号786 2003.5 p685〜689

◇解消に向け保護者との連携強化―全連小の2002年度「研究紀要」(3)不登校 「内外教育」(時事通信社) (5385) 2003.5.9 p4〜5

◇不登校児の母親面接―公立教育相談室における援助 鴨澤あかね 「心理臨床学研究」(日本心理臨床学会, 誠信書房 (発売)) 21(2) 2003.6 p125〜136

◇不登校児をもつ親へのサポートについての研究―大学相談室「親グループ」の活動から 籠橋美知子, 中野明德 「福島大学教育実践研究紀要」(福島大学総合教育研究センター) (44) 通号87 2003.6 p113〜120

◇家族のゆらぎの時代に―ニュース・データで読む家族・子ども(16)不登校の小中学生の保護者「学校に見捨てられた」25% 山田昌弘 「子どものしあわせ」(草土文化) 通号629 2003.7 p56〜59

◇対応に苦慮する親へのかかわり(7)不登校への取り組みを「拒否」する親 嶋崎政男 「月刊学校教育相談」(ほんの森出版) 17(12) 2003.10 p57〜61

◇教育研究所における元不登校事例についての検討―親面接のマネージメントの積極的活用 寺井さち子 「大阪女子短期大学紀要」(大阪女子短期大学学術研究会) (29) 2004 p41〜48

◇母親たちの家族再構築の試み―「不登校」児の親の会を手がかりにして 松本訓枝 「家族社会学研究」(日本家族社会学会) 16(1) 2004 p32〜40

◇教育病理としての不登校問題について―不登校児をもつ母親の意識変容を手がかりに 政田淳次 「関西教育学会紀要」(関西教育学会) 通号28 2004 p191〜195

◇事例研究 「よく育てる」から「ともに楽しむ」への親子関係の変化が子どもに及ぼす影響―抜毛のみられる不登校女子中学生の事例 山本淳子, 田上不二夫 「教育相談研究」(筑波大学大学院人間総合科学研究科生涯発達専攻カウンセリングコース) 42 2004 p19〜32

◇葛藤状態における"閉じられた空間"の意味―なぜ母親は不登校の子どもと夜にドライブをしなくてはならなかったのか 三鴨朋子 「島根大学教育学部心理臨床・教育相談室紀要」(島根大学教育学部心理臨床・教育相談室) 3 2004 p59〜70

◇親相談のみで不登校児を元気にする法(3)消費型不登校から生産型不登校への変容 横浜ミエ 「情緒障害教育研究紀要」(北海道教育大学情緒障害教育学会) (23) 2004 p69〜74

◇不登校の息子を受容しかねる母親への時間制限カウンセリング　當間房江, 松本剛, 上地安昭　「生徒指導研究」(兵庫教育大学生徒指導研究会)　(16)　2004年度　p18～29

◇事例研究　不登校の子どもをもった母親との面接過程　白砂佐和子　「多摩心理臨床学研究」(明星大学心理相談センター)　(1)　2004　p49～58

◇子どもの心因性諸症状と家族関係—相談者と母親との信頼関係　中嶋邦彦　「鳥取短期大学研究紀要」(鳥取短期大学)　(50)　2004　p161～170

◇スクールカウンセラーの役割と意義についての一考察—「これはカウンセリングではない」という前提の上で行った母親面接　松浦悦子, 松浦隆志　「湊川短期大学紀要」(湊川短期大学)　39　2004　p1～6

◇スクールカウンセラーの仕事—不登校の子どもを持つ親への講演と一問一答の実際　西井克泰　「臨床教育学研究」(武庫川女子大学大学院臨床教育学研究科)　(10)　2004　p1～20

◇いじめにより不登校になった中3男子の母親面接　増田梨花, 平尾小百合　「臨床発達心理学研究」(聖心女子大学心理教育相談所)　3　2004　p63～73

◇展望　不登校児の母親についての研究の現状と課題　板橋登子, 佐野秀樹　「カウンセリング研究」(日本カウンセリング学会)　37(1)　2004.2　p74～84

◇危篤の父親を抱えながら子どもの不登校に取り組んだ母親を支えた面接(事例研究)　森田薫　「九州大学心理臨床研究」(九州大学大学院人間環境学府附属発達臨床心理センター心理相談部門)　23　2004.3　p75～83

◇兄弟ともに不登校に陥った両親へのアプローチ—親機能のバランスの解体と回復について　安村直己　「心理臨床学研究」(日本心理臨床学会, 誠信書房(発売))　22(1)　2004.4　p23～34

◇夜間登校でかかわった不登校の兄弟とその両親(特集2「きょうだいで不登校」へのかかわり)　安達英明　「月刊学校教育相談」(ほんの森出版)　18(7)　2004.6　p22～25

◇「きょうだいで不登校」のケースこそ親への共感を(特集2「きょうだいで不登校」へのかかわり)　北條博幸　「月刊学校教育相談」(ほんの森出版)　18(7)　2004.6　p26～29

◇家族にとっての「不登校という日常」(特集2「きょうだいで不登校」へのかかわり)　半田一郎　「月刊学校教育相談」(ほんの森出版)　18(7)　2004.6　p34～37

◇カウンセリング論—コミュニケーションと自己理解(6)登校拒否の中学生を持つ母親へのカウンセリング　萩典子　「看護実践の科学」(看護の科学社)　29(8)通号350　2004.7　p53～60

◇新世紀の社会福祉法人　不登校児の保護者を支え, 親子の自己実現をめざす—社会福祉法人別府光の園(大分県別府市)　「月刊福祉」(全国社会福祉協議会)　87(9)　2004.8　p68～71

◇中学生の不登校傾向と幼少期の父親および母親への愛着との関連　五十嵐哲也, 萩原久子　「教育心理学研究」(日本教育心理学会)　52(3)　2004.9　p264～276

◇不登校児の母親へのグループワーク実践　門田光司　「社会福祉学」(日本社会福祉学会)　45(2)通号72　2004.11　p81～90

◇不登校女児とその母親への同時面接におけるソリューション・フォーカスト・アプローチ—催眠と笑いと梅干しを活用して　中西公一郎, 吉田愛美　「信州心理臨床紀要」(信州大学大学院教育学研究科心理教育相談室)　(3)　2004.12　p1～10

◇不登校現象の家庭要因に対する一考察—「学校への意味付け」に関わる文化的再生産　青田泰明　「慶應義塾大学大学院社会学研究科紀要：社会学・心理学・教育学：人間と社会の探究」(慶應義塾大学大学院社会学研究科)　(60)　2005　p29～42

◇父親が語る「不登校」問題—親の会に参加する父親を対象にして　松本訓枝　「市大社会学」(大阪市立大学社会学研究会)　(6)　2005　p29～44

◇父親と新しい「親密圏」をめぐる一考察—不登校を考える親の会「かざぐるまの集い」を事例として　加藤敦也　「ソシオロジスト：武蔵社会学論集」(武蔵社会学会)　7(1)通号7　2005　p45～76

◇不登校生徒の親面接―スクールカウンセリングをmanagementして　国松清子　「奈良文化女子短期大学紀要」（奈良文化女子短期大学）　(36)　2005　p103～114

◇不登校の子どもをもつ保護者へのアプローチ(特集 不登校)　酒井律子　「臨床心理学」（金剛出版）　5(1)通号25　2005.1　p57～61

◇メンタルフレンド活動における家族への関わりの試み―不登校中学生と直接的に関わることのできなかった事例(事例研究)　金子周平　「九州大学心理臨床研究」（九州大学大学院人間環境学府附属発達臨床心理センター心理相談部門）　24　2005.3　p63～71

◇心のトラブル Counseling Box(10)「不登校児」を動かした身近な大人の変化と関わり―親と教師をつないだ合同面接　上河扶紀枝　「月刊消防：「現場主義」消防総合マガジン」（東京法令出版．1979-)　27(3)通号307　2005.3　p28～31

◇社会病理と沖縄シャーマニズム―不登校児童生徒とその親のための相互扶助共同体の事例から　塩月亮子　「紀要」（日本橋学館大学）　(4)　2005.3.30　p87～95

◇不登校女子高校生との同一セラピストによる母子並行面接―面接中に秘密を生成させることによって面接の「枠」を守る工夫について　小泉隆平　「心理臨床学研究」（日本心理臨床学会，誠信書房（発売））　23(2)　2005.6　p244～255

◇グループワークを通して不登校児の親自身が求める援助に関する研究―2004年度臨床心理・教育相談室における「スマイル会」活動報告　岩崎陽子，河島美和，中島朋代［他］　「福島大学教育実践研究紀要」（福島大学総合教育研究センター）　(48)通号91　2005.6　p105～112

◇ナマ聞き53家族 成績高める「親」力―学力「上位」「中下位」の違いは/我が家の「やる気にさせる工夫」/不登校にしない「夏休み」の過ごし方　石塚公康，京極ビ恵，菊池嘉晃　「読売ウイークリー」（読売新聞東京本社）　64(32)通号2982　2005.7.31　p10～19

◇不登校児を抱える精神障害をもつ母親への援助―生活と母親の機能(役割)への援助実践　山田武司　「社会福祉学研究」（日本福祉大学大学院社会福祉学研究科）　1　2005.9　p61～67

◇ルポ・ホンネで語り合いたいから 不登校、ひきこもり、ニート―自立を願う親の集い(特集 子どもを変えるのは、あなたです)　平林理恵　「婦人公論」（中央公論新社）　90(19)通号1185　2005.9.22　p30～33

◇不登校の子どもの家庭と相談機関とのつながりに関する研究―首都圏A自治体の事例と母親インタビューから（「家庭教育研究奨励金」研究報告）　加藤美帆　「家庭教育研究所紀要」（小平記念日立教育振興財団日立家庭教育研究所）　(28)　2006　p89～97

◇不登校研究における家庭要因論―新たな理論枠組の構築（平成17年度〔慶應義塾大学〕大学院高度化推進研究費助成金報告）　青田泰明　「慶應義塾大学大学院社会学研究科紀要：社会学・心理学・教育学：人間と社会の探究」（慶應義塾大学大学院社会学研究科）　(62)　2006　p155～157

◇不登校の子どもと「教育を受ける権利」についての覚書―不登校の子どもをもつ親へのひとつの応答　新岡昌幸　「北海道大学大学院教育学研究科紀要」（北海道大学大学院教育学研究科）　(98)　2006　p151～172

◇不登校小3女児の描画をもとにした母子カウンセリング　平田幹夫　「琉球大学教育学部教育実践総合センター紀要」（琉球大学教育学部附属教育実践総合センター）　(13)　2006　p11～24

◇カウンセリング(7)「大学不登校」，親はどうかかわるか　吉田哲　「看護実践の科学」（看護の科学社）　31(1)通号369　2006.1　p4～6

◇家族にとっての不登校―複数の事例に基づく精神分析的考察　黒崎優美　「家庭教育研究」（日本家庭教育学会）　(11)　2006.3　p33～40

◇不登校や引きこもりの家族に対するアサーション・プログラムの開発―「家庭内の人間関係づくりセミナー」における効果検討（基礎研究）　吉岡和子，太田あや乃，田中克江　「九州大学心理臨床研究」（九州大学大学院人間環境学府附属発達臨床心理センター心理相談部門）　25　2006.3　p105～111

◇「養護型不登校」における教育デプリベーション―補償教育システムおよび家族との協働の必要性について　西原尚之　「社会福祉学」（日本社会福祉学会）　46(3)通号76　2006.3　p87～97

◇部活の友だちに汗臭いといわれて不登校になった男児をもつ母親への心理面接　吉田幸世　「教育諸学研究」(神戸女子大学文学部教育学科)　19・20　2006.5　p75～81

◇不登校の子の理解と援助(3)子どもを支える親の思い　伊藤美奈子　「児童心理」(金子書房)　60(8)通号842　2006.6　p841～847

◇不登校―かかわりに詰まったとき、どう対応したか　「ゆっくり休ませるって？」と母親から尋ねられ　山田良一　「月刊学校教育相談」(ほんの森出版)　20(8)　2006.7　p66～69

◇不登校児を持つ親の自助グループ活動が母親の意識と子どもに及ぼす影響　肥田幸子, 大久保義美　「小児保健研究」(日本小児保健協会)　65(4)　2006.7　p540～546

◇不登校の段階に応じた保護者との連絡の工夫(特集1 不登校の子や家庭への連絡の工夫)　小野口吉政　「月刊学校教育相談」(ほんの森出版)　20(10)　2006.8　p28～30

◇熱血対談・あえて苦言を呈する　引きこもりや不登校は親にしか直せない　長田百合子×廣中邦充(特集 子育てに正解はあるのか)　長田百合子, 廣中邦充　「婦人公論」(中央公論新社)　91(19)通号1209　2006.9.22　p24～27

◇家族の心理的機能の評価と学校適応感との関連について―中学生を対象として　川井大輔, 三輪壽二　「茨城大学教育実践研究」(茨城大学教育学部附属教育実践総合センター)　(25)　2006.10　p191～201

◇不登校児の親とどうかかわるか(特集 つながりにくい親との連携)　長田百合子　「月刊生徒指導」(学事出版)　36(15)　2006.12　p18～23

◇ある不登校児の母親面接過程―母親面接の意義を考える　平山由美　「武庫川女子大学発達臨床心理学研究所紀要」(武庫川女子大学発達臨床心理学研究所)　(8)　2006.12　p23～33

◇母親面接における母親の変容過程に関する臨床心理学的考察―登園拒否傾向Aちゃんの母子並行面接を通して　河村瑞帆　「武庫川女子大学発達臨床心理学研究所紀要」(武庫川女子大学発達臨床心理学研究所)　(8)　2006.12　p79～86

◇父親たちの家族再構築の試み―「不登校」児の親の会を手がかりにして　松本訓枝　「家族関係学 : 日本家政学会家族関係学部会誌」(日本家政学会家族関係学部会)　(26)　2007　p61～72

◇不登校の少年を持つ家族に対するアドラー心理学の家族カウンセリング―解決目標実現と問題改善の志向性の観点から　柴山謙二　「熊本大学教育学部紀要. 人文科学」(熊本大学教育学部)　(56)　2007　p83～98

◇不登校の息子を持つある母親との面接過程　原田唯司　「静岡大学教育実践総合センター紀要」(静岡大学教育学部附属教育実践総合センター)　(13)　2007　p255～270

◇父親の自己変容について―不登校の親の会に参加する父親を事例として　加藤敦也　「ソシオロジスト : 武蔵社会学論集」(武蔵社会学会)　9(1)通号9　2007　p63～90

◇不登校と家族の心理力動に関する一考察―近年の事例研究を素材として　黒崎優美　「奈良大学大学院研究年報」(奈良大学大学院)　(12)　2007　p55～68

◇子どもと家族を巡る格差とその変化―「長欠」から「不登校」「引きこもり」へ(特集 [日本保健医療社会学会]第33回大会(2007年度)―シンポジウムB 格差と保健・医療・福祉)　宮下榮子　「保健医療社会学論集」(日本保健医療社会学会)　18(2)　2007　p49～56

◇不登校を主訴に来室した母親との面接に関する一考察―関係の変化を中心に　古市志麻　「武蔵野大学心理臨床センター紀要」(武蔵野大学心理臨床センター紀要編集委員会)　(7)　2007　p39～48

◇スクールカウンセリングにおける不登校への取り組み―援助過程における「父親」「母親」役割の試み　坂田真穂, 廣井亮一　「京都女子大学発達教育学部紀要」(京都女子大学発達教育学部)　(3)　2007.2　p23～32

◇不登校への家族療法的アプローチの試み　坂田真穂, 竹田眞理子　「和歌山大学教育学部紀要. 教育科学」(和歌山大学教育学部)　57　2007.2　p9～14

◇事例研究 不登校女児のプレイセラピー―母親への甘えなおしを体験したA子との関わり　永田亜里抄　「別府大学臨床心理研究」(別府大学大学院文学研究科臨床心理学専攻)　3　2007.3　p24～33

◇公立の教育相談機関における不登校児の母親へのグループ・アプローチ　中地展生　「心理臨床学研究」(日本心理臨床学会, 誠信書房 (発売))　25(1)　2007.4　p49〜59

◇家出を繰り返す女子中学生とその親へのスクールカウンセリング　竹森元彦　「カウンセリング研究」(日本カウンセリング学会)　40(2)　2007.6　p169〜181

◇不登校へのかかわりから学んだこと　母に寄り添って、共に見守る　村瀬正子　「月刊学校教育相談」(ほんの森出版)　21(12)　2007.10　p78〜81

◇不登校・引きこもりと家庭内暴力—子どもたちの暴力の系譜をたどりながら考える(子どもの暴力にどう向き合うか—教師・親ができること)　吉川武彦　「児童心理」(金子書房)　61(15)通号867 [臨増]　2007.10　p149〜156

◇不登校女子中学生を援助する担任および学校生活サポーターへのコンサルテーション　下山晃司　「教育相談研究」(筑波大学大学院人間総合科学研究科生涯発達専攻カウンセリングコース)　45・46　2008　p35〜40

◇不登校の親子関係についての一考察—子どもの思春期課題と親の中年期課題との相互作用から　林郷子　「奈良大学大学院研究年報」(奈良大学大学院)　(13)　2008　p1〜11

◇不登校へのかかわりから学んだこと　母の笑顔が子どもを後押し—母子並行面接のよさ　谷内口まゆみ　「月刊学校教育相談」(ほんの森出版)　22(1)　2008.1　p78〜81

◇不登校と家族　永井広克　「国際教養学部紀要」(富山国際大学)　4　2008.3　p139〜146

◇不登校傾向の小1男子への登校支援—遊戯療法と母親、担任との連携(特集 教育改善のための実践的連携)　山田敏久　「千葉大学教育実践研究」(千葉大学教育学部附属教育実践総合センター)　(15)　2008.3　p43〜50

◇不登校の子の家族への支援　登校させる手段を試し続ける親とかかわって　朝宮実　「月刊学校教育相談」(ほんの森出版)　22(5)　2008.4　p78〜81

◇子どもの不登校・抑うつから展開した家族へのアプローチ(特集 暴力・抑うつ—加害と被害…トラウマケアを超えて(第18回日本嗜癖行動学会))　礒邉顕生　「アディクションと家族 : 日本嗜癖行動学会誌」(ヘルスワーク協会)　25(1)　2008.5　p14〜18

◇不登校の子の家族への支援「親から言ってはいけない五ヶ条」に取り組んでもらって　相原孝之　「月刊学校教育相談」(ほんの森出版)　22(6)　2008.5　p78〜80

◇不登校の子の家族への支援　お母さんが元気になる働きかけを　長谷川之子　「月刊学校教育相談」(ほんの森出版)　22(7)　2008.6　p78〜81

◇不登校の子の家族への支援　一人で抱え込む祖母とかかわって　田中明　「月刊学校教育相談」(ほんの森出版)　22(8)　2008.7　p78〜81

◇全国15万人「不登校の真実」「嫌なものは仕方ない」学校放棄する親たち　新郷由起　「週刊文春」(文芸春秋)　50(26)通号2484　2008.7.3　p44〜47

◇不登校の子の家族への支援　家族システムの視点をもってかかわる　小宮貴美子　「月刊学校教育相談」(ほんの森出版)　22(10)　2008.8　p110〜113

◇不登校の子の家族への支援　父親から責められながらも息子の登校を模索する母親とかかわって　内山和弘　「月刊学校教育相談」(ほんの森出版)　22(11)　2008.9　p78〜81

◇不登校の裏側—親の過保護で子どもはダメになる(特集 よりよい人間関係を築くために)　岡崎光洋　「心とからだの健康 : 子どもの生きる力を育む」(健学社)　12(9)通号127　2008.9　p24〜28

◇不登校の子の家族への支援　家族が「今、何を求めているか」に合わせた支援　加藤佳津雄　「月刊学校教育相談」(ほんの森出版)　22(12)　2008.10　p84〜87

◇不登校の子の家族への支援　親が自分自身を変えるのを支援する　今井礼子　「月刊学校教育相談」(ほんの森出版)　22(13)　2008.11　p110〜113

◇不登校の子の家族への支援　一緒になって考えていく仲間になることが支援のコンセプト　林直樹　「月刊学校教育相談」(ほんの森出版)　22(14)　2008.12　p78〜81

◇事例に学ぶ実践・勇気づけの心理学 不登校への対応―あせらず、あわてず、あきらめず（特集 子どもを勇気づける心理学―教師と親のためのアドラー心理学入門―実践応用編）　大木毅　「児童心理」（金子書房）　62(18) 通号888（臨増）　2008.12　p125～129

◇不登校の親の会の意義に関する一考察―周辺的なメンバーに焦点を当てて　菊地千夏　「現代社会学研究」（北海道社会学会）　22　2009　p35～48

◇不登校経験者の母親にみられるアンビヴァレンスの変容に関する一考察―学校に行く/行かないをめぐる相克に着目して　菊地千夏　「子ども社会研究」（日本子ども社会学会，ハーベスト社）　(15)　2009　p193～204

◇子どもの不登校を主訴に来園したケースへの家族合同面接―家族システムや家族のもつ資源に注目した介入　猪又準圧　「児童相談紀要」（静岡県中央児童相談所）　(41)　2009年度　p22～24

◇不登校と引きこもりからの出発―青年期の発達と家族支援　国松清子　「奈良文化女子短期大学紀要」（奈良文化女子短期大学）　(40)　2009　p49～62

◇不登校児をもつ母親の心理面接における支援について　児玉龍治　「龍谷大学大学院文学研究科紀要」（龍谷大学大学院文学研究科紀要編集委員会）　31　2009年度　p49～61

◇不登校の子の家族への支援　電話をかけてこざるを得ない母親の気持ちを受容し支える　吉田益美　「月刊学校教育相談」（ほんの森出版）　23(1)　2009.1　p78～81

◇不登校の子の家族への支援　親のグループ面談―お母さんたちの力はすごい　相原孝之　「月刊学校教育相談」（ほんの森出版）　23(3)　2009.2　p78～81

◇不登校の子の家族への支援　子どものよい方向への変容が家族の協力を引き出す　高塚常吉　「月刊学校教育相談」（ほんの森出版）　23(4)　2009.3　p110～113

◇「不登校」からの家族秩序への問い直し―母親へのインタビューから　加藤美帆　「ジェンダー研究：お茶の水女子大学ジェンダー研究センター年報」（お茶の水女子大学ジェンダー研究センター）　(12) 通号29　2009.3　p93～105

◇親の会活動とセルフ・ヘルプグループについて―登校拒否・不登校に関わる親の会活動から子育て支援へ　中原大介　「創発：大阪健康福祉短期大学紀要」（大阪健康福祉短期大学）　(8)　2009.3　p67～76

◇いじめによる不登校の家族介入によるアプローチ　兵藤啓子　「日米高齢者保健福祉学会誌」（日米高齢者保健福祉学会誌事務局）　(4)　2009.3　p183～190

◇兄弟で不登校になった家族へのアプローチ―家族システムの変化を促す訪問面接の在り方　金山健一　「函館大学論究」（函館大学）　40　2009.3　p25～47 [含 英語文要旨]

◇面接相談におけるカウンセリングと仏教―不登校児の母親の事例を通して　友久久雄　「龍谷紀要」（龍谷大学龍谷紀要編集会）　30(2)　2009.3　p13～27

◇親と教師のカウンセリングルームQ&A 兄弟そろって不登校に・私ってダメな母親？　前田和明　「児童心理」（金子書房）　63(5) 通号893　2009.4　p566～571

◇母子並行面接における不登校児の母親との面接過程　冨永説子　「安田女子大学心理教育相談研究」（安田女子大学心理教育相談室）　(8)　2009.4　p13～22

◇不登校児童生徒の状況改善に向けた家族支援の有効性に関する一考察―パワー交互作用モデルを基盤にした学校ソーシャルワーク　奥村賢一　「学校ソーシャルワーク研究」（日本学校ソーシャルワーク学会）　(4)　2009.6　p2～15

◇不登校の親の会のとりくみから（特集 格差・貧困に抗して人間らしく生きる）　岡田イチ子　「教育」（国土社）　59(8) 通号763　2009.8　p38～43

◇不登校児への早期対処(8) 学校で今できることは何か　寺田道夫　「東海学院大学紀要」（東海学院大学）　(4)　2010　p185～202

◇不登校の親の会はセルフヘルプ・グループか？―北海道の23団体を対象として　菊地千夏　「北海道大学大学院教育学研究院紀要」（北海道大学大学院教育学研究院）　(110)　2010　p23～47

◇思春期クライシスに寄り添う（第22回）父親の悲哀―不登校の進路相談　橋本早苗　「月刊学校

教育相談」(ほんの森出版) 24(1) 2010.1 p58〜61

◇フォーラム 逆システム学の窓(30)不登校・ひきこもりの臨床―"細い糸"をたぐり寄せる親子への支援 児玉龍彦 「医学のあゆみ」(医歯薬出版) 232(7)通号2788 2010.2.13 p805〜808

◇不登校支援における父親の役割―行動論的アプローチを行うに当たって 前田直樹, 園田順一, 高山巌 「九州保健福祉大学研究紀要」(九州保健福祉大学) (11) 2010.3 p23〜28

◇不登校の親の会のとりくみから(小田原大会・おわりの集い 子どもの貧困と教育を考える) 岡田イチ子 「教育」(国土社) 60(3)通号770 2010.3 p103〜106

◇不登校経験の子どもを持つ親からみたスクールカウンセラー(特集 スクールカウンセラーと親と教師) 村田昌俊 「臨床心理学」(金剛出版) 10(4)通号58 2010.7 p525〜529

◇構成員からみる不登校の親の会の変化と現在―北海道の23団体を対象として 菊地千夏 「現代社会学研究」(北海道社会学会) 24 2011 p7〜22

◇母親のドライバーに対する援助により、子どもの不登校が解決した一事例 高品孝之 「交流分析研究」(日本交流分析学会, 金子書房(発売)) 36(1)通号77 2011 p49〜58

◇不登校の子どもを持つ母親のセルフヘルプグループに関する一考察 本田彩乃 「心理臨床センター紀要」(山梨英和大学心理臨床センター) (7) 2011 p22〜33

◇親密圏における父親の課題―不登校の子どもの親の会を事例として 加藤敦也 「ソシオロジスト：武蔵社会学論集」(武蔵社会学会) 13(1)通号13 2011 p169〜196

◇事例研究(21)不登校生徒に対する家族支援を中心とした学校ソーシャルワーク実践―放任的虐待が疑われる事例への学校ケースマネジメント 奥村賢一 「ソーシャルワーク研究」(相川書房) 36(4)通号144 2011.Win. p331〜338

◇不登校児の親グループの援助効果に関する研究 中地展生 「帝塚山大学心理福祉学部紀要」(帝塚山大学心理福祉学部) (7) 2011 p119〜130

◇子育ての「困難」を契機に新たな生き方を展望する―不登校児の「親の会」のとりくみから(特集 家族を生きるのが難しい) 山田哲也 「教育」(国土社) 61(1)通号780 2011.1 p94〜102

◇不登校とリフレーミング―父親との別れを「不登校」で訴えたA子(リフレーミング：その理論と実際―"つらい"とき見方を変えてみたら―リフレーミングの実際) 相馬誠一 「現代のエスプリ」(ぎょうせい) (523) 2011.2 p128〜137

◇相談室の魔法の杖―学校で毎日使える心理的アプローチ(第25回)キラキラネイル大作戦―会おうとしない不登校の子への対応 瀬戸美奈子 「月刊学校教育相談」(ほんの森出版) 25(5) 2011.4 p42〜44

◇「修学旅行に行きたい」不登校の子への支援(特集 不登校の子の学校行事への参加をどう支援するか) 馬場賢治 「月刊学校教育相談」(ほんの森出版) 25(7) 2011.6 p30〜32

◇不登校児の親グループに参加した母親からみた家族システムの変化に関する実証的研究 中地展生 「心理臨床学研究」(日本心理臨床学会, 誠信書房(発売)) 29(3) 2011.8 p281〜292

◇母娘関係における「期待」と「あきらめ」に関する一考察―不安発作から不登校に陥った女子高校生との面接過程 内田利広 「心理臨床学研究」(日本心理臨床学会, 誠信書房(発売)) 29(3) 2011.8 p329〜340

◇伝統的農村社会の三世代同居家族における不登校児の母親のカウンセリング経験 松村啓子 「心理臨床学研究」(日本心理臨床学会, 誠信書房(発売)) 29(4) 2011.10 p454〜464

◇不登校生徒の母親を支えた支援チームの「茶話会」(特集 課題や問題を抱える子どもの保護者を支える) 根舛セツ子 「月刊学校教育相談」(ほんの森出版) 25(13) 2011.11 p4〜7

◇待つべきか促すべきか―不登校の子の保護者を支援する(特集 課題や問題を抱える子どもの保護者を支える) 東宏行 「月刊学校教育相談」(ほんの森出版) 25(13) 2011.11 p12〜17

◇症例研究 学校現場における不登校児への行動論的アプローチ：保護者への心理教育および父親の介入が効果的に作用した中学生の症例を通して 前田直樹, 高山巌, 園田順一 「心身

医学」（日本心身医学会，三輪書店（発売））　52(2)通号391　2012　p141～147

◇不登校児の母親の変化過程およびその変化に影響を与える要因に関する研究 : 親グループ新規参加者3名の「期待」に着目して（相川貴文教授・三木善彦教授退職記念号）　中地展生　「帝塚山大学心理学部紀要」（帝塚山大学心理学部）（1）　2012　p113～126

◇思春期の子どもと親 : 様々な家族から見えてくるもの　国松清子　「奈良文化女子短期大学紀要」（奈良文化女子短期大学）（43）　2012　p57～71

◇不登校児の親グループ参加者の"ファシリテーター行動認知"と諸要因との関連 : 参加頻度，参加年数，グループのタイプの視点から　中地展生　「心理臨床学研究」（日本心理臨床学会，誠信書房（発売））　29(6)　2012.2　p797～802

◇不登校の子どもと家族に対する宿泊型プログラムに関する研究 : ボランティア支援スタッフの調査から　難波愛，越智千尋，進賢友一［他］　「人文学部紀要」（神戸学院大学人文学部）（32）　2012.3　p63～72

◇自主投稿論文 地域における心の相談活動の現状と課題 : 子どもの不登校に悩む親の相談事例から　井上靖子　「兵庫自治学」（兵庫自治学会事務局）（18）　2012.3　p127～132

◇子育ての悩み編 親が抱える七つの心配を解消 わが子に伝えるべき言葉 不登校・引きこもり まっさらな気持ちで声を聞き子どもとの約束はきちんと守る（特集「話し方」入門―家庭編）「週刊ダイヤモンド」（ダイヤモンド社）　100(14)通号4425　2012.4.7　p84～85

◇不登校・支えあう親たちの座談会 信じて まかせて 待つ : 不登校・ひきこもりを考える埼玉県連絡会のみなさん さいたま教育文化研究所のみなさん（特集 子どもが学校に行かなくなったとき）　「女性のひろば」（日本共産党中央委員会，日本共産党中央委員会出版局（発売））（400）　2012.6　p40～46

◇学校における家族支援 : 不登校生徒の保護者のための茶話会　菅野陽子　「浦和論叢」（浦和大学・浦和大学短期大学部）（47）　2012.8　p1～11

◇親の立ち上がりとその支援 : 「不登校拒否を克服する会」の取り組み　石野公平　「臨床人間関係論研究」（武庫川女子大学教育研究所生徒指導研究室）（3）　2012.8　p12～22

◇同時代を生きる父親たちを援助するために : おもに40代，50代を中心に（特集 小児看護における父親へのアプローチ― 父親への支援の視点）　山登敬之　「小児看護」（へるす出版）　35(10)通号444　2012.9　p1294～1298

◇不登校から抜け出すために : 不登校生の家族に届けたい，子どもの本当の気持ち 講演会「不登校と向き合うメンタルサポート」（特集 通信制高校）　森薫　「Juku journal」（ルックデータ出版）　19(1)通号103　2012.9　p54～59

【図書】

◇お父さん，許してやるよ―不登校・ひきこもり・家庭内暴力を乗り越えて　伊ната恵造著　学陽書房　2003.3　243p 19cm　1500円　①4-313-66029-1　Ⓝ371.42

内容 第1章 お父さん，許してやるよ　第2章「子の心，親知らず」―子どもの苦しさに気づける親に　第3章 どんな目でわが子を見ていますか？　第4章 こういうとき親は―？　第5章 子どもと向き合える親に変わる　第6章 人はみんな「変われる力」をもっている

◇家族とともに癒す不登校・ひきこもり―いじめ，家庭内暴力，虐待などを解決する大検教師のカウンセリング　安川雅史，杉本博文著，第一高等学院監修　文芸社　2003.4　169p 19cm　1200円　①4-8355-5096-X　Ⓝ371.47

内容 プロローグ　第1章 不登校は家族の病　第2章 教育者の義務　第3章 音楽活動を通じて　第4章 インタビュー安川雅史＆杉本博文(HAKUBUN)　第5章 杉本博文・HAKUBUNとして　エピローグ 子どもたちの幸福を願って

◇「登校拒否」との真剣勝負成功する親 失敗する親　大輪紀代志著　現代書林　2003.12　203p 19cm　1200円　①4-7745-0550-1　Ⓝ371.42

内容 第1章「待ち」のカウンセリングでは，もうダメだ！（「待ちの姿勢」では，登校拒否問題は解決しない 引きこもり，フリーターの悲惨な現状 ほか）　第2章 子供が成長しないのは，「親の先まわり」という「甘やかし」が根本原因だ！（家庭は一番小さな社会 あなたには，徹底し

て「先まわり」をやめる覚悟はあるか ほか）　第3章 来たれ大輪教室へ！…学校へは戻って当たり前（大輪教室は単なるフリースクールではない！ 勉強・学力・学歴はやはり大事。現に99％が大学に進学する ほか）　第4章「成功する親、失敗する親」の分かれ道はココだ！（真剣勝負できるかどうか…ここにすべてがかかっている！希望的観測に頼って地獄を見るか、それとも私の経験と実績を信頼するか ほか）

◇親たちよ、「家庭内テロ」に屈するな！─家庭内暴力・不登校・引きこもり　伴茂樹著　現代書林　2004.5　206p　19cm　1200円　Ⓣ4-7745-0611-7　Ⓝ379.9

◇不登校とその親へのカウンセリング　伊藤美奈子, 明里康弘編　ぎょうせい　2004.5　228p　21cm　（シリーズ・学校で使えるカウンセリング　4）〈シリーズ責任表示：諸富祥彦/編集代表　文献あり〉　1905円　Ⓣ4-324-07102-0　Ⓝ371.42

◇学校に行けない子どもと百倍楽しく過ごす法　小森さゆり著　新風舎　2004.8　252p　19cm　1900円　Ⓣ4-7974-4878-4　Ⓝ371.42

内容　第1章 ことばがうまく出ないのです　第2章 なかなか馴染めなかった幼稚園　第3章 学校に行かなくてもいいじゃない　第4章 親子で不良になろう　第5章 子どもと頬ずりしてますか　第6章 家にできた『ぼくだけの部屋』第7章 学校に行くようになってから

◇親だからできること親にしかできないこと─不登校・ひきこもり・家庭内暴力　伴茂樹著　現代書林　2005.7　188p　19cm　1200円　Ⓣ4-7745-0739-3　Ⓝ379.9

◇痛いの、痛いの、飛んでゆけぇぇぇぇ─不登校ひきこもり　サーシャ浅沼著　大空社　2005.11　208p　19cm　1300円　Ⓣ4-283-00457-X　Ⓝ379.9

◇不登校13万人の親にできること！　藤本琢著　新風舎　2005.12　142p　19cm　1200円　Ⓣ4-7974-6709-6　Ⓝ371.42

内容　1 導入編─不登校とは？　2 理解編─子どもと歩む　3 実践編1─聴き方にもコツがある　4 実践編2─伝わる話し方を身につける　5 実践編3─再登校への手順　6 不登校問題解決への試み　Q&A

◇子どもは家庭でじゅうぶん育つ─不登校、ホームエデュケーションと出会う　東京シューレ編　東京シューレ出版　2006.1　238p　19cm　1500円　Ⓣ4-903192-02-4　Ⓝ372.107

◇不登校を母親の視点から考える─親と子の意識調査から見えてきたもの　大久保義美, 肥田幸子編著　唯学書房　2006.6　133p　21cm〈発売：アジール・プロダクション　文献あり〉1400円　Ⓣ4-902225-25-5　Ⓝ371.42

◇犯罪といじめから子どもを守る幼児期の生活習慣　ほんの木編　ほんの木（発売）　2007.2　188p　19cm　（子どもたちの幸せな未来ブックス 第5期 2）　1500円　Ⓣ978-4-7752-0047-6　Ⓝ379.9

内容　第1章 犯罪に巻き込まれないためのしつけ　第2章 人から場所へ─犯罪への親の態度と心構えを変える　第3章 あなたの子どもの安全を確認する10のポイント　第4章 いじめ、自殺から子どもを守るには　第5章「心の闇」という危機を癒す親の力　「子どもたちへの贈り物」キンポウゲの種

◇不登校からわが子を救う本　坪田陽子著　ジュピター出版　2007.5　109p　19cm　952円　Ⓣ978-4-86183-053-2　Ⓝ371.42

内容　不登校からわが子を、こうして救った─10の実話（「讃嘆日記」が、先生と子どもを変えた─洋平君（仮名・小学生）　子どもの「実相」に語りかける─美帆ちゃん（仮名・小学生）「子育ては親育て」と気づいたお母さん─久美子さん（仮名・中学生）　父親への反抗をのりこえたとき─由香里さん（仮名・中学生）ほか）　不登校からわが子を、こうして救おう─五つの実行（「子どもはみんな学校が大好きだ。学校の嫌いな子はいない」このことを知り、認め、信じよう。　子どもに夢をもたせ、子どもに宿る無限の可能性を信じよう。「子育て」は「親育て」。子どもと、子どもの問題に感謝しよう。天地の法則に従うこと。ほか）

◇お母さんに伝えたい息子の心を取り戻す10のヒント─不登校・高校中退・家庭内暴力・ひきこもりから子供を救う　伴茂樹, 佐藤和子共著　現代書林　2007.6　195p　19cm　1200円　Ⓣ978-4-7745-1054-5　Ⓝ379.9

内容　第1部 親だからできる、小さいけれど大切な10のヒント（母性と父性の役割をしっかり果たす　不登校は芽のうちに摘む　子供が共感で

きる話でコミュニケーションをとる ほか） 第2部 ケース別改善事例紹介（ひきこもり　家庭内暴力　高校中退 ほか） 第3部 青少年育成クラブの取り組み（メールでの相談事例　クラブ生の手記─青少年育成クラブで学んだこと　青少年育成クラブでの子供たちの生活─子供に出会ってからクラブを巣立つまで ほか）

◇不登校から子どもを守るお母さんの教科書　小寺やす子著　青春出版社　2008.4　192p　20cm　1200円　①978-4-413-03670-2　Ⓝ371.42

内容 第1章 学校に戻すだけならじつは簡単（不登校は誰にでも起こりうる!?　「なぜ？」に悩むよりまずは前進あるのみ！ ほか）　第2章 「復学」は解決ではありません（学校に戻ってくれれば安心ですか？　大人になったかつての不登校児たちは ほか）　第3章 変わるのは親から！自分育てのすすめ（子どものためなら「モンスター親」上等!!　私が出会った不登校児の親の共通点 ほか）　第4章 小寺流・子育てやり直し講座（子育てはいつからでもやり直せる！　子育ては体力勝負！格闘技だと心得て ほか）

◇「不登校・ニート」との真剣勝負成功する親・失敗する親─「積極的カウンセリング」でこの問題がみるみる解決する！　大輪清著　現代書林　2008.12　203p　19cm　〈「「登校拒否」との真剣勝負成功する親失敗する親」（2003年刊）の改題〉　1200円　①978-4-7745-1161-0　Ⓝ371.42

内容 第1章 「待ち」のカウンセリングでは、もうダメだ！（「待ちの姿勢」では、不登校問題は解決しない　引きこもり、フリーター、ニートの悲惨な現状 ほか）　第2章 子供が成長しないのは、「親の先まわり」という「甘やかし」が根本原因だ！（家庭は一番小さな社会　あなたには、徹底して「先まわり」をやめる覚悟はあるか ほか）　第3章 来たれ大輪教室へ！…学校へは戻って当たり前（大輪教室は単なるフリースクールではない！　勉強・学力・学歴はやはり大事。現に98％が大学に進学する ほか）　第4章 「成功する親、失敗する親」の分かれ道はココだ！（真剣勝負できるかどうか…ここにすべてがかかっている！　希望的観測に頼って地獄を見るか、それとも私の経験と実績を信頼するか ほか）

◇一歩踏み出すそのために…─不登校児童生徒の早期発見・早期対応　座間市教育研究所編　座間市教育研究所　2009.3　139p　30cm　Ⓝ371.42

◇息子を危機から救い出すたった1つの大切なこと─「子どものサイン」を見逃さないために 不登校、ひきこもり、家庭内暴力、高校・大学中退、ニート問題を解決するために　伴茂樹, 佐藤和子共著　現代書林　2009.4　189p　19cm　1200円　①978-4-7745-1183-2　Ⓝ379.9

内容 1 子供の「小さな悲鳴」を見逃す現代家庭教育（少年犯罪から見えてくる「子供からのサインの見逃し」　同じことを続けられない若者たち─ニート・フリーター現象から考える「習慣」と「心」 ほか）　2 子供の心を強くするお母さんのための7つのヒント（母親だからこそできること─めいいっぱい愛情を注いで育てる　協力的ではない父親も一緒に巻き込むためのヒント ほか）　3 1,000人の子供たちを救ってきた私の「心の教育」（ケース別・改善事例紹介）（何事にもやる気が出なかったA君　注意を聞き飽きている子供へのケア方法　学校へのテロ行為を考えていたB君　大学中退の危機から脱出！ ほか）　4 子供の心を助け出したい母親からの声（不登校の息子に悩む母親　真剣なまなざしで相談する親 ほか）

◇自立した親子の関係と不登校からの社会復帰　小田貴美子著　学事出版　2009.12　173p　21cm　1800円　①978-4-7619-1731-9　Ⓝ371.42

内容 第1章 子どもが学校に行かなくなったとき（子どもが学校に行かなくなるときの様子　どのような子どもが不登校になるのか ほか）　第2章 不登校の子どもの家族と親子関係について考える（不登校児をもつ親について　家族、親子関係を考える）　第3章 親子関係を良くするための親のトレーニング（親のトレーニング終了後の感想から　親のトレーニングの内容から）　第4章 不登校経験者が社会人になってどのように適応していくのか（外に出られるようになる頃　社会に出て、どのようなことにつまづくのか ほか）　第5章 今までの経験からの考察（知能障害児学級の経験から　不登校の相談を始めて）

◇子どもを壊す親たち─不登校・引きこもりは、病気なんかじゃない！　長田百合子著　ワック　2010.8　177p　18cm　（Wac bunko B-131）　886円　①978-4-89831-631-3　Ⓝ379.9

内容 第1章 「オシャレな引きこもり」の登場─「不登校」が変わってきている　第2章 あなたの子どもは「病気」じゃない！─心理学、医

学が教育を破壊するとき　第3章　そして、子どもは「暴君」になる —「子どもの権利を守る」法律が教育を破壊する　第4章　父親は家事と育児の手伝いなどするな！—怖い父親とうるさい年寄りの不在　第5章　子どもたちから教えてもらったこと—メンタルケアの現場から　第6章　手をかけるよりも目をかけて育てる—過管理、過干渉、過保護を捨てた育児

◇ころばぬ先の家庭教育—長期不登校になる前に学んでおきたい親の対応法　中学生編　水野達朗著　伊丹　牧歌舎　2011.3　269p　21cm　〈発売:星雲社〉　1500円　①978-4-434-15559-8　Ⓝ379.9

内容　1 ころばぬ先の家庭教育 中学生編　2 親のカウンセリングマインドとは（家庭内対応 基本編）　3 家庭ノートチェック法とは　4 親の対応の引き出しを増やす（家庭内対応 応用編）　5 中学生の家庭教育支援の実際（中学生の子を持つ親からの手紙）　6 ケーススタディーQ&A　7 家庭力アップのサポート

◆学校

【雑誌記事】

◇不登校への対応—学校全体の指導体制の充実を求めて　高橋洋勝　「教育実践総合センター紀要」（大分大学教育福祉科学部附属教育実践総合センター）　(21)　2003　p19～36

◇子どもの対人関係を支える—つなぎ手としての教師の役割　武田諭子, 村田昌俊　「情緒障害教育研究紀要」（北海道教育大学情緒障害教育学会）　(22)　2003　p200～204

◇不登校支援における学校体制の組織化に関する研究（広島県教育委員会平成15年度教員長期研修成果報告概要書）　藤亀美紀　「広島大学大学院心理臨床教育研究センター紀要」（広島大学大学院教育学研究科附属心理臨床教育研究センター）　(2)　2003　p70～73

◇不登校(登校拒否)生徒への教育・心理的支援について—教師による家庭訪問を中心に　佐藤修策, HarukoFelton　「湊川女子短期大学紀要」（湊川女子短期大学）　37　2003　p43～55

◇事例から学ぶ 不登校への援助の実際 (1) 不登校に関われる教師・関われない教師　小林正幸　「児童心理」（金子書房）　57(1)通号780　2003.1　p124～130

◇親と子の生活 教育・不登校からの脱出 ありのままを受け入れ、待って育てる学校—黄柳野高校訪問　「婦人之友」（婦人之友社）　97(1)　2003.1　p125～130

◇水泳授業参加援助による小学校不登校の再登校行動の形成と維持—家庭、学校への行動論的支援を中心として（特集 教育臨床と行動療法—実践研究）　小野昌彦　「行動療法研究」（日本行動療法学会）　29(1)通号55　2003.3　p61～71

◇総合学習を通じた不登校児童への働きかけ（特集 不登校と人権教育の課題）　幸隆之　「部落解放研究：部落解放・人権研究所紀要」（部落解放・人権研究所）　(152)　2003.6　p24～34

◇教育ニュース・ズームアップ 不登校対応策・学校の取り組み　安達拓二　「現代教育科学」（明治図書出版）　46(7)通号562　2003.7　p96～100

◇寄稿2 構造改革特別区域認定第一号 不登校児童・生徒のための小・中一貫「体験型学校」について（特集 都市活性化の有効なツールとするために 期待が高まる「構造改革特区」）　黒須隆一　「市政」（全国市長会館）　52(7)通号612　2003.7　p18～21

◇親と教師のカウンセリングルーム 不登校や問題行動の児童が頻発してしまった教師　田中清　「児童心理」（金子書房）　57(11)通号790　2003.8　p1147～1151

◇先進的施策紹介 不登校児童・生徒のための小・中一貫校 八王子市立高尾山学園 小学部・中学部について　萩生田孝　「地方財政」（地方財務協会）　42(8)通号500　2003.8　p202～207

◇事例 不登校児童・生徒のための体験型学校特区—構造改革特区第1号に認定された八王子市立高尾山学園小学部・中学部（東京都八王子市）（特集 規制緩和による地域振興—構造改革特区の取組）　永関和雄　「月刊自治フォーラム」（第一法規）　(528)　2003.9　p47～51

◇誌上セミナー 家族・家庭のコミュニケーション 妻たちのセルフ・カウンセリング—新しい夫と妻の在り方を目指して(17)夫のためにこんなにがんばってきたのに—娘の不登校から夫への不信感が 綾瀬奈美子さんの体験記（前編）　渡辺康麿　「社会教育」（全日本社会教育連合会）　58(11)通号689　2003.11　p46～48

◇特集 不登校児を放置して学校再生はおぼつかない 教師の「思いやり」がいま、子どもたちの心をとらえる―学校・授業が楽しくなる36の心づかい 大木光夫 「教育ジャーナル」(学研教育みらい、学研マーケティング(発売)) 42(10) 2003.12 p6～16

◇教育臨床研究 養護学校に在籍する不登校生徒への対応と卒業後の適応状態に関する一研究 我妻則明、佐々木睦 「岩手大学教育学部附属教育実践総合センター研究紀要」(岩手大学教育学部附属教育実践総合センター) (3) 2004 p91～99

◇中学校における不登校生徒の再登校および学級復帰へのチーム援助の実践―中間学級の設置・運営を通して 茅野理恵 「学校心理学研究」(日本学校心理学研究会) 4(1) 2004 p15～26

◇不登校半減計画における小・中学校連携の試み 仲田洋子 「駿河台大学論叢」(駿河台大学教養文化研究所) (29) 2004 p139～154

◇学級における心理的に安全な空間づくりが児童のメンタルヘルスに及ぼす影響についての研究―質問紙による効果の分析(2) 吉村春生、安部順子 「西九州大学・佐賀短期大学紀要」(西九州大学〔ほか〕) (35) 2004年度 p53～64

◇事例報告 ある中学教師による不登校生徒へのアプローチについての検討 山口成生 「山口大学心理臨床研究」(山口大学教育学部附属教育実践総合センター心理教育相談室) 4 2004 p24～31

◇一人ひとりに応じた不登校生徒への学校カウンセリング(教育臨床プロジェクト) 大前泰彦 「和歌山大学教育学部教育実践総合センター紀要」(和歌山大学教育学部附属教育実践総合センター) (14) 2004 p25～30

◇相馬誠一のそこが知りたい 生徒指導Q&A(18) 不登校児童生徒の居場所づくり―「児遊の杜」、「杜のひろば」による支援 野澤令照、相馬誠一 「月刊生徒指導」(学事出版) 34(1) 2004.1 p56～58

◇中学生の内面的理解による担任の関わりについて―不登校や問題行動の実践事例 内田利広、盛永俊弘 「教育実践研究紀要」(京都教育大学教育学部附属教育実践総合センター) (4) 2004.3 p139～146

◇教員養成学の構造からみた不登校生のサポートと「斜めの関係」―対人専門職への社会化研究の実践的理論的意味(教員養成学 特集号) 豊嶋秋彦 「弘前大学教育学部紀要」(弘前大学教育学部) (特集号) 2004.3 p27～42

◇実践研究 教員養成学と不登校生サポーターの対人専門職への職業的社会化―方法論の検討とPAC分析を通して(教員養成学 特集号) 豊嶋秋彦、近江則子、斉藤千夏 「弘前大学教育学部紀要」(弘前大学教育学部) (特集号) 2004.3 p65～87

◇不登校児童生徒との関わり体験が教師に及ぼす機能 佐藤昭雄 「弘前大学教育学部附属教育実践総合センター研究員紀要」(弘前大学教育学部附属教育実践総合センター) (2)通号12 2004.3 p83～97

◇不登校児童生徒の学校復帰支援―保護者および担任教師からの質問に答える 河合伊六 「安田女子大学心理教育相談研究」(安田女子大学心理教育相談室) (3) 2004.3 p1～11

◇「学習のケア」による再登校支援を可能にする学習コンテンツの設計と開発―高等学校不登校生徒に対する自立段階における在宅学習支援環境の構築(教師の資質開発(教育方法、運営能力、責任)) 藤本英彦、益子典文、川上綾子〔他〕 「日本教育工学会研究報告集」(日本教育工学会) 04(2) 2004.3.20 p171～178

◇菅野純の相談室―先生、一緒に考えましょう!(13)不登校問題に学校としてどう取り組むか 菅野純 「月刊学校教育相談」(ほんの森出版) 18(5) 2004.4 p74～78

◇学校・教師からの発信 不登校生徒を受け入れた八年間のとりくみ(特集/子どもを見つめ、子どもとつながる―特集2:福岡大会―信頼と希望をはぐくむ学校・地域づくり) 稲毛孝一 「教育」(国土社) 54(8)通号703 2004.8 p97～102

◇不登校生徒が元気のでる「楽校(がっこう)」づくり(今月の特集 多様化する不登校問題) 天井勝海 「月刊生徒指導」(学事出版) 34(13) 2004.11 p10～15

◇高等学校における不登校生徒への登校支援―特別支援教室における取り組み(ケース報告特集号)　杉山雅宏, 松原達哉　「カウンセリング研究」(日本カウンセリング学会)　37(4)　2004.12　p359～368

◇不登校児童生徒を支援する学校の組織対応のあり方に関する研究―不登校児童生徒の指導・援助に役立つ指導事例データベースの設計　五月女保幸, 野村泰朗　「埼玉大学教育学部教育実践総合センター紀要」(埼玉大学教育学部)　(4)　2005　p189～208

◇不登校児への対処―学校における早期対処のあり方　寺田道夫　「東海女子大学紀要」(東海女子大学)　(25)　2005　p79～94

◇教育現場からの実践報告 不登校児童生徒を対象としたものづくり体験活動用教材の開発　西本彰文, 田口浩継　「日本産業技術教育学会九州支部論文集」(日本産業技術教育学会九州支部)　13　2005　p61～66

◇スクールカウンセリングの創造(4) 学生ボランティアの活用について　佐藤静, 川村水脈子　「宮城教育大学紀要」(宮城教育大学)　40　2005　p261～268

◇教育分野での取組みと課題 学校における児童虐待に関する現状と課題への対応(特集 これからの子ども虐待防止を考える―これまでの成果と課題)　釆女智津江　「母子保健情報」(母子愛育会)　(50)　2005.1　p69～72

◇学校現場からの不登校についての再考(特集 不登校)　鈴木誠　「臨床心理学」(金剛出版)　5(1)通号25　2005.1　p39～45

◇ミニ講座 事務職員のためのリーガルマインド 不登校問題と義務教育の揺らぎ―不登校の権利?　坂田仰　「学校事務」(学事出版)　56(2)　2005.2　p56～62

◇不登校―学校復帰、教室復帰のときに気をつけたいこと(特集 人の目を気にし過ぎる子―人の目を気にし過ぎる子への援助)　住本克彦　「児童心理」(金子書房)　59(4)通号820　2005.3　p374～377

◇学校におけるソーシャルワークの必要性について―事例研究を通して　児島佳史　「日米高齢者保健福祉学会誌」(日米高齢者保健福祉学会誌事務局)　(1)　2005.3　p269～274

◇多様化する不登校と、学校の取り組み(特集 学校が直面する課題)　伊藤美奈子　「青少年問題」(青少年問題研究会)　52(4)通号610　2005.4　p22～27

◇不登校の生徒にも社会参加を 和順館高校が開校から1年―山形県　「内外教育」(時事通信社)　(5559)　2005.4.19　p5

◇三部制単位制高校としてスタート―教育相談システムの充実と個を生かす多様な指導体制(特集 学校をやめる子どもたち―不登校・中退に取り組む学校)　小沼竹男　「月刊生徒指導」(学事出版)　35(8)　2005.7　p24～26

◇不登校が長期化したときの担任の家庭訪問のあり方(特集1 不登校の子どもへの家庭訪問)　小野口吉政　「月刊学校教育相談」(ほんの森出版)　19(10)　2005.8　p22～24

◇インフォメーション 不登校児童生徒が自宅においてIT等を活用した学習活動を行った場合の指導要録上の出欠の取扱い等について(通知)　銭谷眞美　「中等教育資料」(学事出版)　54(8)通号831　2005.8　p107～105

◇不登校児を改善した教師の実践事例　小野澤玲子, 森明美, 宮下聡［他］　「教育実践研究：信州大学教育学部附属教育実践総合センター紀要」(信州大学教育学部附属教育実践総合センター)　(6)　2005.9　p91～100

◇最前線ルポ 現場からの教育改革(17) 不登校児童・生徒のための八王子市立高尾山学園―教育特区第1号、柔軟なカリキュラムを組んで　青木朋江　「悠」(ぎょうせい)　22(9)　2005.9　p66～69

◇若いせんせいに送るラブレター(第8回) 不登校の子どもたちとともに―「わたしはいまとぎれてつけなおすはたのとちゅう」　新保真紀子　「解放教育」(明治図書出版)　35(11)通号456　2005.11　p96～104

◇担任教師カウンセラーによる転入不登校児童への支援事例(ケース報告特集号―ケース報告)　古谷雄作, 上地安昭　「カウンセリング研究」(日本カウンセリング学会)　38(4)　2005.12　p320～328

◇中学校での不登校支援をめざした実践研究の試み　伊藤亜矢子, 宮内由佳, 濱口まち子［他］　「お茶の水女子大学心理臨床相談センター紀要」

◇（お茶の水女子大学心理臨床相談センター）(8) 2006 p37～51

◇私立中学高等学校におけるこころの支援活動の実地調査―都内6校の比較検討から 鈴木康弘,中島良二,卜部裕介［他］ 「学校メンタルヘルス」（日本学校メンタルヘルス学会） 9 2006 p15～21

◇不登校生徒のこころの理解と支援―現場の先生方のために 松本明夫 「九州栄養福祉大学研究紀要」（九州栄養福祉大学） (3) 2006 p47～54

◇事例報告 石川県独自の「カウンセラー教員養成研修講座」の成果と課題―石川県における不登校対策の一環として 高賢一 「教育経営研究」（上越教育経営研究会） (12) 2006年度 p90～100

◇学校教師にできる不登校支援―不登校中核群への対応を中心に 大石英史 「教育実践総合センター研究紀要」（山口大学教育学部附属教育実践総合センター） (21) 2006 p187～200

◇不登校に対応する教員の悩みと研修 西松秀樹,坂上豊史 「滋賀大学教育学部紀要．1，教育科学」（滋賀大学教育学部） (56) 2006 p29～37

◇不登校半減計画プロジェクトに対する学校関係者の評価に関する研究―不登校問題の改善効果とプロジェクトに対する評価を中心に 小林正幸,平野千花子,伊藤透［他］ 「東京学芸大学紀要．総合教育科学系」（東京学芸大学） 57 2006.2 p415～426

◇発題4 不登校の受け皿としての「通信制高等学校」―そこから、視えてくるもの（第41回 日本臨床心理学会大会記録号―分科会シンポジュウム 不登校から視えてくること） 桜井和之 「臨床心理学研究」（日本臨床心理学会） 43(3) 2006.3 p43～47

◇教師と生徒の心が触れ合う教育を―不登校生徒らを積極的に受け入れる―輝星高等専修学校（金沢市） 「内外教育」（時事通信社） (5634) 2006.3.3 p10

◇不登校の子の理解と援助(1)「不登校」との出会い―一人ひとりの子どもに寄り添う 伊藤美奈子 「児童心理」（金子書房） 60(5)通号839 2006.4 p552～558

◇前学年から不登校の子がいるとき（子どもの心が育つ 学級づくりの基礎・基本―学級づくりで気をつけること） 折原則子 「児童心理」（金子書房） 60(6)通号840（臨増） 2006.4 p144～146

◇不登校の子の理解と援助(2)不登校の子どもの気持ち 伊藤美奈子 「児童心理」（金子書房） 60(7)通号841 2006.5 p697～703

◇不登校の子の理解と援助(4)教師が家庭訪問をするとき気をつけたいこと 伊藤美奈子 「児童心理」（金子書房） 60(10)通号844 2006.7 p985～991

◇不登校の子の理解と援助(6)学校内での取り組み―支援の体制をつくる 伊藤美奈子 「児童心理」（金子書房） 60(13)通号847 2006.9 p1273～1279

◇小学校における不登校児童へのアプローチ（教師のための学校カウンセリング学・小学校編―学校カウンセリングによる三〇のアプローチ―児童期の子どもの問題と学校カウンセリング的指導・対応法 児童期の子どもの心理的問題） 加藤陽子 「現代のエスプリ」（ぎょうせい） (471) 2006.10 p38～43

◇学校における不登校児童指導体制の充実に関する研究―地域SSCを活用したチーム支援をとおして 土谷陽史 「教育実践総合センターレポート」（大分大学教育福祉科学部附属教育実践総合センター） (26) 2006.11 p108～123

◇入学以来一度も授業に出ていない生徒に電話をする（心にひびく説教―生徒が納得する語りかけ40―いじめ・不登校） 「月刊生徒指導」（学事出版） 36(14)（増刊） 2006.11 p116～119

◇不登校の生徒宅を訪問し、本人とインターホン越しに話をする（心にひびく説教―生徒が納得する語りかけ40―いじめ・不登校） 「月刊生徒指導」（学事出版） 36(14)（増刊） 2006.11 p120～123

◇不登校への対応―教師との連携をスムーズにするために（子どもの心・体と環境を考える会・第4回テーマ別研究会記録―児童・思春期の問題と不登校はこう解決する！） 宮崎恵美 「子どもの健康科学」（子どもの心・体と環境を考える会） 6(2) 2006.11 p3～6

◇ケース報告 スクールカウンセラーによる定期的な家庭訪問が教師の不登校対応に功を奏した事例(ケース報告特集号) 竹崎登喜江 「カウンセリング研究」(日本カウンセリング学会) 39(4) 2006.12 p281〜289

◇ケース報告 不登校生徒の指導に苦慮し、メンタルヘルスの低下した教師への心理的支援過程(ケース報告特集号) 柏葉修治 「カウンセリング研究」(日本カウンセリング学会) 39(4) 2006.12 p299〜307

◇不登校—かかわりに詰まったとき、どう対応したか かかわりに詰まった担任を相談係として援助 越智典子 「月刊学校教育相談」(ほんの森出版) 20(14) 2006.12 p66〜69

◇「不登校」の多様化に対応できる実践力—教員のアセスメントの的確性 今野芳子 「京都文教短期大学研究紀要」(京都文教短期大学) 46 2007 p92〜108

◇教師による不登校児童生徒への支援 西松秀樹, 坂上豊史 「滋賀大学教育学部紀要. 1, 教育科学」(滋賀大学教育学部) (57) 2007 p7〜14

◇事件・事故後の教室—そのとき先生はどうしますか?(第11回)不登校という子どもの危機—教室で最初に気づいてほしいこと 小澤美代子 「月刊学校教育相談」(ほんの森出版) 21(3) 2007.2 p60〜64

◇私学最前線 不登校生徒の自己再形成を目指す 宇都宮誠 「内外教育」(時事通信社) (5718) 2007.2.23 p6

◇不登校状態に有効な教師による支援方法 山本奨 「教育心理学研究」(日本教育心理学会) 55(1) 2007.3 p60〜71

◇不登校と教師特有のビリーフの関係—「10年経験者研修」参加者を対象に 小谷正登 「教職教育研究:教職教育研究センター紀要」(関西学院大学教職教育研究センター) (12) 2007.3 p41〜58

◇事件・事故後の教室—そのとき先生はどうしますか?(第12回)不登校から教室復帰するときの配慮 小澤美代子 「月刊学校教育相談」(ほんの森出版) 21(4) 2007.3 p93〜97

◇高校教師の協働に関する研究—不登校生徒へのチーム援助に着目して 瀬戸健一 「コミュニティ心理学研究」(日本コミュニティ心理学会) 10(2) 2007.3 p186〜199

◇担任教師カウンセラーを中心とした校内支援体制のあり方—転校により不登校となった生徒の事例を通して 田口圭, 宮下敏恵 「上越教育大学心理教育相談研究」(上越教育大学心理教育相談室) 6(1) 2007.3 p87〜95

◇いじめのない社会をつくるために—いじめ撲滅授業の取り組み(特集 いじめはなくせる!) 田口瞳 「じんけん : 心と心、人と人をつなぐ情報誌」(滋賀県人権センター) (312) 2007.4 p18〜24

◇不登校へのかかわりから学んだこと 学級全体への指導と学習支援を組み合わせて 鈴木望 「月刊学校教育相談」(ほんの森出版) 21(6) 2007.5 p78〜81

◇不登校と学校(特集 子どもの心(2)—よくみる子どもの心の問題 子どもの心と体の障害) 冨田和巳 「母子保健情報」(母子愛育会) (55) 2007.5 p11〜14

◇学校教育における予防的支援—不登校予防とスクールカウンセラーの役割 荒木史代 「学校教育学研究論集」(東京学芸大学大学院連合学校教育学研究科) (16) 2007.10 p1〜15

◇魅力ある学校の取組 伊勢まなび高校における不登校生徒支援のための取組 三重県立伊勢まなび高等学校 「中等教育資料」(学事出版) 56(10)通号857 2007.10 p83〜87,8

◇「移行支援システム」の具現化について—不登校及び不登校傾向にある児童生徒の前籍校への円滑な移行をめざして(特集 日本育療学会第10回集会) 村上淳 「育療」(日本育療学会) 通号38 2007.11 p26〜30

◇中学で長期不登校を経験した女子生徒への高校相談室での居場所づくりを基盤とした援助(ケース報告特集号) 川俣理恵, 河村茂雄 「カウンセリング研究」(日本カウンセリング学会) 40(4) 2007.12 p287〜294

◇教師カウンセラーによる不登校中3受験生への時間制限訪問面接事例(ケース報告特集号) 古谷雄行, 上地安昭 「カウンセリング研究」(日本カウンセリング学会) 40(4) 2007.12 p316〜323

◇不登校へのかかわりから学んだこと チームで支援し、全職員の共通理解の徹底を図る 藤井隆之 「月刊学校教育相談」(ほんの森出版) 21(14) 2007.12 p78〜81

◇学級担任ができる不登校予防(特集 増える「不登校」) 三浦正江 「月刊生徒指導」(学事出版) 37(15) 2007.12 p22〜26

◇情報化社会における「学校関係者の共有すべき認識」について―インターネット人権侵害の判例からも(特集 増える「不登校」) 別府健 「月刊生徒指導」(学事出版) 37(15) 2007.12 p28〜32

◇生徒指導上の今日的課題とその対応―不登校事例「A少年が教室に戻るまで」 岩澤啓子 「神奈川大学心理・教育研究論集」(神奈川大学教職課程研究室) (27) 2008 p5〜16

◇教師のカウンセリング研修プログラム開発とその効果検証の研究:不登校回復期に関わる教師のカウンセリング研修 杉田郁代 「生徒指導研究」(兵庫教育大学生徒指導研究会) (20) 2008年度 p2〜14

◇思春期不登校児の援助において生起する関係性の変容過程―家庭教師カウンセラーによる寄り添いと向き合いの関わりを通して 稲永努 「山口大学心理臨床研究」(山口大学教育学部附属教育実践総合センター心理教育相談室) 8 2008 p27〜39

◇実践発表 不登校生徒の教室復帰への援助(豊かな歩みを支える学校教育相談―夢・意志・かかわり―全国学校教育相談研究会第42回研究大会(北海道大会)より) 塩見浩二 「月刊学校教育相談」(ほんの森出版) 22(2)(増刊) 2008.1 p148〜156

◇実践発表 不登校生徒の教室復帰への援助(豊かな歩みを支える学校教育相談―夢・意志・かかわり―全国学校教育相談研究会第42回研究大会(北海道大会)より) 塩見浩二 「月刊生徒指導」(学事出版) 38(2)(増刊) 2008.1 p148〜156

◇私の提言 不登校対応の問題点を見直す―不登校の三つのモデルによるアセスメントと学校での取り組み 小澤美代子 「月刊学校教育相談」(ほんの森出版) 22(4) 2008.3 p62〜67

◇不登校へのかかわりから学んだこと 教師の「心のゆとり」が関係を築く 伊藤一夫 「月刊学校教育相談」(ほんの森出版) 22(4) 2008.3 p110〜113

◇フォーラム 不登校・ひきこもりへの対応(3)(特集 さまざまな問題に教師はどう立ち向かうか―日本生徒指導学会第8回大会より) 相馬誠一, 小澤美代子, 会沢信彦 「月刊生徒指導」(学事出版) 38(4) 2008.3 p26〜29

◇実践 教育カルテット(49) わたしひろがれ!みんなつながれ!―いじめ・不登校の未然防止、不登校生の学校復帰をめざす取り組み 深美隆司 「じんけん:心と心、人と人をつなぐ情報誌」(滋賀県人権センター) (329) 2008.9 p24〜32

◇千葉県 「不登校支援推進校」の取り組み―船橋市立薬円台小学校、市川市立第七中学校(特集 子どもの変調に即応! 夏休み明けの生活指導―不登校対策推進校に見る「夏休み明けの生活指導」) 「総合教育技術」(小学館) 63(8) 2008.9 p30〜33

◇広島県 「不登校対策実践指定校」の取り組み―尾道市立栗原小学校、栗原中学校(特集 子どもの変調に即応! 夏休み明けの生活指導―不登校対策推進校に見る「夏休み明けの生活指導」) 「総合教育技術」(小学館) 63(8) 2008.9 p34〜37

◇親と教師のカウンセリングルームQ&A 不登校の子どもの学校行事への参加をどう支援するか 山田俊介 「児童心理」(金子書房) 62(14)通号884 2008.10 p1430〜1435

◇不登校の未然防止に向けた小中連携による取り組み―「不登校緊急対策事業」を中心に(特集 こうすれば不登校が減る) 中野澄 「月刊生徒指導」(学事出版) 38(13) 2008.11 p16〜20

◇不登校を解決に導く支援のあり方を探る―教師のスクールソーシャルワーク的な視点が生み出す効果的な支援(特集 こうすれば不登校が減る) 伊即加代 「月刊生徒指導」(学事出版) 38(13) 2008.11 p22〜26

◇特別支援教育推進校レポート(8) 特別支援教育最前線 埼玉県熊谷市立富士見中学校 子どもたちの居場所を提供し、生きる力を取り戻す 「総合教育技術」(小学館) 63(10) 2008.11 p42〜45

◇教育の危機管理(実務編)不登校問題への対応は、「取り組みではなく闘い」の覚悟で―不登校を生じさせない学校づくり　宮田龍　「週刊教育資料」(教育公論社)　(1052)通号1182　2008.12.1　p18～19

◇中学校における不登校生徒に対する心理教育援助の効果　金子幾之輔, 川合智子　「桜花学園大学人文学部研究紀要」(桜花学園大学)　(11)　2009　p31～41

◇株式会社立学校の現状と課題―広域通信制高校に着目して　田部井潤, 渡部晃正, 栗ın淳　「学校教育研究」(日本学校教育学会, 教育開発研究所(発売))　通号24　2009　p141～156

◇実践的研究論文　不登校生徒における情意領域の変容―体育授業でのバドミントン指導の実践から　山西哲也　「学校教育研究」(日本学校教育学会, 教育開発研究所(発売))　通号24　2009　p212～223

◇通信制高校における学校教育相談の研究(1)　杉田郁代　「環太平洋大学研究紀要」(環太平洋大学)　(2)　2009　p103～108

◇不登校経験を持つ高校生と教師の関係性の研究(1)教師と生徒の心理的距離　杉田郁代　「児童教育研究」(安田女子大学児童教育学会)　(18)　2009　p61～69

◇スクールカウンセリングの創造(8)研修活動をめぐって　佐藤静　「宮城教育大学紀要」(宮城教育大学)　44　2009　p227～236

◇「小中連携支援シート」で中一での不登校を防ぐ(特集　小1プロブレム、中1ギャップへの対応)　早川惠子　「月刊学校教育相談」(ほんの森出版)　23(3)　2009.2　p10～15

◇実践！校長塾(40)小規模校を変えた「和を尊ぶ学校経営」(3)「学校は見放さない」不登校児と向き合う　中村豊己　「週刊教育資料」(教育公論社)　(1061)通号1191　2009.2.16　p12～14

◇不登校と教師特有のビリーフの関係(2)「10年経験者研修」・「カウンセリング研修」参加者を対象に　小谷正登　「教職教育研究：教職教育研究センター紀要」(関西学院大学教職教育研究センター)　(14)　2009.3　p35～54

◇担任が替わることで新たな関係を築き始める不登校生徒(特集　不登校、学年末・学年初めのかかわり)　伊藤葵　「月刊学校教育相談」(ほんの森出版)　23(4)　2009.3　p16～19

◇新年度、不登校対応のモデルプラン(特集　不登校、学年末・学年初めのかかわり)　木津秀美　「月刊学校教育相談」(ほんの森出版)　23(4)　2009.3　p24～29

◇不登校の高校生も出席扱い可能に―文科省　「内外教育」(時事通信社)　(5898)　2009.3.27　p11

◇文部科学省通知(29)高等学校の全日制課程及び定時制課程における不登校生徒に対する通信の方法を用いた教育による単位認定について(通知)　教育政策研究会　「週刊教育資料」(教育公論社)　(1082)通号1212　2009.7.27　p36～37

◇不登校への取り組み課題(特集　「生徒指導の手引き」改訂と規範意識の育成―学校で取り組む"子どもの健全な人格形成"への課題)　松井克彦　「学校マネジメント」(明治図書出版)　48(12)通号637　2009.12　p38～41

◇不登校対応教師効力感に関する基礎的研究　山本奬　「岩手大学教育学部附属教育実践総合センター研究紀要」(岩手大学教育学部附属教育実践総合センター)　(9)　2010　p163～174

◇中学校学区域を単位とした小中連携支援シートの活用による学校不適応予防の効果　早川惠子, 小林正幸　「学校メンタルヘルス」(日本学校メンタルヘルス学会)　13(1)　2010　p27～34

◇中学校教諭から見た心の支援が必要な生徒の特徴―不登校傾向と非行傾向生徒の特徴の比較　鈴木美樹江　「金城学院大学大学院人間生活学研究科論集」(金城学院大学大学院人間生活学研究科)　(10)　2010　p47～58

◇不登校・いじめに関する政府施策と子どもの発達―子どもの権利条約から見た子どもの現実(子どもと教師をめぐる教育法学の新課題―第1分科会　子どもの権利条約から見た子どもの現実)　望月彰　「日本教育法学会年報」(有斐閣)　(39)　2010　p52～61

◇広島県教育委員会平成21年度教員長期研修成果報告概要　教育相談の視点を取り入れた不登校への対応の在り方―教員への意識調査を通して　梶田晋作　「広島大学大学院心理臨床教育研究センター紀要」(広島大学大学院教育学研究科附

属心理臨床教育研究センター） （9） 2010 p148〜162

◇不登校児童・生徒との関わりが教職への職業的社会化に与える影響—学生と現役教師へのインタビューから　内田利広, 岩本脩平　「京都教育大学紀要」（京都教育大学）　（116）　2010.3　p81〜97

◇登校拒否における教師の学校カウンセリングへの試論　園田健司　「福祉と人間科学」（群馬松嶺福祉短期大学）　（10）　2010.3　p23〜33

◇教育問題法律相談（No.89）子どもの不登校に対する学校側の義務　佐藤香代　「週刊教育資料」（教育公論社）　（1110）通号1240　2010.3.15　p27

◇不登校という育ちと学校（いじめ・不登校・学校）　佐伯敏光　「こころの科学」（日本評論社）　通号151　2010.5　p18〜22

◇教師が行う不登校児童生徒への支援—小中学校教師へのインタビューから　岸田幸弘　「学苑」（光葉会）　（836）　2010.6　p50〜62

◇長期の不登校生徒を再登校へ—スクールカウンセラーと教育相談担当教員との連携で（特集 上手な登校刺激をどう与えるか）　田中和代, 小林直美　「月刊学校教育相談」（ほんの森出版）　24（10）　2010.8　p23〜29

◇「第7回学事出版教育文化賞」最優秀賞受賞論文 不登校児童生徒への教室復帰を目指した支援の工夫—養護教諭の健康相談活動の中で, 気力や不安感を数値化して　市川美奈子　「月刊生徒指導」（学事出版）　40（10）　2010.8　p26〜31

◇不登校でもぜんぜんだいじょーぶ（8）教師たちよ, いまこそ子どもへのアクセスルートを模索せよ！（前編）　安西直紀, 椿昇　「月刊生徒指導」（学事出版）　40（10）　2010.8　p46〜50

◇観点 学校からの報告（2）不登校生徒の指導から見えてくること　高多宏樹　「子どもの心と学校臨床」（遠見書房）　（3）　2010.8　p116〜125

◇不登校にかかわる現場での対応（特集 生徒指導提要の個別の課題に取り組む）　伊藤美奈子　「月刊生徒指導」（学事出版）　40（11）　2010.9　p14〜17

◇不登校でもぜんぜんだいじょーぶ（9）教師たちよ, いまこそ子どもへのアクセスルートを模索せよ！（中編）　安西直紀, 椿昇　「月刊生徒指導」（学事出版）　40（11）　2010.9　p46〜50

◇不登校児童生徒の事例報告—資料—担任教師たちによる家庭訪問から　市川千秋, 宇田光, 武井倫子［他］　「学校カウンセリング研究」（日本学校カウンセリング学会）　（11）　2010.10　p27〜33

◇小中学生の一学年間における不登校傾向と学校生活スキルの変化の関連性　五十嵐哲也　「学校心理学研究」（日本学校心理研究会）　11（1）　2011　p29〜44

◇カトリック教育におけるケアリングと不登校（特集 カトリック教育におけるケアリング—日々の教育的営みの視点から—シンポジウム カトリック教育におけるケアリング—日々の教育的営みの視点から）　高橋博　「カトリック教育研究」（日本カトリック教育学会）　（28）　2011　p56〜59

◇「不登校」に対する学校教育の在り方についての一考察—兵庫県立但馬やまびこの郷での事例を通して　五百住満　「関西教育学会年報」（関西教育学会）　（35）　2011　p151〜155

◇不登校経験を持つ生徒とかかわって：完全単位制・少人数制の高校で（特集 若者は誰に, どこに必要とされているか）　山田勘太郎　「高校のひろば」（旬報社）　82　2011.Win　p26〜31

◇自由教育実践校と不登校のかかわりに関する研究—私立A中学・高校の教員を対象として　角田智恵美　「上越教育大学研究紀要」（上越教育大学）　30　2011　p133〜142

◇不登校大学生に対する大学教員の視点と支援　荒井佐和子, 石田弓, 大塚泰正［他］　「広島大学心理学研究」（広島大学大学院教育学研究科心理学講座）　（11）　2011　p339〜347

◇小規模小中併置校における教師の不登校支援：コラージュ療法による臨床心理的支援の実践　小綱りか, 森範行　「へき地教育研究」（北海道教育大学学校・地域教育研究支援センターへき地教育研究支援部門）　（66）　2011　p93〜110

◇初めて不登校生徒を担任する教師と生徒をつなぐということ　新川貴紀　「北翔大学北方圏学術情報センター年報」（北翔大学北方圏学術情報センター）　3　2011　p9〜18

◇不登校の子どもへの支援(学校におけるチーム援助の進め方—事例に学ぶ チーム援助を活かした対応) 半田一郎 「児童心理」(金子書房) 65(3)通号927(臨増) 2011.2 p112〜116

◇決して、親より頑張ってはいけない。不登校問題で、教師にできること、できないこと(総力大特集 新学習指導要領全面実施! どうする! どうなる!? 2011年の教育課題) 石川瞭子 「総合教育技術」(小学館) 65(13) 2011.2 p32〜35

◇中学校における教育相談コーディネーターのモデル像構築のための探索的研究—不登校生徒の支援ネットワークの視点から 高村文江, 西山久子 「教育実践研究」(福岡教育大学教育学部附属教育実践総合センター) (19) 2011.3 p341〜348

◇子どもの心に寄り添う 学校カウンセリングの要諦(第2回)不登校をつくるもの 小松信明 「心とからだの健康:子どもの生きる力を育む」(健学社) 15(5)通号159 2011.5 p32〜35

◇教師が行った不登校支援策の選択・決定の理由—小学校教師へのインタビューから 岸田幸弘 「学苑」(光葉会) (848) 2011.6 p42〜60

◇不登校の少ない学校—学校ぐるみの不登校対策のあり方(不登校の現在) 小林正幸 「児童心理」(金子書房) 65(9)通号933(臨増) 2011.6 p60〜66

◇不登校の子を担任する教師をどう支援するか—チーム援助の視点から(不登校の現在—不登校支援における多様な連携) 横田隆 「児童心理」(金子書房) 65(9)通号933(臨増) 2011.6 p104〜110

◇子どもの心に寄り添う 学校カウンセリングの要諦(第9回)子どもを責めるな(症例=不登校) 小松信明 「心とからだの健康:子どもの生きる力を育む」(健学社) 15(12)通号166 2011.12 p31〜34

◇中学校の不登校生徒に対する達成動機づけ理論に基づく援助効果 橘川淳, 金子幾之輔 「桜花学園大学人文学部研究紀要」(桜花学園大学) (14) 2012 p37〜44

◇学校段階の違いによる教師の不登校支援:問題対処・予防・成長促進の視点から 岸田幸弘 「昭和女子大学大学院生活機構研究科紀要」(昭和女子大学大学院生活機構研究科) 21 2012 p69〜81

◇不登校児童生徒への支援に関する教師の意識調査 岸田幸弘 「学苑」(光葉会) (856) 2012.2 p28〜36

◇勇志国際高校 熊本叡径理事長・野田将晴校長に聞く 「不登校」を立ち直らせる離島の高校の「志」(前編) 熊本叡径, 野田将晴 「明日への選択」(日本政策研究センター) (314) 2012.3 p28〜33

◇不登校のきっかけと教師による支援 岸田幸弘 「学苑」(光葉会) (857) 2012.3 p34〜45

◇教職大学院における授業の在り方: 校内研修、行政研修との比較を通じて 山本雅哉 「教育実践研究紀要」(京都教育大学教育学部附属教育実践総合センター) (12) 2012.3 p207〜213

◇教育問題法律相談(No.178)不登校児童の出席・進級の扱いはどうする? 角南和子 「週刊教育資料」(教育公論社) (1199)通号1329 2012.3.12 p31

◇勇志国際高校 熊本叡径理事長・野田将晴校長に聞く 「不登校」を立ち直らせる離島の高校の「志」(後編) 熊本叡径, 野田将晴 「明日への選択」(日本政策研究センター) (315) 2012.4 p32〜35

◇管理職必携 安心・安全の新常識 学校不適応(3)不登校になぜなるのか 学校不適応を未然に防止するために 小林正幸 「週刊教育資料」(教育公論社) (1204)通号1334 2012.4.16 p24〜25

◇不登校学生の発見の手がかりと対応に関する考察: クラス担任として教学を支援した実践例からの検討 竹中美香 「学生相談研究」(日本学生相談学会) 33(1) 2012.7 p49〜59

◇校長講話(192)校長の役割に変化の兆しあり 不登校改善法を率先垂範で示す 野口晃男 「週刊教育資料」(教育公論社) (1213)通号1343 2012.7.2 p16〜17

◇不登校対策 全職員で取り組む望ましい人間関係づくり(特集 子どもの豊かな人間関係を育む) 大津尚裕 「初等教育資料」(東洋館出版社) (890) 2012.9 p36〜39

対応・対策　　　　　　　　　　　　　　　　　　　　　　　　　　　　　　　　不登校

◇新任教師からの質問状（第8回）合唱練習のリーダーだった生徒が他の生徒の反発から孤立し、不登校傾向になってしまいました。　「月刊生徒指導」（学事出版）　42（12）　2012.11　p56～59

【図書】

◇生徒が生徒を指導するシステム―いじめ・不登校・荒れから逃げない教育　平塚雅弘著　学陽書房　2003.4　206p　19cm　1600円　Ⓣ4-313-65125-X　Ⓝ375.2

|内容| 第1章　まったく新しいシステム（どのようなシステムなのか？　いじめを解決する人権委員会　ほか）　第2章　生徒指導の未熟さがいじめを誘発している（中学生の権利　子どもの権利と大人の責任）　第3章　新しい生徒と先生の関係（サポーターとしての先生　どのような罰則が望ましいのか　ほか）　第4章　子どもたちに開かれた学校を目指して（生徒はどう思ったのか？　システムを立ち上げるまで）

◇不登校からの脱出―担任だからできることしなければならないこと　平田ゆきえ著　アドバンテージサーバー　2004.1　60p　21cm　500円　Ⓣ4-901927-11-6　Ⓝ371.42

|内容|「学校は何もしてくれない！」―序章　玄太との出会い　玄太と友だちになる　約束しないでください　無理せず、しかし理を通す　聞いてもらえる心地よさ　思いを語る　先生だったらどうするの　心ない言葉　勉強を始めた玄太〔ほか〕

◇不登校への対応と学校の取組について　小学校・中学校編　国立教育政策研究所生徒指導研究センター著　ぎょうせい　2004.7　104p　30cm　（生徒指導資料　第2集）　1048円　Ⓣ4-324-07473-9　Ⓝ371.42

|内容| 第1章　不登校への対応をどう考えるか（不登校についての理解と取組　不登校の現状について　不登校への対応についての基本的な考え方と学校の取組）　第2章　不登校にどのように対応するか（不登校の状況の的確な把握と学校全体の取組　不登校の態様や状況に応じた適切な取組　不登校の解決に向けたサポート体制の推進）　第3章　魅力ある学校づくりへの取組（「心の居場所」「絆づくり」を目指す　学ぶ喜び、活動の意欲を育てる学校　学校・家庭・地域の連携に立った開かれた学校づくり）　資料編

◇教師のための不登校サポートマニュアル―不登校ゼロへの挑戦　小林正幸，小野昌彦著　明治図書出版　2005.3　162p　21cm　〈文献あり〉　1960円　Ⓣ4-18-526710-X　Ⓝ371.42

|内容| 1　不登校についての基本的なとらえ方・考え方（不登校はどのようにして起きるのか　早期発見・早期対応の重要性　早期発見・早期対応の実際）　2　熊谷市での不登校半減への取り組み（取り組みに至る経緯、実際の取り組みについての概要　熊谷市での不登校対策　熊谷市での不登校予防と半減計画の終結に向けて）　3　A町での不登校減少プロジェクト―発生率ワーストワンから不登校ゼロへの軌跡（不登校減少プロジェクト開始の経緯と趣旨　不登校減少プロジェクトの取り組みについて　プロジェクトの途中結果とそれまでの経過）　4　不登校問題解決に向けて（不登校対策の町レベルの体制について―ワンユニット方式の提案　不登校対策における学校体制について）

◇問題傾向生徒への指導力―新しい荒れ・引きこもり型不登校　堀裕嗣編，研究集団ことのは著　明治図書出版　2005.3　165p　21cm　（学級経営力を高める　3）　2060円　Ⓣ4-18-525811-9　Ⓝ375.2

|内容| 1　教育困難時代の生徒指導力（「教師をやめたい」という声が多い　逃げない、諦めない、責任を転嫁しない　ほか）　2　「新しい荒れ」に立ち向かう指導力（「新しい荒れ」とは　私が出会った「新しい荒れ」　ほか）　3　引きこもり型不登校生徒を包み込む指導力（「引きこもり」とは　「引きこもり」は誰にでも起こり得る　ほか）　4　問題傾向生徒の指導事例（新しい荒れの指導事例　引きこもり型不登校の指導事例）

◇学級担任のためのカウンセリングとその実践　第1巻　不登校　松原達哉総監修　〔映像資料〕　丸善出版事業部映像メディア部　〔2007〕　ビデオディスク1枚（40分）：DVD　（Maruzen audiovisual library）　〈監修：青戸泰子　制作・著作：丸善　カラー　ステレオ　スタンダード〉　Ⓣ978-4-8395-0014-5

|内容|（1）不登校の要因と段階的アプローチ（2）学校の支援体制（3）要因別ケースの紹介

◇学校でしかできない不登校支援と未然防止―個別支援シートを用いたサポートシステムの構築　早川惠子，大熊雅士，副島賢和編，小林正幸監修　東洋館出版社　2009.1　177p　26cm　2600円　Ⓣ978-4-491-02419-6　Ⓝ371.42

[内容] 1 学校でしかできない不登校支援（教育の本質としての不登校問題　不登校はなぜ起きるのか、なぜ続くのか　ほか）　2 「個別支援シート」を使った支援の方法（「個別支援シート」による登校支援対策　「小中連携支援シート」による不登校未然防止対策　ほか）　3 類型別・不登校支援の実際（社会性高・耐性高群　社会性高・耐性低群　ほか）　4 事例別・不登校支援の実際（学校生活に起因　友人関係　ほか）　5 今後の展望と課題（特別支援教育との協働と効果的なチームによる支援とは　要保護児童対策との協働と集団守秘義務）

◇不登校にしない先生・登校を支援できる先生　小林正幸, 大熊雅士編著　明治図書出版　2009.8　151p　22cm　（がんばれ先生シリーズ　1）　1900円　①978-4-18-037710-7　Ⓝ371.42

[内容] 1章 学校でしかできない不登校支援（教育の本質の問題としての不登校問題　不登校はなぜ起きるのか　ほか）　2章 登校しぶり段階で教師がすること（早期発見・早期対応の基礎基本　早期発見で最初に行うこと　ほか）　3章 不登校の子どもにできる教師の支援（不登校の子どもへの支援の基礎基本　チームを作り関わること　ほか）　4章 不登校の未然防止（不登校未然防止の基礎基本　子どもにとっての学級とは　ほか）

◇養護学校のコーディネーターが行った教育相談　2 発達障害を持つ子どもの不登校　橋爪秀記著　藤沢　湘南社　2010.12　130p　30cm　〈発売：星雲社　正編の出版者：武田出版　文献あり〉　2400円　①978-4-434-15042-5　Ⓝ378

[内容] 発達障害を持つ子どもの学校生活での生きにくさ　ADHD（注意欠陥多動性障害）のハンディを持つ子どもの学校生活での特徴と不登校　PDD（広汎性発達障害）のハンディを持つ子どもたちの学校生活での特徴と不登校　まずは予防的支援　上手くいかない自分に、気付かされやすい毎日を変える　対処的支援　生理的欲求の「食べる・寝る・出す」を保証する　対処的支援とケース会議　どうやったら支援ができる体制を作ることができるのか　家庭訪問を始めるときに先生が備えること　対処的支援　安全の欲求　不安感をコントロールする　教室の中での安全・安心感　不安の連鎖を止めるために身体面と認知面からアプローチをする　思い込み・被害者意識を変えていくためにフローチャートを活用する〔ほか〕

◇児童・生徒指導の理論と実践　2011-8 子どもの心の健康と指導―不登校を中心に―　放送大学学園制作・著作　〔映像資料〕　放送大学教育振興会　〔2011〕　ビデオディスク 1枚（45分）：DVD　（放送大学DVD教材§MARUZEN audiovisual library）〈発売：丸善出版事業部映像メディア部〉

◆保健室・相談室

[雑誌記事]

◇報告 登校拒否（不登校）に関する臨床心理学的研究(2)スクールカウンセリングにおける事例を通して　久留一郎, 小田奈緒美, 森岡玲子［他］「鹿児島大学教育学部教育実践研究紀要」（鹿児島大学教育学部）　13　2003　p181〜191

◇報告 北海道の高校における保健室登校の実態と教育的対応　植野理恵, 芝木美沙子, 笹嶋由美「学校保健研究」（日本学校保健学会）　45(2)　2003　p156〜166

◇養護教諭が行う健康相談活動に関する研究―保健室来室状況及び保健室登校の実態調査(1)　成田行子「学校臨床心理学研究：北海道教育大学大学院研究紀要」（北海道教育大学大学院教育学研究科学校臨床心理専攻）　(1)　2003　p129〜140

◇ある「心の教室相談員」の体験報告―初回相談と不登校について　鳴岩伸生「京都大学大学院教育学研究科附属臨床教育実践研究センター紀要」（京都大学大学院教育学研究科附属臨床教育実践研究センター）　(7)　2003　p60〜69

◇保健室登校における不登校児童への養護教諭の関わり　栗谷とし子, 中谷久恵, 正木千恵［他］「島根女子短期大学紀要」（島根県立島根女子短期大学）　(41)　2003　p47〜54

◇適応指導教室と連携して保健室登校児を支援した養護教諭の活動事例　戸澤まゆみ「東海学校保健研究」（東海学校保健学会）　27(1)　2003　p23〜29

◇共同研究プロジェクト中間報告 「保健室登校」の教育的意義に関する検討　数見隆生, 宍戸洲美, 山本浩子「日本教育保健学会年報」（日本教育保健学会）　(11)　2003　p89〜96

◇課題別セッション報告 保健室登校相談援助実践の分析（第10回日本教育保健研究会（2003年3月

29・30日 一橋大学）報告」 石井信子, 山本浩子 「日本教育保健学会年報」（日本教育保健学会） (11) 2003 p137～143

◇養護教諭が行う保健室登校の実態とこれへの認識 清板芳子 「ノートルダム清心女子大学紀要．人間生活学・児童学・食品栄養学編」（ノートルダム清心女子大学） 27(1)通号48 2003 p14～26

◇宮崎県高校カウンセラーによる不登校（登校拒否）への対応と心の教育 鷲谷九洲男 「宮崎大学教育文化学部附属教育実践総合センター研究紀要」（宮崎大学教育文化学部附属教育実践総合センター） (10) 2003 p137～151

◇スクールカウンセラーの訪問相談—不登校の男子中学生3事例の検討から 岩倉拓 「心理臨床学研究」（日本心理臨床学会, 誠信書房 (発売)) 20(6) 2003.2 p568～579

◇相馬誠一のそこが知りたい 生徒指導Q&A(10) 相談学級による不登校児童生徒の自立支援 川端久詩, 相馬誠一 「月刊生徒指導」（学事出版） 33(4) 2003.3 p86～88

◇保健室登校生への支援とその教育的意義に関する調査研究 数見隆生 「日本教育保健研究会年報」（日本教育保健研究会） (10) 2003.3 p37～45

◇事例から学ぶ 不登校への援助の実際(6)不登校の初期段階と別室登校 小林正幸 「児童心理」（金子書房） 57(8)通号787 2003.6 p852～858

◇大学相談室におけるグループ・アプローチー「臨床心理・教育相談室」フレンドルーム活動をもとに 田母神賢一, 金成美恵, 神尾直子［他］「福島大学教育実践研究紀要」（福島大学総合教育研究センター）(44)通号87 2003.6 p1～8

◇保健室登校の実態把握ならびに養護教諭の悩みと意識—スクールカウンセラーとの協働に注目して 伊ców美奈子 「教育心理学研究」（日本教育心理学会） 51(3) 2003.9 p251～260

◇心因性頻尿から不登校に至った中学生のスクールカウンセリング 田中慶江 「心理臨床学研究」（日本心理臨床学会, 誠信書房 (発売)) 21(4) 2003.10 p329～340

◇菅野純の相談室—先生、一緒に考えましょう！(9) 不登校児へのかかわりに役立つ情報の把握の仕方 今月のキーセンテンス 情報収集を後に回しても、目の前にいる親の心を支えることが必要なときがあります 菅野純 「月刊学校教育相談」（ほんの森出版） 17(14) 2003.12 p52～56

◇香川大学教育学部附属教育実践総合センター教育相談室の平成14年度の活動 宮前義和 「香川大学教育実践総合研究」（香川大学教育学部） (8) 2004 p157～160

◇保健室登校等の児童生徒に関する学生の意識 有村信子 「鹿児島純心女子短期大学研究紀要」（鹿児島純心女子短期大学） (34) 2004 p11～21

◇養護教諭が行う健康相談活動に関する研究(2) 養護教諭の語りから捉えた保健室登校 成田行子 「学校臨床心理学研究：北海道教育大学大学院研究紀要」（北海道教育大学大学院教育学研究科学校臨床心理専攻） (2) 2004 p69～82

◇学生の学習支援システムの構築—子どもの心を支援できる養護教諭をめざして 大川尚子, 野谷昌子, 鍵岡正俊［他］「関西女子短期大学紀要」（関西女子短期大学） (14) 2004 p39～52

◇スクールカウンセリングの課題—不登校事例に関する学級担任との連携を中心に 岩崎貴雄 「島根大学教育学部心理臨床・教育相談室紀要」（島根大学教育学部心理臨床・教育相談室） 2 2004 p63～74

◇母親の態度変容を期待して来室した不登校高校生への時間制限カウンセリング 古谷雄作, 上地安昭 「生徒指導研究」（兵庫教育大学生徒指導研究会） (16) 2004年度 p30～37

◇別室登校の中学生グループにおけるチャム関係—スクールカウンセリングの事例 吉井健治 「鳴門教育大学研究紀要」（鳴門教育大学） 19 2004 p67～75

◇本校［青森県弘前市立致遠小学校］独自の支援システムの中で保健室登校に取り組む（特集2 相談室登校のアイデアと工夫） 小玉有子 「月刊学校教育相談」（ほんの森出版） 18(3) 2004.2 p34～37

◇中学校における別室登校生徒への援助―公立中学校での取り組みから　張替裕子　「目白大学人間社会学部紀要」(目白大学人間社会学部)　(4)　2004.2　p91～100

◇中学校において養護教諭が行う健康相談活動に関する実践的検討―身体症状を訴える情緒不安定な女子生徒の事例をとおして　酒向説子,坂本裕　「九州ルーテル学院大学発達心理臨床センター紀要」(九州ルーテル学院大学発達心理臨床センター)　(3)　2004.3　p41～49

◇保健室登校をめぐる学校協働化の必要性―「10年経験者研修」参加者の意識調査から　小谷正登　「教職教育研究：教職教育研究センター紀要」(関西学院大学教職教育研究センター)　(9)　2004.3　p39～52

◇小学校における養護教諭の連携―保健室登校児童との関わりから(特集　連携すること、コーディネートすること)　矢野和佳乃　「日本養護教諭教育学会誌」(日本養護教諭教育学会)　7(1)　2004.3　p6～11

◇スクールカウンセリングを通して生活環境を整える―不登校生徒の「居場所」さがし(特集：心理的援助と生活を支えること)　德田仁子　「臨床心理学」(金剛出版)　4(2)通号20　2004.3　p213～217

◇親と教師のカウンセリングルーム　分離不安から不登校傾向を示した子　伊藤洋子　「児童心理」(金子書房)　58(7)通号805　2004.5　p703～707

◇現職教員研修講座に関する調査研究―養護教諭研修講座・特別なニーズ対応研修講座の受講者を対象にして　中野明德,中田洋二郎,生島浩［他］「福島大学教育実践研究紀要」(福島大学総合教育研究センター)　(46)通号89　2004.6　p1～8

◇2003年度「(福島大学教育学部附属)臨床心理・教育相談室」フレンドルーム活動報告　矢剱陽子,岩崎陽子,小原多須奈［他］「福島大学教育実践研究紀要」(福島大学総合教育研究センター)　(46)通号89　2004.6　p25～32

◇平成15(2003)年度福島大学教育学部附属臨床心理・教育相談室活動報告　中野明德,青木真理,中田洋二郎［他］「福島大学教育実践研究紀要」(福島大学総合教育研究センター)　(46)通号89　2004.6　p189～196

◇不登校とスクールカウンセリング(子どもの理解―こころと行動へのトータルアプローチ―子どもが陥りやすい「こころ」と「行動」)　西村喜文　「小児看護」(へるす出版)　27(9)通号339(臨増)　2004.8　p1180～1187

◇スクールカウンセラーから見た不登校―多様化する実態、多様化する対応(今月の特集　多様化する不登校問題)　伊藤美奈子　「月刊生徒指導」(学事出版)　34(13)　2004.11　p20～24

◇テーブルセッション1　保健室登校で生徒が育つということ―その教育的意義を探る〔含　質疑・討論〕(第52回日本学校保健学会・報告集)　千葉久美子,岩辺京子　「学校保健研究」(日本学校保健学会)　47(Suppl.)　2005　p69～74

◇保健室登校開始前後における養護教諭の対応　砂村京子,大橋好枝,木幡美奈子［他］「学校保健研究」(日本学校保健学会)　47(1)　2005　p40～49

◇保健室登校生徒の社会化の過程―養護教諭の教育的機能に着目して　山中寿江,大谷尚方,大橋好枝［他］「学校保健研究」(日本学校保健学会)　47(2)　2005　p116～128

◇保健室登校の連携に関する研究―養護教諭の連携の相手と役割分担を中心に　出原嘉代子,山中寿江,石井まゆみ［他］「学校保健研究」(日本学校保健学会)　47(3)　2005　p232～245

◇不登校児童・生徒を対象にした電子掲示板を用いたグループカウンセリング実践におけるカウンセラーの働きかけの分析　加藤尚吾,赤堀侃司　「教育情報研究」(日本教育情報学会運営本部事務局)　21(2)　2005　p39～49

◇激怒する父親に隠して欠席・保健室登校するAくん(特集1　親の不安定さに振り回される子へのかかわり)　吉本恭子　「月刊学校教育相談」(ほんの森出版)　19(1)　2005.1　p12～15

◇事例発表　保健室登校のM子の成長と母親へのかかわり(心を育む教育相談―気づき・つながり・支え合う―全国学校教育相談研究会第39回研究大会より)　増井正子　「月刊学校教育相談」(ほんの森出版)　19(2)(増刊)　2005.1　p148～153

◇事例発表　保健室登校のM子の成長と母親へのかかわり(心を育む教育相談―気づき・つながり・支え合う　全国学校教育相談研究会第39回研究

大会より）　増井正子　「月刊生徒指導」（学事出版）　35(2)(増刊)　2005.1　p148〜153

◇SCによる不登校の臨床—居場所とネットワーキング(特集 不登校)　小川幸男　「臨床心理学」（金剛出版）　5(1)通号25　2005.1　p22〜26

◇不登校生徒への訪問面接(特集 不登校)　長坂正文　「臨床心理学」（金剛出版）　5(1)通号25　2005.1　p34〜38

◇実践事例から考察する健康相談活動の特徴—保健室登校生徒へのかかわりから　荻津真理子　「学校健康相談研究」（日本学校健康相談学会）　1(1)　2005.3　p38〜44

◇保健室登校生の保健室での生活の様子と養護教諭の対応　志賀恵子，永井利枝，森田光子 [他]　「学校健康相談研究」（日本学校健康相談学会）　1(1)　2005.3　p50〜57

◇不登校カウンセリングへの期待と誤解(特別企画 スクールカウンセラーの理想と現実)　西村香　「児童心理」（金子書房）　59(4)通号820　2005.3　p391〜395

◇不登校傾向の児童に対するスクールカウンセラーの役割—ある女子児童事例へのチームアプローチを通して　石原克秀　「総合保健科学」（広島大学保健管理センター）　21　2005.3　p43〜49

◇中学校「通級指導学級（相談学級）」と不登校生徒の教育支援ニーズ—ある都内中学校相談学級の10年間の卒業生・保護者の事例から　菊地雅彦，高橋智　「障害者問題研究」（全国障害者問題研究会）　33(1)通号121　2005.5　p62〜70

◇スクールカウンセラーによる行動コンサルテーションが教師の援助行動および児童の行動に与える影響について—周囲とのコミュニケーションが少ない不登校児童のケースから　小林朋子　「教育心理学研究」（日本教育心理学会）　53(2)　2005.6　p263〜272

◇思春期の学校保健(特集 思春期のこころと体—思春期保健)　松浦賢長　「小児科診療」（診断と治療社）　68(6)通号803　2005.6　p1107〜1113

◇2004年度臨床心理・教育相談室「フレンドルーム」活動報告　作田美穂，東敏之，遠藤佳子 [他]　「福島大学教育実践研究紀要」（福島大学総合教育研究センター）　(48)通号91　2005.6　p65〜72

◇平成16(2004)年度福島大学教育学部附属臨床心理・教育相談室活動報告　中野明徳，青木真理，生島浩 [他]　「福島大学教育実践研究紀要」（福島大学総合教育研究センター）　(48)通号91　2005.6　p161〜168

◇中学校における不登校の女子とのかかわり—スクールカウンセラーの橋渡し機能に注目して　福丸由佳　「心理臨床学研究」（日本心理臨床学会，誠信書房（発売））　23(3)　2005.8　p327〜337

◇母子保健室登校における児童の変容要因について—母子関係に着目して　砂村京子　「学校健康相談研究」（日本学校健康相談学会）　2(1)　2005.10　p27〜31

◇本当は教室に行きたい生徒たち—ソーシャルサポートとしての別室登校支援(特集 不登校問題をどう考えるか)　米田奈緒子　「月刊生徒指導」（学事出版）　35(13)　2005.11　p22〜31

◇小学生の保健室登校における母子関係の変容について—母子保健室登校の事例から(特集 学校健康相談活動の歩みと現状—かわりゆく養護教諭の専門性)　砂村京子　「保健の科学」（杏林書院）　47(11)　2005.11　p808〜812

◇保健室登校の教育的意義—保健室登校を経験した人への面接調査の分析　有村信子　「鹿児島純心女子短期大学研究紀要」（鹿児島純心女子短期大学）　(36)　2006　p19〜34

◇建設的会話支援システムを用いた保健室登校児と一般生徒のコミュニケーション支援の可能性—理科実験ビデオを話題として　山際耕英，鈴木真理子，今井靖 [他]　「滋賀大学教育学部紀要. 1, 教育科学」（滋賀大学教育学部）　(56)　2006　p39〜48

◇地域と教育—不登校とスクールカウンセリング（「21世紀・地球講座」から—春学期 人口減少社会における地域社会の再構築）　川中淳子　「リポート21」（島根県立大学）　[2006年度][2006]　p67〜71

◇教師カウンセラーによる不登校へのコンサルテーションとカウンセリングの実践事例　大前泰彦　「カウンセリング研究」（日本カウンセリング学会）　39(1)　2006.2　p59〜67

◇卒業生からみた中学校「通級指導学級（相談学級）」と不登校生徒支援のあり方―卒業生とその保護者への質問紙調査から　菊地雅彦, 高橋智　「学校教育学研究論集」（東京学芸大学大学院連合学校教育学研究科）　（13）　2006.3　p65～77

◇不登校児童生徒の学級復帰支援の在り方―別室登校児童生徒の実態と課題を通して　永瀬枯緑, 出原誠, 古賀清隆［他］　「教育実践研究」（福岡教育大学教育学部附属教育実践総合センター）　（14）　2006.3　p193～200

◇学校カウンセリングにおける教員を中心としたチーム支援のあり方―不登校状態にある摂食障害生徒の事例を通じて　栗原慎二　「教育心理学研究」（日本教育心理学会）　54(2)　2006.6　p243～253

◇不登校生徒に対するカウンセラーとしての関わり―地域相談機関で出来る援助と学校内で出来る援助　中山文子　「地域総合研究」（松本大学）　(6)　2006.6　p147～158

◇不登校―かかわりに詰まったとき、どう対応したか　相談室での三か月の休養が教室復帰につながる　北原浩美　「月刊学校教育相談」（ほんの森出版）　20(10)　2006.8　p96～99

◇保健室登校の実態と養護教諭の多忙感に関する一考察　松本恵　「福岡大学大学院論集」（福岡大学大学院論集刊行委員会）　38(1)　2006.8.20　p71～77

◇不登校の子の理解と援助(9)再登校・別室登校のときの関わり　伊藤美奈子　「児童心理」（金子書房）　60(17)通号851　2006.12　p1705～1711

◇養護教諭の保健室登校援助実践の構造　山本浩子　「学校保健研究」（日本学校保健学会）　48(6)　2007　p497～507

◇不登校ゼロへの挑戦―スクールカウンセラー5年目の経験　曽我昌祺　「関西福祉科学大学紀要」（関西福祉科学大学）　(11)　2007　p223～240

◇心の教室相談員による不登校支援の一事例―適応指導および教師との協働を通して　坂田真穂　「和歌山大学教育学部教育実践総合センター紀要」（和歌山大学教育学部附属教育実践総合センター）　(17)　2007　p1～7

◇スクールカウンセリングにおけるコラボレーション　片平眞理　「研究紀要」（志學館大学人間関係学部）　28(1)　2007.1　p27～38

◇養護教諭の今日的課題　心の問題をもつ児童や生徒に対する養護教諭の実践の特徴―保健室登校児童生徒を中心に　日下純子, 廣部すみえ　「保健の科学」（杏林書院）　49(1)　2007.1　p41～45

◇保健室登校の生徒の変容の過程とタイプによる支援の試み　谷本明美　「学校健康相談研究」（日本学校健康相談学会）　3(2)　2007.3　p12～25

◇不登校―かかわりに詰まったとき、どう対応したか　学校相談室で催す小さなイベントに誘いました　岩月美智子　「月刊学校教育相談」（ほんの森出版）　21(4)　2007.3　p98～101

◇不登校支援としてのスクールカウンセリング―日本とフィンランドの活動の比較研究に向けて　川中淳子　「総合政策論叢」（島根県立大学総合政策学会）　(13)　2007.3　p175～182

◇保健室からの心のサポート(3)不登校児の保護者へのサポート　竹内由子　「心とからだの健康：子どもの生きる力を育む」（健学社）　11(6)通号112　2007.6　p72～74

◇保健室からの心のサポート(4)不登校・保健室登校の中学生へのサポート　田中保子　「心とからだの健康：子どもの生きる力を育む」（健学社）　11(7)通号113　2007.7　p72～75

◇保健室からの心のサポート(5)不登校・保健室登校の中学生へのサポート(2)　田中保子　「心とからだの健康：子どもの生きる力を育む」（健学社）　11(8)通号114　2007.8　p72～75

◇保健室登校児への教室登校支援（実践研究）　金山佐喜子, 小野昌彦　「行動療法研究」（日本行動療法学会）　33(2)通号64　2007.9　p157～169

◇保健室からの心のサポート(6)不登校・保健室登校にならないためのサポート　田中保子　「心とからだの健康：子どもの生きる力を育む」（健学社）　11(9)通号115　2007.9　p72～75

◇やってみよう！ロールレタリング（第7回）保健室登校生徒へのロールレタリング　岡本泰弘

◇「月刊学校教育相談」(ほんの森出版) 21(12) 2007.10 p82～87

◇高等学校不登校・保健室登校・中途退学の経過研究―社会的ひきこもりを視野に入れた養護教諭による調査より 北村陽英, 加藤綾子 「奈良教育大学紀要. 自然科学」(奈良教育大学) 56(2) 2007.10 p21～28

◇理由がはっきりしていなくて学校を休んでいる(ときどき)(特大号 こんなときどうする「学校保健」―すべきこと, してはいけないこと―行動) 平岩幹男 「小児科診療」(診断と治療社) 70(11) 通号834 2007.11 p1865～1868

◇1ヵ月以上学校を休んでいる(特大号 こんなときどうする「学校保健」―すべきこと, してはいけないこと―行動) 平岩幹男 「小児科診療」(診断と治療社) 70(11) 通号834 2007.11 p1869～1872

◇自己プランニング・プログラムによる相談学級での不登校生徒への援助とその効果(ケース報告特集号) 青戸泰子, 田上不二夫 「カウンセリング研究」(日本カウンセリング学会) 40(4) 2007.12 p344～354

◇スクールカウンセリングの創造(7)不登校支援の新しい局面 佐藤静 「宮城教育大学紀要」(宮城教育大学) 43 2008 p215～222

◇スクールカウンセリングにおける家庭訪問を活用した不登校支援―「支援を求めない保護者」への支援という観点から 張替裕子 「目白大学心理学研究」(目白大学) (4) 2008 p125～135

◇スクールカウンセリングを通した保健室登校生徒への支援過程―学習動機の2要因モデルに注目して 菊池知美 「東横学園女子短期大学紀要」(東横学園女子短期大学) 通号42 2008.2 p123～136

◇スクールカウンセラーによる不登校生徒に対する支援―「居場所環境」という視点からの考察 杉本希映, 庄司一子 「筑波教育学研究」(筑波大学教育学会) (6) 2008.3 p51～68

◇スクールカウンセラーによる訪問面接の効果についての検討 玉木健弘 「福山大学人間文化学部紀要」(福山大学人間文化学部) 8 2008.3 p107～115

◇養護教諭とスクールカウンセラーの協働による不登校対応(特集 減らない不登校) 伊藤美奈子 「教育と医学」(慶應義塾大学出版会) 56(4) 通号658 2008.4 p346～352

◇不登校への対応(特集 スクールカウンセラー―小・中学校での役割と実践―事例から学ぶスクールカウンセラーの役割と実践) 加藤陽子 「児童心理」(金子書房) 62(6) 通号876 (臨増) 2008.4 p128～132

◇保健室登校の児童・生徒が増加―中学校は千人当たり6.6人に 2006年度保健室利用状況調査(上) 「内外教育」(時事通信社) (5834) 2008.6.24 p2～3

◇今月の保健室経営 終業式での短い保健指導と保健室登校児への支援 権藤絹代 「心とからだの健康：子どもの生きる力を育む」(健学社) 12(7) 通号125 2008.7 p74～76

◇子どもが求めている保健室の機能と養護教員の役割(特集 養護教諭の専門性と健康相談) 内田良子 「学校健康相談研究」(日本学校健康相談学会) 5(1) 2008.10 p8～13

◇熊谷市の学校教育相談―小・中学校の不登校を4割減に(特集 スクールカウンセラーの明日) 水庭桂子 「月刊生徒指導」(学事出版) 38(12) 2008.10 p26～30

◇保健室の先生 聴いて！思春期のからだと心(7) いい子の息苦しさを保健室登校で支える 熊谷妙子 「子どものしあわせ」(草土文化) 通号692 2008.10 p52～59

◇「雨の中の私」画を用いた保健室登校女児とのかかわり(ケース報告特集号) 仲嶺裕子, 島田さつき 「カウンセリング研究」(日本カウンセリング学会) 41(4) 2008.12 p315～322

◇緊張の高い不登校男児に対する「居場所」づくりの援助―スクールカウンセラーとしてのかかわりを通して(ケース報告特集号) 齊藤真沙美 「カウンセリング研究」(日本カウンセリング学会) 41(4) 2008.12 p323～332

◇スクールカウンセラーによる家庭訪問から教室復帰後までの支援過程―関係性の変容過程と不登校支援ネットワークの変遷 稲永努 「山口大学心理臨床研究」(山口大学教育学部附属教育実践総合センター心理教育相談室) 9 2009 p31～43

◇保健室からの心のサポート(23)保健室登校の母子支援の分析 山本浩子 「心とからだの健康：子どもの生きる力を育む」(健学社) 13(2)通号132 2009.2 p68〜71

◇小学生の母子保健室登校における母子の関係性に着目した養護教諭の母親援助 藤井茂子 「学校健康相談研究」(日本学校健康相談学会) 5(2) 2009.3 p24〜33

◇思春期精神疾患の回復過程における保健室登校の意義について—拒食症の治療経験から 花澤寿 「千葉大学教育学部研究紀要」(千葉大学教育学部) 57 2009.3 p53〜56

◇保健室登校を経験した高校生の教室復帰に至るまでの気持ちの変化 阿部康子, 井上仁美, 伊賀上睦見 「日本養護教諭教育学会誌」(日本養護教諭教育学会) 12(1) 2009.3 p65〜75

◇保健室登校児童生徒にみられる自発的な活動(遊び)に関する遊戯療法的視点からの考察—養護教諭への質問紙調査をとおして 中畑朋美, 葛西真記子 「カウンセリング研究」(日本カウンセリング学会) 42(2) 2009.6 p125〜133

◇学校における「遊戯の場」の特徴とその意味—スクールカウンセリングにおける不登校生徒の事例による検討 小笠原洋 「心理臨床学研究」(日本心理臨床学会, 誠信書房(発売)) 27(2) 2009.6 p208〜219

◇健康相談活動をどう進めるか(5)保健室登校から巣立っていったA子の支援を通して—連携の重要さを学んだ事例 公立中学校養護教諭 「心とからだの健康：子どもの生きる力を育む」(健学社) 13(8)通号138 2009.8 p62〜66

◇不登校を通してアイデンティティ発達に取り組んだスクールカウンセリングの事例—"エコシステミック・モデル"を用いたアセスメントと介入 後藤かおる 「心理臨床学研究」(日本心理臨床学会, 誠信書房(発売)) 27(3) 2009.8 p289〜300

◇不登校と保健室養護教諭の関わり 安福純子, 中角正子, 田中みのり[他] 「大阪教育大学紀要. 第4部門, 教育科学」(大阪教育大学) 58(1) 2009.9 p261〜278

◇不登校・教室外登校の児童生徒に対する養護教諭による支援の方法 西丸月美, 柴山謙二 「熊本大学教育学部紀要. 人文科学」(熊本大学教育学部) (59) 2010 p35〜46

◇スクールカウンセラーとしてのA中学校における教職員間の情報共有と連携への支援 丸山仁美 「長崎純心大学心理教育相談センター紀要」(長崎純心大学心理教育相談センター) 9 2010 p85〜97

◇保健室から現代の学校・社会を問い直す—保健室登校生徒にかかわり見えてきたもの 石若俊子 「教育実践研究：富山大学人間発達科学研究実践総合センター紀要」(富山大学人間発達科学部附属人間発達科学研究実践総合センター) (4) 2010.1 p79〜90

◇不登校生徒への支援活動—スクールカウンセラーの関係をつなぐ役割 早川すみ江 「日本福祉大学子ども発達学論集」(日本福祉大学子ども発達学部) (2) 2010.1 p13〜21

◇保健室におけるアートセラピー的手法の導入に関する開発的研究(第2報)保健室登校支援のためのアートブック導入の意義と内容の検討 市来百合子, 生田周二, 上田光枝 「教育実践総合センター研究紀要」(奈良教育大学教育学部附属教育実践総合センター) (19) 2010.3 p19〜26

◇これからの特別支援教育の推進 保健室登校児に対する養護教諭の支援の実際 森崎ちえみ, 柘植雅義 「心とからだの健康：子どもの生きる力を育む」(健学社) 14(3)通号145 2010.3 p64〜67

◇不登校中学生に対するカウンセリングとボランティア学生による学習支援([日本工業大学]情報工学科特集号 高度情報社会を担う情報技術のスペシャリストを育成) 瀧ケ崎隆司 「日本工業大学研究報告」(日本工業大学) 39(4)通号127 2010.3 p820〜826

◇小学生の母子保健室登校による母親の心理的変容モデルの構築—修正版グラウンデッド・セオリー・アプローチによる仮説モデルの生成 藤井茂子, 濱口佳和 「カウンセリング研究」(日本カウンセリング学会) 43(2) 2010.6 p103〜113

◇不登校に関する面接技法(クライエントの問題を解決する面接技法—最新のカウンセリング現場の新たな展開) 小林正幸 「現代のエスプリ」(ぎょうせい) (515) 2010.6 p143〜151

◇中学校における教育相談のありかたについて—校内の一組織として新たな可能性を探るた

◇めに　渡部望美, 青木真理　「福島大学総合教育研究センター紀要」(福島大学総合教育研究センター)　(9)　2010.7　p33～39

◇小学校における保健室登校の連携を成立させる要因と構造　長谷川久江, 竹鼻ゆかり, 山城綾子　「日本健康相談活動学会誌」(日本健康相談活動学会)　6(1)　2011　p55～70

◇保健室登校の子どもの支援に関する考察　高賢一　「金沢星稜大学人間科学研究」(金沢星稜大学人間科学会)　4(2)通号7　2011.3　p27～30

◇不登校・スクールカウンセリングと面接技法―学校現場で求められる面接技法 (特集 臨床技法としての面接)　伊藤美奈子　「臨床心理学」(金剛出版)　11(2)通号62　2011.3　p205～209

◇気がつけばカウンセリング(7)母子一体感を味わい安心感を得ることで不登校を克服　安武雅代, 中島義真　「月刊生徒指導」(学事出版)　41(5)　2011.4　p60～63

◇不登校対応のための連携ネットワークシステムの開発―スマートフォンを活用した「eカウンセリング」の提案と検討 (ICTを使ったインフォーマルラーニング支援/一般)　加藤尚吾, 荒巻恵子, 西村昭治 [他]　「日本教育工学会研究報告集」(日本教育工学会)　11(2)　2011.5.14　p153～160

◇学校内適応指導教室設置についての実践研究：不登校支援協力員からのヒアリング調査結果より　日高なぎさ　「大阪産業大学人間環境論集」(大阪産業大学学会)　11　2012　p19～35

◇スクールカウンセラーによる行動論的再登校支援：集中的エクスポージャーによる教室復帰　前田直樹, 園田順一, 高山巌　「九州保健福祉大学研究紀要」(九州保健福祉大学)　(13)　2012.3　p19～24

◇学校保健のデータ解説 不登校への対応　中下富子　「心とからだの健康：子どもの生きる力を育む」(健学社)　16(5)通号171　2012.5　p24～27

◇保健室登校・相談室登校が長期化しています (特集 小学五年生・六年生のこころと世界―悩み多い時期の教育相談)　小林由美子　「児童心理」(金子書房)　66(9)通号951 ((臨増))　2012.6　p121～124

◇不登校支援にSSTを生かして (スクールカウンセリング研究(1))　皿田洋子　「福岡大学研究部論集. B, 社会科学編」(福岡大学研究推進部)　5　2012.7　p7～13

◇発達段階に応じた不登校の子どもへの支援：子どもの発達における内的・外的環境の力動的関係の視点から (スクールカウンセリング研究(1))　松永邦裕　「福岡大学研究部論集. B, 社会科学編」(福岡大学研究推進部)　5　2012.7　p23～27

◇中学校における別室登校の実態調査：運営と生徒支援のあり方の検討　隈元みちる, 冨本祐加, 松本剛　「兵庫教育大学研究紀要」(兵庫教育大学)　41　2012.9　p155～160

【図書】

◇博士の奇妙な思春期　斎藤環著　日本評論社　2003.2　251p　20cm　1800円　①4-535-56197-4　Ⓝ371.47

内容　二極分化する思春期　「おたく」のセクシュアリティについて　マインド・コントロールと解離　子どもたちの代理戦争　境界例のためのレッスン　孤立を恐れるな―しかし独善を恐れよ　リストカットと去勢　ゲームおたくとアウラ消費　心理学への欲望、あるいは対抗の倫理　セックスと死と金銭のタブー　思春期と強迫システム　割れた鏡の思春期

◇保健室登校で育つ子どもたち―その発達支援のあり方を探る　数見隆生, 藤田和也編　農山漁村文化協会　2005.3　275p　19cm　1524円　①4-540-04247-5　Ⓝ371.42

内容　第1章 日本の学校における保健室と保健室登校 (保健室に登校する子どもたち　保健室登校の現在 ほか)　第2章 ケース・スタディ―保健室登校を支援するには (子どもを受容し、見守りながら親も支援するケース　子どもをしっかりとつかみ、発達課題を支援するケース ほか)　第3章 座談会・保健室登校とは何だろう―その子にとって、養護教諭にとって (保健室登校体験はその子に何を育てたのか―保健室登校体験者の語りから　保健室登校支援では何が大事か―養護教諭の語りから)　第4章 保健室登校支援の考え方と進め方 (保健室登校支援の教育的意義　保健室登校支援のあり方)

◇私の居場所はどこ?―保健室で受けとめた子どものサイン　小学生編　五十嵐由紀著　農山漁村文化協会　2006.7　195p　19cm　(健康双

書―全養サシリーズ）〈下位シリーズの責任表示：全国養護教諭サークル協議会/企画〉1190円　①4-540-06237-9　Ⓝ371.42

[内容] 第1章 小さいころの育ちが友だち関係のこじれに　第2章 身勝手な親の生き方が子どもを苦しめる　第3章 まわりの人の支えが立ち直りのきっかけに　第4章 もしかしたらLD（学習障害）、ADHD（注意欠陥/多動性障害）かも　第5章 小学校の保健室から―子どもを苦しめているのは大人だという認識を　解説 今日の子どもと向き合う姿勢をどう学ぶか

◇私の居場所はどこ？―保健室で受けとめた子どものサイン　中学生編　山咲さくら,澤地妙著　農山漁村文化協会　2006.7　235p　19cm　(健康双書―全養サシリーズ）〈下位シリーズの責任表示：全国養護教諭サークル協議会/企画〉1286円　①4-540-06238-7　Ⓝ371.42

[内容] 第1章 子どもにあらわれる「家庭」のSOS（よい子であることに疲れてリストカットを繰り返す麻美（三年・女子）　家に入れず、一晩中自転車を走らせていた真理子（二年・女子）ほか）　第2章 本音を出せれば子どもは変わる（やっとの思いで父親のことを吐き出した由紀（三年・女子）　みんな犠牲者だった…小学校の担任からの暴力そして性虐待 ほか）　第3章 大人にはできない「友だちの支え」をつくる―思春期の自立を支援（ありのままを受けとめてもらえる友だちに支えられ、登校できた亜衣（二年・女子）　保健室登校の中で人間関係を学んだ隆（三年・男子））　第4章 生徒も保護者も先生ももっと活かして！中学校の保健室（こんな養護教諭になりたいな　中学生のからだと心をほぐすには ほか）　解説 「ニセ自己」を装う子どもを解きほぐす―「応答の絆」の回復に向けた実践的指針

◇自立クライシス―保健室からの思春期レポート　金子由美子著　岩波書店　2007.3　242p　19cm　1700円　①978-4-00-023436-8　Ⓝ371.42

[内容] 第1章 保健室の情景（思春期の蹉跌　思春期モラトリアム）　第2章 自立の大地が揺らぐ（食卓のない家庭　悩める学校 ほか）　第3章 脅かされる性と生（おとなと子どもの境界線はどこに？　性教育のネグレクト）　第4章 子どもたちとの創造（子どもの力　子どもたちから学ぶ ほか）　第5章 すべての子を主人公に（子どもと創る保健室　素敵なロールモデルに）

◇養護ってなんだろう―「保健室の先生」といわれる私たちの仕事とその意味　大谷尚子監修　熱海 ジャパンマシニスト社　2007.7　166p　21cm　(Oha special)　1500円　①978-4-88049-178-3　Ⓝ374.9

[内容] 1 保健室の矛盾（「保健」の授業　学校保健委員会 ほか）　2 「子どものために」を疑って（清潔検査　子どもへの質問 ほか）　3 さまざまな保健室の日常（小学校――〇年ぶりの異勤　定時制高校―携帯電話と"メル友" ほか）　4 もうひとつの養護学講座（マンガに描かれる「保健室の先生」　「養護教諭」と「養護教員」と「保健室の先生」 ほか）

◇保健室に登校する子どもたち　川島令子著　新生出版　2008.4　199p　19cm　1000円　①978-4-86128-218-8　Ⓝ371.42

[内容] 第1章 親子だって傷付け合うが、いやし合える　第2章 反抗してこそ親子の絆が築けるのです　第3章 自分の言葉で感情を表現できればこころが健康になれるのです　第4章 個性豊かに育てるには忍耐が必要になるのです　第5章 こころを開いて向き合えばカルチャーの違いを乗り切れるのです　第6章 思いを吐き出す訓練で自分のこころが蘇ります　第7章 成熟した大人が子どもに愛を与えられるのです　第8章 亀裂の入った家庭でもこころから向き合えばつながります　第9章 自分の出生をしっかり知れば生き生きできます　第10章 自尊感情を持って強く生きるには時間が必要です　第11章 離婚は子どものこころが二つに裂けてしまう経験です

◇養護のおしごと―子どもの心と体に豊かさを　小泉光子著　ルック　2008.8　127p　26cm　1800円　①978-4-86121-077-8　Ⓝ374.9

[内容] 自分の生活をみつめよう　保健室の中の子どもたち　健康づくり活動をしよう　思春期の子どもたちへ　こわい薬物乱用　養護教諭と学校保健活動

◇危機の思春期再生の思春期―寄りそう保健室の記録　子どもの危機と養護教諭の仕事を考える会編　草土文化　2009.7　159p　21cm　1000円　①978-4-7945-1015-0　Ⓝ374.9

[内容] いい子ではいられない（いい子の息苦しさを保健室登校で支える　思春期の揺れに寄りそって）　もっと愛して（ありのままを受け入れながら―リストカットをする子ども　「人格障害」を乗り越える（大学の保健室から）

お母さんもさびしかった）　豊かな性を（自分のからだを知る）（臭いの記憶　私の病気は、糖尿病です）　子どもの力ってすごい！（はじめて実感した『人と結う』こと　クラスを立て直した中学生たち）　共同の学校づくり（子どもの声がつなぐ保健室だより―子と親と学校と初めての人がお父さんだったらどうする？）　長びく思春期の困難―座談会・保健室の先生聴いて　養護教諭と保健室に求められているもの

◇スクールカウンセリング　2010-4　中学校のスクールカウンセリング1　不登校　放送大学学園制作・著作　〔映像資料〕　放送大学教育振興会：丸善出版事業部映像メディアグループ（発売）　〔2010〕　ビデオディスク1枚 (45分)：DVD（放送大学DVD教材§MARUZEN audiovisual library）

◆地域・諸機関

【雑誌記事】

◇適応指導教室における不登校児童生徒への集団的アプローチ―A適応指導教室の実践を通して　後藤真由美, 元永拓郎　「学校メンタルヘルス」（日本学校メンタルヘルス学会）　6　2003　p67〜73

◇サポート校生徒における信頼感の変化とソーシャルサポートとの関連　梅田さおり, 田中奈緒子　「昭和女子大学生活心理研究所紀要」（昭和女子大学生活心理研究所）　6　2003　p53〜60

◇個別教育計画（IEP）を用いた不登校小中学生への心理教育的援助サービスに関する研究―ある適応指導教室における実践を通して　正木佐代子, 辻河昌登, 松井由嘉里［他］　「発達心理臨床研究」（兵庫教育大学学校教育学部附属発達心理臨床研究センター）　9　2003　p95〜105

◇ひきこもり・不登校児等の支援（やすづか自由学園）（新・福祉システム⑺ ソーシャルインクルージョンの具現化―平成14年度社会福祉トップセミナー報告―実践発表　社会福祉の新しい課題と取り組み）　矢野学　「月刊福祉」（全国社会福祉協議会）　86(3)（増刊）　2003.2　p75〜78

◇事例紹介3　「ネットワークケア」で不登校の子どもを支える―NPO法人　発達共助連の取り組み（特集　「いじめ・不登校」と向き合う―予防・早期発見の徹底と発生時の対応）　奥村俊子

「学校経営」（第一法規）　48(3)　2003.3　p56〜65

◇不登校児童・生徒対象のジュニアマイスター・スクール―東京都八王子市（特集2〈教育特区〉であなたの学校は変わる!?―注目の〈教育特区〉―そのカリキュラム構想と制度運用）　関原美和子　「総合教育技術」（小学館）　57(16)　2003.3　p71〜73

◇不登校の生徒の「通過点」としての適応指導クラスのあり方（その3）地域でこどもをサポートするために　奥山ふみ子　「日本私学教育研究所紀要」（日本私学教育研究所）　38(1)　2003.3　p219〜238

◇適応指導教室の現状と今後の展望（特集　不登校問題の新展開）　花井正樹　「月刊生徒指導」（学事出版）　33(8)　2003.7　p24〜28

◇鎌倉「TERAKOYA'03」構想(1)不登校・引きこもりを防ごう　正木晃　「大法輪」（大法輪閣）　70(7)　2003.7　p62〜68

◇不登校女子中学生に対する適応指導教室でのかかわり―アサーションモデルを提示して　小林由美子　「心理臨床学研究」（日本心理臨床学会, 誠信書房（発売））　21(3)　2003.8　p235〜245

◇登校拒否児（者）の親の相互援助グループに関する文献展望　川中淳子　「総合政策論叢」（島根県立大学総合政策学会）　(6)　2003.8　p1〜14

◇NPOと不登校生の居場所づくり―「手だて見いだしたい」と千葉県教委　「内外教育」（時事通信社）　(5411)　2003.8.22　p14

◇鎌倉「TERAKOYA'03」構想(2)不登校・引きこもりを防ごう　正木晃　「大法輪」（大法輪閣）　70(9)　2003.9　p119〜127

◇各地のレポート　「不登校」をきっかけに、子どもの成長支えあうネットワークへ（北海道）（特集　NPOと市民活動）　門前真理子　「議会と自治体」（日本共産党中央委員会, 日本共産党中央委員会出版局（発売））　通号65　2003.10　p30〜34

◇《不登校経験生への教育支援の試み》布つなぎ絆ひろがる―NPO活動「世界最大パッチワークづくり」に参加して　後藤真理　「家庭科教育」（家政教育社）　77(11)　2003.11　p75〜80

◇相馬誠一のそこが知りたい 生徒指導Q&A（17）「文化教養系」（特別教室）による中退防止と不登校生徒支援　杉山雅宏, 相馬誠一　「月刊生徒指導」（学事出版）　33（13）　2003.11　p68～70

◇「市民する」力を育てるワークショップの可能性（〔大学教育学会第25回大会〕―シンポジウム2　市民力を育てる人権, 平和, 環境, 福祉・医療教育）　水野スウ　「大学教育学会誌」（大学教育学会）　25（2）通号48　2003.11　p26～30

◇人間関係における行動過程に関する行動分析的研究―不登校の小中学生による自然体験活動キャンプにおけるスタッフの行動の視点から（焦点テーマ「これからの人間関係」体験活動と人間関係）　上原貴夫　「人間関係学研究」（日本人間関係学会）　10（1）　2003.11　p27～44

◇NPOが担う公共サービスの現状と課題―不登校をめぐって（特集 新たな公共経営と民間活用）　岸本幸子　「地域政策研究」（地方自治研究機構）　（25）　2003.12　p30～37

◇コラボレーションによる不登校支援についての考察―適応指導教室における実践的取り組み　大山勝秀　「武庫川女子大学発達臨床心理学研究所紀要」（武庫川女子大学発達臨床心理学研究所）　（5）通号18　2003.12　p143～148

◇特集：不登校に関する研究プロジェクト中間発表会報告 不登校への対応における学校と適応指導教室の望ましい連携の在り方　不登校に関する研究プロジェクト　「香川大学教育実践総合研究」（香川大学教育学部）　（9）　2004　p1～14

◇適応指導教室における不登校児童生徒への個別教育計画（IEP）を活用した支援に関する研究―特に教師・保護者との連携に注目して　西垣戸仁, 辻河昌登, 月岡万里子［他］　「学校教育学研究」（兵庫教育大学学校教育研究センター）　16　2004　p83～90

◇公立教育相談機関における不登校児への援助のあり方に関する検討―統合的アプローチの視点から　渡辺美由紀, 渡辺亘　「教育実践総合センター紀要」（大分大学教育福祉科学部附属教育実践総合センター）　（22）　2004　p31～44

◇通所型中間施設における援助に関する研究―不登校児をはじめとする子どもの参与観察記録をもとに　中島正雄　「東京大学大学院教育学研究科紀要」（東京大学大学院教育学研究科）　44　2004年　p241～250

◇わが国における博物館型活動と地球環境科学への展開をめぐって その3 地域特性をどのように活かし, 専門領域のバリアをどうのり越えるのか？　濱田隆士　「福井県立恐竜博物館紀要」（福井県立恐竜博物館）　（3）　2004　p65～82

◇東京シューレ「不登校」という学び方。（特集 いま「学校」で何がおきているか。）　甲斐望　「潮」（潮出版社）　通号541　2004.3　p110～115

◇新しいタイプの"学校"を訪ねて（12）ひきこもりや不登校を「二時間メンタルケア」で解決―親が本気で学習すれば, その子は必ず立ち直る　青木朋江　「学校経営」（第一法規）　49（3）　2004.3　p51～59

◇適応指導教室における児童生徒の自立を図る援助の在り方―体験活動の振り返りと見直しを通して　森幸人　「国立オリンピック記念青少年総合センター研究紀要」（国立オリンピック記念青少年総合センター）　（4）　2004.3　p121～130

◇サポート校における不登校生・高校中退者への支援―その意義と矛盾　東村知子　「実験社会心理学研究」（日本グループ・ダイナミックス学会）　43（2）　2004.3　p140～154

◇「巣立ち」の可能性を見つけ, 伸ばす―京都市が今秋, 不登校生対象の中学校開設　「内外教育」（時事通信社）　（5483）　2004.6.11　p7

◇地域リソースを活用した不登校支援（今月の特集 多様化する不登校問題）　和井田節子　「月刊生徒指導」（学事出版）　34（13）　2004.11　p16～19

◇別添1 教育支援センター（適応指導教室）整備指針（試案）（今月の特集 多様化する不登校問題）　「月刊生徒指導」（学事出版）　34（13）　2004.11　p32～34

◇不登校に関する教育行政機関の相談体制の現状と課題―教育支援センター（適応指導教室）の現状と課題（その2）　内田武司, 小島敏之　「埼玉大学教育学部教育実践総合センター紀要」（埼玉大学教育学部）　（4）　2005　p27～40

◇広島県内における高校生に対する民間サポート校の活動―スタッフ及び代表者への意識調査　脇田祐子, 岩田昇　「広島国際大学心理臨床セン

◇不登校とコミュニティとの連携(特集 不登校)　本間芳文　「臨床心理学」(金剛出版)　5(1)通号25　2005.1　p67〜72

◇適応指導教室に関する実態調査研究—心理的援助機能を考える　大鐘啓伸　「心理臨床学研究」(日本心理臨床学会, 誠信書房(発売))　22(6)　2005.2　p596〜604

◇ルポ 不登校・援助交際・薬物依存の少年少女を預かって 熱血やんちゃ和尚の"子直し"説法　青柳雄介　「婦人公論」(中央公論新社)　90(5)通号1171　2005.2.22　p54〜57

◇青年の家における不登校少年への青年サポート　田中範継　「国立オリンピック記念青少年総合センター研究紀要」(国立オリンピック記念青少年総合センター)　(5)　2005.3　p201〜212

◇保護者の監護能力欠如と児童自立支援施設への送致—不登校、窃盗、暴走行為と保護処分(東京家庭裁判所平成15.5.1決定)(教育判例研究(8))　坂田仰　「月刊高校教育」(学事出版)　38(8)　2005.6　p94〜97

◇ラウンジ 不登校児対象の学校　「内外教育」(時事通信社)　(5579)　2005.7.8　p24

◇不登校の子どもの「居場所」を運営する人びと—それでも「学校に行かなくていい」と言いつづけるために(子どものいる場所—今、子どもたちはどこにいるか—「子どもの居場所」を支えるもの)　貴戸理恵　「現代のエスプリ」(ぎょうせい)　(457)　2005.8　p164〜174

◇実践事例2 不登校児童・生徒のための体験型学校特区—不登校児童・生徒のための公立小中一貫校(特集 教育特区とは)　高倉ひでみ　「学校運営」(学校運営研究会)　47(6)通号530　2005.9　p12〜15

◇「信大YOU遊興譲館」における不登校生徒の「社会力」の向上　丸山大輔, 土井進　「教育実践研究：信州大学教育学部附属教育実践総合センター紀要」(信州大学教育学部附属教育実践総合センター)　(6)　2005.9　p61〜70

◇不登校児童・生徒への支援方法論に関する一考察—適応指導教室における成長のプロセスを通して　坂井亮介, 三輪壽二　「茨城大学教育実践研究」(茨城大学教育学部附属教育実践総合センター)　(24)　2005.10　p267〜277

◇学校レポート もう一つの高校 「サポート校—聖進学院(東京校)」を訪ねて(その2)(特集 子どもたちの暴力行為・いじめ)　大越忠臣　「月刊生徒指導」(学事出版)　35(15)　2005.12　p29〜31

◇通信制高校・サポート校の特色と教育プログラムをチェック!!—選択のデータは学校説明会・個別相談で……(特集 子どもたちの暴力行為・いじめ)　「月刊生徒指導」(学事出版)　35(15)　2005.12　p32〜36

◇不登校を経験した生徒の学校体験—サポート校の生徒の「中学生になること」の語りから　冨岡理恵　「子ども社会研究」(日本子ども社会学会, ハーベスト社)　(12)　2006　p44〜56

◇学校復帰を目指した適応指導教室についての一考察—不登校児童生徒の学校に対するイメージ調査から　竹端佑介, 持木信栄　「駒澤大学心理臨床研究」(駒澤大学コミュニティ・ケアセンター)　(5)　2006　p49〜61

◇新たな社会問題群と社会運動—不登校, ひきこもり, ニートをめぐる民間活動(特集・社会運動の今日的可能性)　荻野達史　「社会学評論」(日本社会学会)　57(2)通号226　2006　p311〜329

◇不登校生徒の学習習慣の形成と維持に及ぼすセルフ・コントロール訓練の効果—適応指導教室における学習習慣形成の試み　岸本あゆみ, 中野良顯　「上智大学心理学年報」(上智大学総合人間科学部心理学科)　30　2006　p87〜96

◇「斜めの関係」再定義と関係構築過程の微視的研究—適応指導教室通室生とサポーター間の「斜めの関係」　有馬智春, 豊嶋秋彦　「弘前大学大学院教育学研究科心理臨床相談室紀要」(弘前大学教育学部心理臨床相談室)　(3)　2006　p1〜11

◇スクールカウンセリングの創造(5)仙台市適応指導センター・研究開発プロジェクトの取り組みから　佐藤静　「宮城教育大学紀要」(宮城教育大学)　41　2006　p209〜216

◇フリースクールに通う子どもを持つ保護者の語り　中村有美　「Συν」(大阪大学大学院人間科学研究科ボランティア人間科学講座)　(7)　2006　p129〜136

◇不登校とフリースペースの歩み―「たまりば」から公設民営の「えん」へ(特集 子どもの居場所づくり―いまこれから―居場所づくり実践に学ぶ) 西野博之 「子どもの権利研究」(子どもの権利条約総合研究所, 日本評論社(発売))(8) 2006.2 p35〜38

◇不登校経験について「語らない」ということ―コミュニケーション空間としてのフリースクールに関する一考察 佐川佳之 「一橋論叢」(日本評論社) 135(2)通号784 2006.2 p258〜278

◇学習塾による不登校生徒への学習支援の一事例 「愛知教育大学教育実践総合センター紀要」(愛知教育大学教育実践総合センター) (9) 2006.3 p211〜218

◇構造改革特区における不登校対策の制度的特徴―分析枠組みとしての「財―capabilities過程」 藤岡裕美 「教育行財政研究」(関西教育行政学会) (33) 2006.3 p13〜24

◇地域と連携した体験活動を履修した学生の教員としての可能性―弘前大学教育学部生涯教育課程地域社会専攻の教育プログラムとの関りから 羽賀敏雄 「教員養成学研究」(弘前大学教育学部教員養成学研究開発センター) (2) 2006.3 p9〜14

◇民間教育施設における「不登校」児童・生徒支援の在り方について 桑原和也 「明星大学教育学研究紀要」(明星大学教育学研究室) 通号21 2006.3 p162〜170

◇地域で元気 NPO・住民グループ NPO法人石井子どもと文化研究所くるみ 不登校・「ひきこもり」からの自立支援 石井守, 阪口真由美 「議会と自治体」(日本共産党中央委員会, 日本共産党中央委員会出版局(発売)) 通号98 2006.7 p56〜58

◇適応指導教室における支援のあり方について―適応指導教室に通所した生徒の追跡調査から 佐藤則行, 青木真理 「福島大学総合教育研究センター紀要」(福島大学総合教育研究センター) (1) 2006.7 p25〜32

◇不登校の子の理解と援助(5)専門機関と連携する―適応指導教室における支援 伊藤美奈子 「児童心理」(金子書房) 60(11)通号845 2006.8 p1129〜1135

◇構造改革の実験・教育の実践―矛盾を前提とした不登校対策(テーマ 計画行政と実験的アプローチ) 細野助博 「計画行政」(日本計画行政学会) 29(3)通号88 2006.9 p17〜26

◇特集実践 不登校児童生徒のための体験型学校―高尾山学園の試み(特集 不登校にどう対応するか) 山村幸太郎 「月刊生徒指導」(学事出版) 36(13) 2006.11 p30〜33

◇進化する通信制高校!! 不登校生などさまざまなタイプの生徒を独自の教育システムでフォロー(特集 不登校にどう対応するか) 「月刊生徒指導」(学事出版) 36(13) 2006.11 p34〜36

◇不登校サポーターの実態と意識に関する研究 松井理納, 稲垣応顕 「教育実践研究：富山大学人間発達科学研究実践総合センター紀要」(富山大学人間発達科学部附属人間発達科学研究実践総合センター) (1) 2006.12 p65〜75

◇メンタルフレンドと学習支援ボランティアとのコラボレーションによる不登校生徒への支援の効果―変化を見せた支援事例研究から 大原榮子, 永井靖人 「金城学院大学大学院人間生活学研究科論集」(金城学院大学大学院人間生活学研究科) (7) 2007 p1〜7

◇適応指導教室で居場所を見つけた中学生不登校女子の一事例 橋本有紀 「駒澤大学心理臨床研究」(駒澤大学コミュニティ・ケアセンター) (6) 2007 p13〜18

◇不登校対策としてのフリースクールの可能性―フリースクールの理念と運営体制に関する事例比較を通して 王美玲 「社会分析」(日本社会分析学会) 通号34 2007 p189〜203

◇適応指導教室における不登校の子どもへの援助―適応指導教室の展望と求められるもの 松浦正一 「聖マリアンナ医学研究誌」(聖マリアンナ医学研究所) 7通号82 2007 p117〜121

◇青年と地域におけるボランティア活動―一人ひとりの育ち合い・支え合い(特集 今を生きる子ども・青年・若者たち) 山下弘彦 「鳥取大学生涯教育総合センター研究紀要」(鳥取大学生涯教育総合センター) (4) 2007 p41〜44

◇不登校生における適応指導教室体験の意味と「共通性」―PAC分析を通して 三浦亜矢子, 豊嶋秋彦 「弘前大学大学院教育学研究科心理臨

床相談室紀要」(弘前大学教育学部心理臨床相談室)　(4)　2007　p9〜18

◇適応指導教室における不登校中学生の回復に関する研究(1)卒業生2名の面接調査によるレジリエンスの観点からの検討　日高潤子, 尾崎啓子　「目白大学心理学研究」(目白大学)　(3)　2007　p51〜61

◇ネットワーキングする仏教者たち(case02)「てらネットEN」全国不登校・ひきこもり対応寺院ネットワーク に学ぶ(上)お寺だからできることがある　神仁　「大法輪」(大法輪閣)　74(2)　2007.2　p126〜131

◇石川県における子どもの健全育成に関する考察—不登校対策と適応指導教室　高賢一　「金沢星稜大学経済研究所年報」(金沢星稜大学経済研究所)　(27)　2007.3　p47〜54

◇小中学校と校外適応指導教室との連携—学校の組織外資源活用の観点から　小泉令三, 田中宏二, 淵上克義　「教育実践研究」(福岡教育大学教育学部附属教育実践総合センター)　(15)　2007.3　p91〜98

◇不登校児童生徒への支援ネットワークの構築に関する実践的研究—大阪府A市スクーリング・サポート・ネットワーク整備事業の取組から　中村健　「研究紀要」(常磐会学園大学)　(7)　2007.3　p57〜71

◇教育支援センターを目指した適応指導教室の取り組み—子どもの笑顔を取り戻すために　安川禎亮　「国立オリンピック記念青少年総合センター研究紀要」(国立オリンピック記念青少年総合センター)　(7)　2007.3　p99〜111

◇ネットワーキングする仏教者たち(case02)「てらネットEN」全国不登校・ひきこもり対応寺院ネットワークに学ぶ(下)こころのセイフティーネット　神仁　「大法輪」(大法輪閣)　74(3)　2007.3　p190〜197

◇「学校復帰にこだわらず」不登校対策—フリースクールと連携1年—神奈川県教委　「内外教育」(時事通信社)　(5721)　2007.3.9　p6〜7

◇不登校と数値目標—数減らし政策の陥穽(特集 教育と数値目標)　広木克行　「学校運営」(学校運営研究会)　49(1)通号549　2007.4　p20〜23

◇児童館における不登校児童対策の変遷—教育困難地域での民間児童館の役割(特集 若者を中心とした人間力の強化)　河野増子　「こども未来」(こども未来財団)　(430)　2007.7　p13〜15

◇地域を支える(565)夢・サポート健軍(民間福祉施設・熊本市)不登校などの若者に「居場所」提供　「厚生福祉」(時事通信社)　(5477)　2007.7.3　p11

◇比較検討シリーズ 事業別自治体財政需要(83)不登校特区 八王子市・横浜市　小林良彰, 石上泰州　「地方財務」(ぎょうせい)　(639)　2007.9　p170〜187

◇学校レポート 不登校でも安心して通える「高校」—サポート校・東京文理学院高等部(特集 増える「不登校」)　渡辺敦司　「月刊生徒指導」(学事出版)　37(15)　2007.12　p38〜41

◇適応指導教室が不登校生徒に対してもつ機能の現状と期待—正規校としての位置づけを求めて　植村勝彦, 岸澤正樹　「愛知淑徳大学論集, コミュニケーション学部・コミュニケーション研究科篇」(愛知淑徳大学)　(8)　2008　p109〜124

◇不登校現象をめぐる社会運動における〈運動ナラティブ〉の領有(平成19年度[慶應義塾大学]大学院高度化推進研究費助成金報告)　森啓之　「慶應義塾大学大学院社会学研究科紀要 : 社会学・心理学・教育学 : 人間と社会の探究」(慶應義塾大学大学院社会学研究科)　(66)　2008　p99〜102

◇教育相談を学ぶ—「不登校」への理解を深めることを通して　森畑美枝　「研究紀要」(和歌山県教育センター学びの丘)　2008年度　2008　p中扉1枚,1〜10

◇教育支援センター(適応指導教室)の役割についての考察　重歩美　「国立青少年教育振興機構研究紀要」(国立青少年教育振興機構機構教育事業部)　(8)　2008　p221〜230

◇適応指導教室における不登校の子どもへの援助—効果および機能研究からの実践上の提言　松浦正一　「聖マリアンナ医学研究誌」(聖マリアンナ医学研究所)　8通号83　2008　p157〜162

◇講義「不登校児童生徒の回復過程」の実践例—適応指導教室に通う児童生徒の現状を踏まえて　山本寛幸　「宮崎公立大学人文学部

紀要」(宮崎公立大学) 16(1) 2008 p343～359

◇民間教育施設における「不登校」児童・生徒支援の現状と課題 桑原和也 「総合社会科学研究」(総合社会科学会) 2(10)通号20 2008.3 p27～41

◇不登校生徒を対象にした適応指導教室におけるCMSを活用した支援の提案(日本語教育と教育工学/一般) 加藤尚吾,後美帆,荒巻恵子[他] 「日本教育工学会研究報告集」(日本教育工学会) 08(1) 2008.3.1 p233～236

◇地域を支える(582)高野山BBS会(NPO法人・和歌山県紀の川市)不登校・引きこもりの自立支援 「厚生福祉」(時事通信社) (5546) 2008.4.18 p11

◇子どもの人権研究会 不登校児童・生徒の「心育ち」のキーステーション ― 適応指導教室における教育実践 向出佳司 「反差別人権研究みえ」(反差別・人権研究所みえ) (7) 2008.6 p33～59

◇新時代の創業 不登校の子どもたちの自立を支援 小田哲也 「国民生活金融公庫調査月報」(中小企業リサーチセンター) 通号569 2008.9 p20～23

◇適応指導教室における不登校支援からの提言 ― 適応指導教室・家庭・学校のコラボレーションを巡って 安川禎亮 「学校メンタルヘルス」(日本学校メンタルヘルス学会) 12(1) 2009 p85～90

◇適応概念と適応指導教室 西嶋雅樹 「京都大学大学院教育学研究科附属臨床教育実践研究センター紀要」(京都大学大学院教育学研究科附属臨床教育実践研究センター) (13) 2009 p35～46

◇「不登校」の居場所の活動に携わる人々の抱える困難(平成20年度［慶應義塾大学］大学院高度化推進研究費助成金報告) 森啓之 「慶應義塾大学大学院社会学研究科紀要 : 社会学・心理学・教育学 : 人間と社会の探究」(慶應義塾大学大学院社会学研究科) (68) 2009 p163～166

◇不登校の児童生徒のものづくり活動に関する研究 ― 適応指導教室におけるものづくり活動用教材の開発 中原久志,塚本光夫,田口浩継[他] 「日本産業技術教育学会九州支部論文集」(日本産業技術教育学会九州支部) 17 2009 p53～60

◇不登校支援における「秘密」の機能―不登校児の「居場所」・フリースクールを事例に 佐川佳之 「年報社会学論集」(関東社会学会) (22) 2009 p222～233

◇小中学生の不登校傾向とソーシャルサポートとの関連 五十嵐哲也 「Iris health : the bulletin of Center for Campus Health and Environment, Aichi University of Education」(愛知教育大学保健管理センター) 8 2009 p3～9

◇「便所くんプロジェクト」という市民活動―不登校経験者の高校生を中心とする「他者」「モノ」「街」との出会い 兵藤友彦,川北稔 「愛知教育大学教育実践総合センター紀要」(愛知教育大学教育実践総合センター) (12) 2009.2 p301～306

◇不登校生徒への不安低減プログラムの試み―適応指導教室における実践報告 河野順子,神田弥生 「東海学園大学研究紀要. シリーズB, 人文学・健康科学研究編」(東海学園大学経営学部) (14) 2009.3 p61～71

◇文部科学省通知(25)高等学校における不登校生徒が学校外の公的機関や民間施設において相談・指導を受けている場合の対応について(通知) 教育政策研究会 「週刊教育資料」(教育公論社) (1074)通号1204 2009.5.25 p34～35

◇不登校から見える学校教育・フリースクールの20年(特集 子どもの権利条約の20年―なにが変わったのか―子どもの現場の20年) 奥地圭子 「子どもの権利研究」(子どもの権利条約総合研究所,日本評論社(発売)) (15) 2009.7 p30～35

◇フリースクール運動における不登校支援の再構成 佐川佳之 「教育社会学研究」(東洋館出版社) 87 2010 p47～67 [含 英語文要旨]

◇和歌山県の不登校の現状と,教育センターとしての対応の在り方について考える 上野晃 「研究紀要」(和歌山県教育センター学びの丘) 2010年度 [2010] p58～66

◇不登校対策に係る調査研究(中間報告)―総合教育センターの機能を生かした不登校対策の取組み 総合教育センター不登校対策プロジェクト

チーム 「研究集録」(神奈川県立総合教育センター) 30 2010年度 p29～40

◇不登校の中学生にとっての適応指導教室のありかた―エスノグラフィー的記述を用いて 櫻井裕子 「奈良女子大学社会学論集」(奈良女子大学社会学研究会) (17) 2010 p277～294

◇学校不参加生の"声"を活かす―脱学校論の視点からみた学校教育と民間教育の在り方 戸所保忠 「教育総合研究：日本教育大学院大学紀要」(日本教育大学院大学) (3) 2010.3 p139～150

◇不登校支援の現状と課題―適応指導教室での取組から 善明宣夫 「教職教育研究：教職教育研究センター紀要」(関西学院大学教職教育研究センター) (15) 2010.3 p1～14

◇信じて、任せて、待つ―「登校拒否不登校宝塚のつどい」とともに(特集 教育をめぐるさまざまな動向と実践) 上田孝子 「季刊人権問題」(兵庫人権問題研究所) (26) 2011.秋 p51～60

◇不登校児童生徒を支援する但馬やまびこの郷の研究 五百住満 「教育学論究」(関西学院大学教育学会) (3) 2011 p1～10

◇オルタナティブな進路としての通信制高校：入学者の属性と意識 尾場友和 「広島大学大学院教育学研究科紀要．第三部，教育人間科学関連領域」(広島大学教育学部，広島大学大学院教育学研究科) (60) 2011 p55～62

◇特別適応学級におけるグループ体験学習の有効性について 五十嵐豊子、中島礼、土屋光子[他] 「産業カウンセリング研究」(日本産業カウンセリング学会) 13(1) 2011.3 p21～29

◇適応指導教室における不登校援助の課題と可能性―設置要綱の内容を通して考える 坂井亮一 「臨床心理学研究」(日本臨床心理学会) 49(1) 2011.8 p17～27

◇Community-based attempts in education using photography 鈴木敬子、青木直和、小林裕幸 「日本写真学会誌」(日本写真学会) 74(5) 2011.10 p227～237

◇日本におけるフリースクール・教育支援センター(適応指導教室)の設置運営状況 本山敬祐 「東北大学大学院教育学研究科研究年報」(東北大学大学院教育学研究科) 60(1) 2011.12 p15～34

◇教育支援センターに通級する児童生徒の健康評価についての一考察：日常の活動支援や活動日誌の分析を通して 江嵜和子 「九州共立大学・九州女子大学・九州女子短期大学生涯学習研究センター紀要」(九州共立大学・九州女子大学・九州女子短期大学生涯学習研究センター) (17) 2012 p55～72

◇学習にブランクのある生徒に対する学習支援の現状と課題：通信制高校における調査から 土岐玲奈、保坂亨 「千葉大学教育学部研究紀要」(千葉大学教育学部) 60 2012.3 p191～195

◇適応指導教室に通所する子どもたちの不安状態の変容について：STAIを使用して 野々口浩幸 「弘前大学教育学部附属教育実践総合センター研究員紀要」(弘前大学教育学部附属教育実践総合センター) (10)通号20 2012.3 p59～66

◇現場の課題に応える教育センター(2) 「大阪府高等学校適応指導教室」の開設による不登校生徒支援の取り組み 大阪府教育センター(下) 藤村裕爾 「週刊教育資料」(教育公論社) (1205)通号1335 2012.4.23 p32～33

◇学校と家庭の架け橋に： 高知市スクールソーシャルワーカーの試み(特集 福祉的要因をもつ不登校への対応) 藤田早苗 「月刊学校教育相談」(ほんの森出版) 26(8) 2012.7 p31～33

◇不登校児とともに生きる「寄宿型自立支援」の取り組み(特集 子どもの人権) 唐子恵子 「人権と部落問題」(部落問題研究所) 64(12)通号835 2012.10 p26～33

◇当事者組織による「ひきこもり・リストカット・DV・虐待」等の相談活動と支援(特集 「不適応・二次障害」と発達支援) 森定薫、木口雅文、平松未帆 「SNEジャーナル」(日本特別ニーズ教育学会) 18(1) 2012.10 p35～59

【図書】

◇全国ひきこもり・不登校援助団体レポート―宿泊型施設編 プラットフォームプロジェクト編 ポット出版 2003.2 283p 21cm 2200円 Ⓘ4-939015-47-5 Ⓝ370.35

◇不登校・中退からの学校探し―学校が合わない ときの進学ガイド 2003-2004年版 学研編 学習研究社 2003.2 161p 21cm (もうひと つの進路シリーズ) 1200円 Ⓘ4-05-301446-8

内容 座談会・このレポートの読み方 援助団体 レポート(北海道・東北 関東 北陸・中部 近畿 中国・四国 九州)

◇不登校の子どものための居場所探し―学校 が合わないときのフリースクールガイド 2003-2004年版 学研編 学習研究社 2003.2 159p 21cm (もうひとつの進路シリーズ) 1200円 Ⓘ4-05-301445-X

◇こんな学校なら行きたいね!―中学不登校、高 校中退からの進路完全ガイド! イカロス出版 2003.8 157,34p 26cm (イカロスmook) 1714円 Ⓘ4-87149-480-2

◇こんな学校なら行きたいね!―中学不登校・高 校中退からの進路、完全ガイド! 2005 イカ ロス出版 2004.8 157,34p 26cm (イカロ スムック) 1714円 Ⓘ4-87149-568-X

◇こんな学校なら行きたいね!―中学不登校・高校 中退からの進路、完全ガイド! 2006 イカロス 出版 2005.8 152p 26cm (Ikaros mook) 〈付属資料:34p〉 1714円 Ⓘ4-87149-704-6

◇不登校・引きこもり・ニート支援団体ガイド―最 新版 不登校情報センター編 子どもの未来社 2005.11 226p 21cm 1900円 Ⓘ4-901330 -66-7 Ⓝ371.42

内容 序に代えて 引きこもりの理由、どう抜け出 していくのか(引きこもりと不登校、ニート 引きこもりのさまざまな原因・理由 五感が敏 感な人たち ほか) 1 支援団体・機関の情報(解 説 本格的な対応が求められるときがきた! 海外 北海道 ほか) 2 教育機関の情報(校種 別)(解説 「大検」が「高卒認定」に変わったこ との意味 不登校・中退を受け入れている全 日制高校(私立) 通信制高校(公立・私立)ほか)

◇こんな学校なら行きたいね! 2007 イカロス 出版 2006.7 137p 26cm (Ikaros mook) 1714円 Ⓘ4-87149-827-1

◇伴茂樹のゴルフ実践教育―1000人の子供を立ち 直らせた ニート・不登校・ひきこもり・家庭内暴力 伴茂樹著 現代書林 2006.7 197p 19cm 1200円 Ⓘ4-7745-0791-1 Ⓝ367.6

内容 第1章 伴流ゴルフ実践教育で、子供は立ち 直った!(ひきこもり生活5年。ニートから脱出 できない どんなことをしてでも高校は卒業さ せる 中学3年の不登校児は最近の子供の難し さが現れている 親の教育は悪い方向に向かう こともある) 第2章 子供の「心」を育てる(パ ソコン社会の中でひきこもり続ける子供たち 2年間のひきこもりでテレビの被害を受け続け る) 第3章 親が子供になすべき教育とは?(医師 と密に連携し、しっかりしたケアを 両親が一 緒に子供に向き合うことの大切さ パソコン・ ゲーム社会の影響で心が感じられない子供) 終章 青少年育成クラブのゴルフ実践教育(ゴル フを用いた教育が子供たちの心を開く理由 子供の健康は第一に食事から始まる)

◇私塾で世直し!―実践!「イジメ」「不登校」か ら子供を救った闘いの記録 河野敏久著 講談 社 2007.3 187p 18cm (講談社+α新書) 800円 Ⓘ978-4-06-272427-2 Ⓝ370.4

内容 第1章 私はいじめられっ子 第2章 中学四 年生 第3章 早稲田から教壇へ 第4章 荒廃し た教育現場―「対日教組+校長」 第5章 「孤 独な闘い」と目の当たりにした「家庭崩壊」 第6章 私塾で世直し 第7章 先生が生徒をつく る 第8章 教育が国を滅ぼす

◇子どもを変える禅道場―ニート・不登校児のため に 野田大燈著 大法輪閣 2008.5 223p 19cm 〈年表あり〉 1500円 Ⓘ978-4-8046- 1269-0 Ⓝ367.6

内容 第1章 喝破道場はこんなところ 第2章 子 どもたちを自立させるために 第3章 懺悔録 第4章 随想・喝破道場 第5章 大人たちに喝! 子どもを正しく育てよ 第6章 若者の悩みへの メッセージ

◇学生参加による不登校支援ネットワーク構築 ―兵庫教育大学平成17年度大学改革推進等補 助金 現代的教育ニーズ取組支援プログラム (現代GP) 採択 報告書 2005-2009 加東 兵庫教育大学NANAっくす活動室 2009.3 359p 30cm 〈他言語標題:Network associa- tion for non-attendance children support〉 Ⓝ371.42

◇不登校児再生の島 奥野修司著 文藝春秋 2012.4 422p 20cm 〈文献あり〉 1600円 Ⓘ978-4-16-375110-8 Ⓝ371.5

|内容| プロローグ　ゴンの告白　不倶戴天の敵　宇宙人の涙　ぼくには友達がいない　ふたつの顔をもつ少女　筋金入りの不登校児　ながーい夏休み　ユウスケを連れ戻せ　センターの誕生　いまだ変身の途上〔ほか〕

◆ITを活用した対応

【雑誌記事】

◇コミュニケーションを取りたがっていた不登校のA君(特集2 eメールを使った相談活動の可能性)　大脇裕樹　「月刊学校教育相談」(ほんの森出版)　17(1)　2003.1　p30～33

◇電子メール相談による不登校児支援の実践(特集2 eメールを使った相談活動の可能性)　古屋雅康　「月刊学校教育相談」(ほんの森出版)　17(1)　2003.1　p34～37

◇ITで不登校生徒の復帰を支援─各自治体の特色ある新規事業─2003年度地方教育予算(案)から(2)中部、近畿　「内外教育」(時事通信社)　(5373)　2003.3.18　p5～9

◇電子掲示板を用いたコミュニケーションにおける参加者の感情表出の容易性の分析─不登校児童・生徒を対象にした電子掲示板を使用したカウンセリングのための基礎研究　加藤尚吾、赤堀侃司　「教育情報研究」(日本教育情報学会運営本部事務局)　20(2)　2004　p3～13

◇不登校児童生徒の電子掲示板におけるコミュニケーションの分析　加藤尚吾、赤堀侃司　「日本教育工学会論文誌」(日本教育工学会、毎日学術フォーラム(発売))　28(Suppl.)　2004　p225～228

◇電子メールカウンセリングによる不登校児童生徒の不登校状態の変容に関する分析　加藤尚吾、古屋雅康、赤堀侃司　「日本教育工学会論文誌」(日本教育工学会、毎日学術フォーラム(発売))　28(1)　2004.6　p1～14

◇学生の学習支援システムの構築(2)電子メールによる不登校児童生徒支援　大川尚子、野谷昌子、鍵岡正俊〔他〕　「関西女子短期大学紀要」(関西女子短期大学)　(15)　2005　p13～20

◇電子メディアを用いたカウンセリングにおける不登校児童生徒の自己開示に関する分析　加藤尚吾、赤堀侃司　「日本教育工学会論文誌」(日本教育工学会、毎日学術フォーラム(発売))　29(4)　2005.12　p607～615

◇不登校生徒に対する学習支援ソフトウェアの有用性に関する調査　塚本光夫、中原久志　「熊本大学教育学部紀要.自然科学」(熊本大学教育学部)　(56)　2007　p37～42

◇三者合同面接と電子メールを組み合わせた不登校生徒の援助　山村容子　「心理臨床学研究」(日本心理臨床学会、誠信書房(発売))　26(2)　2008.6　p149～159

◇不登校児童生徒向けのマルチメディア型プレゼンテーション支援ソフトの開発と実践　中原久志、塚本光夫、森山潤　「熊本大学教育学部紀要.自然科学」(熊本大学教育学部)　(59)　2010　p39～45

◇遠隔教育と学生メンターによる学習支援システム─学習支援の構築と評価および学生メンターの育成(日本教育情報学会 第27回年会　教育情報のイノベーション─デジタル世代をどう導くか─特別支援教育の実践と評価)　齋藤陽子、久世均、岩田昌弘　「年会論文集」(日本教育情報学会)　27　2011.8　p202～205

【図書】

◇不登校支援のためのIT活用ガイド─ITを活用した不登校対策についての調査研究　国立教育政策研究所生徒指導研究センター　2006.3　34p　30cm

◆自然体験活動・キャンプ

【雑誌記事】

◇不登校児童生徒の心理的・行動的変容に寄与した冒険キャンプのとりくみ　小玉功、奥山洌、加藤敏之〔他〕　「国立オリンピック記念青少年総合センター研究紀要」(国立オリンピック記念青少年総合センター)　(3)　2003.3　p109～119

◇不登校児キャンプに参加する子どもたち(2)不登校児の居場所としてのキャンプ　笠井孝久　「千葉大学教育実践研究」(千葉大学教育学部附属教育実践総合センター)　(10)　2003.3　p57～64

◇自然体験活動と不登校対策(シンポジウム第II部地学教育での「生きる力」を育成する実践例)　石井晃　「地学教育で育成すべき「生きる力」とはなにか 自然体験の活動をとおして 日本地学

教育学会シンポジウム」（日本地学教育学会）
2003.10　p52

◇キャンプ経験が不登校児童・生徒のコンピタンスと抑うつ傾向に及ぼす効果　兄井彰　「生活体験学習研究」（日本生活体験学習学会事務局）　4　2004.1　p25〜34

◇不登校経験児に対するキャンプ療法の試み　岡村泰斗，小野昌彦，福田哲也［他］　「教育実践総合センター研究紀要」（奈良教育大学教育学部附属教育実践総合センター）　（13）　2004.3　p137〜142

◇不登校児童生徒の自然体験活動について—主催事業「ふれあい交流キャンプ」を通じて　広島孝　「国立オリンピック記念青少年総合センター研究紀要」（国立オリンピック記念青少年総合センター）　（4）　2004.3　p167〜175

◇キャンププログラムにおける場の構造と参加者の自己の変容—不登校経験者のキャンプリーダー体験の分析を通して　吉本顕太朗　「同志社社会学研究」（同志社社会学研究学会）　（8）　2004.3　p55〜69

◇不登校生徒対象のアドベンチャープログラムにおける参加者の変化と社会的リスク（ケース報告特集号）　徳山美知代，田上不二夫　「カウンセリング研究」（日本カウンセリング学会）　37（4）　2004.12　p379〜387

◇2週間のキャンプに参加した不登校中学生の友だち関係の展開過程　堀出知里，飯田稔，井村仁　「野外教育研究」（日本野外教育学会）　8（1）通号15　2004.12　p49〜62

◇2週間のキャンプに参加した不登校中学生の友だち関係の展開過程に関する事例研究　堀出知里，飯田稔，井村仁［他］　「野外教育研究」（日本野外教育学会）　8（1）通号15　2004.12　p63〜76

◇学生ボランティアの専門的なかかわりを活用した不登校児キャンプの試み—専門的な事前指導が学生ボランティアと子どもに与えた影響について　小林朋子，小柴孝子　「静岡大学教育実践総合センター紀要」（静岡大学教育学部附属教育実践総合センター）　（11）　2005　p137〜143

◇不登校児童生徒療育キャンプ「ワラビーキャンプ」の実践を通して（特集 不登校）　北九州市教育委員会指導第二課　「臨床心理学」（金剛出版）　5（1）通号25　2005.1　p46〜50

◇学長・所長インタビュー 国立妙高少年自然の家 不登校等の現代的な教育課題に対応し自然体験と集団宿泊体験を提供する 川野由美子所長　川野由美子　「文部科学教育通信」（ジアース教育新社）　（136）　2005.11.28　p10〜15

◇キャンプ療法における不登校児の内的体験の変化—内的体験の変化をもたらす援助要因の検討　坂本昭裕，渡邉仁，高橋茉生［他］　「研究助成論文集」（明治安田こころの健康財団）　通号42　2006年度　p1〜12

◇不登校児を対象としたキャンプに参加した学生スタッフの学び　笠井孝久　「千葉大学教育学部研究紀要」（千葉大学教育学部）　54　2006.2　p99〜103

◇不登校対象キャンプにおける臨床心理士の役割—非日常での生活を日常への生活へと繋げる　塚本久仁佳　「釧路短期大学紀要」（釧路短期大学）　（34）　2007　p23〜28

◇不登校児キャンプの心理臨床の意義　笠井孝久　「千葉大学教育学部研究紀要」（千葉大学教育学部）　56　2008.3　p57〜61

◇「信大茂菅ふるさと農場」10年目の「人づくり」戦略—「信大茂菅農業義塾」の開設　土井進　「地域ブランド研究」（地域ブランド研究会）　（4）　2008.12　p79〜95

◇年間継続事業としての不登校キャンプの効果—ふりかえりとしての体験スピーチ会からの検討　築山泰典，藤井雅人　「福岡大学スポーツ科学研究」（福岡大学研究推進部）　40（1）通号72　2009.7　p11〜22

◇不登校児は長期冒険キャンプ後どのように社会へ適応していくのか　小田梓，坂本昭裕　「野外教育研究」（日本野外教育学会）　13（1）通号25　2009.12　p29〜42

◇長期冒険キャンプに参加した不登校児の体験の意味づけに関する研究　小田梓，坂本昭裕　「筑波大学体育科学系紀要」（筑波大学体育科学系）　33　2010.3　p227〜231

◇年間継続事業としての不登校キャンプの効果（第2報）ソーシャルスキルと生きる力からの検討　築山泰典，藤井雅人，中嶋優友［他］　「福岡大学スポーツ科学研究」（福岡大学研究推進部）　41（1）通号74　2010.11　p9〜19

◇自然体験活動が不登校経験者の発達に及ぼす影響と意味づけ　岡本祐子, 小嶋由香, 馴田佳央　「広島大学心理学研究」(広島大学大学院教育学研究科心理学講座)　(11)　2011　p189〜199

◇不登校生を癒す馬達(特集 馬の活用—乗馬の楽しみとホースセラピーに目を向けて)　篠崎宏司　「畜産の研究」(養賢堂)　65(1)　2011.1　p51〜56

◇未来を拓く力をつけるために—冒険キャンプを通しての不登校児童生徒の変容(特集 子どもの成長を支える)　齊藤光裕　「学校運営」(学校運営研究会)　52(12)通号596　2011.3　p24〜28

◇不登校の中学生への効果的な宿泊学習の検討(1) 社会的自立を目指した集団プログラムの開発　木村文香, 中村千城, 橋本空　「情報と社会：江戸川大学紀要」(江戸川大学)　(21)　2011.3　p129〜140

◇不登校の中学生への効果的な宿泊学習の検討(2) 精神的健康におよぼす効果に関する検討　橋本空, 木村文香, 福田一彦　「情報と社会：江戸川大学紀要」(江戸川大学)　(21)　2011.3　p141〜149

【図書】

◇フレンドシップキャンプ活動報告書—平成15年度不登校・ひきこもり青少年自立支援事業　大阪　大阪府青少年活動財団　〔2004〕　48p　30cm

◆医療・心理療法

【雑誌記事】

◇不登校治療への継時近接法に関する研究　金子幾之輔　「桜花学園大学人文学部研究紀要」(桜花学園大学)　(6)　2003　p55〜63

◇不登校生徒のロールシャッハ法—治療的介入として　浦田英範, 津田彰　「久留米大学心理学研究：久留米大学文学部心理学科・大学院心理学研究科紀要」(久留米大学大学院心理学研究科)　(2)　2003　p107〜114

◇メンタルヘルスの広場 不登校・引きこもりの精神病理と集団療法　児玉隆治　「心と社会」(日本精神衛生会)　34(3)通号113　2003　p123〜127

◇S—3 子どもの攻撃性と脆弱性;不登校・ひきこもりを中心に(第43回日本児童青年精神医学会総会特集 スローガン：児童青年精神科医療の新たな展開を目指して—シンポジウム 子どもの攻撃性と脆弱性)　齊藤万比古　「児童青年精神医学とその近接領域」(日本児童青年精神医学会)　44(2)　2003　p136〜148

◇分離に伴う不安と不登校を主訴とする小学生男児への治療過程　永作稔, 佐藤寛, 櫻井良子〔他〕　「筑波大学発達臨床心理学研究」(筑波大学発達臨床心理相談室)　15　2003　p15〜23

◇通常学級における病気療養児の長期欠席問題と特別な教育的配慮の課題—不登校の長期欠席問題との共通性と独自性の検討を中心に　猪狩恵美子, 高橋智　「日本教育保健学会年報」(日本教育保健学会)　(11)　2003　p15〜26

◇強迫行為や家庭内暴力のある思春期患者の通学への援助　小松千昭, 細田陽子　「日本精神科看護学会誌」(日本精神科看護技術協会)　46(1)　2003　p184〜187

◇不登校児との遊戯療法の事例—樹木画のイメージを介してみえるもの〔含 コメント 治療のツールとして樹木画を用いるということ〕　坂中尚哉, 浅川潔司, 鈴木啓嗣　「発達心理臨床研究」(兵庫教育大学学校教育学部附属発達心理臨床研究センター)　9　2003　p69〜77

◇不登校を呈した2型糖尿病2例に関する検討(主題 内分泌・代謝)　岡田泰助, 菊地広朗, 島崎真弓〔他〕　「小児科臨床」(日本小児医事出版社)　56(1)通号654　2003.1　p51〜56

◇小児型慢性疲労症候群と不登校(特集 疲労の科学—慢性疲労病態)　三池輝久　「医学のあゆみ」(医歯薬出版)　204(5)通号2435　2003.2.1　p387〜391

◇慢性疲労症候群の自己免疫学的側面—自己免疫性疲労症候群との関係(特集 疲労の科学—慢性疲労病態)　伊персон保彦, 福永農隆　「医学のあゆみ」(医歯薬出版)　204(5)通号2435　2003.2.1　p413〜417

◇日常看護のブラッシュアップ2 改良と変革(4) 15歳不登校.心の中は…　鎌形三代, 宮本美恵子, 村田純子〔他〕　「看護学雑誌」(医学書院)　67(4)　2003.4　p382〜387

◇診療研究 症例報告 精神科プライマリーケアーとしての鼻咽腔炎─不登校症例について　寺岡葵, 宇野昭彦, 宇野正志　「月刊保団連」(全国保険医団体連合会)　通号785　2003.5　p53〜56

◇不登校と適応障害(特集 適応・不適応の研究)　齋藤万比古　「Psiko」(冬樹社)　4(5)通号32　2003.5　p30〜37

◇不登校の理解と対応(集中講座 思春期をめぐる諸問題─医療と教育の立場から)　宮本信也　「日本医師会雑誌」(日本医師会)　129(10)　2003.5.15　p1569〜1573

◇研究・症例 心身症, 不登校として長期間フォローされていた慢性甲状腺炎の2女児例　吉田忍, 松井克之, 茂森昌人[他]　「小児科臨床」(日本小児医事出版社)　56(6)通号659　2003.6　p1111〜1116

◇描画を用いたフォーカシングの臨床応用─不登校の事例を通して　鈴木淳也, 中野明徳　「福島大学教育実践研究紀要」(福島大学総合教育研究センター)　(44)通号87　2003.6　p49〜56

◇不登校 睡眠障害で学校が遠のく─「起きられない」病　太田啓之　「Aera」(朝日新聞出版社)　16(25)　通号814　2003.6.16　p38〜40

◇心身症としての不登校・抜毛癖・異味症(特別企画 子どもの心身症)　前垣よし乃, 氏家武　「からだの科学」(日本評論社)　通号231　2003.7　p63〜66

◇増えている小児の心の問題(第5土曜特集 小児医療の最前線─社会編)　平岩幹男　「医学のあゆみ」(医歯薬出版)　206(9)通号2464　2003.8.30　p691〜694

◇バウムテストから見た不登校女子の事例(臨床ゼミ 心理検査 Vol.5─2 バウムテストの解釈)　堀江姿帆　「臨床心理学」(金剛出版)　3(5)通号17　2003.9　p705〜711

◇読みもの 子どもの不適応に行動療法はどう役立つのか─キレる子・不登校を中心に(特集 処遇技法)　小林正幸　「更生保護」(日本更生保護協会)　54(11)　2003.11　p17〜20

◇自己関係づけと対人恐怖心性・抑うつ・登校拒否傾向との関連　金子一史, 本城秀次, 高村咲子　「パーソナリティ研究」(日本パーソナリティ心理学会)　12(1)　2003.11　p2〜13

◇不登校児への心理臨床的アプローチ　足立渚　「武庫川女子大学発達臨床心理学研究所紀要」(武庫川女子大学発達臨床心理学研究所)　(5)通号18　2003.12　p107〜114

◇不登校児に対する音楽療法─音楽療法の有効性をさぐる　田渕弥幸, 江島幹雄, 江島律子　「倉敷市立短期大学研究紀要」(倉敷市立短期大学)　(41)　2004　p1〜4

◇自由画にみる不登校児の回復過程─表現心理学的視点を取り入れて　佐藤佑貴, 山本佳子, 増子博文[他]　「研究紀要」(福島学院大学)　36　2004　p121〜127

◇不登校(子どもの心のケア─温かく育むために)　浅井朋子, 杉山登志郎　「小児科臨床」(日本小児医事出版社)　57通号673(増刊)　2004　p1501〜1507

◇ポスターセッション 境界性人格障害に対するアニマル・セラピー─行動化を繰り返す不登校大学生の事例(平成16年度 第26回全国大学メンタルヘルス研究会報告書─癒しのできるキャンパスと人材育成)　宮崎友香, 千丈雅徳, 田中稜一[他]　「全国大学メンタルヘルス研究会報告書」([全国大学メンタルヘルス研究会])　26　2004年度　p162〜164

◇不登校を呈する重度吃音児に対する家庭訪問による支援　小野美和子, 見上昌睦　「聴覚言語障害」(日本聴覚言語障害学会)　33(3)　2004　p117〜126

◇不登校児が自己決定できるまでの看護の振り返り─マズローのニード論を用いての検討　佐藤智子, 末永篤彦, 高崎ゆかり[他]　「日本看護学会論文集. 小児看護」(日本看護協会出版会)　35　2004　p38〜40

◇実践報告 高校に入学できた不登校児に対する看護介入の検討　遠藤芳子, 塩飽仁　「日本小児看護学会誌」(日本小児看護学会)　13(2)通号25　2004　p15〜20

◇問題行動を繰り返す不登校女子中学生の面接過程における共感性の検討　橋本秀美, 塩見邦雄　「発達心理臨床研究」(兵庫教育大学学校教育学部附属発達心理臨床研究センター)　10　2004　p41〜52

◇特別企画 子どものうつ病への理解と対応(2) 子どものうつ病はどんな形であらわれるか?─不登校, 摂食障害などのケースから　傳田健三

◇「児童心理」(金子書房) 58(4)通号802 2004.3 p394~400

◇中学生の自己効力感(self-efficacy)をもとにした学校適応状況の把握 松田博昭, 藤生英行 「上越教育大学心理教育相談研究」(上越教育大学心理教育相談室) 3(1) 2004.3 p13~26

◇小児の心身症, 不登校(特集 日常病にどう対応しますか?—頻度順に考える症状/疾病の対処法—ストレスおよび心療内科領域) 石崎優子 「治療」(南山堂) 86(増刊) 2004.3 p1069~1071

◇事例報告 不登校女子中学生の受験不安に対する催眠療法の適用—効果的・効率的なアプローチに対する一考察 大住明美 「臨床催眠学」(日本臨床催眠学会) 5 2004.3 p77~80

◇不登校の子どもを対象にした臨床活動の報告と課題(2)集団プログラムと個別プログラムの展開 川原誠司, 増渕裕美, 星奈見 「宇都宮大学教育学部教育実践総合センター紀要」(宇都宮大学教育学部附属教育実践総合センター) (27) 2004.4.1 p11~22

◇不登校はなぜ起こるか?—その神経学的解明と治療・予防法の開発(特集 学習・教育と脳科学) 三池輝久 「遺伝：生物の科学」(エヌ・ティー・エス) 58(3) 2004.5 p76~82

◇心理検査を活用した援助方針の検討—不登校事例に実施したロールシャッハ・テストを中心に 佐久間恵, 中野明徳 「福島大学教育実践研究紀要」(福島大学総合教育研究センター) (46) 通号89 2004.6 p17~24

◇不登校児とみなされた慢性腎不全の1男児例(主題 腎・尿路疾患) 片岡愛, 鈴木順造, 鈴木重雄 [他] 「小児科臨床」(日本小児医事出版社) 57(7)通号674 2004.7 p1635~1638

◇研究・症例「心の問題」を背景に持つ症例への臨床心理学理論に基づく対応の試み—2001年度一般病院小児科外来での77例の検討 成相昭吉 「小児科臨床」(日本小児医事出版社) 57(10)通号677 2004.10 p2175~2182

◇フルボキサミンが奏効したパニック障害の14歳女子例(主題 精神・神経疾患) 加納健一, 有阪治 「小児科臨床」(日本小児医事出版社) 57(11)通号678 2004.11 p2301~2304

◇怖い世界から生き返った不登校女児の遊戯療法 服部晴希 「大分大学大学院教育学研究科心理教育相談室紀要」(大分大学大学院教育学研究科心理教育相談室) ([1]) 2005 p39~47

◇バッテリーモデルに基づく不登校児への治療的アプローチ 曽我昌祺 「関西福祉科学大学紀要」(関西福祉科学大学) (9) 2005 p19~35

◇不登校を主訴とする男児とのプレイセラピー 白澤早苗 「九州女子大学紀要 人文・社会科学編」(九州女子大学[ほか]) 42(1) 2005 p31~44

◇不登校を主訴として来院した子どもたち(特集 第47回精神保健シンポジウム(福岡)病名のつかない心の悩みへの援助) 平川清人 「心と社会」(日本精神衛生会) 36(1)通号119 2005 p20~26

◇PMSのために不登校であるとの訴えで受診した高校生3例の検討(研究部会記録 第110回近畿産科婦人科学会内分泌・生殖研究部会記録 テーマ：女性心身症) 木内千暁 「産婦人科の進歩」(「産婦人科の進歩」編集室) 57(1)通号327 2005 p70~73

◇現代の不登校に関する臨床心理学的一考察 奥原陽子 「島根大学教育学部心理臨床・教育相談室紀要」(島根大学教育学部心理臨床・教育相談室) 4 2005 p59~70

◇特別講演 不登校・引きこもりからの旅立ち支援—長信田の森の活動から(引きこもりとニート—若者が成長するとはどういうことか) 児玉隆治 「全国大学メンタルヘルス研究会報告書」([全国大学メンタルヘルス研究会]) 27 2005年度 p12~16,10

◇不登校生徒に対する外来個別作業療法の取り組み 外山由佳, 米倉隼一, 武藤健大[他] 「北海道作業療法」(北海道作業療法士会) 22(1) 2005 p21~25

◇不登校の心理臨床の基本的視点—密室型心理援助からネットワーク活用型心理援助へ(特集 不登校) 田嶌誠一 「臨床心理学」(金剛出版) 5(1)通号25 2005.1 p3~14

◇精神科思春期外来を受診した高校生の不登校 武井明, 目良和彦, 高田泉 [他] 「精神医学」(医学書院) 47(2)通号554 2005.2 p201~207

◇不登校・ひきこもりの理解と回復への援助 ─ 健康心理学(ポジティブ心理学)的アプローチ　竹中哲夫　「日本福祉大学社会福祉論集」(日本福祉大学社会福祉学部)　(112)　2005.2　p47〜84

◇高校生の自己開示・被開示が学校適応感に及ぼす影響 ─ 公的自己意識との関連から　岡田涼, 中森仁美, 中谷素之　「学校カウンセリング研究」(日本学校カウンセリング学会)　(7)　2005.3　p23〜30

◇攻撃的な学級風土を理由に不登校傾向にいたった児童の箱庭療法過程　吉田直樹　「皇学館大学文学部紀要」(皇学館大学文学部)　43　2005.3　p242〜231

◇ケトーシスに至った思春期2型糖尿病の7例(主題 内分泌・代謝)　宮本茂樹, 染谷知宏　「小児科臨床」(日本小児医事出版社)　58(3)通号682　2005.3　p355〜357

◇薬効報告 塩酸ミルナシプラン(トレドミン)を4カ月以上投与して有効であったうつ病による不登校女児4例について　加納健一, 有阪治　「小児科臨床」(日本小児医事出版社)　58(3)通号682　2005.3　p473〜478

◇運動による起立性調節障害児の自律神経系の変化の検討　福富真智子, 今井一, 今井七重[他]　「小児保健研究」(日本小児保健協会)　64(2)　2005.3　p308〜315

◇児童・生徒の不適応行動としての不登校の実態・原因に対する心理臨床的援助　高橋哲郎　「精華女子短期大学研究紀要」(精華女子短期大学)　(31)　2005.3　p17〜26

◇医療現場における心理士の役割 ─ 思春期の不登校事例への対応を振り返って　中野博子　「人間総合科学」(人間総合科学大学)　(9)　2005.3　p17〜27

◇母子分離不安を背景とした不登校児童への折衷的アプローチ　佐藤昭雄　「弘前大学教育学部附属教育実践総合センター研究員紀要」(弘前大学教育学部附属教育実践総合センター)　(3)通号13　2005.3　p65〜70

◇不登校を主訴とし精神科クリニックの外来を受診した児童, 思春期患者の臨床的特徴　平川清人, 西村良二, 白石潔　「福岡大学医学紀要」(福岡大学研究推進部)　32(1)　2005.3　p13〜20

◇起立性調節障害の診断基準と臨床　大国真彦　「小児科臨床」(日本小児医事出版社)　58(7)通号687　2005.7　p1501〜1508

◇不登校と睡眠障害(特集 子どもの眠り;より効果的なケアを実践するために ─ 知っておきたい知識;子どもの睡眠障害)　市川宏伸　「小児看護」(へるす出版)　28(11)通号354　2005.10　p1479〜1483

◇教育講演 アレルギーを通して考える日本の子どもの心・体と環境の危機(第6回子どもの心・体と環境を考える会学術大会記録)　大矢幸弘　「子どもの健康科学」(子どもの心・体と環境を考える会)　6(1)　2005.11　p9〜16

◇高校生のストレッサー尺度作成と不登校傾向との関連性の検討　山口豊子, 石川利江　「学校メンタルヘルス」(日本学校メンタルヘルス学会)　9　2006　p7〜14

◇不登校(小児の治療指針 ─ 精神)　沢井稔　「小児科診療」(診断と治療社)　69通号815(増刊)　2006　p910〜912

◇起立性調節障害を伴う不登校小児の樹木画　川原恭子, 田中英高, 二宮ひとみ[他]　「心身医学」(日本心身医学会, 三輪書店(発売))　46(2)通号319　2006　p137〜143

◇初心者カウンセラーの不登校理解を目指した Developmental Interactive Bibliotherapy　辰郷子　「発達人間学論叢」(大阪教育大学教養学科人間科学専攻発達人間福祉学講座)　(10)　2006　p59〜67

◇不明熱により不登校を呈した中学生男子に対する認知行動論的介入　大月友, 山口香苗, 杉山雅彦　「広島国際大学心理臨床センター紀要」(広島国際大学心理臨床センター)　(5)　2006　p26〜35

◇大学生のメンタルヘルス尺度の作成と不登校傾向を規定する要因　松原達哉, 宮崎圭子, 三宅拓郎　「立正大学心理学研究所紀要」(立正大学心理学研究所)　(4)　2006　p1〜12

◇不登校(今日の精神科治療指針2006 ─ 精神科における症候・症候群の治療指針)　滝川一廣　「臨床精神医学」(アークメディア)　35(増刊)　2006年　p322〜326

◇病弱養護学校での不登校経験生徒への教育とその効果　小川修司　「育療」（日本育療学会）通号34　2006.1　p49〜52

◇「四分割統合法」の導入について—小学校3年生女児の不登校のケースから　仲律子　「心理臨床学研究」（日本心理臨床学会、誠信書房（発売））23(6)　2006.2　p705〜715

◇ストレスマネジメントによる問題焦点型対処行動の獲得—情緒障害児学級担任と前在籍学級担任による不登校児の事例研究　片岡弓人, 宮嶋真理　「上越教育大学障害児教育実践センター紀要」（上越教育大学学校教育学部附属障害児教育実践センター）　12　2006.3　p5〜15

◇主体性と適応感の関係に関する研究—不登校児と登校児の比較を通して　浅海健一郎　「心理臨床学研究」（日本心理臨床学会、誠信書房（発売））　24(1)　2006.4　p44〜52

◇学齢期アトピー性皮膚炎と不登校・ひきこもり（特集 最近のトピックス2006 Clinical Dermatology 2006—皮膚科医のための臨床トピックス）　片岡葉子　「臨床皮膚科」（医学書院）60(5)（増刊）　2006.4　p179〜181

◇不登校・ひきこもり・NEETに関わる心身徴候の年齢階層別調査　平塚儒子　「医学と生物学」（緒方医学化学研究所医学生物学速報会）　150(5)　2006.5.10　p184〜190

◇ケース研究 「何か自慢できるものが欲しい」と訴えた不登校女子中学生の事例　田中輝美　「カウンセリング研究」（日本カウンセリング学会）39(2)　2006.6　p152〜160

◇書評 不登校臨床の心理学 藤岡孝志著　亀口憲治　「心理臨床学研究」（日本心理臨床学会、誠信書房（発売））　24(2)　2006.6　p240〜242

◇不登校中学生に対する認知行動療法を用いた自律的行動の形成　竹田伸也　「心理臨床学研究」（日本心理臨床学会、誠信書房（発売））　24(3)　2006.8　p323〜334

◇西野弘の『とことん対談』この人とマネジメントの真髄を語る(第10回)熊本大学大学院医学薬学研究部教授 三池輝久—子供の睡眠欠乏が「不登校」（慢性疲労症候群）を招く　三池輝久, 西野弘　「アイティセレクト：ビジネスイノベーターのためのIT活用情報誌」（アイティメディア）6(10)通号65　2006.10　p46〜50

◇ケース報告 投影の観点からみた不登校生徒との心理療法過程(ケース報告特集号)　仲嶺(喜田)裕子　「カウンセリング研究」（日本カウンセリング学会）　39(4)　2006.12　p308〜316

◇ケース報告 自己プランニング・プログラムにおける「課題の設定と実行」の効果—無気力から不登校に陥った中学生への援助事例(ケース報告特集号)　青戸泰子, 松原達哉　「カウンセリング研究」（日本カウンセリング学会）　39(4)　2006.12　p346〜356

◇不登校と適応障害(特集1 適応障害)　山下仰「精神科」（科学評論社）　9(6)通号54　2006.12　p463〜467

◇不登校治療におけるタッチングの効果について—事例からの考察　奥平俊子　「名古屋市立大学大学院人間文化研究科人間文化研究」（名古屋市立大学大学院人間文化研究科）　(6)　2006.12　p79〜90

◇不登校と心身症(心身症のすべて—心身症とはどんな病態か)　冨田和巳　「からだの科学」（日本評論社）　通号254　2007.Sum.　p20〜23

◇不登校の子どもへの心理臨床の援助　白澤早苗「九州女子大学紀要 人文・社会科学編」（九州女子大学〔ほか〕）　44(1)　2007　p15〜27

◇シンポジスト 外傷的死別と不登校—学校災害における心的介入(第19回九州・沖縄社会精神医学セミナー・シンポジウム)　丸山隆之, 前田正治　「九州神経精神医学」（九州精神神経学会）53(2)　2007　p151〜156

◇箱庭で「戦い」のプレイを繰り返した不登校男児の事例　五十嵐哲也, 小林朋子　「静岡大学教育実践総合センター紀要」（静岡大学教育学部附属教育実践総合センター）　(13)　2007　p327〜337

◇不登校児童生徒への治療と援助(特集 学校精神保健)　渡部京太　「児童青年精神医学とその近接領域」（日本児童青年精神医学会）　48(2)　2007　p102〜110

◇会長講演 不登校の児童青年精神医学的観点(第47回日本児童青年精神医学会総会特集(1)スローガン：守ること 育むこと)　齊藤万比古　「児童青年精神医学とその近接領域」（日本児童青年精神医学会）　48(3)　2007　p187〜199

◇臨床報告 精神科医療施設で診療する不登校・社会的ひきこもり 辻本哲士, 大門一司, 泉和秀［他］ 「精神神経学雑誌」（日本精神神経学会） 109（4） 2007 p313〜320

◇ある不登校女児のプレイセラピー 伊藤美花 「武蔵野大学心理臨床センター紀要」（武蔵野大学心理臨床センター紀要編集委員会） （7） 2007 p27〜38

◇不登校生徒への絵本を用いた面接法の試み—ウォームアップ面接時の不登校生徒の特徴調査研究 増田梨花 「ルーテル学院研究紀要：テオロギア・ディアコニア」（ルーテル学院大学） （41） 2007 p31〜40

◇不登校—精神医学から見た 仲村禎夫 「早稲田大学大学院教育学研究科紀要」（早稲田大学大学院教育学研究科） （18） 2007 p45〜58

◇統合失調症に罹患している母を持つ姉弟—療育のケース・スタディ 小野早知子, 角田京子 「上越教育大学心理教育相談研究」（上越教育大学心理教育相談室） 6（1） 2007.3 p73〜86

◇行動療法と認知行動療法による不登校児童生徒への再登校支援 金原俊輔 「長崎ウエスレヤン大学地域総合研究所研究紀要」（長崎ウエスレヤン大学） 5（1） 2007.3 p45〜55

◇不登校臨床から捉える「社会的ひきこもり」—その実態と今後の課題（研究ノート） 織田孝裕 「立教社会福祉研究」（立教大学社会福祉研究所） （26） 2007.3 p19〜25

◇ナットクラッカー症候群と起立性調節障害（ミニ特集 OD診療第一線） 竹村司 「小児科臨床」（日本小児医事出版社） 60（5）通号710 2007.5 p883〜887

◇セミナー 不登校の症状と治療 梶原荘平 「日本薬剤師会雑誌」（日本薬剤師会） 59（5） 2007.5 p579〜583

◇不登校と小児慢性疲労症候群（CCFS）—検査所見・臨床症状（特集 慢性疲労症候群—基礎・臨床研究の最新動向—小児慢性疲労症候群） 友田明美 「日本臨床」（日本臨床社） 65（6）通号916 2007.6 p1121〜1133

◇子どもの睡眠と不登校（特集 子どもと睡眠不足） 福田一彦 「教育と医学」（慶應義塾大学出版会） 55（8）通号650 2007.8 p800〜807

◇小児期にみられた睡眠障害の3例 武市幸子, 北島剛司, 楠和憲［他］ 「日本小児科学会雑誌」（日本小児科学会） 111（8） 2007.8 p1072〜1077

◇小児慢性疲労症候群の病態と治療 沖潤一 「日本医事新報」（日本医事新報社） （4349） 2007.9.1 p63〜68

◇不登校へのアプローチ—心療内科・精神科医から見た不登校（特集 増える「不登校」） 井上清子 「月刊生徒指導」（学事出版） 37（15） 2007.12 p6〜9

◇不登校児童生徒の記憶療法への導入手続き 勝俣暎史 「駒澤大学心理臨床研究」（駒澤大学コミュニティ・ケアセンター） （7） 2008 p5〜14

◇心身症診断・治療ガイドライン2006・Summary (9)心身症の愁訴を有する不登校 梶原荘平 「心身医学」（日本心身医学会, 三輪書店（発売）） 48（3）通号344 2008 p229〜234

◇子どもの心を守るために—小児科医の立場から起立性調節障害を中心に（特集 子どもの心を守るために—各機関の取り組みと連携） 飯山道郎, 齊藤万比古, 星加明徳 「日本精神科病院協会雑誌」（日本精神科病院協会） 27（7）通号321 2008 p614〜618

◇朝の起床困難と不登校を主訴とする思春期の2例 北島剛司, 目片隆宏, 服部美穂［他］ 「不眠研究」（三原医学社） 2008 ［2008］ p65〜68

◇不登校・ひきこもりのこころのケア（特集 傷ついた子どものこころを癒す） 根來秀樹 「精神科」（科学評論社） 12（1）通号67 2008.1 p18〜21

◇小児頭痛診療のポイント（特集 頭痛診療の進歩と課題） 藤田光江 「日本医師会雑誌」（日本医師会） 136（11） 2008.2 p2213〜2216

◇A study on the characteristics of the emotional-behavioral problems of the children showing school refusal LeeKyung-ho, SongMi-oak 「The Asian journal of disable sociology」（アジア障害社会学会） （7） 2008.2 p135〜146

◇語彙分析の方法を用いた事例の検討—不登校傾向を示した小学生男児の事例を通して 宮下敏恵, 門前進 「上越教育大学心理教育相談研究」

（上越教育大学心理教育相談室）　7(1)　2008.3　p47〜57

◇自殺企図を示した社会不安の不登校高校生に対する認知行動療法　中島俊, 髙橋高人, 岡島義［他］　「北海道医療大学心理科学部心理臨床・発達支援センター研究」（北海道医療大学心理科学部）　4(1)　2008.3　p35〜44

◇思春期アトピー性皮膚炎（特集 アレルギー診療の落とし穴(pitfall) — 学童〜思春期）　片岡葉子　「小児科診療」（診断と治療社）　71(7)通号843　2008.7　p1161〜1166

◇こころと行動の問題診療の進歩と展望（特集 21世紀の小児科グランドデザインと進歩する小児医療 — 小児医療の進歩と展望）　平岩幹男　「小児科診療」（診断と治療社）　71(11)通号847　2008.11　p2035〜2038

◇臨床法医学で読む虐待事件(2) 不登校の原因が子ども虐待であった虐待死事例　長尾正崇　「子どもの虐待とネグレクト : 日本子ども虐待防止学会学術雑誌」（日本子ども虐待防止学会, 金剛出版（発売））　10(3)通号24　2008.12　p322〜328

◇児童精神科入院治療を受けた児童の予後調査　亀谷拓也, 林祐輔, 足助瑠美子［他］　「北海道児童青年精神保健学会会誌」（[北海道児童青年精神保健学会]）　(22)　2008.12　p35〜43

◇高校生の過剰適応傾向と, 抑うつ, 強迫, 対人恐怖心性, 不登校傾向との関連 — 高等学校2校の調査から　益子洋人　「学校メンタルヘルス」（日本学校メンタルヘルス学会）　12(1)　2009　p69〜76

◇不登校に伴う心身症状 — 考え方と対応（特集 小児をめぐる心身医学）　村上佳津美　「心身医学」（日本心身医学会, 三輪書店（発売））　49(12)通号365　2009　p1271〜1276

◇不登校傾向のみられた小学生男児のプレイセラピーに関わる治療外要因の一考察 — クライアント側, 治療者側の治療外要因の視点から　道上美紀, 岡嶋一郎, 加来洋一　「長崎純心大学心理教育相談センター紀要」（長崎純心大学心理教育相談センター）　8　2009　p31〜43

◇腹痛を伴った断続的不登校生徒に対する面接過程の一考察 — 交流分析とロールレタリングの視点から　原野義一　「臨床教育学論集」（武庫川臨床教育学会）　(3)　2009　p1〜12

◇不登校 — 小児慢性疲労症候群と睡眠（特集 子どもの睡眠）　三池輝久　「保健の科学」（杏林書院）　51(1)　2009.1　p35〜42

◇小児型慢性疲労症候群と不登校（第1土曜特集 最新・疲労の科学 — 日本発：抗疲労・抗過労への提言 — 疲労の臨床）　三池輝久　「医学のあゆみ」（医歯薬出版）　228(6)通号2737　2009.2.7　p710〜716

◇語彙分析の方法を用いた面接プロセスの検討 — 不登校傾向を示した中学生の事例を通して　宮下敏恵, 門前進　「上越教育大学心理教育相談研究」（上越教育大学心理教育相談室）　8(1)　2009.3　p71〜80

◇本学会誌［小児の精神と神経］における不登校論文の動向（[日本小児精神神経学会] 第100回記念学術集会特集 小児精神神経学の過去・現在・未来（その2） — 第四セッション 今, 改めて「不登校」を考える）　山崖俊子　「小児の精神と神経 : 日本小児精神神経学会機関誌」（日本小児精神神経学会, アークメディア（発売））　49(1)通号182　2009.3　p37〜42

◇「思春期内閉」の概念とセラピー（[日本小児精神神経学会] 第100回記念学術集会特集 小児精神神経学の過去・現在・未来（その2） — 第四セッション 今, 改めて「不登校」を考える）　山中康裕　「小児の精神と神経 : 日本小児精神神経学会機関誌」（日本小児精神神経学会, アークメディア（発売））　49(1)通号182　2009.3　p43〜51

◇先駆者からのメッセージ 睡眠のリズム障害からみた現代社会（特集 スリープ・リテラシー向上のために）　太田龍朗　「綜合臨牀」（永井書店）　58(3)　2009.3　p436〜442

◇小集団に対する心理的援助技法としての造形表現活動 — 不登校生徒に対するアプローチ　齋藤ユリ　「大正大学カウンセリング研究所紀要」（大正大学出版部）　(32)　2009.3　p5〜18

◇短期間に過換気症候群と代償性過換気を繰り返した10歳男児の1例　末田慶太朗, 石川丹　「日本小児科学会雑誌」（日本小児科学会）　113(4)　2009.4　p730〜733

◇回想法で楽しくやさしく — 心療回想法の理論と実際（第58回）保健室登校の中学生や高校生に回想法を試みる　小林幹児　「Best nurse」（北

海道医療新聞社）　20(7)通号233　2009.7　p48〜50

◇不登校傾向の子どもに対して教育心理学的働きかけが可能になるには ― 他機関との齟齬の考察　川原誠司　「宇都宮大学教育学部教育実践総合センター紀要」（宇都宮大学教育学部附属教育実践総合センター）　(32)　2009.7.1　p17〜24

◇睡眠ログによる生活リズム向上プログラムYM式の有効な活用について　山下信之　「年会論文集」（日本教育情報学会）　25　2009.8　p148〜151

◇アメリカにおける精神科と他の職種との連携 ― 不登校へのチーム・アプローチの紹介(特集 精神科と他科・他職種との連携 ― 小児医療)　齊藤卓弥, 西松能子, 南和行［他］　「臨床精神医学」（アークメディア）　38(9)　2009.9　p1287〜1295

◇アトピー性皮膚炎(特集 小児科医のための思春期医学・医療 ― 思春期における診療)　片岡葉子　「小児科」（金原出版）　50(11)　2009.10　p1849〜1853

◇性同一性障害と思春期(特集 今, 改めて"思春期"を考える ― その問題点と対策)　中塚幹也, 平松祐司　「産婦人科治療」（永井書店）　99(6)　2009.12　p589〜593

◇中学生の情緒的および行動上の問題を予防する心理教育的プログラム ― "サクセスフル・セルフ2"のアウトカム評価研究　安藤美華代　「研究集録」（岡山大学大学院教育学研究科）　(144)　2010　p27〜37

◇医学の眼(31)「こころ」が「からだ」に現れる子どもの病気 不登校と心身症　深井善光　「子どもと発育発達」（日本発育発達学会, 杏林書院（発売））　8(2)　2010　p117〜119

◇心身医学的にみた小児における頭痛(特集 頭痛の心身医学)　藤田光江　「心身医学」（日本心身医学会, 三輪書店（発売））　50(9)通号374　2010　p825〜831

◇学校に行かれない ― 適応障害と学校不適応(特集 小児科医が知っておくべき思春期の心 ― 訴えや症状からみた心の問題)　生地新　「小児科診療」（診断と治療社）　73(1)通号862　2010.1　p34〜38

◇不登校・ひきこもりの再発事例とCBT介入(特集 再燃・再発の予防と支援 ― 認知行動療法を中心に)　小林正幸　「臨床心理学」（金剛出版）　10(1)通号55　2010.1　p38〜43

◇小学生用不登校傾向尺度の作成と信頼性・妥当性に関する検討　五十嵐哲也　「愛知教育大学教育実践総合センター紀要」（愛知教育大学教育実践総合センター）　(13)　2010.2　p211〜216

◇小児の自立神経機能障害の検査と治療　藤原順子, 木村里美　「健康科学大学紀要」（健康科学大学）　(6)　2010.3　p173〜188

◇起立性調節障害(特集 小児の漢方療法 ― エキス剤を使いこなそう)　青山重雄　「小児科診療」（診断と治療社）　73(3)通号864　2010.3　p435〜437

◇不登校・(家庭内)暴力(特集 小児の漢方療法 ― エキス剤を使いこなそう)　大宜見義夫　「小児科診療」（診断と治療社）　73(3)通号864　2010.3　p447〜451

◇高校新入生ストレッサー尺度の作成と信頼性・妥当性の検討　国里愛彦, 伊藤大輔, 浅本有美［他］　「ストレス科学」（日本ストレス学会）　24(4)　2010.3　p271〜280

◇不登校の児童生徒に適用された行動療法の技法の展望　金原俊輔　「長崎ウエスレヤン大学地域総合研究所研究紀要」（長崎ウエスレヤン大学）　8(1)　2010.3　p1〜10

◇不登校へのブリーフセラピー(いじめ・不登校・学校)　津川秀夫　「こころの科学」（日本評論社）　通号151　2010.5　p82〜86

◇ビミョーな子どもたち ― 思春期外来ノート(4) 精神科医は不登校から戦線離脱したのか　武井明　「こころの科学」（日本評論社）　通号151　2010.5　p117〜123

◇思春期に不登校を呈した学習障害のある一少年への支援 ― その少年の学習行動や対人行動の変容過程　尾ノ上高哉, 綿巻徹　「特殊教育学研究」（日本特殊教育学会）　48(1)通号189　2010.5　p31〜42

◇思春期の睡眠問題と睡眠教育(特集 睡眠障害の最新の知識 ― 合併症としての睡眠医学)　田中秀樹, 出下嘉代, 古谷真樹　「臨床精神医学」（アークメディア）　39(5)　2010.5　p623〜637

◇EMDRおよびRDIの施行による不登校行動の改善効果について　小林正幸，早川恵子　「EMDR研究」（日本EMDR学会）　2(1)　2010.5　p39〜50

◇場面緘黙の背景となる要因の検討　吉田たまほ，小枝達也　「地域学論集」（鳥取大学地域学部）　7(1)　2010.6　p67〜77

◇小児慢性疾患患者に対する心理面への支援；思春期の精神発達，不登校への対応（特集　小児慢性疾患患者のための成人移行期支援―知っておきたい知識）　清田晃生　「小児看護」（へるす出版）　33(9)通号417　2010.8　p1215〜1220

◇摂食障害を伴う不登校気味の生徒へのアプローチ　久保史章　「教育催眠学研究」（日本教育催眠学会）　(7)　2010.10.28　p2〜4

◇自閉症スペクトラム不登校児への支援実践事例にみられる問題と課題―幼児期からの就学移行支援　高尾淳子　「SNEジャーナル」（日本特別ニーズ教育学会）　16(1)　2010.11　p165〜178

◇学校保健における性同一性障害―学校と医療との連携　中塚幹也　「日本医事新報」（日本医事新報社）　(4521)　2010.12.18　p60〜64

◇個人心理療法における「行き詰まり」状況の把握と，その扱いおよび進展に関する諸要因の検討：児童期の被虐待・思春期のひきこもり・青年期以降の人格障害に対する精神分析的な治療に焦点化して　吉沢伸一　「研究助成論文集」（明治安田こころの健康財団）　(47)　2011年度　p82〜91

◇不登校と睡眠障害について（第51回日本心身医学会総会ならびに学術講演会　シンポジウム　睡眠と健康）　増尾彰則　「心身医学」（日本心身医学会，三輪書店（発売））　51(9)通号386　2011　p815〜820

◇友人関係をうまくとることが難しい不登校中学生の自己理解と他者理解を促した動作法のサポート効果　鉄拳　「リハビリテイション心理学研究」（日本リハビリテイション心理学会）　38(1)　2011　p33〜42

◇不定愁訴患者のマネージメント（特集　不定愁訴の子どもを診るために―治療と介入の実際）　深井善光　「小児科診療」（診断と治療社）　74(1)通号875　2011.1　p104〜110

◇症例　自家感作性皮膚炎として治療されていた神経症性擦創　岸本和裕，小薗江浩一，羽金重喜他　「皮膚科の臨床」（金原出版）　53(1)　2011.1　p109〜111

◇基調講演　不登校の児童・思春期の精神医学―背景要因の理解と支援への応用（日本育療学会第14回学術集会報告）　齊藤万比古　「育療」（日本育療学会）　通号49　2011.2　p12〜23

◇ミニレクチャー　心身症等と不登校（日本育療学会第14回学術集会報告）　石崎優子　「育療」（日本育療学会）　通号49　2011.2　p31〜34

◇集団セッションにおける不登校児への認知行動アプローチ　小西宏幸　「大阪大谷大学紀要」（大阪大谷大学志学会）　45　2011.2　p1〜12

◇Dyslexia発達性読み書き障害の検討　脇口明子　「小児科」（金原出版）　52(3)　2011.3　p345〜350

◇不登校の児童に対して児童精神科医師が行っていること（健康保健福祉　夏期講座　不登校・ひきこもりの子どもたちを支えたい！：現状と新たな展開）　木下直俊　「ふくおか精神保健」（福岡県精神保健福祉協会）　(56)　2011.3　p3〜25

◇左腎静脈nutcracker現象の形態診断と今後の展望―不登校を伴う重度の起立性調節障害を中心に　高橋泰生　「小児科」（金原出版）　52(6)　2011.5　p897〜906

◇不安障害―不登校・ひきこもりとの関連を中心に（ミニ特集　精神疾患の診断と治療Update）　渡部京太　「小児科臨床」（日本小児医事出版社）　64(5)通号762　2011.5　p871〜879

◇小児保健　小児2型糖尿病児のサマーキャンプ　岡田泰助　「小児科」（金原出版）　52(11)　2011.10　p1543〜1549

◇症例報告　不登校の中学女子生徒との面接過程：森田療法的アプローチの試み　杉岡品子　「日本森田療法学会雑誌」（日本森田療法学会）　22(2)通号44　2011.10　p133〜142

◇感情を抑圧している子どもの理解と援助：「感情の社会化」の視点を通して　杉岡典子，上村惠津子　「教育実践研究：信州大学教育学部附属教育実践総合センター紀要」（信州大学教育学部附属教育実践総合センター）　(12)　2011.12　p61〜70

◇不登校と家庭内暴力をきたした中学生の入院治療：症例にみる心理的回復の過程　奥山玲子, 和泉希, 佐藤明美［他］　「北海道児童青年精神保健学会会誌」（[北海道児童青年精神保健学会]）　(25)　2011.12　p53〜59

◇臨床研究・症例報告 好酸球性腸炎による腹痛が原因で不登校となっていた男児の1例　遠海重裕, 瀧浦俊彦, 岡本さつき［他］　「小児科臨床」（日本小児医事出版社）　65(1)通号771　2012.1　p139〜144

◇抑うつ傾向の高い中学生における不登校・身体症状・社会的スキルによる類型化と抑うつとの関連　山口祐子　「心理臨床学研究」（日本心理臨床学会, 誠信書房（発売））　29(6)　2012.2　p803〜807

◇不登校リカバリー群の心理的変容, 情緒および行動特性に関する縦断的研究　松浦直己, 岩坂英巳　「教育実践開発研究センター研究紀要」（奈良教育大学教育実践開発研究センター）　(21)　2012.3　p119〜124

◇中学生の抑うつと不安に対する認知行動療法プログラムの開発研究　大坪健, 内田一成　「上越教育大学心理教育相談研究」（上越教育大学心理教育相談室）　11(1)　2012.3　p13〜23

◇中学校入学に向けた抑うつ症状と不安症状に対する予防プログラムの開発研究：中1ギャップの解消に向けて　金田良哉, 内田一成　「上越教育大学心理教育相談研究」（上越教育大学心理教育相談室）　11(1)　2012.3　p25〜35

◇活動集団療法を用いた不登校生徒支援の実践報告について　黒水るみこ　「中村学園大学発達支援センター研究紀要」（中村学園大学発達支援センター）　(3)　2012.3　p43〜49

◇起立性調節障害（特集 小児慢性疾患の生活指導：最新の知見から）　松島礼子, 田中英高　「小児科臨床」（日本小児医事出版社）　65(4)通号774　2012.4　p909〜915

◇不登校への対応（特集 精神科医からみた子どもの精神疾患）　齊藤万比古　「小児科」（金原出版）　53(5)　2012.5　p589〜595

◇精神保健福祉センターを受診した高校生の不登校　土岐茂, 谷山純子, 衣笠隆幸　「精神医学」（医学書院）　54(6)通号642　2012.6　p611〜616

◇ミネラル補給 登校拒否から, 元気に学校へ　「食品と暮らしの安全」（食品と暮らしの安全）　(281)　2012.9　p28〜31

【図書】

◇慢性疾患, 心身症, 情緒及び行動の障害を伴う不登校の経験のある子どもの教育支援に関するガイドブック―課題別研究慢性疾患児（心身症や不登校を含む）の自己管理支援のための教育的対応に関する研究　国立特殊教育総合研究所編　横須賀　国立特殊教育総合研究所　2006.3　138p　26cm　（特殊研 B-200）　Ⓝ371.42

◆進路とその後

【雑誌記事】

◇ひきこもり研究の観点からみた不登校予後調査のまとめ（[国立精神・神経センター精神保健研究所]50周年記念特集 精神保健研究の現状と課題）　堀内健太郎, 吉田光爾, 小林清香［他］　「精神保健研究」（国立精神・神経医療研究センター精神保健研究所）　(16)通号49　2003　p153〜158

◇不登校経験と進学後の学校嫌い感情との関連　興津真理子, 水野邦夫, 上西恵史［他］　「聖泉論叢」（聖泉大学紀要委員会）　(11)　2003　p27〜37

◇教育情報(1035)登校拒否・不登校問題全国のつどいと私　熊谷直樹　「教育」（国土社）　53(1)通号684　2003.1　p117〜119

◇不登校の再登校以降の追跡研究(1)中学校、高校期を中心として　小野昌彦　「教育実践総合センター研究紀要」（奈良教育大学教育学部附属教育実践総合センター）　(12)　2003.3　p81〜85

◇不登校の社会適応予後に関する調査研究　星野仁彦, 大島典子, 桃井真帆［他］　「小児の精神と神経：日本小児精神神経学会機関誌」（日本小児精神神経学会, アークメディア（発売））　43(2)通号159　2003.6　p121〜130

◇不登校傾向のある生徒の進路および受け入れ先に関するデータベース構築に関する研究　川島恵美, 長尾文雄, 山本智也［他］　「ヒューマンケア実践研究支援事業研究成果報告書」（ひょうご震災記念21世紀研究機構）　2004年度　2004　p147〜156

◇特集関連資料紹介「中1不登校生徒調査(中間報告)」を読む(特集2 不登校を経験した子どもへの新学年はじめの対応)」『月刊学校教育相談』(ほんの森出版)　18(4)　2004.3　p52～61

◇全寮制高等学校における生徒の学校生活―不登校経験者の多い高等学校を対象として　山崎早苗, 郷木義子, 中桐佐智子　「順正短期大学研究紀要」(順正短期大学)　(34)　2005　p29～36

◇不登校経験と進学後の学校嫌い感情との関連(2)　興津真理子, 水野邦夫, 吉川栄子［他］　「聖泉論叢」(聖泉大学紀要委員会)　(13)　2005　p39～49

◇ある不登校学生の母親面接―学生の再登校・そして就職活動　関川紘司　「学生相談研究」(日本学生相談学会)　25(3)　2005.3　p179～189

◇不登校経験者の大学への適応について　興津真理子, 水野邦夫, 吉川栄子［他］　「聖泉論叢」(聖泉大学紀要委員会)　(14)　2006　p73～83

◇不登校・ひきこもりの子どもたちの高校卒業資格を考える　高柳嘉之　「Active」(向陽舎, 星雲社)　(14)　2006.8.20　p74～78

◇不登校の子の理解と援助(8)不登校の子どもたちの進路　伊藤美奈子　「児童心理」(金子書房)　60(16) 通号850　2006.11　p1559～1565

◇症例研究 不登校生徒の通信制高校適応状況の検討(特集 学校精神保健)　稲垣卓司, 和気玲「児童青年精神医学とその近接領域」(日本児童青年精神医学会)　48(2)　2007　p155～160

◇「不登校の"その後"を生きる女性の語り」に向けて(女性と労働)　貫戸理恵　「フリーターズフリー」(フリーターズフリー, 人文書院)　(1)　2007　p139～149

◇不登校経験のある新入生の精神的健康に関する研究　坂中尚哉, 中島力, 浦野俊美　「研究紀要」(関西国際大学)　(8)　2007.3　p81～89

◇不登校児の進路選択　廣瀬雄一　「学校臨床心理学研究: 北海道教育大学大学院研究紀要」(北海道教育大学大学院教育学研究科学校臨床心理学専攻)　(6)　2008年度　p51～66

◇不登校生徒支援における長期目標としての自立とその過程で生じる葛藤の重要性の検討　山田裕子, 宮下一博　「千葉大学教育学部研究紀要」(千葉大学教育学部)　56　2008.3　p25～30

◇「不登校」のその後について―「不登校」生徒の歩む道について考える　桑原和也　「明星大学教育学研究紀要」(明星大学教育学研究室)　通号23　2008.3　p107～113

◇キャリア発達という視点からみた高校生の不登校事例(ケース報告特集号)　田中輝美　「カウンセリング研究」(日本カウンセリング学会)　42(4)　2009.12　p361～368

◇「不登校」の居場所における進路の相談をめぐる葛藤―スタッフやボランティアへの聞き取り調査を中心に(平成21年度博士学課程生研究支援プログラム研究成課報告書)　森啓之　「慶應義塾大学大学院社会学研究科紀要 : 社会学・心理学・教育学 : 人間と社会の探究」(慶應義塾大学大学院社会学研究科)　(70)　2010　p173～178

◇不登校・中途退学経験者への生徒指導の方向性を模索して　杉山雅宏　「東京立正短期大学紀要」(東京立正短期大学)　(38)　2010　p93～117

◇人と人が「つながる」ということに関する研究―不登校経験者の克服過程に着目して(教育実践を指向した学習支援システム/一般)　十河智, 藤村裕一　「日本教育工学会研究報告集」(日本教育工学会)　10(1)　2010.3.6　p287～294

◇養護型不登校経験者の社会的自立に関する研究―経済的不利の世代間連鎖から離れていくための道筋　西原尚之　「学校ソーシャルワーク研究」(日本学校ソーシャルワーク学会)　(5)　2010.7　p15～29

◇ティーンズメッセージfromはらっぱ(Vol.172)ぼくらは「不登校生」だった！　「自由空間きらり」卒業生　「はらっぱ : こどもとおとなのパートナーシップ誌」(子ども情報研究センター)　(309)　2010.8　p18～21

◇不登校リカバリー群の心理・発達的特性―不登校経験者に関する準備的研究　松浦直己, 岩坂英巳　「教育実践総合センター研究紀要」(奈良教育大学教育学部附属教育実践総合センター)　(20)　2011.3　p73～78

◇不登校経験を持つ児童生徒へのソーシャルスキルトレーニングを用いたキャリア支援プログラム：適応指導教室での実践　杉田郁代　「マツダ財団研究報告書 青少年健全育成関係」(マツダ財団)　24　2012　p31～41

◇大学と地域の連携でおこなう、ひきこもり・不登校学生への就労支援　和田修　「九州国際大学教養研究」（九州国際大学教養学会）　18(3)通号52　2012.3　p61～75

◇不登校を経験した青年の育ちを抑制するもの：不登校経験の意味づけと影響　松井雅美、笠井孝久　「千葉大学教育学部研究紀要」（千葉大学教育学部）　60　2012.3　p55～62

【図書】

◇不登校—その後—不登校経験者が語る心理と行動の軌跡　森田洋司編著　教育開発研究所　2003.5　275p　21cm　（教職研修総合特集）〈付属資料：CD-ROM1枚（12cm）〉　2600円　Ⓘ4-87380-846-4　Ⓝ371.42

◇不登校児を「メシが食えるプロ」にする方法—本当の「生きる力」をつける教育　佐倉一樹著　PHP研究所　2004.3　202p　19cm　1300円　Ⓘ4-569-63587-3　Ⓝ370.4
　内容　序章 不登校児は「問題児」ではない　第1章 ホリプロ提携校としての旅立ち　第2章「不良」「心の病」大歓迎　第3章 一人ひとりの生徒と個人として向き合う　第4章「がむしゃら」に練習し、本物を目指せ　第5章 講師は全員現役のプロ　第6章 プロデビューした卒業生たち　第7章 君もプロになれる！　第8章 対談・好きなことで身を立てるために（対談相手・和田秀樹）

◇好きなコトに一生懸命、自分らしく高校卒業—不登校・高校中退からの再出発　長森修三監修　学びリンク　2005.3　169p　19cm　1143円　Ⓘ4-902776-05-7　Ⓝ376.7
　内容　第1章 広がる夢と可能性（"新しい学びの場"の誕生、それがサポート校です　サポート校の役割　ほか）　第2章 わたしたちの学びの場（継続的にかかわるスクールカウンセラーがいる　生徒の居場所がたくさんあるアネックス　ほか）　第3章 生徒・先輩が語る渋谷高等学院（人との出会いがすべてを変えてくれた　この学校に入って、前向きに考えられるようになりました　ほか）　第4章 中学卒・高校中退から広がる進路（不登校十二万六千人—不登校生は本当に減少したのか　継続する不登校状態　ほか）

◇不登校からの海外留学—1200人のサポート経験からわかったこと　WSOセンター編　学習研究社　2006.3　223p　19cm　1400円　Ⓘ4-05-402753-9　Ⓝ376.489
　内容　第1話「不登校だったからこそ、海外の高校を卒業できた！」—渡辺早紀さんの場合　第2話「海外の学校でやり直せるなら、頑張ってみたい」—藤井隼人くんの場合　第3話 不登校の原因は、家庭にあるわけではない—河野雅弘くんの場合　第4話 短期語学研修に参加して、留学を決意—杉原洋平くんの場合　第5話「これまでの自分を変えたい」と短期語学研修で留学を決意—高橋朋子さんの場合　第6話 すぐにあきらめてしまう性格を、プライドを捨てて克服—田中美由紀さんの場合　第7話「もう一度高校へ行きたい！」年齢なんて気にする必要はない—福田祐介くんの場合　第8話 留学生活を支えたのは、ふたりのお母さん—林弘樹くんの場合　第9話「自由」とは、「勝手気まま」なことじゃない—松本郁己くんの場合　第10話 帰国生入試で、難関大学に進学—中村亜沙子さんの場合

◇なぜ、不登校生が有名大学に受かるのか？—留学で見つけた本当の自分　平井啓一著　学習研究社　c2009　230p　19cm　1400円　Ⓘ978-4-05-404310-7　Ⓝ376.489
　内容　第1章 留学で不登校生は必ず再起する　第2章 学校に行けないわが子に親がすべきこと　第3章 不登校から留学を決意するまで　第4章 有名大学へ合格する元不登校生たち　第5章 留学中に育てる有名大学合格への基盤　第6章 留学先の教育制度と学校生活

◇成功する不登校留学—その子に合った徹底サポート力が成功の秘訣　後藤誠著　学研教育出版　2012.9　179p　19cm　〈発売：学研マーケティング〉　1500円　Ⓘ978-4-05-405493-6　Ⓝ376.489
　内容　第1章 なぜ不登校生に海外留学を提案するのか　第2章 徹底した留学サポート　第3章 留学生たちの物語　第4章 不登校生のタイプ別サポート　第5章 留学後の進路—帰国生入試　第6章 留学生活Q&A　第7章 各国の教育制度及び費用

体験記・ルポ

【雑誌記事】

◇不登校からはじまった僕の社会的自立（不登校の今を考える—子ども、NPO、教職員、それぞれの視点）　石井志昂　「教育評論」（アドバンテージサーバー）　通号677　2003.9　p29～32

体験記・ルポ　　　　　　　　　　　　　　　　　　　　　　　　　　　　　　　不登校

◇書評 森田洋司編著『不登校その後：不登校経験者が語る心理と行動の軌跡』　卜部敬康　「現代の社会病理」（日本社会病理学会）　(19)　2004　p113～116

◇「〈当事者〉の語り」の意義と課題—不登校経験の言語化をめぐって　貴戸理恵　「相関社会科学」（東京大学大学院総合文化研究科国際社会科学専攻）　(14)　2004　p18～38

◇研究発表 不登校生徒から学んだこと—摂食障害を持つA子とのかかわり（変わること、変わらないこと—全国学校教育相談研究会第38回研究大会より）　五十嵐とし江　「月刊学校教育相談」（ほんの森出版）　18(2)（増刊）　2004.1　p144～149

◇研究発表 不登校生徒から学んだこと—摂食障害を持つA子とのかかわり（変わること、変わらないこと—全国学校教育相談研究会第38回研究大会より）　五十嵐とし江　「月刊生徒指導」（学事出版）　34(2)（増刊）　2004.1　p144～149

◇受賞のことば/受賞者インタビュー 不登校とパチスロの日々に父は—金原ひとみ（第130回芥川賞発表）　金原ひとみ　「文芸春秋」（文芸春秋）　82(4)　2004.3　p320～324

◇不登校経験の語られ方—不登校と引きこもりの接続を検討する　布村育子　「埼玉学園大学紀要．人間学部篇」（埼玉学園大学）　(4)　2004.12　p35～48

◇SOCIETY & THE ARTS 教育 日本人「不登校留学」を待つ現実　「Newsweek」（阪急コミュニケーションズ）　20(11)通号947　2005.3.16　p56

◇読みもの 不登校から見た現代「中学生」（中心テーマ/中学生）　高士直子　「更生保護」（日本更生保護協会）　56(8)　2005.8　p20～23

◇極私的不登校闘争二十年史序説（特別企画 ひきこもり）　山登敬之　「こころの科学」（日本評論社）　通号123　2005.9　p64～70

◇不登校経験者のきょうだいの語りを聴く—グラウンデッド・セオリー・アプローチにより語りを再構成する試み　溝口いずみ, 菅沼憲治　「茨城大学教育実践研究」（茨城大学教育学部附属教育実践総合センター）　(25)　2006.10　p255～270

◇特集実践 不登校を経験した子どもたちから学んだこと 身にしみいる体験から生まれるもの（特集 不登校にどう対応するか）　須崎貫　「月刊生徒指導」（学事出版）　36(13)　2006.11　p26～29

◇いじめ解決策に向けての一考察—子ども集団の力関係の分析を通して　松下一世　「九州教育学会研究紀要」（九州教育学会）　36　2008　p35～43

◇不登校経験者の自己省察に関する研究(2)　松井理納, 稲垣応顯　「教育実践研究：富山大学人間発達科学研究実践総合センター紀要」（富山大学人間発達科学部附属人間発達科学研究実践総合センター）　(2)　2008.3　p95～101

◇子どもSOS(第11回)「つながる」心を家庭に求めて不登校を選んだ子　富田富士也　「月刊福祉」（全国社会福祉協議会）　91(3)　2008.3　p80～83

◇不登校経験者の自己省察に関する研究(3)時間的展望の変化に着目して　松井理納, 稲垣応顯　「教育実践研究：富山大学人間発達科学研究実践総合センター紀要」（富山大学人間発達科学部附属人間発達科学研究実践総合センター）　(3)　2008.12　p93～101

◇祈り—ある不登校中学生の物語　中山健, 佐々木美穂, 岩下麻由加［他］　「教育実践研究」（福岡教育大学教育学部附属教育実践総合センター）　(17)　2009.3　p167～175

◇不登校中学生が「ギャル」から少し素朴な少女になって高校に通学するまで　上淵真理江　「共立女子短期大学文科紀要」（共立女子短期大学文科）　(53)　2010.1　p25～31

◇不登校の子とともに歩んで（特集 不登校はいま）　門前真理子　「教育」（国土社）　60(5)通号772　2010.5　p42～47

◇不登校を超え、みずからを生きる—不登校生が暮らす現場より（いじめ・不登校・学校）　宇都宮誠　「こころの科学」（日本評論社）　通号151　2010.5　p23～28

◇不登校経験者が語る"不登校経験の意味"—"自己資源化の可能性"の提案　松坂文憲　「岩手大学大学院人文社会科学研究科研究紀要」（岩手大学大学院人文社会科学研究科）　(19)　2010.6　p39～56

◇「神の島」で不登校児を育てる（大宅賞40周年記念特別企画 足るを知るひと）　奥野修司　「文芸春秋」（文芸春秋）　88(8)　2010.6　p217～223

◇不登校経験者の物語 :「いまだ語られていない物語」へ　廣瀬雄一　「学校臨床心理学研究 : 北海道教育大学大学院研究紀要」（北海道教育大学大学院教育学研究科学校臨床心理専攻）　(9)　2011年度　p75～93

◇元キャリア官僚の校長奮闘日誌「卒業」認定と「不登校」　浅田和伸　「内外教育」（時事通信社）　(6065)　2011.3.11　p5

◇学校が「学校を利用する」という考えを受け入れるまで : ある生徒をめぐるナラティヴの変化　柴田健　「秋田大学教育文化学部教育実践研究紀要」（秋田大学教育文化学部附属教育実践総合センター）　(33)　2011.5　p143～154

◇メール・ネットにつながりを求める不登校児たち（不登校の現在）　牟田武生　「児童心理」（金子書房）　65(9)通号933（臨増）　2011.6　p53～59

【図書】

◇春の道を歩く―不登校を乗りこえて Going my way　吉敷ひろみ著　秋田　吉敷ひろみ　2003.8　158p　19cm　〈発売：秋田文化出版（〔秋田〕）〉　1429円　Ⓘ4-87022-412-7　Ⓝ911.56

　内容　蛍の里　無言のラビリンス　各駅のあの頃　砂と海と波と　朝も夜も　メルヘンの宝箱　子供の大人　ハレルヤ秋田のキリシタンに捧げる鎮魂歌　芽を継ぐ時代　心の殻〔ほか〕

◇たとえ学校へ行けなかったとしても　碧木麗著　文芸社　2003.11　234p　19cm　1200円　Ⓘ4-8355-6526-6　Ⓝ371.42

◇ぼくは40年前から不登校だった―教育相談担当教師がみずから綴る幼少青年期の奇矯な記録　野近和夫著　大阪　和泉書院　2004.8　111p　19cm　(Izumi books 8)　800円　Ⓘ4-7576-0271-5　Ⓝ371.42

　内容　幼少期　生い立ち（ぼくの家族）　小学校　西宮から歩く　レコードと本と地図　尊敬する人物　マミー　こいのぼり　相手に合わせる　消しゴム〔ほか〕

◇子どもたちの声が聞こえる―不登校と向き合った日々　島田直子著　庄川町（富山県）　島田徹　2004.9　217p　22cm　2000円　Ⓝ371.42

◇不登校だったボクと島の物語　鈴木正輝, 鈴木はつみ, 鈴木正洋, 梅原利夫著　ふきのとう書房　2005.6　134p　21cm　〈発売：星雲社　肖像あり〉　1500円　Ⓘ4-434-06285-9　Ⓝ371.42

　内容　1 不登校バンザイ！（不登校になって本当によかった　ボクが不登校になってから、鳩間島に行くことになるまで）　2 はばたけ不登校（まさかわが子が不登校に　私たちの子育てと正輝の育ち　不登校の現実と向き合う ほか）　3 第二の誕生をとげた島の物語（島で蘇生し第二の誕生をとげた正輝　鳩間島の学校と海浜留学で育つ子どもたち）

◇不登校からのメッセージ　小野寺俊克著　仙台　北の杜編集工房　2005.8　187p　21cm　1200円　Ⓘ4-907726-30-9　Ⓝ371.42

◇不登校からの旅立ち　今泉博編著　旬報社　2006.4　215p　19cm　1500円　Ⓘ4-8451-0973-5　Ⓝ371.42

　内容　プロローグ　「不登校」の時期を悔やんでなんかいません　私の人生として堂々と生きていくつもりです　第1章 学校になんか二度と行くもんか―その彼女がどうして学校で学び生活するようになったのか　第2章 「心配」から「安心」へ―完璧じゃなくったっていいんだ "修了文" 「この一年で学んだこと」から　第3章 学ぶことで夢がふくらむ― "卒業論文" 「私の考える世界」から　第4章 授業で心が解き放され、私は変わった― "詩穂の手記" から　第5章 この子は堂々と生きていける― "お母さんの手記"　エピローグ 家庭や学校は何をだいじにしていったらよいか

◇子どもは無限の可能性をもっている―不登校児とかかわって　瀬戸内大好著　新風舎　2006.12　75p　19cm　(Shinpu books)　900円　Ⓘ4-7974-8633-3　Ⓝ371.42

　内容　不登校児との付き合いから学んだこと　初めて不登校児に出会う　なんでもできたノボル君がいじめにあって挫折した　チエコさん母子にたくさんのことを教えてもらった　学校態勢を整えて　保健室登校と個別指導教室の成果　適応指導教室で　訪問指導を始める

◇不登校のある景色　村内かおり著　東洋出版　2006.12　153p　20cm　1429円　Ⓘ4-8096-7535-1　Ⓝ371.42
内容 マナコの章(ちょっと大きい当たり前の始まり　大波の日々に心の奥まで洗われる ほか)　タロウ・シヅコの章(長男の場合　子育て感 ほか)　タダシの章(ゆるみ、ゆとりを作る大切さ　学校の先生 ほか)　ゴロウの章(末っ子の場合　「ヒマ」を大事にしよう ほか)

◇もう学校には行けない　早川幸恵著　幻冬舎ルネッサンス　2007.10　173p　19cm　1200円　Ⓘ978-4-7790-0246-5　Ⓝ371.42
内容 入学までの不安な日々　いよいよ学校が始まった　もう学校には行けない　やっぱりダメだ　私の学校がほしい　今度はやめない

◇私が不登校になった理由　青田進編著　大阪日本教育研究センター　2008.11　170p　21cm　1500円　Ⓘ978-4-89026-141-3　Ⓝ371.42
内容 第1部 私たちの声は届いていますか？—不登校と向き合い、そして戦った、三十人の子どもたちの声　第2部 「不登校」とは何か？—不登校生三千人を育てた日生学園理事長、青田進の分析(わかっていますか、子どもが考えていることが　わかっていますか、子どもが学校に行けない理由が　見えていますか、子どもの心の中が　一つの処方箋)　第3部 私たちは、はばたき始めた—先生、友達、先輩にはげまされた成長の記録

◇届け!!文科省まで—不登校に"学ぶ"ママが集めた親の声、子どもの声、先生の声　河野安子、石井嘉寿絵編　〔熊本〕〔石井嘉寿絵〕　2008.12　136p　21cm　1260円　Ⓝ371.42

◇不登校 ひきこもり こころの解説書—僕がひきこもりだったときに言えなかったこと　金馬宗昭著　学びリンク　2010.3　259p　19cm　1200円　Ⓘ978-4-902776-45-4　Ⓝ371.42
内容 第1章 僕の土台が崩れた日　第2章 動けない日々　第3章 誰か僕を教師にしてください…　第4章 人の役に立つ喜び　第5章 現在の仕事との出会い　第6章 ECCでの経験　付記 アスペルガー症候群の子どもたちから学んだこと

◇ぼくをわかって！　阿蘭ヒサコ,冨部志保子著　NTT出版　2010.3　231p　19cm　〈文献あり〉　1500円　Ⓘ978-4-7571-4244-2　Ⓝ378.6

◇こうして彼らは不登校から翔びたった—子どもを包む、3つの言葉　比嘉昇著　ウェッジ　2011.12　214p　19cm　1400円　Ⓘ978-4-86310-091-6　Ⓝ371.42
内容 序章 私の原点(不登校が「当たり前」の国　校長としての慚愧たる思い ほか)　第1章 信じる(嘘をついた、でも謝れた　土からもらった元気 ほか)　第2章 待つ(久美の冬、久美の春　大人の建前と子どもの本音 ほか)　第3章 愛する(朋玄は「わが家の居候」　丸ごと認めることが愛情の原点 ほか)

◆親の体験記・ルポ

【雑誌記事】

◇長女は不登校、私は不眠—夫の事故死の後遺症は重く(特集 いのちの重さを見つめよう—読者体験手記 愛する人との突然の別れに)　梅本圭子　「婦人公論」(中央公論新社)　88(12)通号1132　2003.6.22　p60〜62

◇わが子の不登校から学んだこと(特集 学校ってどんなところ)　宇田川歌子　「子どものしあわせ」(草土文化)　通号686　2008.4　p16〜19

◇不登校を体験した「母」の語り—あるサポート校の母親グループの文集から　冨岡理恵　「上智教育学研究」(上智大学教育学研究会)　24　2010　p1〜20[含 英語文要旨]

◇不登校になってよかった—娘をエスカレーターから降ろして見えてきたこと(特集 新自由主義は学校をどう変えたか)　小池優理子,小池伊佐子,林直哉　「教育」(国土社)　61(3)通号782　2011.3　p41〜53

【図書】

◇ちょっと離れて—不登校生の母の手記　佐藤りつ子著　新風舎　2003.9　63p　19cm　(Shinpu books)　1100円　Ⓘ4-7974-2454-0　Ⓝ371.42
内容 ため息の日々　十七年前　第一反抗期　体力勝負—小学生の頃　部活の追っかけ—中学生の頃　第二反抗期　何となく分かる事　ちょっと離れて—船上から　未知への期待—長男の時　扉を開けて　今なら分かる事　最後に

◇不登校の息子はわが戦友—父と子の3年間の共闘記　船橋一也著　アートブック本の森　2003.11

207p 19cm 〈発売：コアラブックス〉 1400円 Ⓘ4-87693-989-6 Ⓝ371.42

内容 中1の2学期から―皆目わからない問題がなぜ学校へ行くの―生真面目な性格が顕著 人より自分―子供より親（＝自分） 親のセミナー―有効な"薬"を求めて 引きこもりそうになった―不登校からの不安 普通でいい―子どもに"いい顔をしていたのか？" 息子の"今"を見守るということ―不安と焦り 世間の常識はひとまず置いて―父の反省 ひとつの見識―力まず、期待せず 彼からのシグナル―親は試されているのか〔ほか〕

◇わが子が不登校で教えてくれたこと 野村俊幸著 新風舎 2005.7 159p 19cm 1300円 Ⓘ4-7974-6935-8 Ⓝ371.42

内容 第1章 わが家の不登校体験（長女の体験から―追いつめる 次女の体験から―受けとめる） 第2章 親は子どもにどう向き合えばいいのか（「原因探し」より「受けとめる」ことから 勉強の遅れや進学の不安をどうしたらよいか ほか） 第3章 学校と良い関係をつくるために（学校と上手につき合おう 「義務教育」「就学義務」をめぐる誤解 ほか） 第4章 学校や教育行政に望むこと（学校復帰を目的化しないでほしい 学校ペースの援助はやめてほしい ほか） 第5章 不登校を教育改革の手がかりに（「なぜ子どもに拒否されるのか」という視点を 学校改革にもっと福祉の視点を ほか）

◇ありのままでいいんだよ 不登校の子を持つ親 著，広木克行編著 北水 2005.9 340p 21cm 2000円 Ⓘ4-939000-75-3 Ⓝ371.42

内容 わが子の心に出会う時 Ten Years After 一緒に前に進んで行こう 不登校で！自由な!! 普通の!?わが家 子どもの伴奏者として 父親としてできること 子ども達と生きる やっぱり出口はありました 大切なことに気づかされて もう一度家族 登校拒否を考える親の会に関わって ありのままを受けとめる 本書を世に問う意味

◇わが子を見つめて―三年間の不登校にありがとう 飯野久美子著 新風舎 2005.11 46p 19cm 800円 Ⓘ4-7974-6999-4 Ⓝ371.42

◇不登校・非行・ひきこもりになったわが子―悩みを乗りこえた母親たちの声 岡田真紀著 学苑社 2007.5 218p 19cm 1800円 Ⓘ978-4-7614-0703-2 Ⓝ371.42

内容 1 母親たちの声を聴く（蹴られて分かった心の痛み お父さんみたいには生きられない ほか） 2 今、子どもを育てる場は―どうして子育てが難しいのか（孤独な子育て―誰が私を支えてくれるの？ 親と子を襲う社会の変化―見知らぬ世界にたたずむ親 ほか） 3 今、子どもたちが生きている場は（学校という場 家庭も学校を気にしている ほか） 4 子と親と社会の未来へ（親と子が変わっていく 堅い社会を変える柔らかな視線 ほか）

◇心から心へ―不登校、親の体験記 山梨不登校の子どもを持つ親たちの会「ぶどうの会」編 新科学出版社 2007.9 219p 19cm 1500円 Ⓘ978-4-915143-28-1 Ⓝ371.42

内容 詩・心の叫び 「多様であっていい」ということ―記念講演 共に歩みながら 未来に羽ばたけ 「もう大丈夫」の言葉が聞ける日までありがとう、認め合う喜びを知って わが子からもらった"たからもの" 不登校という名の教科書 いろいろな生き方 息子の足跡をたどりながら 心を見つけて ひと粒の光 長いトンネルを越えて 不登校からひきもり そして点から線へ 家族の絆 おこらず あせらず あきらめず

◇不登校が教えてくれた母ごころ―親と子の絆を取り戻した41の言葉 リバースアカデミー師友塾編 学びリンク 2007.11 190p 19cm 1000円 Ⓘ978-4-902776-24-9 Ⓝ371.42

内容 第1章 「不登校の困った子」から「優れた資質の子」へ（池にフナが浮くのはだれのせいか 池にフナが浮いていたら、どうしてだと思うか） 第2章 「母親」から本物の「母」へ（子どもの存在をまるごと受け止める肚を決めなさい 子どもの存在をまるごと受け止める肚を決めなさい ほか） 第3章 「親と子」から「親子」へ（見たものに惑わされてはならない、聞いたことに支配されてはならない 見たもの、聞いたものに惑わされてはならない ほか） 第4章 「生きる」から「よく生きる」へ（考えること自体が正しい 信じることを教えてこなかった ほか） 第5章 「緊張」から「安心」へ（君の釣竿では鯨は釣れない 君は西瓜だね ほか）

◇長欠児―脳外傷不登校六年間の子と母の闘い 岡田まき子著 文芸社 2009.11 285p 20cm 〈近代文芸社1997年刊の増補、訂正〉 1500円 Ⓘ978-4-286-07839-7 Ⓝ378

体験記・ルポ　　　　　　　　　　　　　　　　　　　　　不登校

◇わが子が不登校で教えてくれたこと　野村俊幸
　著　改訂版　文芸社　2009.11　182p　19cm
　〈初版の出版者：新風舎〉　1000円　①978-4-286
　-07761-1　Ⓝ371.42

◇ダイジョウブ─3年間の不登校にありがとう
　飯野久美著　文芸社　2009.12　46p　19cm
　〈「わが子を見つめて」(新風舎)の増訂〉　600円
　①978-4-286-08438-1　Ⓝ371.42

ひきこもり

【雑誌記事】

◇高校生に見る不登校、非行、ひきこもり(特集 第44回精神保健シンポジウム(鳥取)児童思春期のこころの悩み) 原田豊 「心と社会」(日本精神衛生会) 34(3)通号113 2003 p20～25

◇今、「こころ」で何が起こっているのか―解離性同一性障害とひきこもりを例に考える(特集 こころとからだのエコロジー) 斎藤環 「談：speak, talk, and think」(たばこ総合研究センター) (68) 2003 p71～89

◇行政リポート 若者の「ひきこもり」 大坪みどり, 西田純子 「URC都市科学」(福岡都市科学研究所) 57 2003.秋 p66～74

◇講座 社会的ひきこもり(特集 全国学校教育相談研究会第37回研究大会(東京大会)より―かかわる・みとめる・つなげる) 高橋良臣 「月刊学校教育相談」(ほんの森出版) 17(2)(増刊) 2003.1 p54～59

◇講座 社会的ひきこもり(かかわる・みとめる・つなげる―全国学校教育相談研究会第37回研究大会より) 高橋良臣 「月刊生徒指導」(学事出版) 33(2)(増刊) 2003.1 p54～59

◇保坂展人の突風行脚の記(44)ひきこもりとの格闘―映画『home』と小林兄弟 保坂展人 「社会民主」(社会民主党全国連合機関紙宣伝局) (572) 2003.1 p30～33

◇大人の目・子どもの目 「ひきこもり」の本質 正高信男 「小児看護」(へるす出版) 26(1)通号318 2003.1 p110～113

◇現代の病理か 引きこもり100万人時代の深刻―まず親が変われ!激励・叱責は禁物、ネットの出会いが回復のきっかけに 吉田清久, 込山駿 「読売ウイークリー」(読売新聞東京本社) 61(1・2)通号2849 2003.1.5・12 p89～92

◇大学生のひきこもりに関連する心理的特性に関する研究 松本剛 「カウンセリング研究」(日本カウンセリング学会) 36(1) 2003.2 p38～46

◇文学の徴候(2)ひきこもり文学は可能か 斎藤環 「文學界」(文藝春秋) 57(3) 2003.3 p326～332

◇あえて大論争 ひきこもりは「救出すべきか、放っておくべきか」 芹沢俊介, 斎藤環, 池上正樹 「サンデー毎日」(毎日新聞社) 82(13)通号4552 2003.3.30 p48～51

◇「引きこもり」の青年とのかかわりから生み出されたもの(特集/教育の危機からあらたな共同・協同へ) 安達俊子, 安達尚男 「教育」(国土社) 53(5)通号688 2003.5 p47～53

◇〈事例で学ぶ〉ブリーフセラピー(26)ひきこもり(?)のW君(1) 森俊夫 「月刊学校教育相談」(ほんの森出版) 17(8) 2003.7 p78～85

◇〈事例で学ぶ〉ブリーフセラピー(27)ひきこもり(?)のW君(2) 森俊夫 「月刊学校教育相談」(ほんの森出版) 17(10) 2003.8 p110～117

◇時評2003 「ひきこもり」にみる日韓の家族 斎藤環 「中央公論」(中央公論新社) 118(8)通号1431 2003.8 p42～45

◇〈事例で学ぶ〉ブリーフセラピー(28)ひきこもり(?)のW君(3) 森俊夫 「月刊学校教育相談」(ほんの森出版) 17(11) 2003.9 p78～85

◇座談会 「ひきこもり」を考える 池上正樹, 塩倉裕, 永冨奈津恵[他] 「世界」(岩波書店) (718) 2003.9 p213～223

◇〈事例で学ぶ〉ブリーフセラピー(29)ひきこもり(?)のW君(4) 森俊夫 「月刊学校教育相談」(ほんの森出版) 17(12) 2003.10 p78～85

◇パッシングとしての〈ひきこもり〉 石川良子 「ソシオロジ」(社会学研究会) 48(2)通号148 2003.10 p39～55

◇〈事例で学ぶ〉ブリーフセラピー(30)ひきこもり(?)のW君(5) 森俊夫 「月刊学校教育相

談」(ほんの森出版) 17(13) 2003.11 p108〜115

◇ひきこもりと摂食障害(特別企画 拒食と過食) 斎藤環 「こころの科学」(日本評論社) 通号112 2003.11 p82〜87

◇教育 「ひきこもり」そのとき家族は―だれもが生きやすいまなざしを 「婦人之友」(婦人之友社) 97(11) 2003.11 p123〜128

◇教育 精神科医がみた「ひきこもり」―斎藤環氏に聞く 斎藤環 「婦人之友」(婦人之友社) 97(11) 2003.11 p129〜132

◇〈事例で学ぶ〉ブリーフセラピー(31)ひきこもり(?)のW君(付録その1) 森俊夫 「月刊学校教育相談」(ほんの森出版) 17(14) 2003.12 p78〜85

◇〈ひきこもり〉に関するイメージの研究 檜垣昌也 「淑徳大学大学院研究紀要」(淑徳大学大学院) (11) 2004 p167〜193

◇引きこもりの高校生の心的葛藤についての一考察 今井敏博 「精神対話学会論文集」(メンタルケア協会) 2 2004 p8〜11

◇ひきこもり男性との対話からの一考察 前田宥全 「精神対話学会論文集」(メンタルケア協会) 3 2004 p131〜134

◇「ひきこもり」との精神対話の一つのあり方―社会に出て働くことだけがゴールではない 宇津木多恵子 「精神対話学会論文集」(メンタルケア協会) 5 2004 p48〜54

◇ひきこもりと渡る「世間」〔〔発達〕創刊100号記念 生きる意味を語ろう―特集4 大人の条件) 間宮正幸 「発達」(ミネルヴァ書房) 25(100) 2004.Aut. p107〜113

◇〈ひきこもり〉における「居場所」の二義性(特集 臨床社会学の可能性) 石川良子 「アディクションと家族:日本嗜癖行動学会誌」(ヘルスワーク協会) 20(4) 2004.1 p377〜487

◇社会的ひきこもり一〇〇万人の時代に―思春期と社会性(特集 社会性を育てる) 斎藤環 「児童心理」(金子書房) 58(2)通号800 2004.2 p245〜250

◇「若者の友人関係の希薄化」という言説に関する考察 杉本裕司 「文学部論叢」(熊本大学文学部) (80) 2004.3 p53〜69

◇「ひきこもり」連れて四国遍路(特別企画 仏教入門) 二神能基 「文芸春秋」(文芸春秋) 82(4) 2004.3 p202〜207

◇ひきこもりを生む社会(特集 引きこもり依存症―第14回日本嗜癖行動学会より) 中垣内正和 「アディクションと家族:日本嗜癖行動学会誌」(ヘルスワーク協会) 21(1) 2004.5 p17〜26

◇ひきこもり・不登校(特集 忙し過ぎる子どもたち―過剰な忙しさがもたらす心身の問題) 高橋良臣 「児童心理」(金子書房) 58(8)通号806 2004.6 p784〜787

◇「フリーター400万人」と「ひきこもり100万人」への処方箋 斎藤環, 長山靖生 「諸君!」(文藝春秋) 36(6) 2004.6 p114〜126

◇引きこもり(子どもの理解―こころと行動へのトータルアプローチ―子どもが陥りやすい「こころ」と「行動」) 小玉正博 「小児看護」(へるす出版) 27(9)通号339(臨増) 2004.8 p1136〜1141

◇ひきこもり行動チェックリスト(HBCL)の開発および信頼性と妥当性の検討 境泉洋, 石川信一, 佐藤寛 [他] 「カウンセリング研究」(日本カウンセリング学会) 37(3) 2004.10 p210〜220

◇「ひきこもり」の当事者の語りに見る危機と転機―「病いの語り」に関する議論を手がかりに 石川良子 「社会学論考」(首都大学東京・都立大学社会学研究会) (25) 2004.11 p1〜27

◇時評2004 「ひきこもり」がもたらす構造的悲劇 斎藤環 「中央公論」(中央公論新社) 119(12)通号1447 2004.12 p42〜45

◇ひきこもりの個人的および社会的背景 小林美木 「中京学院大学研究紀要」(中京学院大学経営学部) 12(1・2)通号21 2004.12 p49〜55

◇現代青年とイニシエーション(1)現代的諸相とひきこもりをめぐって 西井克泰 「学生相談センター紀要」(武庫川女子大学学生相談センター) (15) 2005 p15〜25

◇〈ひきこもり〉という言葉の再検討―〈ひきこもり〉分析視点の明確化への試み 檜垣昌也 「研究紀要 短期大学部」(聖徳大学) (38) 2005 p33〜39

◇〈ひきこもり〉現象に関する研究―ラベリング論的視点の〈ひきこもり〉分析への導入　檜垣昌也　「現代の社会病理」（日本社会病理学会）（20）　2005　p17～33

◇〈ひきこもり〉言説の分析―ラベリング論的視座から　檜垣昌也　「淑徳大学大学院研究紀要」（淑徳大学大学院）（12）　2005　p143～162

◇若者のひきこもりについて（公開シンポジウム　いまをどう生きるか―子ども・若者・高齢者）　檜垣昌也　「淑徳大学大学院研究紀要」（淑徳大学大学院）（12）　2005　p258～260

◇「ひきこもり」からの第一歩を考える　田中敦　「北海道地域福祉研究」（北海道地域福祉学会）9　2005　p35～40

◇ストーリーとしての引きこもり経験　川北稔　「愛知教育大学教育実践総合センター紀要」（愛知教育大学教育実践総合センター）（8）　2005.2　p261～268

◇心理学はいかにしてひきこもりと出会うか？―心理学における〈実践性〉を捉えなおす契機として（特集　青年はいかにして社会と出会うか）　加藤弘通　「心理科学」（心理科学研究会，萌文社）　25(1)　2005.2　p1～11

◇どこか遠くの丘の上から―ひきこもり家庭の笑えない喜劇（特集・喜劇の時代!?）　山登敬之　「テアトロ」（カモミール社）　通号760　2005.2　p28～31

◇生活社会　ひきこもりは爆発する（時代の先を読む）　斎藤環　「Voice」（PHP研究所）　通号326　2005.2　p46～47

◇"ひきこもり"は社会への警鐘―ひきこもりの問題と現代社会　和田ミトリ　「学士会会報」（学士会）　2005(2)通号851　2005.3　p137～145

◇引きこもり問題にみる現代青年の社会的性格　土井隆義　「社会学ジャーナル」（筑波大学社会学研究室）（30）　2005.3　p55～69

◇非行ならびに引きこもりの正当性について　鈴木一男　「日本仏教教育学研究」（日本仏教教育学会）（13）　2005.3　p75～79

◇ニート・ひきこもり（特集　ブログ作法―ブログ批評へのアプローチ―ブログ・ガイド100@2005）　上山和樹　「ユリイカ」（青土社）　37(4)通号505　2005.4　p212～215

◇私はニート問題をこう考える(1)引きこもり化するニート　非常口は友人関係の維持（特集　息子・娘がニートになる日―八〇万人を超えたニートへの処方箋）　斎藤環　「週刊ダイヤモンド」（ダイヤモンド社）　93(22)通号4083　2005.6.4　p118

◇〈認知科学な〉日常（第3回）恥の重みとひきこもり　田中茂樹　「科学」（岩波書店）　75(8)通号876　2005.8　p915～918

◇ひきこもりと哲学（特別企画　ひきこもり）　中島義道　「こころの科学」（日本評論社）　通号123　2005.9　p12～16

◇ひきこもりの歴史的展望（特別企画　ひきこもり）　倉本英彦, 大竹由美子　「こころの科学」（日本評論社）通号123　2005.9　p31～35

◇ニートとひきこもり（特別企画　ひきこもり）　玄田有史　「こころの科学」（日本評論社）通号123　2005.9　p44～49

◇「ひきこもり検討委員会」顛末記（特別企画　ひきこもり）　目良宣子　「こころの科学」（日本評論社）　通号123　2005.9　p50～57

◇教育の視点から見たひきこもり―深刻化するコミュニケーション不全（特別企画　ひきこもり）　尾木直樹　「こころの科学」（日本評論社）通号123　2005.9　p58～63

◇ネット依存とひきこもり（特別企画　ひきこもり）　金鉉洙　「こころの科学」（日本評論社）　通号123　2005.9　p93～99

◇ひきこもりの個人精神療法（特別企画　ひきこもり）　斎藤環　「こころの科学」（日本評論社）通号123　2005.9　p100～108

◇引きこもりとモラトリアム（モラトリアム青年肯定論―現代青年の新たな像を求めて―モラトリアム青年の積極的理解にむけて）　高岡健　「現代のエスプリ」（ぎょうせい）（460）　2005.11　p86～91

◇ひきこもりの3つの時期とその状態　蔵本信比古　「室蘭工業大学紀要」（室蘭工業大学）（55）　2005.11　p43～49

◇今日の日本社会と「ひきこもり」現象　諏訪真美　「医療福祉研究」（愛知淑徳大学医療福祉学部論集編集委員会）（2）　2006　p23～29

◇［茨城キリスト教大学カウンセリング研究所］第28回カ研賞論文 佳作 引きこもり―社会に必要とされなかった自分 三村直 「カウンセリング研究所紀要」(茨城キリスト教大学カウンセリング研究所) (22) 2006 p73〜79

◇「ひきこもり」と「ニート」の混同とその問題―「ひきこもり」当事者へのインタビューからの示唆 石川良子 「教育社会学研究」(東洋館出版社) 79 2006 p25〜46

◇〈ひきこもり〉現象へのアプローチに関する理論的研究―ラベリング論の理論的立場の考察 檜垣昌也 「研究紀要 短期大学部」(聖徳大学) (39) 2006 p1〜7

◇〈ひきこもり〉者の適応類型の研究―逸脱者ラベルに対する〈ひきこもり〉者の反応 檜垣昌也 「現代の社会病理」(日本社会病理学会) (21) 2006 p103〜119

◇ひきこもり現象の臨床心理学的意味―昔話の肯定的視点による考察 大久保由美子 「心理臨床センター紀要」(山梨英和大学心理臨床センター) (2) 2006 p15〜30

◇「ひきこもり」者の自立をめぐる研究(1)社会参加を阻む諸要因の考察と今後の課題 田中敦 「北海道地域福祉研究」(北海道地域福祉学会) 10 2006 p11〜22

◇ひきこもりから生活の喜び再発見へ(特集2 ひきこもり・不登校と社会へ踏み出す仕事体験) 渡邉知子 「中小商工業研究」(中小商工業研究所) (86) 2006.1 p103〜107

◇もうひとつの働き方 引きこもりやニートの働く場づくり―カフェ・コモンズがめざすもの 宮地剛 「社会運動」(市民セクター政策機構) 通号311 2006.2 p47〜51

◇大学生における準ひきこもり行動に関する考察―キャンパスの孤立者について 樋口康彦 「国際教養学部紀要」(富山国際大学) 2 2006.3 p25〜30

◇かぐや姫症候群に関する考察―準ひきこもり行動との関連から 樋口康彦 「国際教養学部紀要」(富山国際大学) 2 2006.3 p31〜38

◇生涯学習を媒介とした〈ひきこもり〉と社会との接合可能性―高齢者の〈ひきこもり〉イメージを中心に 檜垣昌也 「生涯学習研究：聖徳大学生涯学習研究所紀要」(聖徳大学) (4) 2006.3 p81〜86

◇試論 ニート・社会的ひきこもりからの回復に向けての取り組み―対象者の動機づけに応じた介入のあり方 臼井卓士, 臼井みどり 「精神医学」(医学書院) 48(5)通号569 2006.5 p519〜528

◇格差社会と「下流」の現実―ひきこもりや不登校から見えること(今月の特集 格差社会と高校教育) 竹village洋介 「月刊高校教育」(学事出版) 39(8) 2006.6 p26〜31

◇浅野史郎の疾走対談(第3回)「雑居」という思想―引きこもり列島日本を変えるために 浅野史郎, 二神能基 「世界」(岩波書店) (756) 2006.9 p32〜40

◇フリーター、ニート、ひきこもりからの逆襲 「金曜日」(金曜日) 14(49)通号650 2006.12.22-2007.1.5 p36〜38

◇シンポジスト 引きこもり・不登校の精神力動(第19回九州・沖縄社会精神医学セミナー・シンポジウム) 川谷大治 「九州神経精神医学」(九州精神神経学会) 53(2) 2007 p156〜162

◇教育講演 思春期・青年期のひきこもりと不登校について(第47回日本児童青年精神医学会総会特集(2)スローガン：守ること 育むこと) 井上洋一 「児童青年精神医学とその近接領域」(日本児童青年精神医学会) 48(4) 2007 p429〜436

◇相互行為儀礼と自己アイデンティティー「ひきこもり」経験者支援施設でのフィールドワークから 荻野達史 「社会学評論」(日本社会学会) 58(1)通号229 2007 p2〜20

◇「ひきこもり」と社会 津田均 「総合保健体育科学」(名古屋大学総合保健体育科学センター) 30(1) 2007 p79〜82

◇生育歴からみたひきこもりの発生要因について 森由起, 境泉洋, 山本真由美［他］ 「徳島大学総合科学部人間科学研究」(徳島大学総合科学部) 15 2007 p69〜79

◇成人期における「居場所」づくりの必要性―引きこもり家族会の取り組みから 田中敦 「北海道地域福祉研究」(北海道地域福祉学会) 11 2007 p51〜63

◇看護短期大学生の社会的自尊感情に関する研究—性別による違和感との関連　出口睦雄、野田貴代　「愛知きわみ看護短期大学紀要」(研伸学園愛知きわみ看護短期大学)　3　2007.3　p1〜10

◇生涯学習講座における社会学的な講座の有用性について—〈ひきこもり〉現象に関する講座から　檜垣昌也　「生涯学習研究：聖徳大学生涯学習研究所紀要」(聖徳大学)　(5)　2007.3　p1〜8

◇引きこもり(特集 子どもの心(2)—よくみる子どもの心の問題 思春期の問題)　齊藤万比古　「母子保健情報」(母子愛育会)　(55)　2007.5　p50〜53

◇ひきこもり(特集 児童思春期精神医学の最近の進歩—現代社会と子ども)　井上洋一　「臨床精神医学」(アークメディア)　36(5)　2007.5　p661〜665

◇「社会的ひきこもり」問題の生活問題としての位置づけと課題(政策・理論フォーラム「新たな」社会福祉対象への視点)　長谷川俊雄　「社会福祉学」(日本社会福祉学会)　48(2)通号82　2007.8　p114〜117

◇こども最前線 家庭を責めても始まらない—国民すべてが「ひきこもり」予備軍(特集 こども環境と家庭)　宮崎稔　「こども環境学研究」(こども環境学会, 萌文社)　3(2)通号7　2007.9　p130〜127

◇ひきこもり—根拠なき順応と、交渉弱者(特集 アルチュセール・マラソン・セッション 再生産は長く続く？—『ニート』議論で語られないこと—なぜ、まだシンドイのか)　上山和樹　「立命館言語文化研究」(立命館大学国際言語文化研究所)　19(2)　2007.11　p83〜90

◇現代社会の再生産—ニート・引きこもり・移民問題とアルチュセール再生産論の〈可能性〉(特集 アルチュセール・マラソン・セッション 再生産は長く続く？—『ニート』議論で語られないこと—なぜ、まだシンドイのか)　今野晃　「立命館言語文化研究」(立命館大学国際言語文化研究所)　19(2)　2007.11　p103〜115

◇社会学的問題としての「ひきこもり」—「ひきこもり」の社会学的定義と「ひきこもり」を社会学が取り扱う意義について　井出草平　「年報人間科学」(大阪大学大学院人間科学研究科社会学・人間学・人類学研究室)　(29)(分冊2)　2008　p1〜23

◇梶屋大輔インタビュー 引きこもりと労働　梶屋大輔、生田武志　「フリーターズフリー」(フリーターズフリー, 人文書院)　(2)　2008　p197〜209

◇「引きこもり」の長期化がもたらす引きこもり親の会における今後の課題　田中敦　「北海道地域福祉研究」(北海道地域福祉学会)　12　2008　p29〜42

◇教育一刀両断(23)真の「生きる力」とは、遊びの中にあるのでは—「引きこもり」は遊び不足の子どもに起こる　奥野真人　「月刊生徒指導」(学事出版)　38(2ママ)　2008.2　p74〜77

◇準ひきこもりに関する基礎的研究　樋口康彦　「国際教養学部紀要」(富山国際大学)　4　2008.3　p147〜153

◇東京都との連携研究について—ひきこもり、フリーター、ニートを中心とした青少年に関する社会学的な研究　玉野和志　「人文学報」(首都大学東京都市教養学部人文・社会系)　(392)　2008.3　p1〜21

◇ひきこもりの心理特性と精神的自立との関連性—高校生の意識調査結果の分析から　山本健治　「仏教大学大学院紀要」(仏教大学大学院)　(36)　2008.3　p91〜101

◇"ひきこもり"こそ正しい生存マナーだ(緊急オピニオンワイド ニッポンのマナー、これは許せない 私のなかの『斉藤さん』)　斎藤環　「週刊現代」(講談社)　50(10)通号2466　2008.3.15　p47

◇戦経インタビュー 家入一真・ペーパーボーイ&コー社長 「引きこもり」だった僕がIT社長っておかしくないですか？　家入一真　「戦略経営者」(TKC)　23(5)通号259　2008.5　p68〜71

◇ひきこもりと社会病理(特集 ひきこもりと精神医学)　斎藤環　「精神科」(科学評論社)　12(6)通号72　2008.6　p458〜462

◇精神発達からひきこもりと支援を考える(特集 ひきこもりと精神医学)　田中康雄　「精神科」(科学評論社)　12(6)通号72　2008.6　p468〜472

◇ひきこもり青年たちはなぜ、仮想現実に逃げ込まないのか？ネットジェネレーション―バーチャル空間で起こるリアルな問題―リアル版社会とバーチャル版ムラ社会）　斎藤環　「現代のエスプリ」（ぎょうせい）（492）　2008.7　p140〜148

◇ニート・引きこもりを救うために　野田大燈　「大法輪」（大法輪閣）　75(8)　2008.8　p28〜33

◇ひきこもりのプロセスと心理に関する考察　高賢一　「金沢星稜大学人間科学研究」（金沢星稜大学人間科学会）　2(1)通号2　2008.9　p19〜22

◇社会的ひきこもりとその歩み（特集 社会参加）蔵本信比古　「更生保護」（日本更生保護協会）　59(9)　2008.9　p19〜22

◇現場からのレポート　引きこもりがちな少年を社会参加活動に参加させて（特集 社会参加）辻田尚美　「更生保護」（日本更生保護協会）　59(9)　2008.9　p38〜41

◇ひきこもりとナルシシズム　細沢仁　「ナルシシズムの精神分析 狩野力八郎先生還暦記念論文集」（岩崎学術出版社）　2008.10　p65

◇青年のひきこもり（[日本児童青年精神医学会]50周年記念特集号―テーマ別展望論文（50年の流れと将来の展望）　近藤直司　「児童青年精神医学とその近接領域」（日本児童青年精神医学会）　50（特集号）　2009　p156〜160

◇〈ひきこもり〉の社会的側面に関する研究―逸脱現象として分析する視点から　檜垣昌也　「社会医学研究：日本社会医学会機関誌」（日本社会医学会事務局）　26(2)　2009　p27〜34

◇自我論ないしはコミュニケーション論からみた「ひきこもり」―「『ひきこもり』への社会学的アプローチ」によせて　芦川晋　「中京大学現代社会学部紀要」（中京大学現代社会学部）　3(1)　2009年度　p29〜49

◇日本における「ひきこもり」の現状と対策について　目良宜子　「発達人間学論叢」（大阪教育大学教養学科人間科学専攻発達人間福祉学講座）（13）　2009　p99〜106

◇[日本社会事業大学社会福祉学会 2008年度]学生研究奨励賞受賞論文要約 ニート・ひきこもりの生きづらさとニーズについての考察―当事者への聞き取り調査を踏まえて（[日本社会事業大学社会福祉学会]第47回社会福祉研究大会報告―2008年度[日本社会事業大学社会福祉学会]大会テーマ投稿論文 福祉人材養成の軌跡と展望―社会福祉学部教育の50年）　宮下穣　「社会事業研究」（日本社会事業大学社会福祉学会）通号48　2009.1　p188〜191

◇ひきこもり傾向の女性にとって癒しとなるポップミュージックに関する一考察―青年期後期の女性を対象として　八尋茂樹　「言語文化研究」（静岡県立大学短期大学部静岡言語文化学会）（8）　2009.3　p21〜31

◇ジオラマ表現を媒介とした青年期ひきこもりと社会との接合可能性　八尋茂樹　「山口福祉文化大学研究紀要」（山口福祉文化大学研究紀要編集委員会）　2(1)　2009.3　p19〜27

◇香山リカ（精神科医）VS.家入一真（paperbody & co.社長）「ひきこもり世代」の人間関係論―等身大の自分を出すことからスタートしよう（総力特集 なぜか仕事がうまくいく人の「人間関係」術―ストレスがゼロになる、仕事がスムーズに進む、チャンスが舞い込む……いますぐ実践できる"一流のコミュニケーション・スキル"が満載！―信頼を呼び込む「一流の人間関係術」）　香山リカ、家入一真　「The21：ざ・にじゅういち」（PHP研究所）　26(3)通号292　2009.3　p29〜31

◇「五月病」の起源と拡散―スチューデント・アパシー、ひきこもり、そしてニートへ（特集 五月病、今）　黒木俊秀　「教育と医学」（慶應義塾大学出版会）　57(5)通号671　2009.5　p440〜447

◇不登校・「引きこもり」と現在の日本の社会　宇野耕児　「民主主義教育21」（同時代社）　3　2009.6　p334〜344

◇対人恐怖とひきこもり（対人恐怖）　近藤直司, 金重紅美子　「こころの科学」（日本評論社）通号147　2009.9　p43〜47

◇対人不安の進化心理学―ひきこもりと殺人率（対人恐怖）　長谷川寿一　「こころの科学」（日本評論社）　通号147　2009.9　p84〜89

◇オタクとひきこもり（特集 友だちができない子）　斎藤環　「児童心理」（金子書房）　63(16)通号904　2009.11　p108〜113

◇法律の窓 新立法探訪 ニート・ひきこもり等の現状と子ども・若者育成支援推進法の制定 久保田崇 「ジュリスト」（有斐閣）（1388）2009.11.1 p2～3

◇青年期におけるひきこもりと自我同一性の拡散 中田裕也, 米倉五郎 「愛知淑徳大学論集, コミュニケーション学部・心理学研究科篇」（愛知淑徳大学）（10）2010 p55～70

◇「ひきこもり」から家族と社会を問い直す（シンポジウム報告）久保桂子 「家族研究年報」（家族問題研究学会）（35）2010 p1～3

◇2010年度［成蹊大学学生相談室］活動報告 第2回学生相談懇話会（講演録）ひきこもる若者と大学生に共通する心的世界―ひきこもり青年の実態調査をふまえて［含 質疑応答］ 高塚雄介 「成蹊大学学生相談室年報」（成蹊大学学生相談室）（17）2010 p73～93

◇ひきこもり親和性の高い大学生における心理的特徴の検討―友人関係, 不快情動回避傾向, 早期完了特徴との関連について 牧亮太, 海田梨香子, 湯澤正通 「広島大学心理学研究」（広島大学大学院教育学研究科心理学講座）（10）2010 p71～80

◇座間市ひきこもり連続セミナーを終えて（特集 社会に向き合い, 社会のなかで生きる若者）佐伯千里 「月刊社会教育」（国土社）54（1）通号651 2010.1 p20～24

◇ひきこもり（特集 小児科医が知っておくべき思春期の心―訴えや症状からみた心の問題）近藤直司 「小児科診療」（診断と治療社）73（1）通号862 2010.1 p79～83

◇長期留年学生の心理及び行動の特徴―ひきこもり経験のあるアパシー青年の事例とロールシャッハ・テストの結果を通じて 森脇雅好 「高野山大学論叢」（高野山大学）45 2010.2 p71～86

◇「引きこもり」における「参加」の困難―E・ゴフマンの視角から 関水徹平 「ソシオロジ」（社会学研究会）54（3）通号167 2010.2 p3～17

◇「ひきこもりの評価・支援に関するガイドライン」について―インタビュー 齊藤万比古先生（国立国際医療研究センター 国府台病院）（特集 ひきこもりの理解と支援―「ひきこもりの評価・支援に関するガイドライン」を中心に）齊藤万比古 「月刊地域保健」（東京法規出版）41（6）2010.6 p16～23

◇ラウンジ 進歩と引きこもり 「内外教育」（時事通信社）（6016）2010.8.20 p24

◇「ひきこもり」を問い直す（portfolio 文化と社会）丸井妙子 「アリーナ」（人間社）（11）2011 p462～466

◇「ひきこもり」への支援のあり方―「ひきこもり」を支援する中核モデルと関わりの視点について 竹森元彦 「香川大学教育学部研究報告. 第1部」（香川大学教育学部）（136）2011 p35～46

◇書評 『「存在論的ひきこもり」論―わたしは「私」のために引きこもる』芹沢俊介著 松原恒也 「精神医療. 第4次」（批評社）（63）2011 p122～125

◇青少年の居場所感と相談資源―ひきこもり心性の視点から 高下梓, 黒岩誠 「多摩心理臨床学研究」（明星大学心理相談センター）（5）2011 p17～31

◇ひきこもり親和群の下位類型―ひきこもりへの移行可能性に注目して 渡部麻美, 松井豊, 高塚雄介 「筑波大学心理学研究」（筑波大学人間系心理学域）（42）2011 p51～57

◇ひきこもり（人権キーワード2011―子ども・教育）井出草平 「部落解放」（解放出版社）（646）（増刊）2011 p62～65

◇ひきこもりと自己愛的生活（自己愛の時代―現代社会の病理の解明に向けて―青少年と自己愛）蔵本信比古 「現代のエスプリ」（ぎょうせい）（522）2011.1 p93～100

◇ひきこもりを生んだ"主犯格"は? 斎藤環のリアルな団塊診断 斎藤環, 北村肇 「金曜日」（金曜日）19（6）通号849 2011.2.18 p26～28

◇ひきこもり経験と「時間の動かなさ」―「語りの難破」に着目して（特集 時間と経験の社会学）関水徹平 「社会学年誌」（早稲田大学社会学会）通号52 2011.3 p67～84

◇「ひきこもり」をどう理解すべきか（特集 ひきこもり支援論）芹沢俊介 「臨床心理学」（金剛出版）11（3）通号63 2011.5 p324～329

◇ひきこもりという概念がどうして必要とされたのか（特集 ひきこもり支援論）高岡健 「臨床

◇心理学」（金剛出版） 11（3）通号63 2011.5 p336〜340

◇ひきこもり問題の捉え方をめぐって（特集 ひきこもり支援論） 近藤直司 「臨床心理学」（金剛出版） 11（3）通号63 2011.5 p356〜359

◇内的葛藤としてのひきこもり──現場の雑感（特集 ひきこもり支援論） 梅林秀行 「臨床心理学」（金剛出版） 11（3）通号63 2011.5 p374〜379

◇子どものひきこもり（特集 SOSの出せない子──言葉にできないSOSを探す） 猪子香代 「児童心理」（金子書房） 65（16）通号940 2011.11 p1321〜1325

◇斎藤環が語る3・11と心のケア──仮設住宅でひきこもりが増えている 斎藤環 「サンデー毎日」（毎日新聞社） 90（53）通号5079 2011.11.13 p115〜118

◇「ひきこもり」の現状と支援の実践からみた地域支援のあり方について 竹森元彦、川井富枝、鷲見典彦 「香川大学教育学部研究報告. 第1部」（香川大学教育学部） （137） 2012 p97〜110

◇関係の病としての「ひきこもり」：ひきこもり当事者本の分析を通して 森崎志麻 「京都大学大学院教育学研究科紀要」（京都大学大学院教育学研究科） （58） 2012 p275〜287

◇ひきこもりの精神分析：幼少期のコンテイニング不全から生じる誇大なナルシシズムと受動的攻撃性（特集 ひきこもりの多角的検討） 小川豊昭 「精神神経学雑誌」（日本精神神経学会） 114（10） 2012 p1149〜1157

◇公共の縁における実存：ひきこもりへの理解と対策のための試論（特集 ひきこもりの多角的検討） 津田均 「精神神経学雑誌」（日本精神神経学会） 114（10） 2012 p1158〜1166

◇東京都のひきこもりの現状と課題（特集 青少年の立ち直り支援） 樋口峰子 「青少年問題」（青少年問題研究会） 59（新年）通号645 2012.1 p32〜37

◇大学生のひきこもりへの認知：質問紙調査における自由記述からの分析 飛髙和浩、鈴木由美 「児童学研究：聖徳大学児童学研究所紀要」（聖徳大学） （14） 2012.3 p1〜10

◇ひきこもる若者の語りに見る"普通"への囚われと葛藤：ひきこもる若者へのインタビュー調査から 岡部茜、青木秀光、深谷弘和 [他] 「立命館人間科学研究」（立命館大学人間科学研究所） （25） 2012.6 p67〜80

◇「良い子」の挫折とひきこもり（特集「よい子」の破綻とそこからの再生） 斎藤環 「教育と医学」（慶應義塾大学出版会） 60（7）通号709 2012.7 p582〜588

◇市民公開講座 ネット依存とひきこもり（特集 ストレス社会を生きる：日常生活に隠れた嗜癖問題（第22回日本嗜癖行動学会）） 斎藤環 「アディクションと家族：日本嗜癖行動学会誌」（ヘルスワーク協会） 28（4） 2012.9 p266〜273

◇日本の宗教と「斜めの関係」：天理教と脱ひきこもり 熊田一雄 「人間文化：愛知学院大学人間文化研究所紀要」（愛知学院大学人間文化研究所） （27） 2012.9 p256〜247

◇ひきこもりの理解（特集 考・今どきの若者たち） 斎藤環 「月刊福祉」（全国社会福祉協議会） 95（13） 2012.11 p20〜23

【図書】

◇ひきこもり等の精神問題に対する精神的なアプローチに関する研究──動物介在療法及び音楽療法の臨床的な応用 平成14年度厚生労働科学研究費補助金こころの健康科学研究事業中間報告書 〔相模原〕 〔赤堀文昭〕 〔2003〕 112p 30cm

◇ひきこもる青少年の心──発達臨床心理学的考察 岡本祐子、宮下一博編著 京都 北大路書房 2003.3 136p 21cm （シリーズ・荒れる青少年の心）〈文献あり〉 1800円 ①4-7628-2300-7 Ⓝ367.68

内容 第1章「ひきこもり」の定義・メカニズムと発達臨床心理学的な意味（「ひきこもり」の定義 「ひきこもり」のメカニズム 「ひきこもり」の意味） 第2章 ひきこもる青少年の実態とその内容（「ひきこもり」のレベル さまざまな「ひきこもり」の状態像） 第3章 ひきこもる青少年への対応（「ひきこもり」に対応する際の原則 さまざまな「ひきこもり」への対応 自立性・社会性を育てる家族・学校・社会──社会への訴えとしてのひきこもり） 付章 ひきこもる青少年を理解するための文献・資料集

◇OK?ひきこもりOK! 斎藤環著 マガジンハウス 2003.5 319p 19cm 1500円 Ⓘ4-8387-1439-4 Ⓝ367.68

内容 第1部 対談編(対談・上野千鶴子―"ひきこもり"から何が見えるか 対談・宮台真司PART1―学校を超えて・ひきこもり・共同体・性と自己回復 対談・宮台真司PART2―流動性・バーチャル・コミュニケーション 対談・春日武彦―ひきこもり系の精神分析 対談・村瀬学―いま必要なのは個人の「演技指導」か「共同性」の再生か 対談・東浩紀―もう人間はうんざりだ) 第2部 思春期「専門医」の時事的つぶやき(はじめに―疎外される「ひきこもり」 ひきこもりと精神風土 少年犯罪と非―社会性 思春期における責任と主体 ほか)

◇子供力とひきこもり 秋葉英則著 大阪 フォーラム・A 2003.7 205p 19cm (こんちは出前授業です!) 1200円 Ⓘ4-89428-304-2 Ⓝ376.11

内容 第1章 子どもをまるごととらえる(命をいとおしむ心 子ども心が蝕まれるとき ほか) 第2章 子供力の発見(子どものなかに力がある 子供力で発達の節を越える ほか) 第3章 子供力に学べ(わが子を愛しているか 子供力を失って非行に走る ほか) 第4章 子供力とひきこもり(普通の子育てを失う 子供力と社会性 ほか)

◇引きこもりを恐れず 高岡健著 ウェイツ 2003.9 116p 21cm (That's Japan 10) 750円 Ⓘ4-901391-38-0 Ⓝ367.68

内容 引きこもりの「リアル」は社会に通じている 引きこもりの「心」を読む

◇ひきこもり―ただいま冬眠中 高橋和枝ほか著 新潟 新潟日報事業社 2003.9 190p 19cm 1400円 Ⓘ4-88862-995-1 Ⓝ367.68

◇引きこもり 塩倉裕著 朝日新聞社 2003.10 305p 15cm (朝日文庫) 600円 Ⓘ4-02-261431-5 Ⓝ367.68

◇ひきこもりセキララ 諸星ノア著 草思社 2003.10 205p 19cm 1500円 Ⓘ4-7942-1246-1 Ⓝ367.61

内容 1章 気がつけばひきこもり 2章 ひきこもるという処世術 3章 ひきこもりの周辺 4章 家族と私 5章 ひきこもり見てある記 6章 弱さでつながる

◇ひきこもる若者たち―「ひきこもり」の実態と処方箋 町沢静夫著 大和書房 2003.11 228p 20cm 1500円 Ⓘ4-479-79081-0 Ⓝ367.68

内容 序章 「ひきこもり」とは何か 第1章 ひきこもりと日本人 第2章 ひきこもりの本当の姿をとらえる 第3章 ひきこもりに至る過程を解明する 第4章 現代日本社会が生んだひきこもり 第5章 ひきこもりと心の病理 終章 ひきこもりをどう治療するか

◇ひきこもり文化論 斎藤環著 紀伊國屋書店 2003.12 262p 20cm 1600円 Ⓘ4-314-00954-3 Ⓝ367.68

内容 1 まえがきに代えて―「ひきこもり」を語ることの倫理 2 社会病理としての「ひきこもり」 3 ひきこもりシステム―その日本的背景 4 「甘え」文化と「ひきこもり」―比較文化論的考察 5 「ひきこもり」の周辺(サイバースペースと「ひきこもり」―他者との距離感について 治療法としての地域通貨 「対話」の媒介され難い無意味さについて 「何もないこと」からの戦略 ほか)

◇10代・20代を中心とした「ひきこもり」をめぐる地域精神保健活動のガイドライン―精神保健福祉センター・保健所・市町村でどのように対応するか・援助するか こころの健康科学研究事業 地域精神保健活動における介入のあり方に関する研究 〔市川〕〔伊藤順一郎〕〔2004〕139p 30cm

◇ひきこもり―hikikomori@NHK 斎藤環監修, NHK「ひきこもりサポートキャンペーン」プロジェクト編 日本放送出版協会 2004.1 318p 21cm 〈文献あり〉 1800円 Ⓘ4-14-080843-8 Ⓝ367.68

内容 1 ネットから見える「ひきこもり」の現実/体験記1(「ネット相談室」・3000件から見えてきたこと(2) 私のひきこもり体験記1 ほか) 2 「ひきこもり」と向き合う/体験記2(私のひきこもり体験記2 家族にひきこもりが…家族はどう対応する ほか) 3 一歩踏み出す「勇気」と「出会い」(長い道のりを経て サポートの現場 ほか) 4 私たちの願い(特別エッセイ&インタビュー(滝本竜彦(作家)) トーク&トーク(1)インタビュー(矢井田瞳(シンガーソングライター)) ほか)

◇ネット依存の恐怖―ひきこもり・キレる人間をつくるインターネットの落とし穴 牟田武生著

教育出版　2004.2　178p　19cm　1800円
①4-316-80074-4　Ⓝ371.42

内容 第1章 「ネット依存」とは何か？（忍び寄る「ネット依存」　「ネット依存」はこうして作られる　ほか）　第2章 キレる子どもとオンラインゲーム（ごく普通の子どもがキレる理由　キレる子どもとオンラインゲームの関係は　ほか）　第3章 ひきこもりの子どもとインターネット（パソコンを与えるか、与えないかの論争の無意味さ　掲示板やチャットの及ぼす影響は？　ほか）　第4章 「ネット依存」—子ども達の姿（何となく不登校…オンラインゲームに夢中になって　ある掲示板を見た時からチャットにのめり込み、ひきこもりに　ほか）　第5章 親・教師のための「ネット依存」対策（「ネット依存」の予防は子どもだけでなく大人自身も必要　「ネット依存」は依存症か？　ほか）

◇「引きこもり」から「社会」へ—それぞれのニュースタート　荒川龍著　学陽書房　2004.2　237p　20cm　1500円　①4-313-86015-0　Ⓝ367.68

内容 第1章 「友達関係を切るなんて簡単なんです」と語った彼女がみせた変化—能城亜紀子さん(二六歳)の場合　第2章 福祉の仕事を経て見つけた「出口」を手作りする場所—小原由子さん(三二歳)の場合　第3章 "ロン毛"から坊主頭へ、プログラマーをめざして修行見習い開始—児島和男君(二三歳)の場合　第4章 息子の引きこもりを通して見えてきた母親の駄目さとせつなさと—槇島和子さん(五六歳)の場合　第5章 約五年間の引きこもり生活を解消した彼が踏み出せない一歩—坂口淳君(二九歳)の場合　第6章 他人の目が気になって仕方なかった彼が見つけた働き甲斐—高野祐樹君(二〇歳)の場合　第7章 引きこもり六年半の元社会人が本音を言えるようになった理由—守岡誠君(三八歳)の場合　第8章 「大人も会社に引きこもっている」と言った彼は旅行添乗員で再出発—田島実君(二六歳)の場合

◇ひきこもり等の精神問題に対する精神的なアプローチに関する研究—平成15年度総括研究報告書　厚生労働科学研究費補助金こころの健康科学研究事業　〔相模原〕　〔赤堀文昭〕　2004.4　89p　30cm

◇ひきこもり等の精神問題に対する精神的なアプローチに関する研究—平成13～15年度総合研究報告書　厚生労働科学研究費補助金こころの健康科学研究事業　〔相模原〕　〔赤堀文昭〕　2004.4　199p　30cm

◇「ひきこもり」がなおるとき—23人の臨床例　磯部潮著　講談社　2004.6　203p　18cm　(講談社+α新書)　838円　①4-06-272260-7　Ⓝ367.68

内容 第1章 「ひきこもり」とはなにか　第2章 「ひきこもり」の症状と経過　第3章 「ひきこもり」の社会的背景　第4章 本人は今、なにをすべきか　第5章 家族はどう対応すべきか　第6章 医療機関はどのように利用すべきか　第7章 可能性の模索

◇こもって、よし！—ひきこもる僕、自立する私　聞風坊著　宮崎　鉱脈社　2005.3　246p　19cm　1400円　①4-86061-128-4　Ⓝ367.68

◇引きこもりに繋がる小児慢性疲労、不登校の治療・予防に関する臨床的研究—平成16年度研究報告書　厚生労働科学研究費補助金子ども家庭総合研究事業　〔熊本〕　〔三池輝久〕　2005.3　40p　30cm

◇「負けた」教の信者たち—ニート・ひきこもり社会論　斎藤環著　中央公論新社　2005.4　253p　18cm　(中公新書ラクレ)　760円　①4-12-150174-8　Ⓝ367.68

内容 1 メディアから自由になる日　2 「ひきこもり」の比較文化論　3 ネット・コミュニケーションの死角　4 虐待する側、される側の心理　5 政治と司法がなすべきこと　6 ニートたちはなぜ成熟できないのか

◇ひきこもり・青年の出発　石井守著　新日本出版社　2005.5　188p　19cm　1400円　①4-406-03183-9　Ⓝ367.68

内容 1章 歩きはじめた青年のモノローグ　2章 「荒れる」学校と子どもたち　3章 青年の自立支援と居場所づくりへ　4章 青年は、どのようにして自信を回復したか　5章 子どもの立ち直りをみつめて　終章 ひきこもり青年の支援体制を早急に

◇ひきこもる若者たち　村尾泰弘編　至文堂　2005.6　280p　21cm　(「現代のエスプリ」別冊—うつの時代シリーズ)　〈文献あり〉　2400円　①4-7843-6039-5　Ⓝ367.68

◇ひきこもりの望む絶対の非現実性　加藤星夜著　新風舎　2005.7　39p　15cm　(Toppu)　700円　①4-7974-7271-5　Ⓝ367.68

内容 1 はじめに　2 本論(引きこもりは役に立つことがあるか　福祉、生活保護について　孤独は苦しいものなのか　経済価値　交渉について　いやみと忠告　ゲーム理論における意見の形成過程　カオス理論における混沌　戦争における判断の応用(クラウゼヴィッツ)　戦争における判断の応用(孫子)　3 まとめ

◇「待つ」をやめるとき―「社会的ひきこもり」への視線　田中俊英, 金城隆一, 蓮井学編著　神戸　さいろ社　2005.7　32p　21cm　477円　Ⓘ4-916052-18-8　Ⓝ367.68

◇ひきこもりと家族トラウマ　服部雄一著　日本放送出版協会　2005.8　193p　17cm　(生活人新書155)〈文献あり〉660円　Ⓘ4-14-088155-0　Ⓝ367.68

内容 第1章 ひきこもりとは　第2章 アタッチメント・トラウマ　第3章 ひきこもりの治療　第4章 飽食の時代　第5章 共依存社会とひきこもり　第6章 今後の課題

◇迷走する若者のアイデンティティ―フリーター、パラサイト・シングル、ニート、ひきこもり　白井利明ほか著, 白井利明編　ゆまに書房　2005.12　279p　22cm　(シリーズこころとからだの処方箋　4)〈シリーズ責任表示: 上里一郎/監修〉3500円　Ⓘ4-8433-1816-7　Ⓝ371.47

内容 第1章 若者のアイデンティティ形成をめぐる困難と可能性(問題はどこにあるのか　若者の中に社会を見る　ほか)　第2章 フリーターとニートの心理と臨床(働きたいけど働けないフリーターの心理　ほか)　第3章 パラサイト・シングルの心理と臨床(家を出るきっかけを失って　パラサイト・シングルの心理　ほか)　第4章 ひきこもりの心理と臨床(閉ざされた世界の中で　ひきこもりの心理　ほか)　第5章 若者のアイデンティティ形成の支援(現代社会における若者問題の心理と臨床　若者の自立支援の過程と構造)

◇「ひきこもり」の「社会理論」―「ひきこもり」完全理解のために　市野善也著　新風舎　2006.1　395p　15cm　(新風舎文庫)〈文献あり〉850円　Ⓘ4-7974-9798-X　Ⓝ367.68

◇思春期・青年期の「ひきこもり」に関する精神医学的研究―平成17年度総括・分担研究報告書　厚生労働科学研究費補助金(こころの健康科学研究事業)　豊中　大阪大学保健センター　2006.3　204p　30cm

◇引きこもりに繋がる小児慢性疲労、不登校の治療・予防に関する臨床的研究―平成17年度研究報告書　厚生労働科学研究費補助金子ども家庭総合研究事業　〔熊本〕〔三池輝久〕2006.3　37p　30cm

◇引きこもりの原因分析と解決方法　上杉滋著　2版　上杉滋　2006.3　10p　30cm　非売品

◇「ひきこもり」と闘う親と子を応援する本―ニート・不登校は必ず解決できる!　安川雅史著, 多湖輝監修　中経出版　2006.5　221p　18cm　700円　Ⓘ4-8061-2427-3　Ⓝ367.68

内容 第1章「不登校・ひきこもり・ニート」の原因(親の過干渉が子どもを不登校・ひきこもりにさせる　家庭はエネルギーの供給源　ほか)　第2章 子どもが不登校・ひきこもりになってしまったら(子どもが不登校になってしまったら　子どもがひきこもりなってしまったら　ほか)　第3章 教育者の義務(教師の役割)　第4章 わが子をニートにしないための子育ての30のヒント

◇「準」ひきこ森―人はなぜ孤立してしまうのか?　樋口康彦著　講談社　2006.10　202p　18cm　(講談社+α新書)743円　Ⓘ4-06-272405-7　Ⓝ367.68

内容 第1章 準ひきこもりの発見　第2章 準ひきこもり学生とはどんな人たちか　第3章 準ひきこもりの事例研究―病める魂の漂流　第4章 準ひきこもりの人々の内面　第5章 かぐや姫症候群　第6章 今後の課題　終わりに―準ひきこもりのみなさんへ

◇ひきこもりその心理と援助　西村秀明編著　教育史料出版会　2006.10　221p　19cm　1600円　Ⓘ4-87652-473-4　Ⓝ367.68

内容 第1章 ひきこもりの心性(ひきこもるという行動様式　現代青年に見るひきこもりとは　ほか)　第2章 ひきこもる私からのメッセージ(もういちど十全にひきころりたい―「社会」との「折りあい」を求めて試行錯誤をくり返しつつ　ひきこもりから現在にいたるまで　ほか)　第3章 ひきこもりの親からのメッセージ(「ひきこもり」からもらった絆―息子へのメール　子どものこころに寄りそう親に　ほか)　第4章「癒す」ために(こころの傷を診る　症状にも意味がある　ほか)　第5章 こころの健康科学事

業「10代・20代を中心とした『ひきこもり』をめぐる地域精神保健活動のガイドライン」に対する見解(「1章.『ひきこもり』の概念」について 「2章.関与の初期段階における見立について」について ほか)

◇ひきこもれ—ひとりの時間をもつということ 吉本隆明著 大和書房 2006.12 182p 16cm (だいわ文庫) 571円 ①4-479-30066-X Ⓝ367.61
内容 第1章 若者たちよ、ひきこもれ—コミュニケーション能力を過大視するな(時間をこま切れにされたら、人は何ものにもなることができない 「引き出し症候群」の素人はおっかない ほか) 第2章 不登校について考える—「偽の厳粛さ」を子どもは見抜く(ひきこもりも不登校も病的な状態ではない 「偽の厳粛さ」に耐えられない子どもが不登校になる ほか) 第3章 子どものいじめ、そして死について—「傷ついた親」が「傷つく子ども」をつくる(いじめる子どもと、いじめられる子どもどちらも心が傷ついている いじめている子どもを叱っても何の解決にもならない ほか) 第4章 ぼくもひきこもりだった—きらめく才能よりも、持続する力が大事(ひきこもっていることがマイナスにならない職業がいつか見つかる ひきこもり性だったからものを書き始めた ほか) 第5章 ひきこもりから社会が見える—ぼくがいま考えていること(君が代もインターナショナルも死ぬまで二度と歌わない 戦争で死んだ日本人を歴史から抹殺してはいけない ほか)

◇社会に背を向ける若者たち 斎藤環述, 富山県民生涯学習カレッジ編 富山 富山県民生涯学習カレッジ 2007.2 75p 19cm (県民カレッジ叢書98) 〈会期:平成18年7月22日〉 Ⓝ367.68

◇思春期・青年期の「ひきこもり」に関する精神医学的研究—平成17年度〜18年度総合研究報告書 厚生労働科学研究研究費補助金こころの健康科学研究事業 〔豊中〕 井上洋一 2007.3 204p 30cm

◇思春期・青年期の「ひきこもり」に関する精神医学的研究—平成18年度総括・分担研究報告書 厚生労働科学研究費補助金(こころの健康科学研究事業) 〔豊中〕 井上洋一 2007.3 179p 30cm

◇引きこもりに繋がる小児慢性疲労、不登校の治療・予防に関する臨床的研究—平成18年度研究報告書 厚生労働科学研究費補助金子ども家庭総合研究事業 〔熊本〕 〔三池輝久〕 2007.3 79p 30cm

◇ひきこもりの国—なぜ日本は「失われた世代」を生んだのか マイケル・ジーレンジガー著, 河野純治訳 光文社 2007.3 430p 20cm 〈文献あり〉 1800円 ①978-4-334-96196-1 Ⓝ302.1
内容 自分の奥深くに突き刺さった矢 絶対孤独感 長いトンネル 表の人格と裏の自己 日本の三変人 漂流する日本社会 精神の「鉄の三角形」 ブランド崇拝 子宮のストライキ 結婚できない男たち 命綱からの転落 日本を乗り越えた韓国の改革 新たな価値体系を生み出した韓国 ひきこもりの国と面倒見のいいおじさんの国 一筋の光

◇ビバ!ひきこもり—働いたら負けかなと思っている ホビージャパン 2007.5 176p 21cm 1200円 ①978-4-89425-557-9 Ⓝ367.68
内容 第1章 何故「ひきこもり」は勝ち組なのか! 第2章 稼げばいいんでしょ!ひきこもり錬金術 第3章 それでも生きるんだ!ひきこもりサバイバル 第4章 ひきこもりながら助けてもらおう! 第5章 ひきこもりをとりまく「本当の」現実 第6章 ひきこもり向け人間関係補正計画

◇ひきこもりの〈ゴール〉—「就労」でもなく「対人関係」でもなく 石川良子著 青弓社 2007.9 251p 19cm (青弓社ライブラリー 49) 1600円 ①978-4-7872-3276-2 Ⓝ367.68
内容 第1章 問題意識—フィールドでの経験から 第2章 「ひきこもり」の社会的文脈 第3章 自己防衛戦略としての「ひきこもり」 第4章 自己を語るための語彙の喪失としての「ひきこもり」 第5章 人生における危機/転機としての「ひきこもり」 第6章 問うという営みとしての「ひきこもり」 第7章 生きていくことを覚悟する 第8章 「ひきこもり」再考

◇ひきこもりの社会学 井出草平著 京都 世界思想社 2007.9 250p 19cm (Sekaishiso seminar) 1800円 ①978-4-7907-1277-0 Ⓝ367.68
内容 第1章 経験者からの聞き取り—菅原さんのケースから 第2章 「ひきこもり」とは何か 第3章 「ひきこもり」の分析と定義 第4章 高卒以前の「ひきこもり」 第5章 大学での「ひきこもり」 第6章 逸脱の恩寵と報い 終章 結語

◇ひきこもりはなぜ「治る」のか?―精神分析的アプローチ　斎藤環著　中央法規出版　2007.10　214p　19cm　〈シリーズcura〉〈文献あり〉　1300円　①978-4-8058-3006-2　Ⓝ367.68

[内容]第1章「ひきこもり」の考え方―対人関係があればニート、なければひきこもり　第2章　ラカンとひきこもり―なぜ他者とのかかわりが必要なのか　第3章　コフート理論とひきこもり―人間は一生をかけて成熟する　第4章　クライン、ビオンとひきこもり―攻撃すると攻撃が、良い対応をすると良い反応が返ってくる　第5章　家族の対応方針―安心してひきこもれる環境を作ることから　第6章　ひきこもりの個人精神療法―「治る」ということは、「自由」になるということ

◇思春期のひきこもりをもたらす精神科疾患の実態把握と精神医学的治療・援助システムの構築に関する研究―平成19年度総括・分担研究報告書　厚生労働科学研究費補助金（こころの健康科学研究事業）　市川　国立精神・神経センター国府台病院児童精神科　2008.3　196p　30cm

◇社会的問題による、精神疾患や引きこもり、自殺等の精神健康危機の実態と回復に関する研究―平成19年度総括・分担研究報告書　厚生労働科学研究費補助金こころの健康科学研究事業〔小平〕　〔金吉晴〕　2008.4　83p　30cm

◇こどもニート、大人ニート―タイプ別脱出プログラム　神山新平著　草思社　2008.10　255p　20cm　1700円　①978-4-7942-1677-9　Ⓝ367.68

[内容]第1章　ひきこもりの正体　第2章　不登校の正体　第3章　ひきこもりと「三つの領域」　第4章　ひきこもり支援団体のニート対策　第5章　「こどもニート」1―先祖がえり型　第6章　「こどもニート」2―直行型　第7章　「こどもニート」3―未成熟型　第8章　ふたつの「大人ニート」――一般的なニート/中高年ニート　第9章　ニートが破滅するとき　第10章　「こどもニート」「大人ニート」からの脱出法

◇「ひきこもり」への社会学的アプローチ―メディア・当事者・支援活動　荻野達史、川北稔、工藤宏司、髙山龍太郎編著　京都　ミネルヴァ書房　2008.12　295p　21cm　〈文献あり　年表あり　索引あり〉　3000円　①978-4-623-05237-0

[内容]「ひきこもり」の何が問われるべきなのか?　第1部「問題化」の様相(不登校から「ひきこもり」へ　ゆれ動く「ひきこもり」―「問題化」の過程　「ひきこもり」と統計―問題の定義と数値をめぐる論争)　第2部「当事者」の位相(「ひきこもり」の当事者は"居場所"で何を得ているのか　「ひきこもり」と対人関係―友人をめぐる困難とその意味　「ひきこもり」と家族の経験―子どもの「受容」と「自立」のはざまで)　第3部「支援活動」の諸相(訪問・居場所・就労支援―「ひきこもり」経験者への支援方法　「ひきこもり」と精神医療―民間支援活動の示唆するもの　「ひきこもり」と社会の排除―社会サービスの不在がもたらすもの)

◇ひきこもりつつ育つ―若者の発達危機と解き放ちのソーシャルワーク　山本耕平著　京都　かもがわ出版　2009.2　190p　19cm　1800円　①978-4-7803-0240-0　Ⓝ367.68

[内容]第1章　発達課題と向きあう若者たちと支援の哲学　第2章　社会の変化とひきこもり―競争と孤立化のなかで育った若者たち　第3章　発達危機としてのひきこもり　第4章　ひきこもり支援と解き放ちのソーシャルワーク　第5章　地域で育つ若者たち―地域生活を支える社会的支援の構想　第6章　居場所実践の課題―ひきこもりとの対峙と自己の解き放ち

◇心の居場所を探して―ひきこもりを通して考える開発的人間関係　河野憲一著　朱鳥社　2010.3　119p　21cm　〈発売：星雲社　文献あり〉　800円　①978-4-434-14219-2　Ⓝ367.68

[内容]第1章　ひきこもりの実態と背景(「ひきこもり」の実態　「ひきこもり」の背景)　第2章　ひきこもりの解決へ向けて(解決への視点　解決への道のり　優心社会)

◇ひきこもりから見た未来―SIGN OF THE TIMES 2005-2010　斎藤環著　毎日新聞社　2010.6　263p　20cm　1600円　①978-4-620-32006-9　Ⓝ304

[内容]第1章　徴候としての「現在」(病気と「時間的損失」　不登校児は「不良品」?　ほか)　第2章　消費されていく「悲劇」(精神障害者と犯罪　JRバッシングは「祭り」だ　ほか)　第3章　医療が置かれている場所(医療と成果主義　失言と報道の責任　ほか)　第4章　時代の空気を読む(「KY」の仕組み　ホリエモンは「2ちゃんねらー」　ほか)　第5章　寛容は寛容によって

護られる（脳と心霊をつなぐもの　私的欲望としての九条　ほか）

◇「存在論的ひきこもり」論―わたしは「私」のために引きこもる　芹沢俊介　雲母書房　2010.9　267p　20cm　1800円　Ⓘ978-4-87672-293-8　Ⓝ367.68

内容　はじめに―肯定性へ向けての新しい道筋　1「ひきこもり」がなくなるとき（否定の視線について　幸福の条件をめぐって　「存在論的ひきこもり」論　長期に引きこもっている人が家庭内殺傷事件を起こしやすいのか）　2　二〇〇〇年代とひきこもり（引きこもる若者たちをとりまく今　本や映画から「ひきこもり」を読みとく　『IRIS』編集局インタビュー・しんどいけれど踏みとどまって「考える」）　3　否定的「支援」の身勝手さ（「支援」についてのノート　「善意の道は地獄へ通ずる」ということ　長田塾事件裁判への意見書）　4「ひとり」の深さについて（ニートの社会学　「ひきこもり」と「アノミー」　人はひとりで生きていかれるのか　文学のなかのモラトリアム青年）

◇安心ひきこもりライフ　勝山実著　太田出版　2011.8　227p　19cm　1400円　Ⓘ978-4-7783-1258-9

内容　1章 基礎編　目指すは「安心ひきこもりライフ」―ひきこもりの成分（ひきこもり一年生のみなさんへ　ひきこもり親子のコミュニケーション術）　2章 中級編　ひきこもり中堅―見猿、言わ猿、聞か猿（ひきこもり第二章を生き抜くために　就労支援は違うのです）　3章 歴史編　転換期に立つひきこもり―ひきこもり年表（ブームが去った世界で　ひきこもり戦国時代）　4章 上級編　ひきこもりさらなる飛翔へ（ひきこもり資産運用　ひきこもり一〇〇パーセント）　5章 涅槃編　名人との対話（ひきこもりブッダへの道）

◇ひきこもりはなぜ「治る」のか？―精神分析的アプローチ　斎藤環著　筑摩書房　2012.10　243p　15cm　（ちくま文庫）　680円　Ⓘ978-4-480-42995-7

内容　第1章「ひきこもり」の考え方―対人関係があればニート、なければひきこもり　第2章　ラカンとひきこもり―なぜ他者とのかかわりが必要なのか　第3章　コフート理論とひきこもり―人間は一生をかけて成熟する　第4章　クライン、ビオンとひきこもり―攻撃すると攻撃が、良い対応をすると良い反応が返ってくる

第5章　家族の対応方針―安心してひきこもれる環境を作ることから　第6章　ひきこもりの個人精神療法―「治る」ということは、「自由」になるということ

◆統計・調査

【雑誌記事】

◇「社会的ひきこもり」を抱える家族に関する実態調査　小林清香, 吉田光爾, 野口博文［他］「精神医学」（医学書院）　45(7)通号535　2003.7　p749～756

◇「ひきこもり」の統計とその周辺（特別企画 ひきこもり）　三宅由子　「こころの科学」（日本評論社）　通号123　2005.9　p25～30

◇引きこもり実態調査―内閣府　「内外教育」（時事通信社）　(6019)　2010.8.31　p12～13

◇精神保健福祉センターを受診した「ひきこもり」の実態調査　土岐茂, 谷山純子, 衣笠隆幸　「精神医学」（医学書院）　53(4)通号628　2011.4　p339～346

【図書】

◇「社会的脱落層」とストレスサイン―青少年意識の国際的調査から　平塚儒子著　時潮社　2007.9　179p　22cm　〈文献あり〉　2800円　Ⓘ978-4-7888-0619-1　Ⓝ367.68

内容　序章　日本における「引きこもり」層の増加　第2章　日本の青年たちの生活意識　第3章「引きこもり」と「モラトリアム」の調査　第4章「引きこもり」層に対する調査　第5章　ストレス社会を生み出した戦後日本　第6章「不登校」「引きこもり」の変遷と国の対応　第7章「ニート」に関わる国際意識調査　第8章　ニュージーランドのモラトリアム対策　第9章「社会的脱落層」支援の構造　終章「社会的脱落層」の低減にむけて

◇実態調査からみるひきこもる若者のこころ―平成19年度若年者自立支援調査研究報告書　東京都青少年・治安対策本部総合対策部青少年課編　東京都青少年・治安対策本部総合対策部青少年課　2008.5　142p　30cm　Ⓝ371.42

◇ひきこもる若者たちと家族の悩み―平成20年度若年者自立支援調査研究報告書　東京都青少年・治安対策本部総合対策部青少年課編　東京都青

少年・治安対策本部総合対策部青少年課　2009.3　146p　30cm　Ⓝ371.42

◆外国事情

【雑誌記事】

◇韓国の「隠遁型ひとりぼっち」と日本の「ひきこもり」―ソウル・シンポジウム参加報告　斎藤環　「中央公論」（中央公論新社）　119（4）通号1439　2004.4　p184～191

◇韓国ひきこもり事情（特別企画 ひきこもり）　呂寅仲　「こころの科学」（日本評論社）　通号123　2005.9　p88～92

◇視察報告 諸外国の学生相談事情（フランス編）［含 ひきこもり日仏シンポジウム］　古橋忠晃　「名古屋大学学生相談総合センター紀要」（名古屋大学学生相談総合センター）　（8）　2008　p60～68［含 ディスカッション］

◇「ひきこもり」青年の日仏における共通点と相違点について　古橋忠晃,津田均,小川豊昭［他］　「総合保健体育科学」（名古屋大学総合保健体育科学センター）　34（1）　2011　p29～33

◇フランスのひきこもりから見えてくる精神病理（特集 ひきこもりの多角的検討）　古橋忠晃, CristinaFigueiredo, NancyPionnie-Dax［他］　「精神神経学雑誌」（日本精神神経学会）　114（10）　2012　p1173～1179

◆発達障害とひきこもり

【雑誌記事】

◇社会的ひきこもりにおける青年期広汎性発達障害―その臨床像と支援方法　中野育子,別府隆一郎,築島健［他］　「研究助成論文集」（明治安田こころの健康財団）　通号40　2004年度　p203～209

◇ひきこもりの状態にあった高機能広汎性発達障害のある青年への支援プロセス―専門機関としての支援の取り組み（特集 特別支援教育の今―教育現場・自治体・専門家による実践と提言）　井澤信三　「発達」（ミネルヴァ書房）　26（103）　2005.Sum.　p52～58

◇日本コミュニティ心理学会々長就任挨拶 コミュニティ心理学におけるコラボレーション　高畠克子　「コミュニティ心理学研究」（日本コミュニティ心理学会）　8（1・2）　2005.3　p1～4

◇青年期の引きこもりにみられる発達障害（特集2 もしかして発達障害……?）　近藤直司　「精神看護」（医学書院）　8（4）通号46　2005.7　p53～58

◇ひきこもりと高機能広汎性発達障害（特別企画 ひきこもり）　杉山登志郎　「こころの科学」（日本評論社）　通号123　2005.9　p36～43

◇青年期のひきこもりと発達障害（スペクトラムとしての軽度発達障害（1）―関連障害と近接領域）　小林真理子,近藤直司　「現代のエスプリ」（ぎょうせい）　（474）　2007.1　p212～217

◇器質的特性をもつひきこもり者への間主観的アプローチ―アスペルガー症候群と診断された青年との心理面接過程　林知代　「心理臨床学研究」（日本心理臨床学会, 誠信書房（発売））　25（6）　2008.2　p659～670

◇症例 ひきこもりと家庭内暴力を呈する発達障害の男子中学生への入院介入　塚本千秋, 大重耕三, 太田順一郎［他］　「精神科」（科学評論社）　12（3）通号69　2008.3　p221～230

◇ひきこもりと広汎性発達障害（特集 成人期臨床における広汎性発達障害）　近藤直司, 小林真理子　「臨床精神医学」（アークメディア）　37（12）　2008.12　p1565～1569

◇広汎性発達障害を背景とするひきこもりの支援に関する研究　堀川寛　「安田女子大学大学院文学研究科紀要 合冊」（安田女子大学大学院文学研究科）　15　2009年度　p111～130

◇広汎性発達障害を背景とするひきこもりの支援に関する研究　堀川寛　「安田女子大学大学院文学研究科紀要 教育学専攻」（安田女子大学大学院文学研究科）　15　2009年度　p111～130

◇発達障害と社会的ひきこもり（特集 発達障害と家族支援）　近藤直司, 小林真理子, 宮沢久江［他］　「障害者問題研究」（全国障害者問題研究会）　37（1）通号137　2009.5　p21～29

◇アスペルガー症候群とひきこもり（アスペルガー症候群の子どもの発達理解と発達援助―アスペルガー症候群の困難を理解する）　近藤直司, 小林真理子　「別冊発達」（ミネルヴァ書房）　通号30　2009.8　p158～165

◇ひきこもりがちな高機能広汎性発達障害青年との心理療法過程―日常的解離と橋渡し機能の視点から　舛田亮太　「心理臨床学研究」（日本心理臨床学会，誠信書房（発売））　27（4）　2009.10　p468～479

◇ひきこもりと広汎性発達障碍―関係障碍に対する関係発達支援の実際（特集 おとなの発達障害―おとなの発達障害と臨床）　小林隆児　「そだちの科学」（日本評論社）　(13)　2009.11　p67～74

◇青年期のひきこもりと発達障害（第1回日本心身医学5学会合同集会 合同シンポジウム 成人期の発達障害と心身医療）　近藤直司　「心身医学」（日本心身医学会，三輪書店（発売））　50（4）通号369　2010　p285～291

◇High-function Developmental Disorder in Postpubertal Patients with Diverse Psychic Symptoms : Layered-Clothes Syndrome　世木田久美，谷山純子，池田正国［他］　「精神分析的精神医学」（日本精神分析的精神医学会）　(4)　2010.3　p101～112

◇広汎性発達障害が背景にあると思われるひきこもりに関する研究―母親の語りをもとに　堀川寛　「家族心理学研究」（日本家族心理学会）　24（2）　2010.11　p116～128

◇発達障害者とひきこもり当事者コミュニティの比較：文化人類学的視点から（特集 ひきこもりの多角的検討）　照山絢子，堀口佐知子　「精神神経学雑誌」（日本精神神経学会）　114（10）　2012　p1167～1172

対応・対策

【雑誌記事】

◇書評／森口秀志／奈浦なほ／川口和正編著『ひきこもり支援ガイド』（晶文社）　幸田有史　「精神医療．第4次」（批評社）　(30)　2003　p108～111

◇教育講演 青年期ひきこもりケースの理解と援助〔含 質疑応答〕（多様化するニーズと新たな役割―法人化時代のキャンパスメンタルヘルス）　近藤直司　「全国大学メンタルヘルス研究会報告書」（［全国大学メンタルヘルス研究会］）　25　2003年度　p7～12

◇「引きこもり」の援助論と両親の位置―介入の根拠と責任をめぐって　川北稔　「名古屋大学社会学論集」（名古屋大学大学院環境学研究科社会環境学専攻社会学講座）　通号24　2003　p179～196

◇「大学生のひきこもり」への臨床援助―現状と課題　松本剛　「大阪学院大学通信」（大阪学院大学通信教育部）　34（1）　2003.4　p23～44

◇講演録 社会的ひきこもりの支援を通じて感じていること　日野淑子　「マクロ・カウンセリング研究」（マクロ・カウンセリング研究会）　2　2003.4　p5～19

◇ひきこもり「9割が社会復帰」の新療法公開！「サンデー毎日」（毎日新聞社）　82（17）通号4556　2003.4.20　p43～45

◇ひきこもり、家庭内暴力、薬物使用者… 病院移送ビジネス「驚愕の実態」　「サンデー毎日」（毎日新聞社）　82（34）通号4573　2003.8.10　p150～153

◇ひきこもりの要因・対策と予防（特集1 アジアの文化と教育）　天野隆雄　「アジア文化」（アジア文化総合研究所出版会）　(26)　2003.9　p28～37

◇時評2003 ひきこもり対策は「予防」から「対応」へ　斎藤環　「中央公論」（中央公論新社）　118（10）通号1433　2003.10　p40～43

◇ひきこもりへの支援（特集 ひきこもり）　三谷恵一　「Active」（向陽舎，星雲社）　(8)　2003.10.10　p41～44

◇自立支援のマネジメント実践 ひきこもりの人のセルフヘルプと支援活動　佐保大和　「月刊福祉」（全国社会福祉協議会）　86（14）　2003.12　p82～85

◇実践e-Japan―ネットワーク先進自治体を追う―引きこもり児童をインターネットで支援（東京都豊島（としま）区）"自治体キャリア"が城下町を無線LANで覆う（岐阜県岩村（いわむら）町）構造改革特区でITベンチャー育成（兵庫県洲本（すもと）市）　「日経BPガバメントテクノロジー : 行政サービス・業務改革にITを活かす」（日経BP社）　(2)　2003.12　p157～160

◇シンポジウム 和歌山大学におけるひきこもり支援プロジェクトとその成果（平成16年度 第26回

全国大学メンタルヘルス研究会報告書―癒しのできるキャンパスと人材育成） 宮西照夫, 池田温子, 畑山悦子［他］ 「全国大学メンタルヘルス研究会報告書」（［全国大学メンタルヘルス研究会］） 26 2004年度 p132～134

◇〈事例で学ぶ〉ブリーフセラピー(32)ひきこもり(?)のW君(付録その2) 森俊夫 「月刊学校教育相談」（ほんの森出版） 18(1) 2004.1 p78～85

◇〈事例で学ぶ〉ブリーフセラピー(33)ひきこもり(?)のW君(付録その3) 森俊夫 「月刊学校教育相談」（ほんの森出版） 18(3) 2004.2 p78～85

◇社会的ひきこもり支援研究序説―精神保健福祉実践の支援観と目的をめぐって 山本耕平 「大阪体育大学健康福祉学部研究紀要」（大阪体育大学健康福祉学部） (1) 2004.3 p99～112

◇相馬誠一のそこが知りたい 生徒指導Q&A(20)ハートフルフレンド家庭訪問事業による引きこもり児童生徒への援助 根本知明, 相馬誠一「月刊生徒指導」（学事出版） 34(4) 2004.3 p70～72

◇社会的ひきこもり青年へのマクロ・カウンセリング的アプローチ―PAC分析による心理的理解とトランセンド法 井上孝代 「心理学紀要」（明治学院大学心理学会） (14) 2004.3 p17～30

◇引きこもり依存症―システムズ・アプローチに基づく対応法(特集 引きこもり依存症―第14回日本嗜癖行動学会より) 斎藤学 「アディクションと家族：日本嗜癖行動学会誌」（ヘルスワーク協会） 21(1) 2004.5 p33～53

◇読みもの 社会的ひきこもりとその対応(特集 社会とのかかわり) 斎藤環 「更生保護」（日本更生保護協会） 55(6) 2004.6 p12～15

◇未来型福祉のかたち(49)ひきこもり支援の現状から―今, 自治体に求めたいこと 永冨奈津恵「地方自治職員研修」（公職研） 37(7)通号514 2004.7 p80～83

◇ひきこもり現象と他者性の介在(訪問カウンセリング―危機に立ち臨み語るこころ) 斎藤環 「現代のエスプリ」（ぎょうせい） (445) 2004.8 p32～44

◇ひきこもりと訪問カウンセリング(訪問カウンセリング―危機に立ち臨み語るこころ―訪問と臨床活動) 渡辺健 「現代のエスプリ」（ぎょうせい） (445) 2004.8 p45～51

◇ひきこもりをめぐる訪問と交流のありかた(訪問カウンセリング―危機に立ち臨み語るこころ―治療構造の変化と課題) 武藤清栄 「現代のエスプリ」（ぎょうせい） (445) 2004.8 p124～135

◇一般口演 社会的ひきこもりに対するメンタルサポーター・アミーゴの派遣効果(引きこもりとニート―若者が成長するとはどういうことか) 宮西照夫, 池田温子, 畑山悦子［他］ 「全国大学メンタルヘルス研究会報告書」（［全国大学メンタルヘルス研究会］） 27 2005年度 p19～22

◇踏み出した第一歩 引きこもりがちな若者が一歩を踏み出すことを支援―コミュニティーベーカリー 風のすみか(特集 僕たちのスタートライン―スポーツ・仕事・仲間) 「福祉のひろば」（大阪福祉事業財団, かもがわ出版（発売）） 58通号423 2005.1 p25～27

◇社会的ひきこもりの背景と類型化について 山本耕平 「大阪体育大学健康福祉学部研究紀要」（大阪体育大学健康福祉学部） (2) 2005.3 p23～37

◇リンショウゲンバ(26)ひきこもりへの訪問カウンセリング 渡辺健 「臨床心理学」（金剛出版） 5(2)通号26 2005.3 p289～291

◇思春期の問題行動に相談係としてかかわる(第2回)ひきこもり 長坂正文 「月刊学校教育相談」（ほんの森出版） 19(6) 2005.5 p56～61

◇「社会的ひきこもり」への支援活動の現状と課題(特集 こころの健康問題への挑戦) 後藤雅治, 香月富士日 「公衆衛生」（医学書院） 69(5) 2005.5 p378～383

◇公的機関における支援を受けた社会的ひきこもり事例に関する1年間の追跡研究から 吉田光爾, 小林清香, 伊藤順一郎［他］ 「精神医学」（医学書院） 47(6)通号558 2005.6 p655～662

◇全国社会的ひきこもり支援連絡会議の誕生と今後の課題 山本耕平 「福祉のひろば」（大阪福祉事業財団, かもがわ出版（発売）） 65通号430 2005.8 p40～43

対応・対策

◇ひきこもりガイドラインの反響と意義(特別企画 ひきこもり)　伊藤順一郎, 吉田光爾　「こころの科学」(日本評論社)　通号123　2005.9　p17〜24

◇口述発表16 社会的ひきこもりに対する支援体制作りの検討(第3回青森県立保健大学学術研究集会抄録―テーマ 青森県の保健・医療・福祉における包括ケアの発展をめざして)　冨岡拓身, 鈴木早苗, 山端博子 [他]　「青森県立保健大学雑誌」(青森県立保健大学雑誌編集委員会)　6(3)　2005.12　p439〜441

◇「ひきこもり」に関わる人々が"現場"に居続けるための実践　石川良子　「繋がりと排除の社会学」(明石書店)　2005.12　p265

◇ジャーナル ルポ 引きこもり対策の最前線 若者の社会復帰は「農業体験」から　足立倫行　「望星」(東海教育研究所, 東海大学出版会(発売))　36(12)通号438　2005.12　p58〜64

◇ミニシンポジウム (3) ひきこもり、ニートの問題から教育を考える(日本学校メンタルヘルス学会 第9回大会講演記録)　中垣内正和, 半田有通, 小西勝之 [他]　「学校メンタルヘルス」(日本学校メンタルヘルス学会)　9 (Suppl.)　2006　p76〜79

◇NHKひきこもりネット相談によせられた相談文の内容分析　倉本英彦, 大竹由美子, 飯田敏晴　「研究助成論文集」(明治安田こころの健康財団)　通号42　2006年度　p229〜235

◇事例研究 社会参加に向けたひきこもり支援―青少年サポートプラザの取組(特集 ニート・フリーター問題を考える)　神奈川県立青少年センター青少年サポート課　「自治体学研究」(神奈川県自治総合研究センター)　通号92　2006　p60〜63

◇症例研究 ゲームにはまって引きこもり退学を余儀なくされたT君(平成18年度学生支援合同フォーラム 第28回全国大学メンタルヘルス研究会 現代の大学メンタルヘルスのあり方)　野原隆彦　「全国大学メンタルヘルス研究会報告書」([全国大学メンタルヘルス研究会])　28　2006年度　p82〜85

◇ひきこもりへの理解と対応(特集 ニート―転換する現代文明)　髙塚雄介　「大航海 : 歴史・文学・思想」(新書館)　(58)　2006　p124〜129

◇行動援護の技法「ひきこもり」から「ふつうの暮らし」へ―行動援護の可能性を探る　加藤恵　「さぽーと : 知的障害福祉研究」(日本知的障害者福祉協会, 星雲社(発売))　53(1)通号588　2006.1　p48〜53

◇反響を呼んだひきこもり支援ガイドマップ 今こそ必要な「ひきこもり」支援　森口秀志　「社会民主」(社会民主党全国連合機関紙宣伝局)　(609)　2006.2　p28〜30

◇「社会的ひきこもり」の形成要因に関する研究―臨床心理学的支援の手がかりを求めて　中村廣光　「別府大学臨床心理研究」(別府大学大学院文学研究科臨床心理学専攻)　2　2006.3　p2〜9

◇対人関係の一歩としての面接　白砂佐和子　「首都大学東京東京都立大学心理学研究」(首都大学東京都市教養学部)　16　2006.3.20　p1〜10

◇eラーニングで引きこもり不登校児童・生徒の学校復帰を支援(特集/eラーニング)　高井信行　「月刊LASDEC : 地方自治情報誌」(地方自治情報センター)　36(7)通号424　2006.7　p16〜20

◇「社会的ひきこもり」支援の現状と課題―A県の保健所調査をとおして　長谷川俊雄　「社会福祉研究」(愛知県立大学『社会福祉研究』編集委員会)　8　2006.7　p17〜37

◇生活社会 暴力で「ひきこもり」は治らない(時代の先を読む)　斎藤環　「Voice」(PHP研究所)　通号343　2006.7　p46〜47

◇「ひきこもり」に必要な支援は何か(第102回日本精神神経学会総会―シンポジウム「ひきこもり」と精神医療―Community based Mental Systemづくりの展望)　伊藤順一郎　「精神神経学雑誌」(日本精神神経学会)　109(2)　2007　p130〜135

◇ひきこもり克服支援への取り組み(第102回日本精神神経学会総会―シンポジウム「ひきこもり」と精神医療―Community based Mental Health Systemづくりの展望)　秋田敦子　「精神神経学雑誌」(日本精神神経学会)　109(2)　2007　p140〜145

◇ひきこもり支援の方法を探る―「長期・年長ひきこもり」を中心に　竹中哲夫　「福祉研究」(日本福祉大学社会福祉学会)　(97)　2007　p1〜15

◇無業者問題―自治体に何を期待するか―ひきこもり問題を中心に(特集「格差」時代の自治体の役割―憲法25条と自治体) 上山和樹 「地方自治職員研修」(公職研) 40(2ママ)通号554 2007.3 p29~31

◇「ひきこもり」支援論の再検討―新たな支援への視点 松本匡志 「社会分析」(日本社会分析学会) 通号35 2008 p79~100

◇症例研究 ひきこもり・不登校となった学生の復学支援―複数の援助者によるチーム援助の成果(平成20年度学生支援合同フォーラム 第30回全国大学メンタルヘルス研究会報告書 現代の青年の精神的危機と対応) 富永ちはる, 林田雅希, 鷺池トミ子 「全国大学メンタルヘルス研究会報告書」([全国大学メンタルヘルス研究会]) 30 2008年度 p110~113

◇講演 若者のひきこもり現象からみえてくる現代社会の病理(平成20年度学生支援合同フォーラム 第30回全国大学メンタルヘルス研究会報告書 現代の青年の精神的危機と対応―平成20年度学生支援合同フォーラム 合同企画 現代の青年の構神的危機と対応) 宮西照夫 「全国大学メンタルヘルス研究会報告書」([全国大学メンタルヘルス研究会]) 30 2008年度 p127~131

◇「社会的ひきこもり」への支援―青年の自立支援に向けて 高砂光雄 「福祉のひろば」(大阪福祉事業財団, かもがわ出版(発売)) 97通号462 2008.4 p20~25

◇ひきこもりの社会復帰への取り組み(特集 ひきこもりと精神医学) 岩波明, 岡島由佳, 加藤進昌 「精神科」(科学評論社) 12(6)通号72 2008.6 p473~477

◇移行過程支援研究の課題 宮崎隆志 「子ども発達臨床研究」(北海道大学大学院教育学研究院附属子ども発達臨床研究センター) (3) 2009 p35~44

◇若者の「生きづらさ」と障害構造論―ひきこもり経験者への支援から考える 川北稔 「愛知教育大学教育実践総合センター紀要」(愛知教育大学教育実践総合センター) (12) 2009.2 p293~300

◇ひきこもりの具体的対応法に関する考察 高賢一 「金沢星稜大学人間科学研究」(金沢星稜大学人間科学会) 2(2)通号3 2009.3 p31~34

◇ライフステージに対応したひきこもり支援―「ひきこもり状況」と支援課題 竹中哲夫 「日本福祉大学社会福祉論集」(日本福祉大学社会福祉学部) (120) 2009.3 p1~30

◇社会的引きこもりの青年に対するグループ支援の効果―運営スタッフへのインタビューから 町田智美 「首都大学東京東京都立大学心理学研究」(首都大学東京都市教養学部) 19 2009.3.20 p41~49

◇リンショウゲンバ(53)社会とのつながりを支援するひきこもり臨床 有吉晶子 「臨床心理学」(金剛出版) 9(5)通号53 2009.9 p694~696

◇「ひきこもり」にどう向き合うか 芹沢俊介 「myb」(みやび出版) (34) 2010.冬 p6~9

◇テクノロジーの活用で生活がこんなに変わる―ユーザー視点で見たIT支援の意義(第4回)ふれあいステーションひのでの場合―統合失調症/てんかん/引きこもりの場合のIT活用 山田栄子 「地域リハビリテーション」(三輪書店) 5(10)通号55 2010.10 p909~911

◇ひきこもりの基本問題とその対応 須田誠 「慶應義塾大学大学院社会学研究科紀要：社会学・心理学・教育学：人間と社会の探究」(慶應義塾大学大学院社会学研究科) (72) 2011 p55~70

◇ひきこもり訪問相談の実際('10そうけん土曜講座「公開講座」) 小野寺高徳 「産業文化研究」(八戸大学・八戸短期大学総合研究所) (20) 2011 p7~9

◇社会参加の可視化―ひきこもりへのスモールステップ支援の意味(特集 拡大する相談・支援事案の実相) 田中俊英 「福祉労働」(現代書館) 通号131 2011.Sum. p96~103

◇ひきこもり・不登校となった学生の復学援助―閉ざした心を再び開かせたチーム援助(特集 メンタルヘルス) 富永ちはる 「大学と学生」(新聞ダイジェスト社) (89) 2011.1 p32~40

◇電子メール相談によるひきこもり支援 立脇洋介, 田村毅 「東京学芸大学紀要. 総合教育科学系」(東京学芸大学) 62(2) 2011.2 p263~267

◇ひきこもり支援の哲学と方法をめぐって―若者問題に関する韓日間比較調査から(第1報) 山

本耕平, InsooLee, 安藤佳珠子　「立命館産業社会論集」（立命館大学産業社会学会）46(4) 通号148　2011.3　p21～42

◇「ひきこもり」の分からなさと向き合うことから見えたもの(特集 ひきこもり支援論)　石川良子　「臨床心理学」（金剛出版）11(3)通号63　2011.5　p330～335

◇ひきこもり――一歩足を踏み出すのを援助する(特集 ひきこもり支援論)　和迩健太, 三浦恭子, 青木省三　「臨床心理学」（金剛出版）11(3)通号63　2011.5　p341～346

◇多様なひきこもりを支援する――「居場所」と「出番」作りに伴走する(特集 ひきこもり支援論)　有吉晶子　「臨床心理学」（金剛出版）11(3)通号63　2011.5　p367～373

◇ひきこもり・不登校の予防と学校の責任(特集 指導困難を克服する)　小松隆二　「月刊高校教育」（学事出版）44(10)　2011.9　p26～29

◇ひきこもり問題とその背景と対応について(特集 こころの健康とその政策的課題――こころの健康政策構想会議の提言を踏まえて)　井手宏　「保健の科学」（杏林書院）53(9)　2011.9　p613～615

◇大学キャンパスでおこなう、ひきこもり・不登校学生支援プログラム――復学までの過程　和田修　「社会文化研究所紀要」（九州国際大学社会文化研究所）(68)　2011.10　p129～146

◇A市地域若者サポートステーションにおけるひきこもり支援の概況 : インテーク時の記録分析に基づいて　安藤佳珠子, 安倉晃平, 申佳弥　「立命館産業社会論集」（立命館大学産業社会学会）47(3)通号151　2011.12　p129～149

◇社交不安障害を原因とする、長期引きこもりの一例 : 引きこもりからの社会復帰支援施設必要性の提言(第13回身体疾患と不安・抑うつ研究会)　堺英彰　「分子精神医学」（先端医学社）12(1)通号46　2012.1　p56～58

◇大学生におけるひきこもり傾向と人生の意味・目的意識との関連　草野智洋　「カウンセリング研究」（日本カウンセリング学会）45(1)　2012.2　p11～19

◇ひきこもり支援におけるケアマネジメント・プログラム導入の検討 : ひきこもり地域支援センターの実態調査を踏まえて　西元祥雄　「社会福祉学」（日本社会福祉学会）52(4)通号100　2012.2　p80～91

◇ひきこもり支援における事例研究 : かたつむり学舎での実践から　福崎はる　「社会福祉研究所報」（熊本学園大学付属社会福祉研究所）(40)　2012.3　p1～21

◇家庭訪問事例にみるひきこもり支援(特集 今まさに問う、アウトリーチの真価と醍醐味とは)　門脇祥子　「精神保健福祉 : 日本精神保健福祉士協会誌」（日本精神保健福祉士協会）43(2)通号90　2012.6　p113～115

◇ひきこもりの若者たちを支援して(子どもが学校に行かなくなったとき(支援編))　石井守「女性のひろば」（日本共産党中央委員会, 日本共産党中央委員会出版局（発売））(401)　2012.7　p106～109

◇自治体のひきこもりへの支援の現在　岩崎久志「流通科学大学論集. 人間・社会・自然編」（流通科学大学学術研究会）25(1)　2012.7　p1～18

◇「天岩戸神話」例に引きこもり対策説く : 岩井貴生八洲学園大学国際高等学校長　「内外教育」（時事通信社）(6180)　2012.7.17　p8

◇ひきこもり支援の哲学と方法をめぐって : 若者問題に関する韓日間比較調査から(第2報)Yooja Salonの実践を通して　山本耕平　「立命館産業社会論集」（立命館大学産業社会学会）48(2)通号154　2012.9　p1～20

[図書]

◇社会参加に向けてのアプローチ――ひきこもりから脱却するための連続セミナー　大阪関西こども文化協会　〔20-〕　99p　30cm　Ⓝ367.68

◇「ひきこもり」たちの夜が明けるとき――彼らはこうして自ら歩き始めた　橘由歩著　PHP研究所　2003.4　319p　20cm　1500円　①4-569-62799-4　Ⓝ367.68

内容 第1章 タメ塾・一九九七年秋　第2章 無邪気な時代　第3章 暗中模索　第4章 出口なし　第5章 傷だらけの家族　第6章 着地

◇引きこもりと暮らす――対人関係づくりのフィールドワーク型記録　五十田猛著　東京学参　2003.4　194p　19cm　〈年表あり〉　1360円　①4-8080-0000-8　Ⓝ371.42

|内容| 第1章 引きこもり経験者の居場所づくり(通信制・大検生の会とこみゆんとクラブ 人生模索の会と『ひきコミ』 「人材養成バンク」の経験 新小岩への移転と新展開 模索の会の中止そして再開) 第2章 人間関係づくりの現場(精神的な自立と依存 社会参加までの葛藤のタイプ コミュニケーションの場)

◇ひきこもり110番Q&A ―復学・就職への道 理解、防止、対応マニュアル 成瀬栄子著 アルマット 2003.7 207p 21cm 〈発売:国際語学社〉 1900円 ①4-87731-192-0 Ⓝ371.42
|内容| ひきこもり者の姿と筆者の支援活動 第1部 不登校からのひきこもり(不登校生への対応 不登校の原因と対策 各学年の事例 不登校児童の共通事項 ほか) 第2部 社会的ひきこもり(ひきこもりの定義と相談ケース状況 ひきこもりの状況と対応 社会人になってからのひきこもり ひきこもりと対人恐怖 ほか)

◇引きこもり一週間脱出法―あなたならどんな工夫をしてみますか 富田富士也著 学習研究社 2003.9 175p 19cm 1400円 ①4-05-402213-8 Ⓝ146.8
|内容| 休憩中なんです(気持ちを抑えすぎていませんか 「コンビニ」な人間関係になっていませんか ほか) 選り好みしていませんか(人の話を「毛穴」で聴いていますか 「奉り過ぎる」人間関係で"楽"していませんか ほか) 思いきって渡ってみませんか(あなたに"還る家"はありますか あなたの"重し"はなんですか ほか) 渡ってみていかがですか(「手間」かけていますか とげとげしく強迫的になっている自分に気づいていますか ほか)

◇ひきこもり卒業マニュアル 中川勝文著 新風舎 2004.1 175p 15cm (新風舎文庫) 700円 ①4-7974-9005-5 Ⓝ367.68
|内容| 第1章 ひきこもりの問題 第2章 ひきこもりの日常 第3章 病気 第4章 労働 第5章 救い 第6章 解決法

◇青の塔から―ひきこもり脱却への記録 中村佑介、さわ雅子著 日本評論社 2004.8 197p 20cm 1500円 ①4-535-58411-7 Ⓝ367.68
|内容| 1 ひきこもりという名の闘争(中村佑介)(心に鍵をかけた日 ひきこもり二四時 ひきこもる理由 ふるえる翼 ほか) 2 息子のひきこもりと向き合って(さわ雅子)(息子の異変 母業失格 ひきこもる息子 心のレッスン ほか)

◇ニート・ひきこもりへの対応―だれにでも起きる!? 牟田武生著 教育出版 2005.8 174p 19cm 1680円 ①4-316-80108-2 Ⓝ371.42
|内容| 希望の章 ニート対応プログラム 第1章 親と社会が生み出すニート・ひきこもり 第2章 急増!!これまでの対応が通用しない人達 第3章 タイプの見分け方と新しい対応 第4章 自立へ向けての出発 第5章 様々な関わり方

◇ニート ひきこもり―PTSD外傷後ストレス障害 ストーカー 小田晋、西村由貴、村上千鶴子著 新書館 2005.11 174p 19cm (心の病の現在 1) 1200円 ①4-403-26101-9 Ⓝ493.7
|内容| ニート ひきこもり PTSD―外傷後ストレス障害 ストーカー

◇ひきこもりからの出発―あるカウンセリングの記録 横湯園子著 岩波書店 2006.10 177p 19cm 1800円 ①4-00-001939-2 Ⓝ371.42
|内容| 第1章 語る(とりあえずの自分を語る 禿になる不安、身体へのこだわり 母親は語る、父親も語る) 第2章 動く(家族関係への洞察が深まる 現実自己と理想自己が表面化する) 第3章 つながる(記憶の封印が解ける 別れ、危機、そして出発) 終章 篤の事例は何を語るか

◇大学生のひきこもり―人間性心理学的アプローチによる援助 松本剛著 京都 ナカニシヤ出版 2007.3 128p 22cm 〈文献あり〉 1800円 ①978-4-7795-0137-1 Ⓝ146.8
|内容| 第1章 人間性心理学的アプローチ 第2章 大学生のひきこもり 第3章 青年のひきこもりと大学生の課題 第4章 大学生のひきこもりに関連する心理的特性 第5章 「大学生のひきこもり」の事例研究 第6章 大学生のひきこもりへの人間性心理学的アプローチによる援助

◇森田療法で読む社会不安障害とひきこもり 北西憲二, 中村敬編 白揚社 2007.3 284p 19cm 〈執筆:井出恵ほか 文献あり〉 1900円 ①978-4-8269-7140-9 Ⓝ493.74
|内容| 1 社会不安障害「SAD」(社会不安障害「SAD」とは 社会不安障害をどう治療するか 社会不安障害の症例) 2 ひきこもりと対人不安(ひきこもりをどう理解するか ひきこもりをどう治療するか? ひきこもりの症例)

◇はじめてのひきこもり外来―回復のための10ステップ 中垣内正和著 ハート出版 2008.4 236p 19cm 1500円 ①978-4-89295-584-6 Ⓝ367.68

|内容| 第1章 ひきこもりからの回復―親の10ス
テップ(今までのやり方は無力だった 深刻化
した要因に気づく 母親の過剰と父性の不在
第三者の存在を活用 ほか) 第2章 ひきこも
りからの回復―若者の10ステップ(ひきこもっ
ていては、どうにもならなかった 重圧から解
放された 居場所、フリースペースに参加
医療やNPOを利用する ほか)

◇脱ひきこもり―幼児期に種を蒔かないために
森本邦子著 角川SSコミュニケーションズ
2009.5 188p 18cm （角川SSC新書 069）
〈文献あり〉 780円 ①978-4-8275-5069-6
Ⓝ367.68

|内容| 序章 「ひきこもり」の種は幼児期に蒔かれ
る(生きづらさを抱える若者たちとの出会い
ワルテッグ・テストとの出会い ほか) 第1章 子
どもの絵から読み取る深層心理(七〇年代・描
きまくる快感を味わう子どもたち 八〇年代・
子どもの世界にも性のボーダーレスが忍び寄る
ほか) 第2章 元ひきこもりの若者たちの証言
(ひきこもりを支援する「ニュースタート」
和泉達生さん(三九歳)のケース ほか) 第3章
謎多き「ひきこもり」の正体と、「ひきこもり」
をつくらないための予防策(自分そのものが空
っぽである 「核になる自分」の基礎は六歳前
後に形づくられる ほか)

◇ファーストステップ・ジョブグループ(FSJG)：
対人援助学的「脱ひきこもり」支援 望月昭,上
田陽子編集担当 京都 立命館大学人間科学研
究所 2009.9 72p 21cm （ヒューマンサー
ビスリサーチ オープンリサーチセンター整備事
業「臨床人間科学の構築」16） Ⓝ367.68

◇ひきこもりの評価・支援に関するガイドライン
―厚生労働科学研究費補助金こころの健康科学
研究事業「思春期のひきこもりをもたらす精神
科疾患の実態把握と精神医学的治療・援助シス
テムの構築に関する研究」 〔市川〕 齊藤
万比古 〔2010〕 68p 30cm

◇ひきこもりに関する相談・支援事例集 厚生労
働省 2011.3 83p 30cm Ⓝ367.68

◇フリーター、ニート、ひきこもりを生まない自立
をうながすコミュニケーションワーク・シート
小崎良伸著 学事出版 2011.5 87p 26cm
1600円 ①978-4-7619-1823-1 Ⓝ375.2

|内容| 1 自分の自立度を知ろう 2 「あいさつ」
をしよう 3 自尊感情を高めよう 4 コミュニ
ケーションの受信能力を高めよう 5 コミュニ
ケーションの発信能力を高めよう 6 コミュニ
ケーションの調整能力を高めよう 7 社会のコ
ミュニケーションを学ぼう 8 豊かな人生を送
ろう 9 特別課題(自由研究)に挑戦しよう

◇ひきこもり支援者読本 内閣府子ども若者・子
育て施策総合推進室編 内閣府子ども若者・子
育て施策総合推進室 2011.7 159p 21cm
Ⓝ367.68

◇ひきこもりと大学生―和歌山大学ひきこもり回
復支援プログラムの実践 宮西照夫著 学苑社
2011.11 200p 19cm 〈文献あり〉 2000円
①978-4-7614-0742-1 Ⓝ367.68

|内容| 序 現在の若者の苦悩の一表現形式として
のひきこもり 第1章 ひきこもる若者 第2章
苦悩するひきこもり 第3章 優等生のひきこも
り 第4章 ひきこもりと精神症状 第5章 ひき
こもりの原因 第6章 和歌山大学ひきこもり回
復支援プログラム 第7章 インターネットとひ
きこもり 第8章 なぜ、日本の若者はひきこも
るのか

◇脱ニート完全マニュアル―元ひきこもりニート
がリアルに教える！ 地雷屋著 メタモル出版
2012.8 205p 19cm 〈年譜あり〉 1400円
①978-4-89595-829-5 Ⓝ367.68

|内容| 第1章 脱ニート考察(ニートって何?原因は?
考え方から"脱ニート") 第2章 ニート的就職
活動(仕事への考え方 バイトを始めよう！
正社員になろう！) 第3章 ニート的ネットビ
ジネス(ネットビジネスって何？ ネットビジ
ネスの種類 ネットビジネスの始め方)

◇トライ式 ひきこもらない生き方 木村隆広著
幻冬舎メディアコンサルティング 2012.8
199p 19cm 〈発売:幻冬舎〉 1200円
①978-4-344-99866-7

|内容| 第1章 「不登校」「ひきこもり」の実態(「不
登校」の発端は何か 「本人がすべて悪い」で
は解決しない ほか) 第2章 「不登校」「ひき
こもり」を支える各種機関(「ひきこもり」を支
える機関の重要性 「せめて高校卒業は」が日
本社会での最低条件 ほか) 第3章 「ひきこも
り」解決策(「やる気」を引き出すために「自信
を持たせる」 三段階サポート ほか) 第4章
先輩たちの「ひきこもり」解決物語(「ひきこ
もり」を直すのは薬ではない、「人」である

声優ゼミがもたらしたもうひとつのストーリーほか)

◆家庭

【雑誌記事】

◇思春期・青年期のひきこもりケースに対する家族支援プログラム―ひきこもり家族教室を中心に(特集 思春期のこころの育ちを支える―精神保健事業としてどう展開するか) 宇都宮千賀子 「へるす出版生活教育」(へるす出版事業部) 47(4) 2003.4 p7～11

◇子ども・家庭・地域 家庭への訪問サポートを通じてひきこもりの改善をめざす―不登校情報センター(東京都) 「月刊福祉」(全国社会福祉協議会) 86(11) 2003.9 p70～73

◇引きこもりの子どもを持つ母親への心理的援助 今井章子 「園田学園女子大学論集」(園田学園女子大学) (38) 2003.12 p23～32

◇引きこもり親の会の組織戦略―「親が変わる」という解決策の選択 川北稔 「現代の社会病理」(日本社会病理学会) (19) 2004 p77～92

◇ひきこもり青年の親との対話についての考察 酒井不二夫 「精神対話学会論文集」(メンタルケア協会) 1 2004 p81～84

◇引きこもりにおける家族への対応と当協会における新たなる可能性について ヒックス浩子 「精神対話学会論文集」(メンタルケア協会) 1 2004 p158～166

◇社会的ひきこもりと家族支援 斎藤愛, 伊藤寛臣, 佐野秀樹 「東京学芸大学教育学部附属教育実践総合センター研究紀要」(東京学芸大学) 28 2004.3 p43～53

◇ひきこもりと家族(特集 引きこもり依存症―第14回日本嗜癖行動学会より) 斎藤環 「アディクションと家族：日本嗜癖行動学会誌」(ヘルスワーク協会) 21(2) 2004.5 p27～32

◇家族からみたひきこもり状態―その実態と心理的介入の役割 境泉洋, 石川信一, 滝沢瑞枝[他] 「カウンセリング研究」(日本カウンセリング学会) 37(2) 2004.6 p168～179

◇社会的ひきこもりの家族支援―家族教室の結果から 畑哲信, 前田香, 阿蘇ゆう[他] 「精神医学」(医学書院) 46(7)通号547 2004.7 p691～699

◇社会的ひきこもり青年を抱える家族の困難さと支援ニーズに関する研究 天谷真奈美, 宮地文子, 高橋万紀子[他] 「保健師ジャーナル」(医学書院) 60(7) 2004.7 p660～666

◇事例研究 生活保護受給母子世帯に対するソーシャルワークについて―引きこもりの子どもを抱えるケースへの援助経過を通して ソーシャルワーク実践研究会 「ソーシャルワーク研究」(相川書房) 31(1)通号121 2005.Spr. p59～66

◇社会的ひきこもり青年を抱える家族への支援活動の効果と課題 天谷真奈美, 阿部由香 「日本看護学会論文集. 精神看護」(日本看護協会出版会) 36 2005 p154～156

◇家族会の立場から見た社会的引きこもりの現状(特集1 第8回広島大学心理臨床セミナー「引きこもり支援セミナー」講演録) 藤岡清人 「広島大学大学院心理臨床教育研究センター紀要」(広島大学大学院教育学研究科附属心理臨床教育研究センター) (4) 2005 p18～21

◇ひきこもりの息子をもつ母親との心理療法過程―代理内省としての共感による断片化した情動統合へのプロセス 林知代 「心理臨床学研究」(日本心理臨床学会, 誠信書房(発売)) 23(2) 2005.6 p185～196

◇「社会的ひきこもり」問題の所在と構造―家族相談事例の分析とヒアリング調査をとおして 長谷川俊雄 「社会福祉研究」(愛知県立大学『社会福祉研究』編集委員会) 7 2005.7 p47～62

◇親子「引きこもり」防ぐ間取り―子どもの顔を見ていますか？ 間取りの意味は想像以上に大きいかも知れない 足立菜穂子 「Aera」(朝日新聞出版) 18(48)通号949 2005.9.12 p46～48

◇「ひきこもり」から脱出させるための支援技術1 相談面接と親グループ(特集1 「ひきこもり」ケースには, こう対応する！―保健師ができる支援について考える) 伊藤順一郎, 吉田光爾, 原敏明 「保健師ジャーナル」(医学書院) 61(12) 2005.12 p1152～1155

◇特別寄稿 不登校・ひきこもりと家族のあり方 田村毅 「生活福祉研究：明治安田生活福祉研究所調査報」（明治安田生活福祉研究所）14(4)通号56 2006 p4～20

◇ひきこもりのきょうだい(特集 ニート―新しい文学はここから始まる―ニートの近傍から/のほうへ) 工藤らばん 「ユリイカ」（青土社）38(2)通号516 2006.2 p225～230

◇家族会への参加と引きこもりの改善―民間支援機関における質問紙調査から 「愛知教育大学教育実践総合センター紀要」（愛知教育大学教育実践総合センター）(9) 2006.3 p227～236

◇ひきこもりケースについてシステム論的考察―システム論的家族支援におけるケース検討から 千葉千恵美 「高崎健康福祉大学紀要」（高崎健康福祉大学）(5) 2006.3 p13～24

◇提言 ひきこもりの家族支援―ステージに応じた介入のあり方 臼井卓士, 臼井みどり 「保健師ジャーナル」（医学書院）62(3) 2006.3 p222～228

◇引きこもり家族をもつ高齢者の家庭への援助 真利敦子 「ホームヘルパー」（日本ホームヘルパー協会）(377) 2006.9 p12～14

◇「引きこもり」に悩む家族への支援(第2特集 つながる・その心を大切に ニート・引きこもりを考える) 富田富士也 「婦人之友」（婦人之友社）100(10) 2006.10 p80～83

◇男性のひきこもり経験者とその母親から見た父親像の特徴 花嶋裕久, 近藤卓 「学校メンタルヘルス」（日本学校メンタルヘルス学会）10 2007 p53～63

◇全国引きこもりKHJ親の会代表・奥山雅久氏に聞く 多様性を受け入れる懐の深い社会を(特集 大人のひきこもり―長期化するケースにどう対処するか) 奥山雅久 「月刊地域保健」（東京法規出版）38(2) 2007.2 p53～63

◇A study of family functioning in hikikomori (social withdrawal) 小柴順子 「広島大学保健学ジャーナル」（広島大学医学部保健学科, 広島大学保健学出版会）6(2) 2007.9 p95～101

◇男性のひきこもり者から見た父子関係と父親から見た父子関係―ひきこもりの家族における父―息子関係の諸特徴 花嶋裕久 「家族心理学研究」（日本家族心理学会）21(2) 2007.12 p77～94

◇ひきこもり状態の青年に対する親のかかわり方に関する研究―母親への半構造化面接の分析 浅田みちる, 境泉洋 「徳島大学総合科学部人間科学研究」（徳島大学総合科学部）16 2008 p125～143

◇対人関係困難からひきこもりがちだった思春期患者の看護―家庭が「居場所」として機能しなくなった気分変調症の事例を通して(日本精神科看護学会 第15回 専門学会(1) 看護研究論文) 石黒美智子 「日本精神科看護学会誌」（日本精神科看護技術協会）51(2) 2008 p47～51

◇社会的ひきこもりにおける家族支援への一考察 笠野恵子 「九州社会福祉学」（日本社会福祉学会九州部会）(4) 2008.3 p101～110

◇不登校や社会的ひきこもりを呈する知的・身体障害児への家族援助―統合的心理療法による働きかけを通して 板見陽子, 緒方明 「九州ルーテル学院大学発達心理臨床センター紀要」（九州ルーテル学院大学発達心理臨床センター）(7) 2008.3 p73～79

◇個人面接と家族合同面接の統合―あるひきこもり青年と家族の心理援助実践の分析から 中釜洋子 「家族心理学研究」（日本家族心理学会）22(1) 2008.5 p28～41

◇ひきこもりを抱える家族の実態とその支援 浅田(梶原)彩子 「家政学研究」（奈良女子大学家政学会）55(1)通号109 2008.10 p34～43

◇社会的ひきこもり家族教室に関するアンケート調査 辻本哲士, 辻元宏 「精神医学」（医学書院）50(10)通号598 2008.10 p1005～1013

◇メンタルフレンドによる訪問支援プロセスと支援を阻害・促進する親の態度―親が捉えるひきこもりの子どもの成長とは(「家庭教育研究奨励金」研究報告) 栗田明子 「家庭教育研究所紀要」（小平記念日立教育振興財団日立家庭教育研究所）(31) 2009 p98～110

◇ひきこもり当事者の「居場所」支援に関する分析―家族・当事者・支援者の視点から 浅田(梶原)彩子 「人間文化研究科年報」（奈良女子大学大学院人間文化研究科）(25) 2009 p193～203

◇ひきこもり状態にある人の親のストレス反応に影響を与える認知的要因　境泉洋, 坂野雄二　「行動療法研究」(日本行動療法学会)　35(2)通号69　2009.5　p133～143

◇子どものひきこもり状態に対する親の否定的評価とストレス反応の関連　境泉洋, 滝沢瑞枝, 中村光[他]　「カウンセリング研究」(日本カウンセリング学会)　42(3)　2009.10　p207～217

◇「ひきこもり」問題における親―「親が変わる」という主体的選択に向けて　廣瀬眞理子　「人文論究」(関西学院大学人文学会)　59(3)　2009.12　p63～86

◇家庭内暴力を伴うひきこもり青年の親に対するロール・プレイングをもちいた面接と援助の意義について　浮田徹嗣　「心理劇」(日本心理劇学会)　14(1)　2009.12.1　p75～86

◇曖昧な生きづらさと家族―ひきこもり問題を通じた親役割の再構築(シンポジウム報告)　川北稔　「家族研究年報」(家族問題研究学会)　(35)　2010　p13～27

◇「ひきこもり」から家族と社会を問い直すために(シンポジウム報告)　石川良子　「家族研究年報」(家族問題研究学会)　(35)　2010　p29～42

◇ひきこもり家族会と家族の認知変容　浅田(梶原)彩子　「奈良女子大学社会学論集」(奈良女子大学社会学研究会)　(17)　2010　p189～207

◇家庭において親は「ひきこもり」本人に対してどう対応すればいいのか―「ファーストステップ・ジョブグループ『対応を学ぶ』」講座の効果に関する検討　上田陽子　「立命館人間科学研究」(立命館大学人間科学研究所)　(21)　2010.7　p147～161

◇家族と支援者とのコラボレーションが目指すもの―ひきこもり相談の現場から(特集 家族の力、他人の力―「家族だから」「他人だから」できること)　榊澤直美　「臨床作業療法」(青海社)　7(3)　2010.8　p207～210

◇ひきこもり状態にある人の親に対する行動論的集団心理教育の効果(実践研究)　境泉洋, 坂野雄二　「行動療法研究」(日本行動療法学会)　36(3)通号73　2010.09　p223～232

◇ひきこもり青年の母親の心理面接：関わりの助言を中心とした面接でひきこもりを脱した一事例　青野明子　「近畿大学臨床心理センター紀要」(近畿大学臨床心理センター)　4　2011　p83～101

◇ひきこもり支援と家族間葛藤：葛藤緩和と和解への道をさぐる　竹中哲夫　「福祉研究」(日本福祉大学社会福祉学会)　(103)　2011　p47～55

◇「ひきこもり」の改善事例にみる親子の心の成長について　三浦貴史　「家庭教育研究」(日本家庭教育学会)　(16)　2011.3　p65～71

◇学生による訪問支援活動の実際―不登校・ひきこもりへの訪問支援(特集 家庭訪問(ホームビジティング)の新たな展開―ホームビジティングの実際)　喜多見学　「世界の児童と母性」(資生堂社会福祉事業財団)　70　2011.4　p58～62

◇子どもから親に向かう暴力と社会福祉―「ひきこもり」の高齢化と家庭内暴力がもたらす問題(特集 家族内の暴力・虐待と社会福祉)　津崎哲郎　「社会福祉研究」(鉄道弘済会社会福祉部)　(111)　2011.7　p35～42

◇地域を支える(650)福岡県ひきこもり地域支援センター(県機関・福岡県春日市)相談や訪問で当事者と家族支える　「厚生福祉」(時事通信社)　(5828)　2011.7.5　p7

◇青年期におけるメンタルヘルスへの取り組み(第2回)ひきこもり青年と家族の支援―親が変われば子どもも変わるってホント？　船越明子　「保健の科学」(杏林書院)　53(9)　2011.9　p619～624

◇ネグレクト事例における引きこもりと援助拒否の背景と子どもへの影響(新福尚隆教授 古希記念号)　安部計彦　「西南学院大学人間科学論集」(西南学院大学学術研究所)　7(2)　2012.2　p13～24

◇ひきこもりをめぐる家族の経験に関する一考察：ひきこもりの子を持つ母親の語りから　坂本香織　「九州社会福祉学」(日本社会福祉学会九州部会)　(8)　2012.3　p73～82

◇ひきこもりとその家族に関する社会学的研究：『ひきこもる若者たちと家族の悩み』調査の結果から　古賀正義　「教育学論集」(中央大学教育学研究会)　54　2012.3　p1～30

◇ひきこもり生徒と家族をつなぐスクールカウンセラーによる相談過程　黒水るみこ　「中村学園大学・中村学園大学短期大学部研究紀要」(中村学園大学)　(44)　2012.3　p45〜56

◇対人恐怖とひきこもり：ひきこもり事例への家族療法的対応の重要性　吉川悟　「龍谷大学教育学会紀要」(龍谷大学教育学会)　(11)　2012.3　p1〜16

◇社会的ひきこもり青年の親支援(特集 保護者支援、私の工夫)　田村毅　「そだちと臨床」(明石書店)　12　2012.4　p93〜97

◇ひきこもりの子どもをもつ親たちの活動と「居場所」づくり：兵庫県 NPO法人 神戸オレンジの会(人と人をつなぐ実践)　「月刊福祉」(全国社会福祉協議会)　95(13)　2012.11　p76〜79

【図書】

◇ひきこもり当事者と家族の出口　五十田猛編著　子どもの未来社　2006.1　215p　18cm　(寺子屋新書 17)　800円　④4-901330-57-8　Ⓝ367.68

内容　第1章 虐待の周縁にある躾(ひきこもりの背景と意味　無意識の、善意による躾のもとで ほか)　第2章 "ひきこもり期"の発見(人とかかわる力　社会性を身につけるとは ほか)　第3章 ひきこもりからの復帰(学校・職場復帰と同世代復帰　当事者・家族を社会から孤立させない ほか)　終章 ひきこもり―腐敗した世界の気弱な摘出者

◇ニート・ひきこもりと親―心豊かな家族と社会の実現へ　宗像恒次, 武藤清栄編　生活書院　2008.6　221p　21cm　〈文献あり〉　2500円　①978-4-903690-22-3　Ⓝ371.42

内容　序章 心豊かな存在としてのニート・ひきこもり　第1章 ひきこもりから学ぶ社会づくりへ　第2章 ニートやひきこもりと親の日常いらだち事　第3章 ニートやひきこもりと親の家族満足度と情緒的支援認知　第4章 ニートやひきこもりの親の不安傾向をつくる要因　第5章 ニートやひきこもりの親のメンタルヘルス不調の因果質分析　第6章 DNA気質理解で家族問題を解決する　第7章 支援するカウンセラーの課題　第8章 ニートやひきこもりと親のメンタリング

◇「ひきこもり」から家族を考える―動き出すことに意味がある　田中俊英著　岩波書店　2008.9　71p　21cm　(岩波ブックレット no.739)　480円　①978-4-00-009439-9　Ⓝ367.68

◇信じる力―ひきこもりを解決した母たち　戸田徹男著　新世書房　2011.11　173p　19cm　(家庭倫理 4)　〈発売：倫理研究所〉　500円　Ⓝ367.68

◆学校

【雑誌記事】

◇ひきこもり初期への介入によってキャンパス復帰を果たした女子学生の事例　大石英史　「学生相談研究」(日本学生相談学会)　25(1)　2004.7　p11〜20

◇「大学生のひきこもり」への人間性心理学的アプローチの有効性　松本剛　「学生相談研究」(日本学生相談学会)　25(2)　2004.11　p137〜147

◇スクールカウンセラーによる学習援助を中心にしたひきこもり生徒への登校援助(ケース報告特集号)　中村恵子　「カウンセリング研究」(日本カウンセリング学会)　37(4)　2004.12　p336〜344

◇仲間関係が希薄に見える子どもの交流の特徴と変遷―児童の仲間関係における援助に向けて　朝日香栄, 森稚葉　「お茶の水女子大学心理臨床相談センター紀要」(お茶の水女子大学心理臨床相談センター)　(7)　2005　p29〜40

◇ひきこもり生徒との関わりに関する一考察―家庭訪問を中心として　杉山雅宏　「日本文理大学商経学会誌」(日本文理大学商経学会)　24(1)　2005.9　p1〜17

◇適応指導教室における指導に関する一考察―ひきこもり少年との四年間　安川禎亮, 石岡由紀　「教育専攻科紀要」(神戸親和女子大学教育専攻科)　(12)　2008.3　p57〜67

◇教育ノート ひきこもり傾向学生支援としてのメンタルヘルスカウンセリングとキャリアカウンセリング導入の有効性　廣瀬一美　「人間科学研究」(日本大学生物資源科学部)　(6)　2009　p57〜64

◇夜間中学における若者支援　井上大樹　「北翔大学北方圏学術情報センター年報」(北翔大学北方圏学術情報センター)　3　2011　p29〜39

◇スクールカウンセリングからみた「ひきこもり」について(特集 ひきこもり支援論) 石田陽彦 「臨床心理学」(金剛出版) 11(3)通号63 2011.5 p360～366

◇実践！校長塾(193)生徒指導の機能が生きる学校づくり(3)ひきこもりの未然防止のために必要なこととは何か? 常盤隆 「週刊教育資料」(教育公論社) (1216)通号1346 2012.7.23 p12～14

◆医療・心理療法

【雑誌記事】

◇ひきこもりへの心理療法過程の研究 — 主体性の獲得をめぐって 髙良聖 「川村学園女子大学研究紀要」(川村学園女子大学図書委員会) 14(2) 2003 p97～109

◇非精神病性ひきこもりの理想自己志向性の特徴とカウンセリングにおける変化 高橋紀子 「九州大学心理学研究：九州大学大学院人間環境学研究院紀要」(九州大学大学院人間環境学研究科) 4 2003 p127～133

◇「ひきこもり」の状態を呈する者に対する精神保健サービスに関する実践的研究 伊藤順一郎, 吉田光爾, 野口博文[他] 「研究助成論文集」(明治安田こころの健康財団) 通号39 2003年度 p244～251

◇引きこもり状態の患者との関わりから — 非言語的コミュニケーションを用いた対応 小栗義宏, 中田孔明 「日本精神科看護学会誌」(日本精神科看護技術協会) 46(1) 2003 p176～179

◇強迫行為を伴うひきこもりへの段階的アプローチ 白川裕一, 益本道広 「日本精神科看護学会誌」(日本精神科看護技術協会) 46(1) 2003 p180～183

◇ひきこもりにある患者に対する訪問看護の取り組み — 定期的な訪問看護の中で傾聴の場を設けて 水野倫子, 日高美江, 宮崎嘉孝 「日本精神科看護学会誌」(日本精神科看護技術協会) 46(1) 2003 p325～328

◇青年期引きこもり患者への看護 — 患者とともに看護計画を立て、評価表使用の試み(日本精神科看護学会 第28回沖縄大会) 宮下真一 「日本精神科看護学会誌」(日本精神科看護技術協会) 46(2) 2003 p31～35

◇移送入院となった患者との退院への関わり — 引きこもりからの脱出(日本精神科看護学会 救急・急性期精神科看護) 野木光司 「日本精神科看護学会誌」(日本精神科看護技術協会) 46(2) 2003 p363～367

◇ひきこもり青年のグループ体験への看護 — グループに入らないことを選択したデイケアメンバーへのかかわりを通して(日本精神科看護学会 思春期・青年期精神科看護) 南迫裕子 「日本精神科看護学会誌」(日本精神科看護技術協会) 46(2) 2003 p507～511

◇特集・ひきこもりの病理と診断・治療 「精神医学」(医学書院) 45(3)通号531 2003.3 p230～302

◇研修症例 精神病者と暮らしてきた女性との精神療法 木村哲也 「精神分析研究」(日本精神分析学会) 47(2) 2003.4 p208～214

◇「整理カード」を活用し、心が開く対話 — 引きこもりにあるクライアントの問題解決の援助 安藤幸男 「精神対話学会論文集」(メンタルケア協会) 1 2004 p4～6

◇成人期の引きこもりにおけるクライアントの心的葛藤のプロセスと精神対話士の応対について 今井敏博 「精神対話学会論文集」(メンタルケア協会) 1 2004 p14～16

◇引きこもりなどに対する精神対話士の「身の差し入れ」について 小口正明 「精神対話学会論文集」(メンタルケア協会) 1 2004 p39～43

◇引きこもりに対するアイテム活用 小泉雅也 「精神対話学会論文集」(メンタルケア協会) 1 2004 p68～71

◇引きこもりの高校生の被害妄想への実験の試みとその効果 今井敏博 「精神対話学会論文集」(メンタルケア協会) 3 2004 p18～22

◇引きこもり傾向にある統合失調症患者への関わり — 生活範囲の拡大をもたらした関わりから([第29回日本精神科看護学会]研究演題 — 秋田大会/口頭発表・示説発表) 小嶋千春 「日本精神科看護学会誌」(日本精神科看護技術協会) 47(1) 2004 p316～319

◇30年間自宅へ引きこもっていた統合失調症患者へのアプローチ — 緊急救急病棟での看護をふり返る(日本精神科看護学会 第10回精神科救急・

対応・対策　　　　　　　　　　　　　　　　ひきこもり

◇急性期看護）横山敦史　「日本精神科看護学会誌」（日本精神科看護技術協会）47(2)　2004　p216～220

◇青年期, 統合失調症患者への訪問看護―頑固に引きこもった生活からいかに導き出すか（日本精神科看護学会 第10回精神科救急・急性期看護）中島幸良, 連理貴司　「日本精神科看護学会誌」（日本精神科看護技術協会）47(2)　2004　p221～224

◇引きこもり患者の離床に向けた相互意思決定（日本精神科看護学会 第10回精神科リハビリテーション看護）石田隆也　「日本精神科看護学会誌」（日本精神科看護技術協会）47(2)　2004　p375～379

◇訪問による心理面接に関する考察―20年近く引きこもった男性の事例を通して　岡田敦史, 伊藤義美　「情報文化研究」（名古屋大学情報文化学部）(18)　2004.3　p133～148

◇ひきこもりの心理と克服の視座（特集 青少年の育ち―その現状と課題）中光雅紀　「月刊福祉」（全国社会福祉協議会）87(5)　2004.4　p25～27

◇研究と報告　社会不安障害に対する薬物療法―古典的対人恐怖, ひきこもりとの関連　永田利彦, 大嶋淳, 和田彰［他］　「精神医学」（医学書院）46(9)通号549　2004.9　p933～939

◇非精神病性ひきこもり者に対するグループ・アプローチの展望―整理と位置づけの試み　板東充彦　「九州大学心理学研究：九州大学大学院人間環境学研究院紀要」（九州大学大学院人間環境学研究科）6　2005　p107～118

◇引きこもり傾向を示す青少年のための心理教育プログラムの開発　下山晴彦, 屋嘉比光子, 鈴木晶子［他］　「研究助成論文集」（明治安田こころの健康財団）通号41　2005年度　p99～109

◇社会的ひきこもりへの取り組み（第45回日本心身医学会総会 シンポジウム/変革期の社会問題への取り組み―精神発達と適応支援）大隈紘子　「心身医学」（日本心身医学会, 三輪書店（発売））45(3)通号308　2005　p195～201

◇若者はよみがえるか―ひきこもり外来からの報告（特集1 第8回広島大学心理臨床セミナー「引きこもり支援セミナー」講演録）中垣内正和　「広島大学大学院心理臨床教育研究センター紀要」（広島大学大学院教育学研究科附属心理臨床教育研究センター）(4)　2005　p2～8

◇ひきこもり状態に対する心理学的支援の現状と課題（特集1 第8回広島大学心理臨床セミナー「引きこもり支援セミナー」講演録）境泉洋　「広島大学大学院心理臨床教育研究センター紀要」（広島大学大学院教育学研究科附属心理臨床教育研究センター）(4)　2005　p10～17

◇入所施設においてひきこもりを示すダウン症者に対する介入―機能的アセスメントに基づく支援の事例的検討　倉光晃子, 園山繁樹, 近藤真衣　「福祉心理学研究」（日本福祉心理学会）2(1)　2005.3　p48～58

◇保健師と精神科医との往復書簡(4)「ひきこもり」はいけないことだと思いますか？　ひらすけい, S　「保健師ジャーナル」（医学書院）61(7)　2005.7　p660～665

◇長期にわたってひきこもり, 椅子に座ったままの生活を続け, 両下肢に蜂窩織炎を併発した統合失調症の1症例　小林和人, 熊倉徹雄　「精神医学」（医学書院）47(10)通号562　2005.10　p1127～1130

◇臨床経験　精神療法過程におけるひきこもりをめぐって　細澤仁　「精神分析研究」（日本精神分析学会）49(4)　2005.11　p368～373

◇「ひきこもり」を理解しよう1 青年期ひきこもりケースの精神医学的理解（特集1「ひきこもり」ケースには, こう対応する！―保健師ができる支援について考える）近藤直司　「保健師ジャーナル」（医学書院）61(12)　2005.12　p1140～1144

◇ひきこもり（小児の治療指針―精神）斎藤環　「小児科診療」（診断と治療社）69通号815（増刊）2006　p912～915

◇症例報告 高浸透圧性非ケトン性昏睡を発症したひきこもり者の2型糖尿病の1剖検例　豊永雅恵, 佐藤雄一, 布井清秀［他］　「糖尿病」（日本糖尿病学会）49(9)　2006　p737～742

◇対人緊張の強い摂食障害患者のセルフケア拡大への積極的な関わり―神経症的不安の克服に向けて　藤野典子, 松本眞利子, 板村明子［他］　「日本看護学会論文集. 精神看護」（日本看護協会出版会）37　2006　p113～115

◇引きこもりから社会生活が取り戻せた患者への看護師の関わり―精神科看護師の役割分担　松本眞利子,川石文子,藤井晴枝［他］　「日本看護学会論文集.精神看護」（日本看護協会出版会）　37　2006　p154～156

◇集団精神療法を通して成長した患者の事例―引きこもりから社会復帰への援助（日本精神科看護学会　第12回精神科リハビリテーション看護）　松岡道子　「日本精神科看護学会誌」（日本精神科看護技術協会）　49(2)　2006　p208～212

◇知的障害のあるひきこもりの青年に対する社会参加への支援―小規模作業所への復帰を目指した事例による検討　堀田富夫,井澤信三　「発達心理臨床研究」（兵庫教育大学学校教育学部附属発達心理臨床研究センター）　12　2006　p177～191

◇社会的ひきこもり（今日の精神科治療指針2006―精神科における症候・症候群の治療指針）　近藤直司　「臨床精神医学」（アークメディア）　35（増刊）　2006年　p316～321

◇各科の西洋医学的難治例に対する漢方治療の試み(32)「引きこもり」と漢方治療―帰脾湯証（前編）　織部和宏,稲本善人　「漢方療法」（たにぐち書店）　10(1)通号109　2006.4　p52～57

◇小児科医としてかかわり,寛解を維持できているパニック障害の14歳女児例　田中政幸　「日本小児科学会雑誌」（日本小児科学会）　110(8)　2006.8　p1126～1129

◇研修症例　面接場面で引きこもる境界例女性との精神療法過程　江崎幸生　「精神分析研究」（日本精神分析学会）　50(4)　2006.11　p404～409

◇ひきこもりとうつ（第5土曜特集　うつ病のすべて―心理・社会的研究）　山田和夫　「医学のあゆみ」（医歯薬出版）　219(13)通号2631　2006.12.30　p1120～1124

◇シンポジスト　不登校とひきこもりにおける不安抑制の治療戦略について（第19回九州・沖縄社会精神医学セミナー・シンポジウム）　穐吉條太郎　「九州神経精神医学」（九州精神神経学会）　53(2)　2007　p149～151

◇ひきこもり者の心理状態に関する一研究―文献における「当事者の語り」の分析より　板東充彦　「九州大学心理学研究：九州大学大学院人間環境学研究院紀要」（九州大学大学院人間環境学研究科）　8　2007　p185～193

◇ひきこもり（症候からみた小児の診断学―行動の問題）　斎藤環　「小児科診療」（診断と治療社）　70通号828（増刊）　2007　p629～631

◇精神障害者の「ひきこもり」に対する包括的地域生活支援（第102回日本精神神経学会総会―シンポジウム　「ひきこもり」と精神医療―Community based Mental Health Systemづくりの展望）　高木俊介　「精神神経学雑誌」（日本精神神経学会）　109(2)　2007　p136～139

◇青年期ひきこもりケースの精神医学的背景について　近藤直司,岩崎弘子,小林真理子［他］　「精神神経学雑誌」（日本精神神経学会）　109(9)　2007　p834～843［含　英語文要旨］

◇精神科における家族看護の必要性について考える―統合失調症患者を支える家族との継続した関わりを通じて　小池隆之　「日本看護学会論文集.精神看護」（日本看護協会出版会）　38　2007　p39～41

◇てんかんを持つひきこもり事例への援助―行動の場を拡大することができた対象者と母親へのアプローチ（日本精神科看護学会　第14回思春期・青年期精神科看護）　谷藤伸恵　「日本精神科看護学会誌」（日本精神科看護技術協会）　50(2)　2007　p13～17

◇BPS-Lシステム（看護過程支援システム）を用いての看護の展開―看護師と患者関係が互いに主体性をもつ成熟した関係構築へ向けて（日本精神科看護学会　第13回精神科救急・急性期看護）　高木厚治　「日本精神科看護学会誌」（日本精神科看護技術協会）　50(2)　2007　p187～191

◇現代的逸脱論への試論―「ひきこもり」と「摂食障害」　井出草平　「年報人間科学」（大阪大学大学院人間科学研究科社会学・人間学・人類学研究室）　(28)　2007　p55～78

◇研修症例　鬱を呈する引きこもり青年との面接過程　池志保　「精神分析研究」（日本精神分析学会）　51(2)　2007.4　p197～202

◇「ひきこもり」を考える―パーソン中心心理学の視点から（特集　現代社会の精神病理）　小林孝雄　「日本の科学者」（日本科学者会議,本の泉社（発売））　42(7)通号474　2007.7　p346～351

◇引きこもり事例に対するショートケア活動—外来森田療法の一過程として　松尾顕二，竹田康彦，赤司由夏［他］　「日本森田療法学会雑誌」（日本森田療法学会）18(2)通号36　2007.10　p161〜170

◇日本のニート予備軍における生活意識調査とその心理学的解析（その1）　寺井さち子　「医学と生物学」（緒方医学化学研究所医学生物学速報会）151(10)　2007.10.10　p343〜349

◇ひきこもり（特集　内科医に必要な精神科の知識）　重田理佐　「診断と治療」（診断と治療社）95(12)通号1125　2007.12　p2199〜2202

◇メンタルヘルスの広場　ひきこもりの状態にある若年者の心理—東京都「若者の自立支援に関する調査研究」から見えてきたもの　高塚雄介　「心と社会」（日本精神衛生会）39(2)通号132　2008　p110〜118

◇地域精神保健・児童福祉領域におけるひきこもりケースへの訪問支援　近藤直司，堺泉洋，石川信一［他］　「精神神経学雑誌」（日本精神神経学会）110(7)　2008　p536〜545

◇人格障害患者の看護—青年期における人格障害患者への援助（日本精神科看護学会　第15回　専門学会(1)看護研究論文）　三好広伸　「日本精神科看護学会誌」（日本精神科看護技術協会）51(2)　2008　p242〜245

◇精神科クリニックにおけるショートケア—ひきこもりに対するSSTの試み　内田香代子　「山口大学心理臨床研究」（山口大学教育学部附属教育実践総合センター心理教育相談室）8　2008　p75〜85

◇青年期ひきこもり問題の現状—最近の精神医学的知見と主な論点について（特集　ひきこもりと精神医学）　近藤直司　「精神科」（科学評論社）12(6)通号72　2008.6　p453〜457

◇精神病理からひきこもりを考える（特集　ひきこもりと精神医学）　根來秀樹　「精神科」（科学評論社）12(6)通号72　2008.6　p463〜467

◇青年期精神医療における看護のあり方—ひきこもりと境界性人格障害を2つの極として（特集　思春期・青年期をみんなで見守る）　斎藤環　「精神科看護」（精神看護出版）35(6)通号189　2008.6　p12〜17

◇てんかんをもつひきこもり事例への援助—行動の場を拡大することができた対象者と母親へのアプローチ（特集　思春期・青年期をみんなで見守る）　谷藤伸恵　「精神科看護」（精神看護出版）35(6)通号189　2008.6　p24〜27

◇ひきこもりを余儀なくされるてんかん例について　須江洋成，宮本千佳子，海渡信義［他］　「臨床精神医学」（アークメディア）37(6)　2008.6　p819〜823

◇社会的ひきこもりに関与する心理的特性の検討　蔵本信比古　「心理臨床学研究」（日本心理臨床学会，誠信書房（発売））26(3)　2008.8　p314〜324

◇研修症例　現実から引きこもり続ける女性との精神療法過程　小波藏かおる　「精神分析研究」（日本精神分析学会）52(4)　2008.11　p436〜443

◇どのようにロゴセラピーはひきこもりを治せるのか？　安井猛　「尚絅学院大学紀要」（尚絅学院大学）56　2008.12　p111〜124

◇メンタルヘルスの広場　厚生労働省における新たなひきこもり対応ガイドライン作成の試み　齊藤万比古　「心と社会」（日本精神衛生会）40(1)通号135　2009　p89〜93

◇メンタルヘルスの広場　ひきこもり調査の結果から　松井豊　「心と社会」（日本精神衛生会）40(3)通号137　2009　p106〜112

◇10代・20代を中心とした「ひきこもり」をめぐる地域精神保健活動のガイドライン（特集　精神保健研究所のガイドライン研究）　伊藤順一郎，吉田光爾，英一也　「精神保健研究」（国立精神・神経医療研究センター精神保健研究所）(22)通号55　2009　p51〜55

◇合同企画シンポジウム　ひきこもりと睡眠障害に対する光療法の実際（平成21年度学生支援合同フォーラム　第31回全国大学メンタルヘルス研究会報告書　包括的理解と多面的アプローチ—平成21年度学生支援合同フォーラム　合同企画　ひきこもりと睡眠障害）　平野均　「全国大学メンタルヘルス研究会報告書」（[全国大学メンタルヘルス研究会]）31　2009年度　p96〜99

◇内閉離脱における歌の創作とその作品化の意義—統合失調症で長期間ひきこもったAの事例を通して　吉田豊　「日本音楽療法学会

誌」（日本音楽療法学会）　9(2)　2009　p168〜176
◇引きこもり患者に解決志向型アプローチと個人SSTを用いた退院支援（日本精神科看護学会 第16回専門学会(2)）　柏瀬雅弘, 上野まゆみ, 佐竹しのぶ　「日本精神科看護学会誌」（日本精神科看護技術協会）　52(2)　2009　p391〜395
◇自殺念慮の強い抑うつ患者の精神科受療開始に成功した訪問相談の経験　竹林由武, 富家直明, 坂野雄二　「北海道医療大学心理科学部心理臨床・発達支援センター研究」（北海道医療大学心理科学部）　5(1)　2009.3　p61〜68
◇若者のひきこもりを精神保健福祉課題としてどう同定するか　山本耕平　「立命館産業社会論集」（立命館大学産業社会学会）　45(1)通号141　2009.6　p15〜33
◇長期間のひきこもりに対し, 外来作業療法を導入できた社交不安障害の1例　山下瞳, 寺尾岳, 河野健太郎［他］　「九州神経精神医学」（九州精神神経学会）　56(2)　2010　p88〜92
◇ひきこもり（ゼロからはじめる 消化器外科ナースのための 緩和ケア超入門―こんな患者さんにはどうする？ 精神的アプローチ）　栗原幸江　「消化器外科nursing」（メディカ出版）　[15]通号184（増刊）　2010.春季　p281〜283
◇家庭内暴力がみられた青年期ひきこもり患者への看護―社会的ひきこもりから集団参加に至った1事例を振り返って（日本精神科看護学会 第17回 専門学会1看護研究論文）　辻井妃都美, 夏堀響子, 魚住絵里子　「日本精神科看護学会誌」（日本精神科看護技術協会）　53(2)　2010　p72〜76
◇抑うつ状態で入院となったひきこもり患者への看護―長期社会的ひきこもりから自立に向かう援助を振り返って（日本精神科看護学会 第17回専門学会2看護研究論文）　後藤富士美, 齋藤めぐみ　「日本精神科看護学会誌」（日本精神科看護技術協会）　53(3)　2010　p110〜114
◇研究・症例 糖尿病性ケトアシドーシスを契機に診断された重症肺結核の1例　岩瀬彰彦, 宇津欣和, 松尾哲也　「日本胸部臨床」（克誠堂出版）　69(1)　2010.1　p67〜70
◇長期ひきこもりにおける心身機能の変化について　中垣内正和, 小松志保子, 猪爪和枝［他］　「アディクションと家族：日本嗜癖行動学会誌」（ヘルスワーク協会）　26(3)　2010.2　p207〜216
◇「引きこもり」改善2例目（ミネラル補給）　「食品と暮らしの安全」（食品と暮らしの安全）　(254)　2010.6　p30
◇新しい外来の実践 「ひきこもり外来」から「居場所いっぱいの社会」へ（特集 ニーズに応える精神科外来）　中垣内正和, 長谷川倫代　「精神科看護」（精神看護出版）　37(7)通号214　2010.7　p26〜30
◇研修症例 迫害の体験とひきこもり　原土正嗣　「精神分析研究」（日本精神分析学会）　54(3)　2010.7　p282〜288
◇精神保健センターにおける定例相談について（特集 地域における精神科医のさまざまな役割）　堀江端　「日本精神科病院協会雑誌」（日本精神科病院協会）　29(8)通号346　2010.8　p741〜743
◇青年期ひきこもりケースの精神医学的背景と支援（特集 ひきこもり・不登校の今を考える）　近藤直司　「教育と医学」（慶應義塾大学出版会）　58(11)通号689　2010.11　p1008〜1016
◇精神障害者と「生活のしづらさ」―ひきこもり・貧困・そして自立（特集 「生きづらい」若者たちを支える）　杉江彰　「教育」（国土社）　60(12)通号779　2010.12　p68〜74
◇ひきこもりおよびひきこもり親和性を規定する要因の検討　渡部麻美, 松井豊, 高塚雄介　「心理学研究」（日本心理学会）　81(5)　2010.12　p478〜484
◇ひきこもりを中心とした思春期精神疾患への早期支援・早期治療について（特集 精神科医療における早期支援・早期治療を考える）　佐々木一　「日本精神科病院協会雑誌」（日本精神科病院協会）　29(12)通号350　2010.12　p1132〜1135
◇臨床ノート 症例から学ぶピットフォール "かぜ" はもちろん, "引きこもり" も肺炎や慢性閉塞性肺疾患（COPD）の兆候！　須藤英一, 永田泰自, 坂庭信行［他］　「内科」（南江堂）　107(2)　2011.2　p339〜342
◇アンケート調査に基づくひきこもりの精神医学的背景に関する検討　舘農勝, 佐々木竜二, 中野和歌子［他］　「精神科」（科学評論社）　18(5)通号107　2011.5　p600〜606

◇ひきこもりへの治療的対応―家族療法の立場から留意していること(特集 ひきこもり支援論) 吉川悟 「臨床心理学」(金剛出版) 11(3)通号63 2011.5 p347～355

◇精神保健福祉センターの役割―長野県の取り組みについて(特集 これからの精神科地域ケア―統合失調症を中心に―地域におけるネットワーキング) 小泉典章, 大沼泰枝, 竹内美帆 「臨床精神医学」(アークメディア) 40(5) 2011.5 p585～591

◇地域づくりのためのメンタルヘルス講座(3)「ひきこもり」はどれくらいいるのですか? 背景にあるメンタルヘルスの問題と支援上の注意事項を教えて下さい 近藤直司 「公衆衛生」(医学書院) 75(6) 2011.6 p483～485

◇ひきこもる青年期事例の心理査定と心理療法：アスペルガー障害を心配した対人恐怖の二事例 米倉五郎 「愛知淑徳大学論集. 心理学部篇」(愛知淑徳大学心理学部論集編集委員会) (2) 2012 p93～105

◇ひきこもり支援におけるロゴセラピー諸概念の活用 草野智洋 「大阪大学大学院人間科学研究科紀要」(大阪大学大学院人間科学研究科) 38 2012 p23～38

◇長期間ひきこもり状態であった摂食障害患者に対する社会性獲得に向けた看護援助(第19回 日本精神科看護学術集会専門II 看護研究論文) 横田隆 「日本精神科看護学術集会誌」(日本精神科看護技術協会) 55(3) 2012 p40～43

◇研修症例 情緒的交流を恐れひきこもった女性との緩やかな触れ合い 日置千佳 「精神分析研究」(日本精神分析学会) 56(1) 2012.2 p64～69

◇研修症例 ぬいぐるみが息をふき返した瞬間：遷延性うつ病女性の治療経過 野口賢吾 「精神分析研究」(日本精神分析学会) 56(2) 2012.4 p155～160

◇ひきこもり青年とのロールシャッハ・フィードバック・セッション：グラウンデッド・セオリー・アプローチによるクライエント体験の検討 橋本忠行, 安岡譽 「心理臨床学研究」(日本心理臨床学会, 誠信書房(発売)) 30(2) 2012.6 p205～216

◇ひきこもりを主訴とした精神発達遅滞の症例に対する認知療法 小山徹平, 山本佳子, 丹羽真一 「臨床精神医学」(アークメディア) 41(6) 2012.6 p787～794

◇摂食障害と問題行動(第1土曜特集 摂食障害 Update ： 研究と診療の最前線―診療) 髙木洲一郎 「医学のあゆみ」(医歯薬出版) 241(9)通号2904 2012.6.2 p714～718

【図書】

◇思春期のひきこもりをもたらす精神科疾患の実態把握と精神医学的治療・援助システムの構築に関する研究―平成20年度総括・分担研究報告書 厚生労働科学研究費補助金(こころの健康科学研究事業) 市川 国立国際医療センター国府台病院児童精神科 2009.3 349p 30cm

◇思春期のひきこもりをもたらす精神科疾患の実態把握と精神医学的治療・援助システムの構築に関する研究―平成19～21年度総合研究報告書 厚生労働科学研究費補助金こころの健康科学研究事業 市川 国立国際医療センター国府台病院児童精神科 2010.3 174p 30cm

◇思春期のひきこもりをもたらす精神科疾患の実態把握と精神医学的治療・援助システムの構築に関する研究―平成21年度総括・分担研究報告書 厚生労働科学研究費補助金こころの健康科学研究事業 市川 国立国際医療センター国府台病院児童精神科 2010.3 195p 30cm

◇ひきこもりに出会ったら―こころの医療と支援 齊藤万比古編著 中外医学社 2012.6 212p 21cm 〈索引あり〉 2800円 Ⓘ978-4-498-12946-7 Ⓝ367.68

◆地域・諸機関

【雑誌記事】

◇資料 広島県における「ひきこもり」対策支援体制に関する研究―行政機関におけるひきこもり支援体制の実態 髙林史佳, 藤本眞一, 烏帽子田彰 「公衆衛生」(医学書院) 67(6) 2003.6 p478～481

◇フリースペース―ひきこもり援助のとある現場から(児童青年精神医学の現在―実践編 治療・療育の現場から) 近松典子 「別冊発達」(ミネルヴァ書房) 通号27 2003.9 p251～257

◇地域精神保健活動における「ひきこもり」支援—ガイドラインおよび「ひきこもり」の全国調査結果から　植田紀美子　「公衆衛生」(医学書院)　67(10)　2003.10　p773〜776

◇インタビュールーム (565) 安松倫史さん (三一) NPO法人「青樹の会」青年部部長 (福岡県) 引きこもりの若者にラジオで語り掛け　安松倫史　「厚生福祉」(時事通信社)　(5161)　2003.12.16　p10

◇引きこもり地域支援の現状と課題　鈴木晶子　「東京大学大学院教育学研究科紀要」(東京大学大学院教育学研究科)　44　2004年　p227〜239

◇新潟県内の保健所における引きこもり家族教室について　斎藤敏靖　「新潟青陵大学紀要」(新潟青陵大学)　(4)　2004　p91〜97

◇ひきこもり相談「保健所」のお粗末な実態　「サンデー毎日」(毎日新聞社)　83(7)通号4604　2004.2.8　p40〜42

◇幼保一元化モデル施設を整備 引きこもり対策でNPOと協働—和歌山県 (特集 都道府県政令都市2004年度厚生・労働・環境関係予算 (2) 青森県、和歌山県、鹿児島県、川崎市)　「厚生福祉」(時事通信社)　(5178)　2004.3.2　p15〜16

◇京都・「みらいの会」の試み ゆっくり自分を探す引きこもりたち　西里扶甬子　「金曜日」(金曜日)　12(38)通号537　2004.10.1　p40〜42

◇社会的ひきこもりへのソーシャルワーク援助—グループへの援助を通したひきこもりメンバーの変化と援助の考察　山田武司　「ソーシャルワーク研究」(相川書房)　30(4)通号120　2005.Win.　p269〜274

◇支援活動からみたひきこもり—ある民間支援団体の事例を手がかりにして　中村好孝　「年報社会学論集」(関東社会学会)　(18)　2005　p136〜146

◇"市民起業家"という生き方 (12) 家族的なつきあいでひきこもりの若者たちをサポートする—NPO法人わたげの会・社会福祉法人わたげ福祉会 代表 秋田敦子さん　川口和正　「企業診断」(同友館)　52(1)　2005.1　p74〜77

◇「ひきこもり」傾向にある青年たちへの教育支援—NPO岩美自然学校における長期体験学習を通して　井上えり子, 荻原亜希子, 大嶺武也 [他]　「教育実践研究紀要」(京都教育大学教育学部附属教育実践総合センター)　(5)　2005.3　p197〜205

◇ひきこもり問題に対する精神保健福祉センターの支援活動の実態に関する調査的研究 (1)　山下勲, 長島智子　「安田女子大学心理教育相談研究」(安田女子大学心理教育相談室)　(4)　2005.3　p1〜12

◇「ひきこもり」を理解しよう2 「引きこもり」が生じる社会の背景とは (特集1「ひきこもり」ケースには、こう対応する！—保健師ができる支援について考える)　富田富士也　「保健師ジャーナル」(医学書院)　61(12)　2005.12　p1146〜1151

◇「ひきこもり」から脱出させるための支援技術2 保健師の戦術「家庭訪問」をいかそう (特集1「ひきこもり」ケースには、こう対応する！—保健師ができる支援について考える)　森田桂, 宮本ふみ　「保健師ジャーナル」(医学書院)　61(12)　2005.12　p1156〜1159

◇「ひきこもり」から脱出させるための支援技術3 社会資源の種類とコーディネートのコツ (特集1「ひきこもり」ケースには、こう対応する！—保健師ができる支援について考える)　富田富士也　「保健師ジャーナル」(医学書院)　61(12)　2005.12　p1160〜1163

◇ひきこもり支援の実践例1 東京都多摩小平保健所におけるひきこもり問題への取り組み (特集1「ひきこもり」ケースには、こう対応する！—保健師ができる支援について考える)　佐久間京子, 田畑紀美江　「保健師ジャーナル」(医学書院)　61(12)　2005.12　p1164〜1169

◇ひきこもり支援の実践例2 和歌山県田辺市におけるひきこもり支援の実際 (特集1「ひきこもり」ケースには、こう対応する！—保健師ができる支援について考える)　目良宣子　「保健師ジャーナル」(医学書院)　61(12)　2005.12　p1170〜1175

◇ひきこもり支援における自治体の役割 (特集 ニート・フリーター問題を考える)　永冨奈津恵　「自治体学研究」(神奈川県自治総合研究センター)　通号92　2006　p34〜39

◇報告2 引きこもりの若者たちの居場所づくり—引きこもりから社会へ (公開シンポジウム

◇子ども・若者の参画とまちづくり―千葉からのメッセージ）　藤沢殊恵　「日本社会教育学会紀要」（日本社会教育学会）　（42）　2006年度　p151～153

◇ひきこもりの若者を支援 我が国で初めての共同作業所―特定非営利活動法人エルシティオ（地域からの発想 豊かな地域づくり―和歌山県）　「厚生労働 : policy & information」（厚生問題研究会, 中央法規出版（発売））　61（3）　2006.3　p33～35

◇NPO/地方自治体 引きこもり克服支援への取組み―NPO法人「わたげの会」　秋田敦子　「みやぎ政策の風」（宮城県）　5　2006.3　p116～119

◇地域環境に配慮したスクールカウンセラーの活動について―社会的ひきこもりを続けた兄弟の事例より　井上明美　「心理臨床学研究」（日本心理臨床学会, 誠信書房（発売））　24（1）　2006.4　p53～64

◇猟奇と暴走 連弾スクープ2 引きこもり更生 カリスマ熱血姉妹の人品骨柄　「週刊ポスト」（小学館）　38（22）通号1861　2006.5.26　p28～31

◇携帯メール・カウンセリングによる引きこもり・不登校生徒に対する臨床心理学的研究　秋坂真史, 渡辺めぐみ, 志井田美幸［他］　「教育医学」（日本教育医学会）　51（4）通号242　2006.6　p291～299

◇若者支援の最前線―ニート・ひきこもりを支えるNPO（特集 若者の「働く」は今―ニート・ひきこもりは問題か？）　樋口明彦　「NPOジャーナル」（関西国際交流団体協議会, 明石書店）　14　2006.7　p18～21

◇地域を支える（537）ビーンズふくしま（NPO法人・福島市）引きこもり克服へ就労体験　「厚生福祉」（時事通信社）　（5389）　2006.7.7　p13

◇ルポ ひきこもり更生支援施設内の逮捕監禁致死事件 閉ざされた"子捨て施設"の実態　橘由歩　「中央公論」（中央公論新社）　121（8）通号1467　2006.8　p246～253

◇それでも「カリスマ女教育者」にすがる「引きこもり」現場レポート　「週刊新潮」（新潮社）　51（30）通号2558　2006.8.10　p52～56

◇社会的ひきこもりにおけるソーシャルワークの視点　山田武司　「岐阜経済大学論集」（岐阜経済大学学会）　40（1）　2006.10　p1～44

◇"市民起業家"という生き方（第31回）"元ひきこもり"の若者たちが担う町の本屋 はるかぜ書店店長 石原直之さん　川口和正　「企業診断」（同友館）　53（11）　2006.11　p62～65

◇シンポジスト 相談機関からみたひきこもり・不登校―養護性の認められる事例をとおして（第19回九州・沖縄社会精神医学セミナー・シンポジウム）　藤林武史　「九州神経精神医学」（九州精神神経学会）　53（2）　2007　p167～170

◇自宅で引きこもり状態にあった未成年者（高校の中退者）がそのような児童等の矯正教育等を実施する施設の運営者に対して取得する可能性のある不法行為に基づく損害賠償請求権が消滅時効により消滅したとされた事例―名古屋地裁平成18.12.7判決（判例解説―民・商事）　升田純　「Lexis判例速報」（レクシスネクシス・ジャパン）　3（5）通号19　2007.5　p66～68

◇実践・コミュニティ再生講座（第14回）引きこもりとコミュニティ　町沢静夫　「月刊福祉」（全国社会福祉協議会）　90（8）　2007.7　p62～67

◇青年期自立へ向けた民間施設の活動―ひきこもり支援の現状と問題点（青年期自立支援の心理教育―青年期自立支援の課題と実際）　永富奈津恵　「現代のエスプリ」（ぎょうせい）　（483）　2007.10　p67～76

◇ひきこもり者が「居られる」ためのサポートグループ活動の特徴に関する考察―特徴的な3事例の検討を通して　板東充彦　「心理臨床学研究」（日本心理臨床学会, 誠信書房（発売））　26（4）　2008.10　p493～498

◇「ひきこもり」支援における行政の保健師活動の役割　目良宣子　「畿央大学紀要」（畿央大学）　（9）　2009.3　p15～23

◇田辺市の〈ひきこもり〉支援―その経緯と生涯学習が参画することの意味　檜垣昌也　「生涯学習研究 : 聖徳大学生涯学習研究所紀要」（聖徳大学）　（7）　2009.3　p89～94

◇現代の諸課題と対話する研究会「引きこもり」の若者に「宗教」の言葉は届くか　斎藤環, 常塚聴　「現代と親鸞」（親鸞仏教センター（真宗大谷派））　（19）　2009.12　p128～138

◇法令解説 ニートやひきこもりの若者に対する支援のための地域ネットワークづくり―子ども・若者育成支援推進法 久保田崇 「時の法令」（朝陽会, 全国官報販売協同組合（発売）） 通号1850 2010.1.30 p6〜17

◇ひきこもりケースを地域で支援するために（特集 ひきこもりの理解と支援―「ひきこもりの評価・支援に関するガイドライン」を中心に）近藤直司 「月刊地域保健」（東京法規出版） 41（6） 2010.6 p24〜31

◇田辺市のひきこもり支援（特集 ひきこもりの理解と支援―「ひきこもりの評価・支援に関するガイドライン」を中心に） 松本敦子 「月刊地域保健」（東京法規出版） 41（6） 2010.6 p32〜35

◇ためになる とっておきのゼミ 保健師さんの活動に学ぶ地域への入り方（第2回）まちじゅうみんなが家族のように―発達障害を持つ青年や引きこもり経験がある青年との出会いを通して 廣末ゆか 「地域リハビリテーション」（三輪書店） 5（8）通号53 2010.8 p728〜730

◇民間ひきこもり援助機関の利用による社会的引きこもり状態からの回復プロセス 草野智洋 「カウンセリング研究」（日本カウンセリング学会） 43（3） 2010.10 p226〜235

◇福岡市における成人期のひきこもり支援―福岡市精神保健福祉センターの取り組みを中心に（特集 ひきこもり・不登校の今を考える） 青木美紀子 「教育と医学」（慶應義塾大学出版会） 58（11）通号689 2010.11 p1033〜1042

◇ひきこもり支援活動の実情―地域のサポートグループから見えるもの（特集 ひきこもり・不登校の今を考える） 板東充彦 「教育と医学」（慶應義塾大学出版会） 58（11）通号689 2010.11 p1050〜1057

◇ひきこもり青年への支援における専門機関の取り組みの現状と課題：近畿圏におけるアンケート調査結果を踏まえて 目良宜子 「畿央大学紀要」（畿央大学） （15） 2012.3 p13〜21

◇地域を支える(690)こもれびぎふ 民間組織・岐阜市 「ネットワーク型」活動で引きこもりの子をもつ親へ出張相談 「厚生福祉」（時事通信社）

(5922) 2012.7.27 p13

【図書】

◇助走、ひきこもりから。―共同作業所「エルシティオ」のいま 金城清弘, 山本耕平編 京都 クリエイツかもがわ 2003.11 215p 21cm 〈発売：かもがわ出版（京都）〉 2000円 ⓘ4-902244-11-X Ⓝ369.28

内容 社会的ひきこもりへの「助走」に寄せる グラビア エルシティオ！ エルシティオからの発信 第1章 私たちにとっての「ひきこもり」（「ひきこもる」なかで―当事者たちの思い 「ひきこもり」の親になって―親から社会への発信） 第2章 ひきこもりへの支援とその実践（エルシティオのメンバーたち エルシティオの毎日 ほか） 第3章 「ひきこもり」への社会的支援の視点（教育相談の現場から ひきこもり青年との出会い ほか） 第4章 歩み始めたエルシティオから（児童福祉や保健福祉の現場へ 教育の現場へ ほか）

◇脱！ひきこもり―YSC（NPO法人青少年自立援助センター）の本 工藤定次, YSCスタッフ, 永冨奈津恵著 ポット出版 2004.4 242p 19cm 2000円 ⓘ4-939015-64-5 Ⓝ367.68

内容 第1章 ひきこもり考（ひきこもりとは何か―「社会から引く」「空間に篭もる」の二重鎖国状態 ひきこもりを分類する―ひきこもりのタイプは一つじゃない ひきこもりを援助する―YSCでの援助手法と援助団体の組織化 ほか） 第2章 ひきこもりの若者たち（江藤君のこと―彼は動けるチャンスをずっと待っていた 京子ちゃんのこと―仲間同士のふれあいの中で迎えた新しい旅立ち 田中勝也君のこと―言葉の裏に隠された本人の気持ちを読む ほか） 第3章 YSCってどんなところ？（YSCで行なわれていること―タメ塾からYSCへ進化する支援体制 相談から家庭訪問まで―長い時間をかけて自立への第一歩をともに進む 訪問スタッフ座談会―「家庭訪問」という役割 ほか）

◇地域保健におけるひきこもりへの対応ガイドライン 伊藤順一郎監修, ひきこもりに対する地域精神保健活動研究会編 じほう 2004.5 149p 21cm 1800円 ⓘ4-8407-3277-9 Ⓝ369.28

内容 第1章 ひきこもりについて（ひきこもりの概念 関与の初期段階における見立てについて 援助を進めるときの原則） 第2章 具体的な援

助技法(面接のポイント さまざまな援助技法を活用する さまざまな支援プログラムの可能性 緊急時の対応 援助者のメンタルヘルス)

◇ひきこもりの若者と生きる―自立をめざすビバハウス7年の歩み 安達俊子, 安達尚男著 高文研 2008.1 239p 19cm 1600円 ①978-4-87498-397-3 Ⓝ379.3

内容 第1部 ビバハウス七年の歩み(ビバハウス誕生(二〇〇〇年九月～二〇〇二年七月) 働く喜びをめざして(二〇〇二年八月～二〇〇四年九月) 嵐にもいかなる試練にも負けず(二〇〇四年一〇月～二〇〇七年六月)) 第2部 対談 若者たちの抱える困難と向き合って(とまどいと困惑の日々 「皆で話し合って決める」を原則にビバからもっと広い世界へ)

◆ライフプラン・就労

【雑誌記事】

◇フリーター、ひきこもり… 厚労省が乗り出した「職探し支援」の実態 池上正樹 「サンデー毎日」(毎日新聞社) 82(28)通号4567 2003.6.29 p128～131

◇ひきこもり青少年の就労支援―ひきこもり青少年へのヒヤリングと就労支援現場への調査を通して 小林剛 「臨床教育学研究」(武庫川女子大学大学院臨床教育学研究科) (11) 2004 p17～27

◇「ひきこもり少年」の追跡研究―心理的自立化過程の分析を中心に 榎本和佳 「日本女子大学大学院人間社会研究科紀要」(日本女子大学大学院人間社会研究科) (11) 2005.3 p57～70

◇講演要旨 「ひきこもり」問題とキャリアデザインの課題 尾木直樹 「キャリアデザイン研究」(日本キャリアデザイン学会) 1 2005.8 p43～52

◇ケース研究(103)ひきこもりから就労自立へ―就労支援専門員の取り組み 「生活と福祉」(全国社会福祉協議会) (594) 2005.9 p19～21

◇若者のひきこもりについて(公開講座の記録「若者のひきこもりと就労支援」) 近藤直司 「東京大学大学院教育学研究科心理教育相談室年報」(東京大学大学院教育学研究科心理教育相談室) (3) 2006 p4～10

◇ひきこもりの青年にとって働くということ―社会に向き合って生きようとする姿(特集 若者が働くということ―発達心理学的な視点から) 加藤弘通 「発達」(ミネルヴァ書房) 27(108) 2006.Aut. p28～34

◇自分自身の存在感と自尊感情を大事に―不登校ひきこもり(ニート)若者自立促進、就労サポート事業から(特集2 ひきこもり・不登校と社会へ踏み出す仕事体験) 櫛橋行雄 「中小商工業研究」(中小商工業研究所) (86) 2006.1 p118～123

◇地域に生きる 地域で支える 社会的ひきこもりに対する就労支援「(有)キャッツハンド」について〔含 コメント〕 奥野潔和 「月刊福祉」(全国社会福祉協議会) 89(5) 2006.4 p74～79

◇食と農の体験をとおした青少年(不登校・NEET)の自立支援と就業機会(社会的排除と社会教育―第2部 社会的排除の諸相と対抗的実践の課題) 野村卓 「日本の社会教育」(東洋館出版社) 50 2006.9 p159～172

◇親子 ひきこもりの息子の将来が心配(人生相談大特集) 出久根達郎〔回答者〕 「文藝春秋special」(文藝春秋) 2(1)通号3(冬号)(新人生読本―心の重荷を軽くする、ささやかな工夫)) 2007 p50～51

◇ひきこもりが就労に向けてたどる心的プロセス―就労支援策の指針についての検討 栗田明子 「帝京大学文学部教育学科紀要」(帝京大学) (33) 2008.3 p75～84

◇石川良子著『ひきこもりの〈ゴール〉―「就労」でもなく「対人関係」でもなく』青弓社2007 加藤敦也 「武蔵文化論叢」(武蔵大学大学院人文学研究科) (10) 2010.3 p1～5

◇ひきこもり100万人の時代に 家計を蝕む高齢ニートを抱えたわが家の闘い(特集 読者560人大アンケート なぜ、これほど老後が不安なのか―お金・健康・住まい 備えのポイント) 島内晴美 「婦人公論」(中央公論新社) 95(7)通号1294 2010.3.22 p36～39

◇生活設計 親亡き後の「ひきこもり」の子のマネープラン 畠中雅子 「エコノミスト」(毎日新聞社) 88(31)通号4108 2010.6.1 p70～71

◇ひきこもり、ニート、障害者…「働けない子」を抱える家庭への生活設計アドバイス　畠中雅子　「Financial adviser」（近代セールス社）　12（8）通号141　2010.8　p46～49

◇2009年度科学研究費補助金間接経費による研究活動活性化事業　若者の生きづらさと自立・労働を考える―元引きこもりの若者たちとの関わりから　梶原公子　「社会情報」（札幌学院大学総合研究所）　20（1）　2010.12　p79～93

◇ひきこもりの若者の居場所と就労に関する研究：居場所から社会に出るまでのプロセス　花嶋裕久　「心理臨床学研究」（日本心理臨床学会、誠信書房（発売））　29（5）　2011.12　p610～621

◇若年無業者の心理的諸特性：就業への意欲とキャリアレディネス・精神健康　安保英勇　「東北大学大学院教育学研究科研究年報」（東北大学大学院教育学研究科）　60（1）　2011.12　p317～330

◇大学と地域の連携でおこなう、ひきこもり・不登校学生への就労支援　和田修　「九州国際大学教養研究」（九州国際大学教養学会）　18（3）通号52　2012.3　p61～75

◇日本一ひきこもりを就職させる男　親でも教師でもない、僕たちだからできること（若者を社会につなぐコツ）　井村良英　「中央公論」（中央公論新社）　127（11）通号1544　2012.8　p126～131

◇親の高齢化・親亡き後に対応したひきこもり支援：ライフプランの構築を考える　竹中哲夫　「臨床心理学研究」（日本臨床心理学会）　50（1）　2012.9　p80～89

◇ひきこもり　ニート　フリーター…　親子"共倒れ"しないサバイバルマネープラン　「サンデー毎日」（毎日新聞社）　91（45）通号5131　2012.10.14　p150～153

【図書】

◇ひきこもりのライフプラン―「親亡き後」をどうするか　斎藤環, 畠中雅子著　岩波書店　2012.6　103p　21cm　（岩波ブックレット No.838）　700円　①978-4-00-270838-6　Ⓝ367.68

内容　1 ひきこもりの理解と対応（原因　ひきこもりのメカニズム　症状　鑑別診断　治療の支援の第一歩　集団適応支援　訪問支援活動　メール、ネットの利用　「お金」ならびに「ライフプラン」の重要性　福祉サービスの利用　家庭内暴力への対応　おわりに）　2 ひきこもりのライフプラン（親の資産・負債の洗い出し　親の収入・支出の確認　親の住み替え　お子さんの収入・支出　お子さんの住まい　リバースモーゲージの活用法　成年後見制度の利用　ひきこもりのお子さんの相続　お子さんのひとり暮らしへの準備　"ひきこもり相談事例"サバイバルプランの作成・分析）

体験記・ルポ

【雑誌記事】

◇当事者の「声」を聞くということ―Aさんの"ひきこもり始め"をめぐる語りから　石川良子　「年報社会学論集」（関東社会学会）　（16）　2003　p200～211

◇危機に立つ家族（19）新潟少女拉致監禁事件―引きこもりの悲劇　真行寺高志　「世界思想」（世界思想出版）　29（7）通号333　2003.7　p34～37

◇精神保健福祉センターにおけるナラティヴ・プラクティス―「引きこもりの体験から教えてください」アンケートによる対話の試み（ナラティヴ・プラクティス―こころみる）　竹岡由比　「現代のエスプリ」（ぎょうせい）　（433）　2003.8　p98～109

◇「学校を休んではいかん」の信念のもと1000人以上のひきこもり、不登校生を立ち直らせて（特集 もはや母親だけでは、子どもは育てられない）　長田百合子　「婦人公論」（中央公論新社）　88（23）通号1143　2003.12.7　p38～41

◇こんにちは、ボクはひきこもりです―呪われた部屋で考えた孤独の意味（特集 つきあい上手になりたい）　勝山実　「婦人公論」（中央公論新社）　89（8）通号1151　2004.4.22　p40～43

◇特別インタビュー 小林貴裕 映画監督―"ひきこもり"の兄との対話（特集 障害の重い人のコミュニケーション）　小林貴裕　「みんなのねがい」（全国障害者問題研究会）　（442）　2004.5　p20～22

◇現場からのレポート ひきこもり傾向のA少年の自立（特集 社会とのかかわり）　S・T　「更生保護」（日本更生保護協会）　55（6）　2004.6　p28～31

体験記・ルポ　　　　　　　　　　　　　　　　　　　　　　　　　　　　ひきこもり

◇実務のしおり　保護の現場から　ひきこもり傾向のA少年の自立　S・T　「研修」（誌友会研修編集部）　（678）　2004.12　p53～56

◇水戸・土浦の「ひきこもり」親惨殺事件「まじめな親」ほど殺される！　「週刊文春」（文芸春秋）　46（48）通号2306　2004.12.9　p37～39

◇検証シリーズ　水戸発　「ひきこもり」の復讐―19歳少年はなぜ鉄アレイで両親を殴り殺したのか　「サンデー毎日」（毎日新聞社）　84（33）通号4705　2005.7.10　p147～149

◇久しぶりに見た姿はまるで別人　十数年ひきこもりの兄を、家族は決してあきらめない（読者ノンフィクション傑作選　こんなにも幸せを求めているのに）　石井由美子　「婦人公論」（中央公論新社）　90（18）通号1184　2005.9.7　p32～35

◇対談・携帯さえ知らない仲　引きこもり脱出のきっかけは相方の一言（特集　きょうだいは選べない）　千原兄弟　「婦人公論」（中央公論新社）　91（5）通号1195　2006.2.22　p35～37

◇名古屋監禁致死事件　主犯女性の姉も有名引きこもりカウンセラーで自殺者を出していた！　「週刊朝日」（朝日新聞出版）　111（24）通号4750　2006.5.26　p144～146

◇引きこもりカウンセラー、実妹逮捕を語る　どんなに批判されても、私の指導法は正しい　長田百合子　「婦人公論」（中央公論新社）　91（14）通号1204　2006.7.7　p154～157

◇書評　『引きこもり狩り―アイ・メンタルスクール寮生死亡事件/長田塾裁判』芹沢俊介編　松原恒也　「精神医療．第4次」（批評社）　（48）　2007　p115～118

◇戦慄！　猟奇殺人の深層　福島発　なぜ文武両道の中学優等生が県下名門校で引きこもり、生きたまま母の首を斬り落としたのか――母親生首出頭　少年17歳の"イケメン写真"　神戸発　袋詰め！"美形"妊婦と元夫の「新婚生活」　「週刊現代」（講談社）　49（20）通号2428　2007.6.2　p32～36

◇ひきこもりとエルシティオと私（特集　自立と孤立――当事者の語り、支援の現場）　永井契嗣　「そだちと臨床」（明石書店）　3　2007.10　p113～115

◇引きこもりの僕を変えた松田優作　香川照之　「文芸春秋」（文芸春秋）　89（1）　2011.1　p144～152

◇ドキュメント雨宮・革命（第37回）ひきこもり、地球一周の旅に出る　雨宮処凛　「創」（創出版）　41（3）通号453　2011.3　p138～141

◇人間探訪　菊池健彦―「ひきこもり」からTOEIC満点二五回の英語のカリスマへ。　吉田燿子　「潮」（潮出版社）　通号628　2011.6　p230～235

◇青年期におけるメンタルヘルスへの取り組み（第3回）ひきこもり青年の実態　高塚雄介　「保健の科学」（杏林書院）　53（10）　2011.10　p693～698

◇児童期・思春期に不登校を起こした青年の被養育体験と自立の課題　下條こなみ、種浦佐智子、花田裕子［他］　「日本看護学会論文集．精神看護」（日本看護協会出版会）　42　2012　p202～205

◇引きこもり、借金、ついに部屋から注射器が「息子が覚醒剤をやっています」自ら警察に通報した雨の夜（読者ノンフィクション傑作選　婦人公論サスペンス劇場（後編）悪魔が来たりて）　長嶋涼子　「婦人公論」（中央公論新社）　97（19）通号1356　2012.9.7　p130～133

【図書】

◇ひきこもりなんて、したくなかった　林尚実著　草思社　2003.9　205p　20cm　1600円　①4-7942-1244-5　Ⓝ371.42
内容 1章 学校のこと　2章 病院めぐり　3章 家族のこと　4章「出会い」が私を変えた　5章 社会の中で　6章 穏やかな日常　7章 友人たちと

◇僕が見つからない―あるひきこもり少年の「再生の詩」　山崎修利著　小学館　2003.9　248p　15cm　（小学館文庫）　533円　①4-09-405781-1　Ⓝ371.42
内容 第1章 初めて書いた詩　第2章「書く」ことが習慣に　第3章 癒されていく自分　第4章 かすかな光明　第5章 前を向いて　第6章 心のメッセージ　エピローグ 転校

◇家の中のホームレス―神様、僕を引きこもりにしてくれたことを感謝します　月乃光司著　新潟　新潟日報事業社　2004.8　159p　19cm　1300円　①4-86132-058-5　Ⓝ918.68

ひきこもり　　　　　　　　　　　　　　　　　　　　　　　　体験記・ルポ

◇レンタルお姉さん　荒川龍著　東洋経済新報社　2006.5　258p　20cm　1500円　Ⓘ4-492-22270-7　Ⓝ367.68
　[内容]　第1章 心を動かす技術　第2章 レンタルお姉さんの原点　第3章 喜怒哀楽をつむぎ出す　第4章 「言葉ではない何か」を伝える　第5章 レンタルお兄さん　第6章 ニートを長期化させてしまう親たち　第7章 レンタルお姉さんから得たもの

◇死んだもん列島―ひきこもり23年！　ベック・ヨシユキ著　本の森　2006.7　93p　20cm　〈発売：星雲社〉　900円　Ⓘ4-434-07917-4　Ⓝ371.42
　[内容]　総序　登校拒否のはじまり　喝破道場入門　高校進学　相次ぐ受難　曹洞宗永平寺での修行　海上自衛隊に入隊　長続きしない仕事　受戒入位　四国八十八ヶ所巡礼　「死んだもん」の定義〔ほか〕

◇引きこもり狩り―アイ・メンタルスクール寮生死亡事件／長田塾裁判　芹沢俊介編、高岡健、多田元、山田孝明、川北稔、梅林秀行著　雲母書房　2007.1　250p　20cm　1600円　Ⓘ978-4-87672-212-9　Ⓝ367.68
　[内容]　緒論「善意の道は地獄へ通ずる」ということ　1 アイ・メンタルスクール事件報道の概要　2 予期された事件　3 長田塾裁判で問われていること　4 引きこもり狩り　5 誰の支援か　6 家族と信仰　付録 シンポジウム「アイ・メンタルスクール寮生死亡事件を考える集い」

◇わたしはレンタルお姉さん。　川上佳美著　二見書房　2007.2　189p　19cm　1200円　Ⓘ978-4-576-07003-2　Ⓝ367.68
　[内容]　1 私が出会ったニートの素顔（わたしはレンタルお姉さん　家族との会話を絶って七年 ほか）　2 ニートとその親たち（真面目な親がニートをつくる　ニートは王様、親は家来 ほか）　3 人を癒すことのできる仕事（一生の財産となった出会い　自分を活かせる仕事を求めて ほか）　4 楽な気持ちで生きようよ（頭でっかち厳禁！　一〇〇か〇ではない ほか）

◇引きこもりからの起死回生　秋山景春　土曜美術社出版販売　2008.3　79p　20cm　1500円　Ⓘ978-4-8120-1649-7　Ⓝ914.6

◇ひきこもりでセカイが開く時―精神医学　太田光、田中裕二、斎藤環著　講談社　2008.3　139p　18cm　（爆笑問題のニッポンの教養　爆問学問15）　〈文献あり〉　760円　Ⓘ978-4-06-282610-5　Ⓝ367.68
　[内容]　プロローグ 今回は大学ではありません　第1章 太田のひきこもり時代　第2章 ひきこもりの実態　第3章 太田はひきこもりをいかに脱出したか　第4章 笑いと精神分析の交差するところ　第5章 ヴォネガットに学ぶ作家の生きざま

◇天国だった、けど―6畳王子マモルの1825日　加藤健著　三才ブックス　2008.4　264p　19cm　1200円　Ⓘ978-4-86199-131-8　Ⓝ916
　[内容]　第1章 6畳生活―ボクはなんて自由なんだ！　第2章 地獄行き天国―人を殺したいなんて思ったことは一度もないのに　第3章 どん底―もうどれない蟻地獄にはまってしまう　第4章 イジメのフルコース―この先、生きていていいことなんかあるのだろうか？　第5章 ほころび始めた普通の家庭―信頼ってなに？ 裏切るってどういうこと？　第6章 6畳王子への扉―もう来ないでくれ！　第7章 天国からの脱出―このままでは、発狂してしまうか死ぬかどっちかだ　第8章 ミニスカ右翼、降臨―この本はボクの聖書になるかもしれない！　第9章 マモル、蝶になる―レトリックはなしだ、ストレートにいくぞ！

◇レンタルお姉さん物語―ひきこもりと社会をつなぐ天使　比古地朔弥著　扶桑社　2009.7　225p　19cm　1200円　Ⓘ978-4-594-05951-4　Ⓝ726.1
　[内容]　第1話 怯えた目　第2話 伝わる心　第3話 孤独な彼　第4話 雨月物語　第5話 覚悟と決意　最終話 停滞から今

◇レンタルお姉さん　荒川龍著　幻冬舎　2009.12　286p　16cm　（幻冬舎アウトロー文庫　O-103-1）　〈並列シリーズ名：Gentosha outlaw bunko〉　571円　Ⓘ978-4-344-41403-7　Ⓝ367.68
　[内容]　プロローグ 一見、遠回りで時代遅れな彼女たち　第1章 心を動かす技術　第2章 レンタルお姉さんの原点　第3章 喜怒哀楽をつむぎ出す　第4章 「言葉ではない何か」を伝える　第5章 レンタルお兄さん　第6章 ニートを長期化させてしまう親たち　第7章 レンタルお姉さんから得たもの　エピローグ 好き嫌いを超えて、相手とつながる

現代を知る文献ガイド　いじめ・自殺問題　　249

◇引きこもりからの起死回生　第2弾　秋山景著　土曜美術社出版販売　2010.1　82p　20cm　1500円　Ⓘ978-4-8120-1774-6　Ⓝ914.6

◇陽だまりのひきこもり　陽だまりのねこ著　文芸社　2010.2　223p　20cm　2300円　Ⓘ978-4-286-08232-5　Ⓝ914.6

◇ドキュメントひきこもり―「長期化」と「高年齢化」の実態　池上正樹著　宝島社　2010.7　207p　18cm　(宝島社新書 316)　〈並列シリーズ名：TAKARAJIMASHA SHINSHO〉　667円　Ⓘ978-4-7966-7788-2　Ⓝ367.68

内容　第1章　ひきこもり―家族の肖像(愛知県豊川市一家5人殺傷事件　「ひきこもり」の数は50～100万人　ほか)　第2章 "怠け"なのか"病気"なのか(緊張の糸がプツッと切れる瞬間　頂上に上がったら、転げ落ちていった　ほか)　第3章　急増する「社会人ひきこもり」(新たな「ひきこもり」層の出現　「就労経験者はひきこもらない」という神話の崩壊　ほか)　第4章　路上にひきこもる人々(「ひきこもる」場所は関係ない　「ひきこもり」はセーフティーネットの枠外　ほか)　第5章 "ひきこもり社会"日本の処方箋(「非モテ」から「リア充」を目指す　なぜ自分は愛されないのか？　ほか)

◇ひきこもり支援論―人とつながり、社会につなぐ道筋をつくる　竹中哲夫著　明石書店　2010.7　277p　22cm　〈索引あり〉　2800円　Ⓘ978-4-7503-3239-0　Ⓝ367.68

内容　第1章　ひきこもりの理解と支援―人とつながり・社会とつながる支援方法論　第2章　年齢段階から見たひきこもり支援の実践・事例―多様な支援方法の柔軟な活用　第3章　ミニサポートチームによるひきこもり支援―当事者にも支援者にもたよりになるチーム支援の方式　第4章　ライフステージに対応したひきこもり支援―「ひきこもり状況」と支援課題　第5章　ひきこもる人のニーズの多様性と社会的支援―包括的支援の法制化を展望して　第6章　「青少年総合対策推進法案」および「子ども・若者育成支援推進法」をめぐって―「ひきこもり支援新時代」を展望して　第7章　ひきこもり支援をめぐるいくつかの論点―「ひきこもり支援論」の提唱をふまえて

◇ひきこもってよかった―暗闇から抜け出して：5人の若者による苦悩と葛藤の報告　京都ARU編集部編　京都　クリエイツかもがわ　2012.4　99p　21cm　1000円　Ⓘ978-4-86342-084-7　Ⓝ367.68

内容　1　ひきこもりと私「二十歳の原点」―私の場合　2　私とひきこもり　3　母と娘の葛藤―大人になりきれないままで　4　過去の私へ　5　地味であることのしんどさ　6　京都ARUさんとの庭仕事

◆親の体験記・ルポ

【雑誌記事】

◇道草から得たもの―ひきこもり青年の父の語り(特集 自立と孤立―当事者の語り、支援の現場)　東山好伸　「そだちと臨床」(明石書店)　3　2007.10　p110～112

◇手記　ひきこもりからふみだした息子―親としての葛藤を抱えて見守る日々　木村惠子　「福祉のひろば」(大阪福祉事業財団, かもがわ出版 (発売))　137　2011.8　p32～35

【図書】

◇引きこもってくれて、ありがとう　末吉祝子著　文芸社　2010.12　77p　20cm　1000円　Ⓘ978-4-286-09621-6　Ⓝ916

自殺・自傷

【雑誌記事】

◇現代における青年のリストカットについて — 実存的心理学の観点から　田中誉樹　「社会福祉学研究」(神戸女子大学社会福祉学会)　(7)　2003　p77〜93

◇時報サロン 家庭問題よろず相談室(104)リストカットという嗜癖 — 子どもが怒りを持て余すとき　家庭問題情報センター　「戸籍時報」(日本加除出版)　(552)　2003.2　p51〜53

◇「リストカット」を行う心理とその背景 — 高校生・短大生に焦点を当てて　青木佳織, 尾簀直美, 金谷光子　「飯田女子短期大学看護学科年報」(飯田女子短期大学)　(7)　2004年　p33〜44

◇リストカットにみる自己確認と自己表出の身体への転位　天野武　「現代社会理論研究」(人間の科学新社 (発売), 『現代社会理論研究』編集委員会事務局)　(14)　2004　p318〜330

◇青年たちのうつ — ボーダー、リストカット、そして現代社会(特集「うつの時代」を撃つ!)　木村一優　「精神医療.第4次」(批評社)　(36)　2004　p55〜60

◇リストカットをどうみるか?　林直樹　「こころの科学」(日本評論社)　通号115　2004.5　p2〜9

◇巻頭インタビュー リストカットの理解と扱い方 (自傷 — リストカットを中心に)　牛島定信, 川谷大治　「現代のエスプリ」(ぎょうせい)　(443)　2004.6　p5〜28

◇随想 リストカット　金森俊朗　「更生保護」(日本更生保護協会)　56(4)　2005.4　p2〜5

◇レイカ・享年20(1)摂食障害、薬物、売春、リストカット、そして……　長田美穂　「読売ウイークリー」(読売新聞東京本社)　64(37)通号2986　2005.9.4　p52〜54

◇相互行為儀礼と処罰志向のリストカット — 手首人格化の機制について　天野武　「ソシオロジ」(社会学研究会)　50(2)通号154　2005.10　p87〜102

◇リストカットは何のサインか(特集 不登校・いじめ・非行・虐待…… 子どものサインに気づく)　安岡誉　「児童心理」(金子書房)　59(16)通号832　2005.11　p1537〜1541

◇リストカット(症候からみた小児の診断学 — 行動の問題)　平岩幹男　「小児科診療」(診断と治療社)　70通号828 (増刊)　2007　p611〜613

◇リストカット(特集 子どもの心(2) — よくみる子どもの心の問題 思春期の問題)　山田佐登留　「母子保健情報」(母子愛育会)　(55)　2007.5　p46〜49

◇こどものこころの症状に気づいたら(20)リストカット　遠藤幸彦　「日本医事新報」(日本医事新報社)　(4359)　2007.11.10　p46〜48

◇「リストカット」は身近な事象か?　花島政三郎　「宮城学院女子大学発達科学研究」(宮城学院女子大学附属発達科学研究所)　(8)　2008　p13〜31

◇精神看護キーワード事典(22)リストカット、自傷行為、不安定な自己　萱間真美　「精神看護」(医学書院)　11(1)通号61　2008.1　p56〜59

◇心の病気が疑われるとき リストカットを繰り返す子(特集 子どものメンタルヘルス — 子どものメンタルヘルスの問題と対応)　武井仁, 市川宏伸　「児童心理」(金子書房)　62(9)通号879 (臨増)　2008.6　p96〜101

◇子ども理解再考(2)自傷(リストカット)の流行　宮岡時雄　「Sexuality」(エイデル研究所)　(37)　2008.7　p142〜149

◇リストカットと対人関係の関連性 — リストカットを患者とともに乗り越えるために(日本精神科看護学会 第16回専門学会(1))　吉田貴子, 佐藤文子, 前田正幸[他]　「日本精神科看護学会誌」(日本精神科看護技術協会)　52(2)　2009　p117〜121

◇大人はわかってくれない!? 小学生がうつ病で自殺していく… 植木理恵 「週刊朝日」(朝日新聞出版) 114(55)通号4978 2009.11.27 p108～111

◇自傷―リストカット・オーバードーズ(特集 小児科医が知っておくべき思春期の心―訴えや症状からみた心の問題) 髙岡健, 関正樹 「小児科診療」(診断と治療社) 73(1)通号862 2010.1 p85～88

◇コミュニケーション希求としてのリストカット(特集 リストカットをどう理解し、どう対応するか) 青山みどり 「月刊学校教育相談」(ほんの森出版) 24(3) 2010.2 p18～20

◇リストカットという行為のもつ意図と面接での対処の仕方について 吉田圭吾 「神戸大学大学院人間発達環境学研究科研究紀要」(神戸大学大学院人間発達環境学研究科) 4(1) 2010.9 p9～16

◇自傷行為(リストカットなど)(特集 救急場面での状態像からみた精神疾患の診断と初期対応―精神運動昏迷・意識障害) 深見悟郎 「レジデント」(医学出版) 3(10)通号31 2010.10 p50～55

◇小学生の自殺危険度のアセスメントに関する留意点 名島潤慈 「研究論叢. 第3部, 芸術・体育・教育・心理」(山口大学教育学部) 61 2011年度 p283～296

◇リストカットに隠された「同調」への抵抗―「存在の不安」の分析をとおして 生越達 「学ぶと教えるの現象学研究」(宮城教育大学学校教育講座教育学研究室) 14 2011.2 p45～54

◇時報サロン 家庭問題よろず相談室(200)子どもたちのリストカット―なぜ 家庭問題情報センター 「戸籍時報」(日本加除出版) (666) 2011.3 p110～112

◇大学生のうつ病―リストカット(特集 一般科臨床でのうつ病者へのケアを考えてみよう―うつ病者への事例 救急医療現場事例) 濱元淳子 「臨床看護」(へるす出版) 37(9)通号508 2011.8 p1153～1155

◇一般中学生における自傷行為のリスク要因：単一市内全校調査に基づく検討 髙柳伸哉, 伊藤大幸, 岡田涼 [他] 「臨床精神医学」(アークメディア) 41(1) 2012.1 p87～95

◇特集 リストカット エキスパート鼎談 「切った」から「切らされた」へ。 南部優紀, 樋口牧江, 向谷地生良 「精神看護」(医学書院) 15(5) 通号89 2012.9 p55～63

【図書】

◇自傷―葛藤を〈生きる力〉へ 川田文子著 筑摩書房 2004.7 206p 20cm 1600円 ⓘ4-480-86356-7 Ⓝ367.68
　内容 寂しくて… スカッとする 死にたいんじゃなくて、消えたい 普通の生活への一歩 楽しいひきこもり

◇リストカット―誰か気づいてくれたら… what exists after sorrow？ 岡田敦編著 窓社 2004.11 195p 20cm 1900円 ⓘ4-89625-069-9 Ⓝ367.68
　内容 私、リストカットしています 友達として、リストカットを見守って。 『Cord』より 『Cord』を創ってから いい子でいることを望まれて 傷跡が消えると不安になって 何処かで人は繋がっている 私は此処にいるよ 自分の居場所が何処にもなかった 命を育てる親・命を切り刻む親 失われてゆくリアリティー 誰が写真を殺すのか？なぜ真実は隠されるのか？写真家とは何者なのか？痛い人心配してくれてありがとう 悲しい世界―Hi STANDARD-High 僕がPoraropoを名乗る理由 親としてリストカットを見守って このメールは届くのでしょうか 恋人が死んでしまうということ ワレワレハ未ダ往路ニアリ、帰路ヲ語ル処ハナイ

◇リストカットシンドローム 2 「絶望」から「希望」へ ロブ@大月著 ワニブックス 2005.2 189p 20cm 1400円 ⓘ4-8470-1592-4 Ⓝ367.68
　内容 1 リストカットをのりこえて―「絶望」から「希望」へ 2 なぜ彼女や彼はリストカットするのか2005(ナミエさん(仮名・一八歳・専門学校生) ミナコさん(仮名・二一歳・無職) イツキさん(仮名・二九歳・介護職員) 左京さん(仮名・一五歳・高校生) ナオキくん(仮名・二二歳・無職)ほか) 3 リストカットしていた彼女たちは今(すみれさん(仮名・二二歳・SE) マミさん(仮名・二六歳・主婦) 葵さん(仮名・二一歳・大学生) ユミさん(仮名・三二歳・主婦)) 4 臨床の現場から見たリストカット2005 5 死を選んだ少女の母親は今

◇リストカット　梅津貴子著　新風舎　2005.3　47p　19cm　900円　Ⓘ4-7974-6162-4　Ⓝ916

◇魂の声リストカットの少女たち―私も「リスカ」だった　小国綾子著　講談社　2005.5　208p　20cm　1300円　Ⓘ4-06-212920-5　Ⓝ367.68

内容　序章　生きていけるなら　第1章　始まりは早春　第2章　花冷えのころ　第3章　新緑から夏木立へ　第4章　秋の日　第5章　冬、そしてまた春

◇我が子の自殺のサインを読みとる―孤独な魂の叫び　ヘルガ・ケスラー・ハイデ著、加納教孝訳、高橋祥友監修　日野　インデックス出版　2005.5　230p　19cm　2200円　Ⓘ4-901092-42-1　Ⓝ368.3

内容　第1章　自殺行動についてのさまざまな視点と背景（はじめに危険ありき　自殺前症候群とは　自殺についての理論　ほか）　第2章　予防と援助（予防　危機介入　再発予防（アフターケア））　解説　孤独な魂の叫びを受けとめるために（いじめは自殺のすべての原因なのだろうか　自殺に関する家庭理論　群発自殺　ほか）

◇なぜ自分を傷つけるの？―リストカット症候群　アリシア・クラーク著,水澤都加佐監修,上田勢子訳　大月書店　2005.6　109p　19cm　(10代のセルフケア1)　1300円　Ⓘ4-272-40541-1　Ⓝ367.68

内容　はじめに…リストカットは自傷行為　1　自傷行為ってなに？　2　なぜ自分を傷つけるの？　3　自傷につながる問題　4　自傷行為がひきおこすこと　5　どんな治療が必要か　6　自分でできること　7　より深刻な問題　8　友だちを助けるには

◇すぐ「死にたい」という人たち―心療内科の診察室から　黄ミン淑著　岩波書店　2007.2　124p　19cm　(双書時代のカルテ)　1100円　Ⓘ978-4-00-028093-8　Ⓝ493.7

内容　1　ITが病を加速する（責任なき匿名天国　思春期危機とインターネット　ひきこもりとニート）　2　疲れ切った若い心（リストカットと摂食障害　不登校の子どもたち　怠学する大学生）　3　関係が病んでいる（母性神話の終焉　主体なき自我　燃えつきる先生たち　ほか）　むすび　いじめ自殺を考える

◇子供達を救え！―なぜ子供が自殺をするのか　頂健一郎著　新風舎　2007.5　259p　15cm　(新風舎文庫)　750円　Ⓘ978-4-289-50283-7　Ⓝ370.4

内容　1　今、日本で起きていること　2　なぜ教育荒廃が起きたか　3　日本はどうなる　4　無教育を生んだもの　5　日本が良くなるには　6　教育基本法のこころ

◇リストカット―あなたはどう考えますか？　水澤都加佐監修,加藤直美マンガ　インタープレス　2007.12　39p　21cm　（もっと知ろうからだのこと 8)　500円　Ⓘ978-4-902340-47-1　Ⓝ367.68

◇リストカット・自傷行為のことがよくわかる本　林直樹監修　講談社　2008.12　98p　21cm　(健康ライブラリー　イラスト版)　1200円　Ⓘ978-4-06-259431-8　Ⓝ493.72

内容　1　リストカットへの誤解を解く（ケース―学校になじめず、リストカットを繰り返すようになったAさん1　なぜ傷つけるの？1　強い怒りや不安を自分に向けてしまう　ほか）　2　周囲の人はどうすべきかを知る（ケース―うつ状態から、飲酒、リストカットが始まったBさん1　緊急の手当て―ケガをしっかり処置するほか）　3　「私」を取り戻すために本人ができること（ケース―うつ状態から、飲酒、リストカットが始まったBさん2　「そのとき」をふり返る―根底にある自分の問題に目を向ける　ほか）　4　治療について知っておきたいこと（ケース―学校になじめず、リストカットを繰り返すようになったAさん2　ケース―うつ状態から、飲酒、リストカットが始まったBさん3　ほか）　5　自傷行為を伴いやすい病院（ケース―怒りや衝動的な行動がコントロールできないCさん　うつ病―ほとんどの自傷行為に関係している　ほか）

◇アディクションとしての自傷―「故意に自分の健康を害する」行動の精神病理　松本俊彦著　星和書店　2011.1　313p　20cm　〈文献あり〉　2600円　Ⓘ978-4-7911-0758-2　Ⓝ493.72

内容　自傷とは何か　自傷の概念とその歴史的変遷　自傷のアセスメント　自傷と衝動―「切ること」と「キレること」　嗜癖としての自傷　自傷と自殺―リストカッターたちの自殺予防のために　解離と自傷　いじめと自傷　自傷とボディ・モディフィケーション　思春期・青年期のうつと破壊的行動―不快感情の自己治療の試み　トラウマ、自傷、反社会的行動―少年施設男子入所者の性被害体験に注目して

解離と反社会的行動　自傷の嗜癖性に関する研究　教育現場における自傷―養護教諭研修会におけるアンケート調査から　思春期における「故意に自分の健康を害する」行動と「消えたい」および「死にたい」との関係　非行少年における自殺念慮のリスク要因に関する研究　若年男性の自傷に関する研究―少年鑑別所における自記式質問票調査

対応・対策

【雑誌記事】

◇事例紹介　摂食に問題を持つ女子学生への理解と支援―抑うつ、リストカットなど関連症状の理解を含めて(特集・メンタルヘルスと学生支援)　渋谷恵子　「大学と学生」(新聞ダイジェスト社)　(5)　2004.8　p55～60

◇リストカット(小児の治療指針―精神)　川谷大治　「小児科診療」(診断と治療社)　69通号815(増刊)　2006　p915～917

◇中学生の自殺予防―思春期ふれあい体験学習を通じて(特集　保健活動の対象を捉えなおす―対象として見落としがちな事例)　田原由起子, 糸永歌代子, 執行理恵［他］　「保健師ジャーナル」(医学書院)　62(3)　2006.3　p203～207

◇リストカット―ボーダーラインか解離性か?(特別企画　自傷行為―対策・治療)　岡野憲一郎　「こころの科学」(日本評論社)　通号127　2006.5　p76～83

◇リストカットや大量服薬などの自殺企図を行う患者の対応(特集　プライマリ・ケア医のための心療内科のテクニック―症状および病態別の心療内科テクニック)　村岡倫子　「治療」(南山堂)　88(8)　2006.8　p2117～2121

◇小学生・中学生・高校生の自殺問題と対応　名島潤慈　「教育実践総合センター研究紀要」(山口大学教育学部附属教育実践総合センター)　(23)　2007　p151～165

◇子どもの自殺予防―年代別に見た自殺予防　中学生の自殺予防　阪中順子　「現代のエスプリ」(ぎょうせい)　(488)　2008.3　p88～99

◇"いのちの教育"の展開―スクール・カウンセリングの経験から(特集　"いのちの授業"を学生に贈る)　近藤卓　「看護教育」(医学書院)　49(11)通号594　2008.11　p1026～1029

◇教育講演　リストカット―自傷行為を行う若年者の理解と対応(平成21年度学生支援合同フォーラム　第31回全国大学メンタルヘルス研究会報告書　包括的理解と多面的アプローチ)　林直樹　「全国大学メンタルヘルス研究会報告書」([全国大学メンタルヘルス研究会])　31　2009年度　p49～53

◇思春期の精神病理―対応の基本となる理解　花澤寿　「学校健康相談研究」(日本学校健康相談学会)　7(1)　2010.11　p49～56

【図書】

◇"消えたい"症候群―リストカットとオーバードーズ生への処方箋を考える　山本紀子著　教育史料出版会　2006.5　238p　19cm　1600円　Ⓘ4-87652-467-X　Ⓝ367.68

内容　1章　カッターがお守り(いい子の反乱―理子、17歳　小学生から自傷―葵、26歳　ほか)　2章　処方薬の魔力(消えたい願望　消えたくなる理由　ほか)　3章　自傷の快感(リストカットとは　リストカットとインターネット　ほか)　4章　生への処方箋(「いいよ」をキーワードに―長谷川博一さん(東海女子大教授)に聞く　人のために優しさを配ってみよう―水谷修さん(元高校教師・「夜回り先生」)に聞く　ほか)

◇子どもの自殺予防のための取組に向けて　第1次報告　児童生徒の自殺予防に向けた取組に関する検討会　2007.3　36,65,4p　30cm　Ⓝ371.42

◇自殺と「いじめ」の仏教カウンセリング　アルボムッレ・スマナサーラ著　宝島社　2007.3　187p　18cm　(宝島社新書)　700円　Ⓘ978-4-7966-5736-5　Ⓝ184

内容　はじめに　自殺したいのは当たり前　第1章　なぜ死にたくなるのか　第2章　自殺と罪　第3章　事実による教育　第4章　いじめカウンセリング　おわりに　生きることを卒業する道

◇「心身医学的・宗教的心情」で自殺回避!いじめ・うつ・人生に光を!　中村喜典著　文芸社　2007.3　265p　19cm　〈文献あり〉　1400円　Ⓘ978-4-286-00218-7　Ⓝ049.1

内容　第1章　心の探究―序論(同胞意識と科学の限界　果たして偶然なのか?　ほか)　第2章　自殺とうつ病。心の教育(自殺防止とうつ病　子供のうちに善悪の教えを!　ほか)　第3章　子供社会のいじめと格言(子供社会のいじめ　格言

の教え）　第4章 心の力（心の力の偉大さと、その活用　心の教えは運命も開く）　第5章 宗教と思想（宗教と、その周辺に見る善悪の教え　実感ある善悪の教え ほか）　第6章 信心と因果（神仏と、あの世の存在を示唆する出来事（年代順）　転生転廻 ほか）

◇リストカット―自傷行為をのりこえる　林直樹著　講談社　2007.10　190p 18cm　（講談社現代新書）　〈文献あり〉　700円　Ⓘ978-4-06-287912-5　Ⓝ493.72

内容 第1章 自傷行為とはなにか？　第2章 ダイアナ妃の苦悩　第3章 さまざまな発生要因―社会文化的要因および生物学的要因　第4章 マリリン・モンローと南条あや―自殺未遂との関係　第5章 三つのモデル症例　第6章 精神疾患との関係　第7章 自傷行為への対応　第8章 自傷行為の治療　第9章 さまざまな対処法・治療法　エピローグ 「わたし」の回復

◇マンガ リストカット症候群から卒業したい人たちへ―ストップ・ザ・カッティング　たなかみる著　星和書店　2008.1　170p 19cm　（執筆協力：西側充宏）　1600円　Ⓘ978-4-7911-0651-6　Ⓝ493.7

内容 第1章 彼女たちの場合（Aさんの場合　Bさんの場合 ほか）　第2章 リストカット4コママンガ集（リストカットは伝染する　リストカッター同士でモメる ほか）　第3章 めざせリストカット症候群回復の道のり（みるとゆみの「私たちは切りたい衝動をこうやって乗り切ってます」　リストカットなどの衝動的行動を抑える手段にはお薬が有効だと思います ほか）　第4章 めざせ摂食障害回復の道のり（摂食障害回復編―たなかの場合　私の摂食障害回復について）　第5章 リストカットや摂食障害について私なりに頑張って考えてみたの巻（リストカット症候群や摂食障害について考えてみよう）

◇自傷と自殺―思春期における予防と介入の手引き　キース・ホートン、カレン・ロドハム、エマ・エヴァンズ著、松本俊彦、河西千秋監訳　金剛出版　2008.4　256p 22cm　〈文献あり〉　3600円　Ⓘ978-4-7724-1018-2　Ⓝ371.42

内容 第1部 青少年における自傷の臨床的特徴（青少年の自傷に関する研究　青少年の自傷の特徴、経験率、および周囲への影響　自傷をする青少年の臨床的特徴―一般の青少年とどのような違いがあるのか　青少年の援助希求行動とストレス対処法、およびその自傷との関係）　第2部 青少年における自傷の予防と治療（学校における自傷への対応　保健医療サービスと自傷　セルフヘルプ、電話相談、インターネット、メディアと自傷　将来への展望―結語にかえて）

◇克服できるリストカット症候群　福田俊一，増井昌美著　星和書店　2011.6　226p 19cm　1800円　Ⓘ978-4-7911-0775-9　Ⓝ493.72

◆学校

【雑誌記事】

◇リストカットへのストレスマネジメント（特集2 リストカットする子に学校でできること）　坂上頼子　「月刊学校教育相談」（ほんの森出版）　17(11)　2003.9　p22～25

◇学校臨床からみたリストカットの分類と対応（特集2 リストカットする子に学校でできること）　長坂正文　「月刊学校教育相談」（ほんの森出版）　17(11)　2003.9　p26～31

◇リストカットする子への学校の支援体制（特集2 リストカットする子に学校でできること）　長崎秀一　「月刊学校教育相談」（ほんの森出版）　17(11)　2003.9　p32～35

◇思春期クライシスに寄り添う（第4回）リストカット―校内連携でかかわった事例　橋本早苗，金子由美子　「月刊学校教育相談」（ほんの森出版）　22(8)　2008.7　p52～55

◇インタビュー リストカットの基本的な知識と学校での対応―松本俊彦（特集 リストカットをどう理解し、どう対応するか）　松本俊彦　「月刊学校教育相談」（ほんの森出版）　24(3)　2010.2　p4～13

【図書】

◇学校における自傷予防―『自傷のサイン』プログラム実施マニュアル　ダグラス・ジェイコブ，バレント・ウォルシュ，モイラ・マックデイド，シャロン・ピジョン著, 松本俊彦監訳　金剛出版　2010.12　104p 21cm　〈文献あり〉　2800円　Ⓘ978-4-7724-1174-5　Ⓝ493.72

内容 第1章 プログラムの概要　第2章 生徒向けプログラムの実施方法　第3章 教師に対する教育とトレーニング　第4章 保護者への教育とコミュニケーションのあり方　第5章 支援資源と参考資料

◇自殺予防と学校―事例に学ぶ　長岡利貞著　ほんの森出版　2012.9　231p　21cm　2300円　Ⓘ978-4-938874-84-1　Ⓝ368.3
　内容　1章 さまざまな子どもの死　2章 子どもの自殺　3章 多様な思春期事例　4章 自殺への道のり　5章 自殺未遂を考える　6章「いじめ自殺」を検討する　7章 自殺の周辺　8章 自殺を読む　9章 自殺を描く

◆保健室・相談室

【雑誌記事】

◇スクールカウンセリング―繋がることと繋げること(自傷―リストカットを中心に―地域医療・学校保健・その他)　浦田英範　「現代のエスプリ」(ぎょうせい)　(443)　2004.6　p198～206

◇思春期の問題行動に相談係としてかかわる(第1回)リストカット　長坂正文　「月刊学校教育相談」(ほんの森出版)　19(5)　2005.4　p56～61

◇学校臨床におけるスクールカウンセラーの役割―女子中学生のリストカット事例からみる学校システムに対する支援について　郭小蘭, 郭麗虹　「会津大学短期大学部研究年報」(会津大学短期大学部)　(63)　2006　p83～91

◇学生相談における"抱えること(holding)"とは―衝動的なリストカット事例へのマネジメントを通して　長谷綾子　「松山東雲女子大学人文学部紀要」(松山東雲女子大学人文学部紀要委員会)　14　2006.3　p73～83

◇リストカットをしている(特大号 こんなときどうする「学校保健」―すべきこと,してはいけないこと―行動)　平岩幹男　「小児科診療」(診断と治療社)　70(11)通号834　2007.11　p1885～1888

◇保健室の先生 聴いて！―思春期のからだと心(10)ありのままを受け入れながら―リストカットをする子　大竹茂子　「子どものしあわせ」(草土文化)　通号696　2009.2　p52～59

◇教育相談係としてかかわったリストカットをするA子(特集 リストカットをどう理解し、どう対応するか)　石川直美　「月刊学校教育相談」(ほんの森出版)　24(3)　2010.2　p14～17

体験記・ルポ

【雑誌記事】

◇暗さ志向 ネオ・マゾヒズムに走る若者たち―リストカット・ゴスロリ・ムック(特集 私たちは若い世代を「育てている」か)　矢幡洋　「世界」(岩波書店)　(723)　2004.2　p173～181

◇死に憧れる女性・海岸でのリストカット―激しい行動化と自分たちの看護を振り返って(特集2 どうやってもうまくいかなかった「境界例」―看護者の抱える困難事例)　高野博子, 松岡淳子　「精神看護」(医学書院)　7(6)通号42　2004.11　p42～45

◇リストカット(1)愛の反対語は憎しみでなく、無関心である　東川光二　「金曜日」(金曜日)　14(38)通号639　2006.10.6　p34～39

◇リストカット(2)見まはすとわたしはどこにもゐなかった わたしはまつただなかにゐた こはかった　東川光二　「金曜日」(金曜日)　14(42)通号643　2006.11.3　p32～37

◇リストカット(3)われわれの眼で見てきたものは、いつも終わりからはじまった　東川光二　「金曜日」(金曜日)　14(46)通号647　2006.12.1　p34～39

◇ルポ・うつ、リストカット、恋愛依存……自分を愛せない女たち(特集 あなたはもっと自分を愛していい)　堀香織　「婦人公論」(中央公論新社)　92(15)通号1229　2007.7.22　p48～51

【図書】

◇ブラッドレッティング―リストカットの闇を生きたヴィクトリア　ヴィクトリア・リーサム著, 寺尾まち子訳　竹書房　2004.8　298p　15cm　(竹書房文庫)　648円　Ⓘ4-8124-1804-6　Ⓝ936

事項名索引

【あ】

IT　→ITを活用した対応（不登校対応・対策） …… 192
アスペルガー
　→発達障害といじめ …… 42
　→発達障害と不登校 …… 126
　→発達障害とひきこもり …… 225
いじめ
　→いじめ・不登校・自殺 …… 1
　→いじめ …… 7
いじめ加害者　→加害側への対応（いじめ対応・対策） …… 85
いじめ観　→いじめ観 …… 32
いじめ事件　→いじめ事件 …… 91
いじめ自殺
　→外国事情（いじめ） …… 39
　→いじめ自殺 …… 94
一貫校　→中高一貫校（いじめ） …… 79
医療
　→医療・心理療法（いじめ対応・対策） …… 86
　→医療・心理療法（不登校対応・対策） …… 194
　→医療・心理療法（ひきこもり対応・対策） …… 237
インターネット
　→ネットいじめ …… 32
　→外国事情（いじめ） …… 39
　→ITを活用した対応（不登校対応・対策） …… 192
　→対応・対策（ひきこもり） …… 226
影響　→いじめの影響・後遺症・PTSD …… 87
ADHD
　→発達障害といじめ …… 42
　→発達障害と不登校 …… 126
　→発達障害とひきこもり …… 225
NPO
　→地域・諸機関（いじめ対応・対策） …… 81
　→地域・諸機関（不登校対応・対策） …… 184
　→地域・諸機関（ひきこもり対応・対策） …… 242
江部乙小学校　→滝川いじめ自殺事件（2005年） …… 101
LD
　→発達障害といじめ …… 42
　→発達障害と不登校 …… 126
　→発達障害とひきこもり …… 225
皇子山中学校　→大津いじめ自殺事件（2011年） …… 102
大津いじめ自殺事件　→大津いじめ自殺事件（2011年） …… 102
親
　→家庭（いじめ対応・対策） …… 58
　→家庭（不登校対応・対策） …… 154
　→親の体験記・ルポ（不登校） …… 208
　→家庭（ひきこもり対応・対策） …… 233
　→親の体験記・ルポ（ひきこもり） …… 250
オルタナティブ教育
　→外国事情（不登校） …… 126
　→地域・諸機関（不登校対応・対策） …… 184

【か】

海外事情
　→外国事情（いじめ） …… 39
　→外国事情（不登校） …… 126
　→外国事情（ひきこもり） …… 225
外国事情
　→外国事情（いじめ） …… 39
　→外国事情（不登校） …… 126
　→外国事情（ひきこもり） …… 225
カウンセリング
　→対応・対策（いじめ） …… 44
　→保健室・相談室（いじめ対応・対策） …… 79
　→対応・対策（不登校） …… 131
　→保健室・相談室（不登校対応・対策） …… 175
　→ITを活用した対応（不登校対応・対策） …… 192
　→対応・対策（ひきこもり） …… 226
　→対応・対策（自殺・自傷） …… 254
　→保健室・相談室（自殺・自傷への対応・対策） …… 256
加害者（いじめ）　→加害側への対応（いじめ対応・対策） …… 85
学習障害
　→発達障害といじめ …… 42

かぞく　　　　　　　　　　　　　　　　　　　　　　　　　　　　　　事項名索引

　　→発達障害と不登校 ……………… 126
　　→発達障害とひきこもり ………… 225
家族支援
　　→家庭（いじめ対応・対策） ……… 58
　　→家庭（不登校対応・対策） …… 154
　　→家庭（ひきこもり対応・対策） … 233
学校
　　→学校（いじめ対応・対策） ……… 60
　　→学校（不登校対応・対策） …… 165
　　→学校（ひきこもり対応・対策） … 236
　　→学校（自殺・自傷への対応・対策） … 255
学校裏サイト　→ネットいじめ ……… 32
学校カウンセリング
　　→保健室・相談室（いじめ対応・対策） … 79
　　→保健室・相談室（不登校対応・対策） … 175
　　→保健室・相談室（自殺・自傷への対応・
　　　対策） ……………………………… 256
学校カースト　→学校カースト ……… 39
家庭
　　→家庭（いじめ対応・対策） ……… 58
　　→家庭（不登校対応・対策） …… 154
　　→親の体験記・ルポ（不登校） …… 208
　　→家庭（ひきこもり対応・対策） … 233
　　→親の体験記・ルポ（ひきこもり） … 250
キャンプ　→自然体験活動・キャンプ … 192
教師
　　→学校（いじめ対応・対策） ……… 60
　　→学校（不登校対応・対策） …… 165
　　→学校（ひきこもり対応・対策） … 236
　　→学校（自殺・自傷への対応・対策） … 255
後遺症　→いじめの影響・後遺症・PTSD … 87
高校　→高校（いじめ） ……………… 78
広汎性発達障害
　　→発達障害といじめ ……………… 42
　　→発達障害と不登校 ……………… 126
　　→発達障害とひきこもり ………… 225

【さ】

サポート校　→地域・諸機関（不登校対応・対
　　策） …………………………………… 184
支援
　　→対応・対策（いじめ） …………… 44
　　→対応・対策（不登校） ………… 131
　　→対応・対策（ひきこもり） …… 226
　　→対応・対策（自殺・自傷） …… 254
自殺
　　→いじめ・不登校・自殺 …………… 1
　　→いじめ自殺 ………………………… 94

　　→自殺・自傷 ……………………… 251
自傷　→自殺・自傷 ……………………… 251
自然体験活動　→自然体験活動・キャンプ … 192
宗教　→道徳・宗教（いじめ対応・対策） … 84
就職
　　→進路とその後 …………………… 203
　　→ライフプラン・就労（ひきこもり対応・
　　　対策） ……………………………… 246
就労
　　→進路とその後 …………………… 203
　　→ライフプラン・就労（ひきこもり対応・
　　　対策） ……………………………… 246
小学校　→小学校（いじめ） …………… 73
進学　→進路とその後 ………………… 203
心理療法
　　→医療・心理療法（いじめ対応・対策） … 86
　　→医療・心理療法（不登校対応・対策） … 194
　　→医療・心理療法（ひきこもり対応・対策）237
進路　→進路とその後 ………………… 203
スクールカウンセリング
　　→保健室・相談室（いじめ対応・対策） … 79
　　→保健室・相談室（不登校対応・対策） … 175
　　→保健室・相談室（自殺・自傷への対応・
　　　対策） ……………………………… 256
スクールカースト　→学校カースト …… 39
生徒指導
　　→学校（いじめ対応・対策） ……… 60
　　→学校（不登校対応・対策） …… 165
　　→学校（ひきこもり対応・対策） … 236
　　→学校（自殺・自傷への対応・対策） … 255
相談　→ITを活用した対応（不登校対応・対
　　策） …………………………………… 192
相談室
　　→保健室・相談室（いじめ対応・対策） … 79
　　→保健室・相談室（不登校対応・対策） … 175
　　→保健室・相談室（自殺・自傷への対応・
　　　対策） ……………………………… 256

【た】

対応
　　→対応・対策（いじめ・不登校・自殺） …… 3
　　→外国事情（いじめ） ……………… 39
　　→対応・対策（いじめ） …………… 44
　　→外国事情（不登校） …………… 126
　　→対応・対策（不登校） ………… 131
　　→対応・対策（ひきこもり） …… 226
　　→対応・対策（自殺・自傷） …… 254
大学生

事項名索引　　　　　　　　　　　　　　　　　　　　　ほらん

→いじめ観 ……………………………………… 32
→いじめの影響・後遺症・PTSD ……… 87
→進路とその後 ……………………………… 203
→ひきこもり ………………………………… 211
→対応・対策（ひきこもり）……………… 226
体験記
　→体験記・ルポ（いじめ・不登校・自殺）‥ 5
　→体験記・ルポ（いじめ）………………… 88
　→体験記・ルポ（不登校）……………… 205
　→親の体験記・ルポ（不登校）………… 208
　→体験記・ルポ（ひきこもり）………… 247
　→親の体験記・ルポ（ひきこもり）…… 250
　→体験記・ルポ（自殺・自傷）………… 256
対策
　→対応・対策（いじめ・不登校・自殺）…… 3
　→外国事情（いじめ）……………………… 39
　→対応・対策（いじめ）…………………… 44
　→外国事情（不登校）…………………… 126
　→対応・対策（不登校）………………… 131
　→対応・対策（ひきこもり）…………… 226
　→対応・対策（自殺・自傷）…………… 254
滝川いじめ自殺事件　→滝川いじめ自殺事件
　（2005年）…………………………………… 101
地域
　→地域・諸機関（いじめ対応・対策）…… 81
　→地域・諸機関（不登校対応・対策）… 184
　→地域・諸機関（ひきこもり対応・対策）… 242
父親　→家庭（ひきこもり対応・対策）… 233
注意欠陥・多動性障害
　→発達障害といじめ ……………………… 42
　→発達障害とひきこもり ……………… 225
注意欠陥・多動性障害　→発達障害と不登校
　………………………………………………… 126
中学校　→中学校（いじめ）………………… 76
中高一貫校　→中高一貫校（いじめ）……… 79
調査
　→統計・調査（いじめ）…………………… 30
　→統計・調査（不登校）………………… 124
　→統計・調査（ひきこもり）…………… 224
適応指導教室　→地域・諸機関（不登校対応・
　対策）……………………………………… 184
統計
　→統計・調査（いじめ）…………………… 30
　→統計・調査（不登校）………………… 124
　→統計・調査（ひきこもり）…………… 224
道徳　→道徳・宗教（いじめ対応・対策）… 84

【な】

ネットいじめ
　→ネットいじめ …………………………… 32
　→外国事情（いじめ）……………………… 39

【は】

白書　→統計・調査（いじめ）……………… 30
発達障害
　→発達障害といじめ ……………………… 42
　→発達障害と不登校 …………………… 126
　→発達障害とひきこもり ……………… 225
母親　→家庭（ひきこもり対応・対策）… 233
判例
　→いじめ事件 ……………………………… 91
　→いじめ自殺 ……………………………… 94
ひきこもり　→ひきこもり ……………… 211
PTSD　→いじめの影響・後遺症・PTSD ‥ 87
福岡いじめ自殺事件　→福岡いじめ自殺事件
　（2006年）…………………………………… 101
不登校
　→いじめ・不登校・自殺 …………………… 1
　→不登校 ………………………………… 104
フリースクール　→地域・諸機関（不登校対
　応・対策）………………………………… 184
保育園　→幼稚園・保育園（いじめ）……… 79
防止
　→外国事情（いじめ）……………………… 39
　→予防（いじめ対応・対策）……………… 82
法律
　→いじめ事件 ……………………………… 91
　→いじめ自殺 ……………………………… 94
保健室
　→保健室・相談室（いじめ対応・対策）…… 79
　→保健室・相談室（不登校対応・対策）‥ 175
　→保健室・相談室（自殺・自傷への対応・
　　対策）…………………………………… 256
ボランティア
　→地域・諸機関（いじめ対応・対策）…… 81
　→対応・対策（不登校）………………… 131
　→学校（不登校対応・対策）…………… 165
　→保健室・相談室（不登校対応・対策）‥ 175
　→地域・諸機関（不登校対応・対策）… 184
　→自然体験活動・キャンプ …………… 192

【ま】

三輪中学校 →福岡いじめ自殺事件(2006年) 101
民間施設
　→地域・諸機関(いじめ対応・対策) 81
　→地域・諸機関(不登校対応・対策) 184
　→地域・諸機関(ひきこもり対応・対策) 242
明倫中学校 →山形マット死事件(1993年) ・94
メール相談 →ITを活用した対応(不登校対応・対策) 192

【や】

山形マット死事件 →山形マット死事件(1993年) 94
養護教諭
　→保健室・相談室(いじめ対応・対策) 79
　→保健室・相談室(不登校対応・対策) .. 175
　→保健室・相談室(自殺・自傷への対応・対策) 256
幼稚園 →幼稚園・保育園(いじめ) 79
予防
　→外国事情(いじめ) 39
　→予防(いじめ対応・対策) 82

【ら】

ライフプラン →ライフプラン・就労(ひきこもり対応・対策) 246
リストカット →自殺・自傷 251
ルポ
　→体験記・ルポ(いじめ・不登校・自殺) ・・5
　→体験記・ルポ(いじめ) 88
　→体験記・ルポ(不登校) 205
　→親の体験記・ルポ(不登校) 208
　→体験記・ルポ(ひきこもり) 247
　→親の体験記・ルポ(ひきこもり) 250
　→体験記・ルポ(自殺・自傷) 256

現代を知る文献ガイド いじめ・自殺問題
―― 不登校から教育改革まで

2013 年 3 月 25 日　第 1 刷発行

発 行 者／大高利夫
編集・発行／日外アソシエーツ株式会社
　　　　　〒143-8550 東京都大田区大森北 1-23-8　第 3 下川ビル
　　　　　電話 (03)3763-5241(代表)　FAX(03)3764-0845
　　　　　URL　http://www.nichigai.co.jp/

発 売 元／株式会社紀伊國屋書店
　　　　　〒163-8636 東京都新宿区新宿 3-17-7
　　　　　電話 (03)3354-0131(代表)
　　　　　ホールセール部(営業)　電話 (03)6910-0519

　　　　　電算漢字処理／日外アソシエーツ株式会社
　　　　　印刷・製本／株式会社平河工業社

不許複製・禁無断転載　　　　　《中性紙三菱クリームエレガ使用》
〈落丁・乱丁本はお取り替えいたします〉
ISBN978-4-8169-2402-6　　　　Printed in Japan, 2013

> 本書はディジタルデータでご利用いただくことができます。詳細はお問い合わせください。

現代を知る文献ガイド

現代社会を象徴する問題や現象に関する図書や雑誌記事・論文を紹介する文献目録シリーズ。テーマごとに様々な側面から文献を収集し、体系立てて分類。

現代を知る文献ガイド
いじめ・自殺問題
―不登校から教育改革まで
A5・300頁　定価5,985円（本体5,700円）　2013.3刊

現代を知る文献ガイド
育児・保育をめぐって
―待機児童問題から児童虐待まで
A5・300頁　定価5,985円（本体5,700円）　2013.3刊

現代を知る文献ガイド
食の安全性
―産地偽装から風評被害まで
A5・300頁　定価5,985円（本体5,700円）　2013.3刊

ノーベル賞受賞者業績事典
新訂第3版―全部門855人　ノーベル賞人名事典編集委員会編
A5・790頁　定価8,925円（本体8,500円）　2013.1刊
1901年の創設から2012年までの、ノーベル賞各部門の全受賞者の業績を詳しく紹介した人名事典。835人、20団体の経歴・受賞理由・著作・参考文献を掲載。

日本ジャーナリズム・報道史事典
―トピックス1861-2011
A5・490頁　定価14,910円（本体14,200円）　2012.10刊
日本初の新聞が発行された1861年から、テレビがデジタル放送へ移行した2011年までのジャーナリズム・報道の歴史を、主要なトピックス4,454件で辿る年表事典。

データベースカンパニー
日外アソシエーツ　〒143-8550　東京都大田区大森北1-23-8
TEL.(03)3763-5241　FAX.(03)3764-0845　http://www.nichigai.co.jp/